A CONSTITUIÇÃO CIDADÃ E O DIREITO TRIBUTÁRIO

Estudos em homenagem ao Ministro Carlos Ayres Britto

Saul Tourinho Leal
Eduardo Lourenço Gregório Júnior
Coordenadores

Prefácio
Ricardo Lewandowski

A CONSTITUIÇÃO CIDADÃ E O DIREITO TRIBUTÁRIO

Estudos em homenagem ao Ministro Carlos Ayres Britto

Belo Horizonte

2019

© 2019 Editora Fórum Ltda.

É proibida a reprodução total ou parcial desta obra, por qualquer meio eletrônico, inclusive por processos xerográficos, sem autorização expressa do Editor.

Conselho Editorial

Adilson Abreu Dallari	Floriano de Azevedo Marques Neto
Alécia Paolucci Nogueira Bicalho	Gustavo Justino de Oliveira
Alexandre Coutinho Pagliarini	Inês Virgínia Prado Soares
André Ramos Tavares	Jorge Ulisses Jacoby Fernandes
Carlos Ayres Britto	Juarez Freitas
Carlos Mário da Silva Velloso	Luciano Ferraz
Cármen Lúcia Antunes Rocha	Lúcio Delfino
Cesar Augusto Guimarães Pereira	Marcia Carla Pereira Ribeiro
Clovis Beznos	Márcio Cammarosano
Cristiana Fortini	Marcos Ehrhardt Jr.
Dinorá Adelaide Musetti Grotti	Maria Sylvia Zanella Di Pietro
Diogo de Figueiredo Moreira Neto (*in memoriam*)	Ney José de Freitas
Egon Bockmann Moreira	Oswaldo Othon de Pontes Saraiva Filho
Emerson Gabardo	Paulo Modesto
Fabrício Motta	Romeu Felipe Bacellar Filho
Fernando Rossi	Sérgio Guerra
Flávio Henrique Unes Pereira	Walber de Moura Agra

FÓRUM
CONHECIMENTO JURÍDICO

Luís Cláudio Rodrigues Ferreira
Presidente e Editor

Coordenação editorial: Leonardo Eustáquio Siqueira Araújo
Aline Sobreira de Oliveira

Av. Afonso Pena, 2770 – 15º andar – Savassi – CEP 30130-012
Belo Horizonte – Minas Gerais – Tel.: (31) 2121.4900 / 2121.4949
www.editoraforum.com.br – editoraforum@editoraforum.com.br

Técnica. Empenho. Zelo. Esses foram alguns dos cuidados aplicados na edição desta obra. No entanto, podem ocorrer erros de impressão, digitação ou mesmo restar alguma dúvida conceitual. Caso se constate algo assim, solicitamos a gentileza de nos comunicar através do *e-mail* editorial@editoraforum.com.br para que possamos esclarecer, no que couber. A sua contribuição é muito importante para mantermos a excelência editorial. A Editora Fórum agradece a sua contribuição.

Dados Internacionais de Catalogação na Publicação (CIP) de acordo com a AACR2

C758   A Constituição Cidadã e o Direito Tributário: estudos em homenagem ao Ministro Carlos Ayres Britto / Saul Tourinho Leal, Eduardo Lourenço Gregório Júnior (Coord.). – Belo Horizonte : Fórum, 2019.
508p.; 17 cm x 24 cm

ISBN: 978-85-450-0678-7

1. Direito Constitucional. 2. Direito Tributário. I. Leal, Saul Tourinho. II. Gregório Júnior, Eduardo Lourenço. III. Título.

CDD: 341.2
CDU: 342

Elaborado por Daniela Lopes Duarte – CRB-6/3500

Informação bibliográfica deste livro, conforme a NBR 6023:2002 da Associação Brasileira de Normas Técnicas (ABNT):

LEAL, Saul Tourinho; GREGÓRIO JÚNIOR, Eduardo Lourenço (Coord.). *A Constituição Cidadã e o Direito Tributário*: estudos em homenagem ao Ministro Carlos Ayres Britto. Belo Horizonte: Fórum, 2019. 508p. ISBN 978-85-450-0678-7.

A todas as pessoas que, inspiradas pelo seu legado, levam a mensagem do Professor Carlos Ayres Britto adiante.

SUMÁRIO

PREFÁCIO
Ricardo Lewandowski 15

APRESENTAÇÃO
Saul Tourinho Leal 17

A TRIBUTAÇÃO E A LIVRE CONCORRÊNCIA NA CONSTITUIÇÃO DE 1988
Agostinho do Nascimento Netto 25

1	Notas introdutórias	25
1.1	O espírito da Constituição de 1988	25
1.2	As críticas à Constituição de 1988	26
1.3	1989 e os seus impactos para a ordem constitucional nascida em 1988	27
2	Os reflexos da Constituição de 1988 sobre o direito tributário	28
3	Um vislumbre da compreensão constitucional tributária do Ministro Ayres Britto	29
3.1	O Ministro Ayres Britto e o julgamento da Ação Direta de Inconstitucionalidade nº 2.588 (ADI nº 2.588)	30
3.2	O Ministro Ayres Britto e o julgamento da Medida Cautelar em Ação Cautelar nº 1.657 (AC nº 1.657 MC)	33
4	Neutralidade na tributação	37
5	A eficiência do mercado	40
6	Tributação e concorrência na Constituição de 1988 a partir da Emenda Constitucional nº 42, de 2003	41
7	Conclusões	43

O TEMA DO *VOTO DE QUALIDADE* NOS TRIBUNAIS ADMINISTRATIVOS E A INUSITADA FIGURA DA SUSPEIÇÃO POR PRESUNÇÃO NO DIREITO TRIBUTÁRIO E ADMINISTRATIVO APLICADO BRASILEIRO
Arnaldo Sampaio de Moraes Godoy 45

O homenageado 45
O voto de qualidade no Carf e os limites do problema 46
A inexistência de *suspeição por presunção* no direito brasileiro 48
A suspeição do *voto de qualidade* é improcedente à vista de decisões que reconhecem a pretensão do contribuinte 52
Os precedentes do Superior Tribunal de Justiça e de Tribunal Regional Federal em favor do *voto de qualidade* 53
Conclusões 57
Referências 57

ELUSÃO LEGISLATIVA DA CONSTITUIÇÃO NO DIREITO TRIBUTÁRIO
Carlos Alexandre de Azevedo Campos 59

1	Introdução..	59
2	Estudo de caso e delimitação do objeto...	60
2.1	A Lei nº 18.371/2014, do estado do Paraná...	61
2.2	A ADI nº 5.282/PR...	62
3	A *elusão* da Constituição pelo legislador tributário.......................................	63
3.1	Configuração da *elusão* tributária..	63
3.2	*Elusão* legislativa da Constituição...	67
3.2.1	Fraude à Constituição...	68
3.2.2	Abuso ou desvio do poder de legislar..	72
3.3	*Elusão* legislativa, Estado Democrático Fiscal e limitações constitucionais ao poder de tributar...	76
3.4	*Elusão* legislativa, interpretação constitucional e ativismo judicial............	78
4	A *elusão* da Constituição pelo legislador paranaense...................................	80
4.1	A fraude à Constituição pelo legislador paranaense.....................................	80
4.2	O abuso de poder pelo legislador paranaense..	85
4.3	A violação direta à isonomia como implicação da ruptura do sistema........	90
5	Conclusão..	91

OBSERVÂNCIA DOS TRATADOS EM MATÉRIA TRIBUTÁRIA: PERSPECTIVAS DE MUDANÇA?
Carlos Eduardo Caputo Bastos, Ana Carolina Andrada Arrais Caputo Bastos.... 93

1	Introdução..	93
2	A opção do legislador constituinte	94
3	Análise da jurisprudência do STF...	96
3.1	A jurisprudência do STF antes da CF/88...	96
3.2	A jurisprudência do STF após a CF/88..	98
4	Casos tributários pendentes de julgamento no STF.......................................	100
4.1	RE nº 460.320/PR (caso Volvo)..	100
4.2	RE nº 870.214/DF (caso Vale)..	102
5	CPC/15: nova regra geral de conflito no direito brasileiro...........................	105
6	Tratados em matéria tributária: normas supralegais?...................................	106
7	O papel do STF e do STJ na aplicação dos tratados em matéria tributária...	107
8	Conclusões..	110
	Referências...	111

SÚMULA Nº 70 DO STF, SANÇÃO POLÍTICA E ÉTICA CONCORRENCIAL: CONTRIBUIÇÃO DO MIN. CARLOS AYRES BRITTO À SEDIMENTAÇÃO DE UM DOS PILARES DA ORDEM ECONÔMICA E FINANCEIRA
Claudio Xavier Seefelder Filho, Rogério Campos.. 113

I	Introdução..	113

II	Preâmbulo – Considerações gerais: (i) da necessidade de um regime especial a regular a atividade de produção de cigarros no país; (ii) da correta interpretação do princípio da livre iniciativa........................	114
III	Da inaplicabilidade das súmulas nºs 70, 323 e 547 do STF e da proporcionalidade e da razoabilidade da cassação do registro especial........................	125
IV	Conclusão........................	128

LIMITES À LIBERDADE DO CONTRIBUINTE NO PLANEJAMENTO FISCAL
Donovan Mazza Lessa........................ 131

1	Introdução........................	131
2	Planejamento tributário, elisão e evasão fiscal........................	132
3	Combate à evasão fiscal: simulação e dissimulação........................	135
4	Instrumentos de combate à elisão fiscal........................	137
5	Fundamentos teóricos do combate à elisão fiscal........................	140
6	O sistema constitucional brasileiro e a vedação à analogia: limites ao combate do planejamento fiscal........................	144
	Referências........................	159

INAFASTABILIDADE DA INTERVENÇÃO JUDICIAL EM QUESTÕES TRIBUTÁRIAS – DIREITOS FUNDAMENTAIS DOS CONTRIBUINTES
Eduardo Lourenço Gregório Júnior........................ 161

1	Introdução........................	162
2	O *judicial review* como fator necessário à democracia brasileira........................	164
2.1	A força normativa da Constituição e sua centralidade no ordenamento jurídico..	164
2.2	A importância das questões tributárias para os momentos históricos que levaram a Constituição à centralidade do ordenamento jurídico........................	166
2.3	O contraponto ao *judicial review* e o insucesso do argumento que refuta a análise consequencialista........................	169
2.4	A situação brasileira e a indispensabilidade do *judicial review*........................	171
3	Necessidade do *judicial review* em questões tributárias por estas serem vinculadas à preceitos fundamentais – Conflito de normas constitucionais........................	173
4	Conclusão........................	176
	Referências........................	176

UMA ANÁLISE ACERCA DA INCIDÊNCIA DO ISS SOBRE SERVIÇOS EXECUTADOS EM PLATAFORMAS MARÍTIMAS
Eduardo Maneira, Marcos Correia Piqueira Maia........................ 179

1	Introdução........................	179
2	As faixas de mar inerentes à plataforma continental e à zona econômica exclusiva não integram o território nacional........................	180
3	Da impossibilidade de se exigir o ISS sobre os serviços prestados na plataforma continental e na zona econômica exclusiva em face da inexistência de lei complementar........................	188
4	O ISS sobre os serviços prestados em águas marítimas deve ser recolhido para o local do estabelecimento formal do prestador........................	192
5	Conclusão........................	195

A CONSTITUIÇÃO DE 1988, NA PERSPECTIVA DAS FINANÇAS PÚBLICAS E DA TRIBUTAÇÃO
Everardo Maciel 197

1	A CF/88, no plano abstrato, não fez bem às finanças públicas	198
2	A CF/88, também no plano concreto, não fez bem às finanças públicas	198
3	O insubsistente federalismo fiscal	200
4	Mudanças tributárias mais relevantes introduzidas pela CF/88	202
4.1	Reprodução exacerbada, no âmbito tributário, da índole analítica da Constituição	202
4.2	Instituição de um novo modelo para o ICM (atual ICMS)	204
4.3	Eliminação da integração entre os processos tributários administrativos e judiciais	208
5	À guisa de conclusão	210

UM TESTE PARA A HIGIDEZ DE NOSSO SISTEMA JURÍDICO TRIBUTÁRIO: A QUESTÃO DA PERDA DE VALIDADE DA CONTRIBUIÇÃO DA LC Nº 110/01 (O CHAMADO ADICIONAL DO FGTS)
Flavio Eduardo Silva de Carvalho 211

1	Introdução	211
2	Contexto fático, normativo e jurisprudencial	212
2.1	A origem da controvérsia	212
2.2	O "grande acordo social"	212
2.3	O julgamento do STF – O que restou definido?	214
3	A nova questão a ser apreciada pelo STF	217
4	Um novo teste para nosso sistema jurídico tributário	218
4.1	A proteção da confiança legítima	218
4.2	Proibição da desconfiança institucionalizada	227
4.3	Os riscos para nosso sistema jurídico tributário	228
4.3.1	A posição da doutrina e da jurisprudência quanto ao elemento finalístico como critério de validação das contribuições tributárias	228
4.3.2	Como saber se a finalidade da contribuição ao FGTS foi atingida?	231
4.3.3	A inconstitucionalidade por mudança da destinação	232
5	Conclusões	236
	Referências	238

FUNÇÕES DO ORÇAMENTO NA CONSTITUIÇÃO FINANCEIRA
Heleno Taveira Torres 241

1	Unidade da Constituição Financeira e orçamento público	241
2	Conceito constitucional de orçamento público e suas funções democráticas na Constituição Financeira	242
2.1	Função de limitação legislativa para realização de despesas – Proibição de conduta diversa e parametricidade obrigatória	245
2.2	Função de planejamento (orçamento-programa, performance ou funcional)	247
2.3	Função de transparência orçamentária	251

2.4	Função de efetividade de direitos e liberdades fundamentais	254
2.5	Função de controle	255
3	Relação entre lei orçamentária anual e aquelas institutivas das despesas	256
3.1	O controle de constitucionalidade do orçamento pelo STF como lei material	257
4	Considerações finais	259

INTERPRETAÇÃO DAS REGRAS DE IMUNIDADE – IMUNIDADE DAS RECEITAS DECORRENTES DE EXPORTAÇÃO E A EXPORTAÇÃO INDIRETA
Jimir Doniak Jr. 263

I	Considerações gerais sobre as imunidades	264
II	Proposta de percurso para interpretação das regras de imunidade, adotando-se precedentes do STF	267
III	Imunidade às receitas decorrentes de exportação e as exportações indiretas	275
IV	Conclusão final	283

DA INTERPRETAÇÃO À ARGUMENTAÇÃO JURÍDICA: AS ARMADILHAS DO ESSENCIALISMO
José Maria Arruda de Andrade 285

1	Introdução	285
2	Alguns dos desafios relacionados ao tema	287
3	Pontos de partida teóricos	288
3.1	Os "jogos de linguagem", o "seguir uma regra" e a gramática na obra de Wittgenstein. A crítica da linguagem como representação	288
3.2	Teoria da argumentação jurídica. Argumentos de motivação e argumentos de justificação	294
3.3	Teoria epistemológica *versus* análise epistemológica. Retorno ao debate filosófico da análise gramatical (Wittgenstein)	296
3.4	*Layout* dos argumentos na argumentação jurídica	298
3.5	Armadilhas e perigos do consequencialismo jurídico e o difícil debate em torno da teleologia jurídica	303
4	Conclusões	304
	Referências	306

O IMPOSTO SOBRE GRANDES FORTUNAS: DA IMPRECISÃO LEGISLATIVA A UM POSSÍVEL INSTRUMENTO DE ALCANCE DA JUSTIÇA FISCAL
Lucas Mariano 309

1	Introdução	309
2	Afinal, o que vem a ser grande fortuna?	310
2.1	Montante financeiro mínimo para a incidência do Imposto sobre Grandes Fortunas	311
2.1.2	Hipótese de tributação apenas sobre pessoas físicas	314
2.1.3	Hipótese de tributação apenas sobre pessoa jurídica	317
2.1.4	Hipótese de tributação sobre pessoa física e pessoa jurídica	318
3	Os projetos de lei complementar nºs 202/1989 e 277/2008	319
	Referências	325

EMPRESAS ESTATAIS E IMUNIDADE TRIBUTÁRIA: UMA BREVE RELEITURA DOS VOTOS DO MINISTRO AYRES BRITTO RELATIVOS AOS ARTS. 150, INCS. II E VI, ALÍNEA "A", E 173, §2º, DA CONSTITUIÇÃO FEDERAL
Luís Carlos Martins Alves Jr. 327
1   Introdução 327
2   O estatuto jurídico-constitucional das empresas estatais 332
3   O estatuto constitucional das imunidades tributárias 337
4   Manifestações do Ministro Ayres Britto 342
5   Conclusões 345
      Referências 346

A SEGURANÇA JURÍDICA E A PROTEÇÃO À CONFIANÇA EM MATÉRIA TRIBUTÁRIA
Marcus Vinicius Furtado Coêlho 347
1   Introdução 347
2   As garantias tributárias constitucionais 349
3   Ativismo judicial 354
4   Considerações finais 358
      Referências 359

SEGURANÇA JURÍDICA E MODULAÇÃO DOS EFEITOS
Paulo de Barros Carvalho 361
1   Palavras introdutórias 361
2   Núcleo semântico do sobreprincípio da segurança jurídica 363
3   O primado da segurança jurídica no tempo 365
4   Aplicação prospectiva de conteúdos decisórios e a modulação dos efeitos de decisões jurisdicionais 367
5   Retroatividade como desvalor perante a estrutura do sistema jurídico brasileiro. 370
6   Conclusões 372

OS DIREITOS FUNDAMENTAIS DOS CONTRIBUINTES NA ERA DA TROCA INTERNACIONAL DE INFORMAÇÕES TRIBUTÁRIAS
Rebeca Drummond de Andrade Müller e Santos 375
1   Introdução 375
2   A troca internacional de informações tributárias 376
2.1   Um panorama do desenvolvimento da troca de informações 376
2.2   As ferramentas para a troca de informações internacionais 380
2.3   O cenário brasileiro 382
3   Panorama dos direitos fundamentais dos contribuintes no contexto da troca de informações tributárias 385
4   Considerações finais 390
      Referências 391

SISTEMA TRIBUTÁRIO E DEMOCRACIA SOCIAL
Ricardo César Mandarino Barretto 393

Histórico	397
O sistema atual	399
O imposto sobre transações financeiras	401
Regressividade – Inocorrência – Compensação com outros impostos	406
Preservação do pacto federativo	406
O pensamento de Adam Smith – Compatibilidade	407
Conclusão	409
Referências	410

CONTRIBUIÇÕES DO EMINENTE MINISTRO AYRES BRITTO AO DESENVOLVIMENTO DO CAMPO TRIBUTÁRIO BRASILEIRO: O CASO DA AMERICAN VIRGINIA
Rodrigo Senne Capone, Marcos Aurélio Pereira Valadão 413

1	O caso American Virginia x União	414
1.1	Descrição sucinta da gênese do caso	414
1.2	O problema jurídico e o desdobramento dos julgamentos	415
1.3	Argumentos proferidos no decorrer da apreciação dos processos	416
2	Relevantes questões jurídicas suscitadas nos julgamentos	418
2.1	Uma breve análise das funções do tributo – A extrafiscalidade	419
2.2	O cancelamento do registro especial: sanção política?	422
2.3	Limites à livre iniciativa: um Estado paternalista?	423
	Referências	428

O *AMICUS CURIAE* NAS DECISÕES TRIBUTÁRIAS DO SUPREMO TRIBUNAL FEDERAL
Saul Tourinho Leal 429

	Introdução	429
1	Conceito	430
2	O *amicus curiae* no direito comparado	431
3	*Amicus curiae* como *litiganting amicus*	434
4	*Amicus curiae* perante o STF	439
5	A influência do *amicus curiae* nas decisões tributárias do STF	441
	Conclusão	446

AS LIMITAÇÕES CONSTITUCIONAIS AO PODER DE TRIBUTAR, AS RAZÕES DE ESTADO E A MODULAÇÃO DE EFEITOS EM MATÉRIA TRIBUTÁRIA
Saulo Mesquita 449

1	Introdução	449
2	Estado Social *vs.* Estado Fiscal	450
3	Das limitações constitucionais ao poder de tributar	452
3.1	Princípio da legalidade tributária	454
3.2	Princípio da anterioridade	455

3.3	Irretroatividade da lei tributária	456
3.4	Princípio da igualdade	457
3.5	Princípio da capacidade contributiva	457
3.6	Vedação à tributação confiscatória	458
3.7	Liberdade de tráfego de pessoas e bens	458
3.8	Imunidades e isenções	459
4	Razões de Estado e argumentos de necessidade	460
5	Da modulação de efeitos em matéria tributária	462
6	Conclusão	467
	Referências	468

A IMUNIDADE TRIBUTÁRIA DAS EMPRESAS PRIVADAS PRESTADORAS DE SERVIÇOS PÚBLICOS
Valter de Souza Lobato, Tiago Conde Teixeira 471

1	Introdução	471
2	As imunidades tributárias	471
2.1	A natureza das imunidades tributárias	471
2.2	A imunidade recíproca e seu alcance	476
2.3	O julgamento dos recursos extraordinários nºs 594.015 e 601.720	480
2.3.1	Recurso Extraordinário nº 594.015/SP	480
2.3.2	Recurso Extraordinário nº 601.720/SP	482
2.4	A interpretação sistemática da imunidade recíproca pelo STF	483
3	As concessões aeroportuárias	485
3.1	A concessão e a natureza do serviço aeroportuário	485
3.2	O que são os serviços aeroportuários?	488
4	A aplicação da imunidade recíproca para as concessionárias administradoras de aeroportos	491
4.1	A violação ao pacto federativo	495
4.2	Da ausência de base de cálculo para a cobrança do IPTU	496
4.3	A imunidade recíproca para as áreas do complexo aeroportuário destinadas às atividades acessórias	497
4.4	A imunidade recíproca da Infraero	501
5	Considerações finais	502
	Referências	502

SOBRE OS AUTORES 505

PREFÁCIO

Carlos Augusto Ayres de Freitas Britto, em boa hora, é homenageado em importante livro sobre as instigantes inovações doutrinárias e jurisprudenciais no campo do direito tributário, tema que interessa, simultaneamente, aos contribuintes e ao próprio Estado, o qual, com os recursos arrecadados a partir das exações fiscais, desenvolve as atividades que lhe competem, em especial os serviços públicos essenciais, na busca da consecução do bem comum de seus cidadãos.

Esse campo da ciência jurídica, em constante transformação, que resulta do permanente desenvolvimento da tecnologia e do inesgotável empreendedorismo humano, estava carente de um trabalho horizontal e verticalmente abrangente, fruto do esforço conjunto de renomados especialistas, cuja tarefa foi a de trazer a lume aquilo que, no meio universitário, se denomina "estado da questão", a partir do qual as pesquisas acadêmicas podem continuar, com maior segurança, a sua eterna progressão.

Ninguém melhor para simbolizar a relevância deste trabalho do que o erudito Ayres Britto, nascido em 18 de novembro de 1942, na cidade de Propriá, estado de Sergipe. Completados os estudos primário e secundário, ingressou na Faculdade de Direito da Universidade Federal de Sergipe em 1962, na qual obteve o diploma de bacharel no ano de 1966, passando, logo a seguir, já em 1967, a exercer a advocacia.

Na sequência, realizou curso de Pós-Graduação de aperfeiçoamento em Direito Público e Privado na Faculdade de Direito de Sergipe (1974/1975), Mestrado em Direito do Estado na Pontifícia Universidade Católica de São Paulo – PUC-SP (1981/1982), e Doutorado em Direito Constitucional nessa mesma conceituada universidade (1998).

Em seu estado natal exerceu os cargos de Consultor-Geral do Estado (1975/1979), Procurador-Geral de Justiça (1983/1984), Procurador do Tribunal de Contas (1978/1990) e Chefe do Departamento Jurídico do Conselho de Desenvolvimento Econômico do Estado – Condese (1970/1978).

Além de atuar na área da administração pública, também militou na seara política – certamente com o intuito de contribuir ainda mais para o progresso de sua região e seu país –, tendo sido candidato a deputado federal pelo Partido dos Trabalhadores – PT, em 1990.

Foi nomeado Ministro do Supremo Tribunal Federal pelo Presidente da República Luiz Inácio Lula da Silva, por decreto de 5 de junho de 2003, na vaga decorrente da aposentadoria do Ministro Ilmar Galvão, havendo tomado posse no dia 25 do mesmo mês.

Na magistratura destacou-se por relatar temas de grande repercussão social, como os julgamentos sobre a constitucionalidade da utilização de células-tronco embrionárias na pesquisa de cura para doenças crônicas, a proibição do nepotismo, o reconhecimento da união homoafetiva, a demarcação da reserva Raposa Serra do Sol e a inconstitucionalidade da Lei de Imprensa.

Eleito por seus pares, na Sessão Plenária de 14 de abril de 2012, para exercer o honroso cargo de Presidente do Supremo Tribunal Federal no biênio de 2012/2014, foi empossado em 19 de abril de 2012. Na Presidência distinguiu-se por uma gestão marcante, exercendo o comando da Corte com firmeza e determinação, em especial ao longo do tormentoso julgamento da AP nº 470.

Dedicando-se ao magistério superior, foi Professor de Direito Constitucional da Faculdade Tiradentes, em Aracaju (1980/1983), Professor de Direito Constitucional da Faculdade Direito da Universidade Federal de Sergipe – UFS (1973/1976 e de 1990 em diante), Professor de Direito Administrativo da mesma faculdade (1976/1983), entre outros prestigiosos estabelecimentos de ensino superior.

Depois de aposentar-se do STF voltou a praticar a advocacia, sendo reconhecido na comunidade jurídica como parecerista de escol, além de retornar à docência como Professor da Pós-Graduação em Direito do Centro Universitário de Brasília – UniCEUB, em que é tido como mestre de invejável talento.

Publicou várias obras jurídicas, com destaque para: *Jurisprudência administrativa e judicial em matéria de servidor público* (Imprensa Oficial do Estado de Sergipe, 1978); *Interpretação e aplicabilidade das normas constitucionais*, em parceria com Celso Ribeiro Bastos (Editora Saraiva, São Paulo, 1982); *O perfil constitucional da licitação* (Editora ZNT, Curitiba, 1997); *Teoria da Constituição* (Editora Forense, Rio de Janeiro, 2003); *O humanismo como categoria constitucional* (Editora Fórum, Belo Horizonte, 2007). Publicou, ainda, os seguintes livros de poesia: *Teletempo* (ed. do autor, 1980); *Um lugar chamado luz* (ed. do autor, 1984); *Uma quarta de farinha* (Editora ZNT, Curitiba, 1998); *A pele do ar* (Gráfica e Editora J. Andrade, Aracaju, 2001); *Varal de borboletas* (Gráfica e Editora J. Andrade, Aracaju, 2003); *Ópera do silêncio* (Editora Fórum, Belo Horizonte, 2005).

Por essas razões foi muito feliz a escolha do jurista Carlos Augusto Ayres de Freitas Britto, a quem os organizadores dedicam esta importante obra científica, a qual certamente constituirá leitura obrigatória não apenas para os especialistas na matéria, como também para todos aqueles que se interessam pelo assunto.

Ricardo Lewandowski
Ministro do Supremo Tribunal Federal e Professor da Universidade de São Paulo – USP e do Centro Universitário de Brasília – UniCEUB.

APRESENTAÇÃO

Carlos Ayres Britto. Tributo a um jurista versado

Esta obra é uma homenagem de juristas dedicados ao direito tributário ao Professor Carlos Ayres Britto.

Poeta, Britto inseriu em seus votos as marcas da sua caminhada, seja pela poesia, seja pela sonoridade das frases, seja pela filosofia que apresenta ou, até mesmo, por sua espirituosidade. O ministro tem a alma nordestina refletida em cada degrau da sua vida pública. Na envolvência do ritmo das orações que constrói, escandalizou os duros de coração e arrebatou a sensibilidade daqueles que não amordaçaram a boca da alma.

Seria possível estabelecer conexões entre a poesia do Ministro Ayres Britto e as decisões proferidas por ele no STF?

Fazendo uma leitura atenta dos versos do poeta-jurista, conseguimos identificar sua índole, sua intimidade, o *ethos* que o conduz e a sua maneira de ver o mundo. Muitas vezes, ele extrai dos versos as respostas para os mais intrigantes casos submetidos à sua apreciação.

A poesia de Britto é ele mesmo retratado em versos. Não é o ministro quem as escreve. Ela é que o convida a servir de instrumento para a imortalidade conseguida com o registro no papel. Navegando pelo mar poético de Britto – um mar ora calmo, ora revolto – é possível perceber os eixos que ligam a sua arte aos seus votos.

Na obra *Varal das borboletras*, ele inicia com a citação de T.S. Eliot:

> Eu disse à minha alma, fica tranquila e espera...
> Até que as trevas sejam luz,
> e a quietude seja dança.[1]

O ministro leu esse trecho quando estava ao lado da Presidente da República, Dilma Rousseff, na solenidade de posse como presidente do STF. Seus escritos já indicavam a ligação existente entre o poeta-jurista e o poeta modernista, dramaturgo e crítico literário inglês nascido nos Estados Unidos, vencedor do Prêmio Nobel de Literatura de 1948.

O ministro passou sete meses como presidente do STF. O número é cabalístico. A Grécia tinha sete sábios e a Idade Média cristã tinha sete artes livres (gramática, retórica, dialética, aritmética, geometria, música, astronomia). O que pensar da atuação de Britto na Presidência do STF? Ele próprio responde num de seus versos: "Ninguém veio ao mundo para ser figurante, mas fulgurante".[2]

O STF tem sido desafiado a apreciar questões que envolvem o direito econômico, o patrimônio nacional e a dinâmica dos mercados. Não raramente a pauta da Corte é contemplada com temas de forte apelo econômico que evidenciam duelos entre as forças

---

[1] BRITTO, Carlos Ayres. *Varal de borboletras*. Belo Horizonte: Fórum, 2004.
[2] BRITTO, Carlos Ayres. *Varal de borboletras*. Belo Horizonte: Fórum, 2004. p. 21.

do capital e o estatismo. Olhando retrospectivamente, percebe-se que a poesia de Ayres Britto anunciava qual seria sua posição no julgamento do caso apreciado pelo STF que discutia a manutenção, ou não, do monopólio dos Correios brasileiro.

No poema "Neoliberalismo", Britto antecipou sua visão do universo econômico:

> A onda neoliberal
> É uma outra visão:
> Pra cada regra moral
> Há um monte de exceção.[3]

O poema acima mostra a reticência para com o modelo neoliberal. Para ele, o modelo excepciona demasiadamente regras morais. É como se desvirtuasse o próprio ser humano. A sua visão sobre o poder do mercado foi antecipada em outro verso:

> O pior do Mercado é que ele já passou de
> motor a mentor da História.[4]
> No poema "Wall Street", registrou sua opinião sobre o centro financeiro:
> Coração das finanças do mundo.
> Coração de pedra.
> Coronárias de chacal.
> O anticoração.[5]

Ter essa percepção é de fundamental importância para entendermos a lógica que conduz o ministro quando desafiado a pensar conflitos judicializados que envolvem a dinâmica do capitalismo, a lógica dos mercados e a força do dinheiro.

O sentimento existente em relação aos Estados Unidos é externalizado em dois de seus poemas. Em "De Roma aos States", ele diz:

> Não é por falar mal,
> Mas o mal de todo império
> É que ele se torna o império do mal.[6]

No verso abaixo, é possível antecipar a visão de Britto caso tivesse tido de proferir voto no julgamento da ação que questiona o decreto o qual regulamentou o dispositivo constitucional que reconheceu a propriedade definitiva dos ocupantes das terras tidas como antigos quilombos. O poema "Dois pesos, duas medidas" diz:

> Os Sem-terra se apossam de fazendas alheias
> E são postos a correr pela Polícia.
> Os Estados Unidos se apossam de pátrias alheias
> E eles mesmos são a Polícia
> Os Estados Unidos se proclamam
> O xerife do mundo
> E o mundo se pergunta,

---

[3] BRITTO, Carlos Ayres. *Varal de borboletas*. Belo Horizonte: Fórum, 2004. p. 32.
[4] BRITTO, Carlos Ayres. *Varal de borboletas*. Belo Horizonte: Fórum, 2004. p. 78.
[5] BRITTO, Carlos Ayres. *A pele do ar*. Belo Horizonte: Fórum, 2004. p. 71.
[6] BRITTO, Carlos Ayres. *Ópera do silêncio*. Belo Horizonte: Fórum, 2004. p. 74.

Acabrunhado:
E quem pediu para ser xerifado?[7]

Em junho de 2011, o STF apreciava a constitucionalidade da chamada Marcha da Maconha. Ao chegar o momento da votação, o ministro utilizou um dos versos imortalizado na obra *Varal das borboletras*: "a liberdade de expressão é a maior expressão da liberdade".[8] O voto foi pela constitucionalidade da marcha dentro de uma linha de raciocínio empregada em outras oportunidades nas quais surgiu em discussão a liberdade de expressão. Basta recordar o voto favorável à não recepção da Lei de Imprensa pela Constituição Federal.

Ao votar a respeito da possibilidade de um decreto do governador do Distrito Federal impedir a manifestação de populares da Praça dos Três Poderes, o Ministro Britto afirmou que o direito de reunião chega a ser sacrossanto. Em um dos seus poemas deixa evidente a coerência do seu pensamento poético com a decisão proferida no caso:

O silêncio das bocas unidas
Costuma ser inventivo.
É um silêncio quente.
Altivo.
– Um silêncio eloquente.[9]

Na temática tributária, os versos são proféticos. Quando o ministro apreciou o caso que discutia se a imunidade tributária prevista pela Constituição Federal para templos religiosos poderia se aplicar aos cemitérios, ele registrou: "Eu tendo a reagir a ideia de que a longa manus tributária do Poder Público alcança a última morada do indivíduo. Quer dizer, nem a última morada do indivíduo é subtraída à longa manus fiscal". O ministro votou pela aplicação da imunidade aos cemitérios. A postura de defesa dos contribuintes pessoas físicas foi anunciada em um verso do ministro:

O governo confunde FISCO com confisco.
Até o pôr-do-sol por trás dos prédios incrementa o IPTU.[10]

No discurso de posse como presidente do STF, afirmou: "Todos nós magistrados, quando vamos nos recolher à noite, para o merecido sono, dizemos mentalmente ou inconscientemente, 'Senhor, não nos deixeis cair em tanta ação'". A expressão foi retirada de um dos poemas do seu livro *Varal das borboletras*:

Santa Maria do desestresse,
Não nos deixeis cair em tanta ação.[11]

No STF, chamado a decidir acerca da continuidade, ou não, da ação penal contra um caseiro que furtou cinco galinhas do seu patrão, o ministro aplicou o chamado

---

[7] BRITTO, Carlos Ayres. *A pele do ar*. Belo Horizonte: Fórum, 2004. p. 92.
[8] BRITTO, Carlos Ayres. *Varal de borboletras*. Belo Horizonte: Fórum, 2004. p. 35.
[9] BRITTO, Carlos Ayres. *Varal de borboletras*. Belo Horizonte: Fórum, 2004. p. 122.
[10] BRITTO, Carlos Ayres. *Varal de borboletras*. Belo Horizonte: Fórum, 2004. p. 48.
[11] BRITTO, Carlos Ayres. *Varal de borboletras*. Belo Horizonte: Fórum, 2004. p. 94.

princípio da insignificância, extinguindo a ação penal. Para ele, a conduta do caseiro foi devida "muito mais a extrema carência material do paciente do que indícios de um estilo de vida em franca aproximação da delituosidade". A posição poderia ter sido antevista da leitura de um dos seus poemas:

> Três meninos-de-rua a furtar cenouras numa hortaliça
> E as cenouras a se dar a eles com um sumarento gosto de justiça.[12]

Quanto ao emblemático caso do Mensalão, o Ministro Ayres Britto tem se manifestado na imprensa qualificando o caso como o mais importante julgamento da história do Supremo. Inúmeros observadores tentam decifrar qual seria o seu voto. Os poemas de Britto anunciavam sua posição:

> Que danosa persistência:
> A influência do tráfico e o tráfico de influência.[13]

Ao proferir voto mantendo preso o então governador do Distrito Federal, Britto tornou célebre a frase: "Há quem chegue às maiores alturas só para cometer as maiores baixezas". Coerente com o que ficou registrado em um dos seus versos na obra *Varal das borboletras*: "Tenho visto canetas caríssimas em mãos que não valem nada".[14]

Quanto às comissões parlamentares de inquérito do Congresso Nacional, outro verso expõe sua opinião a respeito dos trabalhos investigativos realizados pelo Parlamento. Ele diz: "CPI que não dá em nada é minha pizza despreferida".[15]

Outra posição do ministro antecipada em seus poemas foi a manifestada no julgamento, pelo STF, da ação movida pelo Conselho Federal da OAB pleiteando a revisão da Lei de Anistia. Na oportunidade, o ministro entendeu que crimes hediondos e equiparados a estes, como tortura e estupro, não foram anistiados pela lei de 1979. A posição do ministro guarda sintonia com a poesia-protesto trazida na obra *A pele do ar*. No poema "Pinochet em Londres", estampou a sua opinião sobre torturadores:

> Prenderam Pinochet.
> Que bela oportunidade!
> O animal cometeu crimes
> Contra a humanidade.[16]

Enquanto o país aguardava a decisão do STF acerca das uniões homoafetivas, a posição do Ministro Ayres Britto estava contida no poema "Experiência":

> Há 45 anos atrás
> Eu tinha treze anos.
> Poucas idéias na cachola,
> É verdade.

---

[12] BRITTO, Carlos Ayres. *Varal de borboletras*. Belo Horizonte: Fórum, 2004. p. 97.
[13] BRITTO, Carlos Ayres. *Varal de borboletras*. Belo Horizonte: Fórum, 2004. p. 103.
[14] BRITTO, Carlos Ayres. *Varal de borboletras*. Belo Horizonte: Fórum, 2004. p. 120.
[15] BRITTO, Carlos Ayres. *Varal de borboletras*. Belo Horizonte: Fórum, 2004. p. 94.
[16] BRITTO, Carlos Ayres. *A pele do ar*. Belo Horizonte: Fórum, 2004. p. 117.

Mas sonhos em profusão
E uma experiência enorme
No soltar as amarras desse navio
De nome coração.[17]

Ao proferir o voto, Britto registrou: "É a perene postura de reação conservadora aos que, nos insondáveis domínios do afeto, soltam por inteiro as amarras desse navio chamado coração". Percebam que este último trecho – "amarras desse navio de nome coração" – é o trecho final do poema acima.

A desigualdade é outra problemática que afeta a trajetória poética de Ayres Britto, deixando-o visivelmente machucado. No poema "Doença braba", o poeta denuncia a chaga da "injustiça social" da seguinte forma:

O mundo padece de uma doença antiga,
Dolorosa,
uma doença que debilita o mundo
e o torna feio,
E que avança tanto pelas entranhas do mundo
que eu temo que ela se torne incurável.
Essa doença braba que rói as entranhas do mundo
como se fosse motor-serra a derrubar florestas
é a doença que atende pelo nome espectral,
o odiento nome de
INJUSTIÇA SOCIAL.[18]

Quando à eficácia dos direitos sociais, a preocupação do ministro com a temática moradia é retratada no poema a seguir:

Tenho que há moradores de rua em Brasília.
- Tantos, que já vão pra lá de mil...
Tenho que esfregar essa vergonha na cara do Brasil.[19]

Confirmando a sensibilidade anunciada nos versos acima, Ayres Britto votou no STF pela impenhorabilidade do imóvel que constituir bem de família. Para o ministro, o direito à moradia, constante na Constituição, é irrenunciável, não podendo ser mitigado por um contrato de fiação.

Ayres Britto não se deslumbrou com o cargo. Sua humildade permanece. No poema "Indiozinho", ele revela o que sente quando o chamam de "ministro":

Hoje me chamam de ministro
E eu decido sob respeitável toga.
Meu coração, porém, não mudou nada.
Continuo um romântico indiozinho
a remar sua piroga

---

[17] BRITTO, Carlos Ayres. *A pele do ar*. Belo Horizonte: Fórum, 2004. p. 121.
[18] BRITTO, Carlos Ayres. *Ópera do silêncio*. Belo Horizonte: Fórum, 2004. p. 39.
[19] BRITTO, Carlos Ayres. *Ópera do silêncio*. Belo Horizonte: Fórum, 2004. p. 49.

e a cismar por entre as árvores, à noitinha,
Vendo em cada pirilampo e em cada estrela
Os faiscantes olhos da namoradinha.[20]

Ao proferir o voto sobre a recepção, ou não, da Lei de Imprensa, o ministro uniu a liberdade de expressão à democracia, algo já feito no poema "Primeiro botão":

O que quer que seja
pode ser dito por quem quer que seja.
- Esse primeiro botão que eu trançaria
No colar de flores da Democracia.[21]

Outro poema anuncia sua visão contrária às interpretações originalistas que remetem ao ideal constituinte a identificação dos enunciados constitucionais. No poema "Passado", o Ministro Ayres Britto torna público o seu pensamento acerca da possibilidade de o passado governar o futuro. Ele diz:

Que o passado esteja diante de nós,
Vá lá...
Mas o passado adiante de nós,
Sai pra lá...[22]

O ideal de igualdade, eixo temático a nortear inúmeras decisões do STF, é alvo da atenção do poeta. Ele diz no poema "Isonomia":

Deus é o rei
E a Terra a sua rainha.
Dessa união só podem nascer príncipes.
Não súditos e muito menos escravos,
Porque tudo é uma só realeza.
- Devíamos nos tratar por "alteza".[23]

Por fim, saudando o Ministro Britto na presente obra a qual tenho a honra de coordenar ao lado de Eduardo Lourenço, amigo de todas as horas, vale rememorar que a liberdade é um dos valores de maior destaque na construção poética de Britto. Eis trechos do poema "Silogismo":

A Autoridade não tem autoridade
Pra dizer qual parte do seu corpo a imolar
Em favor da Liberdade.
A Liberdade é que tem autoridade
Sobre o tanto a cortar da sua carne
Em favor da Autoridade.
Logo,

---

[20] BRITTO, Carlos Ayres. *Ópera do silêncio*. Belo Horizonte: Fórum, 2004. p. 95.
[21] BRITTO, Carlos Ayres. *Ópera do silêncio*. Belo Horizonte: Fórum, 2004. p. 100.
[22] BRITTO, Carlos Ayres. *Ópera do silêncio*. Belo Horizonte: Fórum, 2004. p. 101.
[23] BRITTO, Carlos Ayres. *Ópera do silêncio*. Belo Horizonte: Fórum, 2004. p. 102.

O princípio de maior autoridade
Não é o princípio da Autoridade.
- É o da Liberdade.[24]

Essa é parte da trajetória poética de Carlos Ayres Britto, o homenageado nesta obra. Por meio desse passeio na arte do homem, é possível antever o raciocínio do ministro no momento de decidir dilemas da vida que lhe foram entregues em razão do ofício que desempenhou na Suprema Corte.

Seus versos refletem aquilo que a alma não consegue – nem quer – sufocar.

Saul Tourinho Leal

---

[24] BRITTO, Carlos Ayres. *Ópera do silêncio*. Belo Horizonte: Fórum, 2004. p. 116.

A TRIBUTAÇÃO E A LIVRE CONCORRÊNCIA NA CONSTITUIÇÃO DE 1988

AGOSTINHO DO NASCIMENTO NETTO

1 Notas introdutórias

1.1 O espírito da Constituição de 1988

Falar da importância da Constituição de 5.10.1988 para os novos horizontes do direito brasileiro pós-redemocratização política ou normalização democrática nunca deve ser tomado por demais. Muito se escreveu, desde os albores da nova ordem constitucional e democrática, e muito permanece sendo escrito no reconhecimento como sendo o seu espírito e para o seu fortalecimento, sobre a ênfase na centralidade dos direitos humanos e fundamentais relativamente a todas as relações, inclusive jurídicas, nada, verdadeiramente, escapando de tal compreensão.

Se convencionalmente a visão de direitos fundamentais se restringia às liberdades clássicas, isto é, àquelas que procuravam proteger o cidadão dos avanços e posturas incontidas do Estado, mais adiante se passou a observar, e isso é parte fundamental da ideia que anima a Constituição de 1988, outras expressões, como as positivas, preocupadas com as liberdades impositivas, e as que extrapolam os limites dos direitos individuais, tocando os reconhecidos como da solidariedade,[1] que surgiram e se robusteceram.

Para a nova ordem constitucional inaugurada em 1988, surge a se apresentar como sua mais evidente preocupação a da busca incessante e ingente na superação dos débitos sociais, cuja sedimentação se reconheceu como se dando historicamente e dessa forma se cristalizando. Nesse propósito, a ideia, erigida com enorme e até indesafiável força normativa, do conceito de direitos humanos e fundamentais resgatado em seu máximo prestígio. Não há província jurídica – noção que somente faz sentido em sua adoção a

---

[1] Sobre o ponto, consulte-se, por todos, MORAES, Alexandre de. *Direito constitucional*. 8. ed. São Paulo: Atlas, 2000. p. 56-61.

partir de preocupações meramente taxonômicas – em que o papel da Constituição e da defesa dos direitos fundamentais não se sobressaia.

1.2   As críticas à Constituição de 1988

O caráter do Texto Maior brasileiro, reconhecidamente singular em termos analíticos, tem sido objeto de duras críticas de muitos. Invoca-se a singeleza de outras Constituições pelo mundo como fundamento às objeções que sobre ela se lançam, no que parece ser uma postura sensivelmente equivocada em mais de um termo.

Equivoca-se o crítico ao não se esforçar por reconhecer as diferenças evolutivas históricas, políticas, sociais, econômicas e jurídicas entre as diversas nações. Comparar as vivências constitucionais dos países demanda – jamais se deixando de lado o papel que avanços históricos devem exercer para a marcha civilizacional universal – levar na devida conta os motivos, os momentos, os personagens e os seus efeitos, que marcos históricos representaram para a história de uma nação. A transposição acrítica de uma realidade a outra pode, e em muitos casos é o que se testemunha, redundar em não mais que acentuada incompreensão, irrefreável inquietude e até em inconformismos de inclinações mais radicalizadas, nada sequer aproximadamente reformista. Tomar por irrelevantes, pois, essas diferenças é não mais que, afinal, menoscabar o papel da história, o que parece ser, vinque-se, o caminho mais rápido para a frustração política e social.

Outra questão não menos sensível, e que de igual modo deriva da opção pela crítica, é a de que o Texto Constitucional do Brasil seria disfuncional. Aqui, reforça-se a censura com o argumento de que insustentável o conjunto de assuntos nele estampado e ainda mais por sua não menos notável pretensão dirigista. As críticas mais ácidas tomaram a Constituição de 1988 como natimorta, mesmo antes do advento do naufrágio do socialismo real e da crise da social democracia,[2] dizendo ser o seu texto, em que pese "saudavelmente libertária no político",[3] também "cruelmente liberticida no econômico"[4] e "comoventemente utópica no social".[5]

---

[2] Sobre a referida crise, consulte-se TORRES, Ricardo Lobo. *Tratado de direito constitucional, financeiro e tributário* – O orçamento na Constituição. 2. ed. Rio de Janeiro: Renovar, 2000. v. V. p. 12-20. Este renomado autor cogita da hipótese de a crise fiscal se agravar de modo tamanho absoluto que passariam a ser inócuas "as modificações institucionais da política fiscal, da função tributária e do orçamento governamental" (cf. TORRES, Ricardo Lobo. *Tratado de direito constitucional, financeiro e tributário* – O orçamento na Constituição. 2. ed. Rio de Janeiro: Renovar, 2000. v. V. p. 16). O alerta ocupava espaço de relevo naquele momento, mas foi formulado, smj, já nos fins dos anos noventa do século fundo. Hoje, considerada a conjuntura econômica mundial, especialmente após o ano de 2008, com mais força de razão de ser observado. Ainda assim, é necessário conciliar o imprescindível rigor com o equilíbrio fiscal, valor encampado, parece inquestionável, constitucionalmente, com as fortemente quase irrefreáveis e inadiáveis demandas sociais, com destaque para o caso brasileiro e de nações com similar patamar de desenvolvimento.

[3] BONAVIDES, Paulo; ANDRADE, Paes de. *História constitucional do Brasil*. 3. ed. Rio de Janeiro: Paz e Terra, 1991. p. 493, citando o então Senador Roberto Campos (*O Estado de S. Paulo*, 4 out. 1988).

[4] BONAVIDES, Paulo; ANDRADE, Paes de. *História constitucional do Brasil*. 3. ed. Rio de Janeiro: Paz e Terra, 1991. p. 493.

[5] BONAVIDES, Paulo; ANDRADE, Paes de. *História constitucional do Brasil*. 3. ed. Rio de Janeiro: Paz e Terra, 1991. p. 493.

Ocorre que foi ela fruto da sensibilidade derivada do diagnóstico de que inaceitável mais atraso no resgate social dos brasileiros deixados à margem. A pauta de expectativas, em muito represadas e de há muito, era incomensurável, o que é explicação para se mostrar a nova Constituição como verdadeiro desaguadouro das maiores esperanças.

1.3 1989 e os seus impactos para a ordem constitucional nascida em 1988

Quase nasceu a Constituição de 1988 marcada, todavia, por um momento de virada histórica rigorosamente inesperada, quando se tem por aberta fase sem precedentes de dinamismo, mas de também instabilidades políticas e econômicas e de riscos acentuados para as relações sociais. À sua expressão inicial, com os traços evidentes da fé em futuro mais social, política e juridicamente promissor, a ela se acresceram as marcas da apreensão em ser imprescindível a busca por alinhamento à nova cadência histórica. Do contrário, a visão de que o seu destino, marcado desde o nascimento – malogro absoluto das esperanças nela depositadas – ocorreria inexoravelmente. O resultado, menos retrato da insatisfação com o seu conteúdo original compromissário e detalhista, e mais com a preocupação com as cobranças advindas do novo modelo político e econômico mundial em marcha, não poderia ser outro senão o do frequente labor reformador.

Mantido, porém, o espírito que inspirou os redatores constitucionais originais de respeito aos direitos humanos – dos quais se podem destacar a mero título de exemplificação, a igualdade, sem qualquer distinção, perante a lei; a garantia de que ninguém será obrigado a fazer ou deixar de fazer alguma coisa senão em virtude de lei; a proteção ao direito de propriedade; o franco acesso ao Poder Judiciário, garantido a todos o contraditório e a ampla defesa; a preservação do direito adquirido, do ato jurídico perfeito e da coisa julgada; a atenção ao devido processo legal como requisito à eventual privação da liberdade ou da propriedade –, a realidade com os traços vivenciados pela contemporaneidade, de alterações cada vez mais rápidas e frequentes, causando vertigens insuportáveis,[6] ante as quais a melhor terapia, não passando pela desatenção às lições do passado, toca na compreensão de que os institutos, aos quais se pretende atribuir o papel de estabilizadores e de passagem para a modernidade, devem ter enorme capacidade de resposta aos reclamos sociais crescentes e em constante renovação. Há que se atentar que as respostas adaptativas não

---

[6] Para Ricardo Lodi Ribeiro, "Considerando a imprevisibilidade do futuro, evidenciada pela *sociedade de risco*, (em que) a Segurança se volta para o passado, não podendo ser garantida de forma absoluta em relação ao futuro [...]" (RIBEIRO, Ricardo Lodi. *Limitações constitucionais ao poder de tributar*. Rio de Janeiro: Lumen Juris, 2010. p. 14). O autor, ao mencionar sociedade de risco, faz referência a Ulrich Beck (cf. BECK, Ulrich. *La sociedad del risgo* – Hacia uma nueva modernidad. Tradução de Jorge Navarro, Daniel Jiménez e Maria Rosa Borras. Barcelona: Paidós, 1998), autor que cunhou a preciosa e precisa expressão segundo a qual os perigos hoje enfrentados pela humanidade são resultantes das próprias ações humanas, imprevisíveis em suas consequências e geradores de um enfraquecimento da racionalidade baseada no passado (cf. RIBEIRO, Ricardo Lodi. *Limitações constitucionais ao poder de tributar*. Rio de Janeiro: Lumen Juris, 2010. p. 14, nota de rodapé 28).

podem abrir mão das características da prestabilidade, do realismo, do pragmatismo e do consequencialismo.

Não se admitindo a suserania absoluta dos que nos antecederam e mesmo dos viventes por sobre os pósteros, o caminho a ser adotado, preservado como fundamento indesafiável o respeito aos direitos humanos, é o de se aceitar como premissa a necessidade de adaptação.

Um descolamento, porém, da realidade presente a certo povo, impostas mentalidades que lhes sejam estranhas ou ofensivas às suas tradições, com adoção forçada de medidas em termos de valores, é quadro que, muito embora não tenha ainda se conseguido bem dimensionar e aferir em consequências, sugere-se como problemático. É um cuidado a ser tomado na mais rigorosa conta pelo constituinte derivado.

2   Os reflexos da Constituição de 1988 sobre o direito tributário

Não escapou de todo esse contexto histórico, político, social e econômico o direito tributário brasileiro. Com forte conteúdo constitucional, sendo rara e resultado de esforço especialíssimo a identificação daquilo que no âmbito tributário não se submete aos ares dos altiplanos jurídicos, o direito tributário brasileiro, a partir do capítulo primeiro ao constitucional título sexto, Da Tributação e do Orçamento, vai a minúcias raramente encontráveis em outros textos mundo a fora de igual *status*. A razão a tanto parece de simples identificação e não se afasta das antes apontadas preocupações com as demandas historicamente gestadas, valendo ainda se anotar que diversos são os esteios com matriz no conceito de direitos e garantias fundamentais.

Sendo mais que necessário avançar celeremente em direção à máxima justiça social, assumiu o direito tributário a missão de, sem desatender aos elevados critérios de proteção ao cidadão em sua feição de contribuinte, ao cidadão-contribuinte, compor a expressão orçamentária, financeira e fiscal daquela escalada. Segundo o saudoso Professor Ricardo Lobo Torres, a Constituição Tributária e as Constituições Orçamentária e Monetária são subsistemas que compõem a Constituição Financeira, e, destacadamente, o quadro maior da Constituição do Estado de Direito. Equilibram-se e se harmonizam "com outros subsistemas, especialmente a Constituição Econômica e a Política".[7] Vale dizer, a normatização constitucional que se volte para a disciplina das questões, ao lado das orçamentárias, monetárias e financeiras públicas, sofrerá, necessariamente, a influência, ainda que juridicamente filtrada, devendo com essas se preocupar e se alinhar, da economia e da política.

Para o mesmo doutrinador, voltado mais especificamente ao tema da composição do orçamento público, "A disciplina básica da receita e da despesa estabelece-a a

---

[7]   TORRES, Ricardo Lobo. *Tratado de direito constitucional, financeiro e tributário* – O orçamento na Constituição. 2. ed. Rio de Janeiro: Renovar, 2000. v. V. p. 1.

Constituição, que deve estampar os princípios e as normas que tratem simultaneamente de ambas as faces da mesma moeda – as entradas e os gastos públicos".[8]

3 Um vislumbre da compreensão constitucional tributária do Ministro Ayres Britto

O presente escrito é lançado para integrar, a par com comemoração pelos trinta anos da Constituição Federal de 1988 e os seus reflexos para o direito tributário, homenagem, para mais que merecida, ao Eminente Ex-Ministro do Supremo Tribunal Federal, Carlos Augusto Ayres de Freitas Britto, o Ministro Ayres Britto, cuja passagem pela Corte Suprema foi das mais marcantes, tendo deixado forte legado de luta por um direito que, tanto quanto atento aos valores eleitos no âmbito do equilíbrio constitucional, fosse o mais efetivo na nuclear pauta de defesa e de reforço sempre constante aos direitos fundamentais. Muitos são os pronunciamentos do Ministro Ayres Britto que apontam para a percepção de que inquestionavelmente detentor de enorme estofo intelectual, de incomum formação jurídica e de uma refinada técnica voltada ao espinhoso ofício de julgar, sobremaneira quando presentes conteúdos constitucionais. O Ministro Ayres Britto, e essa poderia ser definida como a sua mais sensível marca, jamais se deixou aprisionar pelas amarras de uma pretensa pureza científica e técnica do direito como escora para afastamento daquilo que vertebra a Constituição de 1988 e a anima espiritualmente, repita-se à exaustão, a sua máxima atenção aos propósitos da pauta de defesa dos direitos fundamentais. Não se anotou campo jurídico ou tema sob julgamento em que a postura humanista do Ministro Ayres Britto não tivesse se feito presente.

Sendo o direito tributário espécie de tratamento jurídico para as realidades econômicas, a tentação de se cuidar dele juridicamente com afastamento de preocupações de outras ordens que não as de conteúdo puramente financeiro não se pode tomar por pequena. Não deixou, no entanto, a Constituição de 1988 de reconhecer também ao direito tributário um papel protetivo dos direitos fundamentais do cidadão, ainda que se voltando à expressão deste como cidadão contribuinte. A Constituição foi pródiga na escolha do formato de tratamento normativo, descendo a minúcias, em opção, como antes observado, verdadeiramente em muito inédita em termos mundiais e históricos.

O Ministro Ayres Britto, também no espaço desse ramo jurídico, não deixou de levar a sua especial compreensão jurídica constitucional, mantendo-se leal ao espírito do Texto de 1988 de defesa dos direitos humanos e fundamentais e de atenção às demandas pelo resgate social e de superação das injustiças que desafortunadamente se mostram tão cristalizadas e que passaram quase a sinonimizar ou dar significado à ideia de nação brasileira.

---

[8] TORRES, Ricardo Lobo. *Tratado de direito constitucional, financeiro e tributário* – O orçamento na Constituição. 2. ed. Rio de Janeiro: Renovar, 2000. v. V. p. 1.

3.1 O Ministro Ayres Britto e o julgamento da Ação Direta de Inconstitucionalidade nº 2.588 (ADI nº 2.588)

Pronunciando-se no significativo julgamento da Ação Direta de Inconstitucionalidade (ADI) nº 2.588,[9][10] o Ministro Ayres Britto teve oportunidade de dar exemplo das suas escolhas valorativas constitucionais.

Naquela ocasião, em debate à tributação incidente sobre lucros auferidos por empresa nacional a partir das atividades desenvolvidas em empresa por ela controlada ou a ela coligada e sediada no exterior, o Supremo Tribunal Federal entendeu, com eficácia *erga omnes* e efeito vinculante, conferindo interpretação conforme e construída a decisão pela média das compreensões expostas em Plenário, pela inaplicabilidade do art. 74 da Medida Provisória nº 2.158[11] às empresas nacionais coligadas a pessoas jurídicas sediadas em países sem tributação favorecida ou que não fossem paraísos fiscais; pela aplicabilidade do art. 74 da Medida Provisória nº 2.158 às empresas

---

[9] BRASIL. Supremo Tribunal Federal. *Ação Direta de Inconstitucionalidade 2.588*. Relatora: Ministra Ellen Gracie. Relator p/ o Acórdão: Ministro Joaquim Barbosa, Acórdão 10/4/2013. Disponível em: http://www.stf.jus.br/portal/jurisprudencia/listarJurisprudencia.asp?s1=%28ADI+2588%29%282588%2ENUME%2E+OU+2588%2EACMS%2E%29%28PLENO%2ESESS%2E%29&base=baseAcordaos&url=http://tinyurl.com/y89drpna. Acesso em: 14 jul. 2018.

[10] "Ementa: TRIBUTÁRIO. INTERNACIONAL. IMPOSTO DE RENDA E PROVENTOS DE QUALQUER NATUREZA. PARTICIPAÇÃO DE EMPRESA CONTROLADORA OU COLIGADA NACIONAL NOS LUCROS AUFERIDOS POR PESSOA JURÍDICA CONTROLADA OU COLIGADA SEDIADA NO EXTERIOR. LEGISLAÇÃO QUE CONSIDERA DISPONIBILIZADOS OS LUCROS NA DATA DO BALANÇO EM QUE TIVEREM SIDO APURADOS ('31 DE DEZEMBRO DE CADA ANO'). ALEGADA VIOLAÇÃO DO CONCEITO CONSTITUCIONAL DE RENDA (ART. 143, III DA CONSTITUIÇÃO). APLICAÇÃO DA NOVA METODOLOGIA DE APURAÇÃO DO TRIBUTO PARA A PARTICIPAÇÃO NOS LUCROS APURADA EM 2001. VIOLAÇÃO DAS REGRAS DA IRRETROATIVIDADE E DA ANTERIORIDADE. MP 2.158-35/2001, ART. 74. LEI 5.720/1966, ART. 43, § 2º (LC 104/2000). 1. Ao examinar a constitucionalidade do art. 43, § 2º do CTN e do art. 74 da MP 2.158/2001, o Plenário desta Suprema Corte se dividiu em quatro resultados: 1.1. Inconstitucionalidade incondicional, já que o dia 31 de dezembro de cada ano está dissociado de qualquer ato jurídico ou econômico necessário ao pagamento de participação nos lucros; 1.2. Constitucionalidade incondicional, seja em razão do caráter antielisivo (impedir 'planejamento tributário') ou antievasivo (impedir sonegação) da normatização, ou devido à submissão obrigatória das empresas nacionais investidoras ao Método de Equivalência Patrimonial – MEP, previsto na Lei das Sociedades por Ações (Lei 6.404/1976, art. 248); 1.3. Inconstitucionalidade condicional, afastada a aplicabilidade dos textos impugnados apenas em relação às empresas coligadas, porquanto as empresas nacionais controladoras teriam plena disponibilidade jurídica e econômica dos lucros auferidos pela empresa estrangeira controlada; 1.4. Inconstitucionalidade condicional, afastada a aplicabilidade do texto impugnado para as empresas controladas ou coligadas sediadas em países de tributação normal, com o objetivo de preservar a função antievasiva da normatização. 2. Orientada pelos pontos comuns às opiniões majoritárias, a composição do resultado reconhece: 2.1. A inaplicabilidade do art. 74 da MP 2.158-35 às empresas nacionais coligadas a pessoas jurídicas sediadas em países sem tributação favorecida, ou que não sejam 'paraísos fiscais'; 2.2. A aplicabilidade do art. 74 da MP 2.158-35 às empresas nacionais controladoras de pessoas jurídicas sediadas em países de tributação favorecida, ou desprovidos de controles societários e fiscais adequados ('paraísos fiscais', assim definidos em lei); 2.3. A inconstitucionalidade do art. 74 par. ún., da MP 2.158-35/2001, de modo que o texto impugnado não pode ser aplicado em relação aos lucros apurados até 31 de dezembro de 2001. Ação Direta de Inconstitucionalidade conhecida e julgada parcialmente procedente, para dar interpretação conforme ao art. 74 da MP 2.158-35/2001, bem como para declarar a inconstitucionalidade da clausula de retroatividade prevista no art. 74, par. ún., da MP 2.158/2001".

[11] "Art. 74. Para fim de determinação da base de cálculo do imposto de renda e da CSLL, nos termos do art. 25 da Lei nº 9.249, de 26 de dezembro de 1995, e do art. 21 desta Medida Provisória, os lucros auferidos por controlada ou coligada no exterior serão considerados disponibilizados para a controladora ou coligada no Brasil na data do balanço no qual tiverem sido apurados, na forma do regulamento".

nacionais controladoras de pessoas jurídicas sediadas em países de tributação favorecida ou que fossem desprovidos de controles societários e fiscais adequados, ou seja, sediadas em paraísos fiscais, nos termos da lei; pela inconstitucionalidade do art. 74, parágrafo único,[12] da Medida Provisória nº 2.158, de modo a não poder o texto impugnado ser aplicado em relação aos lucros apurados até 31.12.2001 (não aplicação retroativa do parágrafo único do art. 74 da Medida Provisória nº 2.158).

A partir de pedido de vista, o Ministro Ayres Britto, seguido pela Presidência (Ministro Cezar Peluso),[13] julgou, dando interpretação conforme ao art. 74 da Medida Provisória nº 2.158, improcedente a ação direta de inconstitucionalidade. Há no voto do ministro claras passagens nas quais se sobressaem as atenções à justiça tributária; ao prestígio aos propósitos constitucionais dirigidos a uma tributação efetiva e eficaz, em que se arrecadem recursos financiadores suficientes aos dispêndios estatais, sempre segundo os ditames impostos constitucionalmente; à preservação da igualdade em sua expressão mais intrinsecamente tributária, qual seja, a da capacidade contributiva; da razoabilidade, todos como critérios na aferição da higidez jurídica do regime de tributação em discussão. São palavras do Ministro Ayres Britto:

> 24. Ora, considerar esses lucros apurados fora do País como disponibilizados, para a coligada brasileira, na data do balanço é opção francamente razoável que a lei fez para que o Direito Tributário pudesse permanecer na posse da sua própria eficácia como sistema de imposições centralmente fiscais e complementarmente extra-fiscais. De tudo avultando o caráter elementarmente arrecadatório de recursos financiadores dos investimentos e despesas correntes do Estado e seu papel de mecanismo de um tipo de justiça a que bem assenta o nome de justiça social tributária. Como tal entendido um tipo de justiça que se faz mediante imposição fiscal mais expressiva aos detentores de capacidade contributiva de maior compleição, como afirmei em voto-vista no RE 423.768, da relatoria do ministro Marco Aurélio.
>
> 25. Assim não fosse, a conseqüência da não-equiparação legal seria de se imaginar: as empresas que hoje são controladoras ficariam cada vez mais irresistivelmente tentadas a uma reformatação jurídica do grupo empresarial em direção ao sistema de coligação, simplesmente para fugir da obrigação tributária sobre os lucros obtidos no exterior. É como falar: quanto às empresas coligadas, a não-adoção de um juízo de razoabilidade sobre a medida trazida com a norma impugnada levaria a um juízo de quase – impossibilidade da tributação. Uma perigosa travessia do indesejável campo da elisão tributária para os ilegais domínios da evasão fiscal. E o fato é que, muitas vezes, tanto no Direito quanto na Filosofia, o acerto de um juízo só se demonstra pela consideração de que o juízo contrário leva a resultados disparatados, ou absolutamente ineficazes. No caso em exame, a interpretação que dê pela inconstitucionalidade da norma desembocaria na ineficácia da própria norma interpretada, numa postura hermenêutica de desinteligência, para me valer das lições sabiamente ministradas por Carlos Maximiliano, para quem *deve o*

---

[12] "Art. 74. [...]. Parágrafo único. Os lucros apurados por controlada ou coligada no exterior até 31 de dezembro de 2001 serão considerados disponibilizados em 31 de dezembro de 2002, salvo se ocorrida, antes desta data, qualquer das hipóteses de disponibilização previstas na legislação em vigor".

[13] O Ministro Nelson Jobim, ainda na condição de presidente da Corte, e o Ministro Eros Grau julgaram improcedente, também dando interpretação conforme à Constituição, à Ação Direta de Inconstitucionalidade nº 2.588.

Direito ser interpretado inteligentemente: não de modo que a ordem legal envolva um absurdo, prescreva inconveniências, vá ter a conclusões inconsistentes ou impossíveis. Também se prefere a exegese de que resulte eficiente a providência legal ou válido o ato, à *que torne aquela sem efeito, inócua, ou este, juridicamente nulo* (In: Hermenêutica e Aplicação do Direito. 19. ed. Rio de Janeiro: Forense, 2006, p. 136 sem destaques no original). Ineficácia normativa que também colide frontalmente com o § 2º do art. 145 da Constituição Federal, que volto a transcrever:

§ 1º. Sempre que possível, os impostos terão caráter pessoal e serão graduados segundo a *capacidade econômica do contribuinte*, facultado à administração tributária, especialmente para conferir *efetividade* a esses objetivos, *identificar*, respeitados os direitos individuais e nos termos da lei, o *patrimônio*, os *rendimentos* e as *atividades econômicas* do contribuinte.

26. É o que bem pode se rotular, em sobrepasso cognitivo, como princípio da justiça tributária eficaz. Princípio de que emana a idéia de capacidade contributiva como particularizada manifestação da igualdade no ramo jurídico em causa (o tributário). Igualdade como critério de justiça tributária, a se concretizar por meio da graduação dos impostos de acordo com a capacidade econômica do contribuinte. Donde se concluir que, onde houver manifestação de capacidade contributiva, é lícita, a princípio, a imposição de tributos. E se é lícita a imposição de tributos nessa situação em que se manifesta a capacidade contributiva, a Constituição confere poderes prioritários à Administração Fiscal para concretizar, eficazmente, o objetivo maior que é a justiça tributária.

A se sublinhar, entre outras de igual destacado significado, as passagens voltadas ao conceito de elisão fiscal e ao problema do papel da capacidade contributiva na definição da justiça tributária.

Fica claro que para o Ministro Ayres Britto há distinção entre os fenômenos da elisão fiscal e da evasão fiscal, mas tal diferenciação avança para longe do lugar comum de se definir a última como inserta no campo da ilicitude enquanto a primeira seria sempre admissível, uma vez que, ao contrário, submeter-se-ia aos limites do autorizado constitucional e legalmente. O ministro adota critérios que permitem alcançar as conclusões de que um planejamento negocial e organizacional, acaso desenvolvido em desrespeito ao princípio, que deve ser tomado como dos maiores, até como sua causa, no âmbito das relações jurídicas tributárias, da capacidade contributiva, conteúdo específico ao princípio da igualdade para o mesmo perímetro (relações jurídicas tributárias) – "de que emana a idéia de capacidade contributiva como particularizada manifestação da igualdade no ramo jurídico em causa (o tributário)", sendo a igualdade "critério de justiça tributária, a se concretizar por meio da graduação dos impostos de acordo com a capacidade econômica do contribuinte" –, aponta, senão para a precisa ilegalidade – "travessia do indesejável campo da elisão tributária para os ilegais domínios da evasão fiscal" –, para a refutabilidade, isto é, para algo a ser desestimulado, combatido e afastado.

Uma atuação de alguém que deveria ser, nos termos da norma tributária, alcançado pela tributação, devendo ofertar a ela parte da sua riqueza, mas que assim não se dá por direta decorrência de artificiosa arrumação em suas atividades negociais e contratuais, afronta o que há de mais fundamental em termos de justiça tributária e menoscaba a noção de igualdade proporcional, aquela em que os contribuintes terão as incidências tributárias dirigidas a si graduadas conforme a capacidade econômica e contributiva verificada.[14]

Dista o tempo em que a mera atenção aos estritos termos gramaticais de uma norma tributária informava aquilo que autorizado ao contribuinte realizar, servindo como o exclusivo critério a ser considerado. Ao lado da noção de legalidade estrita, passou-se a ter, marcadamente a partir da Constituição de 1988, por incontornável a apreensão do conceito de abusividade de direito, valendo observar que – a partir, como todos os demais ramos do direito, do seu núcleo constitucional – a própria ordenação civilística avançou para uma disposição que diretamente refuta qualquer prática de atos que excedam os limites impostos pelos admitidos fins econômicos ou sociais ou pela boa-fé,[15] [16] tratando-os mesmo como claramente atos ilícitos.

A raiz da atenção e do regime referido é para com as práticas meramente emulativas, que são as traçadas com desvio das finalidades encampadas pelo direito. Nas palavras de Heleno Tôrres, um negócio jurídico é realizado com abuso de direito sempre que "configurações jurídicas [...] se apresentem inadequadas com relação ao regime jurídico típico ou atípico, gerando a possibilidade de obtenção de 'vantagens injustificáveis', além do quanto ordinariamente possível".[17]

Não diverge o direito tributário dessas preocupações e assim entremostrou conceber o Ministro Ayres Britto.

3.2 O Ministro Ayres Britto e o julgamento da Medida Cautelar em Ação Cautelar nº 1.657 (AC nº 1.657 MC)

No julgamento da Medida Cautelar na Ação Cautelar nº 1.657,[18] [19] o Ministro Ayres Britto uma vez mais confirmou a sua visão humanística do direito. Nesse

---

[14] Para uma explicitação das noções de proporcionalidade, mas também de progressividade, de personalização e de seletividade, confira-se TORRES, Ricardo Lobo. *Tratado de direito constitucional, financeiro e tributário* – Os direitos humanos e a tributação: imunidades e isonomia. Rio de Janeiro: Renovar, 1999. v. III. p. 335.

[15] Conforme o art. 187 do Código Civil vigente: "Também comete ato ilícito o titular de um direito que, ao exercê-lo, excede manifestamente os limites impostos pelo seu fim econômico ou social, pela boa-fé ou pelos bons costumes".

[16] Antes, quando em vigor o Código Civil de 1916, a mensagem da disciplina para os atos tomados por abusivos em seu exercício era confirmada indiretamente, estando assim disposta: "Art. 160. Não constituem atos ilícitos: I – Os praticados em legítima defesa ou no exercício regular de um direito reconhecido".

[17] TÔRRES, Heleno. *Direito tributário e direito privado* – Autonomia privada – Simulação – Elusão tributária. São Paulo: Revista dos Tribunais, 2003. p. 335.

[18] BRASIL. Supremo Tribunal Federal. *Medida Cautelar na Ação Cautelar AC 1657 MC*. Rel. Min. Joaquim Barbosa, Rel. p/ Acórdão Min. Cezar Peluso, Acórdão 31/8/2007. Disponível em: http://www.stf.jus.br/portal/processo/verProcessoAndamento.asp?numero=1657&classe=AC-MC&codigoClasse=0&origem=JUR&recurso=0&tipoJulgamento=M. Acesso em: 14 jul. 2018.

[19] "EMENTA: RECURSO. Extraordinário. Efeito suspensivo. Inadmissibilidade. Estabelecimento industrial. Interdição pela Secretaria da Receita Federal. Fabricação de cigarros. Cancelamento do registro especial para produção. Legalidade aparente. Inadimplemento sistemático e isolado da obrigação de pagar Imposto sobre Produtos Industrializados – IPI. Comportamento ofensivo à livre concorrência. Singularidade do mercado e do caso. Liminar indeferida em ação cautelar. Inexistência de razoabilidade jurídica da pretensão. Votos vencidos. Carece de razoabilidade jurídica, para efeito de emprestar efeito suspensivo a recurso extraordinário, a pretensão de indústria de cigarros que, deixando sistemática e isoladamente de recolher o Imposto sobre Produtos Industrializados, com conseqüente redução do preço de venda da mercadoria e ofensa à livre concorrência, viu cancelado o registro especial e interditados os estabelecimentos".

julgamento, debateu-se, a partir da pretensão de se emprestar efeito suspensivo a recurso extraordinário, o cancelamento de ato administrativo de registro especial, conforme previsão no Decreto-Lei nº 1.593/1977, condição necessária e autorizativa para o fabrico de cigarros. Segundo o regime normativo a disciplinar o tema, descumprida alguma obrigação, principal ou acessória, das relativas ao recolhimento de Imposto sobre Produtos Industrializados (IPI), deve a autoridade administrativa fiscal competente levar a cabo o cancelamento do registro especial.

Para a requerente, a referida providência administrativa padeceria de flagrante injuridicidade, uma vez que desrespeitadas as consagradas constitucionalmente liberdades de trabalho, de comércio e de indústria e desconsideradas as súmulas de jurisprudência predominante do Supremo Tribunal Federal de nºs 70,[20] 323[21] e 547.[22]

Afirmou, todavia, o Ministro Ayres Britto ao enunciar a sua concepção acerca dos fundamentos da questão em debate, acompanhando o voto-vista do Ministro Cezar Peluso e compondo com a maioria vencedora, o seguinte:

> A atividade tabagista, no plano industrial e mercantil, é delicada mesmo. Ela é tão especial que reclama um regime tributário igualmente especial – aliás, com fez esse Decreto nº 1.593. Porque, pelos efeitos nocivos à saúde dos consumidores do tabaco, é um tipo de atividade que muito dificilmente se concilia com o princípio constitucional da função social da propriedade. [...]
>
> Em última análise, quero dizer que o voto do Ministro Cezar Peluso me parece homenagear, servir melhor à Constituição na sua axiologia. E Sua Excelência não se furtou de encarar o tema à luz de outros princípios constitucionais: o da livre iniciativa e o da livre concorrência. [...]
>
> Mas subjaz ao voto do Ministro Cezar Peluso – quero crer – a afirmativa de que a tributação especial, mais exacerbada, mais elevada, cumpre uma função inibidora da própria atividade. Ora, a sonegação, longe de cumprir uma função inibidora, pisa no acelerador da atividade. Ou seja, se de um lado, a tributação elevada é um freio, a tributação elevada é um freio, a sonegação contumaz é um acelerador. Quer dizer, é um caminhar na contramão dos desígnios constitucionais, e com reflexo, também, a admitir a livre iniciativa para os concorrentes, na pureza da livre concorrência. [...]
>
> Penso que é preciso entender a livre iniciativa na seguinte perspectiva: todos são livres para iniciar o processo produtivo e a sua vocação; para destinar seu talento, sua vocação, sua energia física, sua propriedade a uma determinada atividade econômica. Sou livre para iniciar na economia. Mas uma vez iniciada a atividade econômica, valores outros entram no circuito produtivo, e de cunho social, porque a Constituição também faz da função social da propriedade não só um direito fundamental, com um princípio da atividade econômica.

As razões de decidir do Ministro Ayres Britto se principiam com referências a aspectos que dizem mais de perto com princípios que subordinam a proteção à

---

[20] "É inadmissível a interdição de estabelecimento como meio coercitivo para cobrança de tributo".
[21] "É inadmissível a apreensão de mercadorias como meio coercitivo para pagamento de tributos".
[22] "Não é lícito à autoridade proibir que o contribuinte em débito adquira estampilhas, despache mercadorias nas alfândegas e exerça suas atividades profissionais".

saúde, exatamente em linha com os ditames do art. 196 e seguintes da Constituição de 1988, aquele segundo o qual "A saúde é direito de todos e dever do Estado, garantido mediante políticas sociais e econômicas que visem à redução do risco de doença e de outros agravos e ao acesso universal e igualitário às ações e serviços para sua promoção, proteção e recuperação". Para fins de promoção da saúde, deve o Estado adotar políticas e posturas que, sem prejuízo de outras iniciativas, minimizem os riscos de doenças.

O tabagismo, não parece haver lugar para dúvidas, impõe consequências tremendamente nocivas à saúde dos seus adotantes – aliás, até mesmo os não fumantes, os fumantes ditos passivos –, com, inclusive, custos elevadíssimos para as finanças públicas, ou seja, para todo o conjunto da sociedade. Dessa constatação, parte o Ministro Ayres Britto para desenhar a sua percepção do problema, tomando por sustentável a pretensão fazendária. Para ele, a atividade de fabricação de produtos fumageiros afasta qualquer possibilidade de reconhecimento de traços de uma sua função socialmente aceitável.[23] Falar em direito de produzir cigarros em respeito ao direito de propriedade não se mostra suficiente.

Avança o Ministro Ayres Britto em sua explanação, apontando para o terreno propriamente tributário do debate. Aí, passa o Ministro Ayres Britto a invocar os princípios da livre iniciativa e da livre concorrência e os seus reflexos para o regime tributário especialmente eleito. Nesse ponto, em paralelo com atenção ao determinado pela Constituição como tratamento ao valor saúde, que vertebrou o argumento a justificar a previsão especial veiculada pela norma impugnada (o art. 7º, incs. III e XV, *in fine*, da Lei nº 9.782, de 1999; e a Resolução da Diretoria Colegiada da Anvisa nº 14 de 2012), alcança-se o papel dos referidos princípios como fator que poderia sinalizar ao desate do problema.

Livre iniciativa e livre concorrência, que, embora aparentadas, não devem ser confundidas, sendo a primeira a liberdade garantida constitucionalmente de empresariar, de produzir, de fazer circular, sempre afastadas amarras estatais desproporcionais, e a última o direito garantido não menos constitucionalmente de preservar àqueles que se lancem aos propósitos de empreender a proteção contra iniciativas que artificialmente – isto é, com emprego de instrumentos que não digam respeito aos autênticos e finalísticos processos empresariais e produtivos –, dificultem-lhe ou lhe impeçam o ingresso ou a permanência em uma ambiência de mercado. Daí porque, para que se conceba a livre concorrência é necessária a garantia

---

[23] O Plenário do Supremo Tribunal Federal, em fevereiro de 2018, confirmou, embora por consequência do não atingimento do quórum exigível (art. 97 da Constituição Federal), que uma disciplina restritiva por parte do Estado está congruente com as exigências constitucionais pertinentes. Na ocasião, como objetos de ação direta de inconstitucionalidade (ADI nº 4.874, Rel. Ministra Rosa Weber, Pleno), o art. 7º, inc. III e parte final do inc. XV, da Lei nº 9.782, de 1999, que, definindo o Sistema Nacional de Vigilância Sanitária e criando a Agência Nacional de Vigilância Sanitária – Anvisa, estabeleceu como competência desta o estabelecimento de normas, a propositura, o acompanhamento e a execução de políticas, diretrizes e ações de vigilância sanitária, incluídas as de proibição da fabricação, da importação, do armazenamento, da distribuição e da comercialização de produtos e insumos, em caso de risco à saúde; e a Resolução da Diretoria Colegiada da Anvisa nº 14, de 2012, que dispôs sobre os limites máximos de alcatrão, nicotina e monóxido de carbono nos cigarros e a restrição do uso de aditivos nos produtos fumígenos derivados do tabaco, a Corte Suprema julgou improcedente o pedido de declaração de inconstitucionalidade.

da livre iniciativa. A livre iniciativa pode, todavia, terminar obstada por defeitos produzidos pelo desrespeito ao regime concorrencial livre. Muito embora, portanto, a livre iniciativa e a livre concorrência não sejam noções que se contrariem, antes o inverso, coimplicando-se com a demanda pela confirmação uma da outra, "com base no princípio da livre concorrência, certas condutas escoradas na livre iniciativa de alguns precisam ser reguladas, na pretensão de universalização da própria livre iniciativa".[24] É que, naturalmente, a partir do empenho na liberdade de empresariar, negocial e contratual, tende-se à quebra do regime de livre concorrência, com a sua eliminação ou ao menos a seu arrefecimento. Nesse espaço atua o Estado regulador.

No âmbito das relações tributárias, defende o Ministro Ayres Britto flagrando o fenômeno no caso em julgamento, uma manipulação adequada – isto é, com atenção às limitações dispostas ao exercício da competência tributária – do critério quantitativo da hipótese de incidência, com foco na intensidade da pressão da espécie fiscal, e do quadro de deveres instrumentais ou obrigações acessórias, estaria juridicamente autorizada, sempre considerado o contexto especial em meio ao qual concorrem, a um só tempo, a demanda constitucional pelo desincentivo a qualquer iniciativa nociva à saúde, o prestígio à livre iniciativa e o reforço à livre concorrência. Assim, escolhas de bases materiais que acentuem monetariamente a incidência fiscal tributária; imposição de providências administrativas adjetivas como requisito ao fabrico do produto; e adoção de padrões especiais de fiscalização para eficiente combate às práticas evasivas e elisivas que se afigurem sonegatórias ou abusivas, todo esse conjunto tende a eficazmente arrefecer o consumo da substância sob foco, com manutenção dos níveis esperados de arrecadação e sem que as vantagens decorrentes da diminuição dos custos da tributação se apresentem como fator artificial de ganho econômico, esta última situação que acaso confirmada geraria forte influência negativa ao equilíbrio concorrencial.

Para o Ministro Ayres Britto, a defesa da livre iniciativa não pode se sobrepor absoluta e acriticamente, devendo se submeter à ponderação ante outros valores e princípios, tudo porque a liberdade econômica no regime constitucional inaugurado em 1988 e até aqui defendido e mantido em sua essência recebe influência decisiva de outras imposições, incluídas as "de cunho social".

Fica patente pela leitura das posições adotadas pelo Ministro Ayres Britto, debatidas pelo Supremo Tribunal Federal e por esta Corte Suprema adotadas, ainda que de modo mais ou menos direto, mais ou menos franco, que a leitura e a compreensão do formato do regime jurídico para as finanças públicas, abarcado o sistema tributário, no Brasil em todas as suas múltiplas dimensões, precisam ter em

---

[24] Cf. BOMFIM, Diego. *Tributação e livre concorrência*. São Paulo: Saraiva, 2011. p. 177. Ainda sobre o ponto, o mesmo autor cita Aguillar: "o princípio da liberdade de concorrência é o contraponto do princípio da liberdade de iniciativa e não seu sinônimo, como alguma doutrina acaba sustentando. O agente econômico é livre para empreender o que bem entenda, desde que não prejudique a liberdade, de outros agentes econômicos, de concorrer. Em sentido inverso, para que haja liberdade de concorrer é preciso que não se utilize em termos absolutos a liberdade de empreender, o que somente pode ser obtido mediante restrições a esta última" (cf. AGUILLAR, Fernando Herren. *Direito econômico*: do direito nacional ao direito supranacional. São Paulo: Atlas, 2006. p. 227-228 *apud* BOMFIM, Diego. *Tributação e livre concorrência*. São Paulo: Saraiva, 2011. p. 176, nota de rodapé 329).

devida conta os estímulos que derivam de outras províncias teóricas. No caso analisado (AC nº 1.657 MC) e no anterior (ADI nº 2.588), um de singular importância pode ser identificado como o da preservação da concorrência de desequilíbrios gerados por desacertos em regimes tributários.

4   Neutralidade na tributação

Entende-se um sistema tributário que pode ser definido a partir de um quadro de tributação ótima,[25][26] quando presentes a atenção para com a capacidade econômica; a segurança no processo de definição do montante a ser recolhido como produto da obrigação tributária principal; a comodidade na quitação da obrigação tributária; a modicidade dos custos administrativos no cumprimento das obrigações ou deveres fiscais acessórios ou instrumentais; e a atenção à equidade ou proporcionalidade, à eficiência e à neutralidade. Assim, a par da consagrada lição de Adam Smith,[27] que informa como condições para um adequado sistema tributário os fatores da justiça, da certeza, da comodidade e da economicidade, ainda, mais modernamente,[28] ter-se-iam os da equidade e da eficiência, e, por fim, sublinhe-se, o da neutralidade.

O sistema constitucional tributário nacional, notadamente a partir de 1988, parece apontar na direção de que, em que pese admitido como impossível o financiamento das políticas públicas eleitas democraticamente pelo Estado brasileiro ausentes tributos em volume suficiente em termos de arrecadação, é necessário que haja preocupação perene com a questão de se saber se o modelo a ser adotado não terminaria por afetar distorcivamente a normalidade nas relações econômicas.

O caráter fundamentalmente compromissário do Texto Constitucional de outubro de 1988 estampa, relembre-se, como integrante dos seus princípios fundamentais, além da dignidade da pessoa humana em todas as faces e dos valores sociais do trabalho, a livre iniciativa. Ao lado desses, que são os seus fundamentos principiológicos, como fundamentos da ordem econômica, a valorização do trabalho humano, da livre iniciativa e da existência digna, mas também a proteção da propriedade privada e o fomento e a preservação da livre concorrência.

É desse conjunto de valores traduzidos em norma constitucional que se tomam por inaceitáveis níveis de pressão tributária que se apresentem insuficientes ao cumprimento do seu escopo primeiro, que é o de financiar apropriadamente as

---

[25] No livro *Análise econômica do direito à elisão fiscal*, deste autor, há exploração mais detida da questão (NASCIMENTO NETTO, Agostinho do. *Análise econômica do direito à elisão fiscal*. Rio de Janeiro: Lumen Juris, 2017. p. 123 e ss.).

[26] Sobre o ponto, citado por NASCIMENTO NETTO, Agostinho do. *Análise econômica do direito à elisão fiscal*. Rio de Janeiro: Lumen Juris, 2017. p. 123, confira-se SIQUEIRA, Rozane Bezerra de; NOGUEIRA, José Ricardo; BARBOSA, Ana Luiza Neves de Holanda. Teoria da tributação ótima. In: BIBERMAN, Ciro; ARVATE, Paulo. *Economia do setor público no Brasil*. Rio de Janeiro: Elsevier, 2004. p. 174.

[27] Cf. SMITH, Adam. *An inquiry into the nature and cases of the wealth of nations*. Amsterdam, Lausanne, Melbourne, Milan, New York, São Paulo: MetaLibri, 2007. Digital edition. Book V. p. 639-641 (chapter II – part third).

[28] Para Stiglitz e Walsh, cinco são os fatores a caracterizar um bom sistema tributário: a justiça, a eficiência, a simplicidade administrativa, a flexibilidade e a transparência (SITGLITZ, Joseph E.; WALSH, Carl E. *Introdução à microeconomia*. Tradução de Helga Hoffmann. Revisão técnica de Mariana Pessoa Albuquerque. Rio de Janeiro: Campus, 2003. p. 269; 271).

despesas públicas escolhidas democraticamente, mas que também firam o direito de propriedade e interfiram desproporcional e despropositadamente nas decisões que, por definição, devem tender a uma melhor alocação de recursos, sempre escassos, pelos agentes econômicos, sejam esses os produtores, sejam esses os consumidores.

Não impõe, de outro lado, maiores esforços dedutivos, a construção de que o fenômeno tributário determina aos processos econômicos custos e perdas. Com a verificação na equação econômica da incidência tributária, o agente econômico passa a contabilizar despesa que, mesmo que tomada como incontornável e própria a qualquer regime econômico de liberdade de iniciativa e de livre mercado, não se pode enquadrar como intrínseca à finalidade do seu empreendimento. Um tributo é, em que pese se o reconhecer como imprescindível a toda sociedade organizada, ao menos para aquelas que do ponto de vista econômico são fundamentalmente livres do ponto de vista econômico, uma perda. Incidente um tributo, tanto o produtor do bem ou utilidade quanto o consumidor têm a sua decisão econômica afetada. Do tributo, sob o referido enfoque, é que deriva a noção de cunha fiscal, que influencia fortemente as decisões econômicas.[29][30]

Promovendo a incidência fiscal distorções nas relações econômicas, uma tributação adequadamente eficiente, observada exclusivamente a sua primária vocação de ser ferramenta que, repise-se, dará as condições financeiras à implementação das escolhas políticas públicas, deve ter sempre presente preocupações com a neutralidade máxima possível. Vale dizer, sem que deixe de perceber a exceção – à regra de ser a tributação o instrumento por excelência a estofar financeiramente as políticas –, de se mostrar também como fundamento para intervenções especiais na economia,[31] na linha dos efeitos extrafiscais,[32][33] compensatórios,[34] regulatórios[35] ou monetários[36]

---

[29] Sobre o ponto, consulte-se KRUGMAN, Paul; WELLS, Robin. *Microeconomia* – Uma abordagem moderna. Tradução de Regina Célia Simille de Macedo. 3. ed. Rio de Janeiro: Elsevier, 2015. p. 162 *apud* NASCIMENTO NETTO, Agostinho do. *Análise econômica do direito à elisão fiscal*. Rio de Janeiro: Lumen Juris, 2017. p. 135, nota de rodapé 318.

[30] Para uma conceituação mais ampliada dos custos da tributação a afetar as decisões e os processos econômicos, consulte-se ROSEN, Harvey; GAYER, Ted. *Finanças públicas*. Tradução de Rodrigo Dubal. Revisão técnica de Stefano Florissi. 10. ed. Porto Alegre: AMGH, 2015. Esse texto informa que "[...] o impacto de um imposto ou subsídio sobre a eficiência não pode ser considerado isoladamente. Na medida em que existem outros mercados com distorções e que os produtos nesses mercados estão relacionados (como substitutos ou como complementos), o impacto global sobre a eficiência depende do que está acontecendo em todos os mercados" (ROSEN, Harvey; GAYER, Ted. *Finanças públicas*. Tradução de Rodrigo Dubal. Revisão técnica de Stefano Florissi. 10. ed. Porto Alegre: AMGH, 2015. p. 330).

[31] Estabelecendo a distinção entre a função regulamentadora e a função reguladora, Scott esclarece que a primeira "está relacionada ao propósito de ordenar a atividade econômica por intermédio de um preceito jurídico, enquanto (a segunda), a princípio, dentro do que é concebido pela linguagem corrente e assumida pela linguagem jurídica, serve para expressar as ações que se voltam à sujeição da realidade ao regramento jurídico já estabelecido, ou seja, a ações que visam enquadrar, ajustar, acertar, moderar ou mesmo reprimir as manifestações dos agentes econômicos que, produzidas irregularmente, estejam em desconformidade com o modelo traçado pela norma jurídica" (SCOTT, Paulo Henrique Rocha. *Direito constitucional econômico* – Estado e normalização da economia. Porto Alegre: Sergio Antonio Fabris Editor, 2000. p. 113-114).

[32] As anotações a seguir devem ser consideradas como alcançando as noções de tributação voltada a objetivos compensatórios, regulatórios e monetários (de âmbito da política monetária), isto é, com objetivos extrafiscais. Assim, "Os tributos são utilizados não apenas com finalidade fiscal (obtenção de receita), mas também com finalidade extrafiscal, o que ocorre, e.g., quanto se tributa pesadamente a propriedade que não cumpre sua função social ou quando se utiliza o imposto de importação para regular o comércio internacional" (cf.

(de âmbito de política monetária),[37] uma imposição tributária, para que a economia nacional se processe de modo o mais livre e, portanto, o mais eficiente, necessita ser precisamente calibrada de modo a não gerar distorções, mantendo-se o máximo possível no terreno da neutralidade econômica. Válida a anotação, em tal direção, de Caliendo:

> O princípio da neutralidade fiscal estabelece um valor em um fim, qual seja, diminuir legitimamente os efeitos da tributação sobre a decisão dos agentes econômicos, evitando distorções e consequentes ineficiências no sistema econômico. A busca de um sistema tributário ótimo, ou seja, que realize as suas funções de financiamento de políticas públicas, promoção dos direitos fundamentais, evitando ao máximo interferências nas decisões econômicas é o grande desiderato do Direito Tributário.[38]

A compreensão que integra a neutralidade tributária ao conjunto de objetivos econômicos de caráter constitucional, devendo ser nessa medida, portanto, perseguido,

---

PAULSEN, Leandro. *Direito tributário* – Constituição e Código Tributário à luz da doutrina e da jurisprudência. 10. ed. rev. e atual. Porto Alegre: Livraria do Advogado; Escola Superior da Magistratura Federal/RS, 2008. p. 19). O mesmo autor cita Campos, para quem "Normas existem, denominadas tributárias, que não têm em vista a obtenção de receitas mas sim a prosecução de objectivos de diversa ordem, sobretudo econômica e social. Concedem benefícios, aumentam taxas de imposto, etc. Tentam promover ou obstaculizar certos comportamentos sociais ou econômicos, diminuindo através dos impostos, o rendimento ou a riqueza do sujeito-alvo, ou permitindo-lhe mais rendimentos ou riqueza líquidos de impostos. São normas materialmente não tributárias pertinentes antes ao Direito Econômico, da segurança social, etc." (cf. CAMPOS, Diogo Leite de; CAMPOS, Mônica Horta Neves Leite de. *Direito tributário*. Belo Horizonte: Del Rey, 2001. p. 39-40).

[33] Assumem classicamente, podendo desempenhar similar papel, o Imposto sobre Produtos Industrializados (IPI) e o Imposto sobre Operações Relativas à Circulação de Mercadorias e sobre Prestações de Serviços de Transporte Interestadual e Intermunicipal e de Comunicação, ainda que as operações e as prestações se iniciem no exterior (ICMS), o Imposto sobre Importação de Produtos Estrangeiros (II); o Imposto sobre Exportação, para o exterior, de produtos nacionais ou nacionalizados (IE); e o Imposto sobre Operações de Crédito, Câmbio e Seguro, ou Relativas a Títulos ou Valores Mobiliários (IOC/IOF).

[34] *Vide* notas de rodapé 30 e 31.

[35] Castelar e Saddi defendem existir três acepções para o termo *regulação* (segundo os autores, em linha com Baldwin e Cave): (i) conjunto específico de normas, que alcançam a coerção, editadas por órgão regulador específico; (ii) "formas de controle social, em que todos os mecanismos que afetam o comportamento humano são determinados por regras advindas do Estado ou não (por exemplo, auto-regulação)"; e (iii) influência estatal, em que a regulação cobre toda a ação estatal destinada a afetar os comportamentos sociais, políticos e econômicos e, acrescenta-se, aqui, jurídicos, incluído o jurídico tributário (CASTELAR, Armando; SADDI, Jairo. *Direito, economia e mercados*. Rio de Janeiro: Elsevier, 2005. p. 254, quadro 6.1).

[36] Assume a tarefa em termos tributários, o Imposto sobre Operações de Crédito, Câmbio e Seguro, e sobre Operações Relativas a Títulos e Valores Mobiliários (IOF/IOC), o qual, segundo Misabel Derzi, "presta-se à perseguição de fins extrafiscais" (cf. Misabel Abreu Machado Derzi na atualização a BALEEIRO, Aliomar. *Direito tributário brasileiro*. 1. ed. Rio de Janeiro: Forense, 1999. p. 462, nota de rodapé 4).

[37] Definindo política monetária, Matias-Pereira diz ser "o conjunto de ações conduzidas pelo Banco Central, cujo fim é influir no crescimento econômico mediante manejo de variáveis monetárias da economia" (cf. MATIAS-PEREIRA, José. *Finanças públicas* – A política orçamentária no Brasil. 5. ed. rev. e atual. São Paulo: Atlas, 2010. p. 142). Ainda para o mesmo autor, a política monetária "envolve o controle da oferta de moeda, da taxa de juros e do crédito em geral, para efeito de estabilização da economia, e influência nas decisões de produtores e consumidores. Com a política monetária, pode-se controlar a inflação, os preços, restringir a demanda, etc." (cf. MATIAS-PEREIRA, José. *Finanças públicas* – A política orçamentária no Brasil. 5. ed. rev. e atual. São Paulo: Atlas, 2010. p. 148).

[38] CALIENDO, Paulo. *Direito tributário e análise econômica do direito* – Uma visão crítica. Rio de Janeiro: Elsevier, 2009. p. 129.

diz de perto com a noção de eficiência econômica a ser fomentada na economia e pelos mercados.

5 A eficiência[39] do mercado[40]

Eficiente[41] é um mercado sob cujos limites se verifica uma competição perfeita entre os agentes nele atuantes. Em um mercado em regime de competição perfeita se dão livres formações de preços e de custos e perfeita e franca interação entre aqueles que demandam e aqueles que ofertam bens e serviços.

Nesse mesmo padrão de mercado, com competição justa, não são admitidos desequilíbrios resultantes de vantagens obtidas artificialmente, isto é, sem que se conformem senão a partir das forças naturais de um mercado. Preços e custos devem ser formados sem interferências injustificadas econômica e juridicamente. Assim,

> [...] o preço surge naturalmente e objetivamente da interação recíproca dos inúmeros agentes em presença. Funciona (o mercado) soberana, sem ressalvas à lei da oferta e da procura, e tanto consumidores como compradores (rectius: produtores) pautam suas decisões única e exclusivamente pelas suas utilidades em cotejo com o preço objetivamente fixado pelo mercado, que é único para todos eles.[42]

Um mercado competitivo, em que há competição e concorrência perfeitas, verifica-se número apreciável de demandantes e de ofertantes, não há qualquer óbice à livre entrada e saída de agentes econômicos, não há restrições ao acesso uniforme a recursos e insumos imprescindíveis, e não há qualquer privilégio ao acesso e no emprego de informações relevantes para operação nesse mercado.[43]

---

[39] Sobre o conceito de eficiência, o confronto com os de eficácia e de efetividade, o detalhamento do critério "em sentido de Pareto", "Ótimo de Pareto" ou "Pareto Ótimo", e do critério "Kaldor-Hicks", "Melhora Potencial em termos de Pareto" ou "Superioridade Potencial de Pareto", consulte-se deste autor: NASCIMENTO NETTO, Agostinho do. *Análise econômica do direito à elisão fiscal*. Rio de Janeiro: Lumen Juris, 2017. p. 79-88.

[40] Desde logo, deixe-se assentado que a noção de mercado em regime de perfeita competição, nos exatos moldes clássicos ou neoclássicos, é artifício epistemológico, não se verificando, em regra, factualmente. Esse modelo requer como premissa central a de "imputação de todo o custo de produção ao produtor e não a terceiros, bem assim, a informação completa de todos os participantes a respeito das opções disponíveis. Fato é que tais condições raramente são preenchidas integralmente" (cf. MACKAAY, Ejan; ROUSSEAU, Stéphane. *Análise econômica do direito*. Tradução de Rachel Sztajn. São Paulo: Atlas, 2015. p. 122, seção 3, nºs 403 e 404). De todo modo, a importância do seu papel na modelagem aplicável para análise dos fenômenos econômicos permanece inquestionável.

[41] Importante ressalva é a de que "nem sempre menos concentração ou mais independência entre empresas significa mais eficiência. Em um mundo em que há tecnologias com retornos crescentes de escala, em que o acesso à informação e a capacidade de processá-las são limitados e há oportunismo, duas ou mais empresas que se fundem em uma ou que trabalham de forma coordenada podem, às vezes, se tornar mais eficientes do que funcionando independentemente. Além disso, nem sempre o domínio de uma empresa sobre um mercado é o resultado de condutas anticompetitivas – pode ser o fruto natural de maior competência ou inventividade, e isso não deve ser desencorajado" (cf. CASTELAR, Armando; SADDI, Jairo. *Direito, economia e mercados*. Rio de Janeiro: Elsevier, 2005. p. 357).

[42] Cf. NUSDEO, Fábio. *Curso de economia* – Introdução ao direito econômico. 3. ed. rev. e atual. São Paulo: Revista dos Tribunais, 2001. p. 264.

[43] Por todos, confira-se NEVES, Paulo E. V. Viceconti Silvério das. *Introdução à economia*. 5. ed. rev. e ampl. São Paulo: Frase, 2002. p. 14-15.

É a concorrência a mais perfeita, inadmitidos artificialismos econômicos ou jurídicos,[44] que proporciona a "maximização das eficiências alocativa, técnica e 'dinâmica'[45] [...] garantindo uma alocação ótima de recursos [...]".[46] É tal padrão de mercado, a que se associam as noções de livre iniciativa, de propriedade privada e de neutralidade na tributação, que encontra amparo na Constituição de 1988, texto do qual ainda se extrai a imposição de ponderação com a função social da propriedade, a defesa do consumidor e do meio ambiente, a redução das desigualdades sociais, com a erradicação da pobreza, com a busca pelo pleno emprego e a valorização do trabalho.

Mercado é, dessa forma, eficiente, na forma do previsto pela Constituição de 1988, acaso congruente com a ideia de regime de competição e de concorrência perfeitamente equilibradas.

6 Tributação e concorrência na Constituição de 1988 a partir da Emenda Constitucional nº 42, de 2003

Até o advento da Emenda Constitucional nº 42, de 2003, sem diminuir a importância e a centralidade das limitações constitucionais ao poder de tributar, ocupava o papel de verdadeiro princípio constitucional tributário o princípio da capacidade contributiva. Essa foi uma inquestionável eleição do constituinte originário.

Segundo Greco,[47] o princípio da capacidade contributiva seria o vero princípio constitucional tributário, aquele a dar sentido à tributação, limitando a liberdade negocial a partir da noção de solidariedade social. Para o autor, além de se voltar à refutação da tributação confiscatória, não cabe à tributação de bases constitucionais desconhecer os efeitos do princípio da capacidade contributiva, este como reflexo da igualdade e do republicanismo. Não se o relevar, malfere o Texto Constitucional porque se promove desigualação injurídica e indevidamente ao se exigir tributariamente "de quem não manifesta capacidade contributiva (ou) quando não se exige quando ela existe e alguém a manifesta".[48] Ainda nas palavras de Greco, devendo se manter a capacidade contributiva um seu espelho, a "isonomia tem de funcionar como norte do modo de agir da interpretação e aplicação da lei tributária porque, além, de tudo, está de acordo com a ideia de eficiência".[49]

---

[44] Brazuna, lembrando a máxima contida no denominado princípio da racionalidade monopolista de não haver "poder de mercado que não seja exercido", defende igual objetivo, sendo, portanto, necessário combater qualquer situação que se traduza como de poder em mercado que não seja exclusivamente decorrente de maior eficiência econômica (cf. BRAZUNA, José Luis Ribeiro. *Defesa da concorrência e tributação* – À luz do art. 146-A da Constituição. 19. ed. Rio de Janeiro: Renovar, 2013. p. 369, citando SALOMÃO FILHO, Calixto. *Direito concorrencial* – As condutas. São Paulo: Malheiros, 2003. p. 55-56 (nota de rodapé 93); 87 (nota de rodapé 112).
[45] É a que resulta do progresso técnico, não de algum artifício (cf. CASTELAR, Armando; SADDI, Jairo. *Direito, economia e mercados*. Rio de Janeiro: Elsevier, 2005. p. 355).
[46] CASTELAR, Armando; SADDI, Jairo. *Direito, economia e mercados*. Rio de Janeiro: Elsevier, 2005. p. 355.
[47] GRECO, Marco Aurélio. *Planejamento tributário*. São Paulo: Dialética, 2004. p. 74.
[48] GRECO, Marco Aurélio. *Planejamento tributário*. São Paulo: Dialética, 2004. p. 310.
[49] GRECO, Marco Aurélio. *Planejamento tributário*. São Paulo: Dialética, 2004. p. 311.

Em igual linha, válida a sua rememoração, a clássica lição de Carrazza, sempre que a atenção se volta ao princípio da capacidade contributiva,[50][51] mantém-se com força:

> O princípio da capacidade contributiva hospeda-se nas dobras do princípio da igualdade e ajuda a realizar, no campo tributário, os ideais republicanos. Realmente, é justo e jurídico que quem, em termos econômicos, tem muito pague, proporcionalmente, mais imposto do que quem tem pouco. Quem tem maior riqueza deve, em termos proporcionais, pagar mais imposto do que quem tem menor riqueza. Noutras palavras, deve contribuir mais para a manutenção da coisa pública.[52]

Com uma nova escolha constitucional, desta feita derivadamente, de caráter reformador – considerados os termos gramaticais originais do Texto Constitucional –, passa-se a ter um segundo princípio constitucional tributário. Desse momento, dá-se expressão à desde sempre presente preocupação constitucional para com a neutralidade na tributação e para com a desinfluência da tributação na geração de distúrbios econômicos que deságuam no desequilíbrio concorrencial.

Como linhas acima assentado, a preservação do regime de economia de mercado, tal qual inequivocamente descrito no Texto Constitucional, passa pela da higidez da concorrência entre os agentes econômicos, que não admite artificialismos em nada relacionados com a atividade finalística empresarial: "um concorrente ter de suportar o ônus do tributo enquanto outro por ele não é atingido implica quebra da neutralidade da tributação perante a competição".[53]

Com a referida Emenda Constitucional nº 42,[54][55] que deu clareza gramatical ao implícito princípio constitucional tributário da concorrência equilibrada ou isonômica ou perfeita com a edição do art. 146-A, obteve-se a reafirmação para o segundo

---

[50] Sobre as classificações aplicáveis à capacidade contributiva, consulte-se Regina Helena Costa, para quem a capacidade contributiva pode ser absoluta ou objetiva, que diz respeito à atividade do legislador na eleição das manifestações de riqueza, prestando-se como fundamento para a tributação; ou relativa ou subjetiva, devendo ser esta entendida como critério de graduação da tributação (dos impostos, segundo a autora), em consideração ao sujeito passivo individualmente e preservado o mínimo vital ou existencial (COSTA, Regina Helena. *Princípio da capacidade contributiva*. 2. ed. São Paulo: Malheiros, 1996. p. 25-29).

[51] Sobre mínimo vital ou existencial, leciona Ricardo Lobo Torres ser um direito às condições mínimas de existência humana digna, não podendo ser objeto de intervenção do Estado, muito embora não tenha própria dicção constitucional, devendo ser procurado "[...] na idéia de liberdade, nos princípios constitucionais da igualdade, do devido processo legal e da livre iniciativa, nos direitos humanos e nas imunidades e privilégios do cidadão. [...] É idéia ancorada na ética, fundamentando-se na liberdade ou nas condições iniciais para o exercício da liberdade, na idéia da felicidade, nos direitos humanos e no princípio da igualdade. Também contata-se com a idéia de justiça e com o princípio da capacidade contributiva" (TORRES, Ricardo Lobo., op. cit.. p. 141; 144; 146).

[52] CARRAZZA, Roque Antonio. *Curso de direito constitucional tributário*. São Paulo: Malheiros, 1999. p. 43 e ss.

[53] GRECO, Marco Aurélio. *Planejamento tributário*. São Paulo: Dialética, 2004. p. 310-311.

[54] Data de 19.12.2003 a incorporação à Constituição Federal de 1988 de, ao lado da introdução da referida disposição com inédito de conteúdo no terreno constitucional tributário, diversas modificações ao Capítulo I do Título VI, do Sistema Tributário Nacional, tocando aspectos relativos às administrações tributárias; ao tratamento favorecido às microempresas e às empresas de pequeno porte; ao formato de incidência de várias espécies tributárias; à repartição das receitas etc.

[55] BRASIL. Emenda Constitucional nº 42, de 19 de dezembro de 2003. Altera o Sistema Tributário Nacional e dá outras providências. *Diário Oficial da União*, Brasília, 31 dez. 2003. Disponível em: https://www.planalto.gov.br/ccivil_03/Constituicao/Emendas/Emc/emc42.htm. Acesso em: 21 jul. 2018.

autêntico princípio tributário. Desse modo, não se pode conceber qualquer regime tributário que se pretenda alinhado com a Constituição de 1988, acaso não atendidas simultaneamente as imposições advindas dos princípios da capacidade contributiva e do princípio da concorrência equilibrada isonômica ou perfeita.

Esses os termos do art. 146-A:

> Art. 146-A. Lei complementar poderá estabelecer critérios especiais de tributação, com o objetivo de prevenir desequilíbrios da concorrência, sem prejuízo da competência de a União, por lei, estabelecer normas de igual objetivo.

É possível se vislumbrar como claro que a nova disposição constitucional passou a determinar que no exercício da competência tributária, a par do princípio da capacidade contributiva, a imposição de obrigações fiscais deverá estar igualmente norteada pela atenção ao equilíbrio concorrencial. Assim, quebra nas condições da competição econômica entre os agentes atuantes em dado mercado como resultado ou como reflexo do estabelecimento de um regime tributário específico, confirma-se como intolerável juridicamente por afronta direta à Constituição de 1988, incorporada a modificação da Emenda nº 42, de 2003, mais propriamente por contrariedade ao art. 146-A. Para Greco, tal quadro de patologia "hoje está em desconformidade com o princípio consagrado no artigo 146-A da CF/88".[56]

Dessa forma, o sistema tributário brasileiro está assentado, em termos de determinações constitucionais principiológicas, não mais exclusivamente no princípio da capacidade contributiva, mas, de igual modo, em um princípio jurídico econômico do equilíbrio da concorrência. Voltado esse à orientação decorrente da neutralidade tributária, almeja à tributação o mínimo possível, quando aplicada na realização da sua vocação natural – arrecadatória –, de geração de interferências e de artificialismos ao regime econômico da livre iniciativa e da livre concorrência.

7 Conclusões

A Constituição de 5.10.1988 consolida opção política compromissária, trazendo em sua essência o espírito do resgate social. Passados trinta anos da instituição desse novo regime constitucional, mesmo sabiamente cedendo a novos ares, sobretudo a partir de 1989, o pacto inaugural permanece em sua essência intocado.

No campo tributário, não menos que nos demais, as mesmas determinações erguidas em 1988 delas não se abdicou. A tributação, segundo os termos constitucionais vigentes, deve levar em conta, para além das contenções dirigidas ao poder tributante, determinações impositivas, sobrelevando-se a que aponta para a centralidade da capacidade contributiva, espelho da igualdade.

Vinda de longe, com expressão em muito implícita, ao lado da capacidade contributiva e com ela compartilhando do núcleo axiológico, fruto do labor constituinte reformador, passou a ordem constitucional tributária a ostentar um segundo princípio,

---

[56] GRECO, Marco Aurélio. *Planejamento tributário*. São Paulo: Dialética, 2004. p. 311.

o princípio jurídico econômico da concorrência equilibrada ou isonômica ou perfeita, cuja origem está localizada na noção seminal de neutralidade tributária.

Para a Constituição de 1988, a tributação deve cumprir a sua vocação primeira de obtenção de fundos necessários à consecução das políticas públicas democraticamente eleitas, o maximamente possível sem promover interferências nas relações econômicas em regime de livre iniciativa e de livre mercado. Não se compagina ao espírito constitucional de 1988 os privilégios, incluídos aqueles dos quais advêm vantagens competitivas e resultados econômicos artificiais, sempre tendentes à dominância.

Situações que se mostrem distantes da noção de equilíbrio no regime de economia de mercado devem ser tomadas por injurídicas, ofensivas à capacidade contributiva e ao regime de livre iniciativa.

É escopo constitucional a vedação a qualquer situação, que resultante de tributação e interferindo no processo de tomada de decisões a partir dos mecanismos de mercado com promoção de resultados artificiais, gere ineficiência econômica.

A Constituição de 1988 alterada em 2003 pela Emenda de nº 42, que introduziu em seu texto o art. 146-A, reafirmou, agora expressamente, no campo da tributação como valor a neutralidade e a isonomia concorrenciais.

O Ministro Ayres Britto, em sua magna travessia como juiz constitucional, jamais faltou com o compromisso ante a Constituição de 1988, não importando a natureza do debate.

Alcançados os tributários, o Ministro Ayres Britto não se deixou aprisionar por, ainda que sempre incontestavelmente presente máximo rigor técnico, pretensos purismos científicos, via frequentemente desimpedida para a insensibilidade humanística e democrática.

Informação bibliográfica deste texto, conforme a NBR 6023:2018 da Associação Brasileira de Normas Técnicas (ABNT):

NASCIMENTO NETTO, Agostinho do. A tributação e a livre concorrência na Constituição de 1988. In: LEAL, Saul Tourinho; GREGÓRIO JÚNIOR, Eduardo Lourenço (Coord.). *A Constituição Cidadã e o Direito Tributário*: estudos em homenagem ao Ministro Carlos Ayres Britto. Belo Horizonte: Fórum, 2019. p. 25-44. ISBN 978-85-450-0678-7.

O TEMA DO *VOTO DE QUALIDADE* NOS TRIBUNAIS ADMINISTRATIVOS E A INUSITADA FIGURA DA SUSPEIÇÃO POR PRESUNÇÃO NO DIREITO TRIBUTÁRIO E ADMINISTRATIVO APLICADO BRASILEIRO[1]

ARNALDO SAMPAIO DE MORAES GODOY

O homenageado

Carlos Ayres Britto, depois de formado, e ao longo de intensa vida forense em Sergipe, seguiu para São Paulo para estudar a pós-graduação, matriculando-se na Pontifícia Universidade Católica de São Paulo, a Escola das Perdizes, onde pontificaram grandes nomes do direito brasileiro, a exemplo de Oswaldo Aranha de Mello, Celso Antonio Bandeira de Mello, Celso Bastos, Geraldo Ataliba, André de Franco Montoro, Maria Helena Diniz, Paulo de Barros Carvalho, entre tantos outros. A PUC qualificava-se como efervescente centro de debates jurídicos. Os mestres que lá pontificavam lideravam o mercado editorial, ditavam a doutrina, moldavam a jurisprudência. A PUC era a referência.

Ayres Britto efetivamente chegou à pós-graduação com grande vivência prática. Fora chefe jurídico da Condese, importante autarquia de Sergipe. Fora Procurador-Geral do Estado (à época o cargo denominava-se Consultor-Geral do Estado). Fora Procurador-Geral de Justiça. Lecionou Direito Administrativo; a experiência docente começara ainda em Propriá, onde ensinou Direito Usual e Legislação Aplicada.

Orientado por Celso Bastos, foi prestigiado pelo mestre, que o convidou a publicar a monografia de conclusão de disciplina, em forma de livro conjunto, no qual trataram da interpretação e da aplicabilidade das normas constitucionais. A prestigiosa Saraiva editou o livro, que à época foi um divisor de águas na história da doutrina da hermenêutica constitucional brasileira. Ainda guiado por Celso Bastos,

---

[1] Parte substancial desse excerto advém de estudo que resultou em minuta de *defesa mínima* veiculada junto à Procuradoria-Geral da Fazenda Nacional. A minuta foi circulada entre vários atores que militam no tema, seguindo, inclusive, para o Carf. As opiniões aqui expostas são do autor, e de sua inteira responsabilidade.

defendeu tese de doutoramento. No mestrado explorou o tema da discricionariedade da Administração perante a Constituição Federal. No doutorado tratou do regime jurídico das emendas constitucionais.

O texto que segue sugere conjunto de reflexões em tema de direito administrativo aplicado, de amplo domínio do homenageado. Pretende-se uma visão alargada do assunto, explorando-o no limite, em favor de uma perspectiva firme no assunto, ainda que contrária a teses de advocacia que hoje vicejam.

O voto de qualidade no Carf e os limites do problema

Há decisões judiciais que anularam (ainda que provisória e liminarmente) decisões do Conselho Administrativo de Recursos Fiscais do Ministério da Fazenda – Carf, proferidas com base em *voto de qualidade* pronunciado pelo condutor do mencionado órgão colegiado votante.[2] O *voto de qualidade*, em âmbito do Carf, com ampla previsão legal e simetria com outros órgãos judicantes de natureza administrativa, é utilizado como critério de *desempate* nas hipóteses de impasse entre os julgadores.

É de uso comum e recorrente nas instâncias de julgamento administrativo que o modelo jurídico brasileiro conhece. Inusitadamente, no caso do Carf, por força de inegável inconformismo com decisões adversas, questiona-se o modelo. A matéria, *voto de qualidade*, já foi examinada, entre outros, e com a mesma linha interpretativa, pelo Tribunal Regional Federal da 4ª Região.[3]

Do ponto de vista dos precedentes substanciais, qualificados pela posição do Superior Tribunal de Justiça, comprova-se que o direito brasileiro admite o *voto de qualidade*, sem restrições. É tradição, costume, determinação legal. Na hipótese de que se queira questionar o modelo, transita-se em matéria reservada à lei, pelo que necessária alteração legislativa, e não suposta e imaginária hesitação jurisprudencial, a qual no caso presente não há, dada a decisão paradigma do STJ.

O *voto de qualidade* é recorrentemente empregado pelo direito administrativo brasileiro, a exemplo das fórmulas utilizadas pelo Conselho Administrativo de Defesa Econômica – Cade, pelo Conselho de Recursos da Previdência Social – CRPS, pelo Tribunal Marítimo, pelo Tribunal de Contas da União – TCU, pela Agência Nacional de Vigilância Sanitária – Anvisa, pela Agência Nacional de Aviação Civil – Anac, pela Agência Nacional de Águas – ANA, pela Agência Nacional do Cinema – Ancine, pela Agência Nacional de Transportes Aquaviários – Antaq, bem como pela Agência Nacional de Transportes Terrestres – ANTT, entre outros. O Tribunal de Contas da União – TCU e o Tribunal de Impostos e Taxas do Estado de São Paulo também utilizam o modelo.

O Carf, antigamente denominado Conselho de Contribuintes do Ministério da Fazenda, é órgão colegiado, paritário, integrante da estrutura do Ministério da Fazenda, que tem por finalidade, nos termos de regulamento, julgar recursos de

---

[2] Entre outros, 13ª Vara Federal no Distrito Federal, Mandado de Segurança nº 10053-000-81.2016.4.01.3400, bem como 8ª Vara Federal em Campinas, Mandado de Segurança nº 0013044-60.2015.4.03.6105.

[3] Tribunal Regional Federal da 4ª Região. Apelação Cível nº 5073051-59.2014.4.04.7100-RS. Rel. Desembargador Federal Rômulo Pizzolatti, j. 17.11.2015.

ofício e voluntários de primeira instância, que versem sobre a aplicação da legislação referente a tributos administrados pela Secretaria da Receita Federal do Brasil. O fato de ser paritário, nuclear em sua construção conceitual, não significa, necessária e maniqueistamente, que representantes da Fazenda sempre votarão com o Fisco e que representantes dos contribuintes ininterruptamente votarão com esses. Deve-se esclarecer que no Carf os presidentes de seção não desempenham função judicante.

O *voto de qualidade* é exercido apenas pelos presidentes de turma. Os presidentes de seção integram turmas de Câmara Superior, uma vez que também são presidentes de Câmara Baixa e, nessa qualidade, não exercem o *voto de qualidade*. Esse *voto de qualidade* é exercido apenas por presidentes de turma. Esse último ponto deve também ser realçado pelos procuradores incumbidos da defesa do modelo do Carf.

Discussões que se desdobram no Carf não restringem ou limitam o acesso ao Judiciário.[4] No limite, decisão do Carf contrária ao Fisco faz coisa julgada administrativa, premissa que não é válida para decisões do Carf favoráveis ao Fisco.[5] Esse modelo é substancialmente importante para o estudo do sistema recursal administrativo. O contribuinte derrotado no Carf pode provocar o Judiciário, a qualquer momento, situação que não se reproduzia nas Constituições pretéritas.

Nesse sentido, uma vez perdedor, ainda que por *voto de qualidade*, pode o interessado-contribuinte provocar o Judiciário. Já a Fazenda Nacional, pela mesma razão, teria constrangimentos em fazê-lo. Isto é, nos exatos termos do inc. IX do art. 156 do CTN, decisão administrativa em favor do contribuinte, na medida que transitada em julgado e, portanto, irreformável, tem como resultado a extinção definitiva do crédito tributário. Na hipótese inversa, decisão administrativa em favor do Fisco, a coisa julgada administrativa pode ser condicionada ao crivo do Judiciário. Essa aparente disfunção justifica, do ponto de vista estrutural, a fórmula utilizada presentemente, relativa ao *voto de qualidade*. Além do que, insista-se, o *voto de qualidade*, no limite, confirma a presunção de legalidade que envolve o ato de lançamento fiscal, o qual, efetivamente, detém presunção *iuris tantum* de exigibilidade, de liquidez e de certeza, situações que se comunicam à certidão de dívida ativa.[6]

Além do que, insiste-se que o modelo é absolutamente decorrente de construção normativa devidamente discutida e aprovada, isto é, atende-se ao comando geral da existência do juízo natural. Transita-se no campo da coisa julgada administrativa, e seus reflexos em favor dos interesses (legítimos, bem entendido) dos contribuintes que litigam em face da Fazenda. Enfatiza-se que a norma do art. 112, I e II, do CTN[7] é regra de direito penal tributário, não se justificando a construção de um plano hermenêutico

---

[4] Há farta bibliografia relativa ao modelo brasileiro de livre acesso ao Judiciário no contexto dos tribunais administrativos. Cf., entre outros, DI PIETRO, Maria Sylvia Zanella. *Direito administrativo*. São Paulo: Atlas, 2011. p. 621 e ss.; FURTADO, Lucas da Rocha. *Curso de direito administrativo*. Belo Horizonte: Fórum, 2007. p. 1195 e ss.

[5] Em tema de sentenças administrativas, conferir, por todos, ANDRADE, José Carlos Vieira. *A justiça administrativa (lições)*. Coimbra: Almedina, 2007. p. 369 e ss.

[6] Art. 3º da Lei nº 6.830, de 22.9.1980.

[7] Código Tributário Nacional: "Art. 112. A lei tributária que define infrações, ou lhe comina penalidades, interpreta-se da maneira mais favorável ao acusado, em caso de dúvida quanto: I – à capitulação legal do fato; II – à natureza ou às circunstâncias materiais do fato, ou à natureza ou extensão dos seus efeitos; [...]".

que, em caso de dúvida (aliás, no caso inexistente), suscitasse julgamento em favor do contribuinte. Não se pode invocar desrespeito ao princípio do *juiz natural* porquanto o modelo decorre de lei, sobre a qual incidem as disposições regulamentares.

Porque há várias decisões fundadas em *votos de qualidade* que são favoráveis (parcial ou integralmente) ao contribuinte, é que se conclui pela imprestabilidade de argumentos tipicamente abertos e voláteis, a exemplo da ausência de razoabilidade e da proporcionalidade questionada. Não se tem estudo contundente que comprove – efetivamente – essa alegada presunção de suspeição de voto de julgador indicado pelo Ministério da Fazenda. Mais. O escandaloso seria o contrário, se comprovado – sem dúvidas – fosse, que *todos os votos de origem fazendária contemplariam interesse do contribuinte*. Além do que, o ônus do Fisco de provar o alegado se esgota ao longo do processo administrativo de lançamento, no qual ao contribuinte também é garantido amplo espectro probatório. Deve o procurador, com muita cautela, insistir que *votos de qualidade* sistematicamente favoráveis ao contribuinte, por outro lado, fragilizariam a presunção de legalidade do ato de lançamento.

Não obstante, há várias decisões firmadas em *voto de qualidade* que reconhecem direitos invocados por contribuintes, o que desconstrói, refuta, abomina, de imediato, falácia que nos dá conta de que *votos de qualidade proferidos por conselheiros indicados pela Fazenda, necessariamente, decidem em favor do Fisco, prejudicando os contribuintes*. Admitir-se que *voto de qualidade* seja um *voto carimbado*, marcado, viciado, tendente, é premissa que devasta todo um modelo de construção de decisão, como já julgado pelo Superior Tribunal de Justiça, em processo emblemático, que é mais à frente comentado.

A inexistência de *suspeição por presunção* no direito brasileiro

Cogita-se, abstrata e previamente, de hipóteses de impedimento ou de suspeição de conselheiro do Carf, sob o argumento de que, indicado pelo Ministério da Fazenda, o julgador votaria, sistematicamente, em favor do Fisco, em detrimento de julgamento imparcial, rompendo-se, entre outros, a construção constitucional e normativa do *juízo natural*. Pretende-se criar uma hipótese de impedimento/suspeição prévia e presumida, situação não contemplada pela legislação de regência do processo administrativo, bem como pelo Código de Processo Civil.

Nos termos da lei que rege a matéria é impedido de atuar em processo administrativo servidor ou autoridade que tenha interesse direto ou indireto na matéria ou que tenha participado ou venha a participar como perito, testemunha ou representante, ou se tais situações ocorrem quanto ao cônjuge, companheiro ou parente e afins até o terceiro grau; bem como que esteja litigando judicial ou administrativamente com o interessado ou respectivo cônjuge ou companheiro.[8] Não há referência a qualquer forma presuntiva. Insista-se: não há *suspeição por presunção* no direito brasileiro.

Fixou-se também que a autoridade ou servidor que incorrer em impedimento deve comunicar o fato à autoridade competente, abstendo-se de atuar. Além do que,

---

[8] Lei nº 9.784, de 1999, art. 18.

nos exatos termos da lei, a omissão do dever de comunicar o impedimento constitui falta grave, para efeitos disciplinares.[9] Dispôs-se de igual modo que pode ser arguida a suspeição de autoridade ou servidor que tenha amizade íntima ou inimizade notória com algum dos interessados ou com os respectivos cônjuges, companheiros, parentes e afins até o terceiro grau.[10] Deve o procurador insistir que há modelo próprio e autônomo para identificação e combate às formas de suspeição e de impedimento.

Todos os julgadores do Carf, para efeitos penais, são considerados servidores públicos,[11] isto é, equivalem-se a administradores, para fins de responsabilização pelo cometimento de crimes contra a Administração Pública. Nesse sentido, nos termos de excerto doutrinário:

> Parece-nos, por exemplo, que se o administrador tem direito ou interesse idêntico ao do interessado requerente, estará impedido por ter interesse direto no desfecho do processo favorável ao postulante. É o caso em que ele mesmo é o requerente da providência administrativa. Essa hipótese corresponde à prevista no Cód. Proc. Civil: o juiz estará impedido de julgar se for parte no processo.[12]

Invocar que o *voto de qualidade* seja suspeito ou vinculado a alguma forma de entendimento é invectiva grave que deverá ser escrutinada, pelas autoridades e órgãos de controle, no contexto das leis que se aplicam à espécie, sobremodo no Código de Processo Civil. Não se pode, simplesmente, presumir que julgador que lance *voto de qualidade* esteja comprometido com o órgão que representa. A obrigação de votar, no sentido que o direito público empresta ao fato, é obrigação de meio (votar) e não de fim (votar em favor da Fazenda). Pretender dessa forma teria como resultado o esfacelamento de todo o modelo, que também é aplicado em todas as outras instâncias administrativas que há no Brasil, especialmente em sede de agências reguladoras, como se verá mais ao fim.

Nos termos da legislação processual vigente, o impedimento do julgador[13] se dá, entre outros, quando este interveio como mandatário da parte, oficiou como perito, funcionou como membro do Ministério Público ou prestou depoimento como testemunha; ou quando conheceu do processo em outro grau de jurisdição, tendo proferido decisão; quando for parte no processo ele próprio, seu cônjuge ou companheiro, ou parente, consanguíneo ou afim, em linha reta ou colateral, até o terceiro grau, inclusive; quando for sócio ou membro de direção ou de administração de pessoa jurídica parte no processo; quando for herdeiro presuntivo, donatário ou empregador de qualquer das partes; quando figure como parte cliente do escritório de advocacia de seu cônjuge, companheiro ou parente, consanguíneo ou afim, em linha reta ou colateral, até o terceiro grau, inclusive, mesmo que patrocinado por advogado

---

[9] Lei nº 9.784, de 1999, art. 19.
[10] Lei nº 9.784, de 1999, art. 20.
[11] Código Penal, art. 327. Para comentário doutrinário, consultar PRADO, Luiz Regis. *Comentários ao Código Penal*. São Paulo: Revista dos Tribunais, 2010. p. 926 e ss.
[12] CARVALHO FILHO, José dos Santos. *Processo administrativo federal*. Rio de Janeiro: Lumen Juris, 2005. p. 132.
[13] Código de Processo Civil, art. 144.

de outro escritório; ou quando promover ação contra a parte ou seu advogado. É essa, em sua plena literalidade, a linguagem do Código de Processo Civil. Como se observa, não há impedimento presumido.

Também nos termos da legislação processual vigente, aplicada ao processo administrativo, a suspeição do julgador ocorre[14] quando este for amigo íntimo ou inimigo de qualquer das partes ou de seus advogados; receber presentes de pessoas que tiverem interesse na causa antes ou depois de iniciado o processo, que aconselhar alguma das partes acerca do objeto da causa ou que subministrar meios para atender às despesas do litígio; quando qualquer das partes for sua credora ou devedora, de seu cônjuge ou companheiro ou de parentes destes, em linha reta até o terceiro grau, inclusive; quando interessado no julgamento do processo em favor de qualquer das partes, também na exata dicção do Código de Processo Civil vigente. Como se comprova, não há, no direito brasileiro, uma imaginária suspeição prévia ou presumida, como querem crer os que combatem o *voto de qualidade* utilizado no processo decisório do Carf.

É de nossa tradição jurídica estender as hipóteses de impedimento e de suspeição a todos quantos efetivamente julgam, em quaisquer circunstâncias. Exemplifica-se com os conselheiros do Conselho Nacional de Justiça – CNJ, e refiro-me especialmente àqueles que não são oriundos dos quadros próprios da Magistratura. Há previsão regimental que dispõe que os conselheiros não integrantes das carreiras da Magistratura terão os mesmos direitos, prerrogativas, deveres, impedimentos constitucionais e legais, suspeições e incompatibilidades que regem a carreira da magistratura, no que couber, enquanto perdurar o mandato.[15]

Não há suspeição presumida relativa às formas de atuação dos conselheiros não magistrados que atuam no CNJ. Aplica-se, na hipótese, por força regimental, as mesmas regras de impedimento e suspeição, já indicadas no CPC. Idêntica fórmula deve ser aplicada à discussão em torno do Carf, justamente porque *ubi eadem ratio, ibi eadem legis dispositio*, isto é, *os casos idênticos regem-se por disposições idênticas*.[16] Em ambos os casos há julgadores que atuam em câmaras de composição paritária.

Argumenta-se, assim, que a suspeição de julgadores é matéria definida em lei, com contornos comuns, e que enseja investigações e procedimentos, regulados também por lei. A suspeição por presunção, a exemplo do que se pretende fazer a partir do resultado de decisões judiciais aqui mencionadas, é instituição inexiste no direito positivo brasileiro.

O Superior Tribunal de Justiça fixou entendimento no sentido de que as hipóteses de suspeição são apenas aquelas descritas no Código de Processo Civil, devendo o excipiente indicar as hipóteses de impedimento taxativamente previstas na legislação de regência. Não há suspeição decorrente de mero inconformismo com a decisão guerreada, nomeadamente:

---

[14] Código de Processo Civil, art. 145.
[15] Regimento do Conselho Nacional de Justiça, art. 11, §3º.
[16] MAXIMILIANO, Carlos. *Hermenêutica e aplicação do direito*. Rio de Janeiro; São Paulo: Freitas Bastos, 1965. p. 257 e ss.

I – A exceção de suspeição pode ser rejeitada liminarmente nos casos de improcedência manifesta (RISTJ, art. 277, §1º). II – Situação em que o excipiente não indicou, sequer minimamente, em qual das hipóteses de impedimento e suspeição taxativamente previstas nos arts. 252 e 254 do Código de Processo Penal a ministra relatora teria incorrido. III – Razões da exceção que, longe de apontar circunstância indicativa de suspeição, revelam mero inconformismo com o resultado do julgamento de recurso interposto pelo excipiente. Agravo regimental improvido.[17]

Em âmbito de processo administrativo disciplinar, no qual há também recorrentemente discussões em torno de eventual suspeição de julgadores, o STJ decidiu que não há suspeição presumida. Nesse caso, invocou-se suspeição de membro de comissão processante, porquanto este seria ligado a pessoa do setor de recursos humanos do local onde os serviços prestados pela investigada eram efetivados; isto é, não se admite a mera presunção de parcialidade do julgador.[18]

O STJ trata com rigor as exceções de suspeição, fulminando situações nas quais se pretende excepcionar magistrado ou servidor da Justiça, por mera suposição. Há necessidade, entre outros, de comprovação de irregularidade no trâmite processual; bem como não se pode presumir suspeição em função de relação de parentesco entre vítima e serventuária da Justiça.[19]

Enfatiza-se e insiste-se que não há suspeição presumida no direito brasileiro. Não se pode suspeitar de conselheiro do CARF simplesmente porque, por questão regimental, representa o Ministério da Fazenda. O rigor do STJ nesse contexto afasta pretensão de desprezo para com *voto de qualidade* porque supostamente prolatado por julgador *suspeito de não transigir com voto desfavorável ao Fisco*.

Toda a jurisprudência do STJ aponta para a necessidade da indicação e comprovação objetiva de que haveria uma decisão matizada pelas circunstâncias apontadas pela legislação aplicável. Não se pode intuir ou opinar, cogitando-se de imaginária suspeição. Confirma-se essa premissa com outro julgado, também reproduzido com ênfases minhas.[20] A sistemática de suspeição do Código de Processo Civil é de amplo uso, alcançando também, e inclusive, quem atue como perito. Há um modelo geral que informa o direito brasileiro na questão, não se cogitando de suspeição prévia ou presumida. Concretamente, como já decidiu o STJ, aplicam-se ao perito os motivos de impedimento e suspeição previstos para o juiz. Essa decisão contém uma *rationale* que explicita uma *ratio decidendi* perfeitamente aplicável aos julgadores do Carf.[21]

---

[17] Superior Tribunal de Justiça. AgRg na ExSusp nº 153/DF – Agravo Regimental na Exceção de Suspeição 2015/0298709-3. Rel. Min. Francisco Falcão, j. 4.5.2016.

[18] Superior Tribunal de Justiça. RMS nº 47.677/ES – Recurso Ordinário em Mandado de Segurança 2015/0038907-7. Rel. Min. Napoleão Maia Filho, j. 15.12.2015.

[19] Superior Tribunal de Justiça. RHC nº 44.535/SC – Recurso Ordinário em Habeas Corpus 2014/0010115-4. Rel. Min. Reynaldo Soares da Fonseca, j. 19.11.2015.

[20] Superior Tribunal de Justiça. MS nº 21.029/DF – Mandado de Segurança 2014/0127119-4. Rel. Min. Napoleão Maia Filho, j. 28.10.2015.

[21] Superior Tribunal de Justiça. AgRg no AREsp nº 781.689/PR – Agravo Regimental no Agravo em Recurso Especial 2015/0240901-5. Rel. Min. Mauro Campbell Marques, j. 27.10.2015.

Pretende-se mutilar o processo decisório do Carf sob a alegação de que conselheiros indicados pelo Ministério da Fazenda votariam, necessariamente, em favor do Fisco, por essa razão. Desenha-se, assim, modalidade de suspeição duvidosa e inexistente no direito brasileiro. Casos de suspeição devem ser atacados de acordo com os procedimentos legalmente disponíveis e não, como se pretende, pela desconstrução de um instituto, utilizado por todo o sistema decisório brasileiro.

A suspeição do *voto de qualidade* é improcedente à vista de decisões que reconhecem a pretensão do contribuinte

Afirmação que dê conta de que o *voto de qualidade* seria absolutamente contrário ao contribuinte, favorecendo as posições da Fazenda Nacional, revela-se absolutamente falaciosa. Indica, tão somente, uma problemática tese de suspeição por presunção, inexistente no direito brasileiro, como aqui recorrentemente demonstrado. Tanto quanto se apurou, não há estudo sistemático, publicado, sujeito a testes e discussões, sobre as decisões do Carf, em tema de *voto de qualidade*, o que indica que a tese da parcialidade é mero inconformismo com decisão administrativa. A questão é mais complexa, como já alertou em meados do século XX o mais recorrente teórico da hermenêutica, Carlos Maximiliano, com a autoridade que lhe conferia a curul ocupada no Supremo Tribunal Federal.[22]

Há também *votos de qualidade* que decidem em favor do contribuinte, circunstância que afasta a concepção de suspeição por presunção, que tenta se levantar contra o modelo decisório do Carf. Ilustro a assertiva, entre outros, com *voto de qualidade* que enfrentou em favor do contribuinte o tema da *desmutualização da bolsa de valores*,[23] tema de muita gravidade conceitual e pragmática.

Ainda exemplificando, e no mesmo tema, *desmutualização*, no contexto de operações societárias, e em favor de uma entidade bancária, registra-se outro *voto de qualidade*, o que, ainda outra vez, reforça a precariedade da tese da suspeição por presunção.[24] Nesse caso específico, enfatizo, o *voto de qualidade* pendeu em favor de instituição bancária, circunstância emblemática no conjunto de problemas colocados pela presente discussão. De igual modo, menciona-se *voto de qualidade* que reconheceu circunstância de cerceamento do direito de defesa, decidindo em favor do contribuinte, comprovando que a tese da suspeição por presunção é indicativa do inconformismo da parte vencida com o conteúdo de uma decisão contrária.[25]

---

[22] MAXIMILIANO, Carlos. *Hermenêutica e aplicação do direito*. Rio de Janeiro; São Paulo: Freitas Bastos, 1965. p. 345.
[23] CARF. Processo nº 16327.000209/201019. Recurso Voluntário Acórdão nº 3403001.757 – 4ª Câmara/3ª Turma Ordinária. Sessão de 25.9.2012. Matéria Cofins – Recorrente Concordia S/A Corretora Valores Mobiliários Cambio e Commodities – Recorrida Fazenda Nacional.
[24] CARF. Acórdão nº 3403003.153 – 4ª Câmara/3ª Turma Ordinária. Sessão de 19.8.2014 – Matéria Cofins – Recorrente Banco Itaú BBA S/A – Recorrida Fazenda Nacional.
[25] CARF. Acórdão nº 3201000. 2ª Câmara/1ª Turma Ordinária. Sessão de 1º.6.2011 – Matéria PIS/Cofins – Recorrente Cooperativa de Trabalho dos Profissionais em Estacionamentos e Similares – Recorrida Fazenda Nacional.

O *voto de qualidade*, junto ao Carf, *não* se presta para decidir, sempre, em favor do Fisco. E se o fizesse, ainda assim não se afastaria de contemplar interesse público. O contribuinte derrotado na discussão administrativa poderá provocar o Poder Judiciário e, agora sim, de fato, sempre, por previsão constitucional expressa,[26] circunstância que não se aplica ao Fisco, ante quem opera uma *res judicata* de feição administrativa.

Há também outro aspecto relevante, percebido apenas por quem acompanha o conjunto de decisões do Carf. Isto é, pode-se imputar uma eventual baixa frequência de decisões por voto de qualidade favoráveis ao contribuinte por uma razão de superlativa simplicidade: todas as vezes nas quais o presidente do Colegiado vota a favor do contribuinte, constrói-se um acórdão *por maioria de votos*. Não se pode, assim, pura e simplesmente, invocar impedimento e suspeição por parte de julgador originário do Ministério da Fazenda. O procurador que atua em defesa do modelo do *voto de qualidade* utilizado pelo Carf deve grifar que também há *votos de qualidade* em favor do contribuinte. Mais, deve esclarecer ao julgador que a fórmula *por maioria de votos* alcança – sempre – o voto do presidente, o que desfaz a presunção de que seu voto seja comprometido.

Os precedentes do Superior Tribunal de Justiça e de Tribunal Regional Federal em favor do *voto de qualidade*

Chegou ao Superior Tribunal de Justiça discussão em torno da legalidade do *voto de qualidade*, tal como disposto no inc. II, do art. 8º da Lei nº 8.884, de 11.6.1994. A mencionada lei transformava o Conselho Administrativo de Defesa Econômica – Cade em autarquia, entre outros. No referido art. 8º, II, da aludida lei, definiu-se competência do presidente desta autarquia para, também, "presidir, com direito a voto, inclusive o de qualidade, as reuniões do Plenário". Perceba-se, à luz de um critério literal de juízo interpretativo, o advérbio empregado *inclusive*, o que sugere e comprova que o *voto de qualidade*, quando necessário, complementa o voto regular, emitido pelo julgador.

A discussão colocada fixava-se precisamente no contexto da discussão presente. Indagava-se se o presidente do Cade poderia votar em duplicidade, primeiramente, como membro do Colegiado e, ao fim, como presidente do Colégio de Julgadores. O Superior Tribunal de Justiça entendeu que sim. Essa interpretação fixou jurisprudência que orienta a interpretação e resolução definitiva do problema presente.

Trata-se exatamente do que se questiona, no que se refere ao *voto de qualidade* proferido no Carf. Deve-se aplicar a solução dada à discussão em torno do mesmo assunto, ocorrida no Cade. Não há como se cogitar de duas soluções distintas para a mesma questão. Vingaria, aqui, mais uma vez, o já invocado brocardo *ubi eadem ratio ibi eadem jus*, isto é, onde há a mesma razão deve prevalecer idêntico direito. No entanto, não se trata apenas de similitude entre razões idênticas: há leis específicas, que cuidam dos dois casos, de igual maneira.

---

[26] Constituição Federal, art. 5º, inc. XXXV.

O Cade[27] é entidade judicante com jurisdição em todo o território nacional, que se constitui em autarquia federal, vinculada ao Ministério da Justiça, com sede e foro no Distrito Federal, e com conjunto de competências previstas na Lei nº 12.529, de 30.11.2011.[28] Trata-se de entidade também judicante que se qualifica pelas funções administrativas que exerce. É constituída por três órgãos, nomeadamente, o próprio Tribunal, uma Superintendência-Geral e um Departamento de Estudos Econômicos.[29] Carece, assim, de mecanismos definidores de fórmulas de decisão, a exemplo do *voto de desempate*. Nesse importante precedente, que afeta e prestigia o Cade, mas que se projetará no Carf, prestigiando-o, também, por força da hermenêutica do precedente,[30] a relatora do processo entendeu pela possibilidade desse voto duas vezes lançados. Na inexistência de previsão legal, afirmou-se, intui-se que caberia ao presidente apenas o voto de desempate. No entanto, regra dispondo pela possibilidade de voto como membro, acrescido, quando e se necessário, por voto como presidente, por força de disposição legal, é instância procedimental de ampla aceitação.[31]

A magistrada que definiu o voto condutor enfatizou que não poderia deixar de aplicar o princípio da legalidade, ainda que concordando com voto vencido então discutido, consignando que "não há [haveria] como afastar-se o voto de qualidade da presidente do CADE, mesmo depois de ter sido por ela proferido voto como integrante do colegiado".[32] Consignando-se entendimento no sentido de que há efetivamente norma que rege a espécie, que dispõe sobre o *voto de qualidade*, o qual, *ipso facto*, revela-se como integrante do sistema procedimental que rege sistemas de decisão de órgãos colegiados.

O Superior Tribunal de Justiça, assim, fechou questão em torno do *voto de qualidade*, na medida em que fixado ordinariamente por lei, atendendo-se ao princípio da legalidade, fixado em disposições constitucionais inequívocas,[33] como então decidido.[34] Esse entendimento fulminou compreensão originária, reformada, devidamente. A decisão reparada pelo Superior Tribunal de Justiça centrou-se na compreensão de que o *voto de desempate*, ou *voto de minerva*,[35] não poderia ser confundido com o que se

---

[27] O Cade é órgão que deve ser estudado no contexto do regime regulatório brasileiro. Conferir, por todos, GUERRA, Sérgio. *Agências reguladoras* – Da organização administrativa à governança em rede. Belo Horizonte: Fórum, 2012.

[28] Art. 1º do Regimento Interno do Conselho Administrativo de Defesa Econômica – Ricade.

[29] Art. 2º do Ricade.

[30] Na literatura nacional, por todos, MARINONI, Luiz Guilherme. *Precedentes obrigatórios*. São Paulo: Revista dos Tribunais, 2010.

[31] Superior Tribunal de Justiça. Recurso Especial nº 996.930-DF (excerto do voto da Ministra Eliana Calmon).

[32] Superior Tribunal de Justiça. Recurso Especial nº 996.930-DF (excerto do voto da Ministra Eliana Calmon).

[33] Constituição de 1988, §1º do art. 1º, inc. II do art. 5º, art. 37, *caput*, entre outros, de aplicação mais setorial, a exemplo do inc. I, do art. 150.

[34] Superior Tribunal de Justiça. Recurso Especial nº 996.930-DF (ementa).

[35] A expressão *voto de minerva* deriva do contexto mitológico greco-romano. Minerva, no *Panteon* romano, equivale à *Atenas*, do *Panteon* grego. Minerva é uma das figuras centrais no mito de Orestes, especialmente no tema de seu julgamento. O assunto foi explorado por Ésquilo, na trilogia *Oréstia*. Orestes era filho de Agamenon e de Clitemnestra. Agamenon foi traído e morto por Clitemnestra, que agiu ao lado do amante, Egisto, que era primo de Agamenon. Orestes vingou a morte do pai, matando a mãe. Levado ao tribunal de Atenas, o empate da votação, relativo à absolvição (ou condenação) de Orestes, foi resolvido com o voto de desempate

denominou *voto cumulativo*; fulminou-se esse último como indicativo de uma práxis administrativa vinculada ao regime de exceção,[36] da ordem constitucional pretérita.

Essa premissa, que equipara *voto de desempate* com *voto cumulativo*, por força de identificação com ordem normativa de regime de exceção, com todo o respeito devido, não se sustenta no plano fático e argumentativo porque não leva em conta a realidade política e histórica que matizou todas as construções conceituais dos *votos de qualidade* que conhecemos.

Isto é, *votos de qualidade* foram concebidos na Antaq (disposições de 18.8.2004), na ANTT (disposições de 28.1.2009), na Anac (disposições de 15.9.2009), no Conselho de Recursos da Previdência Social (disposições de 13.9.2011), na ANA (disposições de 15.12.2014), no próprio Carf (disposições de 9.6.2015), bem como no Cade, em sua versão atual (disposições de 25.6.2016). Insista-se. A indicação dessas datas comprova que os modelos foram fixados em momentos de altíssima densidade democrática e de pleno funcionamento de nossas instituições.

O *voto de qualidade*, como hoje funciona, não se revela, simplesmente, como instrumento jurídico criado em momentos de exceção, a exemplo de medidas ou modelos que remontam à Presidência de Artur Bernardes (1922-1926), ao Estado Novo (1937-1945) ou, mais especificadamente, à Era Militar (1964-1979), com referência, especialmente, às presidências de Castelo Branco, Costa e Silva, Emílio Médici, Ernesto Geisel e João Baptista de Oliveira Figueiredo. O *voto de qualidade*, substancialmente, não é criação de interregnos ditatoriais. Perceba-se que mais à frente se trata do Tribunal Marítimo. Nesse Tribunal, de origem tipicamente castrense, utiliza-se o *voto de qualidade* pregado pelos detratores do Carf; nessa hipótese o presidente apenas vota para desempatar. Isto é, a única fórmula de origem militar é justamente a desejada pelos críticos do Carf. Trata-se de contradição que deve ser explorada na defesa do Carf.

E, mesmo assim, a recusa de se aceitar documento normativo desses tempos ditatoriais, em nome de uma imaginária invocação de eras de exceção, seria efetiva desconsideração para com o instituto constitucional da recepção, de ampla aceitação, doutrinária e jurisprudencial. Apenas argumentando: o Código Tributário Nacional é documento datado de 25.10.1966, sancionado pelo então Presidente Humberto de Alencar Castello Branco. E não há notícias de questionamento judicial desse texto normativo, sob o argumento de que fora produzido no ambiente inegavelmente ditatorial de estado de exceção.

Em assunto mais específico do Carf, há importantíssima decisão do Tribunal Regional Federal da 4ª Região,[37] que explorou o assunto ao limite, ementando-se o conteúdo decisório, da forma que segue:

---

de Minerva, origem da expressão. Orestes, segue o mito, teria falecido aos 90 anos, após 70 anos de reinado (BRANDÃO, Junito. *Dicionário mítico-etimológico*. Petrópolis: Vozes, 1992. v. II. p. 192 e ss.).

[36] Tribunal Regional Federal da 1ª Região. Apelação em Mandado de Segurança nº 2005.34.00.032899-DF. Rel. Des. Fed. Souza Prudente.

[37] Tribunal Regional Federal da 4ª Região. Apelação Cível nº 5073051-59.2014.4.04.7100-RS. Rel. Des. Fed. Rômulo Pizzolatti, j. 17.11.2015.

CARF. PROCESSO DE EXIGÊNCIA DE TRIBUTOS. JULGAMENTO. VOTO DE QUALIDADE. 1. O voto de qualidade (de atribuição do Presidente do órgão julgador, que será conselheiro representante da Fazenda Nacional), previsto para as decisões do CARF (art. 54 do respectivo Regimento Interno), não ofende ao devido processo legal (mormente no que se refere à imparcialidade das decisões). 2. O membro do CARF, seja ele representante da Fazenda Nacional ou dos contribuintes, tem como função o julgamento do processo de exigência de tributos ou contribuições administradas pela Receita Federal com base no princípio da legalidade, não tendo ele que adotar posição vinculada a sua origem.[38]

Desse importantíssimo julgado, colhido em sede de apelação, o Desembargador Federal fixou linha jurisprudencial que informa a decisão, que converge para com o decidido pelo Superior Tribunal de Justiça, ainda que em âmbito do Cade.[39] A razão de decidir (*ratio decidendi*) nos julgamentos acima indicados identifica linha de pensar e decidir pretoriana que aponta para solução judicial que se espera no caso presente, garantindo-se a segurança jurídica.[40] O papel do Superior Tribunal de Justiça, no sentido de uniformizar a interpretação do direito federal, deve-se revelar de modo absoluto no caso presente, permitindo-se prognóstico, no contexto da teoria dos precedentes, identificadora da certeza jurídica como garantia de segurança.[41] Esse precedente deve ser explorado, ao máximo, na defesa do *voto de qualidade*.

Ainda que se possa doutrinariamente distinguir *precedentes obrigatórios* de *precedentes persuasivos*, insiste-se, com fundamento em autor seminal no assunto – a doutrina dos precedentes – que "o respeito aos precedentes confere aos jurisdicionados a estabilidade de dada interpretação jurídica".[42] O precedente do STJ, seguido pelo TRF da 4ª Região, sugere linha estabilizadora, que anima o intérprete a confiar na manutenção dessa solução já produzida e divulgada. Ainda que a peça possa nesse caso pautar-se por argumentação de fortíssimo sentido teórico, essa argumentação também é necessária, para que se esclareça que a segurança jurídica exige também o respeito para com a *res judicata* pretérita.

O deferimento para com a tradição normativa de um país transforma muitas vezes o precedente em um *superprecedente*, como anunciado pela doutrina norte-americana,[43] viz., o precedente confirma a reminiscência cultural e legal de determinado

---

[38] Tribunal Regional Federal da 4ª Região. Apelação Cível nº 5073051-59.2014.4.04.7100-RS. Rel. Des. Fed. Rômulo Pizzolatti, j. 17.11.2015 (ementa).

[39] Tribunal Regional Federal da 4ª Região. Apelação Cível nº 5073051-59.2014.4.04.7100-RS. Rel. Des. Fed. Rômulo Pizzolatti, j. 17.11.2015 (excerto de voto).

[40] Nesse assunto, *segurança jurídica*, especialmente em matéria fiscal, conferir, TORRES, Heleno Taveira. *Direito constitucional tributário e segurança jurídica*. São Paulo: Revista dos Tribunais, 2011.

[41] O tema do precedente, no contexto da segurança jurídica, é analisado em série de ensaios, de autoria de renomados juristas, a exemplo de Neil MacCormick, Robert Alexy, Ralf Dreier, Aulis Arnio, Michele Taruffo, Robert Summers, entre outros, em MACCORMICK, Neil; SUMMERS, Robert S. (Ed.). *Interpreting precedents, a comparative study*. Aldershot: Ashgate, 1997.

[42] É a impressão de MARINONI, Luiz Guilherme. *Precedentes obrigatórios*. São Paulo: Revista dos Tribunais, 2010. p. 112.

[43] Cf. GERHARDT, Michael J. *The power of precedent*. New York: Oxford University Press, 2008. p. 177 e ss.

meio político e social. O reconhecimento do Superior Tribunal de Justiça para com o *voto de desempate* é exemplo dessa premissa.

Não se constata, em juízo de comparação entre os sistemas de desempate utilizados pelo Cade e pelo Carf, um indício de distinção, um *distinguishing*,[44] que autorizasse entendimento diverso para casos idênticos. Especialmente, do ponto de vista normativo, deve-se reconhecer, há lei contemplando de igual modo esses dois ambientes burocráticos; por isso, não se pode decidir de modo distinto. A *ratio decidendi*[45] que preponderou no caso aqui relatado, julgado pelo Superior Tribunal de Justiça, deve ser aplicada no caso do Carf, insista-se, dada a semelhança absoluta entre os dois modelos, quanto aos critérios de desempate, bem entendido.

Conclusões

A presunção de que os julgadores da Fazenda votariam contrariamente às teses dos contribuintes junto ao Carf é afirmação vazia de sentido no mundo fático. Cria-se uma presunção marcada por uma forte antropologia negativa, retirando-se do julgador a obrigação de votar de acordo com a Constituição, com a lei, com os fatos e com a respectiva consciência. Criou-se uma forma inusitada de suspeição no direito brasileiro, a suspeição por presunção, que os tribunais devem repelir.

Referências

ANDRADE, José Carlos Vieira. *A justiça administrativa (lições)*. Coimbra: Almedina, 2007.

BRANDÃO, Junito. *Dicionário mítico-etimológico*. Petrópolis: Vozes, 1992. v. II.

CARVALHO FILHO, José dos Santos. *Processo administrativo federal*. Rio de Janeiro: Lumen Juris, 2005.

CROSS, Rupert; WARRIS, J. W. *Precedent in English law*. Oxford: Clarendon Press, 2004.

DI PIETRO, Maria Sylvia Zanella. *Direito administrativo*. São Paulo: Atlas, 2011.

DUXBURY, Neil. *The nature and authority of precedent*. Cambridge: Cambridge University Press, 2008.

FURTADO, Lucas da Rocha. *Curso de direito administrativo*. Belo Horizonte: Fórum, 2007.

GERHARDT, Michael J. *The power of precedent*. New York: Oxford University Press, 2008.

GUERRA, Sérgio. *Agências reguladoras* – Da organização administrativa à governança em rede. Belo Horizonte: Fórum, 2012.

MACCORMICK, Neil; SUMMERS, Robert S. (Ed.). *Interpreting precedents, a comparative study*. Aldershot: Ashgate, 1997.

MARINONI, Luiz Guilherme. *Precedentes obrigatórios*. São Paulo: Revista dos Tribunais, 2010.

MAXIMILIANO, Carlos. *Hermenêutica e aplicação do direito*. Rio de Janeiro; São Paulo: Freitas Bastos, 1965.

PRADO, Luiz Regis. *Comentários ao Código Penal*. São Paulo: Revista dos Tribunais, 2010.

---

[44] O conceito de *distinguishing* foi explorado por DUXBURY, Neil. *The nature and authority of precedent*. Cambridge: Cambridge University Press, 2008. p. 111 e ss.

[45] O conceito de *ratio decidendi* foi explorado por CROSS, Rupert; WARRIS, J. W. *Precedent in English law*. Oxford: Clarendon Press, 2004. p. 39 e ss.

TORRES, Heleno Taveira. *Direito constitucional tributário e segurança jurídica*. São Paulo: Revista dos Tribunais, 2011.

Informação bibliográfica deste texto, conforme a NBR 6023:2018 da Associação Brasileira de Normas Técnicas (ABNT):

GODOY, Arnaldo Sampaio de Moraes. O tema do voto de qualidade nos tribunais administrativos e a inusitada figura da suspeição por presunção no direito tributário e administrativo aplicado brasileiro. In: LEAL, Saul Tourinho; GREGÓRIO JÚNIOR, Eduardo Lourenço (Coord.). *A Constituição Cidadã e o Direito Tributário*: estudos em homenagem ao Ministro Carlos Ayres Britto. Belo Horizonte: Fórum, 2019. p. 45-58. ISBN 978-85-450-0678-7.

ELUSÃO LEGISLATIVA DA CONSTITUIÇÃO NO DIREITO TRIBUTÁRIO[1]

CARLOS ALEXANDRE DE AZEVEDO CAMPOS

1 Introdução

> *Alegar-se-á que a lei pode tudo, até mesmo converter o vermelho em verde, para eliminar proibições e permitir a passagem de benesses, mas há erro grave nesse raciocínio. As vedações constitucionais, quando ladeadas em virtude de processos oblíquos, caracterizam desvio de poder e, como tais, são nulas de pleno direito.*
> (Miguel Reale)[2]

No Estado Democrático Fiscal, caracterizado pela liberdade econômica do indivíduo, como pela responsabilidade do cidadão solidário, direitos e deveres tributários devem conviver em equilíbrio, em uma relação de implicações recíprocas. Isso significa, de um lado, que o Estado não pode exercer o poder de tributar de forma arbitrária; de outro, que o particular não possui a faculdade libertária de não contribuir ao custeio das tarefas gerais e sociais do Estado. O contribuinte tem o dever fundamental de pagar impostos, que sejam justos e democraticamente instituídos. Surge o dever tributário legítimo e fundamental quando estabelecido na forma e nos limites previstos nas constituições democráticas.

No campo do planejamento tributário, esse estado de coisas implica que os contribuintes possuam a liberdade fundamental de sempre conduzir seus negócios de modo a alcançar os melhores resultados econômicos possíveis, mas o exercício desse direito apenas surtirá efeitos perante os deveres tributários se observadas as proibições de fraude à lei e de abuso do direito. O ponto envolve as fronteiras

---

[1] Uma versão pouco mais ampla deste artigo foi publicada originariamente como: CAMPOS, Carlos Alexandre de Azevedo. Interpretação e Elusão Legislativa da Constituição no Direito Tributário. *In*: CAMPOS, Carlos Alexandre de Azevedo; OLIVEIRA, Gustavo da Gama Vital de; MACEDO, Marco Antonio Ferreira (Coord.). *Direitos fundamentais e estado fiscal*: estudos em homenagem ao professor Ricardo Lobo Torres. Salvador: Juspodivm, 2019, p. 619-655.

[2] REALE, Miguel. Abuso do poder de legislar. *Revista de Direito Público*, São Paulo, ano VII, n. 39/40, 1976. p. 76.

nada claras entre o planejamento tributário legítimo (*elisão fiscal*) e o abusivo (*elusão tributária*). O pensamento filosófico-constitucional contemporâneo e a ideia de justiça, refletidos sobre o direito tributário, admitem "o planejamento fiscal como forma de economizar imposto, *desde que não haja abuso de direito*; só a *elisão abusiva* ou o *planejamento inconsistente* se tornam ilícitos".[3]

A escolha pelos contribuintes de determinadas formas jurídicas não pode produzir efeitos no campo da fiscalidade quando, porque sem qualquer motivo ou fundamento negocial, a eleição tiver por objetivo apenas evitar a ocorrência do fato gerador *desejada* pela lei ante a substância econômica dos negócios jurídicos praticados, sendo assim sutilmente *contornado* o surgimento do dever tributário ou reduzido o seu montante. Sem embargo, a *elusão* tributária é um desvalor jurídico.

Neste artigo, sem negligenciar particularidades teóricas e metodológicas, problematizo se a mesma lógica, que limita a liberdade de ação dos contribuintes, pode ser aplicada em face da discricionariedade ou liberdade de conformação do legislador tributário: existem restrições possíveis à adoção pelo legislador tributário de estratégias sutis, dirigidas ao *contorno* da incidência de regras e de princípios constitucionais "indesejados"? O uso dessas estratégias, apesar de formalmente válido e de sua constitucionalidade aparente, pode vir a configurar fraude à Constituição ou abuso (desvio) do poder de legislar? Esse *contorno*, mormente quanto às limitações constitucionais ao poder de tributar, pode implicar inconstitucionalidade? Em síntese: pode cogitar-se de uma *elusão* da Constituição pelo legislador tributário? Eu responderei *sim* a todas essas perguntas neste trabalho.

Este texto, *publicado para homenagear o Exmo. Ministro Carlos Ayres Britto*, terá a seguinte divisão: além desta introdução (1), delimito, no próximo item (2), o objeto do artigo ao discorrer sobre a Lei nº 18.371, de 15.12.2014, do estado do Paraná, e acerca dos elementos da ADI nº 5.282/PR, controvérsia essa que servirá como estudo de caso a auxiliar o presente desenvolvimento teórico; no tópico seguinte (3), formulo a hipótese de *elusão* legislativa da Constituição pelo legislador tributário e a tese da sua inconstitucionalidade; na sequência (4), testo a hipótese e a tese ao propor uma solução à questão em torno da aludida lei paranaense. Ao final (5), conclusões.

2 Estudo de caso e delimitação do objeto

Para melhor desenvolvimento do tema, explorarei aqui um *estudo de caso*. Como enfrento controvérsia pouco desenvolvida e sem solução predefinida, surge a necessidade de maior empenho na investigação científica. O estudo de caso permite melhor compreensão, avaliação e reavaliação dos problemas, assim como a construção e reconstrução de hipóteses. Segundo já apontei, vou abordar o conflito em torno da Lei nº 18.371/2014, do Paraná, cujas características permitem sejam extraídas lições generalizáveis.

---

[3] TORRES, Ricardo Lobo. *Planejamento tributário*: elisão abusiva e evasão fiscal. Rio de Janeiro: Elsevier, 2012. p. 9.

2.1 A Lei nº 18.371/2014, do estado do Paraná

O estado do Paraná, por meio da Lei nº 18.371, publicada em 16.12.2014, republicada em 17.12.2014, promoveu importantes alterações em sua legislação tributária, incluída a modificação da Lei nº 14.260, de 22.12.2003, que versa o Imposto sobre Propriedade de Veículos Automotores – IPVA. Mediante o art. 4º da Lei nº 18.371/2014, foi majorada a alíquota do imposto de 2,5% para 3,5% para os casos gerais de veículos registrados ou cadastrados nos órgãos competentes do estado.

Na redação anterior da Lei nº 14.260/2003, além de prevista a alíquota de 2,5%, o seu art. 2º, §1º, letra "e", dispunha que o fato gerador do imposto ocorresse todo dia 1º de cada ano, em relação aos veículos adquiridos em anos anteriores. Daí que, como houve majoração de alíquota, e a Lei nº 18.371/2014 foi publicada apenas em 16.12.2014, o aumento praticado não poderia, a princípio, surtir efeitos para o ano de 2015, haja vista o dever de observância da anterioridade nonagesimal do art. 150, inc. III, alínea "c", da Constituição: a norma que majorou a alíquota do IPVA apenas poderia *incidir* noventa dias após a publicação, ou seja, a partir de 16.3.2015. Como o fato gerador então ocorria no dia 1º de cada ano, a aplicação do aumento para o ano de 2015 esbarraria na proibição de retroatividade da lei tributária mais gravosa, prevista na norma constitucional da alínea "a" do mesmo inc. III.

O que fez então o legislador paranaense? Alterou a data do fato gerador do imposto *exclusivamente* para o ano de 2015, dispondo que esse ocorresse no dia 1º.4.2015. É o que consta no art. 5º da Lei nº 18.371/2014:

> Art. 5º O fato gerador do imposto de que trata a Lei nº 14.260, de 2003, referente ao exercício de 2015, em relação aos veículos automotores adquiridos em anos anteriores, ocorrerá no dia 1º de abril de 2015.
>
> §1º O IPVA de que trata o caput deste artigo terá seu vencimento em 1º de abril de 2015.
>
> §2º O disposto no caput deste artigo não se aplica nas transferências de veículos automotores usados para outras unidades federadas, adquiridos em exercício anterior ao de 2015, hipótese em que considerar-se-á ocorrido o fato gerador na data da transferência.

Não obstante as leis paranaenses, seguindo prática nacional, terem estabelecido, até então, que o fato gerador do IPVA, nesses casos, ocorresse no dia 1º de cada ano, foi estabelecida regra exclusiva para o ano de 2015: o fato gerador ocorre no dia 1º de abril. Importante destacar que, segundo o previsto no aludido art. 5º, a partir de 2016 o fato gerador do imposto voltaria – como voltou – a ocorrer no primeiro dia do ano. A alteração foi apenas para o ano de 2015. Por óbvio que o legislador visou escapar da aplicação conjunta das alíneas "a" e "c" do inc. III do art. 150, da Carta da República, que, naturalmente, impediria a incidência do aumento para o ano de 2015.

A medida revela, de maneira exemplar, o problema enfrentado neste artigo. O legislador paranaense possui competência tributária e certa liberdade de conformação para majorar a alíquota do IPVA e alterar a data de ocorrência do fato gerador. Resta saber se essa competência e essa liberdade, tal como atribuídas pelo constituinte, podem servir ao propósito de *driblar* ou *contornar* limitações impostas por esse mesmo constituinte (incluído o derivado). Leis da espécie podem ser reconhecidas como atos que fraudam a Constituição ou revelam desvio do poder de legislar? Podem ser consideradas tão inconstitucionais como são as normas que violam frontal e ostensivamente a Constituição? Os autores da ADI nº 5.282/PR defendem que sim.

2.2   A ADI nº 5.282/PR

Contra a incidência da majoração do IPVA no ano de 2015, particularmente acusando a inconstitucionalidade da estratégia de alteração da data do fato gerador do imposto exclusivamente para esse ano, o Partido dos Trabalhadores – PT e o Partido Comunista do Brasil – PC do B propuseram ação direta de inconstitucionalidade, que tramita sob o nº 5.282/PR, da relatoria do Ministro Marco Aurélio. Os requerentes defendem a inconstitucionalidade dos arts. 5º, §1º, e 6º, da Lei nº 18.371/2014, por violação aos princípios da irretroatividade, da anterioridade nonagesimal e da isonomia tributária. Alegam que, tendo a lei sido publicada em 16.12.2014, a cláusula que alterou a data do fato gerador para 1º.4.2015 teve o propósito único de "fraudar a restrição nonagesimal da Constituição" à majoração e cobrança de tributos.

Arguem ainda a transgressão ao princípio da isonomia tributária, na medida em que a majoração promovida alcançou apenas os veículos adquiridos antes de 2015 e depois de 1º de abril do mesmo ano. Restaram sujeitos à alíquota anterior, portanto, mais reduzida, os contribuintes que adquirissem veículos entre 1º.1 e 31.3.2015, o que implicaria discriminação injustificada.

A Assembleia Legislativa e o governador defenderam a constitucionalidade da lei. Disseram que não há violação à anterioridade nonagesimal e à irretroatividade na medida em que foi observado o prazo de 90 dias contados da data da publicação da lei. Afirmaram que a modificação possibilitou que a majoração se desse sem que houvesse "qualquer tipo de surpresa na cobrança do tributo", não incorrendo em inconstitucionalidade de qualquer tipo. Alegaram que os legisladores estaduais são livres para escolher a data em que consideram ocorrida a materialidade do IPVA, podendo até optar por "mais de uma incidência durante o mesmo exercício". Assim, a fixação de 1º de janeiro como fato gerador "não passa de costume".

O procurador-geral da República preconizou a liberdade do legislador estadual de alterar a data da ocorrência do fato gerador do imposto, podendo postergar o momento para fazer valer a majoração realizada. Daí ter concluído que, ao contrário de violar, o legislador cumpriu o comando da alínea "c" do inc. III do art. 150, da Carta da República. Com relação à isonomia tributária, o procurador-geral assume que "a distinção legal constitui apenas efeito transverso decorrente da observância da noventena", mas que não há inconstitucionalidade nesse aspecto. Segundo conclui, "da obrigatoriedade de um preceito constitucional não pode resultar a violação de outro".

O conteúdo da Lei paranaense nº 18.371/2014, os argumentos da inicial, as informações prestadas e o parecer do PGR dão a exata noção do desafio enfrentado neste artigo: como identificar, avaliar e controlar casos em que o legislador tributário, exercendo competência constitucionalmente atribuída e observando as formalidades próprias do processo legislativo correspondente, cria normas que, de validade aparente, constituem autêntico contorno ou fuga à limitação constitucional ao poder de tributar?

A minha resposta: tem-se, nesses casos, uma *elusão legislativa da Constituição*, de estrutura similar à *elusão* fiscal praticada pelos contribuintes e igualmente merecedora de censura. É o que passo a desenvolver.

3 A *elusão* da Constituição pelo legislador tributário

Este artigo é sobre *violação de normas constitucionais pelo legislador tributário*. No entanto, investigo modo – e não grau – diferente de afronta à Constituição: não se trata de violação direta, frontal, aberta, ostensiva, mas, sim, indireta, sutil, disfarçada, sub-reptícia, oblíqua. Nessa hipótese, o legislador tributário realiza uma *elusão da Constituição*. A prática tem uma estrutura similar à *elusão fiscal* do contribuinte: por meio de um comportamento formalmente adequado, aparentemente válido, realiza-se um *contorno*, um *drible* a determinado dever, proibição ou limitação normativa. Enquanto o contribuinte busca fugir ao dever positivo de pagar tributos, o legislador tenta escapar de alguma limitação constitucional ao poder de tributar. Essa atitude do legislador, como a do contribuinte, é passível de censura sob o ângulo da legitimidade. É preciso, no entanto, explicar melhor essa analogia.

3.1 Configuração da *elusão* tributária

A tarefa de realizar e justificar a analogia pretendida neste trabalho deve ser precedida, logicamente, da adequada delimitação dos contornos do instituto tomado como parâmetro. A clareza quanto aos elementos da configuração da *elusão tributária* é essencial para o sucesso do argumento comparativo da *elusão legislativa da Constituição*. A analogia, na realidade, só é possível em razão da relativa identidade entre os elementos configuradores de ambas as práticas – dos contribuintes e dos legisladores tributários. Portanto, há que se deixar bem claro quais são esses elementos. Esse esclarecimento deve se dar pela diferenciação da *elusão fiscal* das outras figuras que com ela compõem a *trilogia* da "economia fiscal": o planejamento tributário (ou elisão tributária) e a evasão fiscal.

A evasão, a elisão e a *elusão* fiscais, embora sejam figuras adjacentes, possuem elementos estruturais e pressupostos próprios; ostentam dinâmicas distintas de atuação; ocupam "planos normativos diversos e se colocam em relação de recíproca exclusão".[4] Por serem noções diferentes, mas de fronteiras na prática pouco precisas,[5] há a necessidade de rigor – principalmente, por razões de certeza do direito – na delimitação dos confins. Como não são iguais as consequências jurídicas que decorrem de cada uma das figuras, as distorções aplicativas devem ser vigorosamente combatidas – essas distorções, além de causar insegurança, são fatores de injustiça.

---

[4] CONTRINO, Angelo. La trama dei rapporti tra abuso del diritto, evasione fiscale e lecito risparmio d'imposta. *Diritto e Pratica Tributaria*, Milão, v. LXXXVII, n. 4, jul./ago. 2016. p. 1409.

[5] "Os parágrafos acima deixam sem solução o problema de localizar as fronteiras entre evasão (*evasion*) e elusão (*avoidance*) de um lado, e *elusão* e elisão (*mitigation*) de outro. Esta incerteza é um desfio em qualquer discussão sobre *elusão* fiscal (*tax avoidance*)" (PREBBLE, Zoë; PREBBLE, John. The morality of tax avoidance. *Creighton Law Review*, v. 43, 2010. p. 708).

O rigor na delimitação deve começar pela precisão dos termos empregados. É fato que a doutrina nunca chegou a um acordo terminológico sobre essas figuras. No Brasil, por meio de Sampaio Dória, distinguiu-se, inicialmente, a evasão ilícita (conluio, sonegação e fraude) da evasão lícita, que seria a elisão ou o planejamento tributário. Para o autor, que se preocupou com a exatidão terminológica, haveria uma evasão fiscal *lato sensu*, correspondente a "toda e qualquer ação ou omissão tendente a elidir, reduzir ou retardar o cumprimento de obrigação tributária". Desse gênero, ter-se-iam duas espécies de natureza comissiva: a evasão ilícita, que seria a "fraude em sentido genérico"; e a "evasão legítima, ou evasão *stricto sensu*, que melhor soaria como elisão ou economia fiscal".[6]

Importante destacar que, com Sampaio Dória, a elisão tributária seria sempre lícita. Dessa perspectiva discordava Lobo Torres, que diferenciava evasão tributária, sempre ilícita, da elisão fiscal, esta podendo ser lícita (planejamento tributário consistente) ou ilícita (planejamento tributário abusivo). Tal diferenciação recusaria tanto a abordagem puramente lógico-sistemática da norma tributária e do "primado dos conceitos de direito civil", que apoia a licitude ontológica da elisão, quanto a corrente da "consideração econômica do fato gerador e da autonomia do direito tributário", que sustenta a ilicitude essencial das práticas elisivas.[7] A "elisão lícita" corresponde ao planejamento tributário legítimo, ao passo que a "elisão ilícita" configura a economia mediante fraude à lei ou abuso de direito.

Há ainda os que discordam do uso dos termos "elisão lícita" e "elisão ilícita". Por exemplo, Heleno Torres prefere equiparar o planejamento tributário legítimo à figura da elisão tributária, reservando o uso do termo "elusão tributária" para a economia fiscal abusiva.[8] No mesmo sentido, Sérgio André Rocha diz que "elisão lícita" encerra uma redundância, e "elisão ilícita" ou "planejamento abusivo", uma contradição nos termos. A elisão e o planejamento são sempre lícitos e legítimos, senão assim não poderiam ser chamados.[9] Desse modo, assim como Heleno Torres, ele defende o uso da expressão "elusão tributária" para designar a prática ilegítima de economia fiscal. Em sentido contrário, Saldanha Sanches destaca que, "em virtude da excessiva proximidade verbal" entre essas expressões, é útil o uso do adjetivo "abusivo". O qualificativo "abusivo" teria uma "particular utilidade expressiva, uma vez que permite exprimir a distinção axiológica entre os dois tipos de evitação fiscal" (a lícita e a ilícita).[10]

Tem razão Marco Aurélio Greco ao afirmar que "a preocupação terminológica é útil, mas é importante que não se transforme em mera discussão quanto a 'palavras'".

---

[6] DÓRIA, Antonio Roberto Sampaio. *Elisão e evasão fiscal*. 2. ed. São Paulo: J. Bushatsky, 1977. p. 21-30, 43-56.

[7] TORRES, Ricardo Lobo. *Planejamento tributário*: elisão abusiva e evasão fiscal. Rio de Janeiro: Elsevier, 2012. p. 8-9.

[8] TÔRRES, Heleno Taveira. *Direito tributário e direito privado*. Autonomia privada, simulação e elusão tributária. São Paulo: RT, 2003. p. 173-194.

[9] O professor Sérgio André Rocha expressou essa posição em debate informal sobre o tema realizado entre nós, professores de Direito Financeiro e Tributário da UERJ.

[10] SANCHES, J. L. Saldanha. *Os limites do planejamento fiscal*. Coimbra: Coimbra, 2006. p. 21-22: o autor utiliza a expressão "evitação" em vez de "elisão".

O importante, segundo o autor, é o acerto "quanto ao objeto à qual se refere e que, para aquele objeto, sempre utilizarmos a mesma palavra".[11] Seguindo a advertência de Greco, adotei aqui expressão única para designar a figura que tomo como parâmetro para a analogia proposta: a "elusão tributária". Importa, portanto, para este estudo, que sejam delimitados os contornos da *elusão tributária* em relação à evasão e à elisão tributárias. É por meio da exata diferenciação dos "perfis estruturais" dessas figuras que se alcança a compreensão de suas fronteiras.[12] Um ótimo ponto de partida é a delimitação feita por Henrich Wilhelm Kruse na Alemanha:

> Economia de imposto [elisão ou planejamento tributário], elusão e evasão são três conceitos, três conteúdos e três categorias com um único objetivo [...]: subtrair-se da obrigação tributária. O comportamento no primeiro caso é autorizado por lei, no segundo, constitui um abuso ou uma fraude à lei e, no terceiro, é contrário à lei. No primeiro caso, o sujeito atua de acordo com a lei de maneira que não nasça a obrigação tributária; no segundo, faz que a obrigação não surja mediante um comportamento não tipificado e fiscalmente irrelevante, porém que assegura a obtenção de um resultado econômico que haveria sido alcançado com o pressuposto do imposto; e no terceiro, oculta o nascimento.[13]

No mesmo sentido, o Professor argentino Alberto Tarsitano diz que "nos extremos da conduta do contribuinte estão a *economia de opção*[14] [planejamento tributário] e a *evasão*", não havendo dúvidas sobre essas figuras: "a economia de opção se traduz em uma economia fiscal legítima, que evita o fato gerador mediante a utilização de alternativas normais previstas no ordenamento jurídico"; por sua parte, "na evasão fiscal está claro que existe uma violação frontal do ordenamento jurídico, realizada através de uma conduta dolosa tendente a ocultar ou desnaturalizar a obrigação tributária". E entre esses dois extremos "aparece uma gama de comportamentos", como a fraude à lei e o abuso do direito, que pode ser reunida sob o rótulo comum da "elusão tributária", cuja nota essencial, mais problemática para o autor, é a prática de "evitar o dever tributário sem violar diretamente a lei".[15]

Portanto, em um extremo, tem-se a elisão ou planejamento tributário (*tax planning, mitigation, Steuerplanung, lecito risparmio d'imposta, economia de opción*), que configura a economia lícita do imposto e encontra fundamento na liberdade de escolha legítima do contribuinte entre negócios jurídicos que importem cargas tributárias distintas. Sua nota essencial é o alcance da economia fiscal mediante a observância da lei ou mesmo induzido pelo ordenamento tributário. Na outra ponta,

---

[11] GRECO, Marco Aurélio. *Planejamento Tributário*. 3. ed. São Paulo: Dialética, 2001. p. 85.
[12] CONTRINO, Angelo. La trama dei rapporti tra abuso del diritto, evasione fiscale e lecito risparmio d'imposta. *Diritto e Pratica Tributaria*, Milão, v. LXXXVII, n. 4, jul./ago. 2016. p. 1413.
[13] KRUSE, Heinrich Wilhelm. El ahorro de imposto, la elusión fiscal e la evasión. *In*: AMATUCCI, Andrea (Dir.). *Tratado de derecho tributario*. Bogotá: Temis, 2001. t. I. p. 589.
[14] Sobre a origem da expressão na obra de José Larraz, cf. PALAO TABOADA, Carlos. *La aplicación de las normas tributarias y la elusión fiscal*. Valladolid: Lex Nova, 2009. p. 22-23.
[15] TARSITANO, Alberto. El principio de la realidade econômica y el exceso de la potestad calificadora del fisco. *In*: ASOREY, Rubén O. (Dir.) *Protección Constitucional de los Contribuyentes*. Madrid: Marcial Pons, 2000. p. 273-275.

encontra-se a evasão tributária (*tax evasion, Steuerhinterziehung, evasione fiscale, evasión fiscal*), que "dá-se após a ocorrência do fato gerador e consiste na sua ocultação com o objetivo de não pagar o tributo devido de acordo com a lei".[16] É tipificado como crime e compreende a sonegação, a simulação e a fraude fiscal. Sua nota essencial é a economia fiscal mediante a violação direta, aberta, frontal à lei tributária.

A *elusão* tributária (*tax avoidance, Steuerumgehung, elusione fiscale, elusión fiscal*) ocupa, portanto, uma *zona intermediária* entre a economia lícita de impostos, previsto e incentivado pelo legislador, e a evasão fiscal, vetada e repreendida também no plano penal. Pode-se falar em uma "incompatibilidade ontológica" entre as figuras da *elusão* e da evasão tributária: na evasão, a economia fiscal se obtém por meio da violação frontal, direta e ostensiva das normas de imposição tributária; já a *elusão* é uma economia "conforme a letra da lei, mas não à *ratio* das normas tributárias";[17] a vantagem do contribuinte é indevida porque alcançada por meio da violação indireta da lei, "do desfrute da diferença entre a letra e o espírito de uma norma tributária, a configurar o abuso".[18] Por sua vez, vem a ser a presença da fraude à lei ou do abuso do direito que diferencia a *elusão* da elisão ou do planejamento tributário.

O ponto aqui é fundamental: tanto a evasão quanto a *elusão* são comportamentos antijurídicos, porém a *elusão* se distancia da evasão na medida em que não se constitui pela violação *direta* da norma tributária, mas sim pelo *contorno* da norma, pela violação *indireta* da lei tributária; por sua vez, é esse *contorno*, no qual a letra é observada às custas do espírito da lei, que marca a distinção entre *elusão* e economia lícita do imposto: enquanto a economia lícita ou elisão tributária é alcançada mediante a observância da lei, a *elusão* tributária identifica-se como economia ilícita porque obtida mediante a fraude à lei, o abuso de direito ou de forma jurídica, ou ainda pela prática da simulação relativa.[19] Na *elusão* tributária, não há violação frontal e manifesta da lei, e sim a "sutileza" própria da fraude à lei e do abuso de direito.

A fraude à lei é modo de violação indireta da lei. Diz-se que a violação é indireta porque a fraude à lei caracteriza-se, na lição de Pedro Baptista Martins, pela adoção de meios lícitos "para a realização de fins contrários ao preceito legal e, por eles, proibidos" – "todo o ato jurídico, que se conclui para realizar por meio indireto um fim prático que a lei não permite atingir diretamente, enquadra-se na categoria de atos fraudatórios".[20] Por meio de atos lícitos, o agente, de forma oblíqua, alcança o mesmo resultado prático que a lei veda, ou deixa de fazer o que a lei impõe. O meio é lícito; o resultado, ilícito. No direito brasileiro, a fraude à lei, segundo o art. 166, inc. VI, do CC, é motivo de *nulidade* dos negócios jurídicos. No campo tributário, a fraude à lei é hipótese de violação indireta, obliqua à norma de imposição fiscal.

---

[16] TORRES, Ricardo Lobo. *Planejamento tributário*: elisão abusiva e evasão fiscal. Rio de Janeiro: Elsevier, 2012. p. 9-10.
[17] TESAURO, Francesco. *Istituzioni di diritto tributario*. 8. ed. Torino: UTET, 2003. v. I. p. 248.
[18] CONTRINO, Angelo. La trama dei rapporti tra abuso del diritto, evasione fiscale e lecito risparmio d'imposta. *Diritto e Pratica Tributaria*, Milão, v. LXXXVII, n. 4, jul./ago. 2016. p. 1409; 1413.
[19] A simulação pode ser absoluta ou relativa. A simulação absoluta implica a evasão fiscal; a relativa, a *elusão* fiscal. A hipótese de simulação relativa, contudo, não será desenvolvida neste artigo.
[20] MARTINS, Pedro Baptista. *O abuso do direito e o ato ilícito*. 3. ed. Rio de Janeiro: Forense, 2002. p. 121.

Por sua vez, o abuso do direito é motivo, segundo o art. 187 do Código Civil, de *ilicitude atípica* dos atos jurídicos. A categoria surgiu "no intuito de reprimir os atos que, embora praticados com estrita observância da lei, violam o seu espírito",[21] daí porque falar-se em *ilicitude atípica*. Para Lobo Torres, a proibição da *elusão* tributária (da elisão ilícita em suas palavras) "nada mais é que a especificação geral, jurídico e moral, da vedação do abuso de direito".[22] O contribuinte abusa da tipificação ou da interpretação,[23] havendo descolamento entre forma e substância (abuso das formas jurídicas), com prejuízo à *ratio* ou ao "espírito" da lei, embora prestigiada a sua expressão textual mais imediata.

3.2 *Elusão* legislativa da Constituição

Delimitados os contornos das hipóteses que compõem a *trilogia da economia fiscal*, é possível traçar o seguinte grupo de analogia: (i) comparadas à economia lícita de impostos, têm-se leis tributárias que promovem restrições às escolhas dos contribuintes (*v.g.* medidas extrafiscais) ou discriminações (*v.g.* benefícios fiscais), implicando, desse modo, certa tensão com direitos fundamentais, porém, serão válidas se veicularem medidas induzidas, exigidas, justificadas pela própria Constituição; (ii) comparadas à evasão fiscal, têm-se leis tributárias que violam diretamente normas constitucionais, máxime as limitações ao poder de tributar; e (iii) comparadas à *elusão* fiscal, têm-se as leis tributárias que *contornam* as limitações constitucionais ao poder de tributar, vindo a violar indiretamente, de forma sutil, essas normas.

Essa última analogia é o objeto deste artigo. Como disse Francesco Tesauro, a *elusão* "não é conceito só fiscal: há *elusão* de preceitos fiscais como de preceitos de outros setores do ordenamento".[24] Normas que disciplinam diferentes matérias podem ser contornadas, sub-repticiamente violadas, incluída a norma constitucional. É assim com a *elusão* porque assim é com a fraude à lei e o abuso do direito. Porque a fraude à lei encerra "um problema relativo à infração às normas jurídicas", o vício pode ocorrer em qualquer espécie de ato jurídico, inclusive de natureza legislativa. Nesse caso, há "inconstitucionalidade por fraude a preceito constitucional" –[25] a *fraus legis* pode ser *fraus constitutioni*. Já o abuso pertence ao direito civil, administrativo, tributário, constitucional "porque pertence ao direito em geral: é *ius*, não *lex*".[26] Assim, perante a Constituição, pode-se ter o *abuso ou desvio do poder de legislar*.

Assim como a fraude à lei e o abuso do direito são elementos constitutivos da *elusão* tributária, os simétricos *fraude à Constituição* e *abuso (desvio) do poder de legislar*

---

[21] TEPEDINO, Gustavo; BARBOZA, Heloisa Helena; MORAES, Maria Celina Bodin de. *Código Civil interpretado conforme a Constituição da República*. 2. ed. Rio de janeiro: Renovar, 2007. v. I. p. 345-346.
[22] TORRES, Ricardo Lobo. *Planejamento tributário*: elisão abusiva e evasão fiscal. Rio de Janeiro: Elsevier, 2012. p. 19.
[23] Atribuiu-se a Albert Hensel a frase "a elisão fiscal começa quando a hermenêutica deixa de funcionar".
[24] TESAURO, Francesco. *Istituzioni di diritto tributario*. 8. ed. Torino: UTET, 2003. v. I. p. 248.
[25] MELLO, Marcos Bernardes de. *Teoria do fato jurídico*. Plano da validade. 5. ed. São Paulo: Saraiva, 2003. p. 83.
[26] GIOVANNINI, Alessandro. L'abuso del diritto tributario. *Diritto e Pratica Tributaria*, Milão, v. LXXXVII, n. 3, maio/jun. 2016. p. 896.

informam a *elusão* da Constituição pelo legislador tributário. Entre as hipóteses de inconstitucionalidade material, pode haver a violação ostensiva ao texto constitucional, como a indireta ou sutil. Nessa última subcategoria enquadram-se a fraude à Constituição e o abuso ou desvio do poder de legislar como condutas dirigidas a eludir a aplicação de normas constitucionais, não diferindo da violação típica e direta em resultado, e sim no modo como age o legislador. Esses são os elementos constitutivos da *elusão* legislativa da Constituição que passo a abordar e diferenciar.

3.2.1   Fraude à Constituição

Como visto, a fraude à lei é um dos elementos constitutivos da *elusão* tributária. O contribuinte, por meio lícito, alcança resultado prático que a lei tributária veda, ou deixa de realizar atividade que a lei tributária impõe. Indiretamente, por meio oblíquo, atinge resultado que não seria possível obter diretamente se observasse a norma tributária fraudada. O mesmo raciocínio deve ser aplicado à relação entre lei e Constituição: a expressão "fraude à lei" serve para designar hipótese de violação indireta às normas constitucionais. A fraude à lei é um problema de violação à norma jurídica, de modo que a *fraus legis* pode vir a configurar *fraus constitutioni* quando a norma fraudada for da Constituição. A fraude à Constituição dá causa, portanto, à inconstitucionalidade por violação indireta a normas constitucionais: quando o legislador frustra a aplicação dessas normas, ladeando imposições e limitações constitucionais.

O Professor Marcos Bernardes de Mello fala no "expediente de legislar com aparente normalidade, quando, em verdade, estão sendo infringidas normas constitucionais".[27] Não se trata de violação que se dá *pura e simplesmente* pela não observância das determinações constitucionais. Na fraude à Constituição, diferentemente, o legislador se apoia em uma norma constitucional (norma de cobertura) – normalmente uma norma de competência –, que dá aparência de validade ao ato, para driblar ou contornar outra norma constitucional, de caráter cogente, que vem a ser a norma fraudada. Exercendo competência constitucionalmente atribuída, observando o devido processo legislativo formal, o legislador pratica ato que configura meio ardiloso para, em última análise, evitar o que a Constituição proíbe, limita ou mesmo impõe. Tem-se vício material especial, atípico.

As normas constitucionais cogentes, passíveis de serem contornadas ou ladeadas, não são apenas as explicitamente previstas, mas também as implícitas ou as inferidas das inter-relações estruturais da Constituição.[28] Com efeito, a norma constitucional fraudada não precisa estar expressamente disposta, mas deve ser cogente. Por certo que, considerada a diferença da conduta legislativa na violação direta e indireta, há um ônus maior do intérprete, ainda mais se envolvida norma constitucional implícita

---

[27] MELLO, Marcos Bernardes de. Da fraude à constituição no sistema jurídico nacional. *Revista da Faculdade de Direito da UFPR*, Curitiba, n. 52, 2010. p. 139-140.

[28] Cf. BLACK JR., Charles. *Structure and relationship in constitutional law*. Baton Rouge: Lousiana State University Press, 1969.

como violada. Contudo, ônus argumentativo maior não significa impossibilidade ou inviabilidade de conclusão pela inconstitucionalidade.

Comentando a Carta de 1967/69, Pontes de Miranda já acusava a possibilidade de fraude à Constituição. Sobre o disposto no art. 102, §1º, da Constituição de 1967/69 – regra que exigia que os proventos de inatividade fossem revistos sempre que, "por motivo de alteração do poder aquisitivo da moeda", fossem alterados os vencimentos dos servidores em atividade –, Pontes de Miranda reconhecia que a norma não impunha a "equiparação, nem índice para o aumento dos proventos da inatividade". Ante tal contexto normativo, para Pontes de Miranda duas situações ilícitas poderiam ocorrer:

> [...] a) o problema da lei ordinária que eleva os proventos dos funcionários públicos em atividade e não contém regra jurídica sobre aumento dos inativos; b) o problema da lei ordinária que eleva os proventos dos funcionários públicos em atividade e adota, quanto aos inativos, critério que praticamente não constitui aumento.[29]

De acordo com Pontes de Miranda, "a *ratio legis* do art. 102, §1º, da Constituição de 1967 está na necessidade de adaptar os proventos da inatividade, isto é, os proventos que tocam aos inativos, às novas circunstâncias pecuniárias da vida". Desse modo, a inexistência de qualquer alteração em favor dos inativos seria uma violação direta da regra constitucional, ao passo que a "alteração ilusória" seria um meio oblíquo, ardiloso de frustrar a imposição constitucional, ou seja, uma *fraus constitutioni*:

> O texto constitucional não exige que a percentagem ou outro critério para aumento dos vencimentos dos funcionários públicos em atividade seja o mesmo que se assenta para os inativos, pois a inatividade não tem as mesmas despesas que a atividade e pode deixar margem ao exercício de outros misteres. Mas a alteração ilusória é *fraus legis* ao art. 102, §1º da Constituição de 1967 e tanto ofenderia a Constituição [...] a lei ordinária que aumentasse os vencimentos de funcionários públicos em atividade, sem aumentar os vencimentos dos inativos, quanto a lei que só aumentasse a êsses, em relação àqueles, em proporção mínima, que não correspondesse à necessidade do reajustamento.[30]

O Supremo Tribunal Federal já reconheceu hipóteses de fraude à Constituição, sempre as identificando com tentativas de contornar ou driblar normas constitucionais cogentes. O tema esteve em jogo em duas ações diretas em que envolvida a possibilidade ou não de edição de medida provisória anteriormente revogada. Primeiramente, a questão foi debatida na ADI nº 2.984/DF,[31] versada a constitucionalidade ou não de revogação de medida provisória, por outra medida provisória, que estivesse trancando a pauta do Congresso na forma do art. 62, §6º, da CF/88. O Tribunal, por maioria, assentou a constitucionalidade da revogação. Não obstante, surgiu, por decorrência

---

[29] PONTES DE MIRANDA, Francisco Cavalcanti. *Comentários à Constituição de 1967*. Com a Emenda nº 1, de 1969. 3. ed. Rio de Janeiro: Forense, 1987. t. III (Artigos 32-117). p. 518.

[30] PONTES DE MIRANDA, Francisco Cavalcanti. *Comentários à Constituição de 1967*. Com a Emenda nº 1, de 1969. 3. ed. Rio de Janeiro: Forense, 1987. t. III (Artigos 32-117). p. 518-519.

[31] STF, Pleno. ADI nº 2.984/DF. Rel. Min. Ellen Gracie. *DJ*, 14 maio 2004.

da decisão, um outro debate: o risco de fraude à Constituição por eventuais excessos na estratégia de revogação de medidas provisórias pelo Executivo.

Os autores da ADI levantaram a preocupação e fizeram a advertência: uma vez permitida pelo Supremo a revogação de medidas provisórias em curso de apreciação, estar-se-iam abrindo as portas para sucessivas edições, revogações, e novas edições de medidas provisórias de mesmo conteúdo, sempre com a estratégia de desobstrução da pauta. Embora não fosse o tema central da ADI nº 2.984/DF, o assunto mereceu atenção especial. Os ministros discutiram o alcance do §10 do art. 62, da Constituição, segundo o qual "é vedada a reedição, na mesma sessão legislativa, de medida provisória que tenha sido rejeitada ou que tenha perdido sua eficácia por decurso de prazo". Como não há menção expressa à proibição de reedição de "medida provisória revogada", surgiu o temor de a conclusão da ADI nº 2.984/DF realmente viabilizar práticas fraudulentas.

A relatora fez questão de, em *obter dictum*, afastar a possibilidade de abuso na reedição de medidas provisórias revogadas, sob pena de violação ao "sistema instituído pela EC 32". O Ministro Gilmar Mendes também expressou essa interpretação, destacando que não poderia ser permitida a "burla" ao comando do §10 do art. 62, verdadeira fraude à Constituição pela edição de medida provisória com o mesmo teor de medida revogada. Para ele, "do contrário teria sido inócuo todo o esforço que se fez para produzir essa difícil solução em torno da Emenda nº 32". O temor de Gilmar Mendes era permitir que "se retom[asse] uma prática que a emenda constitucional afastou": a das alterações sucessivas das medidas provisórias. O voto mais contundente foi, entretanto, do Ministro Sepúlveda Pertence:

> Com efeito, o argumento, uma vez mais, tem por si uma interpretação literal do §10 do artigo 62: [...]
>
> A letra desse parágrafo, efetivamente, não abrangeria a hipótese de ser a medida provisória revogada no curso de sua apreciação, donde, concluem os requerentes, estaria aberto o espaço para o Governo do jogo de "gato e rato": [já transcrito acima].
>
> Creio, Sr. Presidente, que isso seria possível, mas tenho fé que não o será enquanto existir o Supremo Tribunal Federal – parafraseando Holmes –, *porque o que a Constituição proíbe obter diretamente, não se pode obter por meios transversos, que configuraria hipótese clássica de fraude à Constituição*. [...]
>
> Creio que estamos de acordo em que não há proibição explícita. E que essa proibição, que não está explícita, não se pode extrair do temor de abrir-se margem à reedição imediata de medida provisória com o mesmo conteúdo, a qual, *como fraude à Constituição, seria inconstitucional.*

O risco de fraude à Constituição pela reedição de medida provisória revogada constou expressamente da ementa do julgado:

> [...] 5. O sistema instituído pela EC nº 32 leva à impossibilidade – *sob pena de fraude à Constituição* – de reedição da MP revogada, cuja matéria somente poderá voltar a ser tratada por meio de projeto de lei.
>
> 6. Medida cautelar indeferida.

Importante destacar que o dispositivo constitucional tido como passível de ser fraudado – o §10 do art. 62 –, apesar de veicular norma cogente, não oferece expressão textual quanto à proibição de reedição de medida provisória revogada, é norma implícita. Esse dilema deu a tônica dos debates travados na oportunidade seguinte em que o Tribunal enfrentou o tema diretamente, na ADI – MC nº 3.964/DF, da relatoria de nosso homenageado, Ministro Ayres Britto. Na espécie, discutiu-se a validade da MP nº 394, de 20.9.2007, que dava nova redação ao §3º do art. 5º da Lei nº 10.826/2003, que dispõe sobre registro, posse e comercialização de armas de fogo. A acusação de inconstitucionalidade deu-se em razão de a MP nº 394 veicular matéria idêntica à de parte da MP nº 379, de 28.6.2007, que havia sido revogada.

O Ministro Ayres Britto votou pela inconstitucionalidade utilizando o decidido na ADI nº 2.984 como fundamento de seu voto. O ministro transcreveu o voto de Sepúlveda Pertence, em especial a parte que versa a fraude à Constituição, para dizer que não destoa desse entendimento, assentando que a reedição de medida provisória revogada constitui "fraude à EC 32/01", além de "violação ao princípio da Separação dos Poderes". O Ministro Cezar Peluso concluiu da mesma forma, destacando um ponto interessante: que o presidente da República promoveu alterações apenas "adjetivas", irrelevantes, nada substanciais no texto da MP nº 394, em relação à revogada MP nº 379, para "dar aparência de mudança que excluísse a ideia de reedição, com o propósito de contornar o que a Constituição proíbe em duas normas: primeiro, na do §3º; e, segundo, na do §6º do art. 62". Para Cezar Peluso, "convalidar tal procedimento significaria fraudar a Constituição numa dessas proibições". Também o Ministro Marco Aurélio foi enfático em denunciar a fraude à Constituição:

> Conforme ressaltado, as revogações foram sucessivas, e repito que nada surge sem uma causa. Qual teria sido a causa dessas revogações sucessivas? Digo sem desassombro: *o drible* à Constituição Federal, ou seja, *afastar o efeito querido pela Constituição Federal* quando não se tem a apreciação da medida provisória dentro dos quarenta e cinco dias após a vigência e, com isso, desobstruir-se a pauta. [...] E, logicamente, *não estaremos atuando como legisladores positivos ao interpretar a Constituição Federal* e tirar dela a maior eficácia possível, *evitando o que tenho como verdadeira fraude*.

A preocupação com a atuação do Tribunal como legislador positivo[32] foi levantada pelo Ministro Eros Grau que, votando pela constitucionalidade, abriu amplo debate acerca dos limites da interpretação constitucional em casos da espécie. Eros Grau ressaltou que não há no §10 do art. 62 referência expressa à proibição de reedição, na mesma sessão legislativa, de medida provisória revogada, e que o Tribunal não poderia, como se constituinte derivado fosse, acrescentar ao texto nova hipótese proibitiva. Para o ministro, o Supremo estaria a reescrever o §10 do art. 62. O Ministro Ricardo Lewandowski acompanhou o voto de Eros Grau.

Os ministros Cezar Peluso, Ayres Britto e Gilmar Mendes rebateram o argumento. Peluso disse que, "do ponto de vista da substância das coisas, uma medida revogada

---

[32] Sobre o tema, cf. BREWER-CARÍAS, Allan R. *Constitutional courts as positive legislators*. A comparative study. New York: Cambridge University Press, 2011.

[...] tem a mesma consequência de ordem prática, para efeito de interpretação do §10, de uma que perdeu a eficácia". Para Cezar Peluso, se admitida como correta a tese de Eros Grau, o Tribunal estaria aceitando a "tentativa de fraude contra as proibições dos §§3º e 6º" do art. 62, ou seja, o "meio indireto de obter ou dilatação de eficácia ou, então, desbloqueio das deliberações legislativas". Significa dizer: meio indireto de obter aquilo que a Constituição proíbe. Ayres Britto chamou a atenção para a necessidade de considerar a lógica do §10 do art. 62, que seria justamente a de impedir que o Poder Executivo dite "como vai trabalhar o Legislativo". Ao fim, a maioria concluiu pela inconstitucionalidade, asseverando a fraude à Constituição.

O importante debate na ADI nº 3.964/DF serviu para revelar que nem sempre as normas constitucionais cogentes, passíveis de serem fraudadas, são expressamente estabelecidas na Constituição. Não raramente, são normas implícitas, ou inferidas por meio de consideração da interação entre as estruturas da Constituição. Muitas vezes, a norma constitucional impositiva é construída mediante o raciocínio estruturante. Isso é verdade para a interpretação constitucional em geral e, portanto, alcança também as hipóteses de violação direta da Constituição. Contudo, é no exame da violação indireta que a questão se torna ainda mais dramática. Não bastasse a norma constitucional tida como violada ser implícita ou inferida das estruturas da Constituição, a acusação ainda é de violação mediante ato de aparente validade. Como eu já disse, tal circunstância, apesar de não inviabilizar a declaração de inconstitucionalidade, impõe maior ônus argumentativo ao juiz constitucional.

Esses são os contornos da fraude à Constituição como elemento da *elusão* legislativa da Constituição, notadamente no campo tributário. O outro elemento é o abuso ou desvio do poder de legislar, tema do próximo tópico.

3.2.2 Abuso ou desvio do poder de legislar

O abuso do direito é um dos elementos constitutivos da *elusão* tributária. O contribuinte abusa da interpretação, seguindo a letra da lei com prejuízo à *ratio* ou ao "espírito" da norma, para contornar o dever tributário. Falta-lhe boa-fé objetiva, que vem a ser o "núcleo invariável caracterizante da categoria" abuso para qualquer ramo do direito: abuso é o "oposto simétrico da boa-fé, da confiança e da lealdade".[33] É um desvalor constitucional. Falta congruência entre o ato formalmente realizado e o fim substancial a que se propõe. Não há uma violação direta à norma tributária como ocorre com a evasão, e sim uma contrariedade à *ratio* normativa – o contorno da finalidade da lei vem a ser o elemento estrutural da conduta do contribuinte na *elusão* tributária realizada mediante o abuso do direito.

No campo do exercício do poder público, essa discussão se colocou, primeiramente, em relação aos atos administrativos. O desvio de finalidade, como modo abusivo do exercício do poder, surgiu, segundo Caio Tácito, como vício mediante o qual o administrador busca alcançar "fins estranhos ou incompatíveis com a norma

---

[33] GIOVANNINI, Alessandro. L'abuso del diritto tributario. *Diritto e Pratica Tributaria*, Milão, v. LXXXVII, n. 3, maio/jun. 2016. p. 896.

legal".[34] A originalidade no âmbito do direito administrativo coube ao supremo tribunal administrativo francês, o *Conseil d'Etat*. Na França, a ideia de abuso de poder surgiu no "período revolucionário", aplicada para controlar a ingerência ou usurpação de poder pelos juízes em face do Executivo e do Legislativo.[35] Progressivamente, contudo, "no campo administrativo o excesso de poder assum[iu] sem dúvida uma representação e uma significação diversa daquela tida no campo judicial".[36] Como anota Francesco D'Alessio, a evolução foi no sentido da possibilidade de assentar-se a nulidade dos atos administrativos como ilegais quando "praticados para um fim estranho ao que a lei tinha em vista".[37] A teoria do desvio de poder (*détournement de pouvoir*) adquiriu assim *status* autônomo dentro do quadro de vícios de ilegitimidade dos atos do poder público.

O comportamento abusivo é marcado pela sutileza, assim como se dá com a fraude à lei. O ato é caracterizado pela malícia dirigida a contornar os fins legais. Para Caio Tácito, "longe de ser um erro grosseiro e ostensivo, [o desvio de poder] se distingue pela sutileza com que procura esconder-se sob a capa da regularidade, esmerando-se o agente em ocultar a desfiguração substancial do ato administrativo".[38] No mesmo sentido disse Celso Antônio Bandeira de Mello:

> Com efeito, o agente tanto pode ofender a lei violando-a à força aberta, ou seja, pisoteando à boca cheia e sem recato às disposições normativas, caso em que agride ostensivamente o padrão legal, como pode fazê-lo à capucha, à sorrelfa, de modo soez, embuçado sob capuz de disfarce – para usar uma expressão de Hely Lopes Meirelles – a pretexto de atender o interesse público. Essa forma de proceder é mais grave, é mais perigosa ainda do que aquela que resulta de violação desabrida da lei. Por ser mais sutil, por vestir-se com trajes de inocência, é mais censurável. Revela uma conduta soez, maculada pelo vício da má fé.[39]

Na Itália, a teoria do desvio de poder logo evoluiu para o campo dos atos legislativos como modalidade diversa, sutil e indireta, de vício material de inconstitucionalidade: o *sviamento di potere legislativo*. Santi Romano, em texto publicado em 1902, portanto, escrito sob a égide de uma constituição flexível – o *Statuto Albertino* –, já advertia, pioneiramente, ocorrer desvio de poder quando o legislador, no âmbito de sua discricionariedade, "exorbita dos limites" de sua competência, exercendo-a em desconformidade à "finalidade da qual esse mesmo poder deriva".[40] Poucos

---

[34] TÁCITO, Caio. O abuso do poder administrativo no Brasil: conceito e remédios. *Revista de Direito Administrativo*, Rio de Janeiro, v. 56, abr./jun. 1959. p. 11-13.

[35] ALESSI, Renato. *Sistema istituzionale del diritto amministrativo italiano*. 2. ed. Milão: Giuffrè, 1958. p. 344.

[36] D'ALESSIO, Francesco. *Istituzioni di diritto amministrativo*. 4. ed. Torino: UTET, 1949. v. 2. p. 241.

[37] D'ALESSIO, Francesco. *Istituzioni di diritto amministrativo*. 4. ed. Torino: UTET, 1949. v. 2. p. 241.

[38] TÁCITO, Caio. Teoria e prática do desvio de poder. *Revista de Direito Administrativo*, Rio de Janeiro, v. 117, jul./set. 1974. p. 18.

[39] BANDEIRA DE MELLO, Celso Antônio. *Discricionariedade e controle jurisdicional*. 2. ed. São Paulo: Malheiros, 2001. p. 58.

[40] ROMANO, Santi. Osservazioni preliminar per uma teoria sui limitti dela funzione legislativa nel diritto italiano. *In*: ROMANO, Santi. *Scritti minori*: diritto costituzionale. Milão: Giuffrè, 1950. v. I . p. 199.

autores foram mais influentes sobre o tema do que o importante constitucionalista e ex-presidente da Corte Constitucional italiana Livio Paladin. Em artigo paradigmático de 1956, Paladin problematizou não haver uma categoria unitária de vício material, mas sim hipóteses distintas de violação substancial à Constituição: violação direta da norma constitucional, vício de incompetência e excesso de poder legislativo.

A premissa fundamental de Paladin, a justificar a distinção entre os vícios substanciais, foi a de existirem diferentes tipos de normas constitucionais, e que isso implica a possibilidade de haver espécies diferentes de vícios. Segundo as suas palavras, "variando a natureza das normas, parece de fato necessário que varie a natureza, ou ao menos a dimensão, dos próprios vícios".[41] Para o autor, a diferença estaria entre as normas constitucionais preceptivas e programáticas. O excesso de poder tocaria à atividade legislativa discricionária conferida pelo programa constitucional que dirige "a futura atividade do legislador".[42] Em relação às normas constitucionais preceptivas, poder-se-ia falar em "violação em sentido estrito", ao passo que o excesso de poder seria o vício substancial relacionado às normas programáticas.

Como disse Paladin, toda função discricionária possui limites finalísticos; "somente em uma esfera discricionária podem encontrar-se atos viciados por excesso de poder",[43] de forma que são os fins constitucionais, uma vez suficientemente identificados, que devem funcionar como parâmetros do controle de constitucionalidade. No entanto, Paladin não desenvolveu uma teoria do controle forte do excesso ou desvio do poder legislativo. Ao contrário, preocupado com possíveis consequências políticas e com o risco de "onipotência da Corte Constitucional", o autor formulou uma teoria de controle restrito de constitucionalidade, admitindo apenas a intervenção excepcional da Corte. A preocupação era com o risco de a Corte usurpar a discricionariedade legislativa, vindo a controlar o mérito dos atos legislativos.[44]

Os constitucionalistas portugueses também se dedicaram ao tema. Blanco de Morais diz que ocorre desvio do poder legislativo "quando o fim real do acto discrepa do fim que o princípio ou a norma de referência constitucional estipula para a sua emissão".[45] Jorge Miranda sustenta que se tem *desvio de poder legislativo* "através da contradição entre os fins da norma e do acto e os fins da norma constitucional".[46] O autor vincula o desvio ao uso das faculdades constitucionais para a realização de fins diversos dos que a própria Constituição tinha em vista quanto atribuiu a competência. Em Portugal, nenhum autor aprofundou mais o tema que J. J. Gomes Canotilho. Para Canotilho, a figura do excesso de poder legislativo é espécie de vício

---

[41] PALADIN, Livio. Osservazioni sulla discrezionalità e sull'eccesso di potere del legislatore ordinario. *Rivista Trimestrale di Diritto Pubblico*, Milão, ano VI, n. 1, jan./mar. 1956. p. 1002.

[42] PALADIN, Livio. Osservazioni sulla discrezionalità e sull'eccesso di potere del legislatore ordinario. *Rivista Trimestrale di Diritto Pubblico*, Milão, ano VI, n. 1, jan./mar. 1956. p. 1020.

[43] PALADIN, Livio. Osservazioni sulla discrezionalità e sull'eccesso di potere del legislatore ordinario. *Rivista Trimestrale di Diritto Pubblico*, Milão, ano VI, n. 1, jan./mar. 1956. p. 1040.

[44] Cf. PALADIN, Livio. *Diritto costituzinale*. 3. ed. Padova: Cedam, 1998. p. 766. No mesmo sentido, cf. CRISAFULLI, Vezio. *Lezioni di diritto costituzionale*. 4. ed. Padova: Cedam, 1976. v. II. p. 331-332.

[45] MORAIS, Carlos Blanco de. *Justiça constitucional*. 2. ed. Coimbra: Coimbra Editora, 2006. t. II. p. 148.

[46] MIRANDA, Jorge. *Manual de direito constitucional*. 2. ed. Coimbra: Coimbra Editora, 2005. t. VI. p. 41.

material da lei que pode ser revelado tanto no confronto da "lei consigo mesma, tendo em especial atenção os fins por ela prosseguidos", como no confronto da lei com os "*fins* estabelecidos na constituição, pelo que sempre se poderá dizer que, em última análise, a *lei* é vinculada ao fim constitucionalmente fixado". Nesse segundo caso, que é o versado neste trabalho, estaria envolvido "um vício funcional da lei – 'vício no fim' ou na 'causa' – deduzido do confronto dos fins decorrentes da constituição com os fins imanentes da legislação".[47]

A doutrina nacional também tem reconhecido a possibilidade de inconstitucionalidade da lei pelo vício de desvio do poder legislativo. Caio Tácito falava em "abandono ostensivo do fim a que se destina a atribuição constitucional" como conduta do legislador a caracterizar "autêntico desvio de poder".[48] Miguel Reale disse da inconstitucionalidade material da lei, por vício de abuso do poder de legislar, quando essa "configurar o emprego malicioso de processos tendentes a camuflar a realidade, usando-se dos poderes inerentes ao 'processo legislativo' para atingir objetivos que não se compadecem com a ordem constitucional".[49] Gilmar Mendes também defendeu a possibilidade de a inconstitucionalidade substancial da lei decorrer do excesso do poder legislativo, isto é, de não haver "coincidência entre a norma e o fim consagrado constitucionalmente". Para o constitucionalista, haveria excesso de poder legislativo porque violado o princípio da proporcionalidade ou da proibição de excesso.[50] Já Luís Roberto Barroso vincula o tema ao princípio da razoabilidade.[51] Carlos Ari Sundfeld diz de uma "inconstitucionalidade oculta sob o manto da aparente normalidade".[52]

A jurisprudência do Supremo, com muito pouco rigor conceitual, reconhece há bom tempo[53] a figura do desvio do poder legislativo. As menções recentes estão sempre presentes nos votos do Ministro Celso de Mello. O decano do Tribunal vinculou a teoria, em última análise, à dimensão substancial da cláusula do devido processo legal (art. 5º, inc. LIV, da CF/88), ou seja, à falta de razoabilidade das leis.[54] Para o ministro, "achando-se o conteúdo da norma legal tisnado pelo vício da irrazoabilidade, incide, o legislador, em causa configuradora do excesso de poder, o que compromete a própria função jurídico-constitucional dessa espécie normativa".

---

[47] CANOTILHO, José Joaquim Gomes. *Constituição dirigente e vinculação do legislador*. 2. ed. Coimbra: Coimbra Editora, 2001. p. 257.

[48] TÁCITO, Caio. O desvio de poder no controle dos atos administrativos, legislativos e jurisdicionais. *Revista de Direito Administrativo*, Rio de Janeiro, v. 228, abr./jun. 2002. p. 5; 8.

[49] REALE, Miguel. Abuso do poder de legislar. *Revista de Direito Público*, São Paulo, ano VII, n. 39/40, 1976. p. 76-77.

[50] MENDES, Gilmar Ferreira. *Controle de constitucionalidade*. Aspectos jurídicos e políticos. São Paulo: Saraiva. 2001. p. 40-42.

[51] BARROSO, Luís Roberto. *Interpretação e aplicação da Constituição*. 5. ed. São Paulo: Saraiva, 2003. p. 234.

[52] SUNDFELD, Carlos Ari. Inconstitucionalidade por desvio de poder legislativo. *Cadernos de Direito Constitucional e Ciência Política*, São Paulo, ano 2, n. 8, jul./set. 1994. p. 140-142.

[53] Para um inventário dessas decisões antigas, cf. TÁCITO, Caio. O desvio de poder no controle dos atos administrativos, legislativos e jurisdicionais. *Revista de Direito Administrativo*, Rio de Janeiro, v. 228, abr./jun. 2002. p. 5 *et seq.*

[54] Cf. STF, Pleno. ADI – MC nº 2.667/DF. Rel. Min. Celso de Mello, j. 19.6.2002. *DJ*, 12 mar. 2002; STF, Pleno. ADI – MC nº 1.407/DF. Rel. Min. Celso de Mello, j. 7.3.1996. *DJ*, 24 nov. 2000.

Como se percebe, sem rigor conceitual e bem ao seu estilo maximalista,[55] Celso de Mello – assim como o próprio Supremo – contribuiu muito pouco ao tema, notadamente por equiparar o desvio do poder legislativo a qualquer "legislação que se revele opressiva ou destituída do necessário coeficiente de razoabilidade", a leis produzidas "de forma imoderada e irresponsável" e à "subversão dos fins que regem o desempenho da função estatal".[56] Essa falta de rigor, tanto do Ministro Celso de Mello em particular, quanto do Tribunal em geral, foi alvo, inclusive, de crítica aberta pelo Ministro Eros Grau quando relator de controvérsia em que concluída ausência de desvio de poder legislativo no caso concreto.[57] Eros Grau fez expressamente referência negativa aos votos sobre o tema do Ministro Celso de Mello.[58]

O abuso ou desvio do poder de legislar pode, no entanto, receber definição mais analítica. Trata-se de comportamento sutil, malicioso, por meio do qual o legislador atua fora dos limites teleológicos de sua competência ou contorna a *ratio* ou espírito de normas constitucionais, apesar de observar a expressão mais literal do dispositivo constitucional. Há abuso de literalidade contra a *ratio* da norma constitucional ou desvio da finalidade que fundamenta a outorga de competência constitucional. O nosso caso de estudo pode ser tido como exemplo de abuso do poder de legislar, um uso ardiloso da regra de competência tributária para driblar limitação constitucional: exercendo a competência constitucional para definir os elementos da obrigação tributária relativos ao IPVA, o legislador paranaense abusa da literalidade da norma da anterioridade nonagesimal, vindo a violar o seu espírito, a *ratio* de sua introdução no sistema constitucional tributário mediante a EC nº 42/2003.

Esses são os contornos da fraude à Constituição e do abuso do poder de legislar como elementos da *elusão* legislativa da Constituição. Notadamente no campo tributário, essas condutas ilícitas são realizadas para driblar as limitações constitucionais ao poder de tributar. Como desenvolvo no próximo tópico, a afirmação de inconstitucionalidade desse comportamento é plenamente justificada em nosso Estado Democrático Fiscal.

3.3 *Elusão* legislativa, Estado Democrático Fiscal e limitações constitucionais ao poder de tributar

Segundo a perspectiva deste texto, o legislador realiza uma *elusão da Constituição* quando pratica fraude à Constituição ou abuso do poder de legislar. Em ambos os casos, há fuga às limitações e imposições constitucionais sem violar diretamente a Carta da República. A configuração dessa moldura revela a viabilidade da comparação

---

[55] Sobre o maximalismo judicial do Ministro Celso de Mello, cf. CAMPOS, Carlos Alexandre de Azevedo. *Dimensões do ativismo judicial do STF*. Rio de Janeiro: Forense, 2014. p. 303 e ss.

[56] Trechos do voto do Ministro Celso de Mello em STF, Pleno. ADI – MC nº 1.063/DF. Rel. Min. Celso de Mello, j. 18.5.1994. *DJ*, 27 abr. 2001.

[57] Cf. STF, Pleno. RE nº 543.974/MG. Rel. Min. Eros Grau, j. 26.3.2009. *DJ*, 29 maio 2009.

[58] Não obstante as merecidas críticas à falta de rigor analítico da construção de Celso de Mello acerca da relação entre o desvio do poder de legislar e os princípios da proporcionalidade e da razoabilidade, os seus votos são comumente utilizados como os paradigmas ou, nas palavras do Ministro Luiz Fux, como o "lúcido referencial acerca da aplicabilidade da teoria do desvio de poder ao plano das atividades normativas". Cf. o voto de Luiz Fux em STF, Pleno. ADI nº 5.468/DF. Rel. Min. Luiz Fux, j. 30.6.2016. *DJ*, 2 ago. 2017.

com a *elusão tributária*. As práticas têm estrutura e dinâmica similares: por meio de um comportamento formalmente adequado, realiza-se um *contorno*, um *drible* a determinado dever, proibição ou limitação normativa. Ambas as práticas são de validade aparente. Ocorre, no entanto, violação indireta, sutil, disfarçada, sub-reptícia, oblíqua ao ordenamento jurídico. Na *elusão tributária*, a norma violada é a de imposição tributária e o infrator, o contribuinte; na *elusão legislativa*, a norma violada é a Constituição e o infrator, a autoridade responsável pela edição do ato, mormente o legislador tributário. Sob esse ângulo meramente estrutural, a analogia parece convincente.

Ocorre que a proposta aqui não é a de ofertar uma analogia puramente semântico-estrutural; não se trata de apenas oferecer um novo "termo" para um assunto já existente. A intenção, com a analogia, é chamar a atenção para a relevância do controle sobre medidas legislativas dessa natureza, da mesma forma como se reconhece na atualidade a importância de se combater a *elusão* tributária, os planejamentos tributários abusivos. O combate à *elusão tributária* é uma exigência de justiça tributária.[59] Como eu disse no começo do texto, no Estado Democrático Fiscal, direitos e deveres tributários devem conviver em equilíbrio, em uma relação de implicações recíprocas. Ou seja: da mesma forma que é vedado ao contribuinte abusar de suas liberdades fundamentais para fugir do dever solidário de custeio das tarefas gerais e sociais do Estado, é vedado ao poder tributante abusar de sua liberdade de conformação normativa para fugir sutil, mas arbitrariamente, das limitações constitucionais.

Os fins a que se destinam os tributos, e os impostos em particular, variam de acordo com a concepção de estado. À evolução das ideias, que os ordenamentos procuram acompanhar, seguem novos desafios acerca da legitimidade de deveres e limites no campo tributário. O fenômeno tributário apenas pode ser explicado se levados em conta esses estágios evolutivos filosóficos, políticos, econômicos e sociais. Adolph Wagner, em 1880, já advertia que a justiça tributária só pode ser explicada pelo método histórico: "a 'justa repartição dos impostos' evolui necessariamente com as alterações do *fundamento jurídico* da economia e da sociedade e do *juízo* que vai se formando na consciência popular em torno de dito fundamento".[60] O método histórico-empirista de Adam Smith nos ensinou isso há quase 250 anos.[61]

Nesse sentido, na atual quadra evolutiva, a *fundamentalidade material do dever tributário* está atrelada à escolha constitucional pelo caráter fiscal e democrático dos estados contemporâneos. O dever fundamental, como norma implícita, decorre *das* e é delimitado *pelas* diretrizes estruturantes e fundantes do Estado Constitucional e Democrático de Direito.[62] A fundamentalidade do dever tributário, informada pelos importantíssimos papéis econômico (arrecadação), social (redistributivo) e interventivo

---

[59] "A interpretação antieleisiva ou, se se preferir, antiabuso, é uma cláusula geral de justiça na repartição da carga tributária" (FALSITA, Gaspare. L'interpretazione antielusiva della norma tributaria come clausola generale immanente al sistema e direttamente ricavabile dai principi costituzionali. *In*: MAISTO, Guglielmo (Coord.). *Elusione ed abuso del diritto tributario*. Milão: Giufrrè, 2009. p. 15).

[60] WAGNER, Adolph. *La scienza delle finanze*. Torino: UTET, 1891. v. II. p. 830.

[61] Cf. SMITH, Adam. *Wealth of nations*. Hertfordshire: Wordsworth, 2012.

[62] Cf. NABAIS, José Casalta. *O dever fundamental de pagar impostos*. Coimbra: Almedina, 2004.

(regulatório) que cumpre hoje o tributo,[63] justifica o combate à *elusão* tributária. Por sua vez, se deveres e direitos fundamentais devem estar em reciprocidade, o mesmo rigor deve ser observado no controle das práticas elusivas praticadas pelo próprio Poder Público contra as limitações constitucionais ao poder de tributar.

Sob esse ângulo, a analogia proposta ultrapassa qualquer contribuição terminológica que possa ter ofertado, para alcançar o verdadeiro objetivo: contribuir no sentido valorativo ao combate às práticas legislativas elusivas contra as limitações constitucionais ao poder de tributar. São essas limitações constitucionais a sede dos direitos fundamentais dos contribuintes. Reforçar a tutela do respeito a essas limitações é levar a sério a exigência de reciprocidade entre deveres e direitos que informa o moderno Estado Democrático Fiscal – que é o modelo da irrecusável dialética entre direitos e deveres fundamentais, num *jogo de implicações recíprocas*.

Portanto, o discurso de combate ao comportamento malicioso do contribuinte voltado a contornar obrigações tributárias só tem validade se envolvido em reciprocidade. Um arranjo institucional que não tutele efetivamente as limitações constitucionais ao poder de tributar não possui legitimidade para restringir a liberdade de ação dos contribuintes. Um arranjo dessa espécie seria autoritário. Esse é o verdadeiro sentido normativo da analogia proposta – a reciprocidade –, para além das interessantes similaridades semântico-estruturais.

3.4 *Elusão* legislativa, interpretação constitucional e ativismo judicial

Não obstante a adequação constitucional do combate à *elusão* legislativa, a identificação e avaliação desses comportamentos levantam importantes questionamentos de natureza interpretativa e institucional. Tem-se sempre presente tensão entre texto, contexto e fins, o que requer rigor analítico no trabalho com os métodos de interpretação de modo a evitarem-se subjetivismos intoleráveis. Assim, apontar e controlar as violações indiretas à Constituição podem sugerir questões interpretativas e institucionais dramáticas relacionadas aos princípios democrático e da separação de poderes. Porém, esses "dramas metodológicos e institucionais" também marcam o controle dos comportamentos elusivos dos contribuintes.

Sob a perspectiva puramente metodológica, o combate à *elusão* tributária reclama o uso de método menos formalista de interpretação, menos vinculado à letra da lei, evolutivo, que se abre à flexibilidade na construção normativa levando-se em conta os princípios de justiça do sistema em que inserida a norma, os fins da norma aplicada, a sua *ratio* ou espírito. Se entender-se que o combate à *elusão* tributária é um valor constitucional, esse então será o método constitucionalmente mais adequado. Ao contrário, a rejeição às medidas *antielusivas* reclama o uso de métodos formalistas, que privilegiam a letra do dispositivo legal em detrimento de suas conexões de sentido e valorativas dentro do sistema em que inserido ou de seu escopo ou espírito. Se entender-se que o combate à *elusão* tributária não possui fundamento constitucional, este será então o método mais constitucionalmente adequado.

---

[63] Cf. AVI-YONAH, Reuven S. The three goals of taxation. *Texas Law Review*, v. 60, n. 1, 2006. p. 3 *et seq.*

Há aqui um paralelo a ser traçado, vinculado à própria analogia proposta: a censura à *elusão* legislativa também reclama o uso de método menos formalista de interpretação, menos vinculado à letra do dispositivo constitucional, que se abre à possibilidade de construção de normas implícitas a partir das conexões sistêmicas e axiológicas dos enunciados constitucionais, e que considere a *ratio* ou espírito das normas constitucionais como parâmetro de validade das normas infraconstitucionais, e não necessariamente as suas expressões literais mais imediatas. Se entender-se que o combate à *elusão* legislativa é um valor constitucional, essa atitude metodológica do juiz constitucional pode ser considerada adequada. Ao contrário, a rejeição ao combate às medidas legislativas *elusivas* reclama o uso de métodos formalistas, que privilegiam a letra do dispositivo constitucional em vez de suas conexões de sentido e axiológicas no sistema em que inserido, ou de seu escopo ou espírito. Se entender-se que o combate à *elusão* legislativa não possui fundamento constitucional, este poderá então ser o método constitucionalmente adequado.

Métodos menos formalistas, menos literais, mais finalísticos, favorecem o enquadramento dos comportamentos como elusivos e, com isso, implicam menor deferência do intérprete/aplicador às escolhas negociais dos contribuintes, promovendo certa tensão com a autonomia individual. Ao contrário, métodos formalistas, mais literais, dificultam o enquadramento dos comportamentos como elusivos e, com isso, implicam maior deferência do intérprete/aplicador às escolhas negociais dos contribuintes, privilegiando a autonomia individual. Dessa forma, agora sob a perspectiva institucional, o agente, no primeiro caso, atua mais livremente, mais ativamente, com menor deferência à liberdade dos contribuintes; no segundo caso, o agente responsável por identificar e avaliar a conduta elusiva possui restrita margem de ação, atuando com maior deferência à liberdade dos contribuintes.

É possível então novo o paralelo decorrente da analogia formulada: a censura à *elusão* legislativa requer maior margem de controle pelo juiz constitucional sobre as decisões do legislador e, assim, implica menor deferência judicial às decisões e medidas legislativas. Se entender-se que o combate à *elusão* legislativa é um valor constitucional, essa atitude institucional do juiz constitucional pode ser considerada legítima. Ao contrário, a rejeição ao combate às medidas legislativas *elusivas* requer reduzir as possibilidades de controle pelo juiz constitucional em favor da maior liberdade de conformação normativa e comportamental do legislador, ou seja, requer maior deferência judicial em favor do espaço de discricionariedade legislativa. Se entender-se que o combate à *elusão* legislativa não possui fundamento constitucional, este será então o único comportamento institucional legítimo.

Essas duas perspectivas, como acima desenvolvidas, revelam que o controle de constitucionalidade da *elusão* legislativa pode implicar acusações de ativismo judicial sob as dimensões *metodológica* e *estrutural*.[64] Sem embargo, a preocupação é relevante. Contudo, ativismo judicial não é sinônimo de ilegitimidade, e essa correlação simplesmente não pode ser feita de modo apriorístico e em nível puramente conceitual. Ademais, como exposto acima, o combate à *elusão* legislativa é uma exigência da

---

[64] Sobre essas dimensões do ativismo judicial, cf. CAMPOS, Carlos Alexandre de Azevedo. *Dimensões do ativismo judicial do STF*. Rio de Janeiro: Forense, 2014. p. 276-305; 314-322.

necessária reciprocidade entre deveres e direitos fundamentais tributários. Portanto, a preocupação com o excesso judicial requer, na realidade, maior prudência por parte dos juízes constitucionais, que esses absorvam o maior ônus argumentativo nesses casos, mas nunca o passivismo judicial!

Para atuarem legitimamente, proponho que os juízes constitucionais, ao julgarem os casos de *elusão* legislativa, devam: (i) se manter dentro das amplas possibilidades de sentido do texto constitucional envolvido, ainda que lancem mão para tanto de interpretações extensivas ou restritivas, de extensões ou reduções teleológicas; (ii) demonstrar analiticamente a construção de eventual norma implícita tomada como parâmetro de validade, identificando os enunciados expressos interpretados, pertencentes ao sistema e às estruturas da Constituição, e como se deu a interação entre esses enunciados para a produção da aludida norma não expressa; (iii) fundamentar, sob o ângulo teleológico, a conclusão pela *ratio* do dispositivo constitucional violada, e como essa conclusão corresponde a um sentido possível da norma, ou seja, a um sentido que não contrarie frontalmente as possibilidades textuais desse dispositivo constitucional; e, por fim, (iv) demonstrar fundamentadamente como a lei ou ato normativo controlado violou indiretamente a norma constitucional implícita (fraude à Constituição) ou a *ratio* do dispositivo constitucional (desvio do poder de legislar), e que isso revela contrariedade a alguma ou mais norma de limitação constitucional ao poder de tributar.

Assim agindo os juízes constitucionais, acredito que o ativismo judicial de dimensões metodológica e estrutural estará justificado, devendo ser reconhecida legítima a declaração de inconstitucionalidade de lei ou ato normativo tributário que tenha configurado uma *elusão* à Constituição – um drible ou contorno às limitações constitucionais ao poder de tributar.

4 A *elusão* da Constituição pelo legislador paranaense

Fixados os contornos da *elusão* legislativa da Constituição e os limites e possibilidades do controle judicial, impõe-se justificar porque considero a Lei nº 18.371/2014 uma hipótese da espécie e julgo que o legislador paranaense incorreu em vício de inconstitucionalidade. Como desenvolvo nos tópicos seguintes, é possível arguir que o legislador fraudou a Constituição ou praticou desvio de poder a depender do alcance da anterioridade nonagesimal ao IPVA que venha a ser fixado mediante a interpretação constitucional. Diferentes construções podem levar ou à violação sutil de norma constitucional cogente implícita (fraude à Constituição) ou à afronta à *ratio* da norma constitucional (desvio do poder de legislar).

4.1 A fraude à Constituição pelo legislador paranaense

É possível afirmar que há, pela combinação dos princípios constitucionais da irretroatividade, da anterioridade – geral e nonagesimal – e da isonomia tributárias, uma norma constitucional cogente implícita que limita temporalmente as leis que sirvam a majorar a alíquota dos impostos anuais como o IPVA: a lei correspondente deve ser publicada até 2 de outubro. Essa construção leva em conta a natureza do fato gerador desses impostos: fato gerador "continuado", "representado por situação que se mantém no tempo e que é mensurada em cortes temporais".[65] O legislador paranaense, de forma sutil, disfarçada e oblíqua, buscou resultado prático equivalente ao que essa norma constitucional implícita proíbe, incorrendo, assim, em fraude à Constituição – em *elusão* da Constituição.

No caso dos impostos lançados por período de tempo e de fato gerador continuado, que incidem uma vez a cada ano – como o ITR, o IPVA e o IPTU –, tem-se que o legislador deve escolher um momento de fato instantâneo como ficção que irá representar o fato continuado de todo o respectivo período de tempo. Em se tratando de impostos anuais – lançados e cobrados pelo período de um ano –, o legislador deve escolher um dia do ano (fato instantâneo) que representará o fato que perdurou ou permaneceu (continuou) durante todo esse mesmo ano. Portanto, no âmbito do exercício de sua competência tributária, o ente tributante tem relativa discricionariedade para escolher a data do ano que, por ficção, representará o aspecto temporal de um fato gerador que, por sua natureza, é permanente ou continuado. Resta saber a exata latitude dessa margem de conformação legislativa.

Com efeito, é uma exigência de justiça tributária (isonomia) que todos que se encontrem em idêntica situação suportem o mesmo ônus tributário, o que inclui estarem sujeitos aos mesmos critérios de quantificação dos respectivos deveres tributários. É o que se pode denominar de *igualdade horizontal*.[66] Essa norma está contida em nossa Constituição no inc. II do art. 150. Assim, é uma exigência de isonomia que, durante o mesmo período de um ano, todos em situação de igualdade estejam sujeitos à mesma norma de imposição tributária. Significa dizer: tanto os contribuintes que assim se tornaram em anos anteriores e assim continuam a ser (adquiriram imóveis e veículos antes do ano do fato gerador), como os que passaram a ser contribuintes durante o ano em questão (adquiriram imóveis e veículos durante o ano do fato gerador), todos devem estar sujeitos aos mesmos critérios de tributação, sem prejuízo da aplicação, obviamente, dos critérios de progressividade e de seletividade constitucionalmente estabelecidos.

Relativa ressalva deve ser feita apenas para as hipóteses de finalidades extrafiscais ou de praticidade. É possível que o legislador, consideradas as diferentes funções dos tributos, tenha o propósito de induzir ou inibir comportamentos, buscando assim alcançar resultados sociais e econômicos constitucionalmente desejados ou maior eficiência fiscal; ou seja, é possível que o legislador encerre um projeto de transformações sociais ou econômicas e venha a utilizar os impostos como mecanismo para tal fim, ou busque otimizar sua atividade administrativo-tributária. Nesses casos, o legislador, cumprindo tarefa a ele reservada na própria Constituição, pode promover discriminações legítimas a fim de alcançar esses objetivos – vale a analogia feita com a elisão tributária. Por certo que tais discriminações criam um estado de tensão

---

[65] AMARO, Luciano. *Direito tributário brasileiro*. 18. ed. São Paulo: Saraiva, 2012. p. 294.

[66] Cf. ELKINS, David. Horizontal equity as a principle of tax theory. *Yale Law & Policy Review*, v. 24, 2006. p. 43-90.

com outras normas constitucionais, notadamente com a isonomia tributária, mas aí não há que se falar em inconstitucionalidade apriorística, e sim deve-se examinar a legitimidade da discriminação tendo em conta a medida do tratamento diferenciado e o fim a que se propõe.[67]

Porém, inexistindo razões extrafiscais, de praticidade ou comodidade da arrecadação, deve prevalecer o tratamento rigorosamente igual. Seguindo justamente essa diretriz constitucional, os legisladores estaduais, mais do que por costume, sempre estabeleceram a propriedade de veículo automotor no primeiro dia de cada ano como o fato instantâneo representativo do fato continuado de todo o período anual, relativo à obrigação tributária do IPVA. Assim também sempre fizeram o legislador federal para o ITR e os legisladores municipais para o IPTU. A regra geral sempre foi essa, portanto, por exigência de isonomia tributária: ocorrendo o fato gerador no primeiro dia de cada ano, "velhos" e "novos" contribuintes estariam sempre sujeitos à mesma norma de imposição tributária.

Portanto, não tem razão o governador do Paraná ao afirmar, em suas informações, que o uso legislativo do dia primeiro de cada ano nunca passou de "costume" e que os legisladores estaduais são absolutamente livres para escolher a data em que ocorrida a materialidade do IPVA, inclusive podendo escolher "mais de uma incidência durante o mesmo exercício". Ora, podem escolher, sim, inclusive mais de uma data de incidência, desde que não promovam, com suas escolhas, discriminações inconstitucionais, que atentem contra o inc. II do art. 150 da CF/88 (a isonomia tributária). Há margem de conformação para discriminações que se justifiquem constitucionalmente. Fora isso, longe de ser mero costume, a escolha do dia primeiro de cada ano impõe-se como melhor maneira de observar-se o princípio da isonomia tributária, promovendo a justa repartição do ônus fiscal (justiça tributária).

Por sua vez, considerada a proibição de retroatividade da norma tributária estabelecida na alínea "a" do inc. III do art. 150 da CF/88, a fixação do dia primeiro de cada ano é a única forma de assegurar, para o mesmo período, a incidência linear da norma de imposição dos impostos anuais sobre os contribuintes que se encontrem em mesma situação. Por conta do princípio da irretroatividade tributária, o tratamento diferenciado torna-se consequência inerente ao expediente de escolher outra data para o fato gerador que não seja o dia primeiro. Inevitavelmente, se estabelecida lei que majora o imposto anual e define como data do fato gerador algo diferente do dia primeiro, necessariamente os que realizarem o fato gerador após a vigência da nova lei arcarão com a majoração; os que realizarem anteriormente terão o privilégio de suportar ônus inferior, pois a nova norma não poderá retroagir. Desse modo, caso não haja motivos constitucionais que legitimem tal diferenciação, haverá inconstitucionalidade.

Contudo, esse aspecto temporal não era um verdadeiro problema quando a Constituição previa apenas a anterioridade geral na alínea "b" do inc. III do seu art. 150. Então, os legisladores dos impostos anuais não tinham muita dificuldade com tal arranjo. A lei respectiva, instituindo ou majorando o imposto, podia ser publicada até

---

[67] Cf. ÁVILA, Humberto. *Teoria da igualdade tributária*. 3. ed. São Paulo: Malheiros, 2015. p. 166 e ss.

31 de dezembro, que vigeria logo no dia seguinte – 1º de janeiro. Assim, publicada no último dia de cada ano, majorado o imposto, a respectiva lei poderia fixar o dia 1º de janeiro como data do fato gerador que, ainda assim, alcançaria, sob as mesmas bases normativas, todos os contribuintes, "velhos" e "novos". Nesses casos, a segurança jurídica era sacrificada tendo em vista a "surpresa indesejada" dos aumentos,[68] mas a isonomia era preservada. Havia a igualdade na insegurança.

A situação mudou totalmente com a introdução, pela EC nº 42/2003, do princípio da anterioridade nonagesimal na alínea "c" do inc. III do art. 150 da Constituição. Para manter a ocorrência do fato gerador no dia 1º de cada ano, sem que isso viole o princípio da irretroatividade da lei tributaria mais gravosa, passou a ser necessário que a respectiva lei seja publicada não mais apenas no ano anterior, mas noventa dias antes da pretendida data de início de incidência da nova norma. É importantíssimo lembrar que o Supremo já definiu, acertadamente, que a anterioridade não impede simplesmente a cobrança do tributo, mas a própria vigência da norma tributária. O Tribunal tem compreendido a expressão "cobrar tributos", contida no aludido inc. III, como abrangendo a proibição do próprio início de vigência da norma. Nesses termos, referindo-se à anterioridade nonagesimal do art. 195, §6º, o Ministro Sepúlveda Pertence, no Recurso Extraordinário nº 141.602/PE,[69] asseverou:

> O Tribunal repeliu, na oportunidade, a exegese literal que reduz o alcance da norma constitucional à imposição de uma anterioridade da lei em relação ao momento da exigência ou da cobrança e afirmou, ao contrário, que, por força dela, o que se vedava é a incidência mesma da lei de criação ou alteração onerosa do tributo.
>
> Disse a propósito, na modesta e improvisada adesão ao voto-condutor da decisão plenária:
>
> Quanto ao ponto decisivo do caso concreto, também me ponho de acordo com o eminente Relator. O "cobrar", a que se refere o art. 153 (sic),[70] e o "exigir", a que alude a norma específica do art. 195, §6º, a meu ver, não podem ser reduzidos a uma mera regra de retardamento da exigibilidade ou mesmo do lançamento da exação tributária. [...]
>
> Inconcebível, assim porque esvaziaria de todo o sentido finalístico do princípio da anterioridade – ou desse princípio específico da anterioridade mitigada do art. 195, §6º – entendê-los como relativo apenas à cobrança ou ao lançamento.

O Ministro Sepúlveda Pertence fez referência ao voto que proferiu no Recurso Extraordinário nº 146.733/SP, versada a irretroatividade tributária.[71] Naquele julgado, o relator, Ministro Moreira Alves, seguido por todos os demais membros do Pleno,

---

[68] "A surpresa fiscal dos contribuintes é um contra-valor enquanto tal incompatível com o valor segurança jurídica" (BORGES, José Souto Maior. O princípio da segurança na Constituição Federal e na Emenda Constitucional 45/2004. Implicações fiscais. In: PIRES, Adilson Rodrigues; TORRES, Heleno Taveira (Org.). Princípios de direito financeiro e tributário. Estudos em homenagem ao Professor Ricardo Lobo Torres. Rio de Janeiro: Forense, 2009. p. 249).

[69] STF, 1ª T. RE nº 141.602/PE. Rel. Min. Sepúlveda Pertence, j. 28.8.1992. DJ, 18 set. 1992. Conta na ementa a seguinte lição didática: "O art. 195, §6º, não se limita a impor o intervalo de 90 dias entre a lei e o lançamento ou a cobrança da contribuição criada ou alterada: o que se impede, até o termo final daquele prazo de anterioridade, é a própria incidência da norma legal".

[70] A toda evidência, o ministro quis referir-se ao art. 150, inc. III, da Constituição.

[71] STF, Pleno. RE nº 146.733/SP. Rel. Min. Moreira Alves, j. 29.9.1992. DJ, 6 nov. 1992.

deixou claro que a anterioridade não diz respeito à cobrança dos tributos, e sim à incidência das leis tributárias que instituem ou majoram tributos. Nestes termos, resta evidente que se o legislador pretender que o fato gerador continuado dos impostos anuais ocorra no primeiro dia de cada ano, a lei respectiva deverá ser publicada até 2 de outubro. Nesse mesmo sentido, analisando a aplicação da própria anterioridade nonagesimal da EC nº 42/2003, o Ministro Gilmar Mendes disse:

> A EC nº 42, de 2003, pretendendo evitar a burla à regra da anterioridade por meio da publicação de leis tributárias nos últimos dias do ano civil, inseriu a alínea "c" no inciso III do art. 150 da Constituição, para exigir, além da anterioridade da lei ao exercício financeiro de sua aplicação, o prazo de 90 (noventa dias) da publicação para o início de sua incidência. Esse prazo nonagesimal, como parece óbvio, só tem aplicação nos casos em que a lei foi publicada no último trimestre do ano. As leis publicadas até o fim do mês de setembro terão incidência coincidente com o início do exercício financeiro seguinte (1º de janeiro).[72]

E quanto à discussão travada na ADI nº 5.282/PR? Para "salvar" a observância da anterioridade nonagesimal, poderia o legislador simplesmente alterar a data do fato gerador normalmente estabelecida, postergando-a? A resposta é negativa! Como explicado, em se tratando de impostos anuais, fixar o fato gerador em data diversa de 1º de janeiro é, em havendo majoração, criar discriminações, isto é, formular tratamento diferenciado entre contribuintes que, a princípio, encontram-se em situação igual. Isso apenas seria possível se a discriminação visasse fins extrafiscais, como estimular a aquisição de bens imóveis ou veículos durante certo período de tempo, ou buscasse maximizar a eficiência fiscal.

A interpretação sistemática, combinando isonomia, irretroatividade e anterioridade, e levando em conta o caráter anual dos impostos de fato gerador continuado (como o IPTU ou o IPVA), produz a norma constitucional implícita que impõe a publicação de leis que majorem as alíquotas desses impostos até o dia 2 de outubro. A exceção contida na parte final do §1º do art. 150 da Carta da República, excluindo do alcance da anterioridade nonagesimal a fixação das bases de cálculos desses impostos, confirma essa regra. É a exceção explícita que confirma a regra implícita ora formulada. Para as alíquotas, a anterioridade nonagesimal; para base de cálculo, norma constitucional expressa excluindo a incidência do princípio.[73]

O legislador paranaense, de forma sútil, oblíqua, buscou escapar a essa norma constitucional cogente implícita, violando indiretamente a Constituição. O legislador estadual, por meio da artimanha de alterar a data do fato gerador, buscou contornar essa norma constitucional implícita, que se constrói – como acima analiticamente demonstrado – a partir da interação de elementos essenciais de nosso sistema constitucional tributário: anterioridade – geral e nonagesimal –, irretroatividade e

---

[72] STF, Pleno. ADI – MC nº 4.016/PR. Rel. Min. Gilmar Mendes, j. 1º.8.2008. *DJ*, 24 abr. 2009.
[73] "A extensão da ressalva à fixação da base de cálculo do imposto sobre a propriedade de veículos automotores tem o propósito de facilitar a utilização do mesmo com finalidade extrafiscal" (MACHADO, Hugo de Brito. *Curso de direito constitucional tributário*. São Paulo: Malheiros, 2012. p. 237).

isonomia. A violação à isonomia, em última análise, decorreu da tentativa de ruptura desse sistema, de contrariedade lógica às conexões de sentido entre os elementos desse conjunto de garantias dos contribuintes. Porque não se tratou de violação direta, frontal, ostensiva, mas indireta, oblíqua e sutil de norma constitucional, concluo ter o legislador estadual incorrido em *elusão* da Constituição mediante fraude à norma constitucional cogente, configuradora de limitação ao poder de tributar.

4.2 O abuso de poder pelo legislador paranaense

É possível ainda afirmar a inconstitucionalidade da Lei nº 18.371/2014 por ter incorrido o legislador estadual em desvio de poder, seja por violar a *ratio* da EC nº 42/2003 na parte em que introduziu a anterioridade nonagesimal no sistema de garantias constitucionais dos contribuintes, seja porque trai a competência constitucional que possui para fixar os elementos da obrigação tributária relativa ao IPVA, particularmente a definição do aspecto temporal do seu fato gerador.

Como se sabe, a anterioridade nonagesimal foi introduzida pela EC nº 42/2003 como um mecanismo voltado a "fortalece[r] a segurança jurídica dos cidadãos".[74] A mudança visou obstruir a prática de publicação de leis, por meio das quais eram majorados tributos no fim do ano com vigência imediata dias depois – ou no dia seguinte – já no ano sucessivo. Apenas a anterioridade geral não era capaz de coibir tais práticas, vindo a nonagesimal a formar com essa e com a irretroatividade um modelo que verdadeiramente tutelasse a segurança dos contribuintes; que conferisse efetividade de fato a esse direito fundamental. O escopo da EC nº 42/2003, quanto a esse ponto, foi bem demonstrado por Leandro Paulsen:

> A alínea "c" [do inciso III do artigo 150 da CF/88] estabelece uma anterioridade nonagesimal mínima, exigindo o decurso de pelo menos 90 dias antes que a lei instituidora ou majoradora de tributos possa incidir e gerar obrigações tributárias.
>
> O presente dispositivo constitucional vem atender uma necessidade dos contribuintes, prestigiando a segurança jurídica em matéria tributária. Faz com que não mais possam ocorrer alterações na legislação em 31 de dezembro, como muitas vezes ocorreu, instituindo ou majorando tributos para vigência já a partir de 1º de janeiro. [...] Com a nova regra da alínea "c" do inciso II [sic] do art. 150, acrescida pela EC 42/2003, supre-se a deficiência da anterioridade de exercício relativamente às alterações de final de ano, fazendo com que o contribuinte possa efetivamente conhecer com antecedência as normas instituidoras ou majoradoras de tributos. Viabiliza-se, com isso, planejamento do contribuinte.[75]

A *ratio* da EC nº 42 manifesta-se, assim, bastante clara. Qualquer medida voltada a contorná-la representa esvaziamento desse reforço da segurança jurídica. O reforço opera diferentemente para cada tributo, ainda havendo importantes exceções, como

---

[74] ÁVILA, Humberto. *Sistema constitucional tributário*. 5. ed. São Paulo: Saraiva, 2012. p. 217.
[75] PAULSEN, Leandro. *Segurança jurídica, certeza do direito e tributação*. Porto Alegre: Livraria do Advogado, 2006. p. 149-150.

o imposto de renda. No caso dos impostos anuais, o constituinte derivado trabalhou com a realidade legislativa comum de o fato gerador continuado ser considerado ocorrido todo o dia primeiro de cada ano. Assim, em se tratando de impostos anuais, a reforma operada pela EC nº 42/2003 só faz pleno sentido se observado o prazo de noventa dias considerada a ocorrência do fato gerador em todo o dia 1º de janeiro. A preocupação é com a incidência da norma de imposição, e não com a data a partir da qual a cobrança do tributo iniciar-se-á. Qualquer coisa diversa seria permitir que o legislador ordinário, manipulando a data do fato gerador, inclusive equivalendo-a à de cobrança, venha a fazer pouco caso da razão de ser da EC nº 42/2003, debilitando o "reforço da segurança jurídica" perseguido pelo constituinte derivado.

Importante chamar a atenção para esse ponto: deve haver rigor no controle de atos que busquem ladear reformas constitucionais que foram realizadas justamente para corrigir aquilo que estava em mau funcionamento. Como vimos no tocante à caracterização da fraude à Constituição (item 3.2.1, *supra*), essa preocupação deu a tônica dos debates na ADI nº 2.984/DF. A Ministra Ellen Gracie, relatora, fez questão de ressaltar que o Tribunal, ao recusar a possibilidade de reedição de medidas provisórias revogadas, assim deveria fazê-lo para prestigiar "o sistema instituído pela EC 32". Caso contrário, como disse o Ministro Gilmar Mendes, a burla na reedição de medidas provisórias com mesmo conteúdo de medidas revogadas tornaria "inócuo todo o esforço" que se fez para produzir a solução da Emenda nº 32. Para Gilmar Mendes, permitir a burla seria permitir que "se retom[asse] uma prática que a emenda constitucional afastou": a das alterações sucessivas das medidas provisórias. Seria permitir voltar o mau funcionamento daquilo que a emenda constitucional procurou corrigir – é menoscabar a finalidade da mudança constitucional.

Com efeito, a mesma preocupação do Supremo com a efetividade da Emenda Constitucional nº 32 deve existir para a Emenda Constitucional nº 42/2003, no tocante à introdução da anterioridade nonagesimal. Como demonstrado, a Emenda nº 42 veio justamente acabar com o abuso de leis que majoravam tributos e eram publicadas no último mês do ano velho, às vezes com vigência imediata já no dia seguinte, o primeiro do novo ano. E isso foi assim inclusive para o aumento das alíquotas dos impostos anuais IPTU e IPVA, pois para esses foi feita exceção apenas às modificações de base de cálculo. Portanto, é essencial que o esforço do constituinte derivado da Emenda nº 42 também não seja anulado por práticas legislativas abusivas. Permitir que os legisladores estaduais possam casuisticamente manipular a data do fato gerador do IPVA, quando não conseguem publicar suas leis majoradoras até 2 de outubro de cada ano, significa desprezar o esforço do constituinte derivado na construção da solução aos abusos legislativos do passado, que veio sob a forma da anterioridade nonagesimal. Seria permitir o que justamente se pretendeu coibir com a EC nº 42/2003.

Em nosso estudo de caso, o legislador abusou da literalidade do inc. III do art. 150, da Constituição, considerada a expressão "cobrar tributos", para driblar ou esvaziar o verdadeiro sentido finalístico da anterioridade que é vedar a própria incidência da lei de criação ou majoração do tributo. Esse sentido, afastada a exegese literal, foi assentado pelo Supremo nos já aludidos RE nº 141.602/PE e RE nº 146.733/SP, quando o Tribunal rejeitou a redução da interpretação dessa norma constitucional como sendo relativa ao mero momento de exigência ou cobrança do tributo, para definir o seu alcance ao momento de incidência da norma tributária, ou seja, ao momento de ocorrência do fato gerador e surgimento da obrigação tributária. Portanto, dizer, como fizeram o governador e a Assembleia Legislativa do Paraná, que a anterioridade nonagesimal foi respeitada porque a cobrança ocorreu mais de noventa dias da publicação da lei majoradora, é abusar da literalidade do inc. III do art. 150, distorcer o seu verdadeiro sentido constitucional e esvaziar todo o seu sentido finalístico, como bem decidiu o Supremo Tribunal Federal. Em síntese: é abuso do poder legislativo, *elusão* da Constituição.

Ademais, acreditar que é possível legitimar medidas da espécie por meio da alteração casuística da data do fato gerador significa deixar de tratar a anterioridade como direito fundamental dos contribuintes. É enfraquecer a "dignidade institucional do princípio da segurança jurídica".[76] No século XIX, John Stuart Mill já enfatizava que a segurança é uma utilidade social de vital importância para todo indivíduo:

> Praticamente todos os outros benefícios na terra são necessários a uma pessoa e não a outra; e muitos desses podem, se preciso, ser tranquilamente renunciados ou substituídos por algo diferente; mas nenhum ser humano pode viver sem segurança; dela depende a nossa imunidade em relação ao mal [...].[77]

Particularmente em matéria tributária, um século antes, Adam Smith incluiu a "certeza" como uma das suas quatro "máximas" (equidade, certeza, conveniência e eficiência)[78] que deveriam fundamentar a criação dos tributos e dos sistemas tributários. Mais do que isso, Adam Smith erigiu a segurança jurídica ao *status* de principal máxima, superior inclusive à equidade. Segundo Adam Smith:

> O imposto que cada indivíduo é obrigado a pagar deve ser certo e não arbitrário. O momento do pagamento, o modo do pagamento, a quantia a ser recolhida, tudo deve ser claro e simples ao contribuinte, e a todas as pessoas. [...] A certeza do que cada indivíduo deve pagar é, na tributação, uma questão de tão grande importância, que um grau muito considerável de desigualdade parece, acredito eu, tendo em vista a experiência de todas as nações, não ser nem de perto um mal tão grande como um nível muito pequeno de incerteza.[79]

Com efeito, a própria existência do direito deve ser vista como fator de segurança. Sem oferecer segurança, faltaria essência ao direito. Como ensina Garcia

---

[76] BORGES, José Souto Maior. O princípio da segurança na Constituição Federal e na Emenda Constitucional 45/2004. Implicações fiscais. *In*: PIRES, Adilson Rodrigues; TORRES, Heleno Taveira (Org.). *Princípios de direito financeiro e tributário*. Estudos em homenagem ao Professor Ricardo Lobo Torres. Rio de Janeiro: Forense, 2009. p. 246.

[77] MILL, John Stuart. Utilitarism (1861). *In*: MILL, John Stuart. *Essays on ethics, religion and society*. Toronto: University of Toronto Press, 1969. p. 251: "Nearly all other earthly benefits are needed by one person, not needed by another; and many of them can, if necessary, be cheerfully foregone, or replaced by something else; but security no human being can possibly do without; on it we depend for all our immunity from evil [...]".

[78] Sobre as máximas de Smith, cf. MURPHY, Richard. *The joy of tax*. How a fair tax system can create a better society. Londres: Bantam Press, 2015. p. 128-130.

[79] SMITH, Adam. *Wealth of nations*. Hertfordshire: Wordsworth, 2012. p. 824-825 (book 5, chapter 2, part 2).

Maynez, a ordem jurídica, para assim merecer essa qualificação, deve oferecer aos cidadãos: conhecimento e clareza quanto às normas de conduta impostas – segurança da orientação; certeza, estabilidade e previsibilidade quanto ao *status* e consequências dos próprios atos – segurança da realização.[80] Deve haver, em síntese, confiança no papel das instituições e das leis como garantidores da paz social – segurança político-institucional. Daí a noção de segurança jurídica ter se desenvolvido com a de Estado de Direito: mesmo se não prevista expressamente em textos constitucionais, a segurança jurídica deve ser reconhecida sempre como "princípio essencial na Constituição material do Estado de Direito".[81]

A segurança jurídica, ao lado e junto à justiça, é valor fundamental do Estado de Direito. Sua observância implica certeza, objetividade e inteligibilidade do direito pela exigência de clareza e adequado grau de densidade normativa das regras jurídicas, previsibilidade pela proibição de retroatividade onerosa, e *confiabilidade pela estabilidade das normas no tempo*. Assim deve ser com o direito tributário em especial.

Assim deve ser porque "a segurança do ordenamento jurídico é uma condição básica em uma constituição baseada nas liberdades" fundamentais.[82] Para Souto Maior Borges, na Constituição de 1988, "a segurança jurídica é [...] um sobreprincípio, metanorma, proposição normativa que, nesse sentido, incide sobre outras normas--princípios".[83] Em matéria tributária, a segurança jurídica revela-se, na Carta de 1988, embora nesses não se esgote, nos princípios da legalidade, irretroatividade e *anterioridade*. O conjunto desses princípios, que expressam segurança, é de relevância prática espetacular para o direito tributário brasileiro. Esses princípios, porque expressões da segurança jurídica, consagram direitos fundamentais dos contribuintes. E só assim podem ser compreendidos.

A estabilidade do ordenamento jurídico-tributário diz com a exigência de "constância da lei no tempo". Como adverte José Casalta Nabais:

> o princípio da segurança jurídica não é afetado apenas através de normas retroactivas, já que também é posto em causa quando a exigência da justiça, traduzida na *constancy of the law (Gesetzeskonstanz)*, é desrespeitada, nomeadamente sempre que uma lei, em cuja manutenção e estabilidade os destinatários tenham confiado, seja revogada ou alterada para o futuro [...].[84]

---

[80] GARCIA MAYNEZ, Eduardo. *Filosofia del derecho*. 1. ed. México: Porrua, 1974. p. 477.

[81] NOVAIS, Jorge Reis. Os princípios constitucionais estruturantes da República portuguesa. Coimbra: Coimbra Editora, 2004. p. 261. "Segurança jurídica é a quintessência normativa das ações estatais sob o Estado de direito" (GRIBNAU, J. L. M. Legal certainty: a matter of principle. *In*: GRIBNAU, J. L. M.; PAUWELS, M. R. S. (Ed.). *Retroactivity of tax legislation*. Amsterdam: European Association of Tax Law Professors, 2013. p. 91).

[82] TIPKE, Klaus. La retroactividad nel derecho tributário. *In*: AMATUCCI, Andrea (Dir.). *Tratado de derecho tributario*. Bogotá: Temis, 2001. t. I. p. 343.

[83] BORGES, José Souto Maior. O princípio da segurança na Constituição Federal e na Emenda Constitucional 45/2004. Implicações fiscais. *In*: PIRES, Adilson Rodrigues; TORRES, Heleno Taveira (Org.). *Princípios de direito financeiro e tributário*. Estudos em homenagem ao Professor Ricardo Lobo Torres. Rio de Janeiro: Forense, 2009. p. 249.

[84] "Constância da lei, consistência temporal, oferece aos contribuintes uma base confiável para suas futuras ações" (NABAIS, José Casalta. *O dever fundamental de pagar impostos*. Coimbra: Almedina, 2004. p. 409. GRIBNAU, J. L. M. Legal certainty: a matter of principle. *In*: GRIBNAU, J. L. M.; PAUWELS, M. R. S. (Ed.). *Retroactivity of tax legislation*. Amsterdam: European Association of Tax Law Professors, 2013. p. 90).

Não se trata de impor a absoluta inalterabilidade das leis e de regimes jurídicos, e sim de reclamar que a eficácia dessas alterações, em nome da segurança jurídica, observe lapso temporal suficiente a reduzir os impactos indesejados contra as expectativas legítimas dos destinatários. Este aspecto da segurança jurídica – estabilidade normativa – diz diretamente com a *anterioridade tributária*.

Os contribuintes brasileiros têm direito fundamental à estabilidade normativa, como concretização da segurança jurídica, na forma e medidas exatas em que estabelecida na Constituição de 1988. Sem embargo, a depender das circunstâncias, o tributo apresenta-se como variável decisiva no cálculo de escolhas essenciais: para o exercício de liberdades fundamentais como são a econômica e a profissional. Em poucas áreas do direito e das práticas sociais, mostram-se tão indispensáveis a calculabilidade ou previsibilidade das normas jurídicas.[85] Sem segurança jurídica, os contribuintes não podem ajustar seus negócios econômicos, contratos e empreendimentos levando em conta o custo dos tributos. É a segurança da realização a qual se referiu Garcia Maynez. Em última análise, a previsibilidade normativa, a ser alcançada também mediante a anterioridade tributária, tutela liberdades fundamentais dos contribuintes.[86]

Essa fundamentalidade do princípio da anterioridade foi desprezada pelo legislador paranaense ao tratá-lo como mero "calibrador de prazo de cobrança do tributo". Ao contrário do que afirmaram a Assembleia Legislativa e o governador do Paraná, a mudança de data do fato gerador não foi medida para atender à anterioridade nonagesimal, mas sim para fugir do que pretendido pelo espírito da norma constitucional derivada: colocar um prazo mínimo para publicação das leis que instituam ou majorem os impostos e, no caso dos impostos anuais, a data-limite apenas pode ser 2 de outubro. Conclusão diversa seria permitir o arbítrio do legislador em produzir leis em qualquer data até 31 de dezembro, bastando, para tanto, alterar a data do fato gerador com a postergação da cobrança. Como dito, não é a data da cobrança, mas a data de incidência da norma e surgimento da obrigação tributária que são o objeto do exercício do direito fundamental à anterioridade. A violação sutil a essa garantia do contribuinte constituiu abuso ou desvio de poder pelo legislador paranaense; significa não levar a fundamentalidade da anterioridade nonagesimal à sério.[87]

Pode-se também falar de abuso ou desvio do poder de legislar se considerado que o legislador estadual utilizou de sua discricionariedade – particularmente para definir o aspecto temporal do fato gerador do IPVA – para fim que não pode ser considerado adequado ao propósito da competência tributária. O governador afirmou que o legislador é absolutamente livre para definir a ocorrência do fato gerador, como

---

[85] "A ideia de 'previsibilidade' é um elemento fundamental do sistema tributário, principal consequência da constitucionalização do tributo" (GARCÍA NOVOA, César. *El principio de seguridad jurídica em materia tributaria*. Madrid: Marcial Pons, 2000. p. 113).

[86] "O valor intrínseco da certeza jurídica respeita à noção de liberdade individual" (GRIBNAU, J. L. M. Legal certainty: a matter of principle. In: GRIBNAU, J. L. M.; PAUWELS, M. R. S. (Ed.). *Retroactivity of tax legislation*. Amsterdam: European Association of Tax Law Professors, 2013. p. 80).

[87] Na ADI nº 939/DF (Pleno. Rel. Min. Sydney Sanches, j. 15.12.1993. *DJ*, 18 mar. 1994), o Supremo assentou ser a anterioridade uma cláusula pétrea como direito fundamental dos contribuintes.

se a competência tributária, nesse ponto, fosse um "cheque em branco" conferido pelo constituinte. Contudo, como descrito no tópico sobre a Lei nº 18.371/2014, a mudança apenas para o ano de 2015 revela o seu casuísmo, seu propósito exclusivo de impedir a incidência da norma da EC nº 42/2003. É o casuísmo que revela o desvio do poder de legislar. Na realidade, o exercício casuístico de qualquer competência caracteriza o poder de legislar.

Não se pode admitir que a liberdade normativa na escolha da data do fato gerador do imposto, sem prejuízo do questionamento anterior sob o ângulo da isonomia, possa servir de mecanismo para o disfarce, a malícia, o contorno de uma limitação constitucional ao poder de tributar – para a violação sutil e indireta de direito fundamental dos contribuintes. Sem embargo, o legislador não deixou meramente de seguir prática nacional de estabelecer o fato gerador do IPVA em 1º de janeiro, mas assim fez – e o fez apenas para o específico ano de 2015 – porque agiu casuisticamente como artimanha ou último recurso para fugir de limitação constitucional ao poder de tributar. Há aqui, portanto, abuso dessa discricionariedade, verdadeiro desvio de finalidade da competência tributária.

A compreensão teleológica da EC nº 42/2003 conduz, portanto, à inquestionável conclusão de a estratégia do legislador paranaense ter se dirigido contra a *ratio* dessa mudança constitucional. Considerar válida essa fuga sutil à limitação temporal imposta pela anterioridade nonagesimal implica, além de desconsiderar a anterioridade como direito fundamental dos contribuintes, tornar inócua a iniciativa do constituinte derivado em corrigir aquilo que estava em mau funcionamento: a segurança jurídica dos contribuintes não estava suficientemente protegida contra as leis majoradoras de tributos que eram publicadas no apagar das luzes do mês de dezembro de cada ano. Não pode o legislador tributário amputar o espírito da EC nº 42/2003, e isso deve ser assim para qualquer tributo sujeito ao princípio da anterioridade nonagesimal, incluídos os impostos anuais. Cabe ao juiz constitucional o dever institucional de coibir tal prática.

4.3 A violação direta à isonomia como implicação da ruptura do sistema

A violação indireta à anterioridade nonagesimal implicou a violação direta à isonomia. É muito equivocada a opinião do procurador-geral da República quando disse que da observância da anterioridade nonagesimal não poderia resultar a violação da isonomia. De fato, ocorreu totalmente o contrário: da violação sutil, disfarçada da anterioridade nonagesimal resultou a violação à isonomia. E isso foi assim porque esses dois princípios integram, de forma concatenada, o mesmo e harmônico sistema normativo: o constitucional tributário.[88] Considerada a unidade normativa e valorativa do sistema, a fuga à anterioridade provocou o "atropelo" da isonomia. Sem

---

[88] "Embora não pareça, a proteção da igualdade é uma forma indireta de se proteger a segurança jurídica" (ÁVILA, Humberto. *Segurança jurídica*. Entre permanência, mudança e realização no direito tributário. São Paulo: Malheiros, 2011. p. 223).

embargo, a transgressão à isonomia foi uma decorrência da ruptura desse sistema, sub-repticiamente levada a efeito pelo legislador paranaense. Não se passa por cima da coerência interna dos sistemas normativos sem se pagar um preço alto.

O sistema constitucional de direitos e garantias dos contribuintes é um todo coerente e consistente. É assim porque forma uma unidade normativa e valorativa. A iniciativa legislativa em mascarar ou esconder a violação a um desses elementos do sistema acarreta, inexoravelmente, a violação ostensiva e indisfarçável de outro elemento desse mesmo sistema. Do contrário, não se teria uma unidade consistente e coerente. Admitir que a legislação ordinária possa romper impunemente com essa consistência sistêmica equivale a ignorar a hierarquia das normas constitucionais sobre as demais. Por isso, a violação direta e ostensiva da isonomia é verdadeira "prova dos nove" da violação disfarçada à anterioridade nonagesimal.

5 Conclusão

Não é incomum que os legisladores ordinários dos três níveis federativos utilizem meios oblíquos e práticas sutis para desviarem-se das limitações constitucionais ao poder de tributar. Daí a relevância prática de aprofundar-se a temática da *elusão* da Constituição pelo legislador tributário. Ademais, a importância é também valorativa: trata-se de medida necessária para alcançar-se a reciprocidade entre direitos e deveres fundamentais dos contribuintes. A *elusão* tributária é um desvalor constitucional em um sistema normativo em que vige o equilíbrio entre legalidade e capacidade contributiva. Simetricamente, a *elusão* legislativa é um desvalor constitucional em um sistema normativo em que deve viger o equilíbrio entre democracia e as limitações constitucionais ao poder de tributar.

Este artigo, publicado em homenagem ao ministro, jurista, professor, poeta e extraordinário ser humano Carlos Ayres Britto, é, em última análise, uma homenagem à Constituição. Ayres Britto me honrou com sua participação em minha banca de doutoramento na UERJ no ano de 2015. Antes disso, quando eu ainda morava em Brasília, tive a honra de palestrar junto a Sua Excelência e a alegria de conviver socialmente com ele em algumas oportunidades. Sempre me impressionaram dois aspectos de sua personalidade: a humildade no trato pessoal e o amor intenso pela Carta da República. Este artigo pede ao legislador tributário mais respeito pelas normas constitucionais. Acredito que é um pedido que seria endossado pelo amor que Ayres Britto sente por nossa – muitas vezes fraudada e vítima de abusos – Constituição de 1988.

Informação bibliográfica deste texto, conforme a NBR 6023:2018 da Associação Brasileira de Normas Técnicas (ABNT):

CAMPOS, Carlos Alexandre de Azevedo. Elusão legislativa da Constituição no direito tributário. In: LEAL, Saul Tourinho; GREGÓRIO JÚNIOR, Eduardo Lourenço (Coord.). *A Constituição Cidadã e o Direito Tributário*: estudos em homenagem ao Ministro Carlos Ayres Britto. Belo Horizonte: Fórum, 2019. p. 59-91. ISBN 978-85-450-0678-7.

OBSERVÂNCIA DOS TRATADOS EM MATÉRIA TRIBUTÁRIA: PERSPECTIVAS DE MUDANÇA?

CARLOS EDUARDO CAPUTO BASTOS
ANA CAROLINA ANDRADA ARRAIS CAPUTO BASTOS

1 Introdução

Em artigo[1] publicado no ano 2000, um dos autores alertou a comunidade jurídica brasileira de que o tema atinente ao regime constitucional dos tratados[2] não estava recebendo a devida atenção. À época, a globalização era um fenômeno cada vez mais evidente, assim como a formação ou o fortalecimento dos blocos econômicos. No Brasil, vivia-se, em especial, a experiência do Mercado Comum do Sul (Mercosul).

Passados 18 (dezoito) anos e apesar de ter sido bastante debatido pela doutrina e pelos tribunais superiores, o assunto ainda desafia reflexões, sobretudo quando envolve matéria tributária. É possível destacar ao menos três questões relevantes que seguem pendentes de julgamento perante o Supremo Tribunal Federal (STF).

Trata-se da Ação Direta de Inconstitucionalidade (ADI) nº 1.625/UF, em que se questiona a possibilidade de denúncia unilateral dos tratados, ou seja, por iniciativa apenas do presidente da República (sem a manifestação do Congresso Nacional), e dos recursos extraordinários (RE) nº 460.320/PR (caso Volvo) e nº 870.214/DF (caso Vale), ambos discutindo a prevalência dos tratados para evitar a dupla tributação em face do direito interno.[3]

Quanto ao tema específico dos referidos RE – eventual antinomia de normas (entre o tratado e a lei brasileira) – sabe-se que, de modo geral, o STF pode se valer de duas regras de conflito para dirimir a controvérsia: (i) art. 98 do Código Tributário

---

[1] BASTOS, Carlos Eduardo Caputo. Hierarquia constitucional dos tratados. In: OAB. *Advogado*: desafios e perspectivas no contexto das relações internacionais. Brasília: OAB – Conselho Federal, 2000. v. II. p. 53-68.

[2] Por tratado, entende-se todo "acordo internacional concluído por escrito entre Estados e regido pelo Direito Internacional, quer conste de um instrumento único, quer de dois ou mais instrumentos conexos, qualquer que seja sua denominação específica", nos termos do item "1", letra "a" do art. 2º da Convenção de Viena sobre o Direito dos Tratados de 1969 (Decreto nº 7.030/09).

[3] Muito embora os autores sejam advogados constituídos nos dois RE, importante dizer que o enfoque das reflexões trazidas no presente artigo possui caráter meramente científico.

Nacional (CTN)[4] e (ii) art. 27 da Convenção de Viena sobre Direito dos Tratados de 1969.[5]

Em 2015, introduziu-se uma terceira regra de conflito, em consonância com as demais. Cuida-se do art. 13 do Código de Processo Civil (CPC/15) – Lei nº 13.105/15 – que, por ser fato normativo superveniente, deverá ser levado em conta. A nova legislação processual trouxe, ainda, regras mais claras acerca da repartição de competências entre o STF e o Superior Tribunal de Justiça (STJ) no que tange à interpretação dos tratados.

A partir dessas premissas é que se pretende refletir sobre a possível mudança da orientação jurisprudencial até então consolidada pelo STF. Afinal, como se sabe, a nova ordem mundial reclama posição segura e mais consentânea quanto à observância dos tratados que versam sobre direitos e garantias dos contribuintes nacionais ou estrangeiros.

2 A opção do legislador constituinte

A relação entre o direito interno e o internacional enseja discussões há muito conhecidas. Quando for o caso de suposta incompatibilidade, cumpre mencionar duas clássicas correntes doutrinárias:[6] o dualismo e o monismo. Para os dualistas, não se vislumbra o conflito, porquanto o direito internacional e o interno possuem fontes distintas e são ordenamentos independentes entre si. No monismo, tem-se a unidade entre ambos os ordenamentos jurídicos e, em caso de conflito, deve prevalecer a norma internacional.

A CF/88 claramente seguiu a corrente dualista, haja vista ter adotado, como regra, um *iter procedimental* para a incorporação das normas internacionais. Desse modo, concluída a fase prévia de negociação do ato, o presidente da República o subscreve (art. 84, inc. VIII da CF/88) e remete o texto ao Congresso Nacional, a quem compete resolver definitivamente sobre o que resultar em encargos ou compromissos gravosos ao patrimônio nacional (art. 49, inc. I da CF/88).

Em seguida, a matéria é debatida e votada na Câmara dos Deputados para depois ser analisada pelo Senado Federal. Ressalte-se que ambas as casas devem aprovar a norma internacional, sendo que a votação se dará em plenário e pelo quórum comum, isto é, a maioria absoluta do número total de deputados ou senadores.[7]

---

[4] Introduzida pela Lei nº 5.172/66, sua recepção pela Constituição Federal de 1988 (CF/88) foi expressamente declarada pelo STF em um julgamento que será mencionado mais adiante.

[5] Embora estivesse em vigor no cenário internacional há muitos, somente foi aprovada pelo Congresso Nacional (Decreto Legislativo nº 496/09) e de fato incorporada ao direito brasileiro (Decreto nº 7.030/09) em dezembro de 2009, ou seja, quase vinte anos depois da sua edição.

[6] BARROSO, Luís Roberto. Constituição e tratados internacionais: alguns aspectos da relação entre direito internacional e direito interno. *In*: DIREITO, Carlos Alberto Menezes; TRINDADE, Antônio Augusto Cançado; PEREIRA, Antônio Celso Alves. *Novas perspectivas do direito internacional contemporâneo*. Estudos em homenagem ao Professor Celso D. de Albuquerque Mello. Rio de Janeiro: Renovar, 2008. p. 186-187.

[7] REZEK, José Francisco. *Direito internacional público*. 9. ed. São Paulo: Saraiva, 2002. p. 65.

Uma vez aprovada, a norma internacional deverá, ainda, ser ratificada e promulgada (art. 84, inc. IV da CF/88) pelo presidente da República. Apenas a partir do decreto de promulgação – e somente então – é que a norma passará a integrar o ordenamento jurídico nacional, conforme entendimento da doutrina[8] e na linha da jurisprudência do STF.[9]

Excepcionam-se as "normas definidoras dos direitos e garantias fundamentais", que – nos termos do §1º do art. 5º da CF/88 – possuem aplicação imediata. Isso porque, como se sabe, os direitos e as garantias expressos na Carta Magna não excluem outros decorrentes do regime e dos princípios por ela adotados ou previstos nos tratados dos quais o Brasil seja parte, conforme assegura o §2º do mesmo dispositivo constitucional.

Nesse contexto, deve-se igualmente fazer referência ao §3º,[10] também do art. 5º da CF/88 – acrescido pela Emenda Constitucional (EC) nº 45/04 –, que introduziu mudanças na forma de incorporação dos tratados sobre direitos humanos. Estabelece que, se forem aprovados (em cada Casa do Congresso Nacional) em dois turnos e por três quintos dos votos de seus respectivos membros, serão equivalentes às emendas constitucionais.

De uma forma ou de outra, sabe-se que – uma vez incorporada ao direito interno – a disposição da norma internacional submete-se ao controle de constitucionalidade, seja por força do princípio da supremacia da Constituição[11] ou em razão do disposto no art. 102, inc. III, alínea "b" e no art. 105, inc. III, alínea "a", ambos da CF/88.

Não obstante a conjugação das vontades dos poderes Executivo e Legislativo, a atuação do Poder Judiciário é imprescindível na observância dos tratados de um modo geral, mas especialmente dos que visam evitar a dupla tributação. É que a eficácia e a efetividade na aplicação das referidas normas dependem do compromisso assumido

---

[8] Sobre o tema, José Francisco Rezek observa: "No Brasil se promulgam, por decreto do Presidente da República, todos os tratados que tenham feito objeto de aprovação congressional". Assinala, ainda, que o decreto de promulgação não é propriamente uma exigência constitucional, mas uma praxe tão antiga quanto os primeiros exercícios convencionais do Império, e concluiu: "Publica-os, pois, o órgão oficial, para que o tratado – cujo texto completo vai em anexo – se introduza na ordem legal, e opere desde o momento próprio" (REZEK, José Francisco. *Direito dos tratados*. 1. ed. Rio de Janeiro: Forense, 1984. p. 385-386). No mesmo sentido, destaque-se igualmente a observação de João Grandino Rodas: "O Brasil, após a Independência, continuou a seguir a tradição lusitana de promulgar os tratados já ratificados por meio de um Decreto do Executivo. Embora as Constituições Brasileiras da República, incluindo a vigente, não façam qualquer referência, esse costume vem sendo mantido" (RODAS, João Grandino. *Tratados internacionais*. São Paulo: Revista dos Tribunais, 1991. p. 54). Depois de ratificado, Antônio Paulo Cachapuz de Medeiros afirma que o ato internacional precisa ser promulgado pelo presidente da República e só então se incorpora à legislação interna (MEDEIROS, Antônio Paulo Cachapuz de. *O poder de celebrar tratados*: competência dos poderes constituídos para a celebração de tratados à luz do direito internacional, do direito comparado e do direito constitucional brasileiro. Porto Alegre: S. A. Fabris, 1995. p. 470).

[9] Como se verá, oportunamente, em capítulo próprio do presente trabalho.

[10] Leia-se a seguinte ponderação: "Tenho sérias dúvidas se o parágrafo seria necessário, visto que, a meu ver, o §2º já incorporava como cláusula pétrea e princípio constitucional todos os tratados internacionais que tratassem de direitos humanos" (MARTINS, Ives Gandra da Silva. A reforma do Judiciário e o processo tributário. *In:* MARTINS, Ives Gandra da Silva. *Processo judicial tributário*. São Paulo: Quartier Latin, 2005. p. 24).

[11] SILVA, José Afonso da. *Curso de direito constitucional positivo*. 21. ed. São Paulo: Malheiros, 2002. p. 46.

pelo Poder Judiciário como guardião dos direitos e das garantias fundamentais de um Estado Democrático de Direito,[12] sobretudo diante da mundialização da economia.

3 Análise da jurisprudência do STF

3.1 A jurisprudência do STF antes da CF/88

Muito antes da CF/88, algumas controvérsias relacionadas aos tratados foram examinadas pelo STF e sob diferentes perspectivas. Indagou-se, por exemplo, sobre a hierarquia constitucional dos tratados e a relação com as normas internas (possibilidade de modificação e revogação recíproca). O caso mais antigo talvez seja a Extradição (Ext) nº 7/GER,[13] julgado sob a égide da CF/1891, quando o STF reconheceu a primazia do tratado firmado com o Império alemão em detrimento da lei interna posterior. O julgamento ocorreu em 1914.

Na vigência da CF/37, destaca-se o julgamento da Apelação Cível (ACi) nº 7.872,[14] envolvendo o tratado firmado com o Uruguai sobre uma questão tributária (isenção do imposto de importação e das taxas aduaneiras). Nesse julgamento de 1943, reconheceu-se igualmente a prevalência da norma internacional em face da legislação brasileira.

Anos depois, precisamente em 1951, o STF julgou a ACi nº 9.587/DF,[15] que dizia respeito à importação de válvulas para aparelhos de rádio provenientes dos Estados Unidos da América (EUA) e da Inglaterra. Entendeu-se, à luz da CF/46 e por unanimidade, que "o tratado revoga as leis que lhe são anteriores, mas não pode ser revogado pelas leis posteriores, se estas não se referirem expressamente a essa revogação ou se não denunciarem o tratado", nos termos do voto do relator, Ministro Lafayette de Andrada.

Em 1969, contudo, no Conflito de Jurisdição (CJ) nº 4.663/SP,[16] o STF externou o entendimento de que haveria equivalência entre a Convenção de Genebra que dispunha sobre letra de câmbio e nota promissória e a lei interna correspondente. Embora não fosse o cerne da discussão, registrou-se a ausência de dispositivo capaz de assegurar a prevalência das normas internacionais. Para o relator, Ministro Eloy da Rocha, admitir essa primazia seria conferir-lhes não só força de lei, mas de restrição constitucional, o que apenas a CF/67 poderia fazer.

Já no ano de 1971, ao apreciar disposições específicas da referida Convenção de Genebra no Recurso Extraordinário (RE) nº 71.154/PR,[17] o STF tornou a prestigiar o disposto na norma internacional. O relator, Ministro Oswaldo Trigueiro, assentou que

---

[12] CANOTILHO, José Joaquim Gomes. *Direito constitucional e teoria da Constituição*. 3. ed. Lisboa: Almedina, 1999. p. 95-96.
[13] STF. Ext nº 7/GER. Rel. Min. Canuto Saraiva, j. 7.1.1914.
[14] STF, Primeira Turma. ACi nº 7.872. Rel. Min. Philadelpho Azevedo, j. 11.10.1943.
[15] STF, Segunda Turma. ACi nº 9.587/DF. Rel. Min. Lafayette de Andrada. *DJ*, 18 out. 1951.
[16] STF, Terceira Turma. CJ nº 4.663/SP. Rel. Min. Eloy da Rocha. *DJ*, 13 fev. 1969.
[17] STF, Tribunal Pleno. RE nº 71.154/PR. Rel. Min. Oswaldo Trigueiro. *DJ*, 27 ago. 1971.

os tratados possuíam aplicação imediata. Por outro lado, somente poderiam revogar as disposições em contrário previstas na legislação ordinária depois de aprovados em definitivo pelo Congresso Nacional.

A mudança mais radical, entretanto, ocorreu no emblemático e histórico julgamento do RE nº 80.004/SE,[18] em 1977, quando o STF afirmou – com base no voto vencedor do Ministro Cunha Peixoto e na teoria dualista de Triepel – não haver na CF/67 artigo que declarasse irrevogável uma disposição interna pelo simples fato de ter origem em um tratado. Assentou-se, como regra, a possibilidade de o Congresso Nacional editar leis que modificassem ou revogassem, tácita ou expressamente, as disposições provenientes de tratados.[19]

Desde então, estabeleceu-se novo marco temporal no que se refere à relação entre a ordem jurídica interna e a internacional. Eventuais antinomias entre tratados e leis internas seriam resolvidas pelos critérios de cronologia (*lex posteriori derogat priori*) e de especialidade (*lex specialis derogat generali*), salvo em matéria tributária, tendo em vista a existência de regra específica contida no art. 98 do CTN já vigente à época.

Em 1980, o STF teve nova oportunidade de se debruçar sobre o tema, dessa vez no RE nº 90.824/SP.[20] Prevaleceu a posição do relator, Ministro Moreira Alves, no sentido de que as importações originárias dos países-membros da Associação Latino-Americana de Livre Comércio (ALALC) estariam excluídas do regime de preço de referência, por força do Tratado de Montevidéu. Assim, a legislação fiscal brasileira, embora posterior ao tratado, deveria observar a inaplicabilidade do referido gravame, tendo em vista o disposto no art. 98 do CTN.

Por fim, convém registrar outro caso em que – a despeito da posição que passou a ser adotada pelo STF de que a lei ordinária posterior poderia revogar tratado anteriormente celebrado – assegurou-se a observância da norma estrangeira. Cuida-se do RE nº 100.105/RS,[21] julgado em 1983. Afirmou o relator, Ministro Moreira Alves: "no caso presente, a questão diz respeito ao Tratado de Montevidéu, que não é tratado normativo, mas, sim, tratado contratual, razão por que se lhe aplica, sem dúvida alguma, a norma do artigo 98 do C.T.N".

---

[18] STF, Tribunal Pleno. RE nº 80.004/SE. Rel. Min. Xavier de Albuquerque, Rel. p/ acórdão Min. Cunha Peixoto. *DJ*, 29 dez. 1977.

[19] Oportuno registrar que, embora o caso não cuidasse de questão tributária, fez-se importante ressalva sobre a aplicação do art. 98 do CTN, conforme se depreende do seguinte trecho do voto-vista do Ministro Cunha Peixoto (p. 955 do acórdão): "[...] o art. 98 só se refere à legislação tributária, deixando, destarte, claro, não ser o princípio de ordem geral. Se a lei ordinária não pudesse, pela constituição, revogar a que advém de um tratado, não seria necessário dispositivo expresso de ordem tributária". Significa dizer que – ao menos em matéria tributária – o STF já sinalizava a necessidade de se assegurar a prevalência do tratado sobre a lei interna.

[20] STF, Tribunal Pleno. RE nº 90.824/SP. Rel. Min. Moreira Alves. *DJ*, 19 set. 1980.

[21] STF, Segunda Turma. RE nº 100.105/RS. Rel. Min. Moreira Alves. *DJ*, 27 abr. 1984.

3.2 A jurisprudência do STF após a CF/88

Quase 15 (quinze) anos depois, em 1997, o STF voltou a enfrentar a questão na ADI nº 1.480 MC/DF,[22][23] haja vista uma convenção da Organização Internacional do Trabalho (OIT). O Tribunal reafirmou, na linha do voto do Ministro Celso de Mello, que – uma vez incorporados ao direito interno – os tratados situam-se no mesmo plano de validade, eficácia e autoridade das leis ordinárias.

Além de reiterar a paridade entre as normas internas e internacionais, o STF frisou que a norma posterior revoga ou modifica a anterior com ela incompatível e que a norma especial prevalece sobre a geral. Assentou-se, ademais, que os tratados não poderiam versar sobre matéria reservada à lei complementar, tendo em vista o tratamento legislativo próprio estabelecido pelo constituinte.

Em meados de 1998, o STF foi instado a se manifestar especificamente sobre a incorporação dos acordos celebrados no âmbito do Mercosul – Carta Rogatória (CR) nº 8.279 AgR/AT.[24] Afirmou-se, então, que estariam sujeitos ao mesmo *iter procedimental* das demais normas internacionais. Embora fosse desejável a adoção de mecanismos diferenciados no processo de integração, o Ministro Celso de Mello destacou que a solução dependeria necessariamente de reforma do texto constitucional.

O STF aprofundou-se no tema na ADI nº 1.600/UF,[25] em 2001, para frisar a distinção entre a União, pessoa jurídica de direito público interno, e a República Federativa do Brasil, pessoa jurídica de direito internacional. Nesse contexto, admitiu-se a possibilidade de se conceder isenção em matéria tributária mediante tratado, sem que isso implique transgressão à regra do art. 151, inc. III da CF/88 (vedação de isenção heterônoma).[26]

O entendimento foi referendado em 2007 no emblemático RE nº 229.096/RS,[27] mas com um novo fundamento. A isenção por meio de tratado também seria possível à luz do art. 98 do CTN, nos termos do voto do relator, Ministro Ilmar Galvão. Ao consignar expressamente que o dispositivo foi recepcionado pela CF/88, o STF atestou que os tratados podem modificar e/ou revogar a lei brasileira em matéria tributária.

No ano seguinte, em 2008, o STF estabeleceu novo paradigma em relação aos tratados sobre direitos humanos, reconhecendo-lhes *status* normativo supralegal.[28]

---

[22] STF, Tribunal Pleno. ADI nº 1.480 MC/DF. Rel. Min. Celso de Mello. *DJ*, 18 maio 2001.

[23] Esclareça-se que, como houve a denúncia da Convenção nº 158 da OIT pelo Brasil, o STF deixou de examinar o mérito da ADI, extinguindo-a por perda superveniente do objeto.

[24] STF, Tribunal Pleno. CR nº 8.279 AgR/AT. Rel. Min. Celso de Mello. *DJ*, 10 ago. 2000.

[25] STF, Tribunal Pleno. ADI nº 1.600/UF. Rel. Min. Sydney Sanches, Rel. p/ acórdão Min. Nelson Jobim. *DJ*, 20 jun. 2003.

[26] Por outro lado, declarou-se a inconstitucionalidade da cobrança do Imposto sobre Circulação de Mercadorias e Serviços (ICMS) em relação às empresas nacionais, enquanto subsistirem as isenções desse tributo às empresas estrangeiras concedidas por meio de tratado, visto configurar tratamento diferenciado entre *players* que se encontram em situação equivalente, disputando, entre si, o transporte internacional de cargas.

[27] STF, Tribunal Pleno. RE nº 229.096/RS. Rel. Min. Ilmar Galvão, Rel. p/ acórdão Min. Cármen Lúcia. *DJe*, 11 abr. 2008.

[28] Oportuno registrar que parte dos ministros defendia a recepção desses tratados como normas constitucionais, com base no §2º do art. 5º da CF/88. A tese foi capitaneada pelo Ministro Celso de Mello e seguida pelos ministros Ellen Gracie, Cezar Peluso e Eros Grau. "No ponto, [o Ministro Celso de Mello] destacou a existência de três

É dizer, estão hierarquicamente abaixo da CF/88, mas acima das leis que compõem o ordenamento jurídico pátrio. A decisão foi tomada com base nos §§1º e 2º do art. 5º da CF/88, segundo os quais as normas definidoras de direitos e garantias fundamentais têm aplicação imediata e os direitos e garantias expressos no texto constitucional não excluem outros previstos em tratados firmados pelo Brasil, respectivamente.

Ressalvaram-se expressamente as hipóteses do §3º do mesmo art. 5º da CF/88, acrescido pela EC nº 45/04. Ele prevê que os tratados e as convenções internacionais sobre direitos humanos e que forem aprovados, em cada Casa do Congresso Nacional, em dois turnos, por três quintos dos votos dos respectivos membros, serão equivalentes às emendas constitucionais.

A posição foi firmada no julgamento do RE nº 349.703/RS,[29] RE nº 466.343/SP,[30] HC nº 87.585/TO[31] e HC nº 92.566/SP[32] (caso dos depositários infiéis). O STF considerou que a adesão do Brasil, sem reserva, ao Pacto Internacional dos Direitos Civis e Políticos e à Convenção Americana sobre Direitos Humanos (Pacto de San José da Costa Rica) tornou inaplicável a legislação infraconstitucional que autorizava a prisão civil dos depositários infiéis.[33]

Em 2014, importante registrar o início do julgamento dos casos em que se alegou a antinomia entre o Código de Defesa do Consumidor (CDC) e as Convenções de Varsóvia e de Montreal, que tratam de transporte aéreo internacional. A conclusão veio em 2017, quando o STF fixou a seguinte tese jurídica em sede de repercussão geral (Tema nº 210):[34]

> Nos termos do art. 178 da Constituição da República, as normas e os tratados internacionais limitadores da responsabilidade das transportadoras aéreas de passageiros,

---

distintas situações relativas a esses tratados: 1) os tratados celebrados pelo Brasil (ou aos quais ele aderiu), e regularmente incorporados à ordem interna, em momento anterior ao da promulgação da CF/88, revestir-se-iam de índole constitucional, haja vista que formalmente recebidos nessa condição pelo §2º do art. 5º da CF; 2) os que vierem a ser celebrados por nosso País (ou aos quais ele venha a aderir) em data posterior à da promulgação da EC 45/2004, para terem natureza constitucional, deverão observar o iter procedimental do §3º do art. 5º da CF; 3) aqueles celebrados pelo Brasil (ou aos quais nosso País aderiu) entre a promulgação da CF/88 e a superveniência da EC 45/2004, assumiriam caráter materialmente constitucional, porque essa hierarquia jurídica teria sido transmitida por efeito de sua inclusão no bloco de constitucionalidade" (Informativo nº 498 do STF: RE nº 466.343/SP. Rel. Min. Cezar Peluso, sessão de 12.3.2008).

[29] STF, Tribunal Pleno. RE nº 349.703/RS. Rel. Min. Ayres Britto, Rel. p/ acórdão Min. Gilmar Mendes. *DJe*, 5 jun. 2009.

[30] STF, Tribunal Pleno. RE nº 466.343/SP. Rel. Min. Cezar Peluso. *DJe*, 5 jun. 2009.

[31] STF, Tribunal Pleno. HC nº 87.585/TO. Rel. Min. Marco Aurélio. *DJe*, 26 jun. 2009.

[32] STF, Tribunal Pleno. HC nº 92.566/SP. Rel. Min. Marco Aurélio. *DJe*, 5 jun. 2009.

[33] Essa foi a posição defendida pelo Ministro Gilmar Mendes, no que foi acompanhado pelos ministros Marco Aurélio, Ricardo Lewandowski, Cármen Lúcia e Menezes Direito. O consenso no que tange à prevalência da norma internacional implicou, entre outras providências, edição da Súmula Vinculante nº 25 do STF, que é de observância obrigatória não só pelos demais órgãos do Poder Judiciário, mas também pela Administração Pública direta e indireta, nas esferas federal, estadual e municipal, por força do disposto no art. 103-A da CF/88.

[34] Tema nº 210: "Limitação de indenizações por danos decorrentes de extravio de bagagem com fundamento na Convenção de Varsóvia" (STF. *Pesquisa avançada*. Disponível em: http://www.stf.jus.br/portal/jurisprudencia Repercussao/verAndamentoProcesso.asp?incidente=4040813&numeroProcesso=636331&classeProcesso=RE& numeroTema=210#. Acesso em: 28 jul. 2018).

especialmente as Convenções de Varsóvia e Montreal, têm prevalência em relação ao Código de Defesa do Consumidor.[35]

Conforme adiantado, outra questão sensível e que começou a ser apreciada pelo STF é objeto da ADI nº 1.625/UF. O julgamento iniciou-se em 2003 e foi retomado em 2015, mas novamente interrompido por pedido de vista, dessa vez do Ministro Dias Toffoli. Cuida-se da possibilidade de o presidente da República denunciar tratado de forma unilateral. Para o relator originário, Ministro Maurício Corrêa, a terminação dos tratados também exige a manifestação conjugada dos poderes Executivo e Legislativo.[36] [37]

Esclareça-se que a referida ADI não trata do conteúdo da norma internacional já incorporada ao ordenamento jurídico interno como lei ordinária, no caso a Convenção nº 158 da OIT (que protege o trabalhador contra a demissão arbitrária), mas da validade do decreto que implica a sua revogação. Por isso, o debate é de todo relevante, na medida em que impactará a maneira como o Brasil lida com os compromissos assumidos nos tratados de um modo geral.

4 Casos tributários pendentes de julgamento no STF

Como se nota, a despeito da clareza com que o art. 98 do CTN regula a matéria – desde a década de 60 – atestando que "os tratados e as convenções internacionais revogam ou modificam a legislação tributária interna, e serão observados pela que lhes sobrevenha", o STF ainda não tem posição consolidada (apenas precedentes pontuais) acerca da prevalência dos tratados que dispõem sobre questões tributárias.

Oportuno destacar, nesse ponto, a vanguarda do legislador brasileiro que, antes mesmo da conclusão da Convenção de Viena sobre o Direito dos Tratados em 1969, já adotava internamente regra de conflito semelhante à do art. 27, segundo a qual "uma parte não pode invocar as disposições de seu direito interno para justificar o inadimplemento de um tratado". Como dito, frise-se que essa regra geral de conflito somente foi incorporada ao direito brasileiro em dezembro de 2009, frise-se, quase 20 (vinte) anos depois da sua edição.

4.1 RE nº 460.320/PR (caso Volvo)

Desde então, tem-se conhecimento de apenas um processo tributário em que ambas as regras – a do art. 98 do CTN e do art. 27 da Convenção de Viena sobre o Direito dos Tratados de 1969 – foram invocadas como razões de decidir pelo Plenário

---

[35] STF, Tribunal Pleno. RE nº 636.331/RJ. Rel. Min. Gilmar Mendes. *DJe*, 13 nov. 2017.
[36] Informativo nº 323 do STF: ADI nº 1.625/UF. Rel. Min. Maurício Corrêa, sessão de 2.10.2003.
[37] No ponto, importante destacar a posição defendida por Márcio Pereira Pinto Garcia. O doutrinador defende que o Congresso Nacional deveria ser ouvido, mas reconhece que – para tanto – seria necessária a edição de uma EC (GARCIA, Márcio Pereira Pinto. *A terminação de tratado e o Poder Legislativo à vista do direito internacional, do direito comparado e do direito constitucional internacional brasileiro*. Rio de Janeiro: Renovar, 2011. p. 373 e seguintes).

do STF. Isso ocorreu em 2011, no início do julgamento do RE nº 460.320/PR (caso Volvo), também mencionado acima.

O caso envolve a tributação de dividendos distribuídos no ano base de 1993[38] por pessoa jurídica brasileira ao sócio (pessoa jurídica) domiciliado na Suécia. Diante da antinomia entre a legislação interna e o disposto na convenção para evitar a dupla tributação em matéria de impostos sobre a renda Brasil-Suécia (Decreto nº 77.053/76), o STJ – ao julgar o Recurso Especial (REsp) nº 426.945/PR[39] da Volvo – deu prevalência ao tratado.

O STJ, portanto, limitou-se a dizer o direito aplicável, com base no art. 98 do CTN. Em outras palavras, reconheceu a primazia da Convenção Brasil-Suécia, que vedou a discriminação em razão da nacionalidade do investidor, em detrimento da lei interna posterior, que pretendeu afastar a hipótese de não incidência do art. 24 da norma internacional. Assim, o julgamento não envolveu dúvida sobre eventual vício (formal ou material) de constitucionalidade do tratado.

Apesar da inegável natureza infraconstitucional do debate, o relator no STF, Ministro Gilmar Mendes, decidiu avançar na análise de mérito do RE interposto pela União contra o referido acórdão do STJ. Aproveitou, então, a oportunidade para tecer considerações sobre a forma como o Tribunal tem enfrentado essa temática dos tratados em matéria tributária:

> O relator frisou, no entanto, que, pelas peculiaridades, os tratados internacionais em matéria tributária tocariam em pontos sensíveis da soberania dos Estados. Demandariam extenso e cuidadoso processo de negociação, com a participação de diplomatas e de funcionários das respectivas administrações tributárias, de modo a conciliar interesses e a permitir que esse instrumento atinja os objetivos de cada nação, com o menor custo possível para a receita tributária de cada qual. Pontuou que essa complexa cooperação internacional seria garantida essencialmente pelo *pacta sunt servanda*. Nesse contexto, registrou que, tanto quanto possível, o Estado Constitucional Cooperativo reivindicaria a manutenção da boa-fé e da segurança dos compromissos internacionais, ainda que diante da legislação infraconstitucional, notadamente no que se refere ao direito tributário, que envolve garantias fundamentais dos contribuintes e cujo descumprimento colocaria em risco os benefícios de cooperação cuidadosamente articulada no cenário internacional. Reputou que a tese da legalidade ordinária, na medida em que permite às entidades federativas internas do Estado brasileiro o descumprimento unilateral de acordo internacional, conflitaria com princípios internacionais fixados pela Convenção de Viena sobre Direito dos Tratados (art. 27). Dessa forma, reiterou que a possibilidade de afastamento da incidência de normas internacionais tributárias por meio de legislação ordinária (*treaty override*), inclusive em sede estadual e municipal, estaria defasada com relação às exigências de cooperação, boa-fé e estabilidade do atual panorama internacional. Concluiu, então, que o entendimento de predomínio dos tratados internacionais não

---

[38] Conforme o relator reconheceu em seu voto, "atualmente, tanto os residentes, como os não residentes estão isentos do imposto de renda retido na fonte quanto aos rendimentos provenientes de dividendos ou lucros distribuídos por pessoas jurídicas tributadas no Brasil (art. 10, Lei n. 9.249/1995)" (p. 36-37). Assim, desde então, tem prevalecido a regra do art. 24 da convenção celebrada com a Suécia.

[39] STJ, Primeira Turma. REsp nº 426.945/PR. Rel. Min. Teori Albino Zavascki, Rel. p/ acórdão Min. José Delgado. *DJ*, 25 ago. 2004.

vulneraria os dispositivos tidos por violados. Enfatizou que a República Federativa do Brasil, como sujeito de direito público externo, não poderia assumir obrigações nem criar normas jurídicas internacionais à revelia da Constituição. Observou, ainda, que a recepção do art. 98 do CTN pela ordem constitucional independeria da desatualizada classificação em tratados-contratos e tratados-leis.[40] [41] [42]

Como se vê, o relator assentou que a possibilidade de afastamento das normas tributárias contidas nos tratados, por meio da legislação ordinária, estaria defasada do ponto de vista das exigências de cooperação, boa-fé e estabilidade do atual panorama internacional. Ademais, reafirmou a recepção do art. 98 do CTN pela CF/88.

Da maneira como o relator encaminhou seu voto e à semelhança do que o STF fez em relação aos tratados sobre direitos humanos, tudo leva a crer que o Tribunal irá reafirmar o posicionamento de que, no caso de antinomia, as normas internacionais definidoras de direitos e garantias aos contribuintes devem prevalecer em relação ao disposto nas leis internas.

Em que pese essa sinalização, o Ministro Gilmar Mendes, ao final do seu voto, entendeu que a interpretação conferida pelo STJ no caso concreto teria ofendido o disposto art. 150, inc. II da CF/88, por ampliar aos suecos tratamento não concedido aos nacionais brasileiros. O julgamento foi suspenso, em razão do pedido de vista antecipada dos autos pelo Ministro Dias Toffoli.[43]

4.2 RE nº 870.214/DF (caso Vale)

Houve nova tentativa de se definir a questão da prevalência dos tratados em matéria tributária no ano de 2013, ao se retomar o julgamento acerca da constitucionalidade da tributação dos lucros auferidos por coligadas e controladas de empresas brasileiras no exterior – ADI nº 2.588/DF,[44] RE nº 611.586/PR[45] (Tema nº 537)[46] e RE nº 541.090/SC[47] (caso Embraco).

Na ADI nº 2.588/DF, a Confederação Nacional da Indústria (CNI) pleiteava que fosse declarada a inconstitucionalidade do art. 74, *caput* e parágrafo único da Medida Provisória (MP) nº 2.158-35/01, bem como fosse conferida interpretação conforme (sem

---

[40] Informativo nº 638 do STF: RE nº 460.320/PR. Rel. Min. Gilmar Mendes, sessão de 31.8.2011.

[41] Valendo-se dos mesmos argumentos, o relator já havia deferido – ainda em 2009 – liminar requerida pela sociedade empresária na ação cautelar ajuizada com a finalidade de atribuir efeito suspensivo ao seu RE.

[42] STF, Decisão monocrática. AC nº 2.436 MC/PR. Rel. Min. Gilmar Mendes. *DJe*, 15 set. 2009.

[43] Embora o Ministro Dias Toffoli tenha devolvido os autos para julgamento em 11.4.2014 e o feito tenha sido reincluído na pauta do plenário em mais de uma oportunidade desde então, ainda aguarda decisão final.

[44] STF, Tribunal Pleno. ADI nº 2.588/DF. Rel. Min. Ellen Gracie, Rel. p/ acórdão Min. Joaquim Barbosa. *DJe*, 10 fev. 2014.

[45] STF, Tribunal Pleno. RE nº 611.586/PR. Rel. Min. Joaquim Barbosa. *DJe*, 10 fev. 2014.

[46] Tema nº 537: "Momento de disponibilização de renda de pessoas jurídicas sediadas no Brasil com participação nos lucros de suas empresas coligadas ou controladas no estrangeiro para fins de IR" (STF. *Pesquisa avançada*. Disponível em: http://stf.jus.br/portal/jurisprudenciaRepercussao/verAndamentoProcesso.asp?incidente=3860092&numeroProcesso=611586&classeProcesso=RE&numeroTema=537#. Acesso em: 31 jul. 2018).

[47] STF, Tribunal Pleno. RE nº 541.090/SC. Rel. Min. Joaquim Barbosa, Rel. p/ acórdão Min. Teori Zavascki. *DJe*, 30 out. 2014.

redução de texto) ao §2º do art. 43 do CTN, acrescentado pela Lei Complementar (LC) nº 104/01, para afastar a possibilidade de o legislador ordinário fixar livremente o momento de ocorrência do fato gerador do Imposto de Renda Pessoa Jurídica (IRPJ).

Ao opinar pela existência de repercussão geral nessa matéria, no bojo do RE nº 611.586/PR da Cooperativa Agropecuária Mourãoense Ltda. (Coamo), o relator, Ministro Joaquim Barbosa, manifestou-se:

> [...] é imprescindível contextualizar a tributação quanto aos seus efeitos sobre a competitividade das empresas nacionais no cenário internacional, à luz do princípio do fomento às atividades econômicas lucrativas geradoras de empregos e de divisas (art. 3º, II, 4ª, IX e par. ún. e 170, I, III, IV, VII e VIII da Constituição).[48]

A discussão relativa à necessidade de observância dos tratados afins estava posta no RE nº 541.090/SC (caso Embraco), mas – antes que o STF prosseguisse nessa análise – verificou-se que a matéria não havia sido enfrentada pelo Tribunal Regional Federal da 4ª Região (TRF-4) no acórdão recorrido. Com isso, determinou-se a remessa dos autos à origem para que pudesse ser futuramente apreciada pela Corte Suprema.

Ao analisar, então, a alegação de conflito entre a norma interna e os tratados no caso Embraco, o TRF-4 assentou que "deve prevalecer a norma do art. 7º dos Decretos nº 762/1993 e nº 85.985/1981, a fim de evitar a tributação dos lucros das empresas controladas pela impetrante na China e na Itália".[49] A União interpôs RE e REsp em face dessa decisão, de modo que os autos poderão retornar ao STF após julgamento pelo STJ.[50]

Antes, entretanto, é possível que outro processo – que cuida da mesma matéria – seja examinado pelo STF. Trata-se do RE nº 870.214/DF (caso Vale), também já citado, da Relatoria do Ministro Marco Aurélio,[51] [52] no qual a União se insurge contra o acórdão do STJ em que se reconheceu a prevalência dos tratados sobre o art. 74 da MP nº 2.158-35/01, tendo em conta expressamente as regras de conflito contidas no art. 98 do CTN e no art. 27 da Convenção de Viena sobre Direito dos Tratados de 1969.[53] Transcreva-se a ementa:

> RECURSO ESPECIAL TRIBUTÁRIO E PROCESSUAL CIVIL. MANDADO DE SEGURANÇA DENEGADO NA ORIGEM. APELAÇÃO. EFEITO APENAS DEVOLUTIVO. PRECEDENTE. NULIDADE DOS ACÓRDÃOS RECORRIDOS POR IRREGULARIDADE NA CONVOCAÇÃO DE JUIZ FEDERAL. NÃO PREQUESTIONAMENTO. SÚMULAS 282 E 356/STF. IRPJ E CSLL. LUCROS OBTIDOS POR EMPRESAS

---

[48] STF, Tribunal Pleno. RE nº 611.586 RG/PR. Rel. Min. Joaquim Barbosa. *DJe*, 2 maio 2012.
[49] TRF-4, Primeira Turma. APC nº 2003.72.01.000014-4/SC. Rel. Des. Fed. Joel Ilan Paciornik. *DE*, 24 set. 2015.
[50] Após o julgamento no TRF-4, o caso Embraco foi remetido ao Superior Tribunal de Justiça (STJ), autuado como REsp nº 1.633.513/SC e distribuído à Ministra Regina Helena Costa, integrante da Primeira Turma, em 17.10.2016. Desde então, aguarda julgamento.
[51] O RE foi distribuído, por prevenção, em vista da AC nº 3.141 MC-Ref/RJ, cuja liminar – referendada por unanimidade pelo plenário – emprestou efeito suspensivo ativo ao RE interposto pela sociedade empresária.
[52] STF, Tribunal Pleno. AC nº 3.141 MC-Ref/RJ. Rel. Min. Marco Aurélio. *DJe*, 30 set. 2013.
[53] STJ, Primeira Turma. REsp nº 1.325.709/RJ. Rel. Min. Napoleão Nunes Maia Filho. *DJe*, 20 maio 2014.

CONTROLADAS NACIONAIS SEDIADAS EM PAÍSES COM TRIBUTAÇÃO REGULADA. PREVALÊNCIA DOS TRATADOS SOBRE BITRIBUTAÇÃO ASSINADOS PELO BRASIL COM A BÉLGICA (DECRETO 72.542/73), A DINAMARCA (DECRETO 75.106/74) E O PRINCIPADO DE LUXEMBURGO (DECRETO 85.051/80). EMPRESA CONTROLADA SEDIADA NAS BERMUDAS. ART. 74, CAPUT DA MP 2.157-35/2001. DISPONIBILIZAÇÃO DOS LUCROS PARA A EMPRESA CONTROLADORA NA DATA DO BALANÇO NO QUAL TIVEREM SIDO APURADOS, EXCLUÍDO O RESULTADO DA CONTRAPARTIDA DO AJUSTE DO VALOR DO INVESTIMENTO PELO MÉTODO DA EQUIVALÊNCIA PATRIMONIAL. RECURSO ESPECIAL CONHECIDO E PARCIALMENTE PROVIDO, PARA CONCEDER A SEGURANÇA, EM PARTE.

1. Afasta-se a alegação de nulidade dos acórdãos regionais ora recorridos, por suposta irregularidade na convocação de Juiz Federal que funcionou naqueles julgamentos, ou na composição da Turma Julgadora; inocorrência de ofensa ao Juiz Natural, além de ausência de prequestionamento. Súmulas 282 e 356/STF. Precedentes desta Corte.

2. Salvo em casos excepcionais de flagrante ilegalidade ou abusividade, ou de dano irreparável ou de difícil reparação, o Recurso de Apelação contra sentença denegatória de Mandado de Segurança possui apenas o efeito devolutivo. Precedente: AgRg no AREsp. 113.207/SP, Rel. Min. CASTRO MEIRA, DJe 03/08/2012.

3. A interpretação das normas de Direito Tributário não se orienta e nem se condiciona pela expressão econômica dos fatos, por mais avultada que seja, do valor atribuído à demanda, ou por outro elemento extrajurídico; a especificidade exegética do Direito Tributário não deriva apenas das peculiaridades evidentes da matéria jurídica por ele regulada, mas sobretudo da singularidade dos seus princípios, sem cuja perfeita absorção e efetivação, o afazer judicial se confundiria com as atividades administrativas fiscais.

4. O poder estatal de arrecadar tributos tem por fonte exclusiva o sistema tributário, que abarca não apenas a norma regulatória editada pelo órgão competente, mas também todos os demais elementos normativos do ordenamento, inclusive os ideológicos, os sociais, os históricos e os operacionais; ainda que uma norma seja editada, a sua efetividade dependerá de harmonizar-se com as demais concepções do sistema: a compatibilidade com a hierarquia internormativa, os princípios jurídicos gerais e constitucionais, as ilustrações doutrinárias e as lições da jurisprudência dos Tribunais, dentre outras.

5. A jurisprudência desta Corte Superior orienta que as disposições dos Tratados Internacionais Tributários prevalecem sobre as normas de Direito Interno, em razão da sua especificidade. Inteligência do art. 98 do CTN. Precedente: (RESP 1.161.467-RS, Rel. Min. CASTRO MEIRA, DJe 01.06.2012).

6. O art. VII do Modelo de Acordo Tributário sobre a Renda e o Capital da OCDE utilizado pela maioria dos Países ocidentais, inclusive pelo Brasil, conforme Tratados Internacionais Tributários celebrados com a Bélgica (Decreto 72.542/73), a Dinamarca (Decreto 75.106/74) e o Principado de Luxemburgo (Decreto 85.051/80), disciplina que os lucros de uma empresa de um Estado contratante só são tributáveis nesse mesmo Estado, a não ser que a empresa exerça sua atividade no outro Estado Contratante, por meio de um estabelecimento permanente ali situado (dependência, sucursal ou filial); ademais, impõe a Convenção de Viena que uma parte não pode invocar as disposições de seu direito interno para justificar o inadimplemento de um tratado (art. 27), em reverência ao princípio basilar da boa-fé.

7. No caso de empresa controlada, dotada de personalidade jurídica própria e distinta da controladora, nos termos dos Tratados Internacionais, os lucros por ela auferidos

são lucros próprios e assim tributados somente no País do seu domicílio; a sistemática adotada pela legislação fiscal nacional de adicioná-los ao lucro da empresa controladora brasileira termina por ferir os Pactos Internacionais Tributários e infringir o princípio da boa-fé nas relações exteriores, a que o Direito Internacional não confere abono.

8. Tendo em vista que o STF considerou constitucional o caput do art. 74 da MP 2.158-35/2001, adere-se a esse entendimento, para considerar que os lucros auferidos pela controlada sediada nas Bermudas, País com o qual o Brasil não possui acordo internacional nos moldes da OCDE, devem ser considerados disponibilizados para a controladora na data do balanço no qual tiverem sido apurados.

9. O art. 7º, §1º da IN/SRF 213/02 extrapolou os limites impostos pela própria Lei Federal (art. 25 da Lei 9.249/95 e 74 da MP 2.158-35/01) a qual objetivou regular; com efeito, analisando-se a legislação complementar ao art. 74 da MP 2.158-35/01, constata-se que o regime fiscal vigorante é o do art. 23 do DL 1.598/77, que em nada foi alterado quanto à não inclusão, na determinação do lucro real, dos métodos resultantes de avaliação dos investimentos no Exterior, pelo método da equivalência patrimonial, isto é, das contrapartidas de ajuste do valor do investimento em sociedades estrangeiras controladas.

10. Ante o exposto, conheço do recurso e dou-lhe parcial provimento, concedendo em parte a ordem de segurança postulada, para afirmar que os lucros auferidos nos Países em que instaladas as empresas controladas sediadas na Bélgica, Dinamarca e Luxemburgo, sejam tributados apenas nos seus territórios, em respeito ao art. 98 do CTN e aos Tratados Internacionais em causa; os lucros apurados por Brasamerican Limited, domiciliada nas Bermudas, estão sujeitos ao art. 74, caput da MP 2.158-35/2001, deles não fazendo parte o resultado da contrapartida do ajuste do valor do investimento pelo método da equivalência patrimonial.

É de ver-se que, de forma muito semelhante ao que aconteceu no caso Volvo, o caso Vale não desafia questionamento acerca da constitucionalidade (formal ou material) dos tratados invocados na espécie. Além disso, ambos encerram pronunciamento definitivo do STJ, a quem, no exercício das suas competências constitucionais (art. 105, inc. III, "a" da CF/88), compete julgar causas em que a decisão recorrida contrariar tratado ou lei federal.

Diante desse cenário, poder-se-ia afirmar que inexiste matéria constitucional a ser examinada pelo STF, tendo em vista que eventual ofensa à CF/88 seria meramente indireta ou reflexa, por pressupor a interpretação de leis ordinárias. Com isso, o STF está mantendo hígida sua jurisprudência há muito consolidada.

5 CPC/15: nova regra geral de conflito no direito brasileiro

Verificou-se que, ao longo dos últimos 30 (trinta) anos, o STF valeu-se de alguns parâmetros normativos para afirmar, conforme o caso, a supremacia dos tratados. Entre essas normas, destacaram-se (i) o art. 98 do CTN, específico sobre temas tributários e em vigor desde 1967 e (ii) o art. 27 da Convenção de Viena sobre Direito dos Tratados de 1969, incorporado ao ordenamento jurídico pátrio como regra geral de conflito a partir de 2009.

Há de se observar, contudo, a introdução de uma nova regra dessa natureza, o art. 13 do CPC/15, segundo a qual "a jurisdição civil será regida pelas normas processuais brasileiras, ressalvadas as disposições específicas previstas em tratados, convenções ou acordos internacionais de que o Brasil seja parte". Em outras palavras, o legislador ordinário previu que as normas processuais brasileiras deverão reger a jurisdição civil, salvo disposição expressa em sentido contrário contida em norma internacional a que o Brasil tenha aderido.

Significa dizer que o Brasil reafirmou sobremaneira o compromisso assumido no art. 27 da Convenção de Viena sobre Direito dos Tratados de 1969. Isso se torna ainda mais evidente, na medida em que há outras 15 (quinze) referências à palavra "tratado" ao longo do CPC/15. Note-se que, no CPC/73, havia uma única referência os tratados: art. 411, inc. X (atual art. 454, inc. XII).

No art. 24 do CPC/15, por exemplo, ressalvam-se as previsões contrárias constantes em tratados e acordos bilaterais em vigor no país. Adiante, inseriram-se capítulos próprios para tratar da cooperação jurídica internacional (arts. 26 a 41 do CPC/15) e da homologação de decisão estrangeira e da concessão do exequatur à carta rogatória (arts. 960 a 965 do CPC/15). A mudança não passou despercebida por Nadia de Araujo, que antes mesmo da entrada em vigor do CPC/15 enaltecia a iniciativa:

> No nosso entender, a par do que dispõe o Art. 26 do Novo CPC sobre as regras da CJI, em matéria na qual os tratados têm um papel preponderante no seu dia-a-dia, reveste-se ainda mais de significado o disposto no Art. 13 do novo diploma legal: o estabelecimento de uma ressalva expressa para que sejam respeitados os tratados dos quais o Brasil faz parte, em estrita consonância com o que dispõe a Convenção de Viena sobre Direito dos Tratados de 1969. [...].
>
> Desta forma, nada mais cristalino do que a compreensão de que o Art. 13 do Novo CPC representa o estabelecimento de um novo patamar para os tratados internacionais no ordenamento jurídico brasileiro, e que esse patamar melhor se descortina na área da CJI.[54]

As inovações legislativas coadunam-se com a jurisprudência mais recente do STF, que – conforme destacado anteriormente – afirmou a *supralegalidade* dos tratados sobre direitos humanos de um modo geral (no caso dos depositários infiéis) e a prevalência das convenções sobre transporte aéreo internacional, em detrimento do CDC, norma em tese mais protetiva aos consumidores brasileiros. Tudo com vistas a garantir a segurança jurídica e a estabilidade das relações internacionais.

6   Tratados em matéria tributária: normas supralegais?

Como se sabe, a ordem constitucional assegurou, em favor dos contribuintes, significativa proteção em face do poder estatal de tributar. Essas limitações à prerrogativa do Estado são, na verdade, direitos e garantias fundamentais estabelecidas pela própria CF/88 que visam ampará-lo contra eventuais excessos ou, ainda, exigências desarrazoadas por parte da União ou de qualquer outro ente federativo.

No ponto, leia-se trecho da ementa do acórdão da ADI nº 2.551 MC-QO/MG, de relatoria do Ministro Celso de Mello, em que se debatia o postulado da não

---

[54] ARAUJO, Nadia. Inclusão de regras sobre cooperação jurídica internacional no novo CPC: o novo sistema harmônico brasileiro. *Revista Cooperação em Pauta*, n. 2, mar. 2015.

confiscatoriedade: "a prerrogativa institucional de tributar, que o ordenamento positivo reconhece ao Estado, não lhe outorga o poder de suprimir (ou de inviabilizar) direitos de caráter fundamental constitucionalmente assegurados ao contribuinte".[55] Em outro julgado mais antigo, igualmente da relatoria do ilustre decano, o STF já havia endossado essa posição ao tratar do princípio da irretroatividade da lei tributária.[56]

É certo que – a par das vedações impostas em especial pelo art. 150 da CF/88 –[57] o contribuinte poderá se valer, ademais, das garantias previstas nos tratados. São as hipóteses, por exemplo, das convenções firmadas pelo Brasil para evitar a dupla tributação. A observância dessas normas internacionais estaria resguardada no mínimo em face do §2º do art. 5º da CF/88.

No âmbito infraconstitucional, a inteligência do art. 98 do CTN (regra de conflito específica em matéria tributária) e do art. 27 da Convenção de Viena sobre Direito dos Tratados de 1969 (regra geral sobre observância dos tratados) também assegura a prevalência das normas internacionais em detrimento das leis internas em sentido contrário.

Em matéria tributária, portanto, não deveriam subsistir os critérios cronológico (*lex posterior derogat priori*) ou da especialidade (*lex specialis derogat legi generali*) outrora estabelecidos pelo STF. Eventual antinomia de normas deveria ser resolvida, em qualquer caso, a partir da simples constatação de que o tratado prevalece sobre a lei interna.

Quando houve essa definição no tocante às normas de direitos humanos, o STF chamou-as de supralegais. Talvez essa não seja, contudo, a expressão mais adequada. Na visão dos autores, o termo somente poderia ser utilizado para identificar a hierarquia entre leis provenientes de idêntica fonte normativa. Assim, embora os tratados passem por processo de internalização, possuem fonte normativa diversa.

De qualquer sorte, essa foi a nomenclatura utilizada pelo STF no julgamento dos casos de prisão civil dos depositários infiéis e também poderá servir para expressar a ideia de que as normas provenientes dos tratados em matéria tributária estão hierarquicamente abaixo da CF/88, mas acima das leis que compõem o ordenamento jurídico pátrio.

7 O papel do STF e do STJ na aplicação dos tratados em matéria tributária

Mencione-se, ainda, outro dispositivo do CPC/15 que – apesar de não ser uma regra de conflito – joga luzes sobre o papel do STF e do STJ quanto à interpretação e à aplicação das normas internacionais. Trata-se do art. 1.033, que introduziu a seguinte previsão:

---

[55] STF, Tribunal Pleno. ADI nº 2.551 MC-QO/MG. Rel. Min. Celso de Mello. *DJ*, 20 abr. 2006.

[56] No mesmo sentido, destaque-se igualmente o seguinte julgado: STF, Tribunal Pleno. ADI nº 712 MC/DF. Rel. Min. Celso de Mello. *DJ*, 19 fev. 1993.

[57] Observe-se que o próprio *caput* do art. 150 da CF/88 fala em "garantias asseguradas ao contribuinte".

Se o Supremo Tribunal Federal considerar como reflexa a ofensa à Constituição afirmada no recurso extraordinário, por pressupor a revisão da interpretação de lei federal ou de tratado, remetê-lo-á ao Superior Tribunal de Justiça para julgamento como recurso especial.

Para os fins desta reflexão, convém ressaltar o âmago da norma – o que é considerado ofensa indireta ou reflexa à CF/88 – e não a consequência jurídica nela prevista (remessa dos autos ao STJ para julgamento do RE como REsp). Isso porque é a primeira vez que o legislador ordinário identificou concretamente uma hipótese dessa natureza. Antes, havia apenas construções jurisprudenciais a esse respeito.

Essa posição tradicional adotada pelo STF e mais recentemente reforçada pela regra do art. 1.033 do CPC/15 tem como base a diretriz do art. 105, inc. III, alínea "a" da CF/88 de que compete ao STJ (e não à Corte Suprema) apreciar e julgar, em sede de REsp, as causas decididas pelos TRF ou pelos Tribunais de Justiça (TJ), em única ou última instância, quando a decisão recorrida contrariar ou negar vigência a tratado ou lei federal. Não por acaso essas situações atraem, no mais das vezes, a incidência do enunciado da Súmula nº 283/STF.[58]

Positivou-se, então, a máxima de que o anseio quanto à revisão de decisão fundada em preceito infraconstitucional não enseja a abertura da via extraordinária.[59] Esse entendimento já foi firmado sob a égide da repercussão geral no tocante à alegação de ofensa aos princípios do contraditório e da ampla defesa, sempre que o julgamento da causa depender de prévia análise da adequada aplicação da legislação infraconstitucional. O mesmo entendeu-se quanto ao princípio do devido processo legal e aos limites da coisa julgada, como decidido no ARE nº 748.371 RG/MT[60] (Tema nº 660),[61] da relatoria do Ministro Gilmar Mendes.

No que tange aos tratados de maneira geral, há precedentes do STF no sentido de que "a questão se resolve no plano infraconstitucional", como decidido no AI nº 586.299 AgR/PR,[62] nos termos do voto da relatora, Ministra Cármen Lúcia. Nessa mesma linha de raciocínio, convém fazer menção aos seguintes julgados: RE nº 205.962 AgR/SP;[63] RE nº 450.239/PR;[64] AI nº 740.321/SP;[65] AI nº 764.951 AgR/BA.[66]

---

[58] Nesse sentido, confiram-se alguns julgados: STF, Primeira Turma. ARE nº 86.3187 AgR/RS. Rel. Min. Rosa Weber. DJe, 6 maio 2015; STF, Primeira Turma. AI nº 775.488 AgR/RJ. Rel. Min. Dias Toffoli. DJe, 14 nov. 2014; STF, Tribunal Pleno. ARE nº 738.109 RG/RS. Rel. Min. Teori Zavascki. DJe, 7 nov. 2013.

[59] STF, Segunda Turma. RE nº 662.602 AgR/RS. Rel. Min. Ricardo Lewandowski. DJe, 5 set. 2014.

[60] STF, Tribunal Pleno. ARE nº 748.371 RG/MT. Rel. Min. Gilmar Mendes. DJe, 1º ago. 2013.

[61] Tema nº 660: "Violação dos princípios do contraditório e da ampla defesa quando o julgamento da causa depender de prévia análise da adequada aplicação das normas infraconstitucionais. Extensão do entendimento ao princípio do devido processo legal e aos limites da coisa julgada" (STF. *Pesquisa avançada*. Disponível em: http://www.stf.jus.br/portal/jurisprudenciaRepercussao/verAndamentoProcesso.asp?incidente=4402220&numeroProcesso=748371&classeProcesso=ARE&numeroTema=660#. Acesso em: 30 jul. 2018).

[62] STF, Primeira Turma. AI nº 586.299 AgR/PR. Rel. Min. Cármen Lúcia. DJe, 5 fev. 2010.

[63] STF, Primeira Turma. RE nº 205.962 AgR/SP. Rel. Min. Ellen Gracie. DJ, 20 jun. 2003.

[64] STF, Decisão monocrática. RE nº 450.239/PR. Rel. Min. Dias Toffoli. DJe, 4 ago. 2010.

[65] STF, Decisão monocrática. AI nº 740.321/SP. Rel. Min. Luiz Fux. DJe, 5 mar. 2012.

[66] STF, Primeira Turma. AI nº 764.951 AgR/BA. Rel. Min. Rosa Weber. DJe, 13 mar. 2013.

Nesse particular, importante considerar que as últimas alterações legislativas (sobretudo na seara processual) visam reforçar, cada vez mais, a necessidade de os Tribunais uniformizarem e manterem sua jurisprudência estável, íntegra e coerente (art. 926 do CPC/15).

É importante, então, que o STF – como órgão de cúpula do Poder Judiciário e guardião da CF/88 – observe suas próprias decisões firmadas em sede de controle concentrado de constitucionalidade ou no julgamento de RE com repercussão geral reconhecida, bem como seus enunciados de súmula (vinculantes ou não) e sua jurisprudência dominante. A importância desse papel institucional a ser exercido pelo STF foi objeto do julgamento do RE nº 655.265/DF, que teve como relator o Ministro Edson Fachin, cuja ementa é a seguinte:

> INGRESSO NA CARREIRA DA MAGISTRATURA. ART. 93, I, CRFB. EC 45/2004. TRIÊNIO DE ATIVIDADE JURÍDICA PRIVATIVA DE BACHAREL EM DIREITO. REQUISITO DE EXPERIMENTAÇÃO PROFISSIONAL. MOMENTO DA COMPROVAÇÃO. INSCRIÇÃO DEFINITIVA. CONSTITUCIONALIDADE DA EXIGÊNCIA. ADI 3.460. REAFIRMAÇÃO DO PRECEDENTE PELA SUPREMA CORTE. PAPEL DA CORTE DE VÉRTICE. UNIDADE E ESTABILIDADE DO DIREITO. VINCULAÇÃO AOS SEUS PRECEDENTES. STARE DECISIS. PRINCÍPIOS DA SEGURANÇA JURÍDICA E DA ISONOMIA. AUSÊNCIA DOS REQUISITOS DE SUPERAÇÃO TOTAL (OVERRULING) DO PRECEDENTE.
>
> 1. A exigência de comprovação, no momento da inscrição definitiva (e não na posse), do triênio de atividade jurídica privativa de bacharel em Direito como condição de ingresso nas carreiras da magistratura e do ministério público (arts. 93, I e 129, §3º, CRFB – na redação da Emenda Constitucional n. 45/2004) foi declarada constitucional pelo STF na ADI 3.460.
>
> 2. Mantidas as premissas fáticas e normativas que nortearam aquele julgamento, reafirmam-se as conclusões (*ratio decidendi*) da Corte na referida ação declaratória.
>
> 3. O papel de Corte de Vértice do Supremo Tribunal Federal impõe-lhe dar unidade ao direito e estabilidade aos seus precedentes.
>
> 4. Conclusão corroborada pelo Novo Código de Processo Civil, especialmente em seu artigo 926, que ratifica a adoção – por nosso sistema – da regra do *stare decisis*, que "densifica a segurança jurídica e promove a liberdade e a igualdade em uma ordem jurídica que se serve de uma perspectiva lógico-argumentativa da interpretação". (MITIDIERO, Daniel. Precedentes: da persuasão à vinculação. São Paulo: Revista dos Tribunais, 2016).
>
> 5. A vinculação vertical e horizontal decorrente do *stare decisis* relaciona-se umbilicalmente à segurança jurídica, que "impõe imediatamente a imprescindibilidade de o direito ser cognoscível, estável, confiável e efetivo, mediante a formação e o respeito aos precedentes como meio geral para obtenção da tutela dos direitos". (MITIDIERO, Daniel. Cortes superiores e cortes supremas: do controle à interpretação, da jurisprudência ao precedente. São Paulo: Revista do Tribunais, 2013).
>
> 6. Igualmente, a regra do *stare decisis* ou da vinculação aos precedentes judiciais "é uma decorrência do próprio princípio da igualdade: onde existirem as mesmas razões, devem ser proferidas as mesmas decisões, salvo se houver uma justificativa para a mudança de orientação, a ser devidamente objeto de mais severa fundamentação. Daí se dizer

que os precedentes possuem uma força presumida ou subsidiária." (ÁVILA, Humberto. Segurança jurídica: entre permanência, mudança e realização no Direito Tributário. São Paulo: Malheiro, 2011).

7. Nessa perspectiva, a superação total de precedente da Suprema Corte depende de demonstração de circunstâncias (fáticas e jurídicas) que indiquem que a continuidade de sua aplicação implicam ou implicarão inconstitucionalidade.

8. A inocorrência desses fatores conduz, inexoravelmente, à manutenção do precedente já firmado.

9. Tese reafirmada: "é constitucional a regra que exige a comprovação do triênio de atividade jurídica privativa de bacharel em Direito no momento da inscrição definitiva".

10. Recurso extraordinário desprovido.[67]

Diante desse cenário, pode-se afirmar que o caso que demandar a interpretação de tratado configura apenas ofensa indireta ou reflexa ao texto constitucional e, por isso, a palavra final acerca da sua aplicação deverá ser efetivamente do STJ. Dito de outra forma, o STF não deveria mais dizer o direito aplicável (se a norma interna ou a internacional) nos casos em que houver conflito.

A competência do STF para apreciar e julgar questões relativas aos tratados em sede de RE, portanto, estaria adstrita às hipóteses em que o acórdão recorrido tenha declarado a inconstitucionalidade da norma internacional, nos termos do art. 97 da CF/88. Tanto é assim que se previu na recente reforma processual que, nesses casos, há o reconhecimento implícito de que a matéria tem repercussão geral (art. 1.035, §3º, inc. III do CPC/15).

8 Conclusões

Verificou-se que o STF adotou, em um primeiro momento, a posição de que os tratados teriam primazia sobre as normas internas. A partir do julgamento do RE nº 80.004/SE, contudo, prevaleceu – como regra – o entendimento de que essas normas internacionais poderiam ser revogadas ou modificadas pela legislação infraconstitucional, de acordo com os critérios cronológico ou da especialidade.

É certo que houve casos em que, mesmo após o RE nº 80.004/SE, o STF assegurou a prevalência dos tratados em matéria tributária, haja vista a regra de conflito do art. 98 do CTN e, sobretudo, após a declaração de que esse dispositivo foi recepcionado pela nova ordem constitucional. Não se localizou, porém, julgado do Plenário com pronunciamento definitivo acerca do assunto. É dizer, não há jurisprudência consolidada nesse particular.

Em 2011, poucos anos após a introdução do art. 27 da Convenção de Viena sobre Direito dos Tratados de 1969 ao direito brasileiro, houve uma tentativa nesse sentido, quando se iniciou o julgamento RE nº 460.320/PR (caso Volvo). O relator, também se valendo dessa regra geral de conflito, afirmou que a posição até então adotada pelo

---

[67] STF, Tribunal Pleno. RE nº 655.265/DF. Rel. Min. Luiz Fux, Rel. p/ acórdão Min. Edson Fachin. *DJe*, 5 ago. 2016.

STF – possibilidade de uma lei ordinária afastar eventual norma tributária de um tratado – precisava ser revista, por contrariar as exigências de cooperação, boa-fé e estabilidade do atual panorama internacional.

Até que o referido julgamento seja concluído, há outro processo, igualmente submetido à jurisdição do STF, em que se poderá retomar essa discussão – RE nº 870.214/DF (caso Vale). Enquanto isso não ocorrer, é possível traçar algumas considerações sobre as normas que irão balizar esse significativo e esperado pronunciamento da Corte Suprema.

Há expectativa de que, quando houver conflito entre a lei interna e os tratados, especialmente em matéria tributária, os ministros do STF levem em conta ao menos três previsões que asseguram a prevalência da norma internacional: (i) o art. 98 do CTN; (ii) o art. 27 da Convenção de Viena sobre Direito dos Tratados de 1969 e (iii) o art. 13 do CPC/15.

Assim, na consideração de que todas as regras de conflito adotadas pelo direito brasileiro levam invariavelmente à prevalência das normas internacionais, pode-se afirmar que – à semelhança do que ocorreu com os tratados de direitos humanos – os tratados que versam sobre direito tributário são, também, normas supralegais.

E, como tais, sabidamente competirá ao STJ (e não ao STF) emitir a palavra final sobre a observância dos tratados. Certo ou errado, sua decisão deverá ser soberana, ou seja, não desafiar a instauração da via extraordinária, na medida em que eventual ofensa ao texto constitucional, se houver, seria meramente indireta ou reflexa, por pressupor a análise de legislação infraconstitucional, nos termos da histórica jurisprudência do próprio STF e a teor do art. 1.033 do CPC/15 (que positivou essa orientação).

O STF somente deverá se manifestar no âmbito dos RE sobre questões tributárias inerentes aos tratados quando se questionar a constitucionalidade (formal ou material) da norma internacional. Nessas hipóteses, presume-se, inclusive, a existência de repercussão geral na controvérsia, nos termos da novidade introduzida pelo art. 1.035, §3º, inc. III do CPC/15.

Em síntese, uma vez analisada a jurisprudência (histórica e mais atual) do STF e os novos parâmetros normativos no tocante à disciplina dos tratados (regras de conflito e dispositivos que dão concretude à repartição de competências entre o STF e o STJ), conclui-se que há perspectivas de mudança com relação à observância e prevalência dos tratados, sobretudo envolvendo temas tributários.

Há muito se almeja que o Brasil adote essa posição perante os demais *players* internacionais. Isso porque, nos dias atuais, busca-se cada vez mais segurança jurídica, notadamente sob a ótica dos países que procuraram estreitar suas relações sociais, políticas e econômicas em bases sólidas.

Referências

ARAUJO, Nadia. Inclusão de regras sobre cooperação jurídica internacional no novo CPC: o novo sistema harmônico brasileiro. *Revista Cooperação em Pauta*, n. 2, mar. 2015.

BARROSO, Luís Roberto. Constituição e tratados internacionais: alguns aspectos da relação entre direito internacional e direito interno. *In*: DIREITO, Carlos Alberto Menezes; TRINDADE, Antônio Augusto

Cançado; PEREIRA, Antônio Celso Alves. *Novas perspectivas do direito internacional contemporâneo*. Estudos em homenagem ao Professor Celso D. de Albuquerque Mello. Rio de Janeiro: Renovar, 2008.

BASTOS, Carlos Eduardo Caputo. Hierarquia constitucional dos tratados. *In*: OAB. *Advogado*: desafios e perspectivas no contexto das relações internacionais. Brasília: OAB – Conselho Federal, 2000. v. II.

CANOTILHO, José Joaquim Gomes. *Direito constitucional e teoria da Constituição*. 3. ed. Lisboa: Almedina, 1999.

GARCIA, Márcio Pereira Pinto. *A terminação de tratado e o Poder Legislativo à vista do direito internacional, do direito comparado e do direito constitucional internacional brasileiro*. Rio de Janeiro: Renovar, 2011.

MARTINS, Ives Gandra da Silva. A reforma do Judiciário e o processo tributário. *In*: MARTINS, Ives Gandra da Silva. *Processo judicial tributário*. São Paulo: Quartier Latin, 2005.

MEDEIROS, Antônio Paulo Cachapuz de. *O poder de celebrar tratados*: competência dos poderes constituídos para a celebração de tratados à luz do direito internacional, do direito comparado e do direito constitucional brasileiro. Porto Alegre: S. A. Fabris, 1995.

REZEK, José Francisco. *Direito dos tratados*. 1. ed. Rio de Janeiro: Forense, 1984.

REZEK, José Francisco. *Direito internacional público*. 9. ed. São Paulo: Saraiva, 2002.

RODAS, João Grandino. *Tratados internacionais*. São Paulo: Revista dos Tribunais, 1991.

SILVA, José Afonso da. *Curso de direito constitucional positivo*. 21. ed. São Paulo: Malheiros, 2002.

Informação bibliográfica deste texto, conforme a NBR 6023:2018 da Associação Brasileira de Normas Técnicas (ABNT):

BASTOS, Carlos Eduardo Caputo; BASTOS, Ana Carolina Andrada Arrais Caputo. Observância dos tratados em matéria tributária: perspectivas de mudança?. *In*: LEAL, Saul Tourinho; GREGÓRIO JÚNIOR, Eduardo Lourenço (Coord.). *A Constituição Cidadã e o Direito Tributário*: estudos em homenagem ao Ministro Carlos Ayres Britto. Belo Horizonte: Fórum, 2019. p. 93-112. ISBN 978-85-450-0678-7.

SÚMULA Nº 70 DO STF, SANÇÃO POLÍTICA E ÉTICA CONCORRENCIAL: CONTRIBUIÇÃO DO MIN. CARLOS AYRES BRITTO À SEDIMENTAÇÃO DE UM DOS PILARES DA ORDEM ECONÔMICA E FINANCEIRA

CLAUDIO XAVIER SEEFELDER FILHO
ROGÉRIO CAMPOS

> [...] a tributação especial, mais exacerbada, mais elevada, cumpre uma função inibidora da própria atividade. Ora, a sonegação, longe de cumprir uma função inibidora, pisa no acelerador da atividade. Ou seja, se, de um lado, a tributação elevada é um freio, a sonegação contumaz é um acelerador. Quer dizer, é um caminhar na contramão dos desígnios constitucionais, e com reflexo, também, a admitir a livre iniciativa para os concorrentes, na pureza da livre concorrência.
> (Voto do Ministro Carlos Ayres Britto no RE nº 550.569)

I Introdução

Versa o presente ensaio acerca de discussão travada no seio do RE nº 550.569/RJ, interposto contra acórdão proferido pelo Tribunal Regional Federal da 2ª Região, que reputou recepcionado, pela Constituição Federal de 1988, o disposto no art. 2º, inc. II, do Decreto-Lei nº 1.593/77, o qual autoriza o cancelamento do registro especial das empresas fabricantes de cigarros, no caso de descumprimento de obrigações tributárias principais e acessórias.

Discutiu-se ali, no escopo do presente estudo, a [im]possibilidade de utilização de sanções de natureza política como meio coercitivo para o pagamento de tributos, supostamente consubstanciada "[n]a ameaça de encerramento das atividades empresariais de uma sociedade legalmente constituída e que exerce atividade lícita", com reflexos no direito constitucional à livre iniciativa, liberdade de trabalho, de comércio e de indústria e dos princípios da razoabilidade e da proporcionalidade (arts. 5º, XIII e LIV, e 170, parágrafo único, da Constituição – súmulas nºs 70, 323 e 547 do Supremo Tribunal Federal e RE nº 415.015/RS).

Naquela oportunidade, de julgamento do RE nº 550.569/RJ, o Supremo Tribunal Federal, enfrentando as questões, e procedendo à devida ponderação de princípios constitucionais aplicáveis, optou por adotar entendimento que, nas palavras do Ministro Carlos Ayres Britto:

> parece homenagear, servir melhor à Constituição na sua axiologia [...] não se furtou de encarar o tema á luz de outros princípios constitucionais: o da livre iniciativa e o da livre concorrência. Aqui, quem atua nessa faixa de mercado tem a obrigação de se circunscrever, de se manter nos rigorosos marcos da tributação, porque ela cumpre uma função obrigatoriamente extrafiscal. Por isso que o IPI é marcado pela seletividade em função da essencialidade do tributo.

Feita essa ponderação objetivando situar o cerne do presente, passaremos a perquirir a resposta ao questionamento "o registro especial implica sanção política?".

II Preâmbulo – Considerações gerais: (i) da necessidade de um regime especial a regular a atividade de produção de cigarros no país; (ii) da correta interpretação do princípio da livre iniciativa

Inicialmente, cumpre recordar que o princípio da livre iniciativa, não consubstancia o único fundamento da ordem constitucional econômica brasileira, devendo esta também buscar "assegurar a todos existência digna, conforme os ditames da justiça social" (art. 170, *caput*, CF). Essa tensão entre liberdade econômica e justiça social reflete na instituição, entre nossos princípios da ordem econômica, da exigência de cumprimento da *função social da propriedade* (de que decorre a função social da empresa) ao lado da *livre concorrência* (incs. III e IV do mesmo art. 170 da Lei Maior).

A solução dessa tensão leva em conta a atividade econômica que se tem por diante. Por isso, adotando como parâmetro o *interesse social*, podem ser destacadas quatro espécies de atividades econômicas:

a) atividades incentivadas pelo Estado;

b) atividades indiferentes ante o Estado;

c) atividades toleradas pelo Estado;

d) atividades proibidas pelo Estado.

As atividades incentivadas são aquelas que concorrem para o bem-estar social e que, por isso, devem ser estimuladas pelo Poder Público. Como exemplo, temos os serviços de utilidade coletiva.

Atividades indiferentes são aquelas que não se destinam, necessariamente, ao bem comum ou à dignificação do ser humano, mas que também não representam nenhum desvalor ao interesse social. Neste grupo está a maioria das atividades econômicas desenvolvidas.

Atividades toleradas são aquelas que contêm em si um desvalor social, mas com intensidade insuficiente para alcançar o grau de proibição. Por serem socialmente indesejáveis, essas atividades devem ser desestimuladas pelo Poder Público, por meio de tributação exasperada e de restrições administrativas. Não se tratam de atividades simplesmente "aceitas" pelo Estado, mas tão só "toleradas". O exemplo típico é a produção e comercialização de bebidas alcoólicas e de tabaco.

Atividades proibidas são aquelas incompatíveis com o interesse social e que devem ser reprimidas pelo Estado, por meio de normas sancionadoras de ordem civil, administrativa e penal. É o caso da produção de drogas entorpecentes.

Pois bem. A atividade realizada pelas indústrias produtoras de cigarro no país pode ser perfeitamente encaixada no grupo "c" a que antes nos referimos. Vale dizer, a produção e a comercialização de produtos derivados do tabaco são contrárias aos valores de nossa ordem jurídica, por representarem ameaça real ao direito constitucional à saúde, positivado no art. 196 da Carta Constitucional e informado pelo princípio da dignidade humana (art. 1º, III, CRFB), certo de que "o tabagismo é considerado a principal causa de morte evitável em todo o mundo". Em verdade, esse tipo de atividade somente não foi proibido no sistema jurídico pátrio por respeito à significativa aceitação que essa droga recebe por parte da população brasileira.

Por ser atividade econômica meramente tolerada pelo Estado – porquanto em franca contraposição ao objetivo de resguardo e fomento à saúde pública – o empreendimento tabagista deve funcionar em regime especial, submetido à outorga do registro especial inscrito no Decreto-Lei nº 1.593/77.

Com muita propriedade destacou o Min. Cezar Peluso, em seu voto-vencedor, na AC nº 1.657/RJ, julgada pelo Pleno do STF. Vejamos o referido trecho:

> 4. *Prevê o Decreto-Lei nº 1.593/77, como condição inafastável para o exercício da atividade econômica de industrialização de cigarros, um conjunto de requisitos que, se descumpridos, subtraem toda licitude à produção. Tal imposição parece-me, já neste juízo sumário, de todo razoável e válida, como procurarei demonstrar ao longo do voto.*
>
> 5. Em primeiro lugar, note-se a extrema relevância do Imposto sobre Produtos Industrializados ("IPI") no contexto específico do mercado de cigarros. *Estes são produto reconhecida e gravemente danoso à saúde, conseqüentemente supérfluo e, na produção, fortemente tributado pela mais alta alíquota da Tabela do IPI ("TIPI"), por força da seletividade em função da essencialidade: o IPI responde por obra de 70% (setenta por cento) do total da arrecadação de impostos e contribuições desse setor produtivo (cf. memorial da Fazenda Nacional), onde é incontroverso que "os tributos correspondem, aproximadamente, a 70% do preço de cada maço de cigarro" (cf. memorial da ETCO).* (Grifos nossos)

Nota-se que a concessão desse registro especial restou expressamente condicionada à satisfação de diversos requisitos legais, como a manutenção de instalações adequadas (art. 1º), a constituição sob a forma de sociedade e com capital mínimo definido pelo Ministério da Fazenda (art. 1º, §1º), a instalação de contadores automáticos da quantidade produzida (art. 1º, §2º) e outras, a serem normatizadas pelo ministro da Fazenda (art. 1º, §3º). Impôs-se também a necessidade de comunicação à SRF acerca de eventual interrupção na produção (art. 1-A, §1º).

Toda essa disciplina voltou-se em prol do objetivo maior de um controle estrito e rigoroso sobre a fabricação de cigarros, a revelar a preservação do interesse público no que envolvida questão não apenas econômica, mas, em última análise, como já se disse, de saúde pública (uma das consequências previsíveis do descontrole na fabricação de cigarros é a exposição do consumidor final a um produto de qualidade inferior, a ocasionar possíveis problemas de saúde, além daqueles já comprovados como derivados do tabagismo).

É importante reiterar que *a finalidade da disposição ora questionada não é arrecadatória, mas vislumbra o atendimento da necessidade de um controle estrito e rigoroso sobre a atividade de produção de cigarros.*

Sobre a natureza extrafiscal do IPI incidente sobre a produção de cigarros e do seu respectivo registro especial registrou o *Min. Cezar Peluso, na AC nº 1.657/RJ, julgada pelo Pleno do STF*:

> 6. O Decreto-Lei nº 1.593/77 outorga exclusivamente aos detentores de registro especial na Secretaria da Receita Federal o direito de exercer atividade de fabricação de cigarros, cuja produção, como aduz o memorial da Fazenda, é meramente tolerada pelo poder público, que a respeito não tem alternativa política e normativa razoável. Sua função está em resguardar interesse específico da administração tributária no controle da produção de cigarros e que não é apenas de cunho fiscal-arrecadatório. Antes, a indústria do tabaco envolve, como é intuitivo, implicações importantes sobre outros atores e valores sociais, tais como os consumidores, os concorrentes e o livre mercado, cujos interesses são também tutelados, com não menor ênfase, pela ordem constitucional.
>
> A existência de normas tributárias com caráter não meramente arrecadatório suscita desde logo a questão de suas finalidades extrafiscais. Sobre o fenômeno da extrafiscalidade deve atentar-se para a lição de LUÍS EDUARDO SCHOUERI, extraída da inovadora obra que o alçou ao posto de Professor Titular de Legislação Tributária da Faculdade de Diretto da USP;
>
> "[...] a idéia da extrafiscalidade traz em seu bojo todo o conjunto de funções da norma diversas da mera finalidade, i.e., da simples busca da maior arrecadação [...] Tomando a extrafiscalidade, deve-se notar que a termo pode referir-se a um gênero e a uma espécie. O gênero da 'extrafiscalidade' inclui todos os casos não vinculados nem à distribuição eqüitativa da carga tributária, nem à simplificação do sistema tributário. [...] inclui, neste sentido além de normas com função indutora (que seria a extrafiscalidade em sentido estrito), outras que também se movem por razões não fiscais, mas desvinculadas da busca do impulsionamento econômico por parte do Estado [...].
>
> E no sentido estrito do termo, isto é, na espécie do gênero, que a doutrina geralmente emprega a expressão extrafiscalidade, ali se incluindo 'as leis relativas à entrada derivada, que lhes confere características de consciente estímulo ao comportamento das pessoas e de não ter por fundamento precípua arrecadar recursos pecuniários a ente público", ou, na definição de Ataliba, 'o emprego dos instrumentos tributários – evidentemente por quem os tem à disposição – como (sic) objetivos não fiscais, mas ordinatórios, lembrando este autor que, sendo inerente ao tributo incidir sobre a economia, a extrafiscalidade fica caracterizada pelo 'emprego deliberado do instrumento tributário para finalidades [...] regulatórias de comportamentos sociais, em matéria econômica, social e política'. Com igual amplitude, o conceito de Gerd Willi Rothmann: 'Extrafiscalidade é a aplicação das leis tributárias, visando precipuamente a modificar o comportamento dos cidadãos, sem considerar o seu rendimento fiscal." [...] . Hely Lopes Meirelles se refere à 'utilização do tributo como meio de fomento ou de desestímulo a atividades reputadas convenientes ou inconvenientes à comunidade'"

Ao investigar a ratio iuris da necessidade de registro especial para a atividade de produção de cigarros, vê-se, logo, que provém de norma inspirada não só por objetivos arrecadatórios, senão também por outras finalidades que fundamentam a exigência jurídica dos requisitos previstos para a manutenção do registro especial, entre os quais se inclui o da regularidade fiscal.

Esta finalidade extrafiscal que, diversa da indução do pagamento de tributo, legitima os procedimentos do Decreto-Lei nº 1.593/77, é a *defesa da livre concorrência*. Toda a atividade da indústria de tabaco é cercada de cuidados especiais em razão das características desse mercado, e, por isso, empresas em débito com tributos administrados pela SRF podem ver cancelado o registro especial – que é verdadeira autorização para produzir – bem como interditados os estabelecimentos.

Não há impedimento a que norma tributária, posta regularmente, hospede funções voltadas para o campo da defesa da liberdade de competição na competição no mercado, sobretudo após a previsão textual do art. 146-A da Constituição da República. Como observa MISABEL DE ABREU MACHADO DERZI, "o crescimento da informalidade [...], além de deformar a livre concorrência, reduz a arrecadação da receita tributária, comprometendo a qualidade dos serviços públicos [...]. A deformação do princípio da neutralidade (quer por meio de um corporativismo pernicioso, quer pelo crescimento da informalidade ...), após a Emenda Constitucional nº 42/03, afronta hoje o art. 146-A da Constituição da República. Urge restabelecer a livre concorrência e a lealdade na competitividade."3

Cumpre sublinhar não apenas a legitimidade destoutro propósito normativo, como seu *prestígio constitucional*. A defesa da livre concorrência é imperativo de ordem constitucional (art. 170, inc. IV) que deve harmonizar-se com o princípio da livre iniciativa (art. 170, caput). Lembro que "livre iniciativa e livre concorrência, esta como base do chamado livre mercado, não coincidem necessariamente. Ou seja, livre concorrência nem sempre conduz à livre iniciativa e vice-versa (cf. Farina, Azevedo, Saes: Competitividade: mercado, Estado e Organizações, São Paulo, 1997, cap. IV). Daí a necessária presença do Estado regulador e fiscalizador, capaz de disciplinar a competitividade enquanto fator relevante na formação de preços ..."4

CALIXTO SALOMÃO FILHO, referindo-se à doutrina do eminente Min. EROS GRAU, adverte que "livre iniciativa não é sinônimo de liberdade econômica absoluta [...]. O que ocorre é que o princípio da livre iniciativa, inserido no caput do art. 170 da Constituição Federal, nada mais é do que uma cláusula geral cujo conteúdo é preenchido pelos incisos do mesmo amígo.

Esses princípios claramente definem a liberdade de iniciativa não como uma liberdade anárquica, porém *social*, e que pode, consequentemente, ser *limitada*".

Na ocasião do julgado mencionado, na AC nº 1.657/RJ, em acachapante manifestação, sacramentou o Ministro Carlos Ayres Britto:

> quem atua nessa faixa de mercado tem a obrigação de se circunscrever, de se manter nos rigorosos marcos da tributação, porque ela cumpre uma função obrigatoriamente extrafiscal. Por isso que o IPI é marcado pela seletividade em função da essencialidade do tributo.

A corroborar o que se diz, veja-se que o regramento que permite o cancelamento do registro especial dos fabricantes de cigarros por inadimplemento de obrigação tributária não está restrito às obrigações principais, mas envolve também as obrigações acessórias ("II – não-cumprimento de obrigação tributária principal ou acessória, relativa a tributo ou contribuição administrado pela Secretaria da Receita Federal"). *Nesse sentido, e de forma coerente com a sistemática adotada, a Secretaria da Receita Federal instituiu a obrigatoriedade da comunicação à SRF de quaisquer alterações concernentes aos estabelecimentos indicados como fornecedores de matéria-prima e material de embalagem de cigarros (Instrução Normativa nº 95/2001), exatamente como meio de controle da qualidade dos insumos empregados no processo produtivo. Do descumprimento desse dever de comunicação – obrigação acessória – também poderá resultar a cassação do registro especial do fabricante de cigarros.*

De outra parte, veja-se que o consumo do tabaco em larga escala gera *custos sociais* que acabam sendo suportados pelo Estado e por toda a coletividade. É o que nos informa o Ministério da Saúde:

> O tabagismo gera uma perda mundial de 200 bilhões de dólares por ano, sendo que a metade dela ocorre nos países em desenvolvimento. Este valor, calculado pelo Banco Mundial, é o resultado da soma de vários fatores, como o tratamento das doenças relacionadas ao tabaco, mortes de cidadãos em idade produtiva, maior índice de aposentadorias precoces, aumento no índice de faltas ao trabalho e menor rendimento produtivo.[1]

Tais custos são internalizados no preço dos produtos derivados do tabaco por meio da chamada *tributação proibitiva*.[2] Essa tributação, que consiste em exasperar a carga tributária sobre atividade econômica meramente tolerada, possui dupla finalidade: (i) arcar com os custos sociais do tabaco, principalmente os relacionados aos gastos com a saúde pública e com a Previdência Social (a morte precoce e a doença incapacitante acabam reduzindo a população contribuinte e aumentando a população que recebe benefícios previdenciários); (ii) desestimular a produção, a comercialização e o consumo do tabaco.[3]

A tributação das atividades econômicas toleradas, como a do tabaco, deve buscar repassar esses custos sociais para as empresas que desempenham essa atividade econômica e para os consumidores do produto socialmente indesejável. Sem essa tributação, a sociedade como um todo estará suportando esse custo, em benefício do lucro da empresa tabagista.

Eis o porquê de a legislação infraconstitucional exigir, rigorosamente, o correto pagamento das obrigações tributárias principais e acessórias pelas empresas tabagistas. A responsabilidade tributária – em sentido econômico – de tais empresas é condição

---

[1] INCA. *Aspectos econômicos do tabaco*. Disponível em: http://www.inca.gov.br/tabagismo/frameset.asp?item=economia&link=aspectos.htm. Acesso em: 27 mar. 2007.

[2] Sobre o "tributo proibitivo", ver: BECKER, Alfredo Augusto. *Teoria geral do direito tributário*. 3. ed. São Paulo: Lejus, 2002. p. 592.

[3] Esses dois objetivos correspondem à *teoria do duplo dividendo*, colhida da doutrina relacionada ao direito tributário ambiental. Cf. GONÇALVES, Fábio Fraga; MURAYAMA, Janssen Hiroshi. Releitura do princípio da capacidade contributiva sob a ótica do direito tributário ambiental. *In*: ORLANDO, Breno Ladeira Kingma et al. (Coord.). *Direito tributário ambiental*. Rio de Janeiro: Lumen Juris, 2006. p. 51.

para que se tolere a atividade econômica danosa. Se a entidade empresarial e os consumidores do produto não arcarem, por meio do pagamento de tributos, com os custos sociais que envolvem o consumo coletivo de tabaco, essa atividade que antes era indesejável passa a se tornar intolerável, não merecendo mais respaldo por parte do Estado.

A exploração do mercado do tabaco sem o correspondente pagamento de tributos permite ao empresário a percepção de lucros sem a cobertura dos gastos que a sociedade terá que suportar para o tratamento dos doentes e para a concessão de benefícios previdenciários. Demais disso, nesses casos, os consumidores do tabaco deixam de contribuir especificamente para fazer frente a esses gastos sociais, restando à sociedade como um todo suportá-los, o que ofende, diretamente, o princípio da isonomia tributária.

Dificilmente uma empresa que desempenha atividade econômica meramente tolerada pelo Estado alcançará a plena efetivação da função social da empresa. Ainda assim, o mínimo que dessa entidade empresarial se pode esperar é o correto pagamento de tributos. Sem isso, a empresa não estará sendo desenvolvida em consonância com esse princípio constitucional, passando a desmerecer qualquer respaldo pela ordem jurídica.

Novamente nos referimos aos apontamentos e conclusões do Min. Cezar Peluso em seu brilhante voto na AC nº 1.657/RJ:

> 7. Ademais, o caso é do que a doutrina chama de tributo extrafiscal proibitivo, ou simplesmente proibitivo, cujo alcance, a toda a evidência, não exclui objetivo simultâneo de inibir ou refrear a fabricação e o consumo de certo produto. A elevada alíquota do IPI caracteriza-o, no setor da indústria do tabaco, como tributo dessa categoria, com a nítida função de desestímulo por indução na economia9.
>
> E isso não pode deixar de interferir na decisão estratégica de cada empresa de *produzir* ou *não produzir* cigarros.
>
> É que, determinada a *produzi-lo*, deve a indústria submeter-se, é óbvio, às exigências normativas oponíveis a *todos os participantes* do setor, entre as quais a regularidade fiscal constitui requisito necessário, menos à concessão do que à preservação do registro especial, sem o qual a produção de cigarros é *vedada* e *ilícita*.
>
> Nesse sentido, *LUÍS EDUARDO SCHOUERI* tem por "adequada a diferenciação de Becker, que afirma que enquanto a norma penal (que ele denominava 'sanção') seria 'o dever preestabelecido por uma regra jurídica que o Estado utiliza como instrumento para impedir ou desestimular, diretamente, um ato ou fato que a ordem jurídica proíbe', no tributo extrafiscal proibitivo ter-se-ia um 'dever preestabelecido por uma regra jurídica que o Estado utiliza como instrumento jurídico para impedir ou desestimular, indiretamente, um ato ou fato que a ordem jurídica *permite*"
>
> Embora alheio à discussão em tela, o efeito colateral da alíquota elevada consistente na 'translação do imposto"
>
> Ora, a previsão normativa de cancelamento da inscrição no Registro Especial por descumprimento de obrigação tributária principal ou acessória, antes de ser sanção estrita11, é prenúncio desta: uma vez cancelado o registro, cessa, para a empresa inadimplente, o caráter lícito da produção de cigarros; se persistente, a atividade, de *permitida*, passa a ostentar o modal deôntico de *não permitida*, ou seja, *proibida*.

É marcante a sutileza da distinção, provocada por uma permissão condicionada: a produção de cigarros, embora desacoroçoada pelo alto valor da alíquota do IPI, é atividade *permitida*, desde que se cumpram os requisitos legais pertinentes, mas produzir cigarros sem preenchimento destes – o que conduz à perda direta do registro especial – é, mais do que atividade desestimulada, comportamento *proibido* e *ilícito*.

Não colhe, pois, a alegação de que a administração estaria, neste caso, a encerrar ou impedir "as atividades empresariais de uma sociedade ... que exerce atividade *lícita*." A atuação fazendária não implicou, pelo menos à primeira vista, violação de nenhum direito subjetivo da autora, senão que, antes, a impediu de continuar a desfrutar posição de mercado conquistada à força de vantagem competitiva ilícita ou abusiva. É o que mostra TÉRCIO SAMPAIO FERRAZ JUNIOR, em artigo sobre o tema:

"uma das formas de quebra da lealdade como base da concorrência esta justamente na utilização de práticas ilícitas (concorrência proibida) para obter uma vantagem concorrencial irreversível. [...] A lei brasileira não pune os agentes econômicos por condutas em si anticoncorrenciais, mas por efeitos anticoncorrenciais de condutas concorrenciais. O tipo infrativo não está, pois, na conduta, mas no efeito anticompetitivo que ela provoca sobre a livre concorrência e a livre iniciativa [...]. Mencione-se, por sua relevância, um caso sui generis de concorrência proibida, localizada no possível efeito anticompetitivo de certa prática tributária, a despeito de reiteradas autuações, por força do não-recolhimento de tributo considerado como devido pelo Fisco."12

Dadas as características do mercado de cigarros, que encontra na tributação dirigida um dos fatores determinantes do preço do produto, parece-me de todo compatível com o ordenamento *limitar a liberdade de iniciativa* a bem de outras finalidades jurídicas tão ou mais relevantes, como a defesa da *livre concorrência* e o exercício da vigilância estatal sobre setor particularmente crítico para a saúde pública.

Daí que o poder previsto no Decreto-Lei e as conseqüências que dele tirou a autoridade fazendária se afiguram válidos prima facie: se regularidade fiscal é condição para vigência do registro especial, que, por sua vez, é condição necessária da legalidade da produção de cigarros, não há excogitar lesão a direito subjetivo da autora, mas ato administrativo regular (conforme às regras), que abortou perpetuação de uma situação de ilegalidade" (Grifos nossos)

Por essas razões, é plenamente razoável, proporcional e consentânea ao texto constitucional a exigência legal contida no art. 2º, II, do Decreto-Lei nº 1.593/77, com a redação da Lei nº 9.822/99, que demanda o correto cumprimento das obrigações tributárias para que a empresa tabagista continue sendo titular do direito de livre funcionamento. Desproporcional seria a ausência dessa exigência legal, pois então se estaria afrontando o princípio da *proibição de insuficiência*, que decorre do dever estatal de proteção dos direitos e interesses fundamentais.

A corroborar o que se diz, colha-se a exegese de Tércio Sampaio Ferraz em parecer (anexado aos autos do RE nº 550.569/RJ) elaborado a teor do exame da constitucionalidade das prescrições quanto à necessidade de manutenção do registro especial, veiculadas no DL nº 1.593/77:

No caso em tela, em setor marcado pela sonegação de tributos, contrabando, falsificação de produtos, o aproveitamento de técnicas capazes de facilitar a fiscalização e a arrecadação, é exigência indispensável, mormente quando se comprova que os meios usuais não conseguem sustar a evasão, dando azo a distorções no mercado concorrencial. Acrescente-se a isso, a utilização de recursos judiciais com ostensiva finalidade de, valendo-se da demora dos processos, obter abusivas vantagens competitivas. Uma tal obrigação acessória de proceder ao *registro especial* revela um objetivo que atende, ademais, os requisitos do princípio constitucional de eficiência (CF art. 37), na medida em que se obriga o agente público a 'realizar suas atribuições com presteza, perfeição e rendimento funcional (Hely Lopes Meirelles: Direito Administrativo Brasileiro, São Paulo, 1996, p. 90). A adequação pode ser apreciada no confronto do poder-dever de fiscalizar e do dever de prestar as informações que conduzem ao cumprimento da obrigação principal. A relação entre aquele poder-dever e aquele dever exige periodicidade e generalidade, ou seja, consistência no tempo e universalização da exigência. O registro especial, sob condição de regularidade fiscal, é específico a sua destinação, isto é, controle necessário da fabricação de cigarros, sua comercialização, sua importação, portanto, proteção da livre concorrência num mercado marcado pela sonegação e pela evasão de tributos, usadas, abusivamente, como instrumentos competitivos, que distorcem o livre mercado.

Nessa perspectiva, não é difícil vislumbrar que a evasão fiscal específica dos produtores de cigarro revela-se enormemente rentável, na medida em que se evita uma tributação elevadíssima (a alíquota do cigarro é a maior da Tabela do IPI) a qual leva em conta, exatamente, o grau de não essencialidade (diz-se mesmo da nocividade) do produto em questão.

Destaque-se a importante observação feita pelo Min. Carlos Britto em seu voto na AC nº 1.675/RJ, na qual acompanhou na íntegra o entendimento do Min. Cezar Peluso, vejamos:

> A atividade tabagista, no plano industrial e mercantil, é delicada mesmo. Ela é tão especial que clama um regime tributário igualmente especial – aliás, como fez esse Decreto nº 1.593. Porque, pelos efeitos nocivos à saúde dos consumidores do tabaco, é um tipo de atividade que muito dificilmente se concilia com o princípio constitucional da função social da propriedade. Claro que há o aspecto estritamente econômico e também do emprego, mas uma função social mais consentânea com os valores outros perpassantes da Constituição é de difícil conciliação com a atividade tabagista nesse plano da industrialização, da comercialização e do consumo.
>
> *Por outra parte, ela parecer mesmo se contrapor a uma política pública explícita na Constituição Federal. Quero me referir ao art. 196, caput, que faz da saúde pública um dever do Estado, exigente de políticas sociais e econômicas de redução do risco da doença e de outros agravos da saúde. Ou seja, há uma política pública de defesa da saúde expressa na própria constituição Federal, que parece, também, de difícil conciliação com esse tipo de indústria, de comércio e de consumo tabagista.*
>
> Em última análise, quero dizer que o voto do Ministro Cezar Peluso me parece homenagear, servir melhor à Constituição na sua axiologia. E Sua Excelência não se furtou de encarar o tema à luz de outros princípios constitucionais: o da livre iniciativa e o da livre concorrência. Aqui, quem atua nessa faixa de mercado tem a obrigação de se circunscrever, de se manter nos rigores marcos da tributação, porque ela cumpre uma função obrigatoriamente extrafiscal. Por isso que o IPI é marcado pela seletividade em função da essencialidade do tributo. [...]
>
> *Mas subjaz ao voto do Min. Cezar Peluso – quero crer – a afirmativa de que a tributação especial, mais exacerbada, mais elevada, cumpre uma função inibidora da própria atividade. Ora, a*

sonegação, longe de cumprir uma função inibidora, pisa no acelerador da atividade. Ou seja, se, de um lado, a tributação elevada é um freio, a sonegação contumaz é um acelerador. Quer dizer, é um caminhar na contramão dos desígnios constitucionais, e com reflexos, também, a admitir a livre iniciativa para os concorrentes, na pureza da livre concorrência. (Grifos nossos)

Com isso, *o sonegador da indústria de cigarros atua, este sim, em condição atentatória ao princípio da livre concorrência*, na medida em que, desonerado *de fato* da carga tributária que legitimamente se lhe impõe, pode comercializar seus produtos em patamar econômico inferior ao dos seus concorrentes.

Como se vê, as peculiaridades que envolvem o mercado de fabricação de cigarros exigem um cuidado específico por parte do Poder Público contra fatores que possam promover o desequilíbrio de um sistema concorrencial delicado e vulnerável (a proximidade na tecnologia e matérias-primas empregadas propicia uma competição acirrada entre os produtos), cujas danosas repercussões revelam-se aptas a comprometer negativamente esse segmento da indústria brasileira, estimulando a economia informal e, de uma forma geral, as atividades ilícitas (contrabando, falsificação, lavagem de dinheiro).

Verifica-se, outrossim, que a cassação do registro especial como resultado do inadimplemento de obrigações tributárias, conforme previsto no art. 2º, II, do DL nº 1.593/77, a contrário de atentar contra os princípios da liberdade de exercício profissional e da livre concorrência, consubstancia *instrumento mantenedor e garantidor desses mesmos princípios constitucionais* contra atividades ilícitas que possam ameaçar o equilíbrio concorrencial desse segmento econômico e até mesmo, em última análise, a saúde do consumidor.

Neste contexto, mostra-se evidente a ausência de mácula constitucional nos dispositivos legais questionados, conforme entendeu o Pleno do STF no julgamento da AC nº 16.57-6/RJ, de relatoria do Min. Cezar Peluso (*leading case*), cujo acórdão restou assim ementado:

> Extraordinário. Efeito suspensivo. Inadmissibilidade. Estabelecimento industrial. Interdição pela Secretaria da Receita Federal. Fabricação de cigarros. Cancelamento do registro especial para produção. Legalidade aparente. Inadimplemento sistemático e isolado da obrigação de pagar Imposto sobre Produtos Industrializados – IPI. Comportamento ofensivo à livre concorrência. Singularidade do mercado e do caso. Liminar indeferida em ação cautelar. Inexistência de razoabilidade jurídica da pretensão. Votos vencidos. Carece de razoabilidade jurídica, para efeito de emprestar efeito suspensivo a recurso extraordinário, a pretensão de indústria de cigarros que, deixando sistemática e isoladamente de recolher o Imposto sobre Produtos Industrializados, com conseqüente redução do preço de venda da mercadoria e ofensa à livre concorrência, viu cancelado o registro especial e interditados os estabelecimentos.

Neste contexto, impõe-se, portanto, proceder-se a um exame acurado, a cotejar o regramento específico (DL nº 1.593/77) com circunstâncias do mercado concorrencial tabagista em conjunto com os princípios constitucionais informadores da atividade econômica.

Neste contexto, mostra-se importantíssimo destacar as considerações sobre a indústria tabagista no Brasil, feitas pela Cofis – Coordenação-Geral de Fiscalização da Receita Federal do Brasil em sua Nota Cofis/Diris nº 2007/273, de 20.9.2007, vejamos:

> *Do Registro Especial e o respeito ao princípio da livre iniciativa*
>
> Extrai-se ainda da inicial a alegação de que o cancelamento do Registro Especial com fundamento no não cumprimento de obrigação tributária principal ou acessória violaria o princípio da livre iniciativa.
>
> A esse respeito, a Constituição Federal, no parágrafo único do art. 170, diz:
>
> "Art. 170. ....
>
> Parágrafo único. É assegurado a todos o livre exercício de qualquer atividade econômica, independentemente de autorização de órgãos públicos, *salvo nos casos previstos em lei.*" (grifos nossos)
>
> Sabiamente, o constituinte encaminhou para a lei os casos que deveriam ser objeto de disciplinamento neste mister.
>
> O art. 1º do Decreto-lei nº 1.593, de 21 de dezembro de 1977, dispõe que a atividade econômica de fabricação de cigarros, no Brasil, será exercida exclusivamente pelas empresas que mantiverem registro especial, na Secretaria da Receita Federal do Brasil, do Ministério da Fazenda. A norma vigente, portanto, está plenamente embasada na Constituição, conforme será demonstrado a seguir.
>
> *Primeiramente, faz-se importante salientar que a relevância do aspecto tributário no qual está inserida a atividade econômica de fabricação de cigarros no Brasil decorre primordialmente do aspecto de saúde pública que envolve o consumo deste produto. Portanto, não estamos falando do exercício da atividade econômica que envolve a fabricação de produtos e bens de primeira necessidade, tais como produtos alimentícios, medicamentos e artigos de vestuário, mas sim do produto cigarro, importante fator causal de câncer de pulmão, de doenças cardiovasculares e de doenças respiratórias crônicas graves. [...].*
>
> *Na sistemática do IPI, o fabricante de cigarros é um mero depositário do tributo. Com efeito, cumpre-lhe lançar o imposto na nota fiscal de venda, recebê-lo junto com o valor da operação e repassá-lo à Fazenda Nacional nos prazos fixados e na forma estabelecida na legislação de regência, descontados, em observância ao princípio da não-cumulatividade, os créditos referentes ao imposto pago na aquisição das matérias-primas, produtos intermediários e materiais de embalagem empregados na industrialização do produto.*
>
> *Na verdade, são os adquirentes finais dos produtos sujeitos à incidência do IPI que, efetivamente, sofrem o ônus tributário, sendo considerados contribuintes de fato do tributo, sendo que a falta de recolhimento do IPI pelo fabricante de cigarros, que é o sujeito passivo da obrigação tributária, se configura como crime contra a ordem tributária, tipificando a ocorrência do delito de apropriação indébita, previsto no art. 2º da Lei nº 8.137, de 23 de dezembro de 1990 [...].*
>
> *O Estado não pode, portanto, permitir o livre exercício de uma atividade econômica, cuja carga tributária corresponde a 65% do faturamento daqueles que a exercem, sem a imposição de controles rígidos e instrumentos, estabelecidos em lei, de desestímulo à degradação sistemática de sua base tributária por parte dos fabricantes de cigarros.*
>
> O principal destes instrumentos é o Registro Especial, instituído pelo art. 1º do Decreto-lei nº 1.593, de 1977, cuja finalidade precípua é o de garantir que empresas fabricantes de cigarros não perpetuem a prática do exercício ilícito da referida atividade econômica *até que regularizem seus débitos tributários perante a Secretaria da Receita Federal.*

Ressalte-se que o cancelamento do Registro Especial se opera pelo descumprimento do principal requisito para sua concessão, qual seja, o da regularidade fiscal perante a Secretaria da Receita Federal. Assim, se para o Estado conceder o Registro Especial exige, conforme prevê a lei, regularidade fiscal da empresa que pretende exercer a atividade econômica de fabricação de cigarros, na qual 65% do seu faturamento será destinado ao próprio Estado, nada mais óbvio que este, por sua vez, tenha condições de resguardar seu direito na hipótese de inadimplemento dessa condição.

De outro modo, é o poder do Estado, estabelecido em lei, que, pelo cancelamento do Registro Especial, mediante prévio e regular processo administrativo em que é garantido o direito ao contraditório e a ampla defesa, *possibilita a interrupção de uma trajetória, na maioria das vezes permanente, de não recolhimento de tributos federais, até que a situação fiscal da empresa seja solucionada.*

A quase totalidade das empresas fabricantes de cigarros em operação no país, buscando meios de inviabilizar a verificação da regularidade fiscal pela Secretaria da Receita Federal do Brasil ao pleitear a concessão do Registro Especial, é controlada por pessoas físicas ou jurídicas estrangeiras, residentes ou domiciliadas no exterior, em especial no Uruguai. Este mecanismo possibilita, ainda, que: seja feita a lavagem de dinheiro remetido ao exterior, o qual retorna ao País sob a forma de investimentos nas empresas fabricantes de cigarros, impedindo a identificação dos verdadeiros proprietários, tanto das empresas como do próprio dinheiro; e em caso de exigência de ofício dos tributos devidos, a empresa, com o passar dos anos, seja simplesmente abandonada, inviabilizando a cobrança do crédito tributário por parte da Fazenda Nacional.

O comportamento histórico das empresas fabricantes de cigarros comprova o que vem sendo dito até o momento. *Existem no País 15 empresas fabricantes de cigarros, sendo que as duas maiores do setor respondem por 99,7% do total da arrecadação, atualmente da ordem de R$ 3,5 bilhões/ano, porém detém 85% do mercado, enquanto que as outras 13 empresas, têm 15% do mercado e respondem por 0,03% do total arrecadado.*

O setor de fabricação de cigarros no Brasil tem sofrido ao longo dos anos com a concorrência desleal promovida por empresas que não cumprem suas obrigações tributárias, seja por intermédio de liminares que desequilibram, enquanto vigentes, o sistema, seja socorrendo-se de práticas ilícitas, tais como a sonegação fiscal, para, dessa forma, reduzirem seus custos, obtendo uma vantagem competitiva indevida.

O total de débitos tributários acumulados atualmente pelas empresas do setor de fabricação de cigarros é da ordem de R$ 5,8 bilhões, ou seja, um valor muito superior à arrecadação total anual do setor, e que, infelizmente, continua em ritmo crescente. Ressalte-se que as empresas que possuem os maiores débitos perante a Secretaria da Receita Federal, e cujo comportamento arrecadatório não se modifica ao longo de sua história, são justamente aquelas amparadas por medidas judiciais, que impedem o cumprimento efetivo por parte do Estado da legislação que rege a atividade econômica de fabricação de cigarros no Brasil. Imagine-se qual será a situação se o Estado não mais puder, legitimamente, cancelar o registro especial dos fabricantes de cigarro nos termos atualmente estabelecidos no Decreto-lei nº 1.593/2007.

O Registro Especial, como condição prévia ao exercício da atividade econômica de fabricação de cigarros no Brasil, não se configura, portanto, como um meio coercitivo para cobrança de impostos devidos e, tampouco, de instrumento de combate à inadimplência de empresas em débito com a Fazenda Nacional, visto ser pouco provável a recuperação dos débitos tributários das empresas que operam no setor, comprovado pelo seu comportamento arrecadatório e pela trajetória sempre crescente dos referidos débitos. *O objetivo maior do Registro Especial é, sem dúvida, o de interromper o fluxo predatório aos cofres públicos de tributos que, indiretamente, já foram pagos pelos contribuintes de fato da obrigação principal* [...].

A empresa que não cumpre obrigações tributárias, que não recolhe tributos, atua de modo desigual, em relação aos demais agentes econômicos, no mercado. É impressionante esta desigualdade se considerarmos a grandeza da incidência do IPI sobre a industrialização de cigarros. Isso nitidamente afronta os princípios constitucionais. (Grifos nossos)

Reconhece-se, pois, que o princípio da livre iniciativa consagrado na CF/88 encontra-se plenamente respeitado na controvérsia em apreço, uma vez que não consagra um direito absoluto, mas uma liberdade social que pode ser limitada em face de outros interesses sociais (saúde pública, defesa do consumidor, concorrência leal).

III Da inaplicabilidade das súmulas nºs 70, 323 e 547 do STF e da proporcionalidade e da razoabilidade da cassação do registro especial

Quanto às referidas súmulas do STF, já é necessário um distinção preliminar: como regra se referem a empresas ordinárias inseridas no *regime geral* da economia, ao passo que aqui estamos diante de empresas sujeitas a um *regime especial*, no qual o Poder Público não busca cobrar tributos ao condicionar o exercício de sua atividade, mas, sim, manter o equilíbrio no setor (imperioso em face da seletividade do IPI) através da concorrência leal, ao mesmo tempo em que zela por uma política de saúde pública e de defesa do consumidor.

Mesmo o conceito de sanção política deve ser ponderado, como bem consignado de maneira inaugural no voto condutor do julgamento do RE nº 550.769/RJ, da lavra do Ministro Joaquim Barbosa:

> O Supremo Tribunal Federal possui uma venerável linha de precedentes que considera inválidas as sanções políticas. *Entende-se por sanção política as restrições não-razoáveis ou desproporcionais ao exercício de atividade econômica ou profissional lícita, utilizadas como forma de indução ou coação ao pagamento de tributos.* Como se depreende do perfil presentado e da jurisprudência da Corte, as sanções políticas não se limitam a um único semblante, mas podem assumir uma série de formatos. A interdição de estabelecimento e a proibição total do exercício de atividade profissional são apenas os exemplos mais conspícuos.

Anteriormente, com a propriedade que lhe é peculiar, o Min. Cezar Peluso, em seu voto-vencedor na AC nº 1.657/RJ, já afastara por completo a aplicação dos verbetes nºs 70, 323 e 547 do STF à hipótese de regime especial de tributação, ressaltando o respeito ao princípio da proporcionalidade e razoabilidade. Vejamos seus judiciosos argumentos:

> 8. Noutras palavras, conquanto se reconheça e reafirme a aturada orientação desta Corte que, à luz da ordem constitucional, não admite imposição de sanções políticas tendentes a compelir contribuinte inadimplente a pagar tributo, nem motivadas por descumprimentos de menor relevo, estou convencido de que se não configura, aqui,

caso estreme de sanção *política*, diante, não só da finalidade jurídica autônoma de que se reveste a norma, em tutela da livre concorrência, mas também de sua razoabilidade, porque, conforme acentua TÉRCIO SAMPAIO FERRAZ JÚNIOR, coexistem aqui os requisitos da *necessidade* ("em setor marcado pela sonegação de tributos, falsificação do produto, o aproveitamento de técnicas capazes de facilitar a fiscalização a arrecadação, é uma exigência indispensável'), da *adequação* ("o registro especial, sob condição de regularidade fiscal, é específico para a sua destinação, isto é, o controle necessário da fabricação de cigarros') e *da proporcionalidade* (não há excesso, pois a prestação limita-se "ao suficiente para atingir os fins colimados").

Não custa insistir. Insurge-se o contribuinte contra o que considera "flagrante inconstitucionalidade e abusividade no ato (sanção política vedada na Jurisprudência do STF), com que a Fazenda Nacional, a pretexto de cobrar tributo, determinou a interdição de seus estabelecimentos" Sustenta, nesse sentido, que a União não poderia valer-se desses meios de coerção ("como a ameaça de encerramento das atividades empresariais de uma sociedade legalmente constituída e que exerce atividade licita"), previstos ou não em diplomas infraconstitucionais, para exigir regularização da situação fiscal, pois haveria outros "meios legítimos para a cobrança de tributos". *Cita, para tanto, as súmulas 70, 323 e 547, bem como o RE nº 415.015.*

Há, contudo, como venho sustentando, dissimilitudes decisivas que apontam para a singularidade do caso em relação à jurisprudência da Corte: (a) existe justificativa extrafiscal para exigência da regularidade tributária, que é proporcional e razoável à vista das características do mercado concentrado da indústria de cigarros; (b) não se trata de simples "imposição de restrições e limitações à atividade em débito com a Fazenda [...] autorizada em lei" (RE nº 414.714, Rel. Min. JOAQUIM BARBOSA), mas de comando preordenado também ao resguardo de valor jurídico-constitucional de igual predicamento e dignidade, que é o princípio ou regra da livre concorrência; (c) o precedente do RE nº 415.018 (Rel, Min, CELSO DE MELLO) cuida de restrições "fundadas em exigências que transgridam os postulados da razoabilidade e da proporcionalidade", "sem justo fundamento", "limitações arbitrárias", atividade legislativa "abusiva ou imoderada", dentre outros predicados, que, como visto, não se aplicam, sequer remotamente, a este caso; (d) as súmulas invocadas não quadram à hipótese, pois que, como decidiu acertadamente o TRF-2, "o caso dos autos envolvo a análise sobre a possibilidade do Estado exigir, com base em norma infraconstitucional, regularidade fiscal para manutenção de registro especial em ramo produtivo específico, inexistindo correlação com a simples adoção de medidas coercitivas para cobrar tributos". É o que, aliás, sustenta JOSÉ AFONSO DA SILVA, no parecer, onde afirma que "não se trata, no caso, de mero inadimplemento de obrigações tributárias"), arrematando:

"Essas Súmulas não são invocáveis por diversas razões. Em primeiro lugar, porque se voltam contra ato administrativo concreto de interdição, ou apreensão, ou de proibição sem base legal expressa e específica, simplesmente com o objetivo de obter o pagamento do tributo. Ora, o art, 2º daquele decreto-lei não estabelece meio coercitivo para cobrança de tributo, mas sim sanções por práticas de atos ilícitos contra a ordem tributária [...]

9. Do exposto, peço vênia para indeferir a liminar. (Grifos nossos)

No mesmo sentido aduziu a Procuradoria-Geral da República em seu parecer no presente *RE nº 550.769/RJ – AC nº 1.657/RJ*, ao abordar o tema. Vejamos:

Exsurge, então, um *caráter nitidamente extrafiscal deste registro especial*, o que não passou desapercebido pelo Ministro Cezar Peluso ao julgar a mencionada AC nº 1.657, verbis:

"Ao investigar a ratio iuris da necessidade de registro especial para a atividade de produção de cigarros, vê-se, logo, que provém de norma inspirada não só por objetivos arrecadatórios, senão também por outras finalidades que fundamentam a exigência jurídica dos requisitos previstos para a manutenção do registro especial, entre os quais se inclui o da regularidade fiscal.

Esta finalidade extrafiscal que, diversa da indução do pagamento de tributo, legitima os procedimentos do Decreto-Lei nº 1.593/77, é a defesa da livre concorrência. Toda a atividade da indústria de tabaco é cercada de cuidados especiais em razão das características desse mercado, e, por isso, empresas em débito com tributos administrados pela SRF podem ter cancelado o registro especial – que é verdadeira autorização para produzir –, bem como interditados os estabelecimentos.

Não há impedimento a que norma tributária, posta regularmente, hospede funções voltadas para o campo da defesa da liberdade de competição no mercado, sobretudo após a previsão textual do art. 146-A da Constituição da República." (Fls. 6-7 de seu voto)

Desse modo, entendo que a regularidade fiscal, exigida pelo art. 2º, II, do Decreto-Lei para a manutenção do registro especial, não se confunde com sanções de natureza política ou meios coercitivos para a cobrança de tributos, como faz crer a recorrente.

Trata-se, no meu entender, de *um critério construído sobre os pilares da razoabilidade e proporcionalidade*, perfeitamente justificável diante das peculiaridades que acompanham o setor tabagista. Ora, sendo a arrecadação tributária um dos principais motivos que justificam o mercado de cigarros no Brasil, é evidente que a irregularidade fiscal dessas empresas é muito mais grave, por exemplo, do que a de empresas que atuam em outros setores da economia, e que não necessitam de um "registro especial" nos moldes do exigido para as empresas tabagistas.

Assim, resta plenamente justificada a cassação do registro de empresas tabagistas, em razão do descumprimento de obrigações tributárias. Neste sentido foi o entendimento do Tribunal Regional Federal da 2ª Região, verbis:

"5. O Estado aceita o desenvolvimento da atividade em comento especialmente pela arrecadação tributária dela decorrente, como contrapartida dos malefícios causados pelo produto comercializado, sendo, portanto, mais do que justificável a exigência de regularidade fiscal, insculpida no Decreto-Lei n.º 1.593/77, para a concessão e manutenção do registro especial. Ademais, se o Estado tem o dever de proteger a saúde e a segurança da população (art. 196 da CF/88), a arrecadação tributária decorrente da fabricação do tabaco é imprescindível para que possa arcar com os custos das doenças relacionadas ao consumo de cigarros." (Fls. 2.156)

Por outro lado, vale anotar a preocupação levantada por Humberto Ávila em seu parecer, no sentido de que só o descumprimento reiterado, injustificado e substancial das obrigações tributárias legitima o cancelamento do registro especial, não sendo possível que este se dê em razão de meras irregularidades fiscais. São dignas de nota as observações feitas a fls. 14 de seu parecer, verbis:

"(7) No entanto, se registro especial for cancelado porque, após a sua concessão, há descumprimento 'substancial, reiterado e injustificado' de obrigação tributária principal ou acessória, a medida já não mais se encaixa no conceito jurisprudencial de sanção política, já que embora haja uso de meio restritivo pelo poder público, ele é adotado com a finalidade de controlar a produção e comercialização de cigarro, e de garantir a coexistência harmônica das liberdade, especialmente a liberdade de concorrência, e não causa, por essa razão, restrição excessiva nem desproporcional ao direito fundamental de livre exercício de atividade lícita;

(8) Se tiver havido ampla investigação e efetivo exercício do devido processo legal por parte do agente econômico, após os quais tenha restado cabalmente comprovado o 'substancial, reiterado e injustificado' descumprimento de obrigações tributárias, causador de grave desequilíbrio concorrencial, não há falar em sanção política ilegítima, mas, em vez disso, em ordenação econômica legítima."

No caso dos autos, restou demonstrado, à saciedade, que a recorrente é costumeira sonegadora de tributos, os quais, segundo a Receita Federal, superam a astronômica quantia de R$ 1.000.000.000,00 (um bilhão de reais). De acordo com o relatório da CPI da Pirataria (fls. 2.353-2.354), a impressionante expansão da recorrente no mercado deu-se, em grande parte, em virtude da sonegação tributária. Confira-se:

"Nestes anos, a expansão da American Virginia foi impressionante. De uma unidade industrial em Ramos, no Rio de Janeiro, passou a ser uma empresa com duas fábricas, sendo uma no Pará, além de mais de dez pontos comerciais em vários Estados da Federação. Pelos dados levantados e aqui relatados, grande parte, senão a maior, dos recursos que permitiram tão estupendo crescimento, são originados da sonegação fiscal.

[...] Como dados da ACNielsen mostram que aproximadamente 20% dos varejos que trabalham com cigarros comercializam produtos da American Virginia, concluímos que a distribuição eficiente do produto no ponde de venta, aliada à prática de preços extremamente inferiores aos da indústria formal, em virtude de sonegação fiscal, vem possibilitando o rápido crescimento na participação de mercado."

Diante desses fatos, não restam dúvidas de que a atuação da Receita Federal, ao cancelar o registro especial da recorrente, *não teve conotação de "sanção política", e nem configura a utilização de meios coercitivos para o pagamento de tributos.* Pelo contrário, a Receita Federal, diante do caso concreto, fez valer as disposições contidas no art. 2º, II, do Decreto-lei nº 1.593/77, dando-lhes a aplicação mais compatível com o sistema constitucional vigente, que protege, entre outros, a livre concorrência (art. 174, IV), repudiando o abuso de poder econômico "que vise à dominação dos mercados, à eliminação da concorrência e ao aumento arbitrário dos lucros" (art. 173, §4º).

Desse modo, *não se aplicam ao caso dos autos as Súmulas 70, 323 e 547 do Supremo Tribunal Federal*, invocadas pela recorrente em suas razões recursais, mostrando-se, portanto, compatíveis com o texto constitucional as disposições contidas no Decreto-lei nº 1.593/77, inclusive a exigência de regularidade fiscal, inserta em seu parágrafo 2º, inciso II. [...]

Por todo o exposto, opina o Ministério Público Federal pelo conhecimento e desprovimento do recurso. (Grifos nossos)

Assim, resta cabalmente demonstrada a inaplicabilidade das súmulas nºs 70, 323 e 547 do STF, bem como o pleno respeito ao princípio da proporcionalidade e razoabilidade, uma vez que adequada e necessária aos imperativos de saúde pública, defesa do consumidor, livre iniciativa e concorrência leal.

IV Conclusão

Em síntese, há que se reconhecer que é plenamente alinhada ao ordenamento constitucional a imposição de sanções especiais em hipóteses que assim o reclamam, essencialmente atividades econômicas meramente toleradas pelo Estado, mas desestimuladas e cuja ponderação com diversos preceitos constitucionais reclamam adequada regulamentação dessas atividades, não raro, nocivas.

Não se olvida, nesse caso em concreto, da inaplicabilidade das súmulas nºs 70, 323 e 547 do STF, especialmente da primeira, considerando o alinhamento ao princípio da proporcionalidade e razoabilidade, impregnado do objetivo de defesa do consumidor, livre iniciativa e concorrência leal, merecendo destaque as lapidares razões lançadas pelo homenageado, Min. Carlos Ayres Britto, por ocasião do julgamento mencionado (AC nº 1.657/RJ):

> [...] a tributação especial, mais exacerbada, mais elevada, cumpre uma função inibidora da própria atividade. Ora, a sonegação, longe de cumprir uma função inibidora, pisa no acelerador da atividade. Ou seja, se, de um lado, a tributação elevada é um freio, a sonegação contumaz é um acelerador. Quer dizer, é um caminhar na contramão dos desígnios constitucionais, e com reflexo, também, a admitir a livre iniciativa para os concorrentes, na pureza da livre concorrência.

Com relação a esses julgados, quais sejam, AC nº 1.657/RJ e RE nº 550.769/RJ, o Supremo Tribunal Federal lança luzes a tema deveras relevante, cujo desafio é ser enfrentado com transparência e cautela, mas sem pré-concepções simplistas da fórmula consagrada na Súmula nº 70 do Pretório Excelso, qual seja: *os impactos do devedor contumaz no cenário concorrencial.*

Partindo da premissa de que "entende-se por sanção política as restrições não-razoáveis ou desproporcionais ao exercício de atividade econômica ou profissional lícita, utilizadas como forma de indução ou coação ao pagamento de tributos", conjugada com o entendimento sufragado nos precedentes mencionados, legitima-se a discussão acerca da necessidade de flexibilização da aplicação da Súmula nº 70 do STF, ou, como se optou naqueles julgados, entendendo-se meramente inaplicável, nas hipóteses de *devedor contumaz*.

Nesse sentido, registrem-se excertos dos votos proferidos no RE nº 550.769/RJ, para além da lapidar manifestação do Ministro Carlos Ayres Britto na AC nº 1.657/RJ:

> É inequívoco, contudo, que a orientação firmada pelo Supremo Tribunal Federal não serve de escusa ao deliberado e temerário desrespeito à legislação tributária. Não há que se falar em sanção política se as restrições à prática de atividade econômica objetivam combater estruturas empresariais que têm na inadimplência tributária sistemática e consciente sua maior vantagem concorrencial. Para ser tida como inconstitucional, a restrição ao exercício de atividade econômica deve ser desproporcional e não-razoável. (Ministro Joaquim Barbosa)
>
> Então, chamaram-me a atenção duas afirmações, uma é a do professor José Afonso da Silva que, à luz do caso concreto, dispõe: Não se trata, nesse caso, de mero inadimplemento de obrigação tributária. Mas, na verdade, o que se pretende, aqui, é assumir uma prática ilícita para obter uma vantagem concorrencial, porque, ditos de forma solta, pode-se imaginar que a interdição do estabelecimento deu-se por falta de pagamento de um crédito tributário qualquer. Não. Aqui, há uma estratégia dolosa contra a administração tributária que já levou a empresa a um patamar de um débito de dois bilhões de reais, que é efetivamente um capital irrecuperável pelo poder público, que concede esse

regime especial para uma atividade nociva ao Estado, tendo em vista as moléstias que acarretam. Então, é uma questão lindeira à ordem econômica e social. Daí o problema não poder ser resolvido com essas súmulas, que pressupõem uma dívida tributária normal. E a interdição do estabelecimento. Aqui, a hipótese é completamente diferente. (Ministro Luiz Fux)

reiterar a minha observação no sentido de que estamos diante de um caso absolutamente excepcional, estamos diante de uma macrodelinquência tributária reiterada. São firmas que se dedicam a essa atividade de forma ilícita, na clandestinidade. Quando o Fisco fecha uma dessas empresas, imediatamente outra é reaberta, e assim sucessivamente, sem pagar o IPI, numa concorrência absolutamente predatória. Não estamos diante de uma situação normal em que a empresa que atua licitamente merece toda a proteção constitucional. (Ministro Ricardo Lewandowski)

Conclui-se, aqui, adotando-se a *rationale* dos precedentes, que, no sopesamento de diversos princípios constitucionais, reputou legítimo o cancelamento de registro especial, forte no conceito de ética concorrencial, devendo-se trilhar idêntico caminho no combate à sonegação fiscal sistêmica existente em nosso país. O futuro resguarda à Suprema Corte novos encontros com a Súmula nº 70 do STF, em especial, com relação às práticas perpetradas pelos devedores contumazes do Fisco e os fundamentos contidos na Constituição Federal que importaram a definição da constitucionalidade do cancelamento do registro especial submetidas a regime peculiar: a ética concorrencial.

Informação bibliográfica deste texto, conforme a NBR 6023:2018 da Associação Brasileira de Normas Técnicas (ABNT):

SEEFELDER FILHO, Claudio Xavier; CAMPOS, Rogério. Súmula nº 70 do STF, sanção política e ética concorrencial: contribuição do Min. Carlos Ayres Britto à sedimentação de um dos pilares da ordem econômica e financeira. In: LEAL, Saul Tourinho; GREGÓRIO JÚNIOR, Eduardo Lourenço (Coord.). *A Constituição Cidadã e o Direito Tributário*: estudos em homenagem ao Ministro Carlos Ayres Britto. Belo Horizonte: Fórum, 2019. p. 113-130. ISBN 978-85-450-0678-7.

LIMITES À LIBERDADE DO CONTRIBUINTE NO PLANEJAMENTO FISCAL

DONOVAN MAZZA LESSA

1 Introdução

O estabelecimento de limites ao planejamento fiscal é um dos temas mais polêmicos do direito tributário, pois envolve intenso debate sobre os princípios e as regras da tributação.

No planejamento tributário, muitas vezes os valores liberais do Estado de Direito (liberdade, livre iniciativa), com seus princípios jurídicos projetados no direito tributário e econômico (legalidade, autonomia contratual, liberdade no exercício das atividades econômicas), chocam-se com os valores do Estado Social (justiça social, solidariedade), e com seus desdobramentos tributários e econômicos (isonomia e capacidade contributiva).

A Constituição de 1988, logo em seu art. 1º, faz uma advertência fundamental: a República Federativa do Brasil constitui-se em *Estado Democrático de Direito*.[1]

Por isso, o ordenamento jurídico brasileiro absorve tanto os valores do Estado Liberal, quanto os compromissos do Estado Social. De fato, a Constituição Federal é permeada por garantias individuais do contribuinte, dispondo de uma seção inteira para limitar o poder de tributar. De outra volta, a Constituição apresenta um conjunto de diretrizes, programas e fins, a ser realizado pelo Estado e pela sociedade, notadamente em seu art. 3º.[2]

---

[1] Marco Aurélio Greco expõe o ambiente em que foi promulgada a Constituição de 1988, com os embates entre os ideais protetivo-conservadores e progressistas. E, conclui, "o produto final deste confronto ideológico está retratado no art. 1º que estabelece ser o Brasil um Estado Democrático (= Social) de Direito (= Protetivo)". Em virtude disto, prossegue o autor, "ao mesmo tempo, estão no texto da Constituição dispositivos de nítido caráter protetivo: limitações ao poder, proteção ao direito de propriedade, proteção à segurança individual, etc. E ao lado delas também estão ideias regras que dizem respeito a valores sociais de caráter modificador da realidade" (GRECO, Marco Aurélio. *Planejamento tributário*. São Paulo: Dialética, 2004. p. 43).

[2] "Art. 3º Constituem objetivos fundamentais da República Federativa do Brasil: I – construir uma sociedade livre, justa e solidária; II – garantir o desenvolvimento nacional; III – erradicar a pobreza e a marginalização e reduzir as desigualdades sociais e regionais; IV – promover o bem de todos, sem preconceitos de origem, raça, sexo, cor, idade e quaisquer outras formas de discriminação".

Se o ordenamento brasileiro adota – e jurisdiciza – estes valores, a função do intérprete será encontrar o ponto de equilíbrio para sua aplicação, todas as vezes em que houver colisão. No planejamento tributário, em que há permanente tensão entre estes valores, a tarefa não é das mais simples.

E isto se releva na prática, pois a dificuldade de se estabelecer modelos teóricos claros sobre o tema tem levado à insegurança jurídica, sendo notório o subjetivismo muitas vezes adotado na análise dos casos pelas autoridades fiscais, assim como nos julgamentos, especialmente administrativos, sobre a matéria.

2 Planejamento tributário, elisão e evasão fiscal

Por planejamento tributário entendemos toda a conduta, ou conjunto de condutas, praticada pelo contribuinte com a finalidade de reduzir a carga tributária que normalmente incidiria sobre determinado negócio jurídico ou atividade econômica.

A busca pela economia fiscal, ninguém há de discordar, é sempre lícita. O problema, portanto, não está na intenção, mas na forma pela qual esta economia é buscada.

Neste ponto, é importante trazer os conceitos de evasão e elisão fiscal, pois deles decorrerão importantes conclusões futuras.

Em linhas gerais, pode-se dizer que *evasão fiscal* é a economia de tributos obtida por meios *ilícitos*.[3] São os casos clássicos de sonegação fiscal, nos quais o contribuinte pratica o fato gerador mas tenta escondê-los (venda sem nota fiscal, falsificação de documentos etc.).

Já a *elisão fiscal* decorre da adoção de meios *lícitos* (autorizados ou não vedados no ordenamento jurídico), por meio dos quais o contribuinte busca fórmulas alternativas de realizar determinado negócio de modo a suprimir ou reduzir a carga tributária.

Antonio Roberto Sampaio Dória[4] aponta dois critérios para distinguir a evasão fiscal da elisão fiscal: o critério cronológico e o critério da licitude dos meios utilizados. Quanto ao primeiro critério, a evasão ficaria caracterizada toda vez que o contribuinte

---

[3] "Evasão é o nome genérico à atitude do contribuinte que se nega ao sacrifício fiscal. Será lícita ou ilícita. Lícita quando o contribuinte a pratica sem violação à lei. O fumante que deixa de fumar ou passa a preferir cigarro mais barato está no seu direito. O opulento negociante que transforma a sua firma em sociedade anônima por ações ao portador e ainda se abstém de distribuir lucros, acumulando-os em reservas, evade-se licitamente de grande parte do imposto de renda, conforme a lei o tolera. Mas não é lícita, por exemplo, a evasão caracterizada pela ocultação de títulos ao portador, na liquidação de heranças, se no país não há imposto sub-rogatório daquele tributo" (BALEEIRO, Aliomar. *Uma introdução à ciência das finanças*. 14. ed. Rio de Janeiro: Forense, 1990. p. 152-153).

[4] "O primeiro aspecto substancial que as estrema é a natureza dos meios eficientes para sua consecução: na fraude, atuam meios ilícitos (falsidade) e, na elisão, a licitude dos meios é condição sine qua non de sua realização efetiva. O segundo aspecto de maior relevância é o momento da utilização dos meios; na fraude, opera-se a distorção da realidade econômica no instante em que ou depois que ela já se manifestou sob a forma jurídica descritiva na lei como pressuposto de incidência. Ao passo que, pela elisão, o agente atua sobre a mesma realidade antes que ela se exteriorize, revestindo-a da forma alternativa não descrita na lei como pressuposto de incidência. Com ligeira ampliação dos momentos em que a fraude se verifica, para incluir também a simultaneidade de sua ocorrência com a do fato gerador, pode-se afirmar que é hoje doutrinariamente pacífica a adoção desse critério formal distintivo entre fraudes e elisão" (DÓRIA, Antonio Roberto Sampaio. *Elisão e evasão fiscal*. São Paulo: Lael, 1971. p. 20).

realiza o fato gerador e tenta, de algum modo, ocultá-lo ou modificá-lo. Já na elisão fiscal, o contribuinte consegue evitar a prática do fato gerador, adotando modelo de negócios não previsto na hipótese de incidência legal.

Pelo segundo critério, a evasão, justamente porque procura falsear a realidade, é obtida por meio de atos ilícios, reprovados pelo ordenamento. A elisão, por sua vez, é obtida por meio de formas jurídicas válidas.

Quanto ao critério cronológico, apesar de adequado, não é infalível, pois o contribuinte poderá tomar medidas que visem à ocultação do fato gerador antes mesmo de praticá-lo.

Por essa razão, parece-nos que o critério mais seguro para distinguir entre a evasão e a elisão fiscal é da *licitude dos meios* adotados, como adotado pela maior parte da doutrina.

Quanto à evasão fiscal, não há quem a defenda. Por se tratar de economia fiscal ardilosa, obtida por meio da prática de atos fraudentos ou simulados, o tributo não recolhido deverá ser exigido do contribuinte com juros e multa agravada (quando a legislação assim a prever), seguida de representação penal quando a conduta estiver tipificada nos arts. 1º e 2º da Lei nº 8.137/1990.

As discussões se colocam, portanto, quanto à elisão fiscal.

Por ser decorrente da prática de atos lícitos, por meio dos quais o contribuinte contorna o fato gerador, o que se discute é se o planejamento fiscal é oponível ou não perante o Fisco. Ou, em outras palavras, se o Fisco pode desconsiderar as formas jurídicas – autorizadas ou não vedadas pelo ordenamento – adotadas pelo contribuinte para fins de exigir o tributo tal qual se o negócio jurídico tivesse sido realizado de modo direto ou usual.

É que, ao instituir determinado tributo, o legislador, dentro das competências que lhe foram outorgadas pela Constituição, identifica um fato econômico que revela a existência de disponibilidade econômica (ou capacidade contributiva) e, em função disto, descreve o negócio jurídico que dá origem a este fato econômico como hipótese de incidência do tributo.

Como explica Schauer, toda regra parte de uma generalização criada por meio de uma análise de probabilidade da vinculação entre os fatos que a compõem e o objetivo buscado pela regra.[5] Por exemplo, por pretender atingir a riqueza gerada com o produto das vendas de mercadorias, o legislador generaliza os fatos que normalmente geram tal riqueza, determinando a incidência do ICMS sobre a "circulação de mercadoria". De fato, ao descrever tal circunstância como hipótese de incidência, o legislador cria fórmula que apresenta alto grau de probabilidade de atingimento da finalidade arrecadatória pretendida.

---

[5] "The factual predicate thus represents a set of facts whose existence indicates an increased likelihood of the occurrence of the justification, and whose (effective) prohibition will consequently decrease the likelihood (or incidence) of the evil against which the rule is aimed. Similarly, if the rule is seen to have been established in pursuit of a positive goal rather than diminution of an evil, the existence of the condition represented by the factual predicate will, when the probabilistic relationship exists, increase the likelihood of the positive goal toward which the rule is targeted" (SCHAUER, Frederick. *Playing by the rules*: a phylosophical examination of rule-based decision-making in law and in life. Oxford: Clarendon, 2002. p. 30).

É preciso lembrar que as regras partem de generalizações feitas no passado que projetam efeitos para o presente (ou do presente para o futuro), no intuito de promover a justificativa da regra por meio de uma análise de probabilidade da ocorrência das situações que se deseja atingir. Dada a impossibilidade de prever o futuro (ou de criar conceitos perfeitos), a generalização criada pela regra poderá refletir hipóteses aquém ou além da justificativa correlata, gerando efeitos indesejáveis (as experiências recalcitrantes, de sub e sobreincludência).

Ocorre que, por vezes, um mesmo fato econômico (ou resultado econômico) decorrente das hipóteses de incidência previstas na lei é atingido por outros meios que não aqueles lá descritos. Consequentemente, o tributo deixa de ser devido e a arrecadação tributária fica frustrada.

Diante disto, o que se discute – e não é de hoje – é se o contribuinte pode adotar fórmulas jurídicas alternativas para alcançar um mesmo resultado econômico – inicialmente tributável – sem realizar o fato gerador do tributo. Ou, ainda, em que circunstâncias este expediente será válido e quando será tido por ineficaz para fins de tributação.

Com esta preocupação, parcela importante da doutrina nacional, apoiada nas experiências estrangeiras, defende que a elisão fiscal, mesmo sendo fruto da adoção de formas jurídicas válidas, deverá ser combatida quando o contribuinte exercer seu direito de livre organização de forma abusiva e com a finalidade exclusiva de não recolher, ou de recolher menos, tributo.

O Fisco, pois, vai buscar no direito civil as figuras do abuso de direito e da fraude à lei, como instrumentos para verificar a eficácia ou não do planejamento tributário. Ainda, pela observação da experiência estrangeira, busca na tradição alemã a figura do abuso de formas jurídicas como método de aferição da validade ou não da conduta do contribuinte, e, na tradição anglo-saxônica, o propósito negocial.

A partir da aplicação destes institutos, surge o conceito de *elisão abusiva*,[6] ou seja, elisão fiscal – decorrente da adoção de fórmulas jurídicas válidas pelo contribuinte – ineficaz perante o Fisco, que poderá desconsiderar o negócio jurídico formalmente realizado para aplicar a tributação conforme o negócio jurídico que normalmente daria ensejo ao resultado econômico verificado. Heleno Torres, por sua

---

[6] "O problema da elisão fiscal está intimamente ligado ao das posições teóricas fundamentais em torno da interpretação do direito tributário. O positivismo normativista e conceptualista defende, com base na autonomia da vontade, a possibilidade ilimitada de planejamento fiscal. A elisão, partindo de instrumentos jurídicos válidos, seria sempre lícita. Essa posição foi defendida com veemência por Sampaio Dória. O positivismo sociológico e historicista, com sua consideração econômica do fato gerador, chega à conclusão oposta, defendendo a ilicitude generalizada da elisão, que representaria abuso da forma jurídica escolhida pelo contribuinte para revestir juridicamente o seu negócio jurídico ou a sua empresa. Amilcar de Araújo Falcão representou moderadamente no Brasil essa orientação. A jurisprudência dos valores e o pós-positivismo aceitam o planejamento fiscal como forma de economizar imposto, desde que não haja abuso de direito. Só a elisão abusiva ou planejamento inconsistente se tornam ilícitos. Autores de prestígio como K. Tipke, K. Vogel e Rosembuj defendem esse ponto de vista. Entre nós alguns trabalhos recentes de Marco Aurélio Grecco e de Hermes Marcelo Hulck também admitem o controle nos casos de abuso de direito" (TORRES, Ricardo Lobo. A chamada "interpretação econômica do direito tributário", a Lei Complementar 104 e os limites atuais do planejamento tributário. *In*: ROCHA, Valdir de Oliveira (Coord.). *O planejamento tributário e a Lei Complementar 104*. São Paulo: Dialética, 2001).

vez, prefere utilizar o termo *elusão tributária*,[7] que nada mais é do que a elisão abusiva, ou seja, inapta a gerar efeitos perante o Fisco.

3 Combate à evasão fiscal: simulação e dissimulação

Como dissemos acima, a evasão fiscal é sempre ilícita, pois é praticada com base em atos fraudulentos que visam esconder, total ou parcialmente, a ocorrência do fato gerador.

Por esta razão, o Código Tributário Nacional, desde sua edição, já autorizava o lançamento quando ficasse comprovado que o sujeito passivo agiu com fraude, dolo ou simulação.[8]

A simulação é a hipótese clássica da evasão fiscal, que contamina a validade do próprio negócio jurídico perante o direito privado.[9] Nada mais é do que a mentira, utilizada com a finalidade de se fazer crer em algo que inexiste, ou para fingir inexistir algo existente.

Historicamente, a simulação, que é um vício do negócio jurídico, é dividida em *simulação absoluta* ou *relativa*, também denominada por *dissimulação*.

Simulação absoluta é aquela na qual o sujeito procura dar existência àquilo que não existe. Como diz Francisco Ferrara, "a simulação não é realidade, mas sim ficção de realidade".[10] Por meio de simulação, duas pessoas pretendem fazer crer a terceiros a existência de um negócio jurídico que na realidade não existe.[11] A simulação consiste, portanto, na discordância entre a vontade real e a declaração: as partes regulam, clandestinamente, as relações jurídicas de acordo com a vontade desejada, mas que diverge daquela que foi declarada. Há uma declaração de vontade exteriorizada pelo sujeito que não corresponde à sua vontade interna.[12]

Já a simulação relativa, ou dissimulação, é aquela em que o sujeito declara a prática de um ato (fictício) para ocultar a realização de um outro (real). Novamente,

---

[7] "não seria simulação, porque seus atos não são encobertos, ocultos (dissimulação) ou inexistentes (simulação absoluta); nem economia legítima de tributos (elisão, para a doutrina nacional), porque a economia se verificaria contornando o alcance da regra de tributação, por uma violação indireta a lei tributária" (TÔRRES, Heleno Taveira. *Direito tributário e direito privado*: autonomia privada, simulação, elusão tributária. São Paulo: Revista dos Tribunais, 2003. p. 175).

[8] "Art. 149. O lançamento é efetuado e revisto de ofício pela autoridade administrativa nos seguintes casos: [...] VII – quando se comprove que o sujeito passivo, ou terceiro em benefício daquele, agiu com dolo, fraude ou simulação; [...]".

[9] "Art. 167. É nulo o negócio jurídico simulado, mas subsistirá o que se dissimulou, se válido for na substância e na forma. §1º Haverá simulação nos negócios jurídicos quando: I – aparentarem conferir ou transmitir direitos a pessoas diversas daquelas às quais realmente se conferem, ou transmitem; II – contiverem declaração, confissão, condição ou cláusula não verdadeira; III – os instrumentos particulares forem antedatados, ou pós-datados. §2º Ressalvam-se os direitos de terceiros de boa-fé em face dos contraentes do negócio jurídico simulado".

[10] FERRARA, Francisco. *A simulação dos negócios jurídicos*. Tradução de Dr. A. Bossa. São Paulo: Saraiva & Cia – Livraria Academia, 1939. p. 50.

[11] "a simulação é uma declaração enganosa da vontade, visando produzir efeito diverso do ostensivamente indicado" (BEVILÁQUA, Clóvis. *Teoria geral do direito civil*. 2. ed. Rio de Janeiro: Francisco Alves, 1976. p. 225).

[12] "[...] a simulação absoluta exprime ato jurídico inexistente, ilusório, fictício, ou que não corresponde à realidade, total ou parcialmente, mas a uma declaração de vontade falsa" (BALEEIRO, Aliomar. *Direito tributário brasileiro*. 12. ed. atual. por Misabel Abreu Machado Derzi. Rio de Janeiro: Forense, 2013. p. 1.098-1.099).

a vontade declarada diverge da realidade, mas aqui o que se pretende é esconder algo que não se deseja ser do conhecimento geral. No negócio jurídico dissimulado, portanto, "ocorrem dois negócios: um real, encoberto, dissimulado, destinado a valer entre as partes; e um outro, ostensivo, aparente, simulado, voltado a operar perante terceiros".[13]

Note-se, pois, que, embora ambas sejam fruto da mentira, a simulação e a dissimulação guardam notas distintivas. Novamente citando Francisco Ferrara, "a simulação pode-se comprar a um 'fantasma', e a dissimulação a uma 'máscara'".[14] Sim, uma vez que a simulação é fantasma porque representa aquilo que não existe, e a dissimulação é máscara por esconder aquilo que é. Como se vê, a doutrina civilista, há muito, já distingue as chamadas simulação absoluta e relativa.[15]

Em direito tributário, exemplo de simulação absoluta é o do contribuinte que abate despesas imaginárias da base de cálculo do seu imposto de renda. Já na simulação relativa (ou dissimulação), têm-se os sujeitos que efetuam uma compra e venda a prazo (negócio real), retratada formalmente como um contato de *leasing* (negócio dissimulado). No primeiro exemplo, a simulação é praticada com a finalidade de reduzir o imposto de renda do sujeito passivo. Na segunda, a dissimulação é praticada com a finalidade de se evitar a incidência do ICMS (sobre a compra e venda, incide o imposto sobre circulação de mercadoria; no contrato de *leasing*, por assemelhar-se a um aluguel, não incide o referido imposto).

Seja na simulação (absoluta) ou na dissimulação (simulação relativa), há claramente um ilícito, motivo pelo qual não podem ser toleradas. Nos exemplos acima, comprovada pelo Fisco a ocorrência da fraude, a dedução das despesas deverá ser glosada, assim como o ICMS deverá ser exigido mediante auto de infração.

Note-se, pois, que a simulação ou a dissimulação não podem respaldar qualquer tipo de planejamento tributário. Muito pelo contrário: simular ou dissimular, em matéria fiscal, é crime de sonegação.

Por isso, a evasão fiscal é e sempre foi combatida pelo ordenamento jurídico-tributário, apesar do art. 149 do CTN falar apenas em simulação, e não em dissimulação.

---

[13] BALEEIRO, Aliomar. *Direito tributário brasileiro*. 12. ed. atual. por Misabel Abreu Machado Derzi. Rio de Janeiro: Forense, 2013. p. 1.100.

[14] "Ao passado que na simulação se faz aparecer aquilo que não existe, na dissimulação oculta-se o que é. Uma provoca a crença falsa num estado não real, a outra oculta ao conhecimento dos outros uma situação existente. Aquela, procura uma ilusão externa; esta uma ocultação interna. Assim, dissimula-se a ira, o ódio, o rancor. Em ambos os casos, no entanto, o fim da conduta do indivíduo é o engano, caráter fundamental das várias formas simulatórias: na simulação quere-se enganar sobre a existência duma situação não verdadeira; na dissimulação, sobre a inexistência duma situação real. A simulação pode comparar-se a um fantasma, a dissimulação a uma mascara" (FERRARA, Francisco. *A simulação dos negócios jurídicos*. Tradução de Dr. A. Bossa. São Paulo: Saraiva & Cia – Livraria Academica, 1939. p. 50).

[15] "Consiste a simulação em celebrar-se um ato que tem aparência normal, mas que, na verdade, não visa ao efeito que juridicamente devia produzir, mas enganosa. [...]. Pode a simulação ser absoluta ou relativa. Será absoluta, quando o ato encerra confissão, declaração, condição ou cláusula não verdadeira, realizando-se para não ter eficácia nenhuma. [...] A simulação se diz relativa, também chamada dissimulação, quando o ato tem por objetivo encobrir outro de natureza diversa (e.g., uma compra e venda para dissimular doação), ou quando aparenta conferir ou transmitir direitos a pessoas diversas das a quem realmente se conferem ou transmitem" (PEREIRA, Caio Mário da Silva. *Instituições de direito civil*. 20. ed. atual. por Maria Celina Bodin de Moraes. Rio de Janeiro: Forense, 2004. v. I. p. 636).

É que, a nosso ver, o referido dispositivo tratou a simulação lá prevista como gênero (simulação absoluta e relativa) e não como espécie (apenas a simulação absoluta).[16]

Seja como for, o fato é que, desde a edição do parágrafo único do art. 116 do CTN,[17] não poderá haver mais dúvidas de que a dissimulação poderá ser combatida pelas autoridades fiscais.[18]

4 Instrumentos de combate à elisão fiscal

Pelo que já dissemos, tem-se que a elisão abusiva, a ser combatida de acordo com alguns doutrinadores, é o fenômeno pelo qual o contribuinte, mediante o manejo de formas jurídicas lícitas, tenta fugir da subsunção do ato ou negócio jurídico à hipótese de incidência prevista na lei.

Via de regra, a ideia que subjaz aos autores que defendem o combate à elisão fiscal reside na figura do *abuso de direito*. Ricardo Lodi Ribeiro o toma por gênero, composto pelas espécies de fraude à lei, abuso de forma, abuso de personalidade jurídica e intenção econômica. O autor destaca que, embora estas figuras guardem algumas peculiaridades, "em todas elas o titular de um direito procura exercê-lo em desacordo com os objetivos que fundamentaram a elaboração da norma, cujo amparo é por ele buscado".[19]

De fato, por abuso de direito, entende-se a conduta do titular de um direito que o exerce de forma manifestamente excessiva e para além das finalidades para o qual foi tutelado, com a intenção de prejudicar terceiros.[20]

A teoria do abuso de direito, como instituto jurídico, vem do direito civil, e lá tem sido longamente desenvolvida. Maria Helena Diniz afirma que o abuso do direito constitui uso de um direito, poder ou coisa além do permitido ou extrapolando as limitações jurídicas, lesando alguém, trazendo como efeito o dever de indenizar.[21]

---

[16] "[...] o direito positivo já autorizava a desconsideração de negócios jurídicos dissimulados, à vista do disposto no art. 149, VII, CTN, que estabelece que o lançamento deva ser procedido de ofício na hipótese de o sujeito passivo, ou terceiro em benefício daquele, ter agido com dolo, fraude ou simulação" (COSTA, Regina Helena. *Curso de direito tributário*. São Paulo: Saraiva, 2009. p. 184).

[17] "Art. 116. Salvo disposição de lei em contrário, considera-se ocorrido o fato gerador e existentes os seus efeitos: Parágrafo único. A autoridade administrativa poderá desconsiderar atos ou negócios jurídicos praticados com a finalidade de dissimular a ocorrência do fato gerador do tributo ou a natureza dos elementos constitutivos da obrigação tributária, observados os procedimentos a serem estabelecidos em lei ordinária".

[18] "[...] nas simulações relativas, se existem dois negócios jurídicos distintos (o ostensivo-simulado e o real-oculto) ou se o negócio dissimulado constitui um todo com o acordo simulatório, o parágrafo único, acrescentado ao art. 116 do Código Tributário Nacional, autoriza desconsiderar atos e negócios jurídicos ostensivos (simulados), que dissimulam outros atos e negócios jurídicos, realmente ocorridos e integrativos do fato gerador" (BALEEIRO, Aliomar. *Direito tributário brasileiro*. 12. ed. atual. por Misabel Abreu Machado Derzi. Rio de Janeiro: Forense, 2013. p. 1.100).

[19] RIBEIRO, Ricardo Lodi. *Justiça, interpretação e elisão tributária*. Rio de Janeiro: Lumen Juris, 2003. p. 149-150.

[20] Ricardo Lodi Ribeiro enumera os três requisitos imprescindíveis e cumulativos para a configuração do abuso de direito: "(i) exercício de um direito subjetivo a partir de um dispositivo previsto estritamente no direito objetivo; (ii) o caráter antijurídico desse exercício revelado pela intenção de causar dano ou pela inadequação aos fins almejados pelo legislador, e (iii) o dano causado a direito de terceiro" (RIBEIRO, Ricardo Lodi. *Justiça, interpretação e elisão tributária*. Rio de Janeiro: Lumen Juris, 2003. p. 145).

[21] DINIZ, Maria Helena. *Código Civil anotado*. 10. ed. São Paulo: Saraiva, 2004. p. 198.

Já Caio Mário diz abusar do seu direito aquele que dele faz uso levando malefício a outrem, sem proveito próprio. O fundamento ético da teoria é de que a lei não deve permitir que alguém faça uso de seu direito exclusivamente para causar dano a outrem.[22]

Transportado para o direito tributário, abusaria de seu direito de livre organização e de autonomia privada aquele que, embora por formas jurídicas lícitas, o utilize de maneira inadequada e com a finalidade única de fugir da obrigação tributária.

Percebe-se aqui uma nítida aproximação de tais atos com a figura dos ilícitos atípicos, que consistiriam em negócios lícitos,[23] mas que não poderiam ser admitidos, uma vez que violariam o ordenamento jurídico "como um todo", como explicam Atienza e Maneiro.[24]

Neste ponto, vale citar alguns outros conceitos relacionados que merecem ser destacados.

Primeiro, o de *fraude à lei*.

Instituto também oriundo do direito civil,[25] fraudo a lei aquele que, para evitar a incidência de uma norma imperativa,[26] utiliza-se de uma outra lei como suporte para realizar seu negócio jurídico, de modo a obter o mesmo resultado que seria vedado pela lei imperativa ou, ainda, para atingir este resultado sem sofrer as consequências que adviriam da incidência da lei imperativa.

Ou seja, se uma lei proíbe determinada conduta, o agente busca praticá-la de forma indireta, por meio de atos autorizados por outra lei (norma de cobertura). Marco Aurélio Greco,[27] com base na jurisprudência do STF (RE nº 60.287), fornece exemplo de fraude à lei que bem esclarece o instituto. A importação de veículos usados é vedada por lei, e, para fugir desta vedação (norma imperativa), o particular passou a importar peças de carro usado (o que não é vedado pela lei) para, ao final, montar o carro usado no Brasil. Desta forma, para atingir uma finalidade vedada por

---

[22] PEREIRA, Caio Mário da Silva. *Instituições de direito civil*. 20. ed. atual. por Maria Celina Bodin de Moraes. Rio de Janeiro: Forense, 2004. v. I. p. 671-675.

[23] "no abuso de direito, fraude à lei e desvio de poder estamos diante de casos que a princípio parecem cobertos pelas regras permissivas, isto é, que prima facie estão regulados pelas regras como condutas permitidas, mas que têm seus estados deônticos modificados (passando a estar proibidos), considerando todos os fatores" (ATIENZA, Manuel; MANEIRO, Juan Ruiz. *Ilícitos atípicos*. Madrid: Trota, 2000. p. 27).

[24] "os ilícitos atípicos são ações que, prima facie, estão permitidas por uma regra mas que, uma vez consideradas todas as circunstâncias, deve ser consideradas proibidas. A mudança de status deôntico (o passo de permitida ara proibido) tem lugar em virtude de um processo argumentativo no qual duas formas podem ser distinguidas, dois mecanismos para ampliar o campo do que seja ilícito. Um é o da analogia [...]. O segundo tipo de mecanismo (o que nos interessa de maneira especial) opera da seguinte forma: o ponto de partida é a existência de uma lacuna axiológica (a ação está, prima facie, permitida no sentido de que há uma regra regulativa que a permite). A mudança em seu status deôntico se produz como consequência de que a subsunção do caso nessa regra resulta incoerente com o balance dos princípios do sistema plicáveis ao caso e esse balance exige o surgimento de uma regra proibitiva na qual o caso possa ser subsumido" (ATIENZA, Manuel; MANEIRO, Juan Ruiz. *Ilícitos atípicos*. Madrid: Trota, 2000. p. 100-101).

[25] "Art. 166. É nulo o negócio jurídico quando: [...] VI – tiver por objetivo fraudar lei imperativa; [...]".

[26] Por norma imperativa, têm-se tanto as normas que vedam condutas (proibitivas), como as normas que determinam efeitos obrigatórios da prática de determinadas condutas (caso das normas tributárias, que obrigam o pagamento de tributo em caso de realização da hipótese de incidência).

[27] GRECO, Marco Aurélio. *Planejamento tributário*. São Paulo: Dialética, 2004. p. 220.

lei imperativa, o agente utilizou-se de uma norma de cobertura com a finalidade de fraudar o mandamento da lei imperativa.

Em matéria tributária, fraude à lei consistiria na prática de negócios jurídicos que visassem alcançar determinado resultado econômico, mas sem a tributação prevista na lei impositiva. A norma imperativa – tributária – seria fraudada, na medida em que o particular a teria afastado por meio de um negócio jurídico indireto.[28]

Outro conceito trabalhado pela doutrina é o do *abuso das formas jurídicas*.

Sua origem está no Código Tributário alemão de 1919, e está intimamente ligada à interpretação econômica do fato gerador.[29] Aqui a ideia é de que o contribuinte, para realizar determinados negócios jurídicos, deve adotar as formas que lhes são próprias. Assim, abusa das formas jurídicas o contribuinte que adota formas atípicas, não usuais, heterodoxas, para atingir resultado econômico com elas incompatível. Mas Ricardo Lodi Ribeiro destaca que, para a caracterização do abuso de formas, não basta que a forma adotada para a realização do negócio jurídico seja atípica. Segundo o autor, "é preciso que a escolha da forma seja abusiva; ou seja, que não haja motivo razoável, além da economia fiscal, para a escolha daquela modalidade negocial".[30]

O último conceito a ser trabalhado é do *propósito negocial (business purpose test)*. Oriundo da jurisprudência norte-americana, diz respeito à intenção do contribuinte ao realizar o negócio jurídico de determinado modo.[31] Se este modo, atípico em relação ao resultado econômico pretendido, tiver por finalidade exclusiva a economia de tributo, então o planejamento do contribuinte não passará pelo teste do propósito

---

[28] Segundo Heleno Torres, fraude à lei em matéria tributária "não é descumprimento direto das normas tributárias, que são sempre cogentes e imperativas. É o afastamento de regime mais gravoso ou tributável por descumprimento indireto de regra imperativa de direito privado, na composição do próprio ato ou negócio jurídico" (TÔRRES, Heleno Taveira. *Direito tributário e direito privado*: autonomia privada, simulação, elusão tributária. São Paulo: Revista dos Tribunais, 2003. p. 351).

[29] Ao tratar da teoria do abuso de formas jurídicas, assim se manifestou Alfredo Augusto Becker: "A partir de 1919, uma corrente doutrinária de interpretação das leis tributárias se originou, floresceu e, por bastante tempo, predominou. Ao terminar a Segunda grande Guerra, em 1945, a referida doutrina entrou em declínio e hoje, embora superada ela é a responsável pelo maior equívoco na doutrina do Direito Tributário. Segundo aquela corrente doutrinária, na interpretação das leis tributárias, dever-se-ia ter como princípio geral dominante (e não como regra jurídica excepcional e expressa), o princípio de que o Direito Tributário, ao fazer referência a institutos e conceitos dos outros ramos do Direito, desejaria que o intérprete da lei tomasse não o fato (ato, fato ou estado de fato) jurídico com sua específica natureza jurídica, mas sim o fato econômico que está subjacente ao fato jurídico ou os efeitos econômicos decorrentes do fato jurídico. Na interpretação da lei tributária dever-se-ia ter em conta o fato econômico ou os efeitos econômicos do fato jurídico referido na lei tributária, de tal modo que, embora o fato jurídico acontecido fosse de natureza jurídica diversa daquela expressa na lei, o mesmo tributo seria devido, bastando a equivalência dos fatos econômicos subjacentes ou dos efeitos econômicos resultantes de fatos jurídicos de distinta natureza" (BECKER, Alfredo Augusto. *Carnaval tributário*. 2. ed. 1. reimpr. São Paulo: Lejus, 2004. p. 129).

[30] RIBEIRO, Ricardo Lodi. *Justiça, interpretação e elisão tributária*. Rio de Janeiro: Lumen Juris, 2003. p. 151.

[31] Luís Cezar Souza de Queiroz historia o tema do seguinte modo: "A teoria do propósito negocial ou empresarial (the business purpose doctrine) e a teoria da substância sobre a forma (the substance over form doctrine) foram aplicadas pela primeira vez no caso Gregory x Helvering em 1935. Nesse julgado a Suprema Corte americana decidiu que não deveria considerar uma reorganização empresarial geral em função de inexistir um propósito negocial. A Corte entendeu que o fato de ter sido seguido literalmente um texto legal que permitia que não houvesse uma tributação não deveria prevalecer na hipótese de inexistir uma finalidade negocial ou empresarial. Prevaleceu aquilo que a Corte considerou que realmente e substancialmente ocorreu, independentemente da forma adotada pelas partes" (QUEIROZ, Luís Cesar Souza. Limites do planejamento tributário. *In*: SCHOUERI, Luis Eduardo. *Direito tributário* – Homenagem a Paulo de Barros Carvalho. São Paulo: Quartier Latin, 2008. p. 748-749).

negocial, podendo o Fisco desconsiderar a operação para reclassificá-la para fins de tributação.[32]

Eis, portanto, o instrumental adotado pela doutrina que admite o combate à elisão fiscal, cujos fundamentos teóricos serão vistos no item abaixo.

5 Fundamentos teóricos do combate à elisão fiscal

Marco Aurélio Greco, em profundo estudo sobre o tema, faz um importante apanhado histórico da evolução dos debates sobre os limites do planejamento tributário.

Na primeira fase, que ele denomina "liberdade, salvo simulação", haveria liberdade absoluta do contribuinte para o planejamento tributário, desde que efetuado antes da prática do fato gerador, de forma lícita e sem simulação.[33] A concepção teórica desta visão é a de que o tributo seria uma agressão ao patrimônio individual, sendo o direito tributário o escudo do cidadão para se defender do Estado. Como decorrência desta visão, segundo Greco, chegar-se-ia à defesa da liberdade absoluta dos contribuintes por meio da exacerbação do princípio da legalidade (tomado como "tipicidade fechada") e pela vedação à analogia em matéria tributária.

Greco faz duras críticas a esta visão do planejamento tributário. Inicialmente, defende que a noção, corrente no direito tributário brasileiro, de estrita legalidade deve ser revista, até porque a Constituição Federal não traria previsão neste sentido. E que, a rigor, o ordenamento constitucional não vedaria a analogia em matéria tributária, sendo que tal vedação decorreria exclusivamente do Código Tributário Nacional. Defende a interpretação extensiva da norma tributária, segundo a qual o intérprete deve identificar o núcleo do preceito legal e aplicá-lo sempre que estiver diante de fatos com a mesma essência. E, conclui, afirmando a existência do direito de livre iniciativa, mas destacando que este não é absoluto e encontra limites na função social da propriedade, na solidariedade, na dignidade da pessoa humana, na capacidade contributiva e na isonomia.[34]

Mas justamente em razão dos valores e princípios constitucionais que limitam o direito à liberdade de iniciativa, Greco conclui que a atuação do particular não será válida quando ficar caracterizado o abuso de direito.

E, a partir daí, Greco afirma que a doutrina avançou para a segunda fase do debate sobre os limites do planejamento, por ele denominada "liberdade, salvo patologias".

Segundo o autor, nesta fase, aceita-se o planejamento tributário, desde que ele não seja concebido por meio da adoção das práticas do abuso do direito e da fraude

---

[32] Sobre o propósito negocial, Ricardo Lodi Ribeiro adverte o seguinte: "Não pode, no entanto, ser o único indício do caráter abusivo da elisão, pois a mera intenção de praticar ato menos oneroso do ponto de vista tributário, não gera sua ineficácia perante o Fisco, se não estão presentes outros requisitos da conduta abusiva, como a inadequação entre o negócio jurídico escolhido e a fórmula jurídica adotada" (RIBEIRO, Ricardo Lodi. *Justiça, interpretação e elisão tributária*. Rio de Janeiro: Lumen Juris, 2003. p. 151).

[33] GRECO, Marco Aurélio. *Planejamento tributário*. São Paulo: Dialética, 2004. p. 115-123.

[34] GRECO, Marco Aurélio. *Planejamento tributário*. São Paulo: Dialética, 2004. p. 124-171.

à lei (que são as patologias que viciam o planejamento, tornando-o abusivo). Ou seja, o exame dos casos não deve parar na aferição da existência ou não de simulação (absoluta ou relativa), devendo ir além, para examinar se há ou não abuso de direito.[35]

É que o abuso do direito, em matéria fiscal, ofende a capacidade contributiva e a isonomia. Na concepção do autor, capacidade contributiva:

> não é figura ligada apenas ao dimensionamento do montante a pagar, mas vincula-se, principalmente, à manifestação da aptidão de participar no rateio das despesas públicas, como instrumento para a busca de uma sociedade mais justa e solidária (CF/88, artigo 3º, I) em que os mais podem contribuem em dimensão maior do que os que menos podem.

Daí concluir:

> a eficácia do princípio da capacidade contributiva está em assegurar que todas as manifestações daquela aptidão sejam efetivamente atingidas pelo tributo. Portanto, o princípio norteia não apenas a produção, mas também a interpretação e a aplicação da lei tributária.[36]

Consequentemente, se houver idêntica manifestação de capacidade contributiva, e um dos contribuintes, mesmo que por meios lícitos, foge da tributação, haverá violação à igualdade.

A concepção teórica de Greco, que, em maior ou menor extensão é adotada pela doutrina que admite o combate à elisão fiscal (abusiva), parte da premissa da valorização da capacidade contributiva (tomada como dever de participar do custeio estatal) e da isonomia.

De fato, o constituinte, ao repartir as competências tributárias, identificou manifestações de capacidade contributiva e as entregou aos entes da Federação, para instituir seus tributos. Estes, por sua vez, os devem instituir por lei, de forma a tributar as manifestações de capacidade contributiva que lhes foram asseguradas pela Constituição.

Por imposição da isonomia, todos os que estiverem em igual situação devem sofrer igual tributação, ressalvado os casos de isenções legais, desde que justificáveis por finalidades extrafiscais compatíveis com os valores perseguidos na Constituição.

Por isso, quando um contribuinte deixa de pagar um tributo que normalmente teria que recolher em razão da adoção de formas jurídicas com a finalidade exclusiva de fugir da tributação, entende-se que aí haverá um exercício abusivo de direito, pois o seu direito de livre organização não pode ser exercido em prejuízo do princípio da capacidade contributiva e da isonomia.[37]

---

[35] GRECO, Marco Aurélio. *Planejamento tributário*. São Paulo: Dialética, 2004. p. 172-217.
[36] GRECO, Marco Aurélio. *Planejamento tributário*. São Paulo: Dialética, 2004. p. 186.
[37] "Ou seja, a igualdade em matéria tributária foi colocada pelo constituinte como critério para implementação concreta do sistema, cuja conformação é dada pela capacidade contributiva. Isto altera a relação entre os conceitos: antes, eles se conjugavam de modo que, para haver igualdade tributária, se atenderia à capacidade contributiva; hoje, primeiro deve se perquerida a existência de capacidade contributiva para que a tributação 'ao menos em se tratando de impostos' se justifique, e, depois, sendo cabível o imposto, este deverá ser instituído sem violação à igualdade" (GRECO, Marco Aurélio. *Planejamento tributário*. São Paulo: Dialética, 2004. p. 200).

A lógica, portanto, é de que a capacidade contributiva, iluminada hoje pelos valores da solidariedade e da igualdade material (expressamente adotados pela Constituição de 1988), é a pedra de toque do sistema tributário, devendo o aplicador buscar sua efetividade sempre que possível. E, se um contribuinte obtém um resultado econômico cuja lei pretendeu tributar ao descrever determinada hipótese de incidência, a tributação, por questão de isonomia e efetividade da capacidade contributiva, deverá ser aplicada, mesmo que ele tenha deixado de praticar exatamente a conduta prevista na hipótese de incidência.[38]

Contudo, como adverte Ricardo Lodi Ribeiro, para que a tributação possa ocorrer, é preciso que haja similitude entre os efeitos econômicos resultantes dos atos praticados pelo contribuinte e os efeitos normalmente resultantes da prática do gerador do tributo. É que só assim se poderá dizer que há efetiva correspondência entre a riqueza tributada (decorrente do negócio jurídico praticado pelo contribuinte) e a riqueza cuja lei pretendeu tributar ao descrever determinada hipótese de incidência.[39]

Como se vê, parte-se da premissa de que o legislador ordinário, ao editar a lei impositiva dentro da moldura da competência tributária fixada pela Constituição, pretendeu tributar determinadas manifestações de capacidade contributiva, de modo que, se elas existirem, deverão ser tributadas mesmo que o contribuinte busque meios indiretos para fugir da tributação.[40]

Mas esta tributação só vai ocorrer quando ficar caracterizado o abuso de direito e quando não houver outra causa para a formulação do negócio jurídico que não seja a economia fiscal.

Deve-se destacar, também, que a doutrina que combate a elisão fiscal tem o cuidado de demonstrar que não comunga da teoria da interpretação econômica do

---

[38] "Não há dúvida de que o princípio dirige-se ao legislador, que deverá fazer nascer o tributo, de modo que a lei que instituir uma tributação sem capacidade contributiva estará agredindo o artigo 145, §1º. Aqui a capacidade contributiva apresenta eficácia negativa porque a lei será inconstitucional por desatender ao princípio. [...] Tal como formulado o dispositivo, o princípio dirige-se também para o aplicador e no processo de interpretação servirá de critério iluminador do alcance concreto que a lei posta apresenta. Esta ótica, se existe capacidade contributiva captada pela lei tributária, ela tem de ser alcançada até onde for detectada; ou seja, o princípio funciona como vetor do alcance da legislação. Em outras palavras, a lei tributária alcança o que obviamente prevê, mas não apenas isto; alcança também aquilo que resulta da sua conjugação positiva com o princípio da capacidade contributiva" (GRECO, Marco Aurélio. *Planejamento tributário*. São Paulo: Dialética, 2004. p. 328).

[39] "Em relação ao terceiro requisito, há que se verificar a similitude entre os efeitos do ato escolhido pelo contribuinte como cobertura e o fato gerador legal. Caso contrário, nãos e verifica o signo de manifestação de riqueza escolhida pelo legislador como fato gerador, violando-se o princípio da capacidade contributiva. Neste caso temos a economia fiscal eficaz, e não a elisão fiscal abusiva. A similitude é da essência da elisão abusiva, uma vez que o contribuinte promove uma analogia 'às avessas', procurando um fato que tenha os mesmos efeitos econômicos, mas que não seja tributado na mesma proporção, para mascarar a ocorrência do fato gerador" (RIBEIRO, Ricardo Lodi. *Justiça, interpretação e elisão tributária*. Rio de Janeiro: Lumen Juris, 2003. p. 147).

[40] "Quando digo que a capacidade contributiva vai iluminar a interpretação significa que ao interpretar determinado artigo da lei, não devo fazê-lo isoladamente, nem apenas como elemento que está conectado dentro de um conjunto formal. É preciso verificar qual manifestação de capacidade contributiva ele quer alcançar. A pergunta a fazer é se a previsão legal está qualificando o nome do contrato ou o perfil do contrato. Assim, da perspectiva da capacidade contributiva quando a lei estiver se referindo a compra e venda pode ser que não esteja se referindo ao nome 'compra e venda', mas ao tipo de manifestação de capacidade contributiva que se dá através da compra e venda" (GRECO, Marco Aurélio. *Planejamento tributário*. São Paulo: Dialética, 2004. p. 329).

fato gerador.[41] Ou seja, concorda que o tributo decorre da prática do fato gerador pelo contribuinte, e não do resultado econômico que é o produto do fato gerador. Entretanto, apenas e tão somente quando o resultado econômico é obtido por meio de atos praticados com abuso de direito (aqui tomado em sentido amplo), as formas jurídicas adotadas no negócio poderão ser desconsideradas para que a tributação incida conforme ocorreria se os atos abusivos não fossem praticados.

Exemplo comum dado pela doutrina é o da operação "casa e separa". Duas pessoas querem realizar a compra e venda de um imóvel, mas, para evitar o pagamento do imposto sobre transmissão *inter vivos* (ITBI), formam uma sociedade, na qual o comprador integraliza o capital com dinheiro, e o vendedor integraliza o capital com o imóvel. Em seguida, desfazem a sociedade, e o vendedor leva o dinheiro e o comprador o imóvel. Nesta situação, o ITBI não incidiria, pois não houve a venda de um imóvel, mas sim a dissolução de uma sociedade com cada um dos sócios levando uma parte do capital social.

Num caso como este, poder-se-ia dizer que o comprador, em conluio com o vendedor, abusou do seu direito de livre iniciativa, pois criou sociedade – o que é permitido no ordenamento – com a finalidade exclusiva de transmitir um imóvel sem o pagamento do imposto sobre transmissão. Por essa razão, o negócio jurídico, tal como realizado, seria inoponível ao Fisco, que poderia tributar a operação tal como se fosse uma alienação de bem imóvel, pois, em sua essência econômica, é disse que se trata.

Por fim, registre-se a posição mais extremada de Marco Aurélio Greco, que entende estar em voga hoje uma terceira fase do debate sobre os limites do planejamento tributário, que ele denomina "liberdade, com capacidade contributiva". Segundo o autor, a Constituição de 1988 promoveu uma mudança no perfil do Estado brasileiro, ao dispor que são objetivos fundamentais da República Federativa do Brasil a construção de uma sociedade livre, justa e solidária e a erradicação da pobreza e das desigualdades sociais e regionais. Desta forma, a capacidade contributiva foi "guindada à condição de princípio geral do sistema tributário",[42] por ser a expressão tributária dos valores da justiça e da solidariedade.

A consequência disto é que o princípio deixa de ser mera limitação ao poder de tributar e passa a ser o fundamento de todo o sistema tributário nacional. Logo, no planejamento tributário:

> mesmo que os atos praticados pelo contribuinte sejam lícitos, não padeçam de nenhuma patologia; mesmo que estejam absolutamente corretos em todos os seus aspectos (licitude,

---

[41] "Não defendo nem a analogia no Direito Tributário, enquanto vigorar o Código Tributário Nacional, nem a interpretação econômica. Mas defendo a chamada consideração econômica. Na consideração econômica, parte-se da lei, constrói-se o conceito legal para saber qual o tipo, vai-se para o fato, constrói-se o conceito de fato considerando os seus aspectos jurídicos, econômicos, mercadológicos, concorrenciais, etc. Enfim, todos os aspectos relevantes para construí-lo e volta-se para a lei para saber se ele está enquadrado ou não. Isto é incluir a variável econômico ao lado de outras variáveis na construção do conceito de fato, para saber o que ele é. Isso não tem nada a ver com interpretação econômica" (GRECO, Marco Aurélio. *Planejamento tributário*. São Paulo: Dialética, 2004. p. 150-151).

[42] GRECO, Marco Aurélio. *Planejamento tributário*. São Paulo: Dialética, 2004. p. 284.

validade), nem assim o contribuinte pode agir da maneira que bem entender, pois sua ação deverá ser vista também da perspectiva da capacidade contributiva.[43]

Ou seja, no atual estágio da evolução jurídica brasileira, o planejamento tributário, mesmo que não seja decorrente de abuso de direito, não seria admissível, pois o princípio da capacidade contributiva – em sua eficácia positiva – há de preponderar sobre o princípio da liberdade. Se houver manifestação de riqueza, há de incidir o tributo, sendo irrelevante se o contribuinte praticou ou não o fato gerador.

Esta posição mais radical de Greco, vista com bons olhos pelo Fisco, não é adotada pela maior parte da doutrina que aceita o combate à elisão fiscal, que reconhece no princípio da legalidade uma garantia necessária à tributação.

6 O sistema constitucional brasileiro e a vedação à analogia: limites ao combate do planejamento fiscal

Já dissemos que a distinção entre evasão e elisão se faz pelo exame da licitude da conduta.

Se o negócio é praticado por meio de instrumentos ilícitos, como é o caso da simulação e da dissimulação, então haverá evasão fiscal que deve ser combatida de maneira rígida. Se o negócio é praticado com fórmulas jurídicas autorizadas ou não vedadas pelo ordenamento, o caso é de elisão. E, na elisão, há parte da doutrina que a considera abusiva, quando houver a prática de atos com abuso de direito.[44]

Entretanto, há na doutrina vozes importantes que não aceitam o combate à elisão fiscal, justamente porque nela não há o componente da ilicitude. E isto ocorre mesmo nos casos em que o contribuinte adota fórmulas jurídicas com a finalidade exclusiva de economizar tributos.

A questão, parece-nos, é de premissa: se os instrumentos usados no planejamento são permitidos pelo ordenamento (ou ao menos não são vedados), e se o contribuinte, ao estruturar o seu negócio jurídico, deixa de realizar o fato descrito na lei como necessário e suficiente para dar origem à obrigação tributária, então não haverá como dele se exigir o pagamento do tributo.

E, a nosso ver, a conclusão acima não se modifica, mesmo que o contribuinte utilize destes meios autorizados ou não vedados no ordenamento com a intenção exclusiva de não pagar – ou pagar menos – tributo.

As teorias do abuso do direito, da fraude à lei, e do abuso de formas, embora bem construídas e aplicadas em outros países, não nos parecem ser passíveis de aplicação no direito tributário brasileiro.

---

[43] GRECO, Marco Aurélio. *Planejamento tributário*. São Paulo: Dialética, 2004. p. 281.
[44] Segundo Ricardo Lobo Torres, elisão abusiva é o "abuso da possibilidade expressiva da lei e dos conceitos jurídicos abertos ou indeterminados; inicia-se com a manipulação de formas jurídicas lícitas para culminar na ilicitude ínsita ao abuso de direito" (TORRES, Ricardo Lobo. *Normas de interpretação e integração do direito tributário*. 4. ed. rev. e atual. Rio de Janeiro: Renovar, 2006. p. 220).

E, para sustentar esta posição, pensamos que não são necessários argumentos de índole estritamente formalista. Ao contrário, nossa conclusão decorre da maneira como compreendemos o sistema jurídico tributário brasileiro.

A Constituição brasileira, em matéria tributária, é singular.[45]

Nela, há toda uma estrutura que conforma e de delimita a tributação, a começar pelas limitações ao poder de tributar (princípios e imunidades), passando pela indicação de quais espécies tributárias poderão ser instituídas pelos entes da Federação, assim como pela rígida discriminação de competências em matéria de impostos. Isto tudo é reforçado pela relevantíssima função que a Constituição dá à lei complementar em matéria tributária, que, além de estabelecer normas gerais, dispor sobre conflitos de competência e regular as limitações constitucionais ao poder de tributar, deve descrever os fatos geradores, base de cálculo e contribuintes dos impostos.[46]

Este cuidado do constituinte com o trato da matéria tributária revela a sua particular preocupação com a *segurança jurídica* na tributação. Por isso, a experiência estrangeira de combate à elisão fiscal deve ser vista com prudência, pois os regimes tributários de países como Alemanha, Itália, Espanha ou Estados Unidos são absolutamente distintos do nosso. Por não terem constituições tão minudentes em matéria tributária, o legislador ordinário tem muito mais liberdade do que no Brasil.[47]

---

[45] "Em outras palavras, a opção constitucional foi, primordialmente, pela instituição de regras e, não, de princípios. Tanto que a Constituição Brasileira de 1988 é qualificada de 'analítica', justamente por ser detalhista e pormenorizada, características estruturalmente vinculadas à existência de regras, em vez de princípios. Essa característica, aliás, compõem o diferencial da Constituição Brasileira de 1988 relativamente a outras constituições, como a estadunidense e a alemã, para usar dois exemplos paradigmáticas, cada qual com a sua particularidade. A leitura do ordenamento constitucional facilmente comprova essa constatação – a Constituição Brasileira de 1988 é uma constituição de regras" (ÁVILA, Humberto. Neoconstitucionalismo: entre a ciência do direito e o direito da ciência. *Revista Eletrônica de Direito do Estado*, Salvador, n. 17, jan./mar. 2009. p. 4).

[46] "Art. 146. Cabe à lei complementar: I – dispor sobre conflitos de competência, em matéria tributária, entre a União, os Estados, o Distrito Federal e os Municípios; II – regular as limitações constitucionais ao poder de tributar; III – estabelecer normas gerais em matéria de legislação tributária, especialmente sobre: a) definição de tributos e de suas espécies, bem como, em relação aos impostos discriminados nesta Constituição, a dos respectivos fatos geradores, bases de cálculo e contribuintes; b) obrigação, lançamento, crédito, prescrição e decadência tributários; c) adequado tratamento tributário ao ato cooperativo praticado pelas sociedades cooperativas; d) definição de tratamento diferenciado e favorecido para as microempresas e para as empresas de pequeno porte, inclusive regimes especiais ou simplificados no caso do imposto previsto no art. 155, II, das contribuições previstas no art. 195, I e §§12 e 13, e da contribuição a que se refere o art. 239. (Incluído pela Emenda Constitucional nº 42, de 19.12.2003) [...]".

[47] "É lição corrente que a Constituição Brasileira, diversamente do que ocorre nas Constituições dos principais Estados Ocidentais (da Alemanha, dos Estados Unidos, de Portugal, da Itália, da Espanha, etc.) é a que, com larga margem, mais possui dispositivos relacionados com matéria tributária. Se isso não bastasse, a Constituição Brasileira apresenta outras duas relevantes e peculiares características que são fundamentais para a adequada apreciação do tema do controle da elisão no Brasil. A primeira: a Constituição estabelece, de forma minuciosa, uma rígida repartição da competência tributária entre as Pessoas Políticas (arts. 145 e ss.), a fim de evitar possíveis conflitos de competência entre elas (Princípio da Repartição Constitucional da Competência Tributária). A segunda: a Constituição prescreve que a Pessoa Política competente, ao instituir determinado tributo, deve identificar plenamente todos os critérios do antecedente e do consequente da norma tributária (Princípio da Estrita Legalidade Tributária, denominado por alguns de Princípio da Tipicidade Tributária, expressão mais controvertida). Como será evidenciado adiante, esse duplo requisito constitucional – representado pelo Princípio da Repartição Constitucional da Competência Tributária e pelo Princípio da Estrita Legalidade Tributária – implica uma impossibilidade lógico-jurídica para a adoção de forma automática ou acrítica de algumas teorias estrangeiras 'antielisivas' adiante examinadas, pois a adoção destas teorias, via de regra, representa o acolhimento de um raciocínio analógico, voltado à caracterização de certo fato como fato gerador concreto (fato jurídico-tributário), e que produz, como consequência, o surgimento de uma obrigação

Por isso, ao contrário do que defende Greco, entendemos que a Constituição brasileira consagra o princípio da estrita legalidade. Ainda que se possa discutir se há exigência constitucional de que as normas de tributação sejam feitas por meio de conceitos fechados (descrição exaustiva de todos os traços distintivos do objeto) ou por meio de tipos (descrição apenas das caraterísticas essenciais do objeto), é certo que a Constituição exige que a lei descreva exatamente qual será o ato, conjunto de atos, ou negócio jurídico praticado pelo contribuinte que dará origem à obrigação tributária. Tanto é assim que, especialmente em matéria de impostos, a Constituição sequer se satisfaz com a lei ordinária, mas antes exige que lei complementar venha fixar as hipóteses de incidência e a base de cálculo. Apenas depois de intermediado pela lei complementar é que o legislador ordinário poderá instituir o imposto, catando submissão não só aos limites da competência definidos na Constituição como também aos critérios estabelecidos pelo legislador complementar.

É precisamente do sistema tributário que o constituinte se preocupou em criar que extraímos o princípio da estrita legalidade. A leitura isolada do inc. I do art. 150 (que fala apenas ser vedado exigir ou aumentar tributo sem lei que o estabeleça) talvez não autorize o intérprete a extrair da Constituição o princípio da estrita legalidade tal qual formulado pela doutrina nacional. Entretanto, este dispositivo – que reitera a legalidade em matéria tributária –, quando somado a todos os outros da Constituição, demonstra, a nosso entender, que a extrema preocupação do constituinte com a segurança jurídica na tributação faz com que o princípio da legalidade nesta seara seja diferenciado, motivo pelo qual todos os elementos essenciais à hipótese de incidência e à obrigação tributária haverão de estar na lei.[48] E isto é reforçado pelo art. 97 do CTN, que, cumprindo o seu papel de norma geral em matéria tributária, exige que todos os elementos da obrigação tributária estejam descritos em lei.[49]

Consequentemente, se o espaço da tributação é tão demarcado na Constituição, a conclusão a que chegamos é de que a analogia em matéria tributária, com a finalidade de exigência ou majoração de tributos, é vedada pelo próprio sistema constitucional.

---

tributária" (QUEIROZ, Luís Cesar Souza. Limites do planejamento tributário. *In*: SCHOUERI, Luis Eduardo. *Direito tributário* – Homenagem a Paulo de Barros Carvalho. São Paulo: Quartier Latin, 2008. p. 750).

[48] "Em um Estado Federal, como é o Brasil, a rígida repartição de competências exige conceitos determinados, exclusivos e fechados, a fim de ser evitarem conflitos entre as pessoas políticas titulares do poder de tributar, bem como de impedir que os contribuintes sejam duplamente tributados pela prática de um mesmo fato. Concluindo: o princípio da legalidade, em matéria tributária, representa estrita legalidade, distanciando-se da tipicidade em sentido próprio, porque a tributação implica o Estado penetrar na seara da liberdade e da autonomia privada dos cidadãos, e tal poder deve ser exercido dentro das limitações inerentes ao Estado de Direito, isto é, preservando a segurança e a certeza jurídica nas relações entre os cidadãos-contribuinte e o Poder Fiscal" (MANEIRA, Eduardo. Sistema tributário nacional e princípio da legalidade. *In*: COÊLHO, Sacha Calmon Navarro (Coord.). *Segurança jurídica*: irretroatividade das decisões judiciais prejudiciais aos contribuintes. Rio de Janeiro: Forense, 2013. p. 402).

[49] "Art. 97. Somente a lei pode estabelecer: I – a instituição de tributos, ou a sua extinção; II – a majoração de tributos, ou sua redução, ressalvado o disposto nos artigos 21, 26, 39, 57 e 65; III – a definição do fato gerador da obrigação tributária principal, ressalvado o disposto no inciso I do §3º do artigo 52, e do seu sujeito passivo; IV – a fixação de alíquota do tributo e da sua base de cálculo, ressalvado o disposto nos artigos 21, 26, 39, 57 e 65; V – a cominação de penalidades para as ações ou omissões contrárias a seus dispositivos, ou para outras infrações nela definidas; VI – as hipóteses de exclusão, suspensão e extinção de créditos tributários, ou de dispensa ou redução de penalidades".

Outra vez, discordamos de Greco quando o autor afirma que a vedação à analogia no direito tributário viria exclusivamente do art. 108, §1º, do CTN.[50] A nosso ver, a vedação à analogia em matéria tributária é constitucional, pois, neste ramo do direito, o constituinte demonstrou toda a sua preocupação com a segurança jurídica, o que nos autoriza a concluir que a norma tributária requer cuidados extras na sua interpretação e aplicação. Onde houver lacunas em matéria de imposição tributária, a Constituição impede o processo integrativo.

Isto traz ao ponto que, para nós, é central na discussão sobre os limites do planejamento fiscal: a existência ou não de lacunas no ordenamento jurídico tributário e a possibilidade ou não de sua integração.

Como já dissemos, a Constituição seleciona alguns fatos reveladores de disponibilidade de riqueza apta à tributação. Esta seleção não é exaustiva, pois outros podem ser identificados, como ressai da competência residual da União para impostos e contribuições à seguridade social. Feita esta seleção, estes fatos reveladores de capacidade de partilhar com o custeio estatal é distribuído aos entes da Federação, por meio de uma rígida repartição de competências. Os entes, por sua vez, instituem os seus tributos dentro dos limites constitucionais e mediados pela lei complementar. Note-se, porém, que o exercício pleno da competência tributária, embora seja desejável, não é obrigatório, pois os Entes podem instituir no todo ou em parte a sua competência. Prova disto é o Imposto sobre Grandes Fortunas, ainda não instituído pela União Federal, e as isenções fiscais, por meio das quais os Entes voluntariamente abrem mão de sua competência em razão de políticas extrafiscais.

O que estamos querendo dizer é que, dentro do ordenamento brasileiro, existem muitos espaços em que há capacidade contributiva apta à tributação, mas não há tributo exigido. Por isso, nem toda manifestação de capacidade contributiva é necessariamente tributada.

Por outro lado, o legislador ordinário, já o dissemos, tem liberdade para exercer sua competência de maneira plena ou não. E, o mais importante, mesmo quando pretende esgotar sua competência, ele terá que fazer isto por meio de um instrumento, que é a lei.

Acontece que, dentro dos limites semânticos que os textos legais comportam, o legislador poderá não conseguir alcançar todos os fatos reveladores de capacidade contributiva que existem ou possam existir no futuro. E isto ocorre porque o legislador é humano, falho, e por isso não pode dar conta de todas as situações da vida. Sobretudo porque, por outro lado, a engenhosidade humana é infinita, especialmente em matéria de negócios.

Por isso, haverá sempre, em qualquer ordenamento jurídico, lacunas. Espaços vazios de normatividade, em que a lei não chega, seja por vontade expressa, seja por deficiência do legislador.

O direito reconhece a falibilidade legislativa e a existência de vazios, e por isso dá ao aplicador o instrumento da analogia. É a analogia que vai levar uma regra

---

[50] "Art. 108. [...] §1º O emprego da analogia não poderá resultar na exigência de tributo não previsto em lei".

jurídica, concebida para dada situação, para uma outra hipótese não prevista na lei. Note-se que não estamos aqui a falar de intepretação extensiva, de modo a esticar a norma jurídica para abraçar o fato da vida. Estamos aqui a falar em reconhecimento da inexistência de norma, o que leva o aplicador a ter que selecionar uma norma existente no ordenamento e aplicá-la ao fato não normatizado.

A analogia como processo integrativo do direito é uma solução que o próprio direito constrói para resolver os problemas das lacunas. Onde houver razões semelhantes, é de se pressupor que o legislador, se assim tivesse previsto, trataria de determinado fato da mesma maneira que cuidou de outro.

Mas há campos no direito em que a analogia não é permitida. E isto ocorre nas matérias em que, por diversas razões, o próprio ordenamento demanda haver uma maior segurança jurídica em sua aplicação. É o que ocorre no direito penal, em determinadas partes do direito civil e, no que nos interessa, no direito tributário.[51]

As formulações constitucionais e legais em matéria tributária são minudentes. Isto acontece porque, na relação jurídico-tributária, como acontece na relação jurídico-penal, está-se diante de uma relação de poder: é o Estado, titular do poder de tributar, que submete o particular por meio da lei tributária. Ao contrário do que acontece nas relações privadas, em que os sujeitos da relação jurídica se situam no mesmo nível, na relação tributária há uma relação de sujeição. Daí a necessidade de maior segurança jurídica, pela simples razão de que o poder estatal, em um Estado Democrático de Direito, deve ser limitado.

E não há dúvidas de que a Constituição brasileira controla, com muita precaução, o poder de tributar. Se neste ramo do direito o princípio da legalidade se faz tão presente, então é de se concluir que a analogia em direito tributário não será admitida. Assim é também por uma questão de legitimidade do tributo: por representar uma restrição à liberdade individual, o tributo só poderá ser exigido quando autorizado pela sociedade. E, no Brasil, esta autorização é dupla: o povo reunido em Assembleia

---

[51] "É evidente que o sistema jurídico não pode cobrir todos os fatos econômicos e políticos. O buraco do real não é somente a inevitável constatação de que a vida é mais complexa do que o sistema jurídico, mais uma conclusão lógica (Godel). O relevante é identificar as áreas ou setores em que há incompletude do sistema é incompletável, como é o caso do direito tributário ou penal. Dá-se ainda que, naqueles sítios em que o sistema quer abrigar a criativa vontade privada na formulação de novos contratos e nova fórmulas negociais de expansão da riqueza, enuncia normas vazadas em tipos flexíveis e graduáveis, abertos à realidade social (campo dos negócios jurídicos). Procura o sistema dispor de categorias formais que possam abraçar a realidade econômica e social, ou ainda deixar às partes ou ao juiz a possibilidade de integração. Não obstante, naqueles ramos em que outros são os princípios prevalentes, como a segurança e a legalidade estrita, as normas postas pelo legislador chegam sempre com atraso ao desenvolvimento econômico e às novas riquezas consequentes. Resulta então que no Direito Tributário, o tempo de criação pelo legislador dos tributos jamais coincide com a geração da riqueza nova, por isso o descompasso já existente entre o tempo do ambiente externo e o tempo do sistema tributário, é maior do que em relação ao sistema do Direito Privado. Não se costuma estranhar o fato de que o modo de compreender o direito dos contratos (tipos flexíveis, abertos e graduáveis), seja diferente do modo de compreender os direitos reais, os creditórios e os sucessórios (determinação e fechamento, por razões de segurança jurídica). Isso dentro do Direito Privado, onde há partes móveis e imóveis, abertas e fechadas, completáveis e incompletáveis. Muito menos se deve resistir à proibição da integração analógica no Direito Tributário, face aos valores e princípios que nele prevalecem" (DERZI, Misabel de Abreu Machado. O planejamento tributário e o buraco do Real. Contraste entre a completabilidade do direito civil e a vedação da completude no direito tributário. *In*: FERREIRA, Eduardo Paz et al. (Coord.). *Estudos em homenagem ao Professor Doutor Alberto Xavier*. Coimbra: Almedina, 2013. v. II. p. 413-414).

Constituinte definiu as competências, e a população do ente consentiu na instituição do tributo quando reunida em suas casas legislativas que editaram as leis impositivas. Por isso, não poderia o aplicador da lei, que não exerce a representação popular, decidir ao seu arbítrio se irá aplicar ou não a tributação a um fato não previsto pelo Poder Legislativo.[52]

Com isto estamos a definir duas premissas: pode haver capacidade contributiva sem necessariamente haver tributação; e, quando constatada esta latência de riqueza disponível, o método integrativo não poderá ser usado em matéria tributária.

Postas estas premissas, pensamos que, quando o contribuinte constrói um planejamento tributário, de modo a efetivamente evitar a prática do fato imponível descrito na lei, ele estará a salvo da obrigação tributária.

Devemos lembrar, por primeiro, que a lei não tributa diretamente os resultados econômicos.

Antes, há um mecanismo de incidência, por meio do qual a subsunção irá ocorrer a partir de determinados atos, conjuntos de atos, fatos ou negócios jurídicos praticados pelo contribuinte. O produto econômico – a riqueza gerada em função destes atos, fatos ou negócios jurídicos – não é tributado simplesmente porque ele existe. Na verdade, a tributação irá ocorrer em função da prática dos atos, da incursão nos fatos, ou da realização dos negócios jurídicos previstos na lei como necessários e suficientes ao nascimento da obrigação tributária. Tome-se aqui o exemplo da tributação sobre a venda de um produto. A riqueza gerada na venda não é tributada simplesmente porque ela existe como uma realidade. Ela será tributada porque é uma decorrência, o resultado de um negócio jurídico realizado pelo contribuinte que foi eleito pelo legislador como fato gerador da obrigação tributária: a circulação onerosa de mercadoria. Não se tributa o ganho de capital simplesmente porque ele existe, mas sim porque ele é o produto de um fato jurídico praticado pelo sujeito passivo que é a alienação de um bem ou direito.

Isto nos permite raciocinar no sentido de que, nem sempre que houver determinado resultado econômico, haverá tributação. Esta só irá ocorrer se este resultado econômico decorrer de um fato que a lei indicou como hipótese de incidência de um tributo.

E ainda que este resultado econômico seja normalmente decorrente dos fatos que a lei estabeleceu como hipóteses de incidência de um tributo, ele não será tributado

---

[52] "Em sua obra, 'Tipicidade da Tributação, simulação e norma antielisiva', ALBERTO XAVIER introduz o tema do planejamento tributário dizendo: 'a liberdade individual de os particulares se organizarem e contratarem de modo menos oneroso do ponto de vista fiscal é um dos temas mais nobres Direito Tributário, intimamente ligado, como está, às garantias individuais que a visam proteger e que consistem nos princípios da legalidade, e da tipicidade da tributação.' Com inteira propriedade, lembra que não é compatível com a Constituição da República a adoção de uma cláusula geral antielesitiva – aquela que embora sem prática de ato ilícito pelo contribuinte – autoriza a Administração Tributária a estender a incidência da norma legal a fato/ato estranho ao gerador e praticado com vista à economia de imposto. A cláusula geral antielisiva acarreta necessariamente a complementação do Direito por meio de aplicação analógica e desloca a competência legislativa para o Poder Executivo" (DERZI, Misabel de Abreu Machado. O planejamento tributário e o buraco do Real. Contraste entre a completabilidade do direito civil e a vedação da completude no direito tributário. *In*: FERREIRA, Eduardo Paz et al. (Coord.). *Estudos em homenagem ao Professor Doutor Alberto Xavier*. Coimbra: Almedina, 2013. v. II. p. 412).

se for produzido a partir da ocorrência de um outro fato que não aquele escolhido na lei como necessário e suficiente para o nascimento da obrigação tributária.

Para que se possa tributar este resultado econômico decorrente de um fato não previsto na lei tributária, pensamos que necessariamente será preciso recorrer à analogia. Sim, porque a obrigação tributária partiria não da prática do fato imponível pelo contribuinte, mas de um outro fato não previsto na lei. Assim, para que a tributação seja viável, será preciso tributar este resultado econômico *como se* ele tivesse sido resultado do fato gerador previsto na lei. Ou, em outra hipótese, fazer o caminho inverso, ou seja, reconhecer que o fato não está descrito na hipótese da lei impositiva e, então, por similitude de razões no trato da matéria, aplicar a regra tributária ao fato praticado pelo contribuinte do qual decorreu aquele resultado econômico.

É ver, portanto, que no centro do debate sobre o combate à elisão, mesmo aquela que se entenda decorrente de fatos praticados com abuso de direito ou de fraude à lei, há um problema teórico muito sério: a admissão da imposição tributária a um fato não descrito na lei. Se o contribuinte contorna a hipótese de incidência, ainda que com a exclusiva finalidade de não pagar um tributo, ele não terá praticado o fato gerador. As tentativas, portanto, de se tributar o resultado econômico obtido pelo contribuinte *necessariamente* passarão pela aplicação de uma lei que não previu o fato praticado como gerador da obrigação tributária.[53]

Como já dissemos, ainda que o legislador tenha pretendido que determinados resultados econômicos fossem tributados por serem relevadores de capacidade contributiva, ele o faz por meio da descrição de fatos a serem incorridos pelo contribuinte, atos a serem por ele praticados ou por negócios a serem por ele realizados. Pode ser que estes atos, fatos ou negócios tenham sido selecionados pelo legislador como geradores da obrigação tributária em função do resultado econômico que geram, tidos por reveladores de capacidade contributiva. Todavia, a simples vontade do legislador de tributar determinados eventos econômicos, somada à existência de capacidade contributiva que estes eventos revelam, não dispensa, de modo algum, que o contribuinte incorra no fato gerador previsto na lei.

Com isto estamos a dizer que, por mais que se possa concluir que efetivamente exista uma vontade do legislador de tributar determinados resultados econômicos, sua eventual falha ou limitações na hora da descrição da hipótese de incidência

---

[53] "Ora, (i) se a Constituição se ocupou em discriminar diferentes conceitos que apresentam limites máximos, de modo a repartir a competência tributária entre as Pessoas Políticas, (ii) se há entre esses conceitos semelhanças quanto á repercussão econômica ou substância econômica dos mesmos, (iii), então, se fossem aplicáveis no Brasil teorias estrangeiras (a da interpretação econômica, a da substância sobre a forma, a do propósito negocial, etc.) que, para serem aplicadas, em situações que não se enquadrem como de simulação ou fraude, envolvem necessariamente um processo analógico, estar-se-ia tornando sem efeito o Princípio da Repartição Constitucional de Competência Tributária. [...] Qual a diferença, quanto à substância econômica, do fato de alguém prestar um serviço de transporte municipal intermunicipal para o fato de alguém prestar um serviço de transporte intermunicipal? Não parece haver diferença quanto à substância econômica. Ora, sendo assim, poderiam tanto o Estado quanto o Município exigir o imposto sobre a prestação de um serviço de transporte, seja intermunicipal ou intramunicipal, tendo por base a competência diretamente conferida pela Constituição ou tendo por base a analogia? Parece-me que não" (QUEIROZ, Luís Cesar Souza. Limites do planejamento tributário. *In*: SCHOUERI, Luis Eduardo. *Direito tributário* – Homenagem a Paulo de Barros Carvalho. São Paulo: Quartier Latin, 2008. p. 754).

acabam por restringir a exigência do tributo. Este fenômeno é muito claro quando se está diante das inovações tecnológicas, por exemplo. Há serviços que, apesar de terem sido apreendidos pela norma tributária, quando virtualizados perdem as notas características próprias do fato gerador descrito na lei. Aqui não se pode sequer rotular o legislador de falho, pois ele não poderia prever o futuro na hora de instituir o tributo. É provável que as razões que levaram a tributação de determinado serviço em um âmbito físico sejam reproduzidas para este mesmo serviço prestado no âmbito virtual, mas, se, por alguma razão, a inovação tecnológica faz com que este novo serviço não se subsuma nas notas conceituais descritas no fato gerador previsto na lei, a tributação não poderá ocorrer.

A existência de espaços vazios no ordenamento, já dissemos, é uma realidade. O legislador jamais dará conta de todos os fenômenos sociais, seja por limitações temporais ao tempo da edição das normas, seja por deficiência na sua redação. No direito tributário isto não é diferente, há manifestações de capacidade contributivas que não são tributadas. E por vezes há resultados econômicos que o legislador pretendeu tributar, mas que o fez por descrições legislativas limitadas, que permitem que este mesmo resultado seja alcançado por meio da prática de outros fatos que não os descritos nas hipóteses de incidência.

A existência de disponibilidade econômica, por si só, não gera o dever de pagar tributo. É preciso que exista uma ponte a ligar a capacidade contributiva e a obrigação tributária, e esta ponte é a lei. Pode haver ilhas de capacidade contributiva ainda não acessadas pela lei, cabendo ao legislador, observada a competência tributária, construir as pontes necessárias para conectar os arquipélagos de capacidade contributiva à obrigação tributária. Aqui, o legislador há de ser engenheiro.

Portanto, o argumento de que o princípio da capacidade contributiva teria uma eficácia positiva, no sentido de que todos os fatos que revelem a existência de disponibilidade econômica devam ser tributados sob pena de se ferir o princípio da igualdade, não é suficiente para desautorizar todo o sistema de proteção à segurança jurídica construído pelo constituinte e pelo legislador.[54] Se a capacidade contributiva e a igualdade devem inspirar o legislador na hora de instituir os tributos, estas não o dispensam de observar as restrições ao poder de tributar também previstas na própria Constituição. Alberto Xavier, aliás, lembra que a igualdade em matéria tributária é garantia do cidadão contribuinte, e que por isso sequer poderia ser invocada pelo Estado para justificar a tributação onde não houver lei.[55]

---

[54] "Permitir-se que os Princípios da Capacidade Contributiva e da igualdade tributária exorbitem das suas funções de orientação e limite ao legislador ordinário para conferir amplos poderes ao órgãos administrativos e judiciais, com vista a reprimir na fase da interpretação e da aplicação do direito o negócio jurídico fiscalmente menos oneroso, significa a morte do princípio da legalidade tributária e retrocesso inaceitável no caminho da construção de uma sociedade, em que as liberdades civis e políticas asseguram a economia de mercado e os valores da personalidade" (XAVIER, Alberto. *Tipicidade da tributação, simulação e norma antielisiva*. São Paulo: Dialética, 2002. p. 158).

[55] "É importante frisar que o princípio da igualdade é uma garantia individual do cidadão, expressamente considerada como tal no art. 150 'caput' e no inc. II da Constituição, e não um direito do Estado, pelo qual pode ser invocado para servir de fundamento a uma tributação não prevista em lei" (XAVIER, Alberto. *Tipicidade da tributação, simulação e norma antielisiva*. São Paulo: Dialética, 2002. p. 128).

Seja como for, a segurança jurídica e a proteção à liberdade, como valores adotados pelo constituinte, não estão atrás dos valores de justiça e igualdade também adotados na Constituição. E, como lembra Alberto Xavier, a capacidade contributiva e a legalidade atuam em planos distintos: a primeira, inspira e norteia o legislador; a segunda, condiciona-lhe a atuação.[56]

A igualdade, traduzida para o campo tributário por meio da capacidade contributiva, é *princípio* norteador da tributação, ao passo que a segurança jurídica, aqui tomada pela legalidade, é uma *regra* de limitação ao poder de tributar. Por isso, repetimos, não há que se falar em prevalência da capacidade contributiva sobre a legalidade ou vice-versa: há campos de atuação distintos, não se podendo esquecer que a legalidade é regra limitadora do poder tributário.

O raciocínio desenvolvido acima, pensamos, desautoriza o entendimento de que a capacidade contributiva seria o instrumento de integração do ordenamento tributário no caso de lacunas, como defende Marco Aurélio Greco.[57] Pelo contrário: as lacunas em matéria tributária, já vimos, não podem ser preenchidas pelo aplicador por meio da analogia, em razão da notável preocupação com a segurança jurídica que foi perseguida pelo constituinte.

A identificação e a busca destes espaços vazios na tributação é justamente onde se coloca o planejamento tributário. E é legítima, pois a Constituição também assegura a todos o "o livre exercício de qualquer atividade econômica" (parágrafo único do art. 170).

A questão a ser analisada é como o contribuinte acessa estes espaços vazios.

Já vimos que há sólida doutrina a defender que, se para contornar a norma impositiva, o contribuinte age com abuso de direito, então estes atos abusivos devem ser descaracterizados para fins de tributação. Mas aqui reside o pecado original que já denunciamos acima: desconsideram-se os atos (lícitos, porém abusivos) efetivamente praticados pelo contribuinte para que se tribute o resultado econômico obtido *como se* fosse decorrente da prática da hipótese de incidência prevista em lei. Mais uma vez, a ficção se revela, pois não se nega que os atos praticados pelos contribuintes foram

---

[56] "Dirão os defensores das doutrinas antiabuso que os princípios da tipicidade e da liberdade de contratar nascem intrinsicamente limitados pelo princípio da igualdade e da capacidade contributiva, de tal modo que em certos casos (de abuso de direito) se justificaria o sacrifício de um princípio constitucional (o da tipicidade) em favor de outro ou outros (o da igualdade e o da capacidade contributiva). De novo o argumento não procede, pois o princípio da tipicidade da tributação e os princípios da igualdade e da capacidade contributiva, embora de igual 'status' constitucional, não operam no mesmo plano, em tempos de poder conduzir a um conflito. Observe-se, em primeiro lugar, adotando a terminologia de ALEXY, que enquanto a legalidade e a tipicidade da tributação são objeto de uma regra, a capacidade contributiva é objeto de um princípio. [...] Desta diversidade de natureza e grau de imperatividade resulta que – ainda que o conflito existisse – nunca a solução do mesmo poderia sacrificar uma 'regra' categórica e definitiva, como a da tipicidade, a um 'princípio', tendencial e submetido à reserva do possível, como o da capacidade contributiva" (XAVIER, Alberto. *Tipicidade da tributação, simulação e norma antielisiva*. São Paulo: Dialética, 2002. p. 126).

[57] "Ocorre que a norma geral inclusiva (que estabelece que, embora não previsto especificamente, o caso deve ser considerado dentro da incidência), é o denominado princípio da capacidade contributiva. Vale dizer, apesar de não estar expressamente previsto o caso, mas por manifestar capacidade contributiva tributada pela lei, então, estará alcançado pela incidência tributária. Esta consequência está em sintonia com a ideia de tipicidade por modelos ou categorias (examinada acima) e com a eficácia positiva das normas programáticas" (GRECO, Marco Aurélio. *Planejamento tributário*. São Paulo: Dialética, 2004. p. 161).

diversos daqueles descritos na lei como geradores da obrigação tributária, mas ainda assim a tributação será imposta na forma que seria devida *se* o contribuinte tivesse praticado o fato gerador.

Porém, além de resvalar na analogia, pensamos que o instituto do abuso de direito, tal qual regulado do Código Civil, não se aplica no direito tributário. É que, conforme já dissemos, a figura do abuso do direito pressupõe que o seu titular o exerça de maneira excessiva, para além das finalidades para as quais o direito foi tutelado e com a intenção de prejudicar terceiros.

Pensamos que fazer uso de formas jurídicas lícitas para reduzir tributo não é abuso de direito. É que o contribuinte não está a exercitar seu direito de auto-organização com a finalidade de prejudicar terceiros, mas sim de aumentar a lucratividade do seu negócio, o que é absolutamente natural e harmonioso com o direito de liberdade de atividade econômica e a livre iniciativa. Note-se, portanto, que, ao contrário do instituto de direito civil que pressupõe o exercício do direito para causar dano a terceiro, no planejamento fiscal o contribuinte busca obter uma vantagem lícita para si, que é melhorar a performance financeira do seu negócio.

A construção de que o contribuinte, ao adotar formas jurídicas pouco usuais ou atípicas, com a finalidade de não pagar tributo, revelaria uma intenção de prejudicar o Fisco, caracterizando o abuso de direito, não nos parece correta. Primeiro, porque o Fisco sequer é um envolvido direto no negócio realizado pelo particular, sendo que seu envolvimento só se inicia a partir da ocorrência do fato gerador do tributo. E, segundo, porque a intenção no planejamento fiscal não é a de prejudicar o Fisco, mas sim de alcançar um benefício próprio.

Se há espaços vazios de tributação, e o contribuinte os atinge por meio de atos lícitos (ou seja, não fraudulentos ou simulados), ele está exercendo de forma legítima seu direito de auto-organização, buscando vantagem para si e não visando prejudicar o Fisco. Deixar de pagar tributo por evitar a prática do fato gerador não significa exercer direito próprio em prejuízo do Fisco.[58] Não há, a nosso ver, abuso de direito.

---

[58] "Pensamos ser impróprio cogitar do abuso do direito em caso de planejamento tributário. Claro que o legislador pode considerar abusivo o comportamento do contribuinte; pode até mesmo denomina-lo 'abuso do direito'. Ainda assim será impróprio equiparar tal situação ao abuso do direito, como conhecido na tradição do Direito Privado. [...] Independentemente da postura que se adote, a caracterização do abuso do direito exigirá, em qualquer caso, que do exercício de um direito se atinja direito alheio. O direito de cada um, diziam nossos mestres, reproduzindo o que a boa educação já ensina em casa – termina quando começa o do outro. Daí ser imperativo indagar qual o direito que teria sido atingido, no caso do abuso do direito em matéria tributária. Para sustentar a tese do abuso do direito, Marco Aurélio Greco se baseia em trecho de Serpa Lopes, dele inferindo que a sociedade seria a 'credora da obrigação de não abusar' [...] O que importa pôr em questão é em que momento surge o referido 'direito da coletividade', que estaria sendo ferido por meio do abuso do direito. Se o 'direito da coletividade' for o direito de receber um tributo mesmo que não ocorra o fato jurídico tributário, então merece imediata repulsa o raciocínio. A mera existência de capacidade contributiva não é suficiente para o surgimento da obrigação tributária. Relevante é enfatizar que não basta a existência de capacidade contributiva para que surja a tributação; é papel do legislador escolher, dentre as diversas hipóteses inseridas em sua competência, aquelas que darão azo à tributação. Do mesmo modo, de nada adianta o legislador contemplar uma hipótese sem que esta ocorra: sem o fato jurídico-tributário, não há direito ao tributo. Cabe insistir neste ponto: não há direito ao tributo sem o fato jurídico tributário. Não existe, em matéria tributária, a expectativa do Fisco. Mesmo que este faça inserir um montante em seu orçamento, esta circunstância não cria direito ao tributo. Apenas com a concretização do fato jurídico tributário é que haverá 'direito da coletividade'. Daí ser inaceitável cogitar de abuso do direito em matéria tributária: se o planejamento tributário se definir

Tampouco nos parece que a figura da fraude à lei seja aplicável ao direito tributário. Por fraude à lei, já dissemos, tem-se a conduta daquele que, para evitar a incidência de uma norma imperativa, utiliza-se de uma outra lei como suporte para realizar seu negócio jurídico, de modo a obter o mesmo resultado que seria vedado pela lei imperativa ou, ainda, para atingir este resultado sem sofrer as consequências que adviriam da incidência da lei imperativa.

Os defensores de sua aplicação no direito tributário afirmam que a conduta do contribuinte que, para obter determinado resultado econômico incialmente tributado, utiliza-se de outro negócio para fugir da tributação estaria a fraudar a lei tributária.

Ocorre que quem contorna a lei impositiva não frauda a lei tributária. A lei impositiva não é amplíssima. Ela tem seu raio de ação limitado pelos contornos semânticos da descrição da hipótese de incidência. Se o contribuinte a contorna, atuando fora de sua descrição, não há que se falar em fraude à lei. A lei não descreve eventos econômicos ou resultados econômicos como hipótese de incidência. Ela descreve atos, fatos e negócios jurídicos, que, via de regra, geram determinados efeitos econômicos. Por isso, se o resultado econômico é obtido por outros meios que não os descritos na hipótese de incidência da lei, não se pode dizer que o contribuinte fraudou a lei tributária. Se dois caminhos levam ao mesmo efeito econômico, e um deles é tributado e o outro não, não é fraude à lei escolher o caminho menos oneroso.

Luís Eduardo Schoueri bem destaca que fraude à lei haveria se houvesse norma imperativa que determinasse que o contribuinte realizasse o fato gerador. Neste caso, se a realização do fato gerador fosse uma imposição legal, aí então aquele que arrumasse meios de não o realizar estaria fraudando a lei. Entretanto, não é isto o que ocorre, a lei não manda o sujeito praticar o fato gerador, apenas impõe que, se o realizar, deverá recolher o tributo.[59]

Logo, se o indivíduo consegue, por um outro meio jurídico lícito qualquer, obter determinado resultado econômico que à primeira vista decorreria de um fato tributável previsto em lei, não está a fraudar a lei tributária. Apenas, por seu engenho, terá deixado de praticar o fato gerador. É verdade que, neste caso, o Fisco terá

---

por não se concretizar o fato jurídico tributário, então hão há qualquer 'direito da coletividade' que possa ter sido afetado" (SCHOUERI, Luís Eduardo. Planejamento tributário: limites à norma antiabuso. *Revista Direito Tributário Atual*, São Paulo, n. 24, 2010. p. 348-349).

[59] "O raciocínio, posto que fascinante, apresenta a dificuldade de determinar qual seria a lei imperativa fraudada por meio do negócio jurídico. Dado o óbvio que se cogita de uma lei tributária, importa saber qual o sentido de 'lei imperativa'. [...] Daí ser mais certo entender por imperativa a lei que não tolera outro comportamento, sob pena de sanção punitiva. Opõe-se, daí, à lei dispositiva, quando legislador dispõe sobre determinada matéria mas faculta comportamento diverso ('se as partes não dispuserem em contrário...'); neste sentido, a lei tributária é imperativa, já que ocorrendo o fato jurídico tributário, surge a obrigação tributária. Ocorre que o lado imperativo da lei tributária está em seu consequente, não no antecedente. Haverá fraude à lei imperativa se seu comando (recolher o tributo) for frustrado por quem incorra no fato jurídico tributário. Não há comando imperativo que obrigue o contribuinte a incorrer no fato jurídico tributário. Somente caberia falar em fraude à lei se houvesse comando legal exigindo que as partes incorressem em determinado fato jurídico tributário; neste caso, qualquer atitude do contribuinte fugindo daquele fato seria em fraude ao comando legal. Mais uma vez: não há lei que obrigue alguém a incorrer em fato jurídico tributário. Ao contrário, sob pena de caracterização de confisco, a hipótese tributária não pode ser conduta obrigatória. Ora, se ao particular é assegurado o direito de incorrer, ou não, naquela hipótese, então não se pode considerar fraudulenta a decisão do planejamento tributário" (SCHOUERI, Luís Eduardo. Planejamento tributário: limites à norma antiabuso. *Revista Direito Tributário Atual*, São Paulo, n. 24, 2010. p. 354-355).

frustrada sua expectativa de receber o tributo. Entretanto, esta é uma consequência, amarga talvez, da não realização do fato gerador, mas que, de modo algum, justifica o atropelo da regra da legalidade em favor da máxima efetividade do princípio da capacidade contributiva.

Ademais, além de não entendermos que o planejamento tributário implique fraude à lei, repetimos aqui as mesmas preocupações que já fizemos ao criticar a transposição da figura do abuso de direito à matéria tributária: sob a alegação de ocorrência de fraude à lei, o que se pretende é desconsiderar o negócio jurídico efetivamente realizado para que a tributação incida tal qual incidiria *se* o fato gerador típico daquele resultado econômico tivesse sido realizado. Outra vez, voltamos ao problema da analogia.

Este mesmo problema se coloca na teoria do abuso de formas jurídicas, figura específica do direito tributário, desenvolvida no direito alemão. Segundo o §42 de seu Código Tributário, "a lei tributária não pode ser fraudada através do abuso de formas jurídicas. Sempre que ocorrer abuso, a pretensão do imposto surgirá, como se para os fenômenos econômicos tivesse sido adotada a forma jurídica adequada".

O dispositivo legal alemão já demonstra a simbiose da teoria do abuso de formas jurídicas com a da fraude à lei. E é assertivo ao dizer que o imposto surgirá *como se* os fenômenos econômicos tivessem surgido da forma jurídica adequada. Só isto já é suficiente para confirmar o raciocínio analógico que envolve a aplicação da teoria, que pode até ser possível no sistema jurídico tributário alemão, mas que é absolutamente vedado no Brasil. Vale lembrar aqui as rígidas balizas tributárias que o Constituinte brasileiro ergueu, o que não se reproduz no direito tedesco.[60]

Além disto, a desconsideração do negócio jurídico em função da utilização de formas jurídicas "atípicas", "pouco usuais" ou ainda "heterodoxas" gera, a nosso ver, um exame extremamente subjetivo, incompatível com a previsibilidade e segurança jurídica que se espera nas relações tributárias.[61] Ademais, o julgamento sobre qual

---

[60] "Como adverte Brandão Machado essa previsão do §42 do Código Tributário Alemão, que estabelece o instituto do abuso de forma jurídica, demanda emprego da analogia, para que seja possível construir a exigência do tributo, o que, segundo suas palavras 'nem todo sistema jurídico comporta', sendo, ainda, taxativo ao afirmar: 'Já é tempo de a nossa doutrina abster-se de considerar como integradas ano nosso sistema jurídico essas estranhas figuras do abuso de formas e critério econômico, porque absolutamente incompatíveis com regra de nosso direito positivo, que expressamente proíbe o emprego da analogia.' [...] Conforme antes demonstrado, as teorias estrangeiras que para serem aplicadas, em situações que não se enquadrem como de simulação ou fraude, envolvem necessariamente um processo analógico, são compatíveis com aqueles sistemas jurídico-constitucionais estrangeiros que conferem ao legislador infraconstitucional uma larga margem de liberdade (competência) para criar normas tributárias. Nesses sistemas estrangeiros, a competência tributária do legislador infraconstitucional é bastante ampla, existindo poucas limitações ou requisitos constitucionais a informar a competência tributária material. Portanto, em tais sistemas, o emprego da analogia, expressamente autorizada ou não pelo legislador, não encontra óbices nas respectivas Constituições, no que tange à demarcação da competência tributária material. A fim de demarcar essa competência, em regra, somente se faz necessária a ponderação dos Princípios da Igualdade e da Capacidade Contributiva com os Princípios da Segurança Jurídica e da Legalidade (sem, portanto, haver a ponderação daqueles com Princípios da Repartição Constitucional da Competência Tributária e da Estrita Legalidade Tributária, que são peculiares ao sistema constitucional brasileiro" (QUEIROZ, Luís Cesar Souza. Limites do planejamento tributário. *In*: SCHOUERI, Luis Eduardo. *Direito tributário* – Homenagem a Paulo de Barros Carvalho. São Paulo: Quartier Latin, 2008. p. 748-756).

[61] "O abuso de forma consistiria na utilização, pelo contribuinte, de uma forma jurídica atípica, anormal ou desnecessária, para realização de um negócio jurídico que, se fosse adotada a forma 'normal', teria um

deve ser o modelo de negócios a ser adotado cabe ao gestor da empresa, e não se pode tolher a liberdade empresarial pelas amarras daquilo que seja considerado normal pela fiscalização. O que o Fisco há de averiguar, pensamos, é se há ou não simulação (absoluta e relativa).

Por considerarmos que o abuso de direito, a fraude à lei e o abuso de formas jurídicas não são aplicáveis ao direito tributário brasileiro, também não nos parece fazer sentido a exigência do propósito negocial.

Ora, este exame (*business purpose test*) é aplicável para verificar se determinado negócio jurídico, feito de maneira diversa da usual, pode ou não ser acatado pelo Fisco, que averiguaria as razões que levaram o sujeito a agir de tal maneira. Se forem exclusivamente para economia de tributos, o negócio haveria de ser desconsiderado. Mas, como já dissemos, entendemos ser legítima a adoção de qualquer meio jurídico, desde que lícito, para evitar a realização do fato gerador. Por isso, a nosso ver, o propósito negocial não tem espaço no direito brasileiro, até porque ele traz em si a própria negação de qualquer planejamento tributário: a vontade deliberada de reduzir a carga tributária.

Com efeito, a concepção de que é preciso buscar outras razões que não a fiscal para justificar o planejamento nos parece um tanto cínica, pois o contribuinte haveria de inventar "desculpas" para justificar o que ele realmente pretende, que é economizar tributos. Não há nenhuma ilicitude ou imoralidade em buscar a economia fiscal. Pelo contrário, esta busca é garantida pelo direito à liberdade.[62]

A esta altura, o que pretendemos deixar claro é que, a nosso ver, jamais será possível desconsiderar um negócio realizado por meio de formas juridicamente válidas, para fins de imposição fiscal. A licitude do meio utilizado garante ao contribuinte a eficácia de sua conduta perante o Fisco, pela singela razão de que, ao assim agir, evitou-se a realização do fato gerador. Qualquer tentativa que vise desconsiderar o negócio realizado, para requalificá-lo como um outro negócio jurídico exclusivamente para fins fiscais, recairá inevitavelmente na analogia. Ou na ficção. Afinal, o que o

---

tratamento tributário mais oneroso. [...] A teoria do abuso de forma (a pretexto de que o contribuinte possa ter usado uma forma 'anormal' ou 'não usual', diversa da que é 'geralmente' empregada), deixa ao arbítrio do aplicador da lei a decisão sobre a 'normalidade' da forma utilizada. Veja-se que o foco do problema não é a legalidade (licitude) da forma, mas a o da 'normalidade', o que fere frontalmente, os postulados da certeza e da segurança do direito" (AMARO, Luciano. *Direito tributário brasileiro*. 15. ed. São Paulo: Saraiva, 2009. p. 321-234).

[62] Ao tratar da doutrina de Marco Aurélio Greco a respeito da validade do propósito negocial, Paulo Ayres sustenta o seguinte: "Identificamos dois problemas sérios nessa proposta exegética. O primeiro consiste na qualificação do propósito específico de economizar tributos como a figura do abuso de direito. Não há óbice em nosso ordenamento jurídico à realização de negócios mediante a utilização de formas lícitas. A busca pela redução de tributos não qualifica ofensa à boa-fé na estruturação de determinada operação, não representa prática atentatória aos bons costumes, e não implica violação ao fim econômico ou social do exercício de um direito. Vale dizer, se o abuso de direito tivesse sido inserido, de forma clara e inequívoca, no Código Tributário Nacional – o que, repise-se, não ocorreu – ainda assim não veríamos a operação que tenha por fim específico a carga tributária de abusiva. [...] O princípio da solidariedade social não constituiu o único conteúdo normativo inserto no Texto Constitucional. Esse princípio sofre as contenções de uma série de outros princípios e regras constitucionalmente previstos. Como vimos, há uma série de comandos constitucionais que atuam no sentido de circunscrever os limites para que a percussão tributária se estabeleça, tais como a legalidade, capacidade contributiva (legalmente prevista), segurança jurídica, certeza do direito, limitação do exercício da competência mediante fixação de conceitos determinados, cláusulas imunitórias, entre outros" (BARRETO, Paulo Ayres. *Elisão tributária*: limites normativos. Tese (Livre Docência) – Universidade de São Paulo, São Paulo, 2008. p. 233-234).

intérprete estará fazendo é a substituição do fato ocorrido por um outro fato previsto na lei tributária. Definitivamente, isto não é interpretação da lei, mas sim criação – analógica – de uma lei para aplicação a fato não previsto na norma. Ou, então, o caso será de ficção, para se considerar que o resultado econômico foi obtido pelo contribuinte por meio de um fato – por ele não realizado – descrito na lei tributária.

Pelas razões que já expusemos, e conforme já concluímos com Eduardo Maneira, pensamos que só há um critério juridicamente válido para o combate aos planejamentos tributários abusivos: o exame da ocorrência da simulação, seja ela absoluta ou relativa.[63]

A liberdade do contribuinte encontra uma barreira instransponível que é a da realidade. Seu planejamento, para ser válido, tem de ser feito de maneira lícita e *real*. Se o contribuinte age com simulação, pretendendo criar situações inexistentes, ou se age com dissimulação, pretendendo ocultar negócios jurídicos tributariamente mais gravosos, aí efetivamente o Fisco poderá desconsiderar os atos aparentes para fins de exigir o tributo.

Há aqui uma distinção fundamental quando se comparam os casos de simulação (absoluta ou relativa) com os de abuso de direito ou de fraude à lei. A desconsideração dos atos aparentes na simulação ou dissimulação visa à incidência da norma tributária sobre a *realidade* dos fatos, ao passo que, no abuso de direito ou na fraude à lei, busca-se justamente o oposto: desconsidera-se o fato que realmente ocorreu para que a tributação incida sobre os fatos tal qual eles *deveriam* ter sido realizados.

Por exemplo, aquele que finge um negócio inexistente para fins de dedução de despesas da base de cálculo do imposto de renda não poderá ter por válida tal dedução simplesmente porque os gastos não ocorreram. Aquele que realiza uma venda a prazo, mas a traveste em contratos de *leasing*, deverá sofrer a tributação incidente sobre a venda, simplesmente porque o negócio real foi a venda, e não o *leasing*. Como se vê, a solução adotada no combate à simulação é absolutamente distinta daquela tomada no combate ao abuso de direito ou à fraude à lei, em que se desconsidera o negócio real (tido por abusivo ou como um ilícito atípico) para se tributar conforme um negócio fictício previsto na lei.

Mas é importante notar que este instrumental – o da simulação absoluta ou relativa – é poderoso e eficaz para o combate aos planejamentos abusivos.

Citamos acima, quando ilustramos o que se entendia por abuso de direito, exemplo muito utilizado na doutrina como de sua caracterização, qual seja, a chamada

---

[63] "Em síntese, entendemos, na linha de Professores como Sacha Calmon e Paulo Ayres, que avaliações subjetivas como a do propósito negocial e do abuso de direito estão absolutamente fora do Direito Tributário brasileiro. Não encontram guarida no Código Tributário Nacional nem nas leis ordinárias. Nem poderiam, pois o sistema tributário brasileiro, firme no princípio da legalidade e na vedação da tributação por analogia, não admitiriam norma neste sentido. [...] Os únicos elementos que podem ser tomados para a desclassificação dos negócios jurídicos para fins tributários são os decorrentes da mentira: o negócio jurídico simulado (praticado com fraude, dolo) – art. 149 do CTN; e o dissimulado – art. 116, parágrafo único do CTN. Daí se concluir que, em qualquer autuação que envolva planejamento fiscal e a desqualificação dos negócios jurídicos, caberá à autoridade administrativa o ônus de caracterizar, de forma expressa, o ilícito praticado pelo contribuinte (simulação, dissimulação). Se não houver mentira, dolo, ou qualquer outro vício nos negócios jurídicos adotados pelo particular, não haverá que se falar na prática de ilícito a justificar o enquadramento dos fatos como distintos daqueles que realmente ocorreram" (MANEIRA, Eduardo; LESSA, Donovan Mazza. Planejamento fiscal e ágio em operações com minoritários. *In*: MANEIRA, Eduardo; SANTIAGO, Igor Mauler (Coord.). *O ágio no direito tributário e societário*: questões atuais. São Paulo: Quartier Latin, 2015. p. 354-355).

operação "casa e separa". A nosso ver, o que lá foi apontado como abuso de direito, para nós é simples dissimulação. Se duas partes, ao invés de pactuarem a compra e venda de um imóvel, fazem uma sociedade na qual integram como capital o imóvel e o valor correspondente em dinheiro, e imediatamente depois desfazem a sociedade saindo o vendedor com o dinheiro e o comprador com o imóvel, o que ocorreu foi uma flagrante dissimulação: ocultou-se um negócio jurídico real (compra do imóvel) por um negócio aparente (dissimulado) consistente na constituição e desconstituição de uma pessoa jurídica.

Veja-se que, embora seja lícito instituir pessoa jurídica e integralizar seu capital com bem imóvel e dinheiro, os atos praticados tornaram-se ilícitos em razão do vício na vontade declarada e externada pelas partes. Daí porque o negócio aparente (dissimulado) deve ser desconsiderado para que a tributação incida sobre o fato real (transferência *inter vivos* de bem imóvel).

O Código Tributário Nacional sempre combateu a simulação, no seu art. 149. E doutrina expressiva sempre entendeu que, ao adotar o termo *simulação*, a norma do art. 149 estaria a combater tanto a simulação absoluta como a relativa (dissimulação). Desde 2001, a dissimulação está expressamente prevista no parágrafo único do art. 116.

Aqui, entramos no último ponto de nosso estudo, que é o de saber se o parágrafo único do art. 116 do CTN veicula uma norma geral antievasiva (a autorizar a desconsideração dos negócios jurídicos apenas no caso de evasão fiscal representada pela dissimulação) ou antielisiva (a autorizar a desconsideração de negócios jurídicos lícitos em casos de abuso de direito e fraude à lei).

Por tudo que já dissemos, o nosso entendimento é de que o parágrafo único do art. 116 é uma norma antievasiva, e, até certo ponto, desnecessária, já que a desconsideração dos atos dissimulados para fins fiscais já era possível a partir do art. 149 do CTN. Esta também a opinião de Paulo de Barros Carvalho.[64] De todo modo, serve ela para aclarar e não deixar dúvidas de que a dissimulação também deve ser combatida em matéria fiscal.

Por outro lado, é preciso registrar que importante parte da doutrina nacional enxerga no parágrafo único do art. 116 uma norma geral antielisiva, por meio da qual se poderiam combater os planejamentos realizados com abuso de direito ou fraude à lei.[65]

Não nos parece que seja assim por duas razões: primeiro, porque uma norma geral antielisiva, tomada como fundamento para a desconsideração dos negócios lícitos

---

[64] CARVALHO, Paulo de Barros. *Curso de direito tributário*. 21. ed. São Paulo: Saraiva, 2009. p. 309-310.

[65] "Parece-nos que a interpretação do art. 116, parágrafo único do CTN, na redação da LC 104/01, deverá levar em conta que: a) na elisão o fingimento não ocorre com relação ao fato concreto, mas com referência ao fato gerador abstrato, definido na lei, que é destorcido na subsunção, ao contrário do que sucede na simulação, na qual o fato ou não existiu [...] ou só parcialmente era verdadeiro. b) quanto o art. 116, parágrafo único, do CTN, diz que 'a administração pode desconsiderar atos ou negócios praticados com a finalidade de dissimular a ocorrência do fato gerador tributário', está se referindo à dissimulação do fato gerador abstrato e não à simulação do fato gerador concreto; c) a norma antielisiva não anula o ato ou negócio jurídico praticado pelo contribuinte, como ocorre na simulação (art. 167 do Código Civil de 2002), senão que o requalifica, para aproximá-lo da mens legis, isto é, do verdadeiro conteúdo material previsto no desenho da hipótese de incidência; [...]" (TORRES, Ricardo Lobo. *Curso de direito financeiro e tributário*. 12. ed. Rio de Janeiro: Renovar, 2005. p. 162-163).

praticados pelos contribuintes para fins fiscais, seria manifestamente inconstitucional pelas razões já expostas; segundo, porque o texto fala apenas em dissimulação, figura jurídica autônoma e absolutamente distinta do abuso de direito ou da fraude à lei.

Não desconhecemos que, na exposição de motivo da Lei Complementar nº 104/01, que introduziu o parágrafo único ao art. 116 do CTN, fala-se em combate à elisão abusiva, decorrente de atos praticados com abuso de direito e abuso de formas.[66]

No entanto, se foi esta a pretensão do legislador, ele não foi capaz de juridicizá-la, pois, ao tratar apenas da dissimulação no texto legal, não teve sucesso na implementação da norma geral antielisiva que, repita-se, seria de duvidosa constitucionalidade, caso assim seja compreendida.

Deste modo, pensamos que cabe ao legislador, ao observar reiteradas práticas elisivas por parte dos contribuintes, editar leis que visem, dentro das hipóteses de incidência possíveis do tributo, fechar os espaços vazios da tributação. Ou, ainda, editar leis que procurem restringir a liberdade de ação do contribuinte, procurando evitar as práticas que, embora lícitas, venham a causar decréscimo de arrecadação. Exemplo disto são as normas que determinam a incidência de IR sobre os pagamentos sem causa, como forma de evitar a distribuição disfarçada de lucros (arts. 60 a 62 do Decreto-Lei nº 1.598/1977). Podemos citar ainda as normas que estabelecem preços de transferências (arts. 19 a 24 da Lei nº 9.430/1996), entre outras. Todas elas são exemplos de normas antielisivas específicas.

Em síntese, concluímos que os limites do planejamento fiscal esbarram na simulação e na dissimulação. Fora isto, o contribuinte terá liberdade de agir, e, se o fizer por meios lícitos e verdadeiros, a econômica fiscal haverá de ser considerada eficaz.

Referências

AMARO, Luciano. *Direito tributário brasileiro*. 15. ed. São Paulo: Saraiva, 2009.

ATIENZA, Manuel; MANEIRO, Juan Ruiz. *Ilícitos atípicos*. Madrid: Trota, 2000.

ÁVILA, Humberto. Neoconstitucionalismo: entre a ciência do direito e o direito da ciência. *Revista Eletrônica de Direito do Estado*, Salvador, n. 17, jan./mar. 2009.

BALEEIRO, Aliomar. *Direito tributário brasileiro*. 12. ed. atual. por Misabel Abreu Machado Derzi. Rio de Janeiro: Forense, 2013.

BALEEIRO, Aliomar. *Uma introdução à ciência das finanças*. 14. ed. Rio de Janeiro: Forense, 1990.

BARRETO, Paulo Ayres. *Elisão tributária*: limites normativos. Tese (Livre Docência) – Universidade de São Paulo, São Paulo, 2008.

---

[66] Paulo Ayres Barreto destaca que, no direito tributário brasileiro, não há enunciados prescritivos que façam alusão ao "abuso de direito" ou ao "propósito negocial". No entanto, prossegue o autor, estas referências têm sido adotadas com frequência nos debates sobre a matéria porque (i) são temas por vezes positivados em outros ramos do direito (como o abuso das formas jurídicas pelo Código Civil), ainda que fora da legislação fiscal; (ii) a exposição de motivos da LC nº 104/01 faz menção aos termos; (iii) há certa dificuldade em precisar os limites normativos de tais conceitos; (iv) há adoção destas fórmulas em alguns ordenamentos jurídicos estrangeiros; (v) as autoridades fazendárias têm interesse em dilargar as alternativas que venham respaldar, juridicamente, a requalificação dos fatos tributários para fins fiscais (BARRETO, Paulo Ayres. *Elisão tributária*: limites normativos. Tese (Livre Docência) – Universidade de São Paulo, São Paulo, 2008. p. 218).

BECKER, Alfredo Augusto. *Carnaval tributário*. 2. ed. 1. reimpr. São Paulo: Lejus, 2004.

BEVILÁQUA, Clóvis. *Teoria geral do direito civil*. 2. ed. Rio de Janeiro: Francisco Alves, 1976.

CARVALHO, Paulo de Barros. *Curso de direito tributário*. 21. ed. São Paulo: Saraiva, 2009.

COSTA, Regina Helena. *Curso de direito tributário*. São Paulo: Saraiva, 2009.

DERZI, Misabel de Abreu Machado. O planejamento tributário e o buraco do Real. Contraste entre a completabilidade do direito civil e a vedação da completude no direito tributário. *In*: FERREIRA, Eduardo Paz *et al.* (Coord.). *Estudos em homenagem ao Professor Doutor Alberto Xavier*. Coimbra: Almedina, 2013. v. II.

DINIZ, Maria Helena. *Código Civil anotado*. 10. ed. São Paulo: Saraiva, 2004.

DÓRIA, Antonio Roberto Sampaio. *Elisão e evasão fiscal*. São Paulo: Lael, 1971.

FERRARA, Francisco. *A simulação dos negócios jurídicos*. Tradução de Dr. A. Bossa. São Paulo: Saraiva & Cia – Livraria Academia, 1939.

GRECO, Marco Aurélio. *Planejamento tributário*. São Paulo: Dialética, 2004.

MANEIRA, Eduardo. Sistema tributário nacional e princípio da legalidade. *In*: COÊLHO, Sacha Calmon Navarro (Coord.). *Segurança jurídica*: irretroatividade das decisões judiciais prejudiciais aos contribuintes. Rio de Janeiro: Forense, 2013.

MANEIRA, Eduardo; LESSA, Donovan Mazza. Planejamento fiscal e ágio em operações com minoritários. *In*: MANEIRA, Eduardo; SANTIAGO, Igor Mauler (Coord.). *O ágio no direito tributário e societário*: questões atuais. São Paulo: Quartier Latin, 2015.

PEREIRA, Caio Mário da Silva. *Instituições de direito civil*. 20. ed. atual. por Maria Celina Bodin de Moraes. Rio de Janeiro: Forense, 2004. v. I.

QUEIROZ, Luís Cesar Souza. Limites do planejamento tributário. *In*: SCHOUERI, Luis Eduardo. *Direito tributário* – Homenagem a Paulo de Barros Carvalho. São Paulo: Quartier Latin, 2008.

RIBEIRO, Ricardo Lodi. *Justiça, interpretação e elisão tributária*. Rio de Janeiro: Lumen Juris, 2003.

SCHAUER, Frederick. *Playing by the rules*: a phylosophical examination of rule-based decision-making in law and in life. Oxford: Clarendon, 2002.

SCHOUERI, Luís Eduardo. Planejamento tributário: limites à norma antiabuso. *Revista Direito Tributário Atual*, São Paulo, n. 24, 2010.

TÔRRES, Heleno Taveira. *Direito tributário e direito privado*: autonomia privada, simulação, elusão tributária. São Paulo: Revista dos Tribunais, 2003.

TORRES, Ricardo Lobo. A chamada "interpretação econômica do direito tributário", a Lei Complementar 104 e os limites atuais do planejamento tributário. *In*: ROCHA, Valdir de Oliveira (Coord.). *O planejamento tributário e a Lei Complementar 104*. São Paulo: Dialética, 2001.

TORRES, Ricardo Lobo. *Curso de direito financeiro e tributário*. 12. ed. Rio de Janeiro: Renovar, 2005.

TORRES, Ricardo Lobo. *Normas de interpretação e integração do direito tributário*. 4. ed. rev. e atual. Rio de Janeiro: Renovar, 2006.

XAVIER, Alberto. *Tipicidade da tributação, simulação e norma antielisiva*. São Paulo: Dialética, 2002.

Informação bibliográfica deste texto, conforme a NBR 6023:2018 da Associação Brasileira de Normas Técnicas (ABNT):

LESSA, Donovan Mazza. Limites à liberdade do contribuinte no planejamento fiscal. *In*: LEAL, Saul Tourinho; GREGÓRIO JÚNIOR, Eduardo Lourenço (Coord.). *A Constituição Cidadã e o Direito Tributário*: estudos em homenagem ao Ministro Carlos Ayres Britto. Belo Horizonte: Fórum, 2019. p. 131-160. ISBN 978-85-450-0678-7.

INAFASTABILIDADE DA INTERVENÇÃO JUDICIAL EM QUESTÕES TRIBUTÁRIAS – DIREITOS FUNDAMENTAIS DOS CONTRIBUINTES

EDUARDO LOURENÇO GREGÓRIO JÚNIOR

> [...] *Nós não temos nem o direito a mau humor, tamanha a honra de servir ao nosso país a partir desta Casa de fazer destino, o destino nacional. Fazer viagem de alma, e não viagem de ego, porque o Supremo Tribunal Federal interfere mais e mais no curso da vida como deve ser: como fiel intérprete de uma Constituição concretista. O Supremo está mudando a cultura do país a partir da Constituição, que quer essa mudança cultural para melhor, não é Ministra Cármen Lúcia?*
>
> *Nós somos o quê? Nós somos os guardiões da Constituição, os maiores, os mais altos. E retiramos dessa guarda fiel, fidedigna, irrestrita, entusiasmada, a nossa própria legitimidade, porque a Constituição – Ministro Celso de Mello sabe tão bem disso, Ministro Gilmar, constitucionalistas que são, notáveis, Ministra Rosa, Ministro Toffoli – é o mais legítimo dos documentos jurídicos, dos textos normativos, porque – Ministro Fux, Ministro Marco Aurélio, Ministro Joaquim Barbosa – é produto de uma vontade normativa permanente, não transitória, não quadrienal, mas permanente. É a vontade normativa da Nação Brasileira, que é uma só da primeira geração à mais atual, assim como o rio é um só da nascente à foz.*
> (Carlos Ayres Britto)[1]

---

[1] BRITTO, Carlos Ayres. [Discurso]. In: SESSÃO ORDINÁRIA DO PLENÁRIO DO SUPREMO TRIBUNAL FEDERAL, 34., 2012, Brasília. Ata da [...], realizada em 14 de novembro de 2012: Pronunciamentos pela última sessão do plenário da qual participa o ministro Ayres Britto. *Diário da Justiça Eletrônico*, n. 244, p. 20, 13 dez. 2012.

1 Introdução

Com a breve citação transcrita começamos esta análise com as sempre muito bem colocadas palavras do Professor Carlos Ayres Britto. É um enorme risco escolher apenas um trecho entre as sempre majestosas falas desta ilustre personalidade brasileira. Todavia, optamos por pinçar um excerto do discurso proferido quando da fala na sua última sessão no plenário do Supremo Tribunal Federal, em novembro de 2012, por ser o fim de um clico e o início de um novo momento, ressaltando pontos relevantes para o presente trabalho e, como sempre, avultando ainda mais a característica iluminada do Professor Ayres Britto.

Naquele momento, o Brasil passava por um período turbulento – estávamos perto do término do julgamento da Ação Penal nº 470 –, mas ainda teríamos ocasiões de maior teste para a nossa democracia. Esta, por sua vez, tem se sagrado vitoriosa em todas as batalhas e desafios, especialmente porque arrimada em uma Constituição que possui todos os requisitos e formas necessárias para as resoluções dos conflitos.

Justamente com essa premissa é que passaremos a analisar o tema proposto neste artigo, sempre com a cabeça aberta para as palavras do Professor Carlos Britto no sentido de que

> somos [os Ministros do STF] os guardiões da Constituição, os maiores, os mais altos [...] porque a Constituição [...] é o mais legítimo dos documentos jurídicos, dos textos normativos, porque [...] é produto de uma vontade normativa permanente, não transitória, não quadrienal, mas permanente.

Posto isto, é de se destacar que temos notado a existência de discursos restritivos à intervenção judicial em alguns temas, notadamente no âmbito do Supremo Tribunal Federal. Veja-se que, quando do julgamento do Recurso Extraordinário nº 718.874, no qual foi declarada a constitucionalidade da contribuição do empregador rural pessoa física ao Fundo de Assistência ao Trabalhador Rural (Funrural), prevista no art. 25 da Lei nº 8.212/1991 (com a redação dada pela Lei nº 10.256/2001), o Ministro Luís Roberto Barroso destacou, nos debates, *in verbis*:

> Mas o que eu acho – e aqui eu acho que uma linha que se aproxima com a que esse momento defende o Ministro Gilmar –, eu acho que o judiciário deve ser mais interventivo quando se trate da proteção de direitos fundamentais e mais deferente quando se trate de questões econômicas, de questões administrativas, de questões tributárias. Um pouco por deficiência na capacidade institucional de lidar com questões sistêmicas e um pouco porquê essa é a lógica do processo político: decisões econômicas e administrativas. Portanto, se há uma clara violação ao direito do contribuinte, evidentemente eu acho que devemos intervir. Mas, fora das situações de evidente inconstitucionalidade, eu acho que matéria econômica, matéria administrativa, matéria tributária, o judiciário deve intervir com grande moderação e preocupado com as consequências sistêmicas que pode produzir. Repito: onde há um direito fundamental, inclusive do contribuinte, o judiciário deve cumprir o seu papel. Mas, nas situações de fronteira, nas situações em que haja uma racionalidade mínima na tributação e por justificativa aceitável, eu penso que nós não devamos criar esse problema, porque a consequência é o recorte: eles vão ter que fazer alguma coisa em seguida para recompor aquela eventual perda.

Apesar da discordância quanto ao mérito da decisão do Supremo no caso em tela, especialmente pela mitigação do princípio da legalidade estrita na instituição de tributo e pela própria existência do §8º, do art. 195, da Constituição,[2] fato é que a presente análise inicial tem outro enfoque, qual seja, a legitimidade, ou melhor, a necessidade do *judicial review*, pelo Supremo Tribunal Federal, nas situações que envolvem direito tributário.

Isso porque é inconteste a premissa segundo a qual a tributação será sempre interventiva nos direitos fundamentais dos contribuintes e, portanto, afetará direitos constitucionalmente garantidos. De tal modo, o que se quer mostrar é que o direito tributário sempre estará submetido ao *judicial review*, tendo em vista que sempre estarão em vicissitude direitos fundamentais que justificam, na própria essência, a intervenção judicial. Nesse sentir, as discussões sobre questões tributárias sempre envolvem direitos fundamentais dos contribuintes. É disso que iremos tratar.

Ocorre que, como é perceptível na manifestação do Excelentíssimo Ministro Roberto Barroso, *s.m.j.*, defende-se que o Judiciário somente deveria intervir em matéria tributária quando a inconstitucionalidade fosse latente e em relação aos direitos fundamentais. Em outras hipóteses, o Poder Judiciário deveria ser mais deferente àqueles que possuiriam melhor capacidade institucional de analisar sistematicamente os efeitos das escolhas.

Após este corte importante, crê-se que houve uma pretensão de delimitar que, inexistindo ofensa a direito fundamental, o Judiciário não deveria intervir.

Por outro lado, o que se entende é que não há como dissociar discussões tributárias dos próprios direitos fundamentais e é exatamente isto o que se pretende demonstrar e defender.

Mencione-se que o Ministro Barroso ainda ressalta que a escolha pela competência decisória do poder político também se justificaria tendo em vista que a indevida intervenção do Judiciário levaria à necessária recomposição de eventual perda na arrecadação. Entretanto, será que é possível aceitar-se o ferimento de direitos com base nesse fundamento?

Deste modo, o que se propõe abaixo é uma análise que busque demonstrar que: (i) o *judicial review* é extremamente relevante e necessário para a sedimentação da democracia, especialmente a brasileira, a qual, sem embargo de ter assumido grande relevância e ter se mantido forte em momentos de grande possibilidade de ruptura institucional, ainda tem que evoluir; e (ii) a tributação deve ser tida como exceção, como *obrigatoriedade necessária*, e que acarreta conflito de normas constitucionais, especialmente quando exagerada e estipulada ao arrepio do ordenamento jurídico. Com base nisso, (iii) em surgindo ofensa a um preceito fundamental, notadamente

---

[2] As antecedentes declarações de inconstitucionalidade das leis nºs 8.540/92 e 9.528/97 seguiram a linha de que a regra excepcional do §8º, do art. 195, da Constituição Federal, que permite tributar o resultado da comercialização da produção rural, se aplica exclusivamente ao produtor rural sem empregados. Em decorrência disso, a regra, para o empregador rural pessoa física, continuava pela contribuição pela folha de salários, até porque pessoa física não tem receita ou faturamento (art. 195, I, "b", CF).

os de ordem fundamental, o *judicial review* não apenas se justifica, como se mostra essencial à manutenção da democracia.

2 O *judicial review* como fator necessário à democracia brasileira

Algumas considerações iniciais se fazem necessárias. Como bem descrito na obra por todos conhecida *O federalista*, está expresso que o Poder Judiciário "é o menos temível para a Constituição, porque é o que menos meios tem de atacá-la",[3] restando expressa a famosa citação de que "o Judiciário não dispõe da bolsa nem da espada e não pode tomar nenhuma resolução ativa. Sem força e sem vontade, apenas lhe compete o juízo; e esse só deve a sua eficácia ao socorro do Poder Executivo".[4]

Contudo, isso não traz nenhum prejuízo à legitimidade e força do Poder Judiciário. Muito pelo contrário. Tanto é assim que, neste mesmo âmbito norte-americano, houve a ruptura por todos igualmente conhecida, na qual o *judicial review*, ultrapassando a *deferência* do Congresso para decisões estratégicas sobre diversos aspectos da sociedade, passou a ter importância fundamental para a sociedade. Basta lembrarmos das questões históricas e políticas que envolveram o famoso caso *Marbury vs. Madison*.

Neste momento, aliás, cumpre fazer uma pequena afirmativa: a importância e a legitimidade do Poder Judiciário não devem permear discussões acerca da alegação de ausência de *votos*. Isso porque o Judiciário não exerce poder legislador, mas sim hermenêutico de controle de constitucionalidade com base no texto constitucional. No mais, a legitimidade democrática não deve ser restringida a uma análise sob o aspecto quantitativo de votos, pois possui outros aspectos igualmente relevantes e que são justificadores e certificadores da necessidade da existência do *judicial review*.

2.1 A força normativa da Constituição e sua centralidade no ordenamento jurídico

O advento da força normativa da Constituição, ao lado da expansão da jurisdição constitucional e da reelaboração doutrinária da interpretação constitucional, é a grande transformação que levou o direito constitucional ao atual patamar, especialmente de aplicabilidade autônoma.[5]

---

[3] HAMILTON, Alexander; MADISON, James; JAY, John. *O federalista*. Tradução de Hitomar Martins Oliveira. Belo Horizonte: Líder, 2003. p. 458.

[4] HAMILTON, Alexander; MADISON, James; JAY, John. *O federalista*. Tradução de Hitomar Martins Oliveira. Belo Horizonte: Líder, 2003. p. 458.

[5] "O novo direito constitucional, fruto das transformações narradas neste capítulo, tem sido referido, por diversos autores, pela designação de neoconstitucionalismo. O termo identifica, em linhas gerais, o constitucionalismo democrático do pós-guerra, desenvolvido em uma cultura filosófica pós-positivista, *marcado pela força normativa da Constituição, pela expansão da jurisdição constitucional e por uma nova hermenêutica*. Dentro dessas balizas gerais, existem múltiplas vertentes neoconstitucionalistas. Há quem questione a efetiva novidade dessas ideias, assim como seus postulados teóricos e ideológicos. Mas a verdade é que, independentemente dos rótulos, não é possível ignorar a revolução profunda e silenciosa ocorrida no direito contemporâneo, que já não se assenta apenas em um modelo de regras e de subsunção, nem na tentativa de ocultar o papel criativo de juízes e tribunais.

Isto é, a Constituição foi adquirindo especial importância com o passar dos tempos, chegando à centralidade do ordenamento jurídico.

O professor homenageado, Carlos Ayres Britto, tratou do tema em sua obra *Teoria da Constituição*. Menciona que a mudança de paradigma – quando a Constituição passou a ter a máxima capacidade de aplicabilidade por si mesma – tem especial dívida pelas insistentes doutrinas de Konrad Hesse e Robert Alexy. Aliás, e para formalizar essa aplicabilidade, um dos pontos importantes é a consecução de maior segurança para a sua materialidade, o que advém da própria centralidade da Constituição no ordenamento jurídico. A evolução pode ser resumida da seguinte forma: a ausência de princípios nas constituições fez com que elas tivessem pouca eficácia, mas o caráter principiológico levou a se ter uma base de supereficácia, acarretando a caracterização dos princípios como verdadeiras supernormas de direito positivo. Há que se reconhecer que a Constituição tem como realizar a sua aplicabilidade de modo autônomo.[6]

José Afonso da Silva, ao concluir sua obra que analisou a aplicabilidade das normas constitucionais, afirma que estas

> sem distinção, são dotadas, enfim, de uma eficácia superior a todas as demais normas que compõem a ordem jurídica nacional. Trata-se de uma eficácia ab-rogativa das normas inferiores incompatíveis e construtiva da ordem jurídica sucessiva.[7]

Tudo o quanto aqui rapidamente colocado tem razão de existir para que seja mantida a unidade do texto constitucional, assegurando a identidade e o espírito do texto, pois "littera enim occidit, spiritus autem vivificat".[8]

Deste modo, o texto da carta magna não pode ser caracterizado como amontoado de papel, especialmente porque é suficiente para a resolução de todos os conflitos que surgem das relações sociais.

Já destacamos, rapidamente, a importância do *judicial review* no âmbito histórico norte-americano, com o caso *Marbury vs. Madison*. Não é diferente a importância do Judiciário no âmbito europeu, com a prevalência da Constituição sobre o Parlamento e sobre as leis, apesar de ter sido um processo mais lento e mais recente.

No âmbito do velho continente há de ser resumido que os movimentos revolucionários serviram para que os tiranos fossem extirpados do controle da sociedade. Entretanto, a transição entre regimes, em muitos dos casos, acabou por conferir muitos poderes ao Parlamento – e, consequentemente, ao Executivo –, afastando a importância e a prevalência dos textos constitucionais. Isto também levou à ausência da devida separação dos poderes.

Com isso, a ideia de proteção dos direitos individuais, especialmente nesse âmbito de transição, ficou indevidamente restrita. Justamente sob este aspecto que

---

Tão intenso foi o ímpeto das transformações que tem sido necessário reavivar as virtudes da moderação e da mediania, em busca de equilíbrio entre valores tradicionais e novas concepções" (BARROSO, Luís Roberto. *Curso de direito constitucional contemporâneo*: os conceitos fundamentais e a construção do novo modelo. 5. ed. São Paulo: Saraiva, 2015. p. 277-301. Grifos nossos).

[6] BRITTO, Carlos Ayres. *Teoria da Constituição*. Rio de Janeiro: Forense, 2006. Capítulos 5 e 6.

[7] SILVA, José Afonso. *Aplicabilidade das normas constitucionais*. 8. ed. São Paulo: Malheiros, 2012. p. 261.

[8] Advertência de São Paulo, na Epístola II aos Coríntios. A tradução livre pode ser "a letra mata; o espírito vivifica".

restou instaurado "rico debate, dominado por Carl Schmitt e Hans Kelsen, em torno dos instrumentos de proteção da Constituição".[9]

Contudo, a Segura Guerra interrompeu a evolução do tema, o qual somente foi retomado ao final do conflito. De tal modo que, como bem ensina a doutrina pátria, os parlamentos se mostraram ineficazes para proteger as declarações liberais dos direitos dos indivíduos, notadamente com o grande aumento dos abusos, passando a ser a Jurisdição Constitucional a grande responsável pela proteção de direitos, dando efetiva força de norma superior ao texto constitucional. Foi, nesse sentido, com a democratização dos países que as constituições passaram a ter, cada vez mais, maior importância nos países europeus.[10]

Isso para, ao final, poder se afirmar:

> Não se tolera a produção de norma contrária à Constituição, porque isso seria usurpar a competência do poder constituinte. Este, sim, passa a ser a voz primeira do povo, condicionante das ações dos poderes por ele constituídos. A Constituição assume o seu valor mais alto por sua origem – por ser o fruto do poder constituinte originário.[11]

Assim, já seria este um argumento mais do que suficiente para legitimar a intervenção do Poder Judiciário em qualquer situação que ocasionasse uma ofensa ao texto constitucional, seja em direito fundamental ou não. Não obstante tal fato, é importante destacar a legitimidade e o dever do Poder Judiciário para realizar o *judicial review* em matéria tributária, notadamente porque esta traz consigo sempre uma análise que envolve direitos fundamentais dos contribuintes por tudo que representa de importante no âmbito histórico.

2.2 A importância das questões tributárias para os momentos históricos que levaram a Constituição à centralidade do ordenamento jurídico

Neste momento pretende-se demonstrar que alguns momentos históricos foram importantes para toda a sociedade ocidental e, sem nenhuma dúvida, envolveram discussões fiscais. Com isso, comprovar-se-á que as bases para as democratizações

---

[9] MENDES, Gilmar Ferreira; BRANCO, Paulo Gustavo Gonet. *Curso de direito constitucional*. 10. ed. rev. e atual. São Paulo: Saraiva, 2015. p. 60.

[10] "Terminado o conflito, a revelação dos horrores do totalitarismo reacendeu o ímpeto pela busca de soluções de preservação da dignidade humana, contra os abusos dos poderes estatais. Os países que saíam do trauma dos regimes ditatoriais buscaram proteger as declarações liberais das suas constituições de modo eficaz. O Parlamento, que se revelara débil diante da escalada de abusos contra os direitos humanos, perdeu a primazia que o marcou até então. A Justiça Constitucional, em que se viam escassos motivos de perigo para a democracia, passou a ser o instrumento de proteção da Constituição – que, agora, logra desfrutar de efetiva força de norma superior do ordenamento jurídico, resguardada por mecanismo jurídico de censura dos atos que a desrespeitem. A Justiça constitucional se alastrou pela Europa, na medida em que os seus países se democratizaram. Foi acolhida em Portugal e na Espanha, nos anos 1970. Com a queda do comunismo, foi igualmente recebida nas antigas ditaduras do Leste europeu" (MENDES, Gilmar Ferreira; BRANCO, Paulo Gustavo Gonet. *Curso de direito constitucional*. 10. ed. rev. e atual. São Paulo: Saraiva, 2015. p. 61).

[11] MENDES, Gilmar Ferreira; BRANCO, Paulo Gustavo Gonet. *Curso de direito constitucional*. 10. ed. rev. e atual. São Paulo: Saraiva, 2015. p. 61.

e para os textos constitucionais indicam, como pilares, os direitos dos contribuintes. Isto é facilmente verificável.

No Brasil, foi criado, no final do ano de 1879, o *imposto do vintém*, para funcionar, a partir de 1880, como taxa de transporte nos bondes na cidade do Rio de Janeiro. Era cobrado objetivamente de cada passageiro, sem possibilidade de alteração por qualquer que fosse a condição de quem deveria pagar. A ideia foi introduzida pelo então Ministro da Fazenda, Afonso Celso – futuro Visconde de Ouro Preto – buscando apenas e tão somente melhora nas contas públicas. Somando-se à nova cobrança, o Decreto nº 7.565, de dezembro 1879, imputou à polícia o auxílio na cobrança e, ainda, que o pagamento seria feito com bilhetes.

Insatisfeita com a cobrança, a população se reuniu desordenadamente em frente à Quinta da Boavista. Com a recusa do então Imperador D. Pedro II de recebê-los, tendo em vista a desorganização, os manifestantes se dirigiram diretamente ao centro da cidade. A manifestação passou pela Rua do Ouvidor e pela Rua Uruguaiana, durando até o final da tarde, quando a infantaria do exercício utilizou de *baioneta e tiro* para dispersar. Mortos e feridos. D. Pedro II reprovou a forma com que a manifestação foi tratada e, mais adiante, suspendeu a cobrança do imposto.[12]

Ainda no Brasil, hão de ser lembrados os primórdios da Inconfidência Mineira, que desaguou na execução de Tiradentes. Os livros de história nos contam que a capitania de Minas Gerais tinha assumido patamar de grande relevância, especialmente pela riqueza advinda do ouro transferida para a metrópole portuguesa. A parte da Coroa, denominada *quinto*, tinha de ser paga no valor mínimo de 100 arrobas por ano. A partir de 1751, o pagamento foi se mostrando cada vez mais difícil e, somado a isso, estavam os Impostos de Entradas, calculados sobre o peso do produto, independentemente de ser ferro, ferramentas, roupas, joias etc. Na mesma linha foi o Imposto de Passagem (cobrado sobre pessoa ou animal que atravessasse o posto de cobrança instalado) e a proibição de instalação de indústria e a importação de máquinas. Com as exações fiscais e limitações impostas, adicionadas à crise econômica instalada por volta de 1780, a arrecadação e transferência da riqueza para a Coroa portuguesa foi sendo cada vez menor. Entretanto, os governantes e burocratas entendiam que a diminuição decorria apenas dos descaminhos e contrabandos, fazendo surgir, com isso, a derrama. Esta nada mais era do que a cobrança coercitiva dos impostos atrasados, afetando, inclusive, aqueles que não tinham ligação com a atividade mineradora. Em 1788, o Visconde de Barbacena chegou à capitania de Minas Gerais com ordens de cobrar 324 arrobas de ouro devidas entre os anos de 1774 a 1785.

Nestas circunstâncias, e inquietos com a truculência, algumas pessoas passaram a planejar, dizendo-se inspiradas pelo Iluminismo, a independência. Delações de traidores levaram o Visconde de Barbacena a determinar a suspensão da derrama com receio de dar início à revolução já planejada. Ao mesmo tempo, passou a perseguir os tidos por conspiradores. Único condenado à morte, Tiradentes foi enforcado em 1792.[13]

---

[12] CALMON, Pedro. *Segredos e revelações da história do Brasil*. Brasília: Senado Federal, Conselho Editorial, 2013. t. III. p. 316-320.

[13] MESGRAVIS, Laima. *História do Brasil colônia*. São Paulo: Contexto, 2015. p. 129-136.

Relembre-se que antes, em 1720, já houve descontentamento quanto à taxação sobre a exploração do ouro, levando à Revolta de Vila Rica. Ambas, apesar de infrutíferas num primeiro momento, demonstram que o desagrado com a desarrazoada vontade arrecadatória não é recente.

Outras revoltas também aconteceram no mundo, inclusive anteriores e concomitantes às brasileiras, e também foram influenciadas por disputas envolvendo a caçada arrecadatória do Estado.

Tanto é assim que uma das primeiras inquietações quanto à tributação excessiva de que se tem notícia ocasionou a importante Revolta dos Barões Ingleses (1215), dando origem à Magna Carta (ou, no original, *Great Charter*). Este texto estabeleceu limitações à tributação, notadamente que o rei não poderia criar tributação sem o "consentimento comum do reino". Destaque-se, ainda, que este consentimento seria dado com base em uma assembleia de barões. A origem dessa revolta se manifestou pela imposição autoritária do rei, que tomava ações sem consultar os barões e a nobreza.[14] É, sem sombra de dúvidas, o início da afirmação do Estado de Direito.

Ainda na Inglaterra ocorreu a Revolução Gloriosa (1688), que, como se sabe, acarretou a Declaração de Direitos (*Bill of Rights*) de 1689. Esta igualmente pretendeu restringir os poderes autoritários, limitando a possibilidade de arbitrariedades do monarca e acabou por incrementar o poder do Parlamento, notadamente quanto à necessidade de submeter a este a criação de tributos. Era uma das principais exigências da burguesia. Foi aqui que se conferiu grande importância à propriedade particular.[15]

Mais adiante, agora na América do Norte, a revolta dos colonos contra as absurdas taxas impostas pela Coroa Inglesa foi um dos pontos de incremento que levou à Revolução Americana de 1776. Apesar de se assumir que houve diferentes consequências para as colônias do Norte e do Sul, é inegável que o fator econômico foi preponderante e atingiu todas, podendo ser considerado, além de outras questões, o estopim revolucionário. Sob o enfoque fiscal, destacou-se o *Molasses Act* (1733), pelo qual o Parlamento britânico aprovara a incidência de tributos quando da comercialização de produtos entre a Nova Inglaterra e demais colônias não britânicas. Apesar de ter sido veementemente desrespeitado, deu origem ao *Sugar Act* (1764), este criado com o mesmo escopo, porém, com o objetivo preponderante de tornar a tributação efetiva, inclusive com a apreensão de navios que desrespeitassem a nova legislação. Mais adiante, em 1773, houve o *Tea Act* e, em 1774, se destacou o aumento pelo dobro (de 2,5% para 5%) na tributação sobre a exportação de mercadorias do velho continente embarcadas da Grã-Bretanha com destino às colônias. E, também, o *Stamp Act* (1765), uma taxa sobre a impressão de jornais, documentos legais e outros.[16] Igualmente há de ser lembrada a obrigatoriedade criada aos colonos de manterem (ao custo de, aproximadamente, 360 mil libras por ano, mais subsídios *in natura*) os dez

---

[14] BURKE, Peter; PALLARES-BURKE, Maria Lúcia Garcia. *Os ingleses*. São Paulo: Contexto, 2016. p. 346-347.

[15] MARQUES, Adhemar Martins; BERUTTI; Flávio; FARIA, Ricardo. *História contemporânea através de textos*. 12. ed. São Paulo: Contexto, 2012. p. 13-14.

[16] NEVINS, Allan; COMMAGER, Henry Steele. *Breve história dos Estados Unidos*. Tradução de Luiz Roberto de Godoi Vidal. 17. ed. São Paulo: Alfa-Omega, 1986. p. 84-91.

mil soldados britânicos enviados à América do Norte para servirem como proteção aos índios rebeldes do Oeste. Podemos perceber, mais uma vez, que as criações de tributações exorbitantes precederam grandes mudanças sociais.

Além das já citadas, e sendo considerada a revolução mais importante para fins de limitações ao poder do Estado e definições de direitos sociais, a Francesa (1789) não foi o ponto fora da curva das que lhe precederam. Isso porque a tributação excessiva e restrita apenas à uma parcela da sociedade foi o fator preponderante. Relembre-se que a tributação recaía apenas àqueles conhecidos como Terceiro Estado, que não eram agraciados com uma das exceções e benesses comumente concedidas ao clero e à nobreza. Tanto é assim que há o dito "O clero serve ao Rei com a prece, a nobreza com a espada, e o Terceiro Estado, com seus bens".

Ocorre que, com o fim do reinado do seu antecessor, que deixara a França em enorme dificuldade econômica, Luís XVI não conseguiu implementar reformas pretendidas, aumentando ainda mais o estado caótico das contas públicas. Uma das tentativas frustradas foi a *Assembleia de Notáveis* (1787), quando membros da nobreza tentaram reformar o sistema fiscal para instituir uma pequena tributação sobre a nobreza e o alto clero. Com grande inquietação dessa parcela da sociedade, o rei convocou os *Estados Gerais*, sendo que cada um dos três estados (nobreza, clero e Terceiro Estado) indicaria representantes para participação do processo de reforma. Ocorre que a forma de votação foi muito questionada, pois privilegiaria o acordo entre nobres e clero. Com algumas pressões, inclusive da população, Luís XVI dissolveu os *Estados Gerais* e, por coação de deputados do Terceiro Estado, convocou a Assembleia Nacional. Com o rei ainda tentando acabar com a já eminente revolução, foi criada uma milícia armada – a Guarda Nacional – para proteger a recém-constituída assembleia das tropas leais ao monarca. Posteriormente, manifestações ocorreram, tendo em vista a insatisfação com a crise econômica, e, em 14.7.1789, os manifestantes conseguiram invadir a prisão da Bastilha e liberar prisioneiros que lá estavam por serem contrários à nobreza. Este é considerado o início da Revolução Francesa.[17]

Nesta seara, após asseverarmos o valor da tributação como um agente de modificação no passado, podemos afirmar, sem dúvidas, que questões tributárias afetam sempre direitos fundamentais. Tanto são direitos fundamentais que foram estopins para transformações sociais quando das citadas revoluções. Mas não é só. Adiante explicaremos que a nossa Constituição igualmente prevê como fundamentais os direitos dos contribuintes.

2.3 O contraponto ao *judicial review* e o insucesso do argumento que refuta a análise consequencialista

Para defender o *judicial review*, há de ser refutado o seu principal crítico e advogado da necessidade da autocontenção do Judiciário. Na atualidade é reconhecido

---

[17] FEITOSA, Santana. *Da Revolução Francesa até nossos dias*: um olhar histórico. Curitiba: InterSaberes, 2012. p. 25-29.

o trabalho acadêmico feito por Jeremy Waldron.[18] Interessante notar que a análise proposta pelo Professor Waldron busca partir de premissas inexistentes, especialmente no Brasil, em verdadeira utopia. Antes disso, merece uma breve introdução para ser possível entender a argumentação.

Waldron afirma que os defensores do instituto da intervenção judicial a protegem utilizando, como argumentos essenciais e suficientes, a existência de decisões boas e um processo no qual as reinvindicações de direito são examinadas firme e seriamente. Talvez por serem argumentos inegáveis, Waldron não consegue refutá-los, chegando a citar bons exemplos norte-americanos que são nitidamente a sedimentação do *judicial review*.[19]

Com isso, Waldron propõe uma crítica esquivando-se da apreciação do resultado que se atinge com a intervenção judicial. Em outras palavras, é a procura por um argumento essencial contra o instituto que não seja vinculado a manifestações históricas e de efeitos específicos (se a decisão é boa ou ruim). Defende que o debate é relevante porque é sempre feita uma análise da legitimidade em cada caso pelo aspecto do resultado e, com isso, existiriam influências se a decisão é boa ou ruim pela conclusão. Também ressalta que é importante essa verificação da existência do pressuposto de legitimidade para que funcione como meio para que a sociedade discuta a aplicabilidade do *judicial review* e não se limite a analisar questões históricas e culturais.

Tentando se esquivar desses argumentos que justificam o *judicial review*, Waldron corrobora que não é o melhor modelo de tomada de decisão final em uma sociedade livre e democrática, porque esta poderia agir de forma a discutir e decidir o que quer para os assuntos, notadamente por intermédio do parlamento. Como exemplo para defender o quanto afirmado, indica os casos do aborto, legalização da conduta homossexual consentida e abolição da pena de morte na Grã-Bretanha na década de 60.

Waldron também afirma que a discussão, quando é indicada ao Poder Judiciário, deixa de enfocar as questões reais e passa a discutir questões secundárias sobre precedentes, textos e interpretações, até mesmo para fins de legitimidade. Indica que o *judicial review* é politicamente ilegítimo, uma vez que privilegia a maioria dos votos entre poucos juízes (e não responsabilizáveis) e afasta o poder dos representantes democraticamente eleitos.

Ocorre que, como antecipado, a análise proposta por Waldron no sentido de que o *judicial review* não é possível (legítimo) parte de algumas premissas que são, inevitavelmente, inaplicáveis.

Os pressupostos indicados pelo mencionado pensador, para demonstrar que o *judicial review* não se justifica, são: (1) instituições democráticas em boas condições de funcionamento, com legislativo representativo eleito por sufrágio universal; (2)

---

[18] Para as considerações feitas foi utilizado artigo do Professor Jeremy Waldron, intitulado "A essência da oposição ao judicial review" (WALDRON, Jeremy. The core of the case against judicial review. *In*: BIGONHA; Antonio Carlos Alpino; MOREIRA, Luiz. *Legitimidade da jurisdição constitucional*. Rio de Janeiro: Lumen Juris, 2010. p. 93-159).

[19] P. ex., *Lawrence v. Texas*, 539 U.S. 558 (2003), *Roe v. Wade*, 410 U.S. 113 (1973) e *Brown v. Bd. of Educ.*, 347 U.S. 483 (1954).

instituições judiciais também em boas condições de funcionamento, erigidas sobre uma base não representativa para conhecer de ações individuais, resolver controvérsias e defender o Estado de direito; (3) comprometimento da parte da maioria dos membros da sociedade e da maioria de suas autoridades com a ideia de direitos individuais e de minorias; e (4) discordância persistente, substancial e de boa-fé quanto a direitos.

Ora, caso existentes os pressupostos, inútil seria a intervenção do Judiciário, porquanto também seriam inexistentes os problemas que mereceriam tamanha cautela, uma vez que a própria sociedade seria capaz de resolver os seus problemas sem a necessidade de intervenção judicial. Aliás, o *judicial review* existe justamente para assegurar os direitos fundamentais, o ordenamento jurídico e, principalmente, as garantias das minorias. Ocorre que isso não seria necessário caso o item 3 (comprometimento da maioria com direito das minorias) estivesse sempre presente na sociedade.

Ademais, não é factível uma análise que refuta os resultados obtidos com o advento das decisões judiciais, especialmente quando suprem a carência e o vácuo deixado pelo Legislativo. A crítica feita por Waldron não tem qualquer esteio, especialmente quando analisado que a única saída para realizar a crítica é refutar os dois argumentos principais que garantem legitimidade ao *judicial review*.

A uma, os resultados devem ser o ponto de partida da análise, pois estar-se-á ratificando como correta ou errada a decisão e isso não se demonstra pejorativo ou prejudicial, mas, pelo contrário, é uma forma de controle dos próprios limites exercidos pelo Judiciário. Refuta-se, também, com isso, o argumento no sentido de que seriam inexistentes os controles da sociedade com o quanto decidido no Poder Judiciário.[20]

Em seguida – e por último –, há de ser afastado o argumento no sentido de que o *judicial review* se preocupa muito mais com as afirmações secundárias do que com a própria questão de fundo em discussão. De fato, é necessário que o Poder Judiciário faça um amplo aspecto que justifique a sua decisão.

Entretanto, esse fato não leva à prejudicialidade do mérito, mas, em verdade, legitima ainda mais a intervenção. Isso porque o *judicial review* encontra sua legitimidade na sua argumentação e, portanto, ela é extremamente necessária e indispensável para que a própria sociedade aceite que aquela decisão é a melhor. Ainda que não seja a melhor para um ou outro indivíduo, este não poderá negar que os outros argumentos que levaram a uma decisão específica eram irrefutáveis.

Portanto, está mais do que claro que as críticas feitas ao *judicial review* não se sustentam.

2.4 A situação brasileira e a indispensabilidade do *judicial review*

Fixado o antecedente de que o *judicial review* se justifica e se legitima com base na argumentação e quando há uma necessidade de intervenção para a garantia da supremacia da Constituição, especialmente para a garantia de direitos individuais, é de importância especificar, neste momento, a situação brasileira.

---

[20] Isso é facilmente percebido na situação brasileira, especialmente com base na existência da TV Justiça e a grande difusão de informações que as redes sociais permitem.

É notório o crescente vácuo em que necessária a intervenção do Judiciário, especialmente na situação da sociedade brasileira, que não chega perto de cumprir os dois últimos pressupostos indicados por Waldron que levariam à impossibilidade (ou melhor colocado, desnecessidade) de intervenção, quais sejam: (3) comprometimento da parte da maioria dos membros da sociedade e da maioria de suas autoridades com a ideia de direitos individuais e de minorias; e (4) discordância persistente, substancial e de boa-fé quanto a direitos.

Como visto, é justamente neste momento que o *judicial review* urge, demonstrando sua necessidade com a finalidade de assegurar que a maioria não se insurja contra direitos da minoria.

O que se quer dizer, também, é que, quando os primeiros legitimados não fazem a sua parte (poderes Executivo e Legislativo), surge a legitimidade do Judiciário, a qual não tem a mesma origem dos demais poderes, mas nem por isso é menor, sendo muito mais complexa, o que lhe atrai a necessidade do cumprimento de diversos requisitos.

É justamente isso que o Professor Luís Roberto Barroso ensina:

> A legitimidade democrática da jurisdição constitucional tem sido assentada com base em dois fundamentos principais: a) a proteção dos direitos fundamentais, que correspondem ao mínimo ético e à reserva de justiça de uma comunidade política, insuscetíveis de serem atropelados por deliberação política majoritária; e b) a proteção das regras do jogo democrático e dos canais de participação política de todos. A maior parte dos países do mundo confere ao Judiciário e, mais particularmente à sua suprema corte ou corte constitucional, o status de sentinela contra o risco da tirania das maiorias. Evita-se, assim, que possam deturpar o processo democrático ou oprimir as minorias. Há razoável consenso, nos dias atuais, de que o conceito de democracia transcende a ideia de governo da maioria, exigindo a incorporação de outros valores fundamentais.[21]

Portanto, o que se demonstra nessas poucas linhas é que o *judicial review* é extremamente relevante para a defesa da Constituição, justificando-se pela legitimidade do Poder Judiciário, o que advém não dos votos (aspecto formal da democracia), mas da capacidade que este poder tem de confirmar a democracia sob o feitio substantivo e deliberativo, este envolvendo debates.

Especificamente na situação brasileira, pode-se notar que há uma verdadeira crise institucional, na qual o Legislativo tem gerado uma grande desconfiança na população. Isso leva a uma ausência de capacidade (não técnica, mas de capital político) para que determinadas decisões sejam adotadas, especialmente aquelas que possuem aspecto mais contramajoritário.

É neste momento que o Supremo Tribunal Federal se sobressai muito mais do que importante, mas indispensável, como forma de que direitos de minorias sejam assegurados e garantidos (p. ex., questões que envolvem aborto, união estável, reconhecimento de relações entre pessoas do mesmo sexo, entre outros). Mas não apenas em questões de minorias. Deve sempre ocorrer intervenção quando se estiver diante

---

[21] BARROSO, Luís Roberto. A razão sem voto: o Supremo Tribunal Federal e o governo da maioria. *Revista Brasileira de Políticas Públicas*, Brasília, v. 5, 2015. Número Especial. p. 36.

de temas tratados pela Constituição como fundamentais, e, assim como antecipado e de modo que será melhor explicitado adiante, a questão tributária é um dos melhores exemplos sobre a questão.

Mais uma vez é salutar ressaltar que esta intervenção seria desnecessária na utópica sociedade pensada por Waldron, em que, principalmente, os direitos das minorias fossem respeitados. Ocorre que esta não é a situação.

Deste modo, a legitimidade do Judiciário – e, consequentemente, o *judicial review* – é justificada sempre que for necessária a intervenção para a garantia das normas constitucionais, especialmente quanto aos direitos fundamentais, sob pena de acarretar desrespeito ao espírito da Constituição, da própria identidade do texto central e, ao final, ruptura da ordem constitucional.

3 Necessidade do *judicial review* em questões tributárias por estas serem vinculadas à preceitos fundamentais – Conflito de normas constitucionais

Fixados os antecedentes no sentido de que o *judicial review* não apenas se justifica na situação brasileira, mas que igualmente é extremamente necessário para a democracia pátria, bem como acerca da importância histórica das questões tributárias para a sociedade ocidental, há de ser feita a explicitação que levará à conclusão de que questões envolvendo direito tributário sempre estarão submetidas à revisão do Judiciário, sem qualquer deferência aos demais poderes. A deferência deve ser conferida ao texto constitucional.

Primeiramente, nos termos dos ensinamentos de Robert Alexy, em caso de conflito de normas constitucionais há de ser feita ponderação com base na proporcionalidade.[22] Este instrumento interpretativo levará à conclusão única de que permitir a exacerbação e manutenção da tributação em detrimento dos direitos do contribuinte é o mais perverso dos resultados possíveis, pois será aquele que acarretará desrespeito ao espírito da Constituição, da própria identidade do texto central e, ao final, ruptura da ordem constitucional.

Sabe-se que a manutenção do Estado é dever de todos e cada integrante da sociedade deve contribuir. Por outro lado, existem diversos direitos dos contribuintes insculpidos por toda a Constituição Federal, p. ex., as limitações ao poder de tributar, mas o que se quer neste momento é trazer aqueles *fundamentais*, que estão no nascimento da relação entre o particular e o Estado Democrático de Direito.[23] Merece, no futuro,

---

[22] Robert Alexy ressalta que "quanto maior o grau de descumprimento de ou de interferência em um princípio, maior deve ser a importância do cumprimento do outro princípio" (ALEXY, Robert. *Teoria discursiva do direito*. 1. ed. Organização, Tradução e Estudo Introdutório de Alexandre Travessoni Gomes Trivisonno. Rio de Janeiro: Forense Universitária, 2014. p. 301).

[23] Ninguém quer pagar tributos acima do razoável e as revoluções são provas disso, notadamente as americanas e francesas, que demonstraram o descontentamento com o fato de que aqueles que mais tinham a possibilidade de arcar com a tributação eram os que, proporcionalmente, menos pagavam. De tal modo, é inegável a importância que os tributos possuem em toda a organização social e que mudanças em sua estrutura podem ser pivô de alterações significativas na história. Aliás, uma das primeiras inquietações quanto à tributação

aprofundamento e especificação sobre a doutrina especializada, mormente dos professores Roque Antonio Carrazza, Heleno Torres, Hugo de Brito Machado, Regina Helena Costa, Paulo de Barros Carvalho, entre outros.

Aqui devem ser, neste momento, expressamente citados os preceitos constitucionais que, indubitavelmente, asseguram direitos fundamentais e que são diretamente confrontados na hipótese da esquiva do Poder Judiciário em analisar determinada demanda que envolva questão tributária. Isso porque, como visto acima acerca da supremacia da Constituição, a análise deve partir do seu texto para que tenha a melhor aplicabilidade.[24]

Sendo assim:

> Art. 1º A República Federativa do Brasil, formada pela união indissolúvel dos Estados e Municípios e do Distrito Federal, constitui-se em Estado Democrático de Direito e tem como fundamentos: [...]
>
> IV – os valores sociais do trabalho e da livre iniciativa; [...]
>
> Art. 3º Constituem objetivos fundamentais da República Federativa do Brasil: [...]
>
> II – garantir o desenvolvimento nacional; [...]
>
> Art. 5º Todos são iguais perante a lei, sem distinção de qualquer natureza, garantindo-se aos brasileiros e aos estrangeiros residentes no País a inviolabilidade do direito à vida, à liberdade, à igualdade, à segurança e à propriedade, nos termos seguintes: [...]
>
> II – ninguém será obrigado a fazer ou deixar de fazer alguma coisa senão em virtude de lei; [...]
>
> XXII – é garantido o direito de propriedade; [...]
>
> XXX – é garantido o direito de herança; [...]
>
> XXXV – a lei não excluirá da apreciação do Poder Judiciário lesão ou ameaça a direito;
>
> XXXVI – a lei não prejudicará o direito adquirido, o ato jurídico perfeito e a coisa julgada; [...]
>
> § 1º As normas definidoras dos direitos e garantias fundamentais têm aplicação imediata.
>
> § 2º Os direitos e garantias expressos nesta Constituição não excluem outros decorrentes do regime e dos princípios por ela adotados, ou dos tratados internacionais em que a República Federativa do Brasil seja parte.

---

excessiva que se tem notícia ocasionou a Revolta dos Barões Ingleses (1215), dando origem à Magna Carta (ou, no original, *Great Charter*). Este texto estabeleceu, entre outras questões, nas suas 3500 palavras escritas em latim, limitações à tributação, notadamente que o rei não poderia criar tributação sem o "consentimento comum do reino". Destaque-se, ainda, que este consentimento seria dado com base em uma assembleia de barões. A origem dessa revolta se manifestou pela imposição autoritária do rei, que tomava ações sem consultar os barões e a nobreza. É, sem sombra de dúvidas, o início da afirmação do Estado de Direito (BURKE, Peter; PALLARES-BURKE, Maria Lúcia Garcia. *Os ingleses*. São Paulo: Contexto, 2016. p. 346-347).

[24] Canotilho ressalta que da supremacia da Constituição surgem outros vários elementos constitutivos do Estado de Direito. Entre eles, cita o doutrinador português, a vinculação do legislador à Constituição, inclusive na necessária limitação para alteração das normas constitucionais, cabendo exceção apenas quando respeitadas as regras previamente estabelecidas. Aliás, a supremacia da Constituição deve sempre prevalecer, até mesmo como forma de garantir o Estado Democrático de Direito (CANOTILHO, J. J. Gomes. *Direito constitucional*. 7. ed. Coimbra: Almedina, 1993. p. 246).

Veja-se que não foram indicados os dispositivos expressos acerca das limitações ao poder de tributar, porquanto, por vezes, servem para garantir os outros direitos fundamentais expressos na Constituição transcritos alhures. De toda forma, da simples leitura do texto constitucional transcrito surgem diversas questões tributárias que evolvem diretamente direitos fundamentais. Para não correr o risco de deixar de mencionar algum tema relevante, não será feita análise pormenorizada de cada preceito fundamental. Não obstante, imagine-se a situação da instituição de uma tributação em desacordo com os demais ditames do texto constitucional que não estes preceitos fundamentais.

É indubitável que estes preceitos fundamentais existem para dar total efetividade ao texto constitucional e, como tais, não podem ser desrespeitados nos termos já indicados. É a unicidade do texto constitucional para que este tenha total efetividade, especialmente com a Constituição no centro do ordenamento jurídico.

Além do mais, no próprio Preâmbulo da Carta de Outubro existe a previsão de que os direitos individuais e a liberdade são valores supremos da sociedade.[25] Cita-se:

> Nós, representantes do povo brasileiro, reunidos em Assembléia Nacional Constituinte para instituir um Estado Democrático, destinado a assegurar o exercício dos direitos sociais e individuais, a liberdade, a segurança, o bem-estar, o desenvolvimento, a igualdade e a justiça como valores supremos de uma sociedade fraterna, pluralista e sem preconceitos, fundada na harmonia social e comprometida, na ordem interna e internacional, com a solução pacífica das controvérsias, promulgamos, sob a proteção de Deus, a seguinte *Constituição da República Federativa do Brasil*. (Grifos nossos)

Conforme retratado acima, um dos fundamentos do Estado Democrático de Direito brasileiro é a livre iniciativa (art. 1º, I) e, ao lado do objetivo fundamental do desenvolvimento nacional (art. 3º, II), somente pode ocorrer em um ambiente propício ao desenvolvimento econômico. Como indicado anteriormente, a tributação

---

[25] Conhece-se que o próprio Supremo Tribunal Federal já reconheceu que o Preâmbulo da Constituição não possui força normativa por não constituir norma central, ou seja, norma que constitui a Constituição total. Assim, o Preâmbulo não cria direitos ou deveres, e não há inconstitucionalidade por violação a ele (ADI nº 2.076. Rel. Min. Carlos Velloso, j. 15.8.2002, public. 8.8.2003). Entretanto, o que se quer mostrar é o espírito da Constituição, que o quanto alegado aqui neste trabalho tem total coerência com a totalidade da Constituição, até porque o Preâmbulo reflete a "posição ideológica do constituinte" (expressão utilizada pelo Ministro Carlos Velloso na ADI citada). Por outro lado, assumindo a linha defendida pelo Professor Saul Tourinho Leal, o Preâmbulo da Constituição "merece maior atenção da doutrina brasileira, uma vez que a nova hermenêutica constitucional assume releve construindo e reconstruindo o sentido da Constituição se valendo cada vez mais dos princípios. O preâmbulo, espécie de cartão de visita, de porta de entrada da Constituição, esboça o ambiente no qual se dera a nossa constituinte e, mais do que isso, marca a transição do modelo constitucional pretérito rumo a um novo horizonte do Estado brasileiro. Para muitos, o preâmbulo não está no campo do direito, mas no da política. Também se diz que ele não tem um caráter jurídico, mas ideológico. Por fim, ainda se fala que não exerce força cogente, ou seja, não seria possível exigir do Estado a sua fiel observância. Essa ideia, contudo, precisa sofrer uma gradual reformulação. É que o preâmbulo da Constituição simplesmente anuncia a essência da qual se reveste vários outros dispositivos constitucionais, de modo que a sua eficácia não pode ser desconsiderada, principalmente se levarmos em consideração que o Supremo Tribunal Federal tem conferido plena aplicabilidade a princípios constitucionais não escritos. Ora, se os princípios constitucionais não escritos têm ganhado plena eficácia em razão da atuação criativa do nosso STF, não há razão para relegar a um patamar inferior algo que está devidamente escrito na nossa Constituição, especialmente se levarmos em consideração que na nossa história constitucional jamais tivemos uma Constituição sem preâmbulo" (LEAL, Saul Tourinho. *Controle de constitucionalidade moderno*. 2. ed. Niterói: Impetus, 2012. p. 60-61).

é necessária até mesmo para a persecução desses preceitos, mas há uma linha tênue em que a exação fiscal se torna excessiva e acarreta quebra da ordem indicada.

E essa ruptura é devidamente caracterizada quando há desrespeito aos limites ao poder de tributar, especialmente àqueles fundamentais previstos, em sua essência, no art. 5º. Mencione-se que os mais relevantes são a legalidade (inc. II), que no direito tributário ainda é mais estrita (art. 150, I), direito à propriedade (XXII), direito à herança (XXX) inafastabilidade da jurisdição (XXXV), garantia do direito adquirido (XXXVI), entre outros. Aliás, todos esses direitos são de aplicação imediata (§1º) e não excluem outros (§2º).

Portanto, tendo em vista essas ponderações feitas de preceitos fundamentais que irão afetar diretamente o direito da contribuinte face à tributação, é indiscutível que o *judicial review* será sempre extremamente necessário para analisar questões tributárias. Não obstante essa afirmação, é fato que cada questão específica merecerá uma análise, mas não poder-se-á afastar *ab initio* a jurisdição constitucional e a consequente atuação do Supremo Tribunal Federal em questões tributárias apenas pela possibilidade de causarem efeitos sistémicos indesejáveis.

4 Conclusão

Como visto, o *judicial review* tem muita importância para a defesa de direitos fundamentais, especialmente de minorias. A despeito disso, não existe possibilidade de afastar o controle judicial – e proceder com a chamada *deferência* e o Judiciário ter o seu "autocontrole" – quando o assunto envolver direito dos contribuintes. O *judicial review* é importante, na situação brasileira, para a consecução de todos os ditames constitucionais e também deve ser tido como instrumento viabilizador da força normativa da Constituição.

Isso porque, como visto, diversos são os direitos fundamentais que afetam a tributação, sendo que são situações intimamente ligadas a questões fundamentais, que, mais uma vez, devem ser amplamente protegidas. A história nos mostra a importância de questões tributárias para a formatação das sociedades ocidentais.

Há de se ter a consciência de que existem direitos prévios do contribuinte, especialmente o de propriedade, que levam à necessidade de intervenção judicial, mormente quando o Legislativo cria um vácuo na definição de políticas e o Executivo, via de regra, acaba por exacerbar suas competências.

Portanto, é preocupante qualquer alegação que pretenda conter a atuação do Poder Judiciário, com toda a sua estrutura, na consecução e garantia de direitos dos contribuintes, especialmente porque estes são sempre de base fundamental.

Referências

ALEXY, Robert. *Teoria discursiva do direito*. 1. ed. Organização, Tradução e Estudo Introdutório de Alexandre Travessoni Gomes Trivisonno. Rio de Janeiro: Forense Universitária, 2014.

BARROSO, Luís Roberto. A razão sem voto: o Supremo Tribunal Federal e o governo da maioria. *Revista Brasileira de Políticas Públicas*, Brasília, v. 5, 2015. Número Especial.

BARROSO, Luís Roberto. *Curso de direito constitucional contemporâneo*: os conceitos fundamentais e a construção do novo modelo. 5. ed. São Paulo: Saraiva, 2015.

BRITTO, Carlos Ayres. [Discurso]. In: SESSÃO ORDINÁRIA DO PLENÁRIO DO SUPREMO TRIBUNAL FEDERAL, 34., 2012, Brasília. Ata da [...], realizada em 14 de novembro de 2012: Pronunciamentos pela última sessão do plenário da qual participa o ministro Ayres Britto. *Diário da Justiça Eletrônico*, n. 244, p. 20, 13 dez. 2012.

BRITTO, Carlos Ayres. *Teoria da Constituição*. Rio de Janeiro: Forense, 2006.

BURKE, Peter; PALLARES-BURKE, Maria Lúcia Garcia. *Os ingleses*. São Paulo: Contexto, 2016.

CALMON, Pedro. *Segredos e revelações da história do Brasil*. Brasília: Senado Federal, Conselho Editorial, 2013. t. III.

CANOTILHO, J. J. Gomes. *Direito constitucional*. 7. ed. Coimbra: Almedina, 1993.

FEITOSA, Santana. *Da Revolução Francesa até nossos dias*: um olhar histórico. Curitiba: InterSaberes, 2012.

HAMILTON, Alexander; MADISON, James; JAY, John. *O federalista*. Tradução de Hitomar Martins Oliveira. Belo Horizonte: Líder, 2003.

LEAL, Saul Tourinho. *Controle de constitucionalidade moderno*. 2. ed. Niterói: Impetus, 2012.

MARQUES, Adhemar Martins; BERUTTI; Flávio; FARIA, Ricardo. *História contemporânea através de textos*. 12. ed. São Paulo: Contexto, 2012.

MENDES, Gilmar Ferreira; BRANCO, Paulo Gustavo Gonet. *Curso de direito constitucional*. 10. ed. rev. e atual. São Paulo: Saraiva, 2015.

MESGRAVIS, Laima. *História do Brasil colônia*. São Paulo: Contexto, 2015.

NEVINS, Allan; COMMAGER, Henry Steele. *Breve história dos Estados Unidos*. Tradução de Luiz Roberto de Godoi Vidal. 17. ed. São Paulo: Alfa-Omega, 1986.

SILVA, José Afonso. *Aplicabilidade das normas constitucionais*. 8. ed. São Paulo: Malheiros, 2012.

WALDRON, Jeremy. The core of the case against judicial review. *In*: BIGONHA; Antonio Carlos Alpino; MOREIRA, Luiz. *Legitimidade da jurisdição constitucional*. Rio de Janeiro: Lumen Juris, 2010.

Informação bibliográfica deste texto, conforme a NBR 6023:2018 da Associação Brasileira de Normas Técnicas (ABNT):

GREGÓRIO JÚNIOR, Eduardo Lourenço. Inafastabilidade da intervenção judicial em questões tributárias – Direitos fundamentais dos contribuintes. *In*: LEAL, Saul Tourinho; GREGÓRIO JÚNIOR, Eduardo Lourenço (Coord.). *A Constituição Cidadã e o Direito Tributário*: estudos em homenagem ao Ministro Carlos Ayres Britto. Belo Horizonte: Fórum, 2019. p. 161-177. ISBN 978-85-450-0678-7.

UMA ANÁLISE ACERCA DA INCIDÊNCIA DO ISS SOBRE SERVIÇOS EXECUTADOS EM PLATAFORMAS MARÍTIMAS

EDUARDO MANEIRA
MARCOS CORREIA PIQUEIRA MAIA

1 Introdução

O Ministro Carlos Britto abrilhantou por quase dez o Supremo Tribunal Federal. Jurista com sólida formação em direito público, revelou-se um grande humanista no exercício da Magistratura. A feliz iniciativa de Saul Tourinho Leal e de Eduardo Lourenço de homageá-lo no aniversário de 30 (trinta) anos da Constituição da República é merecedora de aplausos, e sentimo-nos honrados de participar desta obra coletiva.

Escolhemos discorrer sobre um dos grandes temas inerentes ao setor de óleo e gás: a pretensão dos municípios costeiros de exigir o pagamento do Imposto sobre Serviços de Qualquer Natureza (ISS) sobre serviços prestados nas plataformas de exploração e produção de petróleo situadas em alto mar.

A alegação dos municípios é a de que o seu território não se limitaria à porção de terra continental, prolongando-se mar adentro até o limite das denominadas "plataforma continental" e "zona econômica exclusiva", que se prolonga por duzentas milhas náuticas a partir da costa brasileira. Logo, se essas faixas de oceano integram o seu território, entendem os referidos entes que teriam competência tributária para gravar os eventos ali ocorridos.

Dessa forma, exigem da própria empresa operadora do campo a retenção e pagamento do ISS (na condição de responsável tributário – art. 128 do Código Tributário Nacional[1] – CTN) sobre todos os serviços que lhe foram prestados por terceiros em suas plataformas.

---

[1] "Art. 128. Sem prejuízo do disposto neste capítulo, a lei pode atribuir de modo expresso a responsabilidade pelo crédito tributário a terceira pessoa, vinculada ao fato gerador da respectiva obrigação, excluindo a

E o fundamento legal para a exigência do ISS nesses casos, segundo os entes municipais, reside no item 7.21 da lista de serviços anexa à Lei Complementar (LC) nº 116/03, que trata das atividades de "pesquisa, perfuração, cimentação, mergulho, perfilagem, concretação, testemunhagem, pescaria, estimulação e outros serviços relacionados com a exploração e explotação de petróleo, gás natural e de outros recursos minerais".

O mencionado item da lista de serviços tributáveis, como se vê, abarca realmente os serviços contratados pelas concessionárias para serem executados em suas plataformas. Só que há uma observação importante: o item 7.21 não foi elencando pela LC nº 116/03 como uma das hipóteses excepcionais em que o ISS deve ser recolhido para o local em que o serviço foi prestado; ou seja, na situação sob análise, o pagamento do ISS deve seguir a regra geral prevista no citado diploma, que define como sujeito ativo da relação jurídico-tributária o município onde se localiza o estabelecimento do prestador.

Diante disso, precisa-se fazer a seguinte indagação: se o item 7.21 não foi excepcionado pela LC nº 116/03, como poderiam os municípios costeiros exigir o pagamento do ISS sobre serviços prestados em alto mar por empresas que não estão estabelecidas em seu território?

A resposta veio do Superior Tribunal de Justiça (STJ): ao julgar o REsp nº 1.060.210/SC, a Primeira Seção afirmou que, após a entrada em vigor da LC nº 116/03, o ISS passou a ser devido para o município onde se encontra a unidade econômica ou profissional responsável pela prestação (ainda que não constitua um estabelecimento formal), pois lá seria o local onde o serviço foi de fato perfectibilizado.

Vale registrar que esse julgado da Primeira Seção veio apenas para consolidar uma interpretação que estava ganhando força no seio do STJ (após idas e vindas da jurisprudência), a qual, a nosso ver, vai de encontro à literalidade da LC nº 116/03, promovendo uma significativa alteração na regra-matriz de incidência do ISS.

Assim, partindo da premissa de que as plataformas de exploração e produção de petróleo e gás se localizariam em faixas de oceano que integrariam os seus territórios, e que os prestadores de serviços contratados pelas operadoras possuiriam uma unidade econômica/profissional nas referidas plataformas, os municípios costeiros passaram a se considerar titulares da competência para exigir o ISS sobre serviços lá executados.

E a análise dessa exigência fiscal é justamente o ponto central do presente artigo, a qual passa a ser feita nos tópicos abaixo.

2 As faixas de mar inerentes à plataforma continental e à zona econômica exclusiva não integram o território nacional

Como se sabe, os municípios, entre as unidades da Federação, são os que verdadeiramente possuem território preenchendo o espaço dos estados que formam a

---

responsabilidade do contribuinte ou atribuindo-a a este em caráter supletivo do cumprimento total ou parcial da referida obrigação".

União. O território municipal é exclusivo e sobre ele cada ente exerce sua competência político-administrativa.

Quanto a isso, não há dúvidas.

Só que tais assertivas nos levam a duas constatações simples:

a) em primeiro lugar, os territórios dos municípios – que preenchem a União Federal – estão limitados à extensão do que pode ser considerado como território nacional;

b) em segundo lugar, só poderá haver o pleno exercício das competências definidas pela Constituição Federal – seja pela União, estados ou municípios – sobre as áreas que definitivamente integram o território nacional.

Quanto à noção de "território", é de se notar que a doutrina costuma defini-lo como a área sobre a qual o país exerce a sua soberania de forma geral e exclusiva. É a área física, portanto, em que as pessoas políticas que formam o Estado poderão atuar livremente, sem sofrer qualquer tipo de limitação. Tal lição pode ser extraída dos ensinamentos de Francisco Rezek, *in verbis*:

> Sobre o seu território, o Estado exerce jurisdição (termo preferido em doutrina anglo-saxônica), o que vale dizer que detém uma série de competências para atuar com autoridade (expressão mais ao gosto dos autores da escola francesa). *O território de que falamos é a área terrestre do Estado, somada àqueles espaços hídricos de topografia puramente interna, como rios e lagos que se circunscrevem no interior dessa área sólida. Sobre o território assim entendido, o Estado soberano tem jurisdição geral e exclusiva.*
>
> A generalidade da jurisdição significa que o Estado exerce no seu domínio territorial todas as competências de ordem legislativa, administrativa e jurisdicional. A exclusividade significa que, no exercício de tais competências, o Estado local não enfrenta a concorrência de qualquer outra soberania. Só ele pode, assim, tomar medidas restritivas contra pessoas, detentor que é do monopólio do uso legítimo da força pública.[2] (Grifos nossos)

Portanto, integram o território nacional todas as áreas sobre as quais as nossas pessoas políticas (União, estados e municípios) exercem regularmente a sua jurisdição *dentro dos parâmetros definidos pela Constituição Federal*, inclusive em matéria tributária.

E quando se disse "dentro dos parâmetros definidos pela Constituição Federal", pretendeu-se apenas esclarecer que as competências político-administrativas passíveis de serem exercidas sobre todo o território nacional foram divididas pelo constituinte entre os três níveis de poder da nossa Federação (arts. 21 e seguintes), o que não significa que a União ou algum estado ou município teria prevalência sobre determinada área. Pelo contrário. Salvo o Distrito Federal e os territórios federais – hoje inexistentes –, toda porção do território nacional sofre influência dos três níveis de poder político-administrativo, tendo cada ente o seu rol de competências sobre a mesma área.

Assim, quando as três esferas de poder estão aptas a atuar de forma plena sobre determinada porção de terra (ou mar), dúvidas não restarão de que essa área

---

[2] REZEK, Francisco. *Direito internacional público* – Curso elementar. 11. ed. São Paulo: Saraiva, 2008. p. 162-163.

integra o território nacional. E se o integra, as pessoas políticas poderão exercer sua competência tributária (também seguindo as linhas traçadas pelo constituinte) para gravar os fatos geradores lá ocorridos.

Em suma, vê-se que a delimitação do território nacional está umbilicalmente atrelada à noção de soberania plena. Se um estado nacional não pode exercer integralmente os direitos que são inerentes à ideia de soberania – como controle de tráfego de pessoas e bens, regulação do espaço aéreo etc. –, será difícil conceber que tal porção de terra (ou mar) realmente faz parte do território daquele estado.

É o que se extrai da doutrina de Celso D. de Albuquerque Mello,[3] a seguir transcrita:

> A soberania territorial está limitada pelo DI, de onde ela deriva. Nada impede que um Estado ceda certas competências sobre o seu território (arrendamento de território) e conserve a sua soberania sobre ele.
>
> *O Estado exerce certas competências fora do seu território (ex.: alto-mar), mas isto não significa que ele faça parte do seu território, porque aí ele não tem um 'gozo pleno', nem dele pode excluir a "penetração e a ação dos demais Estados".*
>
> A soberania não deixa de ser competências, mas é um feixe de competências, é o conjunto de todas elas. (Grifos nossos)

Dito isso, chegamos ao ponto central do presente tópico, que pode ser resumido na seguinte indagação: as faixas de mar que compreendem a plataforma continental e a zona econômica exclusiva podem ser consideradas partes integrantes do território nacional?

Antes de se passar para a resposta, vale trazer à tona o conceito de plataforma continental e de zona econômica exclusiva que pode ser extraído da Convenção de Montego Bay de 1982 e da Lei Federal nº 8.617/93 (que apenas reiterou as disposições da convenção):

a) *plataforma continental*: compreende o leito e o subsolo das áreas submarinas que se estendem além do seu mar territorial, em toda a extensão do prolongamento natural de seu território terrestre, até o bordo exterior da margem continental, ou até uma distância de duzentas milhas marítimas das linhas de base, a partir das quais se mede a largura do *mar territorial*, nos casos em que o bordo exterior da margem continental não atinja essa distância (*vide* art. 11 da Lei nº 8.617/93);

b) *zona econômica exclusiva*: compreende uma faixa que se estende das doze às duzentas milhas marítimas (entre leito marinho e o espelho d'água), contadas a partir das linhas de base que servem para medir a largura do *mar territorial* (*vide* art. 6º da Lei nº 8.617/93).

---

[3] MELLO, Celso D. de Albuquerque. *Curso de direito internacional público*. 14. ed. Rio de Janeiro: Renovar, 2002. v. 2. p. 1075.

Veja-se que tanto a definição da plataforma continental quanto da zona econômica exclusiva envolve a conceituação do chamado "mar territorial", que compreende a faixa de doze milhas marítimas de largura medidas a partir da linha de baixa-mar do litoral, ou seja, é a faixa de mar mais próxima da costa (*vide* art. 1º da Lei nº 8.617/93).

Via de regra, as plataformas de exploração e produção de petróleo e gás natural se encontram entre 12 e 200 milhas marítimas da costa brasileira, isto é, na faixa de mar que está compreendida na plataforma continental e na zona econômica exclusiva.

Por isso que o foco do presente estudo reside na análise desses dois institutos, os quais, respondendo à indagação acima formulada, *não* fazem parte do território nacional.

E não são necessárias muitas linhas para se justificar a resposta acima: afinal, as prerrogativas do país sobre essa porção do oceano são limitadíssimas, pois se restringem basicamente à exploração dos recursos naturais (vivos ou não) lá existentes. Não pode o Brasil, por exemplo, controlar o espaço aéreo, impedir o tráfego de embarcações civis (salvo se estiverem ferindo de alguma forma o direito de passagem inocente), impedir a colocação de dutos submarinos etc. Ou seja, boa parte dos direitos inerentes ao conceito de defesa nacional – que está evidentemente atrelado à noção de soberania – não pode ser exercida pelo nosso país sobre a referida área marítima.

Essas determinações, vale destacar, estão contidas na supracitada Convenção de Montego Bay de 1982, da qual o Brasil é signatário (internalizada pelo Decreto-Legislativo nº 05/87). É comumente denominada Convenção das Nações Unidas sobre o Direito do Mar, tendo definido o direito dos países costeiros sobre a plataforma continental e a zona econômica exclusiva, conforme se extrai dos dispositivos a seguir transcritos:

ARTIGO 56 – Direitos, jurisdição e deveres do Estado costeiro na zona econômica exclusiva

1. Na zona econômica exclusiva, o Estado costeiro tem:

a) direitos de soberania para fins de exploração e aproveitamento, conservação e gestão dos recursos naturais, vivos ou não vivos das águas sobrejacentes ao leito do mar, do leito do mar e seu subsolo, e no que se refere a outras atividades com vista à exploração e aproveitamento da zona para fins econômicos, como a produção de energia a partir da água, das correntes e dos ventos;

c) jurisdição, de conformidade com as disposições pertinentes da presente Convenção, no que se refere a:

i) colocação e utilização de ilhas artificiais, instalações e estruturas;

ii) investigação científica marinha;

iii) proteção e preservação do meio marinho;

2. No exercício dos seus direitos e no cumprimento dos seus deveres na zona econômica exclusiva nos termos da presente Convenção, o Estado costeiro terá em devida conta os direitos e deveres dos outros Estados e agirá de forma compatível com as disposições da presente Convenção. [...]

ARTIGO 58 – Direitos e deveres de outros Estados na zona econômica exclusiva

1. Na zona econômica exclusiva, todos os Estados, quer costeiros quer sem litoral, gozam, nos termos das disposições da presente Convenção, das liberdades de navegação e

sobrevôo e de colocação de cabos e dutos submarinos, a que se refere o artigo 87, bem como de outros usos do mar internacionalmente lícitos, relacionados com as referidas liberdades, tais como os ligados à operação de navios, aeronaves, cabos e dutos submarinos e compatíveis com as demais disposições da presente Convenção. [...]

ARTIGO 77 – Direitos do Estado costeiro sobre a plataforma continental.

1. O Estado costeiro exerce direitos de soberania sobre a plataforma continental para efeitos de exploração e aproveitamento dos seus recursos naturais.

2. Os direitos a que se refere o parágrafo 1º, são exclusivos no sentido de que, se o Estado costeiro não explora a plataforma continental ou não aproveita os recursos naturais da mesma, ninguém pode empreender estas atividades sem o expresso consentimento desse Estado.

3. Os direitos do Estado costeiro sobre a plataforma continental são independentes da sua ocupação, real ou fictícia, ou de qualquer declaração expressa.

4. Os recursos naturais a que se referem as disposições da presente Parte, são os recursos minerais e outros recursos não vivos do leito do mar e subsolo bem como os organismos vivos pertencentes a espécies sedentárias, isto é, aquelas que no período de captura estão imóveis no leito do mar ou no seu subsolo ou só podem mover-se em constante contato físico com esse leito ou subsolo.

ARTIGO 78 – Regime jurídico das águas e do espaço aéreo sobrejacentes e direitos e liberdades de outros Estados.

1. Os direitos do Estado costeiro sobre a plataforma continental não afetam o regime jurídico das águas sobrejacentes ou do espaço aéreo acima dessas águas.

2. O exercício dos direitos do Estado costeiro sobre a plataforma continental não deve afetar a navegação ou outros direitos e liberdades dos demais Estados previstos na presente Convenção, nem ter como resultado uma ingerência injustificada neles.

Como se vê, as prerrogativas dos países costeiros sobre essa faixa de mar praticamente se resumem à exploração (bem como à pesquisa e conservação) dos recursos naturais ali contidos. E não fosse a Convenção de Montego Bay, qualquer nação poderia pescar ou extrair petróleo a 100 milhas náuticas da nossa costa, por exemplo, que o Brasil nada poderia fazer.

Ou seja, o objetivo da Convenção de Montego Bay não foi o de retirar parte da "soberania plena" dos países costeiros sobre essa faixa de mar em prol da comunidade internacional (para conceder a todos uma série de prerrogativas, como liberdade de tráfego, de utilização do espaço aéreo etc.). Pelo contrário. A finalidade da convenção, no que diz respeito à plataforma continental e à zona econômica exclusiva, foi a de atribuir alguns direitos aos países costeiros, de forma que pudessem explorar, sem qualquer contestação por parte de outros estados, os recursos naturais porventura existentes.

Os direitos que o Brasil detém sobre essa faixa de mar, portanto, são tão limitados que não se pode considerá-la como parte integrante do território nacional (o mero fato de a Convenção de Montego Bay ter agraciado o Brasil com alguns poucos direitos sobre a plataforma continental e a zona econômica exclusiva não pode ter o condão de transformar esse pedaço do oceano numa verdadeira extensão do nosso território).

Situação diferente é a do mar territorial, que, como visto acima, contempla as 12 milhas náuticas a partir da linha da costa: nesse caso, a própria Convenção de Montego Bay reconhece a soberania plena[4] do estado costeiro sobre o mar territorial, podendo dispor sobre o respectivo solo, subsolo e espaço aéreo. Veja-se a seguir:

> ARTIGO 2 – Regime jurídico do mar territorial, seu espaço aéreo sobrejacente, leito e subsolo.
>
> 1. A soberania do Estado costeiro estende-se além do seu território e das suas águas interiores e, no caso de Estado arquipélago, das suas águas arquipelágicas, a uma zona de mar adjacente designada pelo nome de mar territorial.
>
> 2. Esta soberania estende-se ao espaço aéreo sobrejacente ao mar territorial, bem como ao leito e ao subsolo deste mar.
>
> 3. A soberania sobre o mar territorial é exercida de conformidade com a presente Convenção e as demais normas de direito internacional.

Da leitura dos dispositivos acima, ficou clara a diferença existente entre a plataforma continental/zona econômica exclusiva e o mar territorial. Nesse último caso, até se poderia, por ficção, entender que o território nacional se estenderia até as 12 milhas náuticas a partir da costa, já que, nessa porção de mar, o Brasil exerce sua soberania de forma plena.

E tanto é assim que a própria Constituição Federal, ao relacionar os bens da União Federal em seu art. 20, deixou consignado o seguinte:

> Art. 20. São bens da União: [...]
>
> V – os *recursos naturais* da plataforma continental e da zona econômica exclusiva;
>
> VI – *o mar territorial*. (Grifos nossos)

Como se vê, a Carta Magna:

a) tratou o mar territorial e a plataforma continental/zona econômica exclusiva em dispositivos apartados, o que, por si só, já sugere que os institutos gozam de particularidades próprias a ensejar um tratamento diferenciado;

b) afirmou que o "mar territorial" (como um todo) representa bem da União; ou seja, o solo, o subsolo, o espaço aéreo, os recursos naturais etc. inerentes à figura do mar territorial estão inseridos na competência da União;

c) por outro lado, afirmou, quanto à plataforma continental/zona econômica exclusiva, que *apenas* os *recursos naturais* ali contidos seriam bens da União, o que vai ao encontro da Convenção de Montego Bay.

A diferença de tratamento entre os institutos feita pela Constituição salta aos olhos. Como afirmou o próprio constituinte acerca da plataforma continental/zona

---

[4] Sobre o mar territorial, os estados costeiros exercem todos os poderes intrínsecos à noção de soberania, tendo apenas que garantir o direito de passagem inocente às embarcações (contudo, pode regular o tráfego dessas embarcações pelo seu mar territorial, se assim entender necessário para fins de segurança de navegação).

econômica exclusiva, os direitos do país sobre a referida área se limitam aos recursos naturais, situação oposta à do mar territorial. Assim, não nos parece adequado enquadrá-la como uma parcela do território nacional. E se não o integram, não fazem parte de qualquer estado ou município.

Sabe-se, contudo, que os únicos precedentes que se têm sobre a matéria no Supremo Tribunal Federal vão no sentido contrário (ou seja, entendem que essas faixas de mar integrariam o território de estados e municípios, inclusive para fins de exercício de competência tributária), apesar de não terem debatido a questão com a profundidade necessária.

Foi o que ocorreu no julgamento da Medida Cautelar na Ação Direta de Inconstitucionalidade nº 2.080-3/RJ,[5] em que o Plenário do STF deixou consignado que as projeções marítimas das áreas continentais – sobre o mar territorial, plataforma continental e zona econômica exclusiva – fazem parte do território dos entes estaduais e municipais (tal racional foi reiterado posteriormente em algumas decisões monocráticas, como ocorreu no AI nº 850.862/ES, Min. Roberto Barroso, em 1º.8.2016).

No entanto, lendo-se o julgado da referida ADI, percebe-se que o STF, até por se tratar de uma medida cautelar que visava afastar um dispositivo da Constituição do Estado do Rio de Janeiro (que estendia a sua competência tributária para as projeções marítimas), não analisou o tema sob todos os ângulos existentes, o que fica muito claro nos votos do relator e dos demais ministros que o acompanharam – os quais rejeitaram o pedido cautelar em apenas um parágrafo ou dois parágrafos.

Contudo, do pouco material que pode ser extraído do acórdão, é possível afirmar que o STF se baseou em duas linhas argumentativas para fixar o seu entendimento, quais sejam:

a) que o fato de o mar territorial, a plataforma continental e a zona econômica exclusiva serem classificados como "bens"[6] da União não significa que estão situados em territórios federais – o que, se fosse o caso, atrairia a competência tributária da União (art. 147 da CF/88).[7] Nas palavras do Min. Sepúlveda Pertence:

---

[5] "DIREITO CONSTITUCIONAL E TRIBUTÁRIO. COMPETÊNCIA TRIBUTÁRIA DOS ESTADOS E MUNICÍPIOS SOBRE A ÁREA DOS RESPECTIVOS TERRITÓRIOS, INCLUÍDAS NESTES AS PROJEÇÕES AÉREAS E MARÍTIMA DE SUA ÁREA CONTINENTAL, ESPECIALMENTE AS CORRESPONDENTES PARTES DA PLATAFORMA CONTINENTAL, DO MAR TERRITORIAL E DA ZONA ECONÔMICA EXCLUSIVA. AÇÃO DIRETA DE INCONSTITUCIONALIDADE DO §5 DO ARTIGO 194 DA CONSTITUIÇÃO DO ESTADO DO RIO DE JANEIRO E DO §4 DO ARTIGO DA LEI ESTADUAL N 2.657, DE 26.12.1996, QUE REGULA O ICMS NAQUELA UNIDADE DA FEDERAÇÃO. 1. Alegação de que tais normas violam os artigos 20, V e VI, 22, I, 155, II, 150, VI, 146, I, III, 'a' e 155, §2, XII, 'd', da Constituição Federal. 2. Fundamentação consideravelmente abalada com as objeções da ASSEMBLÉIA LEGISLATIVA e do GOVERNADOR DO ESTADO, que, a um primeiro exame, demonstraram a inocorrência de qualquer das violações apontadas na inicial. Medida cautelar indeferida. Plenário. Decisão unânime" (ADI nº 2.080 MC. Rel. Min. Sydney Sanches, Tribunal Pleno, j. 6.2.2002).

[6] Fez-se esse destaque porque em nenhum dos votos que consta no Acórdão da ADI MC nº 2.080-3/RJ viu-se a distinção entre mar territorial e plataforma continental/zona econômica exclusiva tomando-se como parâmetro a diferença de redação adotada pelo constituinte nos incs. V e VI do art. 20 da Constituição Federal.

[7] "Art. 147. Competem à União, em Território Federal, os impostos estaduais e, se o Território não for dividido em Municípios, cumulativamente, os impostos municipais; ao Distrito Federal cabem os impostos municipais".

me parece claro haver uma confusão, na lógica da ação direta, entre domínio público e território, e que, na federação, não há área ou suas projeções que não estejam no território de um Estado ou do Distrito Federal e, simultaneamente, de um Município.

b) que o art. 20, §1º,[8] da Constituição Federal, ao determinar o pagamento de *royalties* aos estados e municípios costeiros pela "exploração de petróleo ou gás natural, de recursos hídricos para fins de geração de energia elétrica e de outros recursos minerais *no respectivo território, plataforma continental, mar territorial ou zona econômica exclusiva"*, confirmaria o entendimento de que tais áreas no meio do oceano (onde se encontram as jazidas) integrariam os seus territórios.

No que diz respeito à assertiva contida no item "a", entendemos que o STF agiu corretamente ao afirmar que o enquadramento de algo como bem da União não significa que esteja compreendido em território federal. Como disse o Min. Sepúlveda Pertence, domínio público e território são institutos distintos, o que nos permite concluir que o prédio da Receita Federal no Centro do Rio de Janeiro, por exemplo, constituiu um bem da União e está, simultaneamente, localizado no território do município e do estado do Rio de Janeiro.

Evidentemente que a cidade, no exemplo acima, não pode exigir que a União recolha anualmente o IPTU sobre o referido imóvel (já que incide no caso o disposto no art. 150, VI, "a", da CF/88),[9] mas se for outorgado a um particular o direito de explorar um restaurante no andar térreo, o estado poderá exigir o ICMS correspondente.

Só não estamos de acordo, vale dizer, com a parte final do posicionamento adotado pelo Min. Sepúlveda Pertence – de que não haveria área das projeções marítimas que não fosse, simultaneamente, território de um estado e município – por uma simples razão que já foi bem delineada aqui: o Brasil não tem os direitos mais básicos inerentes à noção de soberania sobre a plataforma continental e a zona econômica exclusiva, que são justamente os referentes à defesa e controle do território (não se pode dispor sobre o espaço aéreo, o tráfego de embarcações civis etc.).

Entre os direitos que compõem a noção de soberania, vamos chamar assim, cabe ao Brasil apenas um deles, que é o de exploração exclusiva dos recursos naturais, conforme reconhecido pela Convenção de Montego Bay e pela própria Carta Magna (ao afirmar que são bens da União apenas os recursos naturais contidos nessa faixa de mar), fato que impede, a nosso ver, o enquadramento da referida área como território nacional.

---

[8] "Art. 20. São bens da União: [...] §1º É assegurada, nos termos da lei, aos Estados, ao Distrito Federal e aos Municípios, bem como a órgãos da administração direta da União, participação no resultado da exploração de petróleo ou gás natural, de recursos hídricos para fins de geração de energia elétrica e de outros recursos minerais no respectivo território, plataforma continental, mar territorial ou zona econômica exclusiva, ou compensação financeira por essa exploração".

[9] "Art. 150. Sem prejuízo de outras garantias asseguradas ao contribuinte, é vedado à União, aos Estados, ao Distrito Federal e aos Municípios: [...] VI – instituir impostos sobre: a) patrimônio, renda ou serviços, uns dos outros".

Por fim, quanto ao fundamento contido no item "b", *supra*, precisa-se fazer o seguinte comentário: o comando do art. 20, §1º, da CF/88, diferentemente do que entendeu o Pretório Excelso, nos parece indicar que o mar territorial, a plataforma continental e a zona econômica exclusiva *não* se confundem com o território dos estados e municípios.

Afinal, ao determinar o pagamento de *royalties* aos estados e municípios costeiros pela exploração de recursos minerais "no respectivo território, plataforma continental, mar territorial ou zona econômica exclusiva", a interpretação que fazemos é a de que a referida atividade exploratória pode ocorrer: (i) nos próprios territórios estaduais e municipais, e (ii) fora dos respetivos territórios, vale dizer, no mar territorial, na plataforma continental ou na zona econômica exclusiva que lhes são contíguos.

Ora, estivessem a plataforma continental, a zona econômica exclusiva e o mar territorial[10] necessariamente compreendidos no território de estados e municípios que bastaria para o constituinte afirmar, no corpo do citado §1º do art. 20, que seria a eles garantida uma compensação financeira pelos recursos explorados "nos seus respectivos territórios".

Mas não foi isso que ocorreu, o que nos leva a crer que tal dispositivo só reforça o racional que vem sendo aqui desenvolvido para se demonstrar que a plataforma continental e a zona econômica exclusiva não integram o território de nenhum ente federado. Nem poderia ser diferente, já que estamos diante de dispositivo que visa *unicamente* assegurar, para estados e municípios que sofrem impactos ambientais e econômicos decorrentes da exploração de recursos naturais em seus territórios e nas faixas de mar contíguas, uma parte da compensação financeira que, em tese, seria da União.

Logo, não há como estados e municípios costeiros pretenderem exercer sua competência tributária para gravar os fatos ali ocorridos, sob pena de ofensa ao próprio art. 102 do CTN –[11] que afirma que legislação estadual e municipal se restringe aos limites dos seus respectivos territórios.

Feita essa última observação, passa-se para o próximo ponto do presente estudo.

3   Da impossibilidade de se exigir o ISS sobre os serviços prestados na plataforma continental e na zona econômica exclusiva em face da inexistência de lei complementar

A questão que se coloca aqui é muito simples: ainda que se pudesse considerar a plataforma continental e a zona econômica exclusiva como parte do território de

---

[10] Como se vê, apesar de entendermos que seria possível se enquadrar o mar territorial como parte do território nacional (em face dos direitos de soberania que o país exerce sobre ele, assegurados, inclusive, em convenção internacional), a Constituição Federal não deixa isso tão evidente, devendo o tema ser ainda objeto de debates.

[11] "Art. 102. A legislação tributária dos Estados, do Distrito Federal e dos Municípios vigora, no País, fora dos respectivos territórios, nos limites em que lhe reconheçam extraterritorialidade os convênios de que participem, ou do que disponham esta ou outras leis de normas gerais expedidas pela União".

estados e municípios, como seria feita a demarcação (por ficção) das fronteiras em alto mar?

A nosso ver, não há outra solução que não seja a demarcação por meio de lei complementar (de caráter nacional), até mesmo porque a delimitação do território de estados e municípios até o limite da plataforma continental geraria um enorme impacto tributário pelo fato de representar uma alteração na competência dos entes para instituir e cobrar tributos.

Trata-se de uma típica situação em que se faz necessária a atuação do legislador complementar para se mitigar a ocorrência de eventuais conflitos de competência entre os entes federados, exatamente como determina o art. 146, I, da Constituição Federal:

> Art. 146. Cabe à lei complementar:
> I – dispor sobre conflitos de competência, em matéria tributária, entre a União, os Estados, o Distrito Federal e os Municípios.

Sem a edição de tal diploma, portanto, fica absolutamente inviável a cobrança de qualquer tributo; afinal, como se tratam de territórios abstratos, sem demarcações físicas, dois ou mais municípios costeiros poderiam pleitear o ISS sobre os mesmos serviços prestados nas plataformas. E, além do conflito entre municípios pelo ISS, há também a possibilidade da instalação de conflito entre estados e municípios pelo serviço de transporte de passageiros até as plataformas, pois, caso se entenda que a plataforma é território municipal, então o transporte poderá envolver um serviço intermunicipal (caso em que incidiria o ICMS[12]) ou intramunicipal (caso em que incidiria o ISS).

A possibilidade da instalação de conflitos de competência se revela também pela complexidade dos serviços *offshore*. Como ficaria a situação quando um mesmo campo petrolífero se prolongar pelo território de mais de um município? E como ficaria quando as plataformas estiverem fixadas nos limites de dois municípios? Quem seria o sujeito ativo do ISS?

É por isso que o inc. I do art. 146 da CF/88 impõe, nessas situações de incerteza, a edição de lei complementar com o objetivo de solucionar conflitos de competência. Entretanto, *tal diploma legal ainda não foi editado*, o que nitidamente impede a exigência do ISS.

Alguns entes municipais, contudo, na ânsia de incrementar a arrecadação, vêm sustentando que o IBGE, por autorização da Lei Federal nº 7.525/86, já teria realizado essa demarcação das fronteiras na plataforma continental e na zona econômica exclusiva. Assim, estando as plataformas de exploração e produção de petróleo situadas em seus territórios, e sendo devido o ISS para o ente onde o serviço foi prestado, os municípios costeiros entendem que não haveria qualquer óbice para a cobrança do imposto.

No nosso sentir, contudo, tal posicionamento dos municípios se mostra equivocado, uma vez que a Lei nº 7.525/86 não foi editada com o objetivo de delimitar as fronteiras fictícias dos referidos entes no meio do oceano – inclusive para fins de

---

[12] CF/88, art. 155, II.

definição de suas competências tributárias –, mas sim para regular a repartição dos *royalties* de petróleo.

Trata-se, vale dizer, da lei federal a que alude a parte inicial do supracitado §1º do art. 20 da Carta Magna,[13] que determina o pagamento de *royalties* aos entes federados pela exploração de recursos naturais. E tanto é assim que o próprio art. 3º da Lei nº 7.525/86[14] afirma que a delimitação das projeções dos municípios no mar levou em consideração "as atividades de produção de uma dada área de produção petrolífera marítima e os impactos destas atividades sobre áreas vizinhas".

Assim, como se poderia admitir que esse diploma teve o condão de fixar as fronteiras dos nossos entes federados até o limite da plataforma continental?

E a situação fica ainda mais grave, tendo em vista que sequer foi o legislador federal que fez essa demarcação.[15] Com efeito, tal atribuição acabou sendo delegada ao Instituto Brasileiro de Geografia e Estatística (IBGE) pelo art. 9º do citado diploma,[16] ao qual coube traçar as linhas divisórias entre os entes estaduais e municipais no meio do oceano.

Ou seja, se admitirmos como válida a tese dos municípios (de que as linhas fixadas para fins de *royalties* seriam suficientes para demarcar as suas fronteiras marítimas), teríamos um ato infralegal do presidente do IBGE fixando a competência tributária de um sem número de estados e municípios ao longo da nossa costa.

Por óbvio, tal cenário não tem espaço no nosso atual sistema tributário e, sem dúvida, geraria uma discussão sem fim sobre os limites territoriais de cada estado e município. Prova disso é que, se analisarmos o traçado feito pelo IBGE para fins de pagamento dos *royalties*, podem-se ver algumas projeções se sobrepondo no mar (o que geraria casos de bitributação), bem como a ausência de competência em algumas

---

[13] Veja-se novamente a redação do art. 20, §1º: "É assegurada, *nos termos da lei*, aos Estados, ao Distrito Federal e aos Municípios, bem como a órgãos da administração direta da União, participação no resultado da exploração de petróleo ou gás natural, de recursos hídricos para fins de geração de energia elétrica e de outros recursos minerais no respectivo território, plataforma continental, mar territorial ou zona econômica exclusiva, ou compensação financeira por essa exploração".

[14] Eis a íntegra do dispositivo: "Art. 3º A área geoeconômica de um Município confrontante será definida a partir de critérios referentes às atividades de produção de uma dada área de produção petrolífera marítima e a impactos destas atividades sobre áreas vizinhas".

[15] Ainda que tivesse sido feito pelo legislador federal, dúvidas poderiam surgir sobre a validade do ato, posto que se trata de tema de interesse nacional, que, a nosso ver, seria de atribuição do legislador complementar.

[16] "Art. 9º Caberá à Fundação Instituto Brasileiro de Geografia e Estatística – IBGE: I – tratar as linhas de projeção dos limites territoriais dos Estados, Territórios e Municípios confrontantes, segundo a linha geodésica ortogonal à costa ou segundo o paralelo até o ponto de sua interseção com os limites da plataforma continental; II – definir a abrangência das áreas geoeconômicas, bem como os Municípios incluídos nas zonas de produção principal e secundária e os referidos no §3º do art. 4º desta lei, e incluir o Município que concentra as instalações industriais para o processamento, tratamento, armazenamento e escoamento de petróleo e gás natural; III – publicar a relação dos Estados, Territórios e Municípios a serem indenizados, 30 (trinta) dias após a publicação desta lei; IV – promover, semestralmente, a revisão dos Municípios produtores de óleo, com base em informações fornecidas pela PETROBRÁS sobre a exploração de novos poços e instalações, bem como reativação ou desativação de áreas de produção. Parágrafo único. Serão os seguintes os critérios para a definição dos limites referidos neste artigo: I – linha geodésica ortogonal à costa para indicação dos Estados onde se localizam os Municípios confrontantes; II – seqüência da projeção além da linha geodésica ortogonal à costa, segundo o paralelo para a definição dos Municípios confrontantes no território de cada Estado".

áreas, visto que existem parcelas do oceano que não estão dentro de nenhuma das linhas traçadas.

Há, inclusive, ações na Justiça questionando o traçado dessas linhas, como é o caso da Ação Cível Originária nº 444/SC, de relatoria do Min. Roberto Barroso, que teve o seu julgamento iniciado recentemente no Plenário do STF. Na lide, o estado de Santa Catarina discute justamente a validade das projeções marítimas que foram delineadas pelo IBGE, tendo o relator proferido voto parcialmente favorável (apenas uma parte do traçado elaborado pelo referido órgão, na visão do relator, estava incorreta).[17]

Isso só mostra o tamanho da insegurança jurídica que seria gerada caso venha a ser chancelado o posicionamento dos entes municipais, os quais tentam pegar um atalho na legislação existente para incrementar (de forma claramente inconstitucional) os cofres públicos.

Por fim, cabe trazer à tona um caso semelhante, em que o Plenário do STF, ao verificar a possível existência de conflitos de competência entre os estados da Federação quanto à tributação do transporte aéreo pelo ICMS, entendeu que tal atividade não poderia ser gravada enquanto não houve a atuação do legislador complementar, *in verbis*:

> CONSTITUCIONAL. TRIBUTÁRIO. LEI COMPLEMENTAR 87/96. ICMS E SUA INSTITUIÇÃO. ARTS. 150, II; 155, §2º, VII "A", E INCISO VIII, CF. CONCEITOS DE PASSAGEIRO E DE DESTINATÁRIO DO SERVIÇO. FATO GERADOR. OCORRÊNCIA. ALÍQUOTAS PARA OPERAÇÕES INTERESTADUAIS E PARA AS OPERAÇÕES INTERNAS. INAPLICABILIDADE DA FÓRMULA CONSTITUCIONAL DE PARTIÇÃO DA RECEITA DO ICMS ENTRE OS ESTADOS. OMISSÃO QUANTO A ELEMENTOS NECESSÁRIOS À INSTITUIÇÃO DO ICMS SOBRE NAVEGAÇÃO AÉREA. OPERAÇÕES DE TRÁFEGO AÉREO INTERNACIONAL. TRANSPORTE AÉREO INTERNACIONAL DE CARGAS. TRIBUTAÇÃO DAS EMPRESAS NACIONAIS. QUANTO ÀS EMPRESAS ESTRANGEIRAS, VALEM OS ACORDOS INTERNACIONAIS – RECIPROCIDADE. VIAGENS NACIONAL OU INTERNACIONAL – DIFERENÇA DE TRATAMENTO. *AUSÊNCIA DE NORMAS DE SOLUÇÃO DE CONFLITOS DE COMPETÊNCIA ENTRE AS UNIDADES FEDERADAS. ÂMBITO DE APLICAÇÃO DO ART. 151, CF É O DAS RELAÇÕES DAS ENTIDADES FEDERADAS ENTRE SI. NÃO TEM POR OBJETO A UNIÃO QUANDO ESTA SE APRESENTA NA ORDEM EXTERNA. NÃO INCIDÊNCIA SOBRE A PRESTAÇÃO DE SERVIÇOS DE TRANSPORTE AÉREO, DE PASSAGEIROS – INTERMUNICIPAL, INTERESTADUAL E INTERNACIONAL.* INCONSTITUCIONALIDADE DA EXIGÊNCIA DO ICMS NA PRESTAÇÃO DE SERVIÇOS DE TRANSPORTE AÉREO INTERNACIONAL DE CARGAS PELAS EMPRESAS AÉREAS NACIONAIS, ENQUANTO PERSISTIREM OS CONVÊNIOS DE ISENÇÃO DE EMPRESAS ESTRANGEIRAS. AÇÃO JULGADA, PARCIALMENTE PROCEDENTE. (ADI nº 1.600. Rel. Min. Sydney Sanches, Rel. p/ acórdão Min. Nelson Jobim, Tribunal Pleno, j. 26.11.2001. Grifos nossos)

---

[17] Na data da elaboração do presente artigo, o processo encontra-se no gabinete do Min. Marco Aurélio após pedido de vista.

Feitas essas considerações, passa-se agora para a parte final do presente estudo, que trata especificamente da definição da sujeição ativa do ISS após a edição da Lei Complementar nº 116/03.

4 O ISS sobre os serviços prestados em águas marítimas deve ser recolhido para o local do estabelecimento formal do prestador

Como dito acima, os serviços prestados em plataformas de exploração e produção de petróleo e gás natural estão elencados no subitem 7.21 da lista anexa à LC nº 116/03, que tem a seguinte redação: "Pesquisa, perfuração, cimentação, mergulho, perfilagem, concretação, testemunhagem, pescaria, estimulação e outros serviços relacionados com a exploração e explotação de petróleo, gás natural e de outros recursos minerais".

Trata-se, como se vê, da descrição do elemento material do fato gerador da exação. Quanto ao seu elemento subjetivo, mais especificamente o sujeito ativo da relação jurídico-tributária, é de se notar que o *caput* do art. 3º da LC nº 116/03 elegeu o ente municipal em que estiver situado o estabelecimento prestador do serviço. Veja-se:

> Art. 3º O serviço considera-se prestado e o imposto devido no local do estabelecimento prestador ou, na falta do estabelecimento, no local do domicílio do prestador, exceto nas hipóteses previstas nos incisos de I a XXII, quando o imposto será devido no local da prestação.

Essa é a regra geral. Contudo, como se extrai da parte final do próprio art. 3º, existem algumas exceções, nas quais o sujeito ativo passa a ser o município em que o serviço foi efetivamente prestado.

Apesar dessas disposições expressas trazidas pelo legislador complementar, a fixação do sujeito ativo do ISS sempre foi motivo de grande controvérsia no âmbito do STJ – debate esse iniciado ainda sob a égide do Decreto-Lei (DL) nº 406/68 (diploma que disciplinava nacionalmente a matéria antes da entrada em vigor da LC nº 116/03).

Isso porque o art. 12 do Decreto-Lei nº 406/68, recepcionado com força de lei complementar pela atual ordem constitucional, estipulava que, à exceção dos casos de construção civil e de exploração de rodovias, o imposto seria sempre devido ao município do estabelecimento do prestador. Contudo, em que pese a literalidade da norma, a jurisprudência do STJ deixava de aplicar a regra sob o argumento de que: (i) a norma representava um esvaziamento da competência tributária de municípios menores, tendo em vista que a maioria dos estabelecimentos de pessoas jurídicas estão situados nas grandes metrópoles; (ii) a cobrança do ISS por município distinto daquele onde ocorreu a prestação de serviço violaria o princípio da territorialidade das leis tributárias, pois a lei municipal do estabelecimento prestador alcançaria fatos geradores ocorridos além de suas fronteiras.

Contudo, em 2003, foi editada a Lei Complementar nº 116 que manteve a regra geral do DL nº 406/68, qual seja, de que o ISS é devido ao município do estabelecimento do prestador de serviço.

Apesar disso, a celeuma continuou. No interregno temporal entre a publicação da LC nº 116/03 e o ano de 2012 (ano em que, aparentemente, a questão foi pacificada pela Primeira Seção do STJ – conforme se verá a seguir), é possível encontrar precedentes de ambas as turmas afirmando por vezes que o sujeito ativo seria o município do local da prestação e, por outras, que seria o do local do estabelecimento do prestador.

Assim, visando uniformizar a matéria, a Primeira Seção do STJ, em 28.11.2012, no julgamento do REsp nº 1.060.210/SC[18] (submetido à sistemática dos recursos repetitivos), que tratava de operações de *leasing* financeiro, deu uma guinada no seu entendimento e passou a afirmar que, na égide do DL nº 406/68, o sujeito ativo seria o município onde está sediado o estabelecimento do prestador; já sob a égide da LC nº 116/03, o sujeito ativo seria o município "onde o serviço é efetivamente prestado, onde a relação é perfectibilizada, assim entendido o local onde se comprove haver unidade econômica ou profissional", ainda que não seja um estabelecimento "formal" do contribuinte.

Seguindo nessa linha, vale conferir o teor da ementa do seguinte julgado da Primeira Turma, que seguiu a linha definida pela Primeira Seção do STJ:

> PROCESSUAL CIVIL E TRIBUTÁRIO. AGRAVO REGIMENTAL EM RECURSO ESPECIAL. ISS. COMPETÊNCIA TRIBUTÁRIA. LOCAL DO ESTABELECIMENTO PRESTADOR. MATÉRIA JULGADA NESTA CORTE SUPERIOR SOB O RITO DO ART. 543-C DO CPC.
>
> 1. O posicionamento desta Corte Superior é no sentido de que "A municipalidade competente para realizar a cobrança do ISS é a do local do estabelecimento prestador dos serviços. Considera-se como tal a localidade em que há uma unidade econômica ou profissional, isto é, onde a atividade é desenvolvida, independentemente de ser formalmente considerada como sede ou filial da pessoa jurídica" (REsp 1160253/MG, Rel. Min. Castro Meira, Segunda Turma, DJe de 19/8/10).
>
> 2. "Após a vigência da LC 116/2003 é que se pode afirmar que, existindo unidade econômica ou profissional do estabelecimento prestador no Município onde o serviço é perfectibilizado, ou seja, onde ocorrido o fato gerador tributário, ali deverá ser recolhido o tributo." (REsp 1060210/SC, Rel. Min. Napoleão Nunes Maia Filho, Primeira Seção, DJe de 5/3/2013 – representativo de controvérsia).
>
> 3. Agravo regimental não provido. (AgRg no REsp nº 1.539.707/DF. Rel. Min. Benedito Gonçalves, Primeira Turma, 6.10.2015)

Como se vê, para tentar manter o pagamento do ISS no local da prestação sem violar a literalidade do art. 3º da LC nº 116/03, o STJ ampliou o conceito de "estabelecimento" previsto no art. 4º do mesmo diploma:[19] ou seja, passou a afirmar que qualquer "unidade econômica ou profissional" prestando o serviço, ainda que de forma temporária e sem caráter formal, é suficiente para atrair a competência do

---

[18] Relatado pelo Min. Napoleão Nunes Maia Filho.

[19] "Art. 4º Considera-se estabelecimento prestador o local onde o contribuinte desenvolva a atividade de prestar serviços, de modo permanente ou temporário, e que configure unidade econômica ou profissional, sendo irrelevantes para caracterizá-lo as denominações de sede, filial, agência, posto de atendimento, sucursal, escritório de representação ou contato ou quaisquer outras que venham a ser utilizadas".

município onde tal fato está ocorrendo, posto que seria lá o local da materialização do fato gerador.

Com base nesse racional, os municípios costeiros passaram então a atribuir às operadoras de campos de petróleo (nos termos do art. 128 do CTN) a responsabilidade por reter e recolher o ISS sobre os serviços que lhes são prestados por terceiros, já que tais prestadores teriam uma "unidade econômica ou profissional" dentro da plataforma marítima (a qual, por sua vez, estaria localizada nos seus respectivos territórios).

Sem ingressar aqui no mérito acerca da validade do posicionamento do STJ, o fato é que o ISS jamais poderia ser exigido pelos municípios costeiros nesses termos por uma simples razão que já foi bem demonstrada acima: a plataforma continental e a zona econômica exclusiva *não* integram o território de qualquer estado ou município (e, ainda que integrassem, não há lei complementar delimitando as projeções marítimas dos referidos entes).

Mas aí se indagaria: não sendo a plataforma continental e a zona econômica exclusiva territórios de qualquer município, e sabendo que o STJ está se posicionando no sentido de que o ISS é devido no local da prestação, ficariam então esses serviços prestados em plataformas sem tributação?

A nosso ver, a resposta é negativa.

Isso porque há um dispositivo específico no corpo da própria Lei Complementar nº 116/03 determinando que, para os serviços prestados em águas marítimas, o fato gerador se considera ocorrido no "local do estabelecimento prestador". Veja-se a seguir:

> Art. 3º O serviço considera-se prestado, e o imposto, devido, no local do estabelecimento prestador ou, na falta do estabelecimento, no local do domicílio do prestador, exceto nas hipóteses previstas nos incisos I a XXV, quando o imposto será devido no local: [...]
>
> §3º *Considera-se ocorrido o fato gerador do imposto no local do estabelecimento prestador nos serviços executados em águas marítimas, excetuados os serviços descritos no subitem 20.01.*
> (Grifos nossos)

Tal dispositivo, vale dizer, vai justamente ao encontro do entendimento de que a plataforma continental e a zona econômica exclusiva não integram o território nacional. Foi, a nosso ver, a forma encontrada pelo legislador complementar para tributar os serviços ali executados, já que, não fosse a adoção do local do estabelecimento prestador como *elemento de conexão*, não haveria como se exercer a competência tributária.

Por óbvio, o termo "estabelecimento", nesse caso, só pode ser entendido como aquele de caráter físico e formal (sede, filial, escritório etc.), situado no território de algum município. Essa é a *ratio* do referido dispositivo: tributar o estabelecimento "em terra" do contribuinte pela prestação de serviços em águas marítimas.

O STJ, portanto, apesar de estar se posicionando pela incidência do ISS no local em que se localiza a unidade econômica ou profissional que preste o serviço (o que, na prática, significa o recolhimento do ISS para o local da prestação), deveria analisar o mencionado §3º do art. 3º sob outro enfoque, não só por se tratar de uma regra especial contida na LC nº 116/03, mas também por estar em linha com todo o ordenamento jurídico, de forma a garantir a tributação dos serviços prestados em águas marítimas (por meio do único elemento de conexão possível, que é o do estabelecimento "em terra" do prestador).

5 Conclusão

Por todo o exposto, nos parece claro, sob qualquer ângulo que se analise o tema, que os municípios costeiros – salvo aqueles em que há um estabelecimento formal do prestador do serviço – não têm competência para gravar as atividades executadas em prol do operador do campo na plataforma continental e na zona econômica exclusiva.

A CONSTITUIÇÃO DE 1988, NA PERSPECTIVA DAS FINANÇAS PÚBLICAS E DA TRIBUTAÇÃO

EVERARDO MACIEL

Foi constrangedor o discurso do notável gramático Celso Cunha, ao renunciar, em 19.9.1988, à condição de revisor gramatical da Constituição de 1988.

Disse ele aos atônitos constituintes:

> Estilisticamente é uma Constituição *sui generis*, que parece duvidar da eficácia da lei. Então, ela vem com advérbios, vem enfatizando aquilo que normalmente uma lei deveria apenas dizer e ser cumprida. Deveria ser escrita numa língua culta normal dos brasileiros: culta sem ser preciosa, normal sem ser vulgar. [...] Parodiando Ortega y Gasset: clareza é a cortesia do legislador para com o povo.

A essa crítica, juntaram-se muitas outras, a começar pelo questionamento quanto à própria legitimidade da Assembleia Constituinte.

De fato, a Assembleia Constituinte, instituída por força de emenda constitucional, pretendeu assumir competências próprias de uma constituinte exclusiva e originária.

Assim, por exemplo, proclamou cláusulas pétreas, insusceptíveis de alteração por emenda constitucional, como se fosse uma assembleia pentecostal guiada pelo Espírito Santo, para usar o mordaz comentário de Roberto Campos.

A pretensão originária de implantação do parlamentarismo foi revertida para um presidencialismo singular, que acolheu o instituto da medida provisória, típico do parlamentarismo. Dessa forma, logramos produzir algo de pior qualidade normativa que o criticado decreto-lei.

Mais grave, por força de uma peculiar redação da Emenda Constitucional nº 32, de 11.9.2001, foram produzidas teratológicas medidas provisórias permanentes (!), designadamente aquelas editadas antes da promulgação da emenda, que não foram revogadas por medida provisória ulterior ou apreciadas em definitivo pelo Congresso Nacional, o que aliás jamais ocorreu.

Limito-me neste artigo a examinar a Constituição de 1988 (CF/88), na perspectiva das finanças públicas, na acepção de gastos públicos, e da tributação.

1 A CF/88, no plano abstrato, não fez bem às finanças públicas

Uma impressionante mora legislativa, que já alcança 30 anos, gerou graves promessas não cumpridas da CF/88.

Ainda que a Lei Complementar nº 101, de 4.5.2000 (Lei de Responsabilidade Fiscal), tenha tratado, com maior ou menor eficácia, da gestão fiscal, não esgotou, todavia, o elenco de matérias referidas no art. 163.

Outra promessa não cumprida foi a lei geral orçamentária, prevista no art. 165, §9º da Constituição. Tal fato resultou no gradual e irreversível desmoronamento do modelo orçamentário instituído pela Lei nº 4.320, de 17.3.1964, que, à época em que foi sancionada, constituiu um extraordinário ganho de qualidade na gestão fiscal, fruto de longo e profícuo trabalho no Congresso Nacional.

Como consequência desse claudicante quadro, a contabilidade pública perdeu consistência e os restos a pagar[1] assumiram uma proporção assustadora, que nega sua própria natureza, com montantes, muitas vezes, superiores aos dispêndios correntes.

Se essa lacuna legislativa já seria razão para preocupações, a CF/88 acrescentou ao orçamento regras que ainda mais o debilitaram como instrumento de gestão fiscal.

A bem-intencionada proposta de instituição de orçamentos autônomos para os poderes da República[2] converteu-se, infelizmente, apenas em restrição orçamentária fraca, traduzida em excessiva autonomia orçamentária e consequente propensão para expansão dos gastos, especialmente mediante concessão de privilégios remuneratórios e construção de suntuosos edifícios.

A também bem-intencionada tese de emendas às estimativas de receitas constantes da proposta orçamentária,[3] a pretexto de corrigir "erros ou omissões",[4] até hoje, serviu tão somente para fundamentar uma pouco criteriosa expansão de receitas, destinadas, quase sempre, ao financiamento de "emendas parlamentares", que expandem o gasto público, deformam o precário federalismo fiscal e, não raro, constituem fonte de corrupção.

Ainda no âmbito da legislação orçamentária, a instituição do Plano Plurianual (PPA) e da Lei de Diretrizes Orçamentárias (LDO)[5] se revelaram de pouca utilidade para a gestão fiscal, ampliando tão somente os procedimentos burocráticos que envolvem a matéria.

O aprimoramento do PPA e da LDO, talvez, seja possível, quando de uma eventual aprovação da negligenciada lei geral do orçamento.

2 A CF/88, também no plano concreto, não fez bem às finanças públicas

A voraz disputa pelos nacos do Estado, especificamente do orçamento público, promoveu uma elevação significativa das vinculações, robustecendo a rigidez das

---

[1] Art. 166, §16.
[2] Poder Judiciário (art. 99, §§1º a 5º), Ministério Público (art. 127, §§3º a 5º), Câmara dos Deputados (art. 51, IV), Senado Federal (art. 52, XII).
[3] Art. 166, §3º, III, "a".
[4] Na Constituição anterior, as estimativas de receitas eram insusceptíveis de revisão pelo Congresso Nacional.
[5] Art. 165, I e II.

despesas, em desfavor da liberdade de alocação,[6] indispensável à política orçamentária, e da eficiência do gasto, que se deduz do art. 37 da Constituição.

Construiu-se uma miríade de vinculações, desdobradas em duas categorias:

a) nacionais (inclusive as estritamente federais): infraestrutura de transportes, projetos ambientais e subsídios a preços ou a transporte de combustíveis,[7] seguridade social,[8] saúde,[9] educação,[10] e, por fim, BNDES, seguro-desemprego e abono do PIS/Pasep;[11]

b) estaduais: inclusão e promoção social,[12] fomento à cultura,[13] e ciência e tecnologia.[14]

A instituição do orçamento da seguridade social representou um insólito agrupamento dos gastos com previdência social, assistência social e saúde, cuja consequência mais bizarra foi dificultar a compreensão dos déficits previdenciários e, simultaneamente, estressar os gastos com a saúde pública, em um dramático contexto de exacerbação da demanda por esses serviços, a despeito da vinculação cruzada prevista no art. 198, §§2º e 3º, que busca, ainda que por forma inadequada, suplantar o mencionado estresse.

Desagregar o orçamento da seguridade social deveria ser exigência de uma futura revisão constitucional, considerada a inviabilidade do atual modelo de previdência social, mormente quando se constatam o aumento da expectativa de vida da população, a redução dos índices de natalidade e a crescente participação da inteligência artificial na atividade econômica em combinação perversa com a inexistência de parâmetros de idade para a aposentadoria e as generosas pensões no setor público.

Não se pode deixar de reconhecer que a CF/88 conferiu, com toda justeza, uma especial atenção às políticas sociais, traduzida na pretensão de universalizar o acesso à saúde[15] e à educação,[16] qualificado como direito de todos e dever do Estado.[17]

Não tratou, entretanto, de relativizar aquela pretensão, condicionando-a à disponibilidade de recursos,[18] em homenagem ao universal princípio da escassez, e à

---

[6] O Orçamento Base Zero (OBZ) constitui ferramenta usada largamente nas empresas, não sendo fora de propósito que, em algum momento, venha, ao menos em parte, ser utilizado na Administração Pública.

[7] Art. 177, §4º, II.

[8] Art. 195.

[9] Art. 198, §§2º e 3º. Trata-se de vinculação cruzada com a do art. 195.

[10] Art. 212.

[11] Art. 239.

[12] Art. 204, parágrafo único.

[13] Art. 216, §6º.

[14] Art. 218, §5º.

[15] Art. 196.

[16] Art. 205.

[17] No caso específico da educação, a Constituição estende a responsabilidade à família.

[18] Michelangelo Bovero, notável pensador italiano e sucessor de Norberto Bobbio na Universidade de Turim, afirmou em entrevista ao jornal *Valor Econômico*: "Os direitos sociais não são direitos. São apenas benefícios sociais, que podem ser satisfeitos em certa medida quando se tem recursos abundantes" (FELIX, Jorge. "Caras vazias" em ação. *Valor Econômico*, 12 set. 2014. p. 4. Eu & Fim de Semana).

fixação de prioridades de atendimento fixadas por instituições públicas especializadas, ademais das exigências de uma gestão eficiente.[19]

Como o prosaico princípio da escassez não é matéria constitucional, ainda que abonado pela literatura especializada e pelo senso comum, o que se vê, notadamente na área da saúde, é uma profusão de insensatos e prolongados litígios judiciais, cuja resolução exige recursos que não existem e fixa prioridades sem o necessário respaldo técnico.

Ainda no plano da atenção dada às políticas sociais, a CF/88 ressaltou políticas de assistência social, indispensáveis em um país onde, infelizmente, persistem fortes desigualdades sociais e pobreza.

A louvável ênfase dada às políticas de assistência social pela CF/88 não incluiu, contudo, norma dispondo sobre a ascensão social, que fundamentasse, ainda que em caráter programático, saída para os respectivos programas, prevenindo desse modo sua indesejável perpetuação.[20]

3 O insubsistente federalismo fiscal

A CF/88 não conseguiu superar, quiçá reforçou, a insubsistência crônica do federalismo fiscal ao longo da história republicana, em virtude de uma forte coalizão de razões:

a) as transferências compulsórias de rendas públicas da União para os estados e municípios, que se deduzem da partilha constitucional de receitas públicas,[21] assumiram uma trajetória crescente[22] por força de pressões políticas dos entes subnacionais, que se renovam a cada crise fiscal;

b) além disso, a partilha observa critérios que não guardam a mínima consistência, nem entre si, nem quando vistos isoladamente;

c) o quadro das transferências intergovernamentais se completa com as transferências voluntárias que assumiram, igualmente, trajetória ascendente, e se traduzem em "emendas parlamentares",[23] que, como dito, deformam

---

[19] Gastos com saúde (% do PIB): Brasil, 9% (3,5%, oriundos de financiamento público); Reino Unido: 8%. Gastos com educação (% do PIB): Brasil, 6%; média dos países da OCDE: 5%.

[20] "A ajuda precisa fazer com que as pessoas possam tornar-se independentes dela; senão, ela é um fracasso" – Paul Kagame, presidente de Ruanda, em entrevista dada ao jornalista Fareed Zakaria (ZAKARIA, Fareed. Uma nova e próspera África está surgindo. *Época*, 27 jul. 2009).

[21] Arts. 157 a 162.

[22] A CF/88 ampliou as transferências compulsórias previstas na Constituição anterior, que prosseguiram em uma trajetória de elevação, por força das emendas constitucionais nº 17, de 22.11.1997, nº 42, de 19.12.2003, e nº 55, de 20.9.2007. Até mesmo a Contribuição de Intervenção Econômica, prevista no art. 177, §4º, da Constituição, sujeitou-se à partilha, em decorrência da Emenda Constitucional nº 44, de 30.6.2004, desnaturando, por conseguinte, a função eminentemente regulatória daquela contribuição.

[23] A Emenda Constitucional nº 86, de 17.3.2015, introduziu o §9º no art. 166 da Constituição para estabelecer um excêntrico orçamento impositivo para emendas parlamentares individuais, no limite de 1,2% das receitas correntes líquidas, sob pretexto de afastar a possibilidade de barganhas políticas do Poder Executivo, negligenciando, todavia, os efeitos perversos sobre o federalismo fiscal e os frequentes casos de corrupção que envolvem essas transferências voluntárias.

o federalismo fiscal, porque a correspondente alocação de recursos é descompromissada com a lógica das políticas públicas, prestando-se a uso, quase sempre, meramente político, sem falar dos recorrentes casos de corrupção e de inepta barganha política do Poder Executivo com o Congresso Nacional;

d) a discriminação dos encargos públicos, no âmbito da Federação, é claudicante, produzindo ineficientes situações de competência concorrente na execução;

e) o disciplinamento da cooperação dos entes federativos no planejamento e execução das políticas públicas, de que trata o parágrafo único do art. 23 da Constituição, atribuído à lei complementar, converteu-se praticamente em letra morta,[24] infirmando, na prática, a tese do federalismo cooperativo.

Na definição dos entes federativos, a CF/88 incluiu, de forma absolutamente singular, os municípios. Essa circunstância implicou o enfraquecimento político dos estados, pois a União estabeleceu vínculos diretos com os municípios na execução de políticas públicas.

A importância conferida pela CF/88 aos municípios reproduz demandas políticas vocalizadas pelo longevo movimento municipalista, que prescreve a descentralização administrativa como forma eficiente de organização do Estado.

É certo, entretanto, que o localismo ineficiente estigmatiza o cidadão pelo seu local de nascimento, em razão da profunda assimetria de renda dos municípios brasileiros. Aliás, vários autores[25] apontam os riscos do municipalismo exacerbado, consideradas as circunstâncias históricas brasileiras.

No contexto da tendência municipalista, alguns fatos merecem destaque:

---

[24] Apenas a solitária Lei Complementar nº 140, de 8.12.2011, foi editada à luz do que prescreve o parágrafo único do art. 23 da Constituição. Dispõe sobre a competência comum dos entes federativos, de que tratam os incs. III, VI e VII do *caput* do referido art. 23, em relação às seguintes matérias: proteção das paisagens naturais notáveis, proteção do meio ambiente, combate à poluição em qualquer de suas formas e preservação das florestas, da fauna e da flora.

[25] Alberto Aggio, em artigo publicado em *O Estado de São Paulo*, assinala: "Há, portanto, uma necessidade imperiosa de mudar o enfoque, superando o localismo. O aforismo de que as pessoas vivem no município e não no Estado ou na Federação é apenas uma meia-verdade. Os problemas das cidades brasileiras e suas soluções não podem ser reduzidos a questões exclusivamente locais. O nefasto domínio do 'poder local' pelos coronéis, assim como a expectativa de conquistar e construir um (outro) 'poder local' a partir de uma versão envergonhada dos 'sovietes', que ainda embala os delírios do velho esquerdismo, não fazem mais sentido no século 21" (AGGIO, Alberto. Entre o cosmopolitismo e o localismo. *O Estado de São Paulo*, 21 set. 2016). José de Souza Martins, em artigo publicado em *Valor Econômico*, ao focalizar o localismo brasileiro, assinala: "Mais uma derrota do nosso republicanismo de mera colagem artificial de instituições modernas na armadura de um arcaico municipalismo, cujas funções sofreram poucas mudanças desde criação do primeiro município brasileiro, São Vicente, em 1532 [...] Estamos em face de duas anomalias associadas: i) de um lado, a força política dos municípios e das regiões, que elegem os deputados federais e os senadores. Historicamente, as demandas municipais, desde a República, vêm colidindo com as demandas propriamente nacionais [...] ii) de outro lado, a fragilidade política da nação em face da aldeia criou uma elite política negocista e vulnerável, incapaz de dar nascimento a uma elite propriamente nacional, que pudesse assegurar o equilíbrio justo entre o Brasil local e o Brasil nacional" (MARTINS, José de Souza. Atraso e poder. *Valor Econômico*, 8 dez. 2017. Eu & Fim de Semana).

a) desde a promulgação da CF/88, o número de municípios mais que dobrou, em virtude de uma maior liberalidade nas regras para criação de municípios,[26] ao mesmo tempo que houve um significativo crescimento com os custos das câmaras de vereadores, a despeito de minucioso regramento constitucional;[27]

b) no período 1960-2017, as receitas disponíveis dos estados caíram de 34% do total nacional para 24%, enquanto que as dos municípios cresceram de 6% para 18%.

4 Mudanças tributárias mais relevantes introduzidas pela CF/88

4.1 Reprodução exacerbada, no âmbito tributário, da índole analítica da Constituição

Um sucinto exercício de comparação permite aquilatar a extensão amazônica da matéria tributária na CF/88:

a) número de palavras:
   i) capítulo tributário da CF/67: 2.414 palavras;
   ii) capítulo tributário da CF/88 (sem ADCT): 5.071 palavras;
   iii) Constituição dos Estados Unidos da América (sem emendas): 3.322 palavras.

b) número de dispositivos:
   i) ICM na CF/67: 1 artigo, 1 inciso, 3 parágrafos (5 dispositivos);
   ii) ICMS na CF/88: 1 artigo, 4 parágrafos, 17 incisos, 24 alíneas (46 dispositivos).

A matéria tributária na CF/88 exibe um curioso contraste: de um lado, há uma prodigalidade de princípios carentes de regras, muitas vezes em razão de uma recorrente mora legislativa; de outro, um furor analítico que torna o texto constitucional assemelhado a uma instrução normativa, expedida por autoridade fiscal.

As regras, muitas vezes, carecem de densidade normativa ou se sujeitam a uma inconstante diversidade de interpretação.[28]

Ao ferir essa questão, Humberto Ávila, titular de Direito Tributário na Universidade de São Paulo (USP), assinalou: "O julgador não gosta da regra? Azar da regra! Sabe-se lá com que critério. Se não reabilitarmos as regras para limitar a participação do intérprete e para controlar o Poder, vamos eliminar o caráter normativo do direito".[29]

---

[26] Art. 18, §4º.
[27] Arts. 29, IV, e 29-A.
[28] Matérias que estão a merecer aperfeiçoamento normativo, pelo enorme potencial de litígios: planejamento tributário abusivo, responsabilidade solidária dos sócios, dissolução irregular de empresas, substituição tributária, dedutibilidade do ágio, indenização para fins de aplicação da legislação do imposto de renda.
[29] Lisboa, VI Fórum Jurídico, 4.4.2018.

Acrescente-se que os princípios tributários clássicos são, atualmente, objeto de fortes e contínuos questionamentos, em razão das grandes transformações pelas quais passa o mundo, em decorrência da globalização e da revolução tecnológica.

Não seria desarrazoado dizer que estamos no limiar de uma profunda revisão dos parâmetros que informam os sistemas tributários e respectivos modelos.

Essa contrastante combinação produz ativismo judicial e propensão ao litígio, que subsidiam uma perturbadora insegurança jurídica, minando a capacidade de administrar o Estado e o ânimo privado para investir.

Os litígios se exasperam, também, pelas inúmeras possibilidades de questionamento da matéria tributária pela via do controle difuso de constitucionalidade, que, não raro, demandam mais de 15 anos para resolução no Supremo Tribunal Federal (STF), em sede de recurso extraordinário.

Nesse longo prazo de resolução, não é desprezível a ocorrência de decisões judiciais de 1º grau com efeitos distintos, alcançando empresas concorrentes, o que leva, ao menos em tese, a conflitos com os princípios constitucionais da isonomia (art. 150, II) e da prevenção dos desvios concorrenciais tributários (art. 146-A).

Nesse quadro, acrescente-se a impropriedade de constitucionalização de matérias que deveriam estar reservadas à legislação infraconstitucional. Um bom exemplo dessa hipótese é o tratamento tributário dispensado aos incentivos fiscais da Zona Franca de Manaus.

A CF/88 acolheu, no art. 40 do ADCT, ainda que impropriamente pela natureza da matéria, os incentivos fiscais da Zona Franca de Manaus, antes constantes de legislação ordinária, com vigência de 25 anos, contada a partir da promulgação da Constituição.

Posteriormente, a Emenda Constitucional nº 43, de 2003, pela introdução do art. 92 do ADCT, acresceu 10 anos ao prazo original fixado no art. 40 do ADCT. Finalmente, a Emenda Constitucional nº 83, de 21.7.2013, pela introdução do art. 92-A no ADCT, acrescentou mais 50 anos ao já alargado prazo original, estendendo os benefícios até o longínquo ano de 2073, em que, muito provavelmente, o mundo, as cadeias produtivas, os sistemas tributários, etc. não guardarão qualquer compromisso com o que hoje se conhece.

O tratamento constitucional dispensado aos incentivos da Zona Franca de Manaus revela o risco de inadequada utilização da Constituição para perpetuar situações, com propósitos meramente políticos.

De mais a mais, impressiona a má qualidade técnica de algumas normas tributárias constitucionais. Destaco duas delas:

a) como exemplo de obscuridade ofensiva ao dever da clareza, assinalo a redação dada pela Emenda Constitucional nº 42, de 2003, ao §1º do art. 150:

> A vedação do inciso III, b, não se aplica aos tributos previstos nos arts. 148, I, 153, I, II, IV e V; e 154, II; e a vedação do inciso III, c, não se aplica aos tributos previstos nos arts. 148, I, 153, I, II, III e V; e 154, II, nem à fixação da base de cálculo dos impostos previstos nos arts. 155, III, e 156, I.

b) como exemplo de erro grosseiro, acrescento a Emenda Constitucional nº 87, de 16.4.2015, que ao disciplinar, mediante alteração dos incs. VII e VIII do §2º do art. 155 da Constituição e inclusão do art. 99 no ADCT, o ICMS "incidente sobre operações e prestações que destinem bens e serviços a consumidor final, contribuinte ou não do imposto, localizado em outro Estado" (comércio não presencial), diferiu sua eficácia para o ano subsequente ao da promulgação da emenda (2016), conforme consta em seu art. 3º, e estabeleceu que a nova incidência seria implantada gradualmente, com início, paradoxalmente, em 2015 (art. 99, I, do ADCT).

4.2 Instituição de um novo modelo para o ICM (atual ICMS)

Entre as mais importantes mudanças tributárias, a CF/88 reformulou profundamente o então existente ICM, que passou a denominar-se ICMS, com ênfase nas seguintes questões:

a) incorporação das bases dos impostos únicos federais;
b) eliminação da uniformidade de alíquota;
c) tratamento específico para o comércio não presencial;
d) ampliação das hipóteses de desoneração das importações;
e) novo disciplinamento de incentivos fiscais.

A pretexto de alargar as bases do ICM e tomando como paradigma modelos do IVA (imposto sobre o valor agregado), adotados na Europa Ocidental, a CF/88 procedeu à incorporação naquele imposto das bases dos impostos únicos federais, logo extintos, incidentes sobre lubrificantes e combustíveis, energia elétrica, telecomunicações e minerais no país.

Alegou-se, nos trabalhos da Assembleia Nacional Constituinte, que essa incorporação promoveria a redução da cumulatividade do sistema tributário, conquanto o conceito seja inaplicável a tributos que não integram um mesmo ciclo impositivo.

Ainda no âmbito da CF/88, proclamou-se ampla liberdade na fixação de alíquotas do ICM, em contraste com a alíquota uniforme do ICM, conforme estabelecia a CF/67.[30] Curiosamente, a uniformidade de alíquota converteu-se em objeto de atuais propostas reformistas.

Como é relativamente mais fácil cobrar tributo de energia elétrica, combustíveis e telecomunicações, os estados optaram por fixar alíquotas completamente desproporcionais nessas bases, chegando a ultrapassar 30%, o que constitui um insólito recorde mundial.

Dados de 2017[31] mostram que a arrecadação nacional do ICMS, relativa àquelas bases, representa 48% da arrecadação nacional do ICMS (combustíveis e lubrificantes, 23%; energia elétrica, 17%; telecomunicações, 8%).

---

[30] Art. 24, §4º.
[31] Comissão Técnica Permanente do ICMS (Cotepe).

Esses percentuais traduzem uma enorme e perigosa dependência da arrecadação do ICMS à incidência naquelas bases. Por isso mesmo, deve, sem lugar a dúvidas, ser revista.

A utilização de tecnologias não onerosas ou de baixo custo nas telecomunicações e a adoção de políticas públicas restritivas ao uso de combustíveis fósseis, no contexto da economia de baixo carbono, por exemplo, podem reduzir significativamente a arrecadação do ICMS.

A despeito da pretensão de regulamentar amplamente o ICMS, não haveria como prever-se, à época da promulgação da CF/88, o contínuo e relevante crescimento do comércio não presencial, mediante uso da internet, do telefone ou dos correios.

Essa forma de comércio alcança inclusive contribuintes localizados em outros estados, suscitando, no caso, natureza equivalente à de operação interestadual entre contribuintes.

A despeito do já mencionado erro grosseiro de redação, a Emenda Constitucional nº 87, de 2015, findou reconhecendo a equivalência entre as operações, evidenciando, por conseguinte, o risco de um texto tributário constitucional, que reúne regras pormenorizadas e princípios sem regras.

A desoneração dos tributos incidentes sobre o consumo constitui prática internacional, muito comum, sancionada pela Organização Mundial do Comércio (OMC).

A CF/67 previa que o ICM incidiria "sobre produtos industrializados e outros que a lei determinar, destinados ao exterior".[32]

A CF/88 dispensou, em sua redação original, tratamento mais restritivo à matéria, limitando a não incidência aos produtos industrializados.[33] Posteriormente, a Emenda Constitucional nº 43, de 2003, estendeu a não incidência aos produtos primários e aos semielaborados.

A ampliação da não incidência, questionada pelos que entendem que ela desfavorece a exportação de produtos com maior agregação de valor, gerou problemas na compensação pela União de virtuais perdas de arrecadação dos estados e, em virtude da partilha constitucional do ICMS, aos municípios:

a) a CF/88 previu a destinação aos estados e municípios de 10% da arrecadação do IPI,[34] como forma de compensar aquelas perdas, proporcionalmente ao valor das respectivas exportações de produtos industrializados;

b) a extensão da não incidência aos demais produtos, em virtude da Emenda Constitucional nº 43, de 2003, não se fez acompanhar de alteração da norma original, do que resulta evidente incoerência;

c) em lugar de proceder-se a uma elevação do percentual do IPI destinado a compensar as perdas, optou-se por controvertido sistema de compensação,

---

[32] Art. 24, §5º.
[33] Art. 155, §2º, X, "a".
[34] Art. 159, II.

que remete a prazos e critérios fixados na Lei Complementar nº 87 (Lei Kandir), de 13.9.1996, alterada pela Lei Complementar nº 115, de 26.12.2002;

d) a questão se agravou, porque a Emenda Constitucional nº 43, de 2003, ao alterar o *caput* do art. 91 do ADCT, previu nova lei complementar, jamais editada, para disciplinar a compensação;

e) a mora legislativa foi enfrentada em decisão do STF,[35] tomada por unanimidade em novembro de 2016, em que se estabeleceu prazo de 12 meses para que o Congresso Nacional editasse a referida lei complementar;

f) ainda nos termos da decisão do STF, caso não haja norma própria regulando a matéria no final do prazo fixado, caberia ao Tribunal de Contas da União (TCU) estipular as regras do repasse e calcular as cotas das partes interessadas;

g) o Congresso Nacional, até hoje,[36] não conseguiu chegar a um entendimento com o Poder Executivo para fazer uma avaliação das perdas e efetivar sua compensação, o que apenas denota tratar-se de uma matéria extremamente controvertida.

A não incidência do ICM nas exportações de produtos para o exterior, por franco desinteresse da Fazenda Pública dos estados, gera uma grande acumulação de créditos nas empresas exportadoras,[37] em desfavor da competividade dos produtos exportados no comércio internacional. Paradoxalmente, a CF/88 confere ostensivo caráter não cumulativo ao ICMS.[38]

Os incentivos fiscais do ICM eram disciplinados na Lei Complementar nº 24, de 7.1.1975, que condicionava a concessão ou a revogação de incentivos fiscais à aprovação de convênios pelos estados, aprovados respectivamente por decisão unânime ou de 4/5 dos representantes das unidades da Federação.

A CF/88 conferiu foro constitucional à concessão e à revogação de incentivos fiscais do ICMS,[39] atribuindo à lei complementar a fixação dos critérios aplicáveis às deliberações dos estados.

Enquanto não editada a lei complementar prevista no art. 155, §2º, XII, "g", a concessão e revogação de incentivos fiscais do ICMS seguiu disciplinada pela Lei Complementar nº 24, de 1975.

A mora legislativa favoreceu a concessão de incentivos fiscais em larga escala, em desacordo com os requisitos fixados na Lei Complementar nº 24, de 1975, configurando claramente um quadro de guerra fiscal.

---

[35] ADO nº 25, ajuizada pelo Pará, com a participação de outros quinze estados (Bahia, Distrito Federal, Espírito Santo, Goiás, Maranhão, Mato Grosso, Minas Gerais, Paraná, Rio de Janeiro, Rio Grande do Norte, Rio Grande do Sul, Rondônia, Santa Catarina, São Paulo e Sergipe).
[36] Agosto de 2018.
[37] Ainda que não existam dados suficientemente confiáveis, estima-se que os créditos acumulados de ICMS ultrapassem R$20 bilhões.
[38] Art. 155, §2º, I.
[39] Art. 155, §2º, XII, "g".

É certo que para a guerra fiscal concorreram muitos outros fatores, como a abdicação do papel da União como coordenadora do imposto,[40] o fracasso dos programas de correção das desigualdades inter-regionais de renda, a inconstitucionalidade das sanções previstas pelo descumprimento das regras aplicáveis,[41] a morosidade e ineficácia das demandas judiciais visando ao enfrentamento da questão.

Nem mesmo as recorrentes decisões do STF[42] reconhecendo a inconstitucionalidade da guerra fiscal foram capazes de detê-la.

Esse quadro, desde logo deplorável, ensejou um debate entre os que são favoráveis e contrários à concessão de incentivos fiscais no âmbito do ICMS, com robustos argumentos de ambas as partes.

Alguns dos que se opõem à concessão de incentivos fiscais alegam que seria preferível recorrer-se ao gasto público como forma de correção das desigualdades inter-regionais de renda. É uma ideia generosa, porém ingênua.

As experiências de enfrentamento das desigualdades regionais, centradas apenas em gastos públicos diretos, se revelaram pouco eficazes, tanto no exterior (por exemplo, os programas da Tennessee Valley Authority, nos Estados Unidos, ou da Cassa per il Mezzogiorno, no Sul da Itália), quanto no Brasil (Sudene, Sudam). No máximo, constituem ações suplementares.

A resistência também se revela mediante defesa de um vetusto e perigoso clichê: o princípio do destino, consistindo na opção pela alíquota zero nas operações interestaduais do ICMS.

É óbvio que, nessa hipótese, não existiriam incentivos, porque são fundados estritamente em reconhecimento, no destino, de créditos não integralmente recolhidos na origem, tal como ocorre em relação ao imposto de renda entre países (cláusula de *tax sparing*). Trata-se, tão somente, de uma forma dissimulada de se opor à concessão de incentivos do ICMS.

A controvérsia é legítima, mas a prescrição estabelecida no art. 155, §2º, XII, "g", da Constituição encerra o debate, em favor da prevalência dos incentivos fiscais do ICMS.

De mais a mais, a competição fiscal lícita é inerente à história dos impostos, não se confundindo, todavia, com a ilícita (guerra fiscal), que tem natureza francamente predatória.

A aprovação da Lei Complementar nº 160, de 7.8.2017, apesar de algumas imperfeições, ofereceu um roteiro para resolução da guerra fiscal do ICMS. O processo tem se revelado lento, mas é consistente.

---

[40] A Secretaria de Economia e Finanças (SEF) do Ministério da Fazenda, que exercia a coordenação das reuniões dos secretários de Fazenda para concessão e revogação de benefícios fiscais à época do ICM, foi extinta na reforma administrativa do Governo Collor.

[41] Art. 8º da Lei Complementar nº 24, de 1975.

[42] Especial destaque para decisão, tomada pelo STF em 1º.6.2011, no julgamento simultâneo de 14 ADI, alcançando 7 unidades da Federação e 23 leis. Por unanimidade, reconheceu-se a constitucionalidade da Lei Complementar nº 24, de 1975, recepcionada pela CF/88, e, em consequência, a inconstitucionalidade das leis estaduais que autorizavam a prática de guerra fiscal.

4.3 Eliminação da integração entre os processos tributários administrativos e judiciais

O Código Nacional Tributário Nacional – CTN (Lei nº 5.172, de 25.10.1966) constitui, inequivocamente, um marco notável na evolução do direito tributário brasileiro. Não cuidou,[43] todavia, de fixar normas gerais aplicáveis ao processo tributário. Eis que, nessas circunstâncias, os entes federativos dispõem de normas próprias ou sequer as têm, como ocorre nos pequenos municípios.

Tanto quanto a CF/67, a CF/88 não previu, no art. 146, III,[44] a edição das mencionadas normas gerais aplicáveis ao processo tributário, ressalvadas referências incidentais nos arts. 184 a 190.

Havia, contudo, na CF/67, dispositivos que previam a integração entre os processos tributários administrativo e judicial.[45]

Esses dispositivos, entretanto, jamais foram disciplinados em lei, a despeito dos vários estudos[46] produzidos no Ministério da Fazendo visando regulamentá-los.

É muito provável que tenham carregado o estigma político da Emenda Constitucional nº 7, de 1977, conhecida como "pacote de abril", por ter sido promulgada pelo Poder Executivo com o Congresso em recesso.

É também possível que esse estigma tenha se projetado para a Assembleia Nacional Constituinte, quando das discussões do que veio a ser a CF/88.

O fato é que não há, na Constituição, previsão de normas gerais aplicáveis ao processo tributário, nem de integração entre os processos administrativo e judicial, com as seguintes consequências:

a) no âmbito administrativo, o lançamento, quando improcedente, pode onerar severamente o contribuinte, inclusive por força de danos à sua reputação e patrimônio,[47] sem que haja qualquer repercussão para a Fazenda Pública;

---

[43] Gerd Willi Rothmann atribui tal fato à reação dos processualistas que se insurgiram contra a inclusão da matéria processual no CTN, como constava do anteprojeto do CTN, elaborado por Rubens Gomes de Sousa (ROTHMANN, Gerd Willi. O processo tributário – Estudo comparativo do anteprojeto de Lei Orgânica do Processo Tributário Federal, elaborado por Gilberto de Ulhoa Canto, e do Código do Processo Tributário da Alemanha (Finanzgerichtsordnung). *Revista de Direito Público*, São Paulo, v. 5, jul./set. 1968. Separata).

[44] Dispõe sobre normas gerais em matéria de legislação tributária.

[45] Arts. 111; 122, inc. II; 203 e 204, introduzidos pela Emenda Constitucional nº 7, de 13.4.1977: "Art. 111. A lei poderá criar contencioso administrativo e atribuir-lhe competência para o julgamento das causas mencionadas no artigo anterior (Artigo 153, §4º). [...] Art. 122. Compete ao Tribunal Federal de Recursos: [...] II – julgar, originariamente, nos termos da lei, o pedido de revisão das decisões proferidas pelos contenciosos administrativos. (NR) [...] Art. 203. Poderão ser criados contenciosos administrativos, federais e estaduais, sem poder jurisdicional, para a decisão de questões fiscais e previdenciárias, inclusive relativas a acidentes do trabalho (Art. 153, §4º). [...] Art. 204. A lei poderá permitir que a parte vencida na instância administrativa (Artigos 111 e 203) requeira diretamente ao Tribunal competente a revisão da decisão nela proferida".

[46] Especial destaque para o sucinto e brilhante: CANTO, Gilberto Ulhoa; ATALIBA Geraldo; MELLO, Gustavo Miguez de. Anteprojeto de lei do contencioso administrativo da União. *Sindicato dos Bancos do Estado do Rio de Janeiro – Caderno Especial*, Rio de Janeiro, n. 147, ago. 1978.

[47] Esse fato causa muita perplexidade para controladores estrangeiros de empresas brasileiras, desacostumados a tão incomuns porfias tributárias.

b) se parte vencida no julgamento administrativo, a Fazenda Pública não tem como recorrer;

c) o recurso ao Judiciário, caso o contribuinte seja a parte vencida no julgamento administrativo, é muito oneroso, em virtude da exigência de garantias,[48] além de requerer um dispendioso reinício de processo;

d) os órgãos de julgamento administrativo seguem um obsoleto modelo de representação paritária,[49] comprometido pelo voto de qualidade, que, quando proferido, é invariavelmente do representante do fisco;[50]

e) ao menos em tese, sem juízo de valor individual, falta aos representantes dos contribuintes legitimidade e aos do fisco, imparcialidade;

f) a inexistência de integração entre os processos administrativos e judiciais impõe a necessidade de uma ineficiente e morosa execução fiscal judicial.

Esse quadro combinado com a já referida índole analítica da matéria tributária constitucional produz um explosivo quadro de litígios tributários, que, ao final de 2017, alcançava o impressionante montante de R$3,3 trilhões, que corresponde a mais da metade do PIB brasileiro.

Para interromper, momentaneamente, essa teratológica trajetória, o Congresso tem aprovado, periodicamente, programas de parcelamentos associados a anistias e remissões, comumente denominados "refis".

Ainda que possam se sentir injustiçados por lançamentos indevidos, cujo tendencioso julgamento lhes foi desfavorável, muitos contribuintes optam por aderir a esses programas, como mero instrumento para redução de danos.

Como consequência perversa dessa comédia de erros, os parcelamentos alcançam também devedores contumazes, que recebem imerecidos e recorrentes benefícios, em flagrante injustiça com os que cumprem regularmente a obrigação fiscal.

Os processos de execução fiscal (30,4 milhões), por sua vez, representam 38,2% dos processos em tramitação no Judiciário (79,6 milhões).[51]

Os prazos médios para resolução dos litígios tributários são: processo administrativo fiscal, 8 anos; execução fiscal, 8 anos; e controvérsias tributárias constitucionais, 15 a 20 anos.

O processo tributário brasileiro assumiu, portanto, contornos kafkianos. Demanda urgente mudança de concepção, que não se resolverá com reparos pontuais.

---

[48] Hoje, estão sendo esgotadas as possibilidades de oferecimento de garantias pelas instituições financeiras, por força de regras prudenciais expedidas pela supervisão bancária.

[49] O Tribunal Administrativo Tributário de Pernambuco (Tate), integrado por servidores concursados para a função, constitui uma exceção ao modelo de representação paritária.

[50] Recentemente, tem sido frequente o recurso ao Judiciário para impugnar decisões proferidas contra o contribuinte por força do voto de qualidade, com fundamento no art. 112 do CTN: "A lei tributária que define infrações, ou lhe comina penalidades, interpreta-se da maneira mais favorável ao acusado, em caso de dúvida quanto [...]" (especifica as hipóteses).

[51] CNJ. *Justiça em Números – 2016*. Brasília: CNJ, 2017.

5 À guisa de conclusão

A reverência à Constituição, pedra basilar do Estado Democrático de Direito, não pode servir de pretexto para desconhecer os problemas associados à Constituição de 1988.

As críticas a ela feitas neste artigo têm a pretensão de concorrer para seu aperfeiçoamento. Não autorizam, entretanto, concluir que seu autor defende a convocação de uma assembleia constituinte.

Consideradas as circunstâncias políticas atuais, extremamente polarizadas e radicalizadas, creio muito provável que se consiga produzir algo muito pior do que o atual texto constitucional.

O caminho para superação das críticas apontadas seria realizar intervenções pontuais na Constituição, inclusive no âmbito de uma revisão constitucional, associadas à elaboração das leis complementares que deem concretude às normas constitucionais.

Reconheço tratar-se de um esforço hercúleo, que contrasta com a falta de vontade política para produzir princípios que animem o país e regras que ofereçam um rumo seguro para todos. Sem abdicar da esperança, lembro Camões: "As cousas árduas e lustrosas se alcançam com trabalho e fadiga".[52]

Informação bibliográfica deste texto, conforme a NBR 6023:2018 da Associação Brasileira de Normas Técnicas (ABNT):

MACIEL, Everardo. A Constituição de 1988, na perspectiva das finanças públicas e da tributação. *In*: LEAL, Saul Tourinho; GREGÓRIO JÚNIOR, Eduardo Lourenço (Coord.). *A Constituição Cidadã e o Direito Tributário*: estudos em homenagem ao Ministro Carlos Ayres Britto. Belo Horizonte: Fórum, 2019. p. 197-210. ISBN 978-85-450-0678-7.

---

[52] *Lusíadas*, Canto IV, 78.

UM TESTE PARA A HIGIDEZ DE NOSSO SISTEMA JURÍDICO TRIBUTÁRIO: A QUESTÃO DA PERDA DE VALIDADE DA CONTRIBUIÇÃO DA LC Nº 110/01 (O CHAMADO ADICIONAL DO FGTS)

FLAVIO EDUARDO SILVA DE CARVALHO

1 Introdução

O presente estudo tem como objetivo analisar a constitucionalidade da contribuição social instituída pelo art. 1º da Lei Complementar nº 110, de 29.6.2001 (LC nº 110), partindo da premissa de que o tema já foi apreciado pelo Supremo Tribunal Federal (STF) no julgamento das ações diretas de inconstitucionalidade (ADI) nºs 2.556 e 2.568 e será novamente quando a Suprema Corte julgar as ADI nºs 5.050, 5.051, 5.053 e o Recurso Extraordinário (RE) nº 878.313/SC.

Embora o texto perpasse alguns dos critérios usualmente utilizados pela doutrina tributária e pela jurisprudência do STF para se aferir a validade das contribuições, buscou-se apontar novos instrumentos de controle à disposição do intérprete, que devem ser manejados nos casos concretos, em especial quando os bens jurídicos em jogo são valiosos para nossa sociedade, sendo eles, de um lado, a promoção da solidariedade social e, de outro, a proteção da confiança dos contribuintes.

Tais bens jurídicos sempre foram caros para o homenageado na presente obra: Ministro Carlos Ayres Britto, daí porque prestigiados em seus votos, que muito contribuiu para a construção da maturidade institucional hoje ostentada por nosso sistema constitucional. Podemos dizer que ao longo dos 30 anos de existência de nossa Constituição muito se fez para o alcance dessa maturidade, tanto pelo STF, quanto pela sociedade civil, mas não há dúvidas de que ainda há muito a se fazer, especialmente na seara tributária, e o presente texto buscará demonstrar alguns caminhos para essa evolução institucional.

2 Contexto fático, normativo e jurisprudencial

2.1 A origem da controvérsia

As empresas brasileiras[1] submetem-se, desde 2002, à contribuição social[2] instituída pelo art. 1º da LC nº 110, incidente nas hipóteses de demissões de empregados sem justa causa, devida pelo empregador e calculada à alíquota de 10% sobre a totalidade dos "depósitos devidos, referentes ao Fundo de Garantia do Tempo de Serviço ('FGTS'), durante a vigência do contrato de trabalho, acrescido das remunerações aplicáveis às contas vinculadas".[3]

Referida contribuição foi instituída pela União como forma de repartir com a sociedade (empresas) sua obrigação de ressarcir o FGTS em razão da manipulação indevida dos índices inflacionários pelo Governo Federal no fim da década de 80 e início dos anos 90.[4] Isso porque o Pleno do STF, nos julgamentos do RREE nºs 248.188/SC e 226.855/RS, condenou a CEF[5] a corrigir as contas dos trabalhadores (que moveram as ações) com os expurgos inflacionários verificados no período de 1º.12.1988 a 28.2.1989 e no mês de abril de 1990, fruto de planos econômicos malsucedidos do Governo, denominados Plano Verão e Collor I.[6]

2.2 O "grande acordo social"

Conforme exposição de motivos do projeto de lei que originou a LC nº 110, a União, em atenção às decisões proferidas pelo STF, reconheceu o direito dos trabalhadores à correção monetária integral e, com a finalidade de reduzir as demandas

---

[1] Com exceção das que se sujeitam ao regime do Simples Nacional (Lei Complementar nº 123, de 14.12.2006).

[2] O STF reconheceu que tal tributo seria uma contribuição da espécie social geral, no julgamento da Medida Cautelar na ADI nº 2.556, e reafirmou esse entendimento no julgamento do mérito da ADI.

[3] "Art. 1º Fica instituída contribuição social devida pelos empregadores em caso de despedida de empregado sem justa causa, à alíquota de dez por cento sobre o montante de todos os depósitos devidos, referentes ao Fundo de Garantia do Tempo de Serviço – FGTS, durante a vigência do contrato de trabalho, acrescido das remunerações aplicáveis às contas vinculadas" (BRASIL. Lei Complementar n. 110, de 29 de junho de 2001. Institui contribuições sociais, autoriza créditos de complementos de atualização monetária em contas vinculadas do Fundo de Garantia do Tempo de Serviço – FGTS e dá outras providências. *Diário Oficial da União*, Brasília, 30 out. 2001. Disponível em: http://www.planalto.gov.br/ccivil_03/leis/LCP/Lcp110.htm. Acesso em: 2 out. 2015).

[4] Também foi instituída uma contribuição provisória (duraria por sessenta meses contados da publicação da lei), prevista no art. 2º da lei complementar: "Art. 2º Fica instituída contribuição social devida pelos empregadores, à alíquota de cinco décimos por cento sobre a remuneração devida, no mês anterior, a cada trabalhador, incluídas as parcelas de que trata o art. 15 da Lei no 8.036, de 11 de maio de 1990".

[5] Gestora do FGTS.

[6] "O chamado 'Plano Verão' foi uma das fracassadas tentativas de debelar a inflação nos anos 1980, capitaneado pelo então Presidente JOSÉ SARNEY e seu Ministro MAÍLSON DA NÓBREGA. As medidas foram introduzidas pela Medida Provisória 32, de 15 de janeiro de 1989, que se converteu na Lei 7.730, de 31 de janeiro de 1989. Já o denominado 'Plano Collor I' foi outra experiência sem resultado para controle da inflação, conduzida pelo Presidente FERNANDO COLLOR DE MELLO e sua Ministra ZÉLIA CARDOSO DE MELLO. Algumas das principais normas que deram estrutura jurídica ao plano foram a Medida Provisória 168, de 15 de março de 1990 (convertida na Lei 8.024, de 12 de abril de 1990 – que instituiu o cruzeiro como unidade monetária do país), e a Medida Provisória 154, de 15 de março de 1990 (convertida na Lei 8.030, de 12 de abril de 1990 – que alterou os reajustes de preços da economia), entre outras" (trecho extraído do parecer ofertado pelo Ministério Público Federal na ADI nº 5.050).

que seriam ajuizadas (bem como aquelas que já se encontravam em curso),[7] optou por também reconhecer a dívida do FGTS com os respectivos trabalhadores. Assumiu ainda a responsabilidade em garantir a saúde financeira do Fundo, que, além de suas despesas ordinárias, passaria, a partir de então, a ter uma dívida da ordem de aproximadamente R$42 bilhões, valor que não poderia ser suportado pelo Fundo sem comportar suas finalidades sociais.

De acordo com referido projeto, também não poderia ser exclusivamente pelo Tesouro Nacional, pois, se assim fosse, acabaria por comprometer seu orçamento e sacrificar toda a sociedade indiretamente, inclusive os trabalhadores cuja proteção estava se buscando.[8] Daí porque foi feito um acordo entre Poder Executivo, centrais sindicais e confederações patronais, como consta da exposição de motivos da lei, que resultou na seguinte proposta para sanar a dívida com os trabalhadores:

- criação de contribuição social devida nos casos de despedida sem justa causa, destinada ao FGTS, de 10% dos depósitos referentes ao Fundo;
- criação de uma contribuição social de 0,5% sobre a folha de salários das empresas não participantes do Simples, destinada ao FGTS (não abrangendo pessoas físicas empregadores de empregados domésticos e de empregados rurais);
- utilização de parte das disponibilidades hoje existentes no FGTS;
- deságio de 10% a 15%, concedido pelos trabalhadores com complemento de atualização monetária cujos valores estejam acima de R$1.000,00;
- contrapartida do Tesouro Nacional correspondente a R$6 bilhões.

Entre as várias medidas previstas para serem implementadas em conjunto, uma seria justamente a criação de uma contribuição social, consubstanciada num adicional de 10% dos depósitos referentes ao Fundo nos casos de demissão sem justa causa, adicional esse que não é revertido para todos os trabalhadores, que continuariam percebendo apenas os 40% de multa rescisória sobre o montante dos depósitos realizados durante seu contrato de trabalho.[9]

---

[7] "O reconhecimento por parte do Poder Judiciário de que os saldos das contas vinculadas do Fundo de Garantia do Tempo de Serviço foram corrigidos a menor na implementação dos Planos Verão e Collor I, teve o efeito de aumentar o passivo do FGTS sem o correspondente aumento do ativo necessário para evitar um desequilíbrio patrimonial no Fundo. Diante dessa decisão da Justiça, e devido à possibilidade de que um número excessivamente elevado de trabalhadores ajuizasse demandas para correção dos saldos na mesma proporção, o que teria o efeito de paralisar o processo judiciário no País, Vossa Excelência decidiu estender a todos os trabalhadores a correção automática de seus saldos, independentemente de decisão judicial. Isto criou uma necessidade de geração de patrimônio no FGTS da ordem de R$42 bilhões" (exposição de motivos da LC nº 110/01).

[8] Conforme expressamente dito pelos ministros da Fazenda e do Trabalho e Emprego na exposição de motivos.

[9] Os empregadores, em verdade, no momento da demissão sem justa causa, passaram a contribuir com uma alíquota total de 50% sobre o montante dos depósitos realizados durante seu contrato de trabalho, sendo 40% destinados à indenização para o trabalhador e 10% a título de contribuição social, esta última com a finalidade de auxiliar a equilibrar as contas do FGTS, reduzindo o mencionado déficit decorrente do reconhecimento imediato, em 2001, da dívida de R$42 milhões com os expurgos devidos aos trabalhadores que fizessem acordo nos termos da lei.

Este é um ponto fundamental para as futuras conclusões do presente texto. O FGTS foi obrigado, pela LC nº 110, a reconhecer um passivo de aproximadamente R$42 bilhões, o que demandou a criação de uma contrapartida para equilíbrio das contas do Fundo que, do contrário, restariam deficitárias, o que levaria à quebra do Fundo. Assim, no momento de criação da contribuição, nunca se disse que a integralidade da dívida do FGTS com os trabalhadores seria financiada pela sociedade (empresas), por intermédio desse tributo. Pelo contrário, o que se verifica é que a União sempre reconheceu que a dívida era do Fundo, sendo dela a responsabilidade por garantir que ele pagasse sem comprometer suas atividades, tendo em vista a manipulação inconstitucional dos índices de correção monetária.

Esses dados históricos são fundamentais para uma correta interpretação do art. 3º, §1º, da LC nº 110, que expressamente vincula o produto da arrecadação das contribuições dos arts. 1º e 2º ao FGTS para o custeio das despesas com os créditos nas contas vinculadas dos trabalhadores que optassem pelo recebimento do diferencial de atualização monetária pela via administrativa, na forma dos arts. 4º a 7º (acordos). Ou seja, as contribuições, desde sua criação, estavam histórica e normativamente vinculadas a garantir recursos para que o FGTS tivesse higidez financeira para pagar os acordos previstos na própria LC nº 110.[10]

2.3 O julgamento do STF – O que restou definido?

Apesar de a LC nº 110 ter sido objeto de inúmeros questionamentos quanto à sua validade quando da sua entrada em vigor, o STF, nos julgamentos das ADI nºs 2.556 e 2.568, declarou a constitucionalidade da *criação* das contribuições sociais previstas nos arts. 1º e 2º, por compreender legítimo que a sociedade fosse chamada a auxiliar com transferência de recursos para garantir a saúde financeira do FGTS ao realizar o pagamento dessas despesas extraordinárias decorrentes dos acordos.[11]

O STF, contudo, apenas se deteve sobre este específico ponto, i.e., sobre a constitucionalidade da *criação* de tributos para custear uma despesa do Estado com o FGTS (ou melhor: com os trabalhadores, com base no disposto no art. 7º da CF), em razão da manipulação desastrosa dos índices de inflação pelo Governo Federal (Plano Verão etc.). Desse julgamento, podem-se extrair as seguintes balizas jurídicas firmadas pela Suprema Corte a respeito do tema, sendo certo que algumas referem-se

---

[10] Importante mencionar que a vinculação desse tributo ao pagamento dos acordos torna-se ainda mais evidente na exposição de motivos da Medida Provisória nº 55, de 12.7.2002, convertida na Lei nº 10.555, de 10.11.2002, por intermédio da qual se flexibilizou que os trabalhadores com créditos iguais ou inferiores a R$100,00 aderissem ao acordo proposto pelo Governo. Segundo o Governo, essa flexibilização não prejudicaria o equilíbrio econômico financeiro do mecanismo de pagamento do que denominou o "Maior Acordo do Mundo". De acordo com a EM – Interministerial nº 02/MTE/MF, de 5.7.2002, o "perfil das contas vinculadas, com direito aos complementos de atualização monetária do Fundo de Garantia do Tempo de Serviço – FGTS, mostra que 74,7% delas (85 milhões de contas) apresentam valores de até R$100,00, cujo montante, estimado em R$2,2 bilhões, representa 5,1% do valor total dos complementos apurados pela Caixa Econômica Federal".

[11] O STF declarou a inconstitucionalidade apenas da cobrança das contribuições da LC nº 110/01 no próprio exercício de 2001, por respeito ao princípio da anterioridade.

exclusivamente à questão e outras relacionam-se com a moldura de nosso sistema jurídico tributário. Pontuou o STF que:

- as contribuições são tributos, pois se enquadram na definição do art. 3º do CTN;
- as contribuições da LC nº 110/01 destinam-se a fornecer recursos, que se somariam aos outros que o FGTS possui, para lhe conferir suporte financeiro para saldar suas despesas com o complemento da correção monetária dos trabalhadores afetados, daí porque seria tributo da espécie contribuição social e não imposto (receitas vinculadas a essa necessidade pública);
- por serem contribuições destinadas ao FGTS, enquadram-se no art. 217, incs. IV e V, do CTN;
- tal contribuição não se destina ao financiamento da Seguridade Social e, portanto, não se sujeita ao art. 195 da CF/88, mas sim ao art. 149 (contribuições sociais gerais), daí porque se aplica à hipótese a anterioridade do art. 150, III, "b", da CF/88.

Outro critério jurídico de extrema relevância fixado pelo STF nesse julgamento, placitando o que defende a doutrina tributária de forma pacífica, foi o de que a validade da espécie tributária contribuição está atrelada à manutenção atual da necessidade pública do dispêndio para o alcance daquela finalidade social que motivou a criação do tributo. Nesse sentido, no julgamento da ADI nº 2.556, foi textual o voto proferido pelo Ministro Joaquim Barbosa.[12] Já a motivação para criação do tributo já havia sido esclarecida muitos anos antes pelo Ministro Moreira Alves, no julgamento da medida cautelar na mesma ADI.[13]

Verifica-se, nos votos mencionados, que a Suprema Corte julgou constitucionais os tributos criados pela LC nº 110, reconhecendo sua validade ante o que dispõem o inc. III do art. 7º e o art. 149 da Constituição de 1988, partindo da premissa de que tais exações foram criadas para *auxiliar* o FGTS a pagar, juntamente com outros recursos de que dispõe e outros que receberia à época, a dívida com os trabalhadores decorrentes do complemento de atualização monetária.

Ou seja, o que se extrai desse julgamento é não apenas a declaração da constitucionalidade da *criação* dos tributos, mas que os recursos das contribuições

---

[12] Para o administrado, como contribuinte ou cidadão, a cobrança de contribuições somente se legitima se a exação respeitar os limites constitucionais e legais que a caracterizam. Assim, a existência das contribuições, com todas as suas vantagens e condicionantes, somente se justifica se preservadas sua destinação e sua finalidade. Afere-se a constitucionalidade das contribuições pela necessidade pública atual do dispêndio vinculado (motivação) e pela eficácia dos meios escolhidos para alcançar essa finalidade.

[13] "A esse respeito, não integrando o produto da arrecadação delas a receita pública, por ser ele recolhido pela Caixa Econômica Federal diretamente ao Fundo de Garantia por Tempo de Serviço (FGTS), *para depois, com os recursos desse Fundo, que são vários, creditar nas contas vinculadas dos empregados o complemento de atualização monetária para cujo suporte foram essas exações criadas*, não há que se pretender que sejam impostos por não gerarem receita pública. [...] E, tendo ambas as exações tributárias ora impugnadas inequívoca finalidade social (atender ao direito social referido no inciso III do artigo 7º da Constituição de 1988), são contribuições sociais" (grifos nossos).

criadas pela LC nº 110 sempre tiveram sua *destinação* previamente definida, sendo esta o FGTS, e para atingimento de determinada *finalidade*, que é garantir ao Fundo equilíbrio/saúde financeira para o pagamento da sua dívida com os trabalhadores que firmaram acordos com o Fundo, como se pode inferir da interpretação das normas da LC nº 110 em conjunto com sua exposição de motivos (arts. 3º a 7º da lei).

Assim, é possível extrair a seguinte *interpretação sistemática* dos dispositivos da LC nº 110 nos termos das premissas fixadas pelo STF: tais tributos foram criados para que o FGTS tivesse recursos (saúde financeira) para fazer frente aos acordos com os trabalhadores, sendo que a União ficaria responsável subsidiariamente por pagar tais acordos na hipótese de os tributos não verterem a quantidade de recursos que o Fundo necessitava até 2007 (fim dos pagamentos dos acordos).[14]

Essa conclusão é confirmada ainda: (i) pela *interpretação histórica*, visto que sua exposição de motivos *expressamente* reconheceu que tal dívida seria do Tesouro Nacional, mas que, em razão da necessidade de socialização da dívida, estava-se criando, em comum acordo com a sociedade (empregados e empregadores), dois tributos que permitiriam ao FGTS pagar a dívida de R$42 bilhões com os trabalhadores; e (ii) pela *interpretação judicial* do STF,[15] no julgamento da ADI nº 2.556, em que se consignou que os objetivos dos mencionados tributos, que os tornavam constitucionais, eram: (a) a destinação ao FGTS para lhe garantir a liquidez necessária para quitar as dívidas criadas pela União com os trabalhadores em decorrência da manipulação arbitrária e abusiva da economia e (b) em benefício dos empregados que firmaram o termo de adesão referido no art. 4º da LC nº 110.

Ou seja, nem as normas da LC nº 110/01, muito menos a interpretação feita pelo STF, vincularam a finalidade da contribuição do art. 1º, e as receitas dela decorrentes, ao FGTS em si, muito menos para a aplicação em qualquer finalidade do referido Fundo ou outra destinação ainda que justificada socialmente. O que resta claro pelo que se viu até aqui é que referido tributo tinha a única finalidade de garantir o equilíbrio econômico e financeiro do FGTS ao pagar os trabalhadores que aderiram ao acordo previsto na LC nº 110/01, haja vista que tal lei impôs ao fundo a obrigação, não prevista pela sua gestora (CEF), de reconhecer um passivo de R$42 milhões.[16]

---

[14] O art. 12 da lei não deixa margens para dúvidas quanto à responsabilidade da União: "Art. 12. O Tesouro Nacional fica subsidiariamente obrigado à liquidação dos valores a que se refere o art. 4º, nos prazos e nas condições estabelecidos nos arts. 5º e 6º, até o montante da diferença porventura ocorrida entre o valor arrecadado pelas contribuições sociais de que tratam os arts. 1º e 2º e aquele necessário ao resgate dos compromissos assumidos".

[15] Embora não seja um método interpretativo, como o sistemático e histórico, trata-se de importante critério de intepretação para os juristas, haja vista que as manifestações da Suprema Corte fixam balizas jurídicas que servem para interpretar os institutos jurídicos no futuro.

[16] Nesse sentido, convém citar trecho do voto do Min. Joaquim Barbosa na ADI nº 2.556 que confirma essa afirmação: "A contribuição em exame não se confunde com a contribuição devida ao FGTS, em razão da diferente destinação do produto arrecadado. Como se lê nas informações oferecidas pelo Senado, os valores arrecadados visam especificamente a 'fazer frente à atualização monetária, eliminados os expurgos dos Planos Econômicos em causa, dos saldos das contas vinculadas a ele, em benefício, portanto, de empregados inespecíficos que firmaram o Termo de Adesão referido no artigo 4º da Mencionada Lei Complementar, e não especificamente daquele despedido injustamente' (Fls. 178). Vale dizer, o tributo não se destina à formação do próprio fundo, mas visa custear uma obrigação da União que afetaria o equilíbrio econômico-financeiro daquela dotação". E, em outra passagem do voto, disse: "Os dois tributos tinham por objetivo custear os dispêndios da União

3 A nova questão a ser apreciada pelo STF

Dois meses depois de ter sido vetado o projeto de lei que extinguia a contribuição (PLP nº 200/12),[17] foram ajuizadas três novas ações diretas de inconstitucionalidade.[18] As três ações foram admitidas pelo relator, Ministro Roberto Barroso, que em sua decisão de recebimento das demandas disse que, embora o STF tenha declarado a constitucionalidade do tributo, a mudança no estado de fatos permite que a Suprema Corte se manifeste novamente sobre a questão, pois, do contrário, significaria que o julgamento realizado pelo STF, em controle concentrado, engessaria para sempre o sistema jurídico, o que certamente não configura uma posição razoável. Consignou, com razão, que se faz necessário, contudo, maior ônus argumentativo por parte dos autores da ação, que não só precisarão demonstrar as razões de inconstitucionalidade, mas sobretudo apontar os fatos e os fundamentos que levam à superação do entendimento consagrado pela Suprema Corte.[19]

Além disso, o STF assentou que a controvérsia tem relevância econômica, política, social e jurídica, podendo se refletir em diversas outras demandas pelo país, razão pela qual reconheceu sua repercussão geral no RE nº 878.313.[20]

Diante da renovação do questionamento da inconstitucionalidade da contribuição, o STF terá a possibilidade de se manifestar sobre importantes temas para o sistema jurídico tributário. Nos tópicos a seguir, entraremos nos objetivos do presente texto. Neles, serão abordados alguns dos temas que se julgam relevantes para a solução dessa importante questão tributária. Primeiro, serão analisados os fundamentos segundo os quais se considera relevante que o tema seja apreciado

---

decorrentes de decisão do Supremo Tribunal Federal que considerou devido o reajuste dos saldos do FGTS (RE 226.855, rel. min. Moreira Alves, Pleno, DJ de 13.10.2000)".

[17] A presidente da República, na Mensagem nº 301, de 23.7.2013, que vetou o projeto de lei que previa a extinção do tributo a partir de 2013, disse: "A extinção da cobrança da contribuição social geraria um impacto superior a R$3.000.000.000,00 (três bilhões de reais) por ano nas contas do Fundo de Garantia do Tempo de Serviço – FGTS, contudo a proposta não está acompanhada das estimativas de impacto orçamentário-financeiro e da indicação das devidas medidas compensatórias, em contrariedade à Lei de Responsabilidade Fiscal. A sanção do texto levaria à redução de investimentos em importantes programas sociais e em ações estratégicas de infraestrutura, notadamente naquelas realizadas por meio do Fundo de Investimento do Fundo de Garantia do Tempo de Serviço – FI-FGTS. Particularmente, a medida impactaria fortemente o desenvolvimento do Programa Minha Casa, Minha Vida, cujos beneficiários são majoritariamente os próprios correntistas do FGTS".

[18] São as ADI nºs 5.050, 5.051 e 5.053.

[19] Nas palavras do próprio ministro: "5. Considero possível, de fato, que o próprio Supremo Tribunal Federal volte a analisar a constitucionalidade de lei declarada constitucional em determinado momento, não sendo razoável que o ato seja blindado, de forma permanente e incondicionada, contra eventuais novas impugnações. Como é natural, porém, a superação do entendimento inicial da Corte estará sujeita a um ônus argumentativo consideravelmente mais elevado, sobretudo quando não seja possível indicar a ocorrência de mudanças significativas na realidade. 6. Em linha de princípio, entendo plausível a alegação de que alterações no contexto fático podem justificar um novo exame acerca da validade do art. 1º da Lei Complementar n° 110, de 29 de junho de 2001".

[20] Disse o Ministro Marco Aurélio, relator do processo: "Na Ação Direta de Inconstitucionalidade nº 2.556/DF, da relatoria do ministro Joaquim Barbosa, o Supremo declarou ser harmônica com a Carta de 1988 a contribuição geral prevista no artigo 1º da Lei Complementar nº 110, de 29 de junho de 2001, destinada ao pagamento dos expurgos inflacionários das contas vinculadas do Fundo de Garantia do Tempo de Serviço. Não obstante, a controvérsia contemporânea envolve definir se a satisfação do motivo pelo qual foi criada implica a inconstitucionalidade superveniente da obrigação tributária".

sob o prisma do princípio da confiança legítima. Depois, analisaremos alguns dos riscos para a coerência e consistência do nosso sistema jurídico tributário da eventual manutenção desse tributo.

4 Um novo teste para nosso sistema jurídico tributário

4.1 A proteção da confiança legítima

Um dos argumentos dos contribuintes pela inconstitucionalidade superveniente da contribuição do art. 1º da LC nº 110 está baseado na premissa normativa de que tal tributo teria como única finalidade auxiliar o FGTS a pagar os complementos da correção monetária, premissa que é extraída da interpretação que os contribuintes fazem dos dispositivos da LC nº 110/01 vis-à-vis sua exposição de motivos.

Assim, a aplicação desse argumento à situação concreta é simples: verificado que o FGTS não necessita mais de recursos extras da sociedade (entenda-se, empregadores) para pagar a referida dívida com os trabalhadores (seja porque a dívida se acabou, seja porque o Fundo detém patrimônio que lhe permite saldar sozinho a dívida sem comprometer suas demais atividades), comprovado está o esgotamento da necessidade pública que motivou a criação do tributo, *inexistindo, desde então, seu fundamento de validade finalístico (necessidade pública do dispêndio)*.

A resposta dada por aqueles que defendem a permanência da constitucionalidade do tributo pode ser assim resumida. Eles dizem que, embora a exposição de motivos tenha de fato mencionado que a contribuição teria essa finalidade, o legislador não teria placitado isso durante o processo legislativo que levou à criação da LC nº 110/01, pois, na concepção desses intérpretes, nenhum artigo teria dito expressamente que a contribuição do art. 1º da LC nº 110/01 serviria exclusivamente para o pagamento da complementação da correção monetária, fundamento que só constou da exposição de motivos. *Fundamentam, assim, seu entendimento na clássica separação entre mens legislatoris e mens legis*,[21] defendendo que tanto a exposição de motivos quanto os

---

[21] Esse foi um dos principais argumentos alinhavados pelo TRF da 1ª Região num dos julgamentos sobre a matéria: "FGTS. CONTRIBUIÇÃO DO ART. 1º DA LEI COMPLEMENTAR 110/2001. PRECEITO NÃO SUJEITO A VIGÊNCIA TEMPORÁRIA. ALEGAÇÃO DE INCONSTITUCIONALIDADE SUPERVENIENTE POR EXAURIMENTO DE FINALIDADES. NÃO ACOLHIMENTO. 1. Ao julgar procedente o pedido, o juízo de origem determinou a observância da prescrição quinquenal. Não há interesse recursal da União neste particular. 2. A contribuição social prevista no art. 1.º da Lei Complementar 110/2001 ao contrário da contribuição prevista no art. 2º da mesma lei, não teve nenhum prazo de vigência fixado. Não se trata de um preceito temporário, a viger de modo limitado no tempo, descabendo investigar se a finalidade pretendida foi ou não alcançada. Ocorrido o fato gerador, enquanto a lei estiver em vigor, será devido o tributo. 3. Não é relevante a alegação de inconstitucionalidade da contribuição criada pelo art. 1º da Lei Complementar 110/2001. O egrégio STF entendeu que não havia inconstitucionalidade que ensejasse a suspensão da eficácia de seus arts. 1º e 2º (ADI 2556, rel. Min. Joaquim Barbosa, Pleno, DJe-185 divulg 19-09-2012 public 20-09-2012). 4. Não é verossímil a tese de que, tendo sido editada a LC 110/2001 com a finalidade de recompor as perdas geradas em decorrência do pagamento dos expurgos inflacionários referentes aos Planos Econômicos Collor I e Verão, e tendo sido tais parcelas integralmente creditadas nas contas de FGTS dos trabalhadores, não haveria mais razão jurídica para legitimar sua cobrança, bastando, para tanto, lembrar das milhares de ações ainda em curso, seja na fase de conhecimento seja na fase de execução, nas quais se postula a recomposição dos referidos expurgos inflacionários. 5. A circunstância de ser o tributo em questão contribuição social e não imposto não implica concluir que se destine, apenas, a cobrir os valores gastos com o pagamento dos acordos.

debates legislativos seriam apenas um indicativo para a interpretação dos textos legais e não um elemento que vincule o intérprete.[22]

O objetivo deste subtópico é demonstrar que a interpretação que vincula a finalidade da contribuição do art. 1º da LC nº 110/01 à necessidade de recursos para o complemento da correção monetária aos trabalhadores, que hoje se atribui à defesa dos contribuintes pela inconstitucionalidade do tributo, decorre na verdade de uma *interpretação institucional*, proveniente dos três poderes da república, o que tem especial relevância no contexto da interpretação da constitucionalidade ou não do referido tributo e deve ser levado em consideração na avaliação atual da validade da exação, em respeito especialmente à *legítima confiança* que os contribuintes depositam nas manifestações oficiais advindas desses poderes.

A proteção da confiança legitimamente depositada pelos contribuintes em atos e manifestações oficiais é um corolário do princípio da segurança jurídica, sobre o qual se sustenta todo nosso ordenamento jurídico tanto em termos lógico-interpretativos quanto político-institucionais, ou ainda ético-jurídicos, visto que decorre da leitura que se extrai de diversas normas constitucionais e da própria possibilidade de existência e manutenção legítima do Estado Democrático de Direito.

Para Canotilho, os princípios da segurança jurídica e da proteção da confiança dos cidadãos se encontram no mesmo patamar dos princípios da legalidade, da proibição do excesso e das garantias processuais, consistindo-se em princípios concretizadores do Estado de Direito. Diz o professor lusitano que o "homem necessita de segurança para conduzir, planificar e conformar autónoma e responsavelmente a sua vida. Por isso, desde cedo se consideram os princípios da segurança jurídica e da protecção da confiança como elementos constitutivos do Estado de Direito".[23]

A Lei prevê que apenas nos exercícios de 2001, 2002 e 2003 será assegurada a destinação integral ao FGTS de valor equivalente à arrecadação das contribuições de que tratam os arts. 1.º e 2.º. Assim, nos anos posteriores não há comando legal que imponha a destinação integral da receita ao FGTS. 6. A alegação de que o patrimônio líquido do FGTS se encontra superior ao *déficit* gerado pelo pagamento dos expurgos não constitui motivo, por si só, capaz de afastar a cobrança da contribuição em discussão, já que, nos termos do artigo 2.º da Lei de Introdução ao Código Civil, "não se destinando à vigência temporária, a lei terá vigor até que outra a modifique ou revogue". Enquanto não sobrevier lei revogando a referida contribuição, legítima será sua cobrança. 7. Examinando as ADIs 2.556/DF e 2.568/DF, o STF considerou constitucional a contribuição prevista no art. 1º da LC 110/2001, desde que respeitado o prazo de anterioridade para início das respectivas exigibilidades (art. 150, III, b da Constituição). No momento do julgamento, já estava em vigor a EC 33/2001, que trouxe ao texto constitucional a norma do art. 149, §2.º, III, "a". Não obstante, o STF não manifestou entendimento no sentido de uma possível incompatibilidade da contribuição com as disposições da EC 33/2001, o que seria possível em face da cognição ampla da causa de pedir que rege o processo objetivo. 8. Tendo o STF oportunidade de proceder à análise da exação tributária em controle concentrado de constitucionalidade, com ampla cognição sobre os fundamentos jurídicos do pedido mediato, não divisou inadequação com o Texto Constitucional. 9. Apelação da União, conhecida em parte, a que se dá provimento. 10. Remessa oficial, tida por interposta, a que se dá provimento" (AC nº 0042192-74.2014.4.01.3400/DF. Rel. Des. Fed. Néviton Guedes, Quinta Turma. e-DJF1, p. 444, 29 set. 2015).

[22] Embora questionável essa leitura minimalista e interpretação literal que se faz da LC nº 110/01, pois a análise sistemática dos seus dispositivos evidencia que o legislador encampou a *ratio* contida na exposição de motivos com relação à finalidade do tributo, ainda que não tenha explicitado em qualquer dos seus dispositivos legais essa finalidade, fato é que, em termos teóricos, não há dúvidas de que a *mens legislatoris* não pode ser confundida pelo intérprete com a *mens legis*, muito menos é conveniente que o intérprete pretenda fazer prevalecer a *mens legislatoris* sempre, pois isso significaria engessar o sistema jurídico e minar qualquer forma de interpretação criativa, extremamente necessária para conformação das normas a novas realidades da vida.

[23] CANOTILHO, José Joaquim Gomes. *Direito constitucional*. 7. ed. Coimbra: Almedina, 2000. p. 257.

Doutrinariamente, tem-se preferido separar o princípio da segurança jurídica do princípio da proteção da confiança, reservando para o primeiro uma função objetiva e estrutural, enquanto o segundo teria um aspecto subjetivo de garantia do jurisdicionado em sua esfera individual.[24]

Assim, temos que o princípio da proteção da confiança relaciona-se com o ambiente de direito seguro e minimamente previsível, em que o Estado atua de modo coerente e não meramente situacional e estratégico. Nesse contexto, o estado de confiança das pessoas não se restringe à legalidade; o cidadão confia nos comportamentos e manifestações oficiais do Estado e não pode ser prejudicado em razão da confiança que nele depositou.

Convém, portanto, para a análise ora empreendida, verificarmos de que modo se manifestaram os três poderes de República quando da criação das contribuições pela LC nº 110, de modo a avaliar se o fato de a interpretação atualmente feita pelos contribuintes quanto à finalidade das exações estar vinculado exclusivamente aos complementos da correção monetária adviria apenas da exposição de motivos ou se o próprio Estado, por intermédio de seus agentes oficiais, também sinalizou para essa interpretação. E, a partir da resposta alcançada, devemos verificar se a confiança dos contribuintes nessas manifestações estatais é legítima, devendo ser protegida, ou não.

Em primeiro lugar, cumpre apontar o que restou assentado pelo STF, no julgamento que considerou constitucionais os tributos da LC nº 110, pois da posição da Suprema Corte extrai-se não só seu resultado final, mas também os *fundamentos determinantes* para se chegar à conclusão que alcançou e quais critérios jurídicos dela podem ser extraídos.[25]

Sob essa perspectiva, conforme expressamente reconhecido pelo Ministro Joaquim Barbosa, na ADI nº 2.556, tem-se que as contribuições trazidas pela LC nº 110 foram criadas com a finalidade de gerar recursos para garantir o *equilíbrio financeiro* do FGTS com o reconhecimento legal de uma dívida pelo Governo Federal. Segundo o ministro, as contribuições não se confundiriam com a contribuição dos empregadores para a manutenção do FGTS, pois o tributo criado visava exclusivamente "custear uma obrigação da União que afetaria o equilíbrio econômico-financeiro" do Fundo.[26]

---

[24] Nesse sentido, Almiro do Couto e Silva pontua: "Modernamente, no direito comparado, a doutrina prefere admitir a existência de dois princípios distintos, apesar das estreitas correlações existentes entre eles. Falam os autores, assim, em princípio da segurança jurídica quando designam o que prestigia o aspecto objetivo da estabilidade das relações jurídicas, e em princípio da proteção à confiança, quando aludem ao que atenta para o aspecto subjetivo" (COUTO E SILVA, Almiro do. O princípio da segurança jurídica (proteção à confiança) no direito público brasileiro e o direito da Administração Pública de anular seus próprios atos administrativos: o prazo decadencial do art. 54 da Lei do Processo Administrativo da União (Lei nº 9.784/99). *Revista Eletrônica de Direito do Estado*, Salvador, n. 2, abr./jun. 2005. Disponível em: http://www.direitodoestado.com.br. Acesso em: 10 mar. 2008).

[25] Os fundamentos determinantes da decisão do STF são essenciais para construção e contínua reformulação dos sistemas jurídicos, por mais que eles não sejam vinculantes para os demais entes públicos e para o Poder Judiciário. Assim, ainda que não vinculantes, eles possuem forte peso no discurso jurídico dos especialistas e da classe política, significando importante elemento balizador das expectativas sociais e normativas em nosso Estado Democrático de Direito cuja base jurídica é a Constituição.

[26] Disse o Ministro Joaquim: "O tributo também não viola o art. 10, I, do ADCT. A contribuição em exame não se confunde com a contribuição devida ao FGTS, em razão da diferente destinação do produto arrecadado. *Como se lê nas informações oferecidas pelo Senado, os valores arrecadados visam especificamente a 'fazer frente à*

Noutras palavras, a finalidade dos tributos era corrigir distorções ocasionadas pelo próprio Governo Federal, que acarretaram diversas condenações pelo Poder Judiciário ao pagamento da correção monetária integral das contas vinculadas ao FGTS, tendo em vista o uso de índices que não correspondiam à inflação do período. Ou seja, o objetivo das contribuições nunca foi verter recursos de forma aleatória e perene para a manutenção do FGTS, mas servir para um propósito específico: *o pagamento dos acordos previstos na própria LC nº 110, os quais já foram pagos há muitos anos (desde 2006/2007)*.

Nesse sentido, já era a posição do STF logo que a questão lá chegou, em 2011, como se pode observar do voto proferido pelo Ministro Moreira Alves, na apreciação da medida cautelar requerida na ADI nº 2.556-MC.[27] O Min. Marco Aurélio, em seu voto na mesma ADI nº 2.556, em 2012, aduziu que "[e]ssa lei complementar apanhou o sistema regedor do FGTS, que deveria ser suficiente por si só, proporcionando recursos para ter-se o acréscimo decorrente das perdas inflacionárias", mantendo a mesma linha de seu voto proferido em 2002, no julgamento da medida cautelar, na qual afirmou servir tal tributo para "feitura de caixa, a fim de cumprir decisões judiciais prolatadas a partir de sistema que, até então, considerou-se equilibrado".[28]

Como se pode ver, já àquela época, quando da criação das referidas contribuições, duas conclusões eram pacíficas e nortearam a análise do E. STF acerca da constitucionalidade das exações: (i) elas se destinavam ao Fundo para lhe garantir a liquidez e o equilíbrio financeiro necessários a fazer frente à atualização monetária decorrente dos expurgos dos planos econômicos e (ii) para beneficiar os empregados que firmaram o termo de adesão referido no art. 4º da LC nº 110.

Ou seja, do Poder Judiciário os contribuintes receberam a seguinte orientação jurídica que *legitima sua confiança* na mensagem: a contribuição do art. 1º da LC nº 110 não se confunde com a contribuição geral dos empregadores ao FGTS, e tem como finalidade garantir recursos para manter o equilíbrio financeiro do Fundo para o pagamento da complementação da correção monetária aos trabalhadores que firmaram o acordo previsto na lei.

Tal conclusão do STF foi alcançada não apenas pela leitura da exposição de motivos da LC nº 110 ou pela interpretação sistemática das suas normas, mas também pelas manifestações apresentadas pela própria União, nas informações prestadas por sua Advocacia-Geral, no Parecer AGU/SF nº 01/2002 ofertado na ADI nº 2568, em que

---

atualização monetária, eliminados os expurgos dos Planos Econômicos em causa, dos saldos das contas vinculadas a ele, em benefício, portanto, de empregados inespecíficos que firmaram o Termo de Adesão referido no artigo 4º da Mencionada Lei Complementar, e não especificamente daquele despedido injustamente' (Fls. 178). Vale dizer, *o tributo não se destina à formação do próprio fundo, mas visa custear uma obrigação da União que afetaria o equilíbrio econômico-financeiro daquela dotação*" (grifos nossos).

[27] "[...] a que se refere o artigo 1º desta Lei Complementar nº 110/2001, não aumenta, sequer indiretamente, a alíquota de 40%, a título indenizatório pela despedida de empregado sem justa causa, *uma vez que a quantia resultante dessa contribuição se destina ao Fundo para fazer frente à atualização monetária, eliminados os expurgos dos planos econômicos em causa, dos saldos das contas vinculadas a ele, em benefício, portanto, de empregados inespecíficos que firmaram o Termo de Adesão referido no artigo 4º da mencionada Lei Complementar*" (grifos nossos).

[28] Naquela ocasião, o Min. Marco Aurélio, favorável à suspensão da cobrança do tributo, chegou a argumentar que "jamais soube que contribuição visa a fazer caixa para cobrir os efeitos de uma administração equivocada de um sistema, de um instituto previsto na própria carta da República. Refiro-me ao FGTS".

é dito textualmente que a finalidade dos tributos criados era exclusivamente garantir que o FGTS pagasse a dívida com os trabalhadores sem "quebrar".

É interessante trazer alguns dos argumentos contidos nas Informações AGU/SF nº 01/2002, apresentadas na ADI nº 2.568 (e repetidas na ADI nº 2.556), que demonstram que a própria União, à época em que foram criados tributos da LC nº 110, trazia justificativas completamente diversas das que hoje são apresentadas por ela própria nas ADI nºs 5.050, 5.051 e 5.053, em nítido *venire contra factum proprium* e *atuação meramente estratégica* que não se conforma ao princípio da confiança legítima que deve nortear as relações entre contribuinte e fisco, para não dizer cidadão e Estado.

Primeiro, extrai-se do referido documento o reconhecimento de que a LC nº 110 foi fruto de um *pacto social*, um esforço nacional, para gerar saúde financeira por intermédio da obtenção de parte dos recursos necessitados pelo Fundo para pagar os trabalhadores.[29] A AGU apresentou para o STF, como justificativa para a criação dos tributos, duas informações relevantes: (1) que se tratava de um "pacto social" e (2) que os tributos criados seriam apenas parte dos valores necessários. Ou seja, o que se conclui é que os dois tributos criados pela LC nº 110, segundo defendeu a própria AGU à época, não tinham a finalidade de pagar todas as dívidas do FGTS com os trabalhadores, muito menos ser utilizado para outras finalidades do Fundo ou da sociedade em geral, mas sim para auxiliar como *parte* dos recursos a serem utilizados no pagamento da dívida com aqueles trabalhadores que aderiam aos acordos (o que deveria ocorrer até 2007), sem que as demais atividades/finalidades do Fundo ficassem prejudicadas até essa data.[30]

Em outra passagem, a União demonstra sua concordância de que a validade da espécie de tributo contribuições está relacionada com a permanência da necessidade do dispêndio público que motivou sua criação.[31] E essa finalidade, de acordo com a AGU, seria auxiliar a saúde financeira do FGTS para quitar sua dívida com os trabalhadores detentores do direito à correta atualização monetária.[32] E ainda esclarece

---

[29] "5. A Lei Complementar nº 110, de 29.06.2002 (DOU 30.06.2001), *fruto de um esforço nacional* que reuniu governo, empresários e trabalhadores, sendo observado os princípios da razoabilidade e da proporcionalidade, *visando a obtenção de parte dos valores necessários à correção monetária dos expurgados inflacionários sofridos* pelo Fundo de Garantia do Tempo de Serviço, conforme decidido pelo Excelso Supremo Tribunal Federal, instituiu duas contribuições sociais, incorporando-as no FGTS" (informações prestadas pela AGU na ADI nº 2.568, p. 156. Grifos nossos).

[30] Ademais, ao se referir a um acordo com a sociedade, torna-se ainda mais relevante para a interpretação da validade da exigência do tributo, atualmente, o elemento proteção da confiança, pois, além desse princípio, entra também em jogo o princípio da boa-fé (em suas duas acepções: subjetiva e objetiva). Em qualquer acordo, seja entre particulares, seja entre Estado e cidadãos, há de estar presente o elemento boa-fé, máxime numa situação em que o Estado chama a sociedade a lhe ajudar a arcar com uma dívida criada pela própria União, fruto de sua manipulação irresponsável dos índices de inflação, a qual trouxe graves prejuízos financeiros aos trabalhadores.

[31] "28. *A contribuição do art. 1º da Lei Complementar 110/01 é, por tempo indeterminado, enquanto perdurar a necessidade* [...]. A destinação da arrecadação de ambas será incorporada ao FGTS, para posterior endereçamento para as contas bancárias vinculadas ao Fundo. [...] 30. Em verdade, *o elemento essencial das contribuições parafiscais é a finalidade constitucional a que se destinam*" (informações prestadas pela AGU na ADI nº 2.568, p. 161-162. Grifos nossos).

[32] "157. [...] o fato é que a exação do art. 1º da Lei Complementar nº 110, de 2001, não se confunde com a indenização compensatória pela despedida arbitrária ou sem justa causa do trabalhador, [...] isto porque a finalidade da primeira não é indenizar ou recompensar o trabalhador pela perca do emprego, como é na segunda hipótese,

uma importante questão orçamentária, surgida a partir de uma possível (e incorreta) leitura do art. 13 da LC nº 110, reconhecendo que as receitas seriam do FGTS ainda que não expressamente previsto nas leis orçamentárias posteriores a 2003.[33]

Além disso, a Procuradoria-Geral da Fazenda Nacional, quando da criação das contribuições em 2001, emitiu o Parecer PGFN nº 1.983/2001, aprovado pelo Ministro da Fazenda à época, Sr. Pedro Malan, reconhecendo que a finalidade específica das contribuições ao FGTS previstas nos arts. 1º e 2º da LC nº 110 estaria atrelada à necessidade que o Fundo tinha de pagamento das despesas com os expurgos inflacionários.[34]

Ora, como é possível, hoje em dia, a União defender que a LC nº 110 não vinculou as receitas da contribuição do art. 1º ao FGTS a apenas uma necessidade pública: garantir saúde financeira para o FGTS pagar os trabalhadores que tiveram suas contas afetadas pelos planos econômicos e realizaram acordos com o Fundo?

É evidente que tal defesa significa clara *ofensa ao princípio da confiança legítima*, que deve pautar a relação entre Estado e sociedade, especialmente numa relação jurídico-tributária em que o Estado chamou a sociedade para contribuir com o pagamento de uma dívida que ele criou em decorrência de sua má gestão da economia, que gerou graves prejuízos para os trabalhadores.

Além disso, defender a validade atual da cobrança, independentemente da existência momentânea da necessidade pública que deu origem ao tributo, significa patente *venire contra factum proprium*, visto que em manifestações oficiais da AGU e da PGFN a União assentou que os tributos criados serviam para gerar recursos para o FGTS para as dívidas com os trabalhadores provenientes dos expurgos e que a permanência deles estaria vinculada à necessidade pública desse dispêndio. Ou seja, nunca se defendeu, talvez porque certamente não seria aceito pelo STF, que o

---

mas sim, em última análise, *o escopo é carrear recursos financeiros para o próprio FGTS, para ajudar a custear a correção das contas bancárias vinculadas ao Fundo, ainda pendentes de correta atualização, conforme determinou o Poder Judiciário*" (informações prestadas pela AGU na ADI nº 2.568, p. 191. Grifos nossos).

[33] "14. O artigo 13 da Lei Complementar 110/01, correlacionando-se com as leis do plano plurianual e das diretrizes orçamentárias, já prevê que as leis orçamentárias anuais referentes aos exercícios de 2001, 2002, e 2003 assegurarão destinação integral ao FGTS de valor equivalente à arrecadação das duas contribuições de que tratam os artigos 1º e 2º da referida lei complementar. *Isto não significa que a partir de 2004, a receita decorrente da arrecadação das duas contribuições da LC 110 estariam desvinculadas, visto que, além das leis futuras devem estabelecer a vinculação das arrecadações dessas contribuições para o FGTS, o §1º do art. 3º da mesma lei complementar já garantem a destinação das respectivas arrecadações para o FGTS, independentemente de futuras leis*" (informações prestadas pela AGU na ADI nº 2.568, p. 158. Grifos nossos).

[34] "Despacho do Ministro – em 31 de janeiro de 2002 [...] Despacho: Aprovo o parecer PGFN/CRJ nº 1983/2001, de 12 de novembro de 2001, que, ao analisar a Lei Complementar nº 110/2001, conclui que as contribuições instituídas por aquela Lei complementar (arts. 1º e 2º) são contribuições sociais [...], que têm, assim, natureza tributária. Pedro Sampaio Malan Anexo – Parecer/PGFN/CRJ/nº1983/2001 [...] Da Natureza Jurídica das Contribuições 5. Com efeito, as contribuições insertas nos arts. 1º e 2º, da Lei Complementar nº 110/2001, objetivam à semelhança da destinada ao FGTS, dar efetividade ao direito social consagrado no inciso III, do artigo 7º, do capítulo II, da Carta Política de 1988, expresso no sentido de que todos os trabalhadores urbanos e rurais têm direito ao Fundo de Garantia do Tempo de Serviço. Assim, *no contexto do novo panorama introduzido pelo imperativo das decisões judiciais, e no sentido de efetivar a correção dos valores das contas individuais dos trabalhadores, para que o Estado possa dar cumprimento ao mencionado comando, necessário é que este institua fonte de arrecadação para essa finalidade específica*" (grifos nossos).

FGTS utilizasse os tributos da LC nº 110/01 como lhe aprouvesse no exercício de suas atividades.

Ou seja, assim como a mensagem vinda do Poder Judiciário, os contribuintes receberam do Poder Executivo a seguinte orientação jurídica que *legitima sua confiança* na extinção da finalidade da contribuição: a contribuição do art. 1º da LC nº 110 tem como finalidade garantir recursos para auxiliar o FGTS no pagamento da complementação da correção monetária aos trabalhadores que firmaram o acordo previsto na lei.

Demonstradas as manifestações dos poderes Judiciário e Executivo, nos resta ainda verificar que influxos interpretativos podemos extrair do Poder Legislativo, que não se confundem com a exposição de motivos da LC nº 110. Nesse sentido, é esclarecedor o relatório do Deputado Federal Milton Monti, em 13.8.2008, relativo ao Projeto de Lei Complementar nº 378/2006, aprovado pela Câmara, para a extinção da contribuição instituída pelo art. 1º da LC nº 110 desde aquela época.[35]

Ante todas essas manifestações oficiais, não parece correto dizer que os contribuintes fazem uma leitura equivocada da LC nº 110 ao interpretarem que a contribuição instituída pelo art. 1º teria apenas uma finalidade e esta seria garantir recursos para manter o equilíbrio financeiro do FGTS para pagar o complemento de aposentadoria dos trabalhadores que com ele firmaram acordo.

Desprezar todos esses elementos institucionais e históricos no ato de interpretar a validade do tributo atualmente, priorizando uma interpretação literal e enviesada dos dispositivos da LC nº 110, a qual culmine na manutenção do tributo para financiar, agora, outras despesas do FGTS, potencializa a ofensa ao princípio da confiança legítima dos contribuintes. Não se trata, portanto, de interpretar a LC nº 110 apenas a partir da sua exposição de motivos ou de conferir mais ou menos relevo à vontade do legislador do que à *mens legis*, mas sim conferir às manifestações oficiais – tanto à época,[36] quanto atualmente – a importância social e institucional que elas têm no ordenamento jurídico.

---

[35] A justificativa do projeto esclarece que houve o esgotamento da finalidade do tributo no fim do exercício de 2006, pois "a última parcela semestral devida aos trabalhadores foi creditada pela Caixa Econômica Federal nas contas vinculadas em janeiro de 2007": "Em relação à contribuição devida em caso de despedida de empregado sem justa causa, entretanto, não há qualquer previsão quanto à sua vigência. É exatamente essa a contribuição que o Projeto de Lei Complementar nº 378, de 2006, pretende extinguir. Consideramos ser justa e necessária a medida proposta pelo Projeto sob análise. Ambas as contribuições sociais foram instituídas pela Lei Complementar nº 110, de 2001, com a finalidade exclusiva de custear o pagamento do complemento de atualização monetária dos Planos Verão e Collor I, sobre o saldo do FGTS. Conforme o cronograma fixado pelo Governo Federal no art. 4º, inciso II, do Decreto nº 3.913, de 11 de setembro de 2001, a última parcela semestral devida aos trabalhadores foi creditada pela Caixa Econômica Federal nas contas vinculadas em janeiro de 2007. Portanto, todos os prazos do acordo já transcorreram. Nada mais justifica a manutenção da contribuição extraordinária de 10% sobre o saldo do FGTS, em caso de demissão do empregado sem justa causa. Essa contribuição não pode se transformar em mais uma que, criada para ser provisória, torna-se permanente. A sua subsistência encarece o custo do trabalho no Brasil, inibindo a formalização do emprego. O pior é que, neste caso, o dinheiro sequer é destinado ao trabalhador". No mesmo sentido andaram os projetos de lei complementar nºs 51/2007 e 407/2008, que somente alteravam a data da extinção, mas apresentavam invariavelmente a mesma motivação: esgotamento da finalidade que motivou a criação da Contribuição.

[36] Souto Maior Borges aponta a relevância da hermenêutica histórica no processo de interpretação das normas jurídicas. Embora o professor titular da Universidade de Pernambuco tenha se limitado ao uso desse método interpretativo para se buscar a origem histórica dos institutos, compreendemos que a hermenêutica histórica também deve ser utilizada para que o intérprete reconstrua o momento que levou à criação de determinado

Trata-se, tão somente, de uma exigência de nosso sistema jurídico consubstanciada na necessidade de os agentes públicos, principalmente numa relação Estado e contribuinte, atuarem de forma responsável e ética, devendo os discursos e práticas pautarem-se na boa-fé e na confiança mútua. Caso contrário, teremos apenas discursos de momento orientados por atuações estratégicas, os quais certamente não contribuem para a construção de um sistema jurídico constitucional que em sua base esteja uma sociedade livre, justa e solidária.

Embora em questões tributárias a doutrina normalmente aplique o princípio da confiança legítima em situações nas quais o contribuinte, agindo em conformidade com um entendimento manifestado pela Administração (ou com a concordância dela por qualquer modo, ainda que de forma omissiva), mas de modo contrário ao que dispõe a legislação, deixa de ser penalizado, compreendemos que tal princípio tem maior extensão em nosso ordenamento jurídico e o presente caso demonstra sua utilidade no controle da validade de um tributo.

Não se pretende dizer, com isso, que tributos possam ser invalidados a partir do momento em que a sociedade confia que eles não mais devam ser pagos. Não se está defendendo, aqui, esse juízo meramente subjetivo e casuístico na avaliação da constitucionalidade dos tributos. O que se pretende é, a partir das premissas aqui estruturadas, apresentar mais um critério jurídico para verificação da validade dos tributos, especialmente das contribuições (que possuem contornos constitucionais menos rígidos para sua criação), haja vista os vários fins constitucionalmente relevantes a serem concretizados pelo Estado, os quais não devem ser manipulados por esse mesmo Estado para manter cobranças tributárias cujas finalidades iniciais se perderam.

A proteção da confiança do contribuinte tem como um de seus fundamentos a necessidade de a relação com fisco se dar a partir de critérios éticos e especialmente da boa-fé.

Ricardo Lobo Torres diz que o princípio da boa-fé do fisco vem sendo reconhecido pela doutrina e pelas legislações dos países nos últimos anos.[37] Ele distingue boa-fé objetiva e subjetiva. Objetiva seria aquela que surge como um elemento moral, ou uma cláusula jurídica geral ou até mesmo uma norma jurídica específica. Já a subjetiva relaciona-se à conduta e a aspectos psicológicos da relação tributária.[38]

---

tributo, o que é notoriamente importante na avaliação da necessidade pública que motivou uma contribuição (BORGES, José Souto Maior. Hermenêutica histórica no direito tributário. *In*: GANDRA, Ives; BRITO, Edvaldo de (Org.). *Direito tributário*: princípios e normas gerais. 2. ed. ampl. São Paulo: RT, 2014. p. 283-296).

[37] Cita, para confirmar seu argumento, o tributarista italiano Victor Uckmar, que apresentou os seguintes princípios fundamentais a nortear as relações fisco-contribuintes: "1. o direito a comportamentos de boa-fé por parte da administração; 2. o direito à tutela por excesso de pressão legislativa e à certeza do direito; 3. o direito à informação sobre a interpretação das leis e sobre consequência dos seus próprio comportamento [...] 8. o controle sobre a aplicação da lei; 9. direito à transparência estatística e ao conhecimento dos agregados econômicos tributários [...]" (UCKMAR, Victor *apud* TORRES, Ricardo Lobo. *Tratado de direito constitucional financeiro e tributário*. Valores e princípios constitucionais tributários. 2. ed. Rio de Janeiro: Renovar, 2014. p. 593).

[38] TORRES, Ricardo Lobo. *Tratado de direito constitucional financeiro e tributário*. Valores e princípios constitucionais tributários. 2. ed. Rio de Janeiro: Renovar, 2014. p. 594.

Nosso ordenamento jurídico claramente internalizou a boa-fé objetiva, seja como elemento moral, cláusula jurídica geral ou norma específica.[39] Assim, na interpretação da validade de uma contribuição, cuja finalidade todos os poderes da República sempre vincularam ao auxílio de recursos para o FGTS ter saúde financeira para pagar os acordos com os trabalhadores, devem pesar essas manifestações oficiais em respeito à boa-fé, à certeza, à segurança e ao respeito aos direitos dos contribuintes, bem como em proteção da não aplicação de uma nova interpretação jurídica retroativamente.

Pelo prisma da boa-fé subjetiva, Lobo Torres aponta a proibição de *venire contra factum proprium* como um dos mais relevantes elementos da relação fisco e contribuinte, o que, como visto, também teria aplicação no presente caso.

Ainda com base em Lobo Torres, a confiança legítima também encontra guarida nos denominados princípios da transparência e da clareza, que seriam princípios de legitimação em nosso ordenamento jurídico. Assim, as claras e transparentes manifestações apresentadas por representantes dos três poderes vinculam a interpretação das normas da LC nº 110 a tais mensagens, especialmente quando tais manifestações são plenamente compatíveis com nosso ordenamento jurídico hoje e à época em que foram proferidas, legitimando a confiança dos contribuintes de que o tributo não pode mais ser cobrado validamente.

O STF, portanto, tem em suas mãos a possibilidade não só de proteger os contribuintes contra a inválida exigência da contribuição do art. 1º da LC nº 110 posteriormente a 2007 (data final do pagamento do acordo), mas de sinalizar para o Poder Executivo essa importante baliza limitadora da implementação de políticas públicas baseadas em recursos provenientes de contribuições sociais, i.e., a proteção da confiança dos contribuintes nas manifestações oficiais dos representantes do Estado.

Em suma, o STF terá que escolher entre duas possíveis opções nesse conflito entre bens jurídicos, ambas caras para nosso sistema jurídico: de um lado, a proteção dos contribuintes que legitimamente acreditaram que os recursos da contribuição instituída pelo art. 1º da LC nº 110/01 serviriam apenas para auxiliar o FGTS no complemento da correção monetária e, de outro, placitar a manutenção da cobrança do tributo para ser utilizado em outras finalidades também socialmente relevantes, sendo irrelevante para a aferição da validade atual do tributo o motivo de sua criação.

---

[39] Exemplificativamente, convém lembrar a norma do art. 2º da Lei nº 9.784/99, que dispõe sobre os direitos dos administrados ante a Administração Pública, que confirma o entendimento de que a confiança legítima dos contribuintes em manifestações oficiais serve como critério para o controle da validade das contribuições: "Art. 2º A Administração Pública obedecerá, dentre outros, aos princípios da legalidade, finalidade, motivação, razoabilidade, proporcionalidade, moralidade, ampla defesa, contraditório, segurança jurídica, interesse público e eficiência. Parágrafo único. Nos processos administrativos serão observados, entre outros, os critérios de: [...] IV – atuação segundo padrões éticos de probidade, decoro e boa-fé; [...] IX – adoção de formas simples, suficientes para propiciar adequado grau de certeza, segurança e respeito aos direitos dos administrados; [...] XIII – interpretação da norma administrativa da forma que melhor garanta o atendimento do fim público a que se dirige, vedada aplicação retroativa de nova interpretação". Apesar de dirigido ao processo administrativo, não seria correto dizer que tais exigências legais não vinculam o Estado em todas as suas relações com o cidadão, o que certamente deve ter lugar numa relação fisco e contribuintes.

4.2 Proibição da desconfiança institucionalizada

Neste tópico pretende-se demonstrar que uma das facetas da proteção da confiança legítima dos contribuintes e da própria ideia de segurança jurídica ínsita a qualquer sistema jurídico, em especial os sistemas constitucionais modernos, é o que optamos por denominar *proibição da desconfiança institucionalizada*.

As mensagens que encontramos no preâmbulo de nossa Constituição de proteção da segurança, do bem-estar da sociedade, da liberdade e da justiça, como valores supremos de nossa sociedade, fundada na harmonia social, nos direcionam a compreender que não é dado a quaisquer dos Poderes da República a realização de atos que gerem desconfiança generalizada da sociedade nos atos emanados das instituições públicas.

Da mesma forma que num contrato entre particulares exige-se que os contraentes ajam de boa-fé e com o intuito de cumprir da melhor forma possível aquilo que restou acordado, temos que o contrato social utópico que se encontra por detrás da mensagem contida no preâmbulo e em toda a nossa Constituição exige dos agentes públicos e políticos posturas coerentes com suas manifestações oficiais pregressas, evitando agir de modo a se criar na sociedade um *sentimento generalizado de desconfiança* nas instituições. Tal sentimento, certamente, é o oposto da ideia de harmonia e solidariedade que funda nossa sociedade, muito menos se adequa ao valor justiça que norteia nosso Estado Democrático, daí porque nos parece acertado que o STF coloque um limite à sanha arrecadatória da União, evitando *a desconfiança institucionalizada* dos contribuintes.

A necessidade constante de recursos pelos governos não pode se sobrepor à confiança dos contribuintes nas instituições, sob pena de se aceitar o início da ruína de nosso sistema jurídico. E, nesse contexto, a única intepretação que se revela *correta* no tocante ao tributo objeto deste estudo é a de que ele se tornou inválido a partir do instante em que não mais existe a necessidade pública do dispêndio (finalidade) para que ele foi criado, daí porque é inconstitucional sua cobrança desde então.[40]

Na situação em análise, a interpretação do STF deve reconhecer que ocorreu a perda da finalidade da contribuição social do art. 1º da LC nº 110 desde 2007, por ser a única forma de resguardar confiança dos contribuintes e evitar o grave risco para nosso sistema jurídico, que seria o estímulo à *desconfiança institucionalizada*.

No tópico seguinte, serão apresentadas algumas considerações relativas aos efeitos que a escolha da segunda opção (validade do tributo até hoje) poderá ter em nosso sistema jurídico, devendo, portanto, o STF estar ciente das consequências

---

[40] De acordo com Marcelo Neves, uma interpretação pode ser considerada correta quando "ela for compreensível como expressão de uma regra extraída do respectivo texto normativo ou produzida a partir dele", e que, nesses casos, "ela tem de ser capaz de apresentar-se como critério de solução de outros casos em que se recorre aos mesmos dispositivos" (NEVES, Marcelo. *Entre Têmis e Leviatã*: uma relação difícil. São Paulo: Martins Fontes, 2006. p. 210-211). Em um Estado Democrático de Direito plural são habituais tensões entre os sentidos atribuídos às normas constitucionais pelos intérpretes oficiais e a sociedade (esfera pública plural), o que configura "um dos principais fatores de mutação e reconstrução de sentido do texto constitucional e, havendo resistências dos intérpretes na acepção estrita às metamorfoses interpretativas, podem conduzir à própria reforma (do texto) da Constituição ou, no caso-limite, à ruptura constitucional" (NEVES, Marcelo. *Entre Têmis e Leviatã*: uma relação difícil. São Paulo: Martins Fontes, 2006. p. 213).

jurídicas que sua decisão terá sobre nosso sistema constitucional tributário, haja vista sua responsabilidade institucional na conformação do referido sistema.

4.3 Os riscos para nosso sistema jurídico tributário

4.3.1 A posição da doutrina e da jurisprudência quanto ao elemento finalístico como critério de validação das contribuições tributárias

Adotando-se a classificação das espécies tributárias definida pelo E. STF no julgamento do RE nº 138.284/CE, tem-se que traço característico das contribuições tributárias é a sua vinculação à determinada finalidade prevista na Constituição ou nos dispositivos infraconstitucionais contidos nas leis instituidoras desses tributos.

Segundo Marco Aurélio Greco, em sua já clássica obra *Contribuições (uma figura sui generis)*, os impostos teriam uma *validação causal* (ocorrido o pressuposto de fato previsto na Constituição, deve-se pagar o tributo) e as contribuições teriam uma *validação finalística*, consubstanciada na possibilidade de instituição e cobrança válida do tributo se destinado para atender a um fim constitucionalmente autorizado. Ou seja, em outras palavras, a Constituição aponta um fim a ser atingido, o qual poderá necessitar de recursos específicos em determinado momento.[41]

Quer dizer, então, que o "que as diferencia é a sua vinculação a uma finalidade ideal, com grau de abstração maior, em determinada área (social, econômica ou profissional)", segundo Humberto Ávila.[42] [43]

A afetação das receitas da contribuição a determinada finalidade, portanto, será a pedra de toque, inclusive, para se identificar de que tipo de contribuição se trata, i.e., social, interventiva, corporativa ou previdenciária, bem como para que seja

---

[41] Para Marco Aurélio Greco: "Contribuição é categoria distinta dos tributos cujas leis instituidoras estão validadas condicionalmente. Contribuição não é imposto nem taxa. É categoria à parte, sujeita a critério distinto de validação e a disciplina inconfundível. Pretender reduzir a contribuição a um imposto ou a uma taxa é negar a qualificação constitucionalmente adotada; é confundir o que a Constituição distingue. Quando a Constituição quis prever um imposto de escopo, ela o fez expressamente (impostos extraordinários), vinculando explicitamente a figura do imposto, que se tipifica por ser caracterizado em função da materialidade do seu fato gerador, a uma determinada finalidade constitucionalmente assegurada. A contribuição é caracterizada pela inerência da finalidade à sua essência, mas não pode ser reconduzida à figura do imposto, pois a própria constituição não atrela nenhuma materialidade à respectiva norma atributiva de competência instituidora, além de claramente não incluir a figura na categoria dos impostos (GRECO, Marco Aurélio. *Contribuições (uma figura sui generis)*. São Paulo: Dialética, 2000. p. 144.)

[42] ÁVILA, Humberto. *Sistema constitucional tributário*. São Paulo: Saraiva, 2012. p. 318 apud VELOSO, Andrei Pitten; PAULSEN, Leandro. *Contribuições* – Teoria geral e contribuições em espécie. Porto Alegre: Livraria do Advogado, 2015. p. 34.

[43] No mesmo sentido são os ensinamentos do saudoso Ministro Aliomar Baleeiro, que doutrinariamente dizia: "[...] o contribuinte pode opor-se à cobrança de contribuição que não esteja afetada aos fins, constitucionalmente admitidos; igualmente poderá reclamar a repetição do tributo pago, se, apesar da lei, houver desvio quanto à aplicação dos recursos arrecadados. É que, diferentemente da solidariedade difusa ao pagamento de impostos, a Constituição prevê a solidariedade do contribuinte no pagamento de contribuições e empréstimos compulsórios e a consequente faculdade outorgada à União de instituí-los, de forma direcionada e vinculada a certos gastos. Inexistente o gasto ou desviado o produto arrecadado para outras finalidades não autorizadas na Constituição, cai a competência do ente tributante para legislar e arrecadar" (BALEEIRO, Aliomar. *Limitações constitucionais ao poder de tributar*. 7. ed. atual. por Misabel Abreu Machado Derzi. Rio de Janeiro: Forense, 1997. p. 598-599).

possível tanto o controle prévio da validade daquela destinação (é ou não um valor protegido pela Constituição), como o controle *a posteriori*, que será feito ao longo do tempo, devendo sempre se manter presente a necessidade pública daquele dispêndio vinculada à motivação que lhe deu ensejo, ou seja, a validade depende da manutenção do binômio necessidade-motivação.[44]

Registre-se que o elemento finalidade, como um dos caracterizadores das contribuições, decorre da própria Constituição, que no art. 149 expressamente diz que a União poderá instituir "contribuições sociais, de intervenção no domínio econômico e de interesse das categorias profissionais ou econômicas, como instrumento de sua atuação nas respectivas áreas". O constituinte, portanto, não deixou dúvidas de que tal espécie tributária somente poderia ser validamente criada pela União para viabilizar, ou melhor, para servir "como um instrumento de sua atuação" nas respectivas áreas previstas na Constituição (social, intervenção na economia e nas categorias profissionais/econômicas).

E essa opção do constituinte, i.e., de estabelecer uma *validação finalística* às contribuições, também resta confirmada pelas outras subespécies de contribuição previstas na Constituição, como exemplo as contribuições de melhoria, contribuição de iluminação pública e, em especial, as contribuições para financiamento da seguridade social previstas no art. 195. Embora todas essas subespécies tenham características próprias, tem-se que todas compartilham de um elo comum quanto à sua validade constitucional, qual seja, os recursos devem ser utilizados para uma finalidade *previamente* definida. Tal finalidade pode ser concretizada por atos do Estado ocorridos antes da cobrança do tributo, depois ou concomitantemente, mas sempre tendo como exigência estar estritamente vinculada à finalidade que motivou previamente sua instituição pelo legislador ordinário, a qual deverá encontrar validação direta ou indireta na Constituição.

Em decorrência do critério finalidade, tem-se que os recursos estão afetados exclusivamente à atividade estatal (motivação) para a qual foram criadas, significando desvio não tolerável o seu uso para outras finalidades não previamente definidas na lei que criou o tributo, ainda que social ou economicamente relevantes os novos motivos.

Andrei Pitten classifica como *desnecessidade superveniente*, que leva inclusive à derrogação parcial da norma tributária, a hipótese em que a necessidade de recursos tornou-se despicienda porque a atividade estatal que é financiada por eles já se encontra injustificadamente superavitária. Pitten esclarece que não há problema em superávits ocasionais, o "problema reside no superávit constante, que denota desvirtuamento da contribuição, pois o excedente certamente será alocado em finalidade diversa daquela à qual a exação está vinculada".[45]

---

[44] Segundo Andrei Pitten, "do caráter finalístico das contribuições decorre uma consequência indiscutível: o *condicionamento da sua validade jurídica à presença da causa* que motivou a sua instituição" (VELOSO, Andrei Pitten; PAULSEN, Leandro. *Contribuições* – Teoria geral e contribuições em espécie. Porto Alegre: Livraria do Advogado, 2015. p. 45).

[45] Diz Pitten: "a derrogação (revogação parcial) tácita ocorre quando a atividade estatal financiada se torna injustificadamente superavitária por vicissitude posterior à instituição ou majoração da contribuição, a qual levou a significativo incremento das receitas ou redução das despesas" (VELOSO, Andrei Pitten; PAULSEN, Leandro. *Contribuições* – Teoria geral e contribuições em espécie. Porto Alegre: Livraria do Advogado, 2015. p. 53).

E o STF compreendeu que tal exigência (finalidade como elemento de validação das contribuições), de fato, serve para confirmar ou infirmar a validade das contribuições. Do julgamento da ADI nº 2.925 podemos extrair a compreensão de que a congruência entre a exigência de uma contribuição e a aplicação dos seus recursos na finalidade que a originou tornou-se critério de validação reconhecido pelo STF.[46] E essa posição restou confirmada, inclusive, pelo STF ao analisar a constitucionalidade da contribuição social instituída pelo art. 1º da LC nº 110. Como se vê do voto proferido pelo Ministro Joaquim Barbosa, na ADI nº 2.556, que foi seguido pela maioria dos demais ministros, "a existência das contribuições, com todas as suas vantagens e condicionantes, somente se justifica se preservadas sua destinação e sua finalidade".[47]

Assim, a validade das contribuições previstas no art. 149 da CF/88 está diretamente relacionada à existência da finalidade que justificou sua instituição. Torna-se inválida contribuição se cessada a finalidade por causa superveniente à sua instituição. Entender de forma diversa significaria a ruína de nosso sistema tributário, na medida em que inexistiriam controles mínimos da pretensão estatal de mais recursos, confundindo-se a espécie tributária contribuição social com os impostos, sendo que estes possuem suas materialidades minimamente previstas na Constituição, enquanto aquelas não.

A aferição da finalidade e sua correta destinação são as principais formas de controle que a sociedade tem sobre o legislador quando da criação de contribuições sociais, visto que a Constituição não apontou base de cálculo, nem impôs limites precisos apontando ao menos todas as atividades sociais que poderiam vir a ser financiadas pela sociedade por intermédio de contribuições. Desse modo, diante dessa liberdade

---

[46] E mais, o STF, em inúmeras outras ocasiões, confirmou de certo modo esse entendimento, como no julgamento do RE nº 103.778-4/DF (Contribuição ao Finsocial – Decreto-Lei nº 1.940/82); RE nº 177.137-2/RS (Adicional de Frete à Marinha Mercante – AFRMM); RE nº 138.284/CE (CSLL); RE nº 218.061/SP (Adicional de Tarifa Portuária – ATP), em que distinguiu os demais tributos das contribuições previstas no art. 149 da CF/88, pois estas últimas possuem a característica de ter a sua instituição – e, portanto, sua validade – diretamente atrelada a uma finalidade determinada legal ou constitucionalmente.

[47] O trecho completo é o seguinte: "A espécie tributária 'contribuição' ocupa lugar de destaque no sistema constitucional tributário e na formação das políticas públicas. Espécie tributária autônoma, tal como reconhecida por esta Corte, a contribuição caracteriza-se pela previsão de destinação específica do produto arrecadado com a tributação. As contribuições escapam à força de atração do pacto federativo, pois a União está desobrigada de partilhar o dinheiro recebido com os demais entes federados. Por outro lado, a especificação parcimoniosa do destino da arrecadação, antes da efetiva coleta, é importante ferramenta técnica e de planejamento para garantir autonomia a setores da atividade pública. Lembro ainda que não se revela bitributação o uso compartilhado de bases de cálculo próprias de impostos pelas contribuições. Há outro componente que não pode ser negligenciado. A tributação somente se legitima pela adesão popular e democrática, cujo expoente é a regra da legalidade (no taxation without representation). Sua expressão análoga no campo financeiro é a reserva legal para autorizar gastos públicos (no expenditure without representation). Como dizem Liam Murphy e Tomas Nagel (O Mito da Propriedade. São Paulo: Martins Fontes, 2005, p. 5), 'os impostos não são mero meio pelo qual são pagos a estrutura do governo e o oferecimento dos serviços públicos. São, isto sim, o instrumento mais significativo pelo qual o sistema político põe em prática uma determinada concepção de justiça econômica'. *Para o administrado, como contribuinte ou cidadão, a cobrança de contribuições somente se legitima se a exação respeitar os limites constitucionais e legais que a caracterizam. Assim, a existência das contribuições, com todas as suas vantagens e condicionantes, somente se justifica se preservadas sua destinação e sua finalidade. Afere-se a constitucionalidade das contribuições pela necessidade pública atual do dispêndio vinculado (motivação) e pela eficácia dos meios escolhidos para alcançar essa finalidade*" (grifos nossos).

de criação dada ao legislador, torna-se a aferição da finalidade o mecanismo mais eficaz de controle da validade desses tributos.[48]

4.3.2 Como saber se a finalidade da contribuição ao FGTS foi atingida?

Se a finalidade do tributo em análise era gerar para o FGTS equilíbrio financeiro para pagar os complementos de correção monetária sem comprometer suas atividades previstas na Lei nº 8.036/90, a presente análise seria incompleta se não se debruçasse sobre as contas do FGTS.

Assim, tem-se que da análise das demonstrações de resultado do FGTS, verifica-se que, no exercício de 2001, foi registrada, como passivo do FGTS, uma provisão relativa aos créditos complementares previstos na LC nº 110/01, com valor de R$40.151.758.000,00, tendo sido registrada, no ativo, uma conta de ativo diferido relativa àqueles mesmos diferenciais de correção monetária. É o que se observa da Nota Explicativa nº 11, "a", das demonstrações financeiras do FGTS, de 31.12.2002.[49]

Ocorre que, *a partir do exercício de 2006*, o patrimônio líquido do FGTS (no valor de *R$21.376.001.000,00*) *superou* a provisão de complementos de correção monetária (*R$14.633.642.000,00*). *Em 2007,* o patrimônio líquido (*R$22.912.678.000,00*) *superou* a provisão de complementos de correção monetária (R$13.472.408.000,00) e também o saldo da conta de ativo diferido (R$20.203.973.000,00). Por exemplo, em 2010, o patrimônio líquido correspondeu a R$35.865.937.000,00, ou seja, mais do que o triplo da provisão de créditos complementares contabilizada naquele período (R$11.503.594.000,00) e mais de sete vezes o saldo da conta de ativo diferido (R$4.986.332.000,00). A evolução das contas pode ser vista nas demonstrações contábeis do FGTS do período.[50]

Nota-se que, no exercício de 2001, o FGTS não possuía recursos suficientes para honrar o passivo da ordem de R$40.151.758.000,00, pois o seu patrimônio líquido correspondia a R$8.998.009.000,00. No entanto, desde dezembro de 2006 que

---

[48] No âmbito da teoria geral do direito, Tércio Sampaio Ferraz Jr. preleciona que a responsabilidade quando há a norma de decisão segue uma programação finalística, tem-se a necessidade de atingimento da finalidade, suportando o responsável "toda a carga de uma correta busca dos meios, havendo entre os meios e os fins uma solidariedade não ignorável" (FERRAZ JÚNIOR, Tércio Sampaio. *Introdução ao estudo do direito* – Técnica, decisão e dominação. 2. ed. São Paulo: Atlas, 1994. p. 321).

[49] "*a. Provisão de créditos complementares*. O Presidente da República sancionou, no dia 29 de junho de 2001, a Lei Complementar nº 110 (Projeto de Lei Inicial nº 195/01), com os impactos a seguir. [...] No exercício de 2001, foi registrada a provisão dos créditos complementares no valor de R$40.151.758 referente ao reconhecimento do complemento de atualização monetária dos Planos Econômicos Verão e Collor I. Esse valor foi apurado com base em estudos e simulações, considerando os dados extraídos dos balancetes do Fundo de 1988, 1989 e 1990. Nesse valor, estão inseridos os créditos de que trata a Lei Complementar nº 110/01, bem como aqueles decorrentes de decisões judiciais, que transitaram no Judiciário Nacional. A partir de junho de 2002, o FGTS iniciou o pagamento dos créditos complementares, que no ano representaram o montante de R$7.233.592. A referida provisão teve como contrapartida a conta do diferido, cuja amortização, com base em estudos sobre o prazo de recebimento das contribuições sociais e com base na faculdade prevista na Lei Complementar, seria efetuada linearmente pelo prazo de 180 meses, contados a partir da publicação da referida Lei Complementar".

[50] Todas as demonstrações financeiras, desde 2002, estão disponíveis para análise em: http://www.fgts.gov.br/downloads.asp.

o FGTS possui, sim, capacidade econômico-financeira, para suportar, com recursos próprios, a totalidade das despesas com os complementos de correção monetária. E esse superávit só aumentou ao longo dos últimos anos, visto que as despesas com a correção monetária dos Planos Verão e Collor I minguaram em razão proporcionalmente inversa ao recebimento dos recursos oriundos do art. 1º da LC nº 110/01.

Por fim, tem-se ainda que notícias de jornais e revistas informam que o Tesouro Nacional possuía, em 2014, dívidas de aproximadamente R$17,7 bilhões com o FGTS, sendo que, deste total, R$9,8 bilhões são provenientes da contribuição em exame.[51] Ora, se o FGTS teve condições de repassar quase R$20 bilhões à União – dos quais 10 bilhões oriundos da exação em comento – por certo não tem qualquer dificuldade financeira para arcar com o passivo decorrente dos expurgos inflacionários gerados pelos Planos Verão e Collor I. Outra notícia informa que os recursos do FGTS são utilizados para financiar empresas escolhidas pelo Governo, via BNDES. Ou seja, o governo tira recursos de todas as empresas, com o argumento de que sua destinação será para os trabalhadores, quando na verdade os transfere para um pequeno grupo de empresas privilegiadas.[52] Noticiou-se também que o patrimônio total atual do Fundo seria da ordem de R$405,4 bilhões, cerca de 12% do PIB do país, e que R$40,2 bilhões (quase o valor da dívida dos expurgos com os trabalhadores em 2001) vêm sendo aplicados no *overnight*, sendo que dos 12,75% de juros que essas aplicações rendem por ano apenas aproximadamente 3% é transferido para corrigir as contas dos trabalhadores.[53]

Como os fatos demonstram, o FGTS possui, hoje, situação econômica bastante superavitária, quadro muito diverso daquele que motivou a criação da contribuição da LC nº 110, o que demonstra ter sido atingida a sua finalidade, não mais se justificando a oneração da sociedade para que o Fundo continue gerando superávits extraordinários, investindo em títulos públicos e em grandes empresas, pois significaria claro desvirtuamento da motivação social para exigência do tributo em questão.

4.3.3 A inconstitucionalidade por mudança da destinação

Sendo a finalidade, como visto, o principal critério de verificação da validade das contribuições sociais, faz-se necessário identificar de que modo poderá o intérprete identificar se tal requisito foi atendido. Leandro Paulsen vê a finalidade como um requisito essencial para se caracterizar um tributo como contribuição, perfazendo a destinação das receitas um elemento que servirá para validar ou não a criação e a manutenção da exação.[54]

---

[51] SIMÃO, Edna. Dívida do Tesouro com o FGTS atinge 17,7 bi sem setembro. *Valor Econômico*, 7 nov. 2014.

[52] RODRIGUES, Alexandre. Mais uma caixa-preta do governo, o FI-FGTS. *Exame*, 6 fev. 2014. Disponível em: http://exame.abril.com.br/revista-exame/edicoes/1058/noticias/mais-uma-caixa-preta.

[53] PINTO, Paulo Silva; TEMÓTEO, Antonio. Fundo de garantia financia R$126,9 bilhões da dívida pública. *Correio Braziliense*, 21 abr. 2015. Disponível em: http://www.correiobraziliense.com.br/app/noticia/economia/2015/04/21/internas_economia,480139/fundo-de-garantia-financia-r-126-9-bilhoes-da-divida-publica.shtml.

[54] "A finalidade é requisito inafastável para a caracterização da contribuição. O enquadramento da finalidade apontada na lei instituidora dentre aquelas constitucionalmente previstas como autorizadoras da instituição de contribuição é requisito de validade da mesma. Verifica-se qual é a finalidade pela análise da destinação

Sacha Calmon, ao tratar do assunto, afirma com correção:

> Os fins constitucionalmente predeterminados revelam uma diretriz constitucional. Nem o legislador, nem o administrador podem adestinar ou tredestinar o produto da arrecadação das contribuições, sob pena de crime de responsabilidade e nulidade do ato administrativo, ainda que normativo, no caso do Executivo. No caso do Legislativo, a lei será considerada inconstitucional, por ser contrária à Constituição.[55]

Spagnol reconhece que qualquer "desvio dos fins legais e constitucionais do produto da arrecadação torna írrita, insubsistente e inconstitucional a exação tributária, visto que a mesma colhe sua legitimidade dentro da finalidade a qual se destina".[56] Nesse sentido, verifica-se que o desvio do produto da arrecadação para finalidade diversa daquela constitucional ou legalmente prevista pelas normas instituidoras da exação afeta a obrigação tributária, tornando-a inválida.[57]

Segundo Derzi, as ações estatais a que a contribuição visa financiar devem estar no antecedente da norma de incidência tributária, devem integrar sua hipótese de incidência. Assim, uma vez pago o tributo e havendo sua tredestinação, há o que Misabel chama de tributo sem causa, ou ausência de realização de fato gerador, a ensejar um indébito e sua repetição. Por possibilitar a repetição do indébito, essa solução seria melhor que aquela que coloca o problema da ação estatal ou do produto da arrecadação fora da norma tributária e só permite sanções para eventuais tredestinações no âmbito da lei de responsabilidade fiscal.[58]

No julgamento do RE nº 183.906/SP,[59] o Ministro Carlos Velloso reconheceu expressamente que a validade das contribuições e, portanto, da sua exigência, depende, sim, da correta destinação do produto da sua arrecadação.[60]

---

legal do produto da arrecadação" (PAULSEN, Leandro. *Direito tributário* – Constituição e Código Tributário à luz da doutrina e da jurisprudência. 10. ed. Porto Alegre: Livraria do Advogado; Esmafe, 2008. p. 128.)

[55] COÊLHO, Sacha Calmon Navarro. *Curso de direito tributário brasileiro*. 9. ed. Rio de Janeiro: Forense, 2006. p. 451.

[56] SPAGNOL, Werther Botelho. *Da tributação e sua destinação*. Belo Horizonte: Del Rey, 1994. p. 60-61.

[57] "A Constituição de 1988, pela primeira vez, cria tributos finalisticamente afetados, que são as contribuições e empréstimos compulsórios, dando à destinação que lhes é própria relevância não apenas do ponto de vista do Direito Financeiro ou Administrativo, mas igualmente do Direito Tributário. [...] a afetação do produto a certas despesas ou serviços é requisito necessário para o exercício da competência federal, no que tange às contribuições e aos empréstimos compulsórios. [...] Assim, a destinação assume relevância não só tributária como constitucional e legitimadora do exercício da competência federal. O contribuinte pode opor-se à cobrança de contribuição que não esteja afetada aos fins, constitucionalmente admitidos; igualmente poderá reclamar a repetição do tributo pago, se, apesar da lei, houver desvio quanto à aplicação dos recursos arrecadados. [...] Inexistente o gasto ou desviado o produto arrecadado para outras finalidades não autorizadas na Constituição, cai a competência do ente tributante para legislar e arrecadar" (BALEEIRO, Aliomar. *Limitações constitucionais ao poder de tributar*. 7. ed. atual. por Misabel Abreu Machado Derzi. Rio de Janeiro: Forense, 1997. p. 598-599).

[58] DERZI, Misabel de Abreu Machado. Revisitando as contribuições da Constituição da República. *Revista de Direito Tributário*, São Paulo, v. 98, p. 11-21, 2007.

[59] RE nº 183.906/SP. Rel. Min. Marco Aurélio, Tribunal Pleno, j. 18.9.1997. DJ, 30 abr. 1998.

[60] "Uma ressalva é preciso ser feita. É que caso há, no sistema tributário brasileiro, em que destinação do tributo diz com a legitimidade deste e, por isso, não ocorrendo a destinação constitucional do mesmo, surge para o contribuinte o direito de não pagá-lo. Refiro-me às contribuições parafiscais – sociais, de intervenção no domínio econômico e de interesse de categorias profissionais ou econômicas, C.F., art. 149 – e aos empréstimos compulsórios".

Em recentes manifestações públicas e oficiais, tanto da presidenta da República quanto do Congresso Nacional, reconheceu-se que o FGTS possui, desde 2006, recursos suficientes para saldar suas dívidas (atuais e passadas) com os trabalhadores, e que, em razão disso, o Governo passou a utilizar os recursos provenientes da contribuição social do art. 1º da LC nº 110/01 para outras finalidades, seja para gerar superávit primário, seja para financiamento de programas sociais, tais como o Programa Minha Casa, Minha Vida. Isso é que se viu quando, em julho de 2013, o Congresso Nacional aprovou o Projeto de Lei Complementar nº 200/2012 (nº 198/07, no Senado Federal), que propunha a extinção da contribuição social instituída pelo art. 1º da LC nº 110, a partir de 1º.6.2013.[61]

Contudo, a Presidente da República à época, Dilma Rousseff, vetou referido projeto. Na mensagem de veto, disse que a extinção não seria do interesse público, pois tais recursos estavam sendo repassados para o financiamento do Programa Minha Casa, Minha Vida.[62]

De fato, tanto os deputados que votaram pela aprovação do Projeto de Lei Complementar nº 200/2012, quanto o veto presidencial, demonstram que o FGTS não necessita dos recursos provenientes desta contribuição, e que tais recursos não são mais destinados ao pagamento das despesas que motivaram a criação das contribuições da LC nº 110.[63]

Embora seja louvável o Programa Minha Casa, Minha Vida para concretização do direito à moradia, especialmente para as classes menos favorecidas da sociedade,

---

[61] Como se observa nas justificativas que motivaram esse projeto de lei, está expresso o fato de que tal contribuição já atingiu sua finalidade faz muito tempo, limitando-se os nobres deputados e senadores a definir a data da sua extinção, tão somente para evitar o reconhecimento público e oficial de que os pagamentos feitos nos últimos anos foram indevidos, o que supostamente geraria uma enxurrada de ações de repetição de indébito contra a União.

[62] "A extinção da cobrança da contribuição social geraria um impacto superior a R$3.000.000.000,00 (três bilhões de reais) por ano nas contas do Fundo de Garantia do Tempo de Serviço – FGTS, contudo a proposta não está acompanhada das estimativas de impacto orçamentário-financeiro e da indicação das devidas medidas compensatórias, em contrariedade à Lei de Responsabilidade Fiscal. A sanção do texto levaria à redução de investimentos em importantes programas sociais e em ações estratégicas de infraestrutura, notadamente naquelas realizadas por meio do Fundo de Investimento do Fundo de Garantia do Tempo de Serviço – FI-FGTS. *Particularmente, a medida impactaria fortemente o desenvolvimento do Programa Minha Casa, Minha Vida, cujos beneficiários são majoritariamente os próprios correntistas do FGTS*" (grifos nossos).

[63] Nesse sentido, a manifestação do Deputado André Moura: "*O SR. ANDRÉ MOURA* (PSC-SE. Sem revisão do orador.) – Sr. Presidente, Sras. e Srs. Deputados, serei muito breve, mesmo por causa do adiantado da hora, para que nós possamos ter o Plenário aqui pronto para votar o PLP 200, que tem como finalidade exatamente extinguir essa contribuição dos 10%, já que a sua finalidade principal foi totalmente atingida. A finalidade dessa contribuição é exatamente prover recursos ao FGTS para a realização de créditos complementares decorrentes da decisão do STJ. Porém, *vale salientar que, já atingida a finalidade para a qual foi criada, a sua extensão representa medida de justiça fiscal, não sendo esses recursos mais necessários, inclusive porque desde fevereiro de 2012 o Tesouro Nacional não repassa os valores arrecadados ao FGTS, mas incorpora receita a título de superávit primário*" (grifos nossos). A utilização de recursos da mencionada contribuição para finalidade diversa é confirmada, inclusive, pelos deputados que defendiam a manutenção da exigência tributária. O trecho a seguir, extraído da manifestação do Deputado Arlindo Chinaglia, diz textualmente que o Governo está utilizando tais recursos no Programa Minha Casa, Minha Vida: "*O SR. ARLINDO CHINAGLIA* (PT-SP. Como Líder. Sem revisão do orador.) – Obrigado, Sr. Presidente. Mas eu quero, finalmente, dizer o seguinte. O Deputado Eduardo Sciarra – nós já conversamos hoje pelo menos umas 10, 12, 15 vezes, sei lá quantas vezes – tem a opinião de que essa multa está indo para o Tesouro. Eu quero dar uma informação que eu já dei a ele. *O Governo me assegurou, por várias fontes, que esse dinheiro hoje sustenta o Programa Minha Casa, Minha Vida*" (grifos nossos).

tal justificativa não é suficiente para validar juridicamente o uso dos recursos de uma contribuição social, visto que é um tributo cuja validade está atrelada à manutenção da finalidade para a qual foi criado, e esta, como visto, nunca esteve relacionada com o financiamento habitacional ou qualquer outro fim previsto na Lei nº 8.036/90.

A União não pode, validamente, utilizar os recursos para atender aos interesses governamentais momentâneos como se fosse um imposto, que, como se sabe, é por natureza desvinculado de qualquer atividade do Estado. Afinal, como a história nos ensina, o Estado sempre terá necessidade de recursos para fazer frente às suas despesas correntes e extraordinárias, especialmente as altas despesas com programas sociais e seguridade social. Assim, o mero argumento da necessidade de recursos para financiar programas sociais não é suficiente para legitimar uma exigência tributária que foi criada para outro fim, pois isso permitiria que o Estado fosse alterando o uso dos recursos sempre que lhe aprouvesse, contanto que demonstrasse seu uso social, o que significaria patente burla das normas constitucionais e ruína do nosso sistema constitucional tributário,[64] pois desapareceriam as diferenças entre impostos e contribuições, no tocante aos limites para sua criação.

O STF é frontalmente contrário ao argumento de necessidade de recursos utilizado pela União para legitimar exigências tributárias que não se enquadrem no figurino instituído pela Constituição (AG nº 234.163/MA-AgRg, Rel. Min. Celso de Melo).[65] No referido precedente, o Ministro Celso de Mello lembrou que é temerário submeter à autoridade hierárquico-normativa da Constituição a vontade do príncipe, em referência ao posicionamento de Eduardo Garcia de Enterría, concluindo que o STF deve sempre repelir o argumento de ordem política, quando este é o único apresentado para legitimar a restrição de liberdade do cidadão.[66]

Em termos tributários, em que o *princípio da estrita legalidade* ilumina todo o sistema jurídico, seria incoerente e inconstitucional autorizar a utilização dos recursos da contribuição social da LC nº 110 para finalidade diversa da que motivou a sua criação, por mais que justificado socialmente.

Assim, na hipótese de o STF considerar constitucional a cobrança da contribuição até hoje e, inclusive, para o futuro, é de suma relevância que ele fundamente de forma consistente seu entendimento, indicando (i) se o elemento finalístico permanece como um critério constitucional de aferição da validade das contribuições; (ii) se tal critério

---

[64] Quanto ao ponto, concordando que a proliferação de contribuições conforme a necessidade de um novo dispêndio público pela União levaria à ruína da estrutura do sistema constitucional tributário, ver: BARRETO, Paulo Aires F. *Contribuições*: regime jurídico, destinação e controle. São Paulo: Noeses, 2006. p. 120 e VELOSO, Andrei Pitten; PAULSEN, Leandro. *Contribuições* – Teoria geral e contribuições em espécie. Porto Alegre: Livraria do Advogado, 2015. p. 27.

[65] Nesse sentido, tem-se o voto do Min. Celso de Melo: "Argumento de necessidade, por mais respeitáveis que possam ser, não devem prevalecer, jamais, sobre o império da constituição. Razões de Estado, por sua vez, não podem ser invocadas para legitimar o desrespeito e a afronta a princípios e a valores essenciais que informam o nosso sistema de direito constitucional positivo".

[66] Em outra passagem, o Min. Celso pontuou: "[...] entender que a invocação das razões de Estado – além de deslegitimar-se como fundamento idôneo de justificação de medidas legislativas – representa, por efeito das gravíssimas consequências provocadas por seu eventual acolhimento, uma ameaça inadmissível às liberdades públicas, a supremacia da ordem constitucional e aos valores democráticos que a informam, um preocupante fator de ruptura e de desestabilização político-jurídica".

deve ser aferível apenas no momento da criação ou ao longo de todo o período de cobrança do tributo; e, por fim, (iii) se o uso dos recursos para outras finalidades, ainda que socialmente justificadas, afeta a validade da exigência ou se isso significaria mera questão financeira que não se confundiria com a validade do tributo.

5 Conclusões

O Supremo, quando instado a se manifestar pela primeira vez sobre a constitucionalidade da contribuição do art. 1º da LC nº 110, orientado por princípios caros ao nosso Estado Social, como da solidariedade, da equidade e da proteção do trabalho e da renda dos empregados, legitimou a oneração de um grupo (empresas que não estão no Simples), que não teria qualquer benefício direto com alguma atividade estatal a ele voltada ou que em razão dele desenvolvida, requisitos que a doutrina tributária reconhece como fundamentais para legitimar a cobrança de contribuições sociais.

Agora, o STF tem novamente em suas mãos o questionamento da constitucionalidade do tributo, com um novo estado de fatos, em que inexiste o risco de "quebra" do FGTS, pelo contrário, visto que os números mostram que as contas do Fundo são superavitárias faz muitos anos, tanto é que desde 2007 foi criado o Fundo de Investimento do FGTS (FI-FGTS), conforme autorizado pela Lei nº 11.941/07, o qual tem investido recursos em empresas privadas, como se banco de investimento fosse.[67] Não interessa a este estudo analisar a validade ou não dessa atividade do Fundo, mas o que é certo é que recursos não faltam a ele, muito menos para justificar a manutenção da oneração de um grupo da sociedade que há 16 anos vem contribuindo para o seu enriquecimento.

Neste momento, deve o STF dar maior peso aos princípios protetores e garantias dos contribuintes, os princípios clássicos do Estado de Direito, de restrição da ânsia arrecadatória do Estado quando não há o consentimento da sociedade (*no taxation without representation*), da estrita legalidade (cuja proteção do contribuinte vai além da mera literalidade da norma e se espraia nas manifestações oficiais sobre a finalidade do tributo) e da não discriminação (não oneração de um grupo sem, via contribuição, a ele destinar alguma atividade), que também se manifestam por intermédio da proibição de o Estado criar no cidadão o sentimento de *desconfiança institucionalizada*, germe da sua (Estado) autodestruição.

Assim, como demonstrado, a partir de uma análise hermenêutica histórica dessa contribuição social, concluímos pela sua inconstitucionalidade a partir de 2007, tendo em vista (i) a exposição de motivos da LC nº 110, (ii) o previsto nos arts. 3º a 7º da LC nº 110/2001, (iii) as manifestações oficiais da União (informações da AGU nas ADI nºs

---

[67] Segundo o sítio eletrônico do FGTS, os investimentos do FI-FGTS serão realizados nas seguintes modalidades de ativos financeiros e/ou participações: Instrumentos de Participação Societária; debêntures, notas promissórias e outros Instrumentos de Dívida corporativa; cotas de fundo de investimento imobiliário; cotas de fundo de investimento em direitos creditórios; cotas de fundo de investimento em participações; certificados de recebíveis imobiliários; contratos derivativos; e títulos públicos federais (Disponível em: http://www.fgts.gov.br/trabalhador/fi_fgts.asp. Acesso em: 10 ago. 2015).

2.556 e 2.568), (iv) o Parecer PGFN nº 1.983/2001 e, ainda, (v) os acórdãos exarados pelo STF nas ADI nºs 2.556 e 2.568, os quais estabeleceram *de forma expressa* que a finalidade específica da contribuição social do art. 1º estava diretamente atrelada à necessidade de recursos para que o FGTS conseguisse pagar os acordos com os trabalhadores.

A partir da análise de todos esses elementos, que devem ser sopesados pelo intérprete, é evidente que a contribuição perdeu sua validade no momento em que tais acordos foram pagos e isso ocorreu nos anos de 2006 e 2007.

Ademais, a existência de recursos suficientes no caixa do FGTS para o pagamento dos expurgos inflacionários vinculados aos acordos torna inválida a exigência da contribuição, a partir de 1º.1.2007, por força também do princípio da proporcionalidade (art. 5º, inc. LIV, da Carta Maior), segundo o qual não pode o Estado impor restrições inadequadas, desnecessárias ou desproporcionalmente onerosas aos particulares.[68]

Registre-se, por fim, que a justificativa de manutenção da contribuição ao argumento de que o FGTS estaria financiando o Programa Minha Casa, Minha Vida, embora tenha um forte apelo político e social, não se sustenta em termos jurídicos. Primeiro porque se demonstrou que essa não era a motivação inicial. Segundo, porque a atuação do FGTS em infraestrutura é residual e meramente complementar à atividade estatal e à iniciativa privada. Deslocar recursos para que ele cumpra compromissos do Governo com programas sociais, que deveriam ser financiados por impostos, significa, de uma só vez, ilegítima transferência de funções do Estado para um ente paraestatal, que historicamente é servil aos interesses da União, além de grave ofensa ao pacto federativo, visto que retira a participação que os estados e municípios teriam na arrecadação dos impostos, lembrando que tais entes públicos também são responsáveis por investir em infraestrutura no interesse dos seus cidadãos.[69]

---

[68] Acerca do devido processo legal substantivo, o STF assim se manifestou: "[...] *O Estado não pode legislar abusivamente, eis que todas as normas emanadas do Poder Público – tratando-se, ou não, de matéria tributária – devem ajustar-se à cláusula que consagra, em sua dimensão material, o princípio do 'substantive due process of law' (CF, art. 5º, LIV). O postulado da proporcionalidade qualifica-se como parâmetro de aferição da própria constitucionalidade material dos atos estatais.* [...] (RE – AgR 200.844, Rel. Min. Celso de Mello, Segunda Turma, j. 25/06/02, DJ 16/08/02, destaques acrescidos). [...] basta, para considerar relevante a fundamentação jurídica do pedido, a alegação de ofensa ao princípio constitucional do *devido processo legal em sentido material (art. 5º, LIV, da Constituição) por violação da razoabilidade e da proporcionalidade em que se traduz esse princípio constitucional.* (ADI-MC 1922, Rel. Min. Moreira Alves, Tribunal Pleno, j. 06/10/99, DJ 24/11/00, destaques acrescidos). [...] SUBSTANTIVE DUE PROCESS OF LAW E FUNÇÃO LEGISLATIVA: A cláusula do devido processo legal – objeto de expressa proclamação pelo art. 5º, LIV, da Constituição – deve ser entendida, na abrangência de sua noção conceitual, não só sob o aspecto meramente formal, que impõe restrições de caráter ritual à atuação do Poder Público, mas, sobretudo, em sua dimensão material, que atua como decisivo obstáculo à edição de atos legislativos de conteúdo arbitrário. A essência do substantive due process of law reside na necessidade de proteger os direitos e as liberdades das pessoas contra qualquer modalidade de legislação que se revele opressiva ou destituída do necessário coeficiente de razoabilidade. Isso significa, dentro da perspectiva da extensão da teoria do desvio de poder ao plano das atividades legislativas do Estado, que este não dispõe da competência para legislar ilimitadamente, de forma imoderada e irresponsável, gerando, com o seu comportamento institucional, situações normativas de absoluta distorção e, até mesmo, de subversão dos fins que regem o desempenho da função estatal. O magistério doutrinário de CAIO TÁCITO. Observância, pelas normas legais impugnadas, da cláusula constitucional do substantive due process of law. [...]" (ADI-MC nº 1.063. Rel. Min. Celso de Mello, Tribunal Pleno, j. 18.5.1994. *DJ*, 27 abr. 2001).

[69] Merece atenção, também, esse deslocamento de funções e de recursos ao FGTS pela ótica da iniciativa privada, visto que o Governo, por intermédio do Fundo, passa a atuar de forma sistemática na economia, via empréstimos subsidiados e financiamento habitacional. Apesar de socialmente relevante, essa atividade

Para concluir, não há como desconhecer que o valor solidariedade permeia todo nosso Estado Democrático de Direito, consubstanciando importante ideal ético concretizado em nossa Constituição.[70] E no sistema tributário brasileiro, a solidariedade é valor que se traduz num critério material para aferição da racionalidade da tributação, servindo, portanto, como norte axiológico para reforçar a validade da criação das contribuições, mas, também, do lado oposto, para sinalizar sua invalidade (ainda que superveniente).

A solidariedade, no âmbito público, pressupõe confiança recíproca entre Estado e cidadãos, daí porque o tributo no qual ela (solidariedade) outrora fundamentou sua validade perde essa qualidade (validade) no momento em que sua cobrança não é mais utilizada para os fins sociais que lhe deram origem.

Essa confiança recíproca pressuposta pela solidariedade, inclusive, vai ao encontro do que defende a própria União quando questiona os planejamentos societários dos contribuintes voltados para redução de suas cargas tributárias. Afinal, a União defende que, sob as luzes do princípio da solidariedade, não teria mais validade um planejamento que vise exclusivamente à redução da tributação, ainda que ele não contenha qualquer ilegalidade. Nesse sentido, a solidariedade, tal como a capacidade contributiva para os impostos, serve de critério ético-jurídico de legitimação tanto de ações dos contribuintes quanto do Estado. Enquanto o contribuinte não pode tudo para reduzir sua tributação, o Estado também não pode sustentar legitimamente um ato seu que seja claramente contraditório com um dever de transparência, clareza e boa-fé em relação aos contribuintes.

Enfim, só há solidariedade num ambiente de reciprocidade e confiança!

Assim, na situação analisada pelo presente texto, se o Estado chamou a sociedade a lhe auxiliar no pagamento da dívida com os trabalhadores prejudicados pela desastrosa manipulação dos índices inflacionários, especialmente aqueles que concordaram em firmar acordo com o governo, uma vez paga tal dívida, cumpre a esse mesmo Estado, em respeito à própria solidariedade, reconhecer que não existe justificativa fática (dívida do FGTS com os trabalhadores) e jurídica, desde 2007, para a manutenção da oneração de um grupo da sociedade, que, quando chamado a contribuir, o fez de forma democrática e solidária.

Referências

ÁVILA, Humberto. *Sistema constitucional tributário*. São Paulo: Saraiva, 2012.

BALEEIRO, Aliomar. *Limitações constitucionais ao poder de tributar*. 7. ed. atual. por Misabel Abreu Machado Derzi. Rio de Janeiro: Forense, 1997.

BARRETO, Paulo Aires F. *Contribuições*: regime jurídico, destinação e controle. São Paulo: Noeses, 2006.

---

do FGTS não deveria ser financiada com os recursos extraídos apenas de determinado grupo da sociedade (empresas), visto que a todos interessa.

[70] Nele encontram fundamento, por exemplo, a exigência de boa-fé nas relações entre particulares e Administração Pública, a função social do contrato (âmbito civil) e a função social da propriedade (âmbito coletivo), bem como as finalidades sociais das contribuições tributárias.

BORGES, José Souto Maior. Hermenêutica histórica no direito tributário. *In*: GANDRA, Ives; BRITO, Edvaldo de (Org.). *Direito tributário*: princípios e normas gerais. 2. ed. ampl. São Paulo: RT, 2014.

CANOTILHO, José Joaquim Gomes. *Direito constitucional*. 7. ed. Coimbra: Almedina, 2000.

COÊLHO, Sacha Calmon Navarro. *Curso de direito tributário brasileiro*. 9. ed. Rio de Janeiro: Forense, 2006.

COUTO E SILVA, Almiro do. O princípio da segurança jurídica (proteção à confiança) no direito público brasileiro e o direito da Administração Pública de anular seus próprios atos administrativos: o prazo decadencial do art. 54 da Lei do Processo Administrativo da União (Lei nº 9.784/99). *Revista Eletrônica de Direito do Estado*, Salvador, n. 2, abr./jun. 2005. Disponível em: http://www.direitodoestado.com.br. Acesso em: 10 mar. 2008.

DERZI, Misabel de Abreu Machado. Revisitando as contribuições da Constituição da República. *Revista de Direito Tributário*, São Paulo, v. 98, p. 11-21, 2007.

FERRAZ JÚNIOR, Tércio Sampaio. *Introdução ao estudo do direito* – Técnica, decisão e dominação. 2. ed. São Paulo: Atlas, 1994.

GRECO, Marco Aurélio. *Contribuições (uma figura sui generis)*. São Paulo: Dialética, 2000.

NEVES, Marcelo. *Entre Têmis e Leviatã*: uma relação difícil. São Paulo: Martins Fontes, 2006.

PAULSEN, Leandro. *Direito tributário* – Constituição e Código Tributário à luz da doutrina e da jurisprudência. 10. ed. Porto Alegre: Livraria do Advogado; Esmafe, 2008.

PINTO, Paulo Silva; TEMÓTEO, Antonio. Fundo de garantia financia R$126,9 bilhões da dívida pública. *Correio Braziliense*, 21 abr. 2015. Disponível em: http://www.correiobraziliense.com.br/app/noticia/economia/2015/04/21/internas_economia,480139/fundo-de-garantia-financia-r-126-9-bilhoes-da-divida-publica.shtml.

RODRIGUES, Alexandre. Mais uma caixa-preta do governo, o FI-FGTS. *Exame*, 6 fev. 2014. Disponível em: http://exame.abril.com.br/revista-exame/edicoes/1058/noticias/mais-uma-caixa-preta.

SIMÃO, Edna. Dívida do Tesouro com o FGTS atinge 17,7 bi sem setembro. *Valor Econômico*, 7 nov. 2014.

SPAGNOL, Werther Botelho. *Da tributação e sua destinação*. Belo Horizonte: Del Rey, 1994.

TORRES, Ricardo Lobo. *Tratado de direito constitucional financeiro e tributário*. Valores e princípios constitucionais tributários. 2. ed. Rio de Janeiro: Renovar, 2014.

VELOSO, Andrei Pitten; PAULSEN, Leandro. *Contribuições* – Teoria geral e contribuições em espécie. Porto Alegre: Livraria do Advogado, 2015.

Informação bibliográfica deste texto, conforme a NBR 6023:2018 da Associação Brasileira de Normas Técnicas (ABNT):

CARVALHO, Flavio Eduardo Silva de. Um teste para a higidez de nosso sistema jurídico tributário: a questão da perda de validade da contribuição da LC nº 110/01 (o chamado adicional do FGTS). *In*: LEAL, Saul Tourinho; GREGÓRIO JÚNIOR, Eduardo Lourenço (Coord.). *A Constituição Cidadã e o Direito Tributário*: estudos em homenagem ao Ministro Carlos Ayres Britto. Belo Horizonte: Fórum, 2019. p. 211-239. ISBN 978-85-450-0678-7.

FUNÇÕES DO ORÇAMENTO NA CONSTITUIÇÃO FINANCEIRA

HELENO TAVEIRA TORRES

1 Unidade da Constituição Financeira e orçamento público

O orçamento público, como bem observado pelo Ministro Carlos Ayres Britto, abaixo da Constituição, é o conteúdo normativo de maior importância.[1] E essa estatura vê-se alcançada por ser uma lei que confere unidade à atividade financeira do Estado. O orçamento converte-se no principal instrumento da Constituição Financeira, do qual depende toda a atividade financeira do Estado, a partir da estimativa das receitas, aprovação das despesas e controle político que nele se opera. Difícil encontrar uma Constituição Política, mesmo de Estado Liberal clássico, que não traga alguma disposição sobre orçamento, pela conexão com as estruturas e organização do Estado.

Quando a política (por meio dos representantes eleitos do Executivo e do Legislativo) decide sobre autorizar e, com isso, juridicizar as decisões (políticas) de governo, no controle e aprovação das despesas públicas que veicula, mediante controle político, tem-se o "orçamento público" aprovado sob a forma de lei (legalidade), como peça única que relaciona as receitas estimadas e as despesas (unidade), com todas as suas modalidades (universalidade), renovado a cada exercício financeiro (anualidade) e formulado com exatidão e transparência (publicidade).

O orçamento tem funções a cumprir, por isso suas regras vinculam integralmente as administrações dos poderes e das unidades federativas à sua fiel observância (função de *parametricidade obrigatória*). A partir da Constituição, confere segurança jurídica e previsibilidade às relações jurídicas da atividade financeira do Estado, em virtude das funções fundamentais a serem atendidas pelo orçamento. E tem ainda a função de preservar e efetivar direitos e liberdades fundamentais, controlar as estimativas de receitas e a coerência, legitimidade e economicidade dos gastos públicos, além

---

[1] Como disse o Ministro Carlos Ayres Britto: "a lei orçamentária é a lei materialmente mais importante do ordenamento jurídico logo abaixo da Constituição" (ADI-MC nº 4.048-1/DF, j. 14.5.2008, p. 38).

da necessária transparência para a opinião pública, com abertura para participação popular ao longo da deliberação e da execução.

O orçamento ordena as finanças do Estado e congrega-se com a Constituição Econômica para a realização dos fins constitucionais do Estado no seu papel de intervencionismo estatal, pelas funções de planejamento e dirigismo, bem como pela sua integração com a economia nacional.

No Estado Democrático de Direito avulta em importância a função de *intervencionismo* do orçamento. Nele estará refletida a sociedade de hoje e do porvir, segundo as escolhas e prioridades reveladoras dos projetos da Constituição Econômica e da Social, além do dirigismo constitucional, orientado pelo desenvolvimento e pela redução de desigualdades sociais e regionais.

Como se vê, o orçamento público somente pode ser aplicado adequadamente como instrumento jurídico e político integrado à Constituição Financeira, ao que soma a intertextualidade semântica e pragmática com a Constituição Econômica, a Social e a Político-Federativa, a realçar suas novas missões no Estado Democrático de Direito.

2 Conceito constitucional de orçamento público e suas funções democráticas na Constituição Financeira

Reduzido à sua forma mais elementar, o orçamento nada mais é do que uma "lei", cujo conteúdo apresenta uma classificação de todas as despesas do Estado a serem realizadas no exercício financeiro seguinte e que traz a atribuição dos recursos necessários, a partir da estimativa e indicação da origem das receitas públicas. Suas funções constitucionais, porém, são das mais altivas. Após o sufrágio popular, o "orçamento público" é ato constitucional dos mais representativos da democracia e da república, sem o qual o próprio Estado Constitucional restaria incompleto e desnaturado.

Em todos os países democráticos, o orçamento público (*presupuesto*, em castelhano; *budget*, no francês e no inglês; *bilancio*, em italiano; ou *Staatshaushalt*,[2] em alemão) representa exatamente a mesma função constitucional, com variações de modelo unicamente quanto às repercussões sobre a política e os fins constitucionais do Estado que nele se refletem.

O tratamento constitucional conferido ao orçamento, como especialização do processo legislativo, quanto à forma de apresentação, deliberação e aprovação das leis orçamentárias, justifica-se pelas finalidades a serem atingidas e pela relevância das suas funções para a vida do Estado e de toda a sociedade.[3] Sem prejuízo da importância das

---

[2] JARACH, Dino. *Finanzas públicas y derecho tributario*. 3. ed. Buenos Aires: Abeledo-Perrot, 2003. p. 81.

[3] A situar muito bem esta função, diz Adilson Dallari: "Com efeito, o art. 21, IX, da Constituição Federal, ao dizer que compete à União 'elaborar e executar planos nacionais e regionais de ordenação do território e de desenvolvimento econômico e social', está indicando a necessidade do planejamento das ações governamentais a longo prazo, abrangendo previsões para os próximos 5, 10 ou 20 anos, fixando rumos e objetivos desejáveis, de maneira a evitar atuações contraditórias e desperdícios. Os planos estatais servem para orientar os investimentos dos particulares, na medida em que apontam para oportunidades futuras". E prossegue: "Para assegurar uma ação estatal efetivamente planejada, a Constituição Federal instituiu um verdadeiro sistema orçamentário,

demais, a lei orçamentária é a que reclama mais atenção sobre a satisfação das despesas dos órgãos estatais e dos serviços públicos, para o atendimento das necessidades coletivas amparadas pela Constituição, com as ações de intervencionismo e dos fins constitucionais do Estado.

O orçamento público instrumentaliza a atividade financeira estatal,[4] confere unidade e sistematicidade às despesas públicas, integradas com a política e com a intervenção do Estado na ordem econômica e social.[5] Adicione-se, ainda, seu papel funcional de controle das finanças públicas, de transparência, coordenação da alocação de recursos públicos e de eficiência e efetividade para o uso destes recursos, como alude John Mikesell.[6]

Quanto às *receitas*, o orçamento, na atualidade, tem função de mera previsão, ao tempo que já não dispõe de qualquer eficácia sobre as leis tributárias, para os fins de determinar sua cobrança ao longo de cada exercício financeiro. O fato de, no Brasil, após a Constituição de 1967, não mais prosperar o efeito de *anualidade das receitas*, o orçamento abandona a função de autorização da cobrança de tributos, para cingir-se à simples provisão das receitas, a título de estimativa e controle.[7]

No que concerne aos *gastos*, como alude Sainz de Bujanda, o orçamento público produz efeitos jurídicos em tríplice sentido: para *autorizar* a Administração a realizar a despesa pública (i); para *limitar* as quantidades a gastar até determinado montante (ii); e para *fixar* o emprego ou destino que se deva atribuir aos créditos aprovados no âmbito do orçamento (iii).[8] Essa distinção é de fundamental importância.

---

que compreende a elaboração sucessiva de três diferentes orçamentos: o plano plurianual de investimentos, a lei de diretrizes orçamentárias e o orçamento anual, que serão objeto de exame mais adiante" (DALLARI, Adilson. Orçamento impositivo. *In*: CONTI, José Maurício; SCAFF, Fernando Facury (Org.). *Orçamentos públicos e direito financeiro*. São Paulo: Revista dos Tribunais, 2011. p. 310).

[4] Como alude Amatucci: "La costituzione, pertanto, assumendo la concezione moderna dell'attività finanziaria, persegue essenzialmente due fini. Da un lato, impone la realizzazione della giustizia finanziaria attraverso la re distribuzione dei redditi, attuata dalla progressività del sistema tributario e da una particolare strutturazione della spesa pubblica; dall'altro, consente che l'attività finanziaria costituisca uno strumento di stabilità nel tempo del sistema economico e di un adeguato sviluppo del reddito nazionale. E' evidente che per realizzare ambedue i fini si pone l'esigenza di un indirizzo unitario nella regolamentazione degli aspetti fondamentali dell'attività finanziaria, il quale a sua volta esige un concentramento dei poteri-doveri di decisione corrispondente" (AMATUCCI, Andrea. *Funzioni e disciplina del bilancio dello stato*. Napoli: Jovene, 1970. p. 73).

[5] Richard Musgrave, na sua "teoria plurifuncional do orçamento público", em termos econômicos, distingue três funções do orçamento: 1) satisfação de necessidades públicas, 2) correção na distribuição de rendas e 3) estabilização da atividade econômica (MUSGRAVE, Richard A. *Finanza pubblica, equità, democrazia*. Bologna: Il Mulino, 1995. p. 129).

[6] "Public financial managers expect budget procedures to (1) provide a framework for fiscal discipline and control, (2) facilitate allocation of government resources toward uses of highest strategic priority, and (3) encourage efficient and effective use of resources by public agencies as they implement public programs. They also expect budget procedures to be the primary mechanisms for creating transparency in the fiscal operations of the government" (MIKESELL, John L. *Fiscal Administration*. 9. ed. Boston: Wadsworth, 2014. p. 57).

[7] Constituição de 1946: "Art. 73. O orçamento será uno, incorporando-se à receita, obrigatoriamente, todas as rendas e suprimentos de fundos, e incluindo-se discriminadamente na despesa as dotações necessárias ao custeio de todos os serviços públicos". Constituição de 1967: "Art. 63. A despesa pública obedecerá à lei orçamentária anual, que não conterá dispositivo estranho à fixação da despesa e à previsão da receita. Não se incluem na proibição".

[8] SAINZ DE BUJANDA, Fernando. *Notas de derecho financiero*. Madrid: Universidad Complutense de Madrid, 1975. t. I. v. 3. p. 580.

A apreciação e deliberação do orçamento público é o momento culminante do seu processo legislativo, pela composição de esforços entre os três poderes, de forma harmoniosa, para assegurar sua continuidade e atingimento dos fins do Estado, segundo os fins democráticos[9] e submetidos integralmente à Constituição e à legalidade. Em vista disso, somente pode-se admitir uma definição jurídica deste fenômeno normativo.

Uma definição eminentemente jurídica de orçamento público pode ser aquela de Sainz de Bujanda, que o considera:

> El acto legislativo mediante el cual se autoriza el montante máximo de los gastos que el Gobierno puede realizar durante un período de tiempo determinado, en las atenciones que detalladamente se especifican, y se prevén los ingresos necesarios para cubrirlos.[10]

De fato, esta definição tem a virtude de atender aos requisitos gerais que se exigem do orçamento, como *ato de autorização* das estimativas de receitas, na forma de controle sobre a atividade financeira do Estado, e dos gastos, com imputação de limites jurídicos para a sua execução quantitativa, temporal e qualitativa pela Administração. Além disso, especifica como nota característica sua primordial condição de "lei",[11] ao afastar-se daquela concepção dual de Duguit, que separava "orçamento" e "lei de aprovação do orçamento", para quem o conteúdo dessa lei seria um "ato administrativo" que contemplaria todas as estimativas de receitas e indicação das despesas a serem autorizadas, cabendo-lhe, portanto, a simples função de revestimento formal, como ato de aprovação. Corretamente, conclui Sainz de Bujanda que o orçamento não é um ato complexo, mas unitário, e seu caráter jurídico é incindível.

De modo semelhante, segundo Regis de Oliveira:

> Pode-se conceituar o orçamento como a lei periódica que contém previsão de receitas e fixação de despesas, programando a vida econômica e financeira do Estado, de cumprimento obrigatório, vinculativa do comportamento do agente público.[12]

Esta definição tem a virtude de ser coerente com os fundamentos do Estado Democrático de Direito, ressaltar a função de vinculação do agente público e envolver

---

[9] "La parte más importante del control parlamentario no es la decisión final que la cámara pueda adoptar. La mayoría difícilmente va a permitir un juicio negativo sobre la acción del Gobierno al cual da apoyo. Lo relevante, para dar significado al concepto de democracia es, el hecho mismo de la investigación, esto es, la actividad fiscalizadora que se realiza y se discute en el Parlamento. Permitir la comprobación y la discusión en sede parlamentaria de la información recogida, llena de contenido el concepto de control puesto que su realización no debe quedar exclusivamente en manos de la mayoría (quien podría llegar a neutralizarlo), sino de la minoría. La debilidad del control 'por' el Parlamento queda así compensada por la potencialidad del control 'en' el Parlamento y, con ello, se fortalece el concepto de un 'Gobierno bien equilibrado'" (VALLES VIVES, Francesc. *El control externo del gasto público* – Configuración y garantía constitucional. Madrid: Centro de Estudios Políticos y Constitucionales, 2003. p. 37).

[10] SAINZ DE BUJANDA, Fernando. *Notas de derecho financiero*. Madrid: Universidad Complutense de Madrid, 1975. t. I. v. 3. p. 581.

[11] SAINZ DE BUJANDA, Fernando. *Notas de derecho financiero*. Madrid: Universidad Complutense de Madrid, 1975. t. I. v. 3. p. 581.

[12] OLIVEIRA, Regis Fernandes de. *Curso de direito financeiro*. 5. ed. São Paulo: Revista dos Tribunais, 2013. p. 405.

a função de programação intervencionista da vida econômica e financeira do Estado. Não há outra, na doutrina nacional, com melhor precisão técnica e atualidade.

O orçamento é um conjunto de normas jurídicas, veiculadas por leis periódicas, que tem a finalidade de autorizar as despesas e estimativas de receitas, concretizar direitos fundamentais, bem como instituir e perseguir metas, diretrizes, objetivos, programas ou políticas públicas com função de planejamento.

A partir dessas definições, podem-se identificar ao menos cinco funções do orçamento no Estado Democrático de Direito, que seriam as seguintes:[13]

a) *Função de limitação legislativa* – ao autorizar a realização de despesas, o orçamento estabelece verdadeira limitação à Administração Pública, por vinculação das autoridades à observância dos seus critérios, por parametricidade obrigatória.

b) *Função de planejamento* – ao orçamento cabe harmonizar o planejamento público nacional com as medidas de intervencionismo ou de dirigismo constitucional, segundo os planos e programas destinados a reduzir desigualdades regionais, redistribuição de rendas e promover o desenvolvimento nacional.

c) *Função de transparência* – com o orçamento tem-se a função de publicidade e transparência das contas públicas, mediante amplo acesso parlamentar, do povo e da opinião pública às estimativas de receitas e discriminação das despesas a serem autorizadas pelo Parlamento.

d) *Função de efetividade dos direitos e liberdades fundamentais*, tanto na atribuição de créditos orçamentários para esta missão, quanto pela proteção daqueles que possam suportar custos ou sacrifícios adicionais.

e) *Função de controle* – o orçamento permite o controle político pelo Poder Legislativo sobre a proposta orçamentária dos poderes e da Administração Pública em geral.

Em conclusão, define-se o orçamento público como aquela lei aprovada pelo Poder Legislativo, a cada exercício financeiro, que veicula as receitas estimadas e autoriza as despesas a realizar, segundo os limites quantitativos e materiais dos créditos orçamentários, vinculantes para todos os órgãos do Estado, e atendidas as funções de controle político e planejamento, conforme os fins de dirigismo ou intervencionismo econômico.

2.1 Função de limitação legislativa para realização de despesas – Proibição de conduta diversa e parametricidade obrigatória

O orçamento contempla uma tríplice eficácia, porquanto, ao mesmo tempo que autoriza as despesas, promove o controle das receitas estimadas e limita as atividades

---

[13] Uma designação de funções do orçamento aproximada pode ser vista em: JARACH, Dino. *Finanzas públicas y derecho tributario*. 3. ed. Buenos Aires: Abeledo-Perrot, 2003. p. 82.

da administração financeira na execução dos créditos ou dotações orçamentárias e no cumprimento dos programas, metas e políticas públicas.[14]

Conforme o art. 167, I, II e VI, da CF, são vedados o início de programas ou projetos não incluídos na lei orçamentária anual, a realização de despesas ou a assunção de obrigações diretas que excedam os créditos orçamentários ou adicionais e, de igual modo, a transposição, o remanejamento ou a transferência de recursos de uma categoria de programação para outra ou de um órgão para outro, sem prévia autorização legislativa. A síntese dessas disposições coincide com a vedação integral de realização de despesas ou assunção de obrigações, ainda que por remanejamentos ou transferências de recursos, por ato exclusivo da Administração, sem anuência do Poder Legislativo. Portanto, o agente público somente poderá realizar despesas conforme as condições e limites quantitativos ou temporais confiados pelo legislador, mediante a lei orçamentária, portanto.

A aprovação do orçamento equivale à confirmação legislativa de gastos a serem implementados pelo Estado. Logo, como eficácia da lei que o veicula, resta proibida a assunção de despesa nova após sua aprovação, quando não contemplada no inteiro teor do orçamento, mediante proibição de conduta diversa por parte de toda a Administração. Trata-se de restrição baseada na "função" (administrativa), ou seja, com aplicação para a Administração de todos os poderes.

Assim, por parametricidade obrigatória, nenhum agente ou órgão do Estado pode praticar ato administrativo contrário ao orçamento, para promover empenhos ou realizar despesas que não estejam autorizados, ainda que permitidos por leis específicas, e dentro dos limites e condições assinalados a cada crédito orçamentário. E tal foi o compromisso da Constituição com o dever de cumprimento do orçamento, que seu art. 85, VI, considera como *crime de responsabilidade* os atos do Presidente da República que atentem contra "a lei orçamentária" (extensível a governadores e prefeitos).

Esse efeito de parametricidade vinculante que deriva da lei orçamentária alcança também a aprovação do direcionamento econômico-financeiro da política nacional de financiamento do Estado, na sua totalidade, quanto à função de "planejamento" e de dirigismo.[15] Logicamente, pela compatibilidade necessária entre o plano plurianual e

---

[14] Na atualidade, "el Presupuesto continúa siendo una autorización limitativa del legislativo al Gobierno, con expresión cifrada de las cantidades que pueden gastarse en las atenciones que detalladamente se especifican en los estados presupuestarios" (SAINZ DE BUJANDA, Fernando. *Notas de derecho financiero*. Madrid: Universidad Complutense de Madrid, 1975. t. I. v. 3. p. 580). Cf. GAUDEMET, Paul Marie. Le budget, limite de l'action gouvernementale. *In*: PHILIP, Loïc (Coord.). *Dictionnaire encyclopedique de finances publiques*. Paris: Economica, 1991. v. 1. p. 191-196. OLIVEIRA, Regis Fernandes de. *Curso de direito financeiro*. São Paulo: Revista dos Tribunais, 2006. p. 324. Em modo semelhante, João Catarino, para quem se deve entender por orçamento aquele "instrumento financeiro aprovado pela Assembleia da República sob proposta do Governo, pelo qual se procede a uma detalhada descrição da receita e da despesa pública previstas para um determinado ano económico, que comporta uma autorização com a força de lei conferida aos órgãos próprios da administração financeira, para a cobrança das receitas e realização das despesas previstas estimadas, ao mesmo tempo que limita a ação financeira do Estado no seu período de vigência" (CATARINO, João Ricardo. *Finanças públicas e direito financeiro*. Coimbra: Almedina, 2012. p. 237). De modo semelhante: FRANCO, António Sousa. *Finanças públicas e direito financeiro*. 4. ed. Coimbra: Almedina, 1999. p. 336; AHUMADA, Guillermo. *Tratado de finanzas públicas*. Cordoba: Assandri, 1948. v. 1. p. 713 e ss.

[15] E assim demarca Jarach: "Ahora bien, aun en la forma más restringida de las finanzas liberales, *el Presupuesto es el plan de la economía del sector público*. Su significación se descubre a través de su conjunto; no hay una simple

a lei de diretrizes orçamentárias, a execução da lei de orçamento anual restringe todo o agir da Administração às escolhas públicas[16] definidas nessas leis.

Diante disso, salvo autorização legal posterior (casos de créditos adicionais, especiais ou extraordinários), após a aprovação parlamentar, o orçamento torna-se um limite intransponível para que a Administração possa criar novos gastos públicos, assumir obrigações acima dos limites permitidos ou modificar os critérios da atribuição por cada crédito ou dotação. O dever de conduta conforme o orçamento pelo agente público é uma imposição constitucional, com designação expressa (art. 70, parágrafo único), sob pena de responsabilidade pessoal, além de ser objeto de permanente controle interno e externo, sendo este a principal missão do Tribunal de Contas.[17]

2.2 Função de planejamento (orçamento-programa, performance ou funcional)

A função de planejamento do orçamento público sempre foi destacada pela doutrina.[18] Desde Laband, firmou-se o entendimento de que o orçamento assume funções de planejamento e controle, como diz Geraldo Vidigal, pois "o orçamento seria nitidamente o ato administrativo que responde a essa necessidade".[19] E, neste particular, tem-se a mais importante das conexões entre a Constituição Financeira e

---

yuxtaposición de una serie de gastos y una nómina de recursos, sino un plan de erogaciones tendientes a lograr determinados fines con la indicación de los recursos correspondientes. De ahí su carácter obligatorio para todos los poderes públicos que deben cumplir con dicho plan" (JARACH, Dino. *Finanzas públicas y derecho tributario*. 3. ed. Buenos Aires: Abeledo-Perrot, 2003. p. 82). Ou como alude Carlo Talice: "Il bilancio non è una mera trascrizione contabile di impegni o di fonti di entrata, già previsti, ma la configurazione unitaria ed organica in termini quantitativi della politica economica e finanziaria del Governo, che documenta l'indirizzo seguito o programmato; l'atto del Parlamento esprime il consenso a questo indirizzo, è cioè, anche sotto questo profilo, atto di approvazione che implica una particolare manifestazione di fiducia. In questo senso è probabilmente impiegato il termine *approvazione* nei testi costituzionali: approvazione dell'indirizzo politico-finanziario del Governo, con *efficacia autorizzativa* nei confronti della pubblica amministrazione" (TALICE, Carlo. *La legge di bilancio*. Milano: Giuffrè, 1969. p. 325).

[16] Sobre distintas possibilidades para a realização dessas escolhas, veja-se, entre outros: RUBIN, Irene. *The politics of public budgeting*: getting and spending, borrowing and balancing. 6. ed. Washington: CQ Press, 2010. p. 330; KHAN, Aman; HILDRETH, W. Bartley. *Budget theory in the public sector*. London: Quorum Books, 2002; NICE, David. *Public budgeting*. Belmont: Wadsworth, 2002; MOORE, Mark H. *Creating public value*. Massachusetts: Harvard Press, 1995.

[17] Corretamente, Ayres Britto bem afasta essa noção de órgão auxiliar, no sentido de subalternidade funcional ou hierarquia inferior: BRITTO, Carlos Ayres. O regime constitucional dos Tribunais de Contas. *In*: SOUSA, Alfredo José de; FRANCO, Antonio de Sousa. *O novo tribunal de contas*: órgão protetor dos direitos fundamentais. 3. ed. Belo Horizonte: Fórum, 2005. p. 59-76. Ou como afirma Carlo Talice: "Gli stati di previsione della spesa condizionano quindi, limitandola, la spesa statale e la indirizzano verso determinate direzioni, sulla base della legislazione sostanziale di spesa. In alcuni casi la legislazione di spesa lascia all'esecutivo una certa discrezionalità nella determinazione degli stanziamenti che, quindi, vengono qualificati soltanto in sede di bilancio. In ogni caso il bilancio, dopo l'approvazione, viene a costituire un sistema di limiti per l'attività dello Stato nei vari settori in quanto le attività sono specificate e dimensionate dalle possibilità di spesa" (TALICE, Carlo. *La legge di bilancio*. Milano: Giuffrè, 1969. p. 44).

[18] Com especial evidência para o tratamento constitucional conferido pelo Professor José Afonso da Silva, de notáveis méritos pela sua insistência nessa proposta, hoje confirmada como prática de Estado. Cf. SILVA, José Afonso da. *Orçamento-programa no Brasil*. São Paulo: Revista dos Tribunais, 1973; SILVA, José Afonso da. *Tributos e normas de política fiscal na Constituição do Brasil*. São Paulo: [s.n.], 1968; SILVA, José Afonso da. *Curso de direito constitucional positivo*. 31. ed. São Paulo: Malheiros, 2008. p. 741.

[19] VIDIGAL, Geraldo de Camargo. *Fundamentos do direito financeiro*. São Paulo: Revista dos Tribunais, 1973. p. 223.

a Constituição Econômica, pela concomitância de efeitos do art. 174, que impõe como obrigatório o planejamento para o Estado.

O planejamento orçamentário é o mínimo de eficácia do art. 174, que não se pode limitar ou bastar por este, de duração restrita no tempo, mas que permite sua conexão com a regulação da ordem econômica e com o dirigismo estatal.

Ao longo da sua evolução, o orçamento recebeu por parte de algumas escolas de pensamento da ciência das finanças um tratamento meramente prático, reduzido à técnica da contabilidade pública, na forma de uma simples "conta única", para relação entre receitas e despesas a serem autorizadas pelo Parlamento, sob o mito liberal da "neutralidade orçamentária". Como ressalta Dídimo da Veiga,[20] não obstante a importância dessa feição,[21] prevaleceram as concepções que qualificavam o orçamento como ato político de máxima importância, seu caráter constitucional. Foi esta a tese prevalecente.

Com a ascensão do Estado Social, o orçamento foi alçado à condição de instrumento fundamental ao planejamento do Estado. E para bem compreender essa função, são fundamentais as reflexões de Cabral de Moncada.[22] De início, deve-se delimitar o planejamento, integrado ao intervencionismo estatal, como "sistema de opções, de prioridades econômicas estabelecidas por uma autoridade pública, por forma consciente e deliberada, em ordem à prossecução de certos objetivos econômicos e sociais". O planejamento, pois, vê-se delimitado como o espaço de escolhas ou opções da autoridade pública "animada de intenções programáticas, ou seja, viradas para a ação e para o futuro". O ato de planejar significa realizar escolhas racionais e orientadas segundo finalidades, o que se faz entre dois critérios: o de "diagnóstico" da realidade circunstante e o de "prognóstico", quanto às projeções daquilo que é pretendido. Na economia do Estado intervencionista, o planejamento logra seu ambiente ideal, pois

> fixa um conjunto de normas de conduta em ordem à prossecução das finalidades que elege, concretizando-se através de procedimentos práticos [...] visando a otimização dos recursos existentes através de uma adequada conformação dos setores público e privado da economia e de uma adequada estratégia de crescimento e estabilidade econômicas.[23]

Então conclui Cabral de Moncada que, diante do alcance de longo prazo e da extensão das medidas de planificação ou mesmo de planejamento, pelas demandas de detalhamento exigidas ao longo da execução, a autoridade pública deve desdobrá-las, "por razões operacionais, em programas concretos de ação, de curto prazo, o que tem ainda a vantagem de permitir a sua coordenação com o orçamento". Bem entendido que estes terão sempre uma função a cumprir na totalidade do planejamento, e

---

[20] VEIGA, Dídimo Agapito da. *Ensaios de sciência das finanças e de economia pública*. Rio de Janeiro: Jacinto Ribeiro dos Santos, 1937. p. 89 e ss.

[21] A exemplo do estudo: MACHADO JR., J. Teixeira. *Classificação das contas públicas*. Rio de Janeiro: Fundação Getúlio Vargas, 1967. 401 p.

[22] MONCADA, Luís S. Cabral de. *A problemática jurídica do planeamento económico*. Coimbra: Ed. Coimbra, 1985. p. 8 e ss.

[23] MONCADA, Luís S. Cabral de. *A problemática jurídica do planeamento económico*. Coimbra: Ed. Coimbra, 1985. p. 9.

complementa: "Na organização da execução dos planos, ressalta nitidamente o caráter teleológico da planificação".[24] Esta é exatamente a relação que se coloca entre o planejamento das leis de orçamento (programas de curto prazo) com o regime constitucional de planejamento do art. 174 da CF, de amplitude maior e de longa duração.

No âmbito do direito financeiro, para Cabral de Moncada, a realização das políticas de intervencionismo passa necessariamente pela inclusão no orçamento público, porque a execução reclama receitas e despesas.[25] Nesse particular, ao criticar o modelo francês de leis-programa, diz: "Os planos estão sempre dependentes de autorização parlamentar anual, o que muito prejudica a sua execução, que se pretende, obviamente, ininterrupta". E esta é uma das virtudes do plano plurianual, no Brasil. E, ao sugerir algo à semelhança deste, declara: "Este orçamento deixa de ter funções exclusivamente financeiras, funcionalizando-se integralmente".[26] Para ele, na medida em que o orçamento fixa planos com metas ou diretrizes específicas com previsões de despesas, visando a acomodar-se ao plano econômico geral, "está a fazer-se planificação financeira". Aqui, o critério teleológico ganha prevalência no direcionamento orçamentário.

Ora, no caso brasileiro, o plano plurianual, que define os objetivos, programas e metas, deve ser acompanhado pelas demais leis orçamentárias, emendas parlamentares e outros planos econômicos regionais ou setoriais. Com isso, são alimentados reciprocamente os fins teleológicos do plano plurianual com os programas ou metas vinculados aos créditos ou dotações orçamentárias dirigidos àqueles fins, da lei de orçamento anual, intermediados pela lei de diretrizes orçamentárias. Nesse sentido, como são normas vinculantes e de afetação ao setor público e privado, determinantes de condutas a serem seguidas, descabe falar em qualquer natureza de "lei formal" para as leis de orçamento público, como virá amplamente demonstrado.[27]

---

[24] MONCADA, Luís S. Cabral de. *A problemática jurídica do planeamento econômico*. Coimbra: Ed. Coimbra, 1985. p. 12-13.

[25] MONCADA, Luís S. Cabral de. *A problemática jurídica do planeamento econômico*. Coimbra: Ed. Coimbra, 1985. p. 102 e ss.

[26] "Efetivamente toda a atividade financeira do Estado com expressão orçamental deve estar funcionalizada em relação aos objetivos programáticos gerais que a Constituição assinala e que o plano sintetiza. Consagra-se assim uma ideia radical de finanças funcionais, recusando-se à atividade financeira do Estado caráter de neutralidade perante a atividade econômica geral, em oposição aos cânones do liberalismo econômico" (MONCADA, Luís S. Cabral de. *A problemática jurídica do planeamento econômico*. Coimbra: Ed. Coimbra, 1985. p. 106-111). Cf. SILVA, Almiro do Couto e. Problemas jurídicos do planejamento. *Revista de Direito Administrativo*, Rio de Janeiro, v. 170, p. 1-17, out./dez. 1987; VEIGA, Clóvis de Andrade. *Direito financeiro aplicado (planejamento, elaboração, execução e controle orçamentário)*. São Paulo: Revista dos Tribunais, 1975.

[27] Como assinalado pelo Ministro Iberê Gilson, ainda sob a Constituição de 1967: "A implantação do orçamento-programa, como bem se disse, não consiste somente na elaboração do documento orçamentário, mas, principalmente, na criação progressiva de uma estrutura capaz de programá-lo anualmente, em função das metas estabelecidas, e de executá-lo, conforme o programa traçado" (GILSON, Iberê. O orçamento como condicionante da administração financeira. *Revista de Direito Administrativo*, Rio de Janeiro, v. 92, abr./jul. 1968. p. 45). Para uma crítica do modelo de planejamento brasileiro, mormente quanto ao federalismo e desigualdades regionais, veja-se: BERCOVICI, Gilberto. *Desigualdades regionais, Estado e Constituição*. São Paulo: Max Limonad, 2003; COMPARATO, Fábio Konder. A organização constitucional da função planejadora. *Revista Trimestral de Direito Público*, São Paulo, n. 8, p. 12-23, 1994.

Após a Constituição de 1988, é defeso aplicar o orçamento público sem abertura para o dirigismo ou intervencionismo estatal, mediante planejamento voltado ao desenvolvimento, às políticas públicas de bem-estar social, à redução de desigualdades ou à redistribuição de renda.[28] Ainda que não seja capaz de concretizar, por si só, todos os fins constitucionais do Estado, é fundamental para a democracia que se reconheça e se fortaleça esta importante tarefa do orçamento na Constituição Financeira, como lei de planejamento e dirigismo constitucional.

O plano plurianual contempla o direcionamento quanto à aplicação, entre outras, das despesas de capital e as relativas aos programas de duração continuada. A lei de orçamento anual deve ser disposta para viabilizar o planejamento do plano plurianual, logo, com precedência sobre a própria lei de diretrizes orçamentárias. A lei de orçamento anual, porém, confere prioridade à programação entabulada no plano plurianual, ao que a lei de diretrizes orçamentárias é fundamental para compreender as motivações e os meios utilizados para essa finalidade. Portanto, a função de "planejamento" acompanha toda a continuidade do orçamento, o que deverá ser controlado durante a execução e *a posteriori*, com a *prestação de contas*, entre outros.

A Lei de Responsabilidade Fiscal (Lei Complementar nº 101, de 2000) trouxe título próprio para cuidar do "planejamento", que inclui neste o plano plurianual, a lei de diretrizes orçamentárias e a lei de orçamento anual. Afastado o primeiro, em virtude de veto, as demais são qualificadas também pela função de planejamento, o que se verifica de modo impositivo e vinculante. Quanto à lei de diretrizes orçamentárias, importa-nos o §1º do art. 4º, que define a obrigatoriedade de integrar o projeto um "anexo de metas fiscais", em que serão estabelecidas metas anuais, em valores correntes e constantes, relativas a receitas, despesas, resultados nominal e primário e montante da dívida pública, para o exercício a que se referirem e para os dois seguintes. Esse anexo conterá ainda uma avaliação do cumprimento das metas relativas ao ano anterior e criterioso demonstrativo das metas anuais, instruído com memória e metodologia de cálculo que justifiquem os resultados pretendidos, comparando-as com as fixadas nos três exercícios anteriores, e evidenciando a consistência delas com as premissas e os objetivos da política econômica, afora todas as informações relativas a receitas e despesas.

Conforme o art. 5º da Lei de Responsabilidade Fiscal, o projeto de lei orçamentária anual, elaborado de forma compatível com o plano plurianual, com a lei de diretrizes orçamentárias e com as normas desta lei complementar, conterá, obrigatoriamente, demonstrativo da compatibilidade da programação dos orçamentos com os objetivos e metas constantes do Anexo de Metas Fiscais da lei de diretrizes orçamentárias. E deverá ser acompanhado do documento a que se refere o §6º do art. 165 da Constituição

---

[28] Ou como bem esclarece Régis de Oliveira: "Daí o orçamento se constituir em peça importante no mundo jurídico de hoje, na vida das nações. Deixa de ser mero documento financeiro ou contábil para passar a ser o instrumento de ação do Estado. Através dele é que se fixam os objetivos a serem atingidos. Por meio dele é que o Estado assume funções reais de intervenção no domínio econômico. Em suma, deixa de ser mero documento estático de previsão de receitas e autorização de despesas para se constituir no documento dinâmico solene de atuação do Estado perante a sociedade, nela intervindo e dirigindo seus rumos" (OLIVEIRA, Regis Fernandes de. *Curso de direito financeiro*. São Paulo: Revista dos Tribunais, 2006. p. 305).

("o projeto de lei orçamentária será acompanhado de demonstrativo regionalizado do efeito, sobre as receitas e despesas, decorrente de isenções, anistias, remissões, subsídios e benefícios de natureza financeira, tributária e creditícia"), bem como das medidas de compensação a renúncias de receita e ao aumento de despesas obrigatórias de caráter continuado.

Cumpre ressaltar que a preocupação do constituinte sobre a função de planejamento foi de tal ordem que o art. 166, §1º, II, da CF, atribui à Comissão Mista de Orçamento competência para examinar e emitir parecer sobre os planos e programas nacionais, regionais e setoriais previstos nesta Constituição e exercer o acompanhamento e a fiscalização orçamentária. Diante disso, naquilo que os projetos de lei orçamentária definem planos e programas nacionais, regionais e setoriais, a Comissão Mista de Orçamento emitirá parecer quanto à adequação e compatibilidade desses projetos com aquilo que prescreve a Constituição e com o plano plurianual, em sessão específica e destacada dos demais itens do orçamento.[29]

Ora, no Estado Democrático de Direito, o planejamento não é uma opção ou algo meramente indicativo. Trata-se de comando impositivo, segundo os princípios definidos pela Carta Constitucional. É criticável a ausência de um planejamento de longo prazo, que ordene o desenvolvimento ao longo de décadas e cumpra aquelas magnas funções dos arts. 3º e 43, para assegurar a erradicação da pobreza e a eliminação ou redução de desigualdades regionais. Contudo, a Constituição obriga ao mínimo de planejamento, o que foi atribuído ao plano plurianual, como instrumento de direcionamento das ações do Estado, com vistas a realizar os fins constitucionais, mediante intervencionismo, para o qual a lei de diretrizes orçamentárias e a lei de orçamento anual devem propiciar todas as condições de concretização.

2.3 Função de transparência orçamentária

A *função de transparência* das leis orçamentárias avulta em importância no que concerne ao direcionamento das despesas públicas e funções de planejamento e de dirigismo do orçamento-programa. É por meio do orçamento que estas feições são conhecidas e a sociedade pode organizar-se, inclusive em virtude do planejamento "indicativo", na forma do art. 174 da CF.

Como diz Veiga Filho, "a publicidade da despeza publica é incontestávelmente outra garantia de ordem constitucional e administrativa".[30] Esta é uma síntese preciosa,

---

[29] Procedimento conforme o art. 113 da Resolução nº 1, de 2006-CN, que dispõe sobre a Comissão Mista Permanente a que se refere o §1º do art. 166 da Constituição.

[30] "A publicidade é um dos corollarios do regimen representativo, que é um governo de opinião; e esta não se fórma sem o conhecimento geral, que só se obtem pela discussão parlamentar divulgada pela imprensa". E, mais adiante: "Sem a publicidade obrigatoria, a administração financeira se converte sempre em regimen de opprobrio, de vexame e de despotismo, no qual a probidade administrativa cede logar ao favoritismo e á corrupção. Segredo ou mysterio, em materia de finanças publicas, é prenuncio do esbanjamento, delapidação" (VEIGA FILHO, João Pedro da. *Manual da sciência das finanças*. 4. ed. São Paulo: Monteiro Lobato, 1923. p. 34). Para um estudo atual, veja-se o excelente artigo: MENDES, Gilmar Ferreira; CORREIA NETO, Celso de Barros. Transparência fiscal. *In*: MARTINS, Ives Gandra da Silva; MENDES, Gilmar Ferreira; NASCIMENTO, Carlos Valder do (Coord.). *Tratado de direito financeiro*. São Paulo: Saraiva, 2013. v. 2. p. 177-201.

pois é de norma jurídica de garantia que se trata. A *transparência* pode ser compreendida como "função" ou como "princípio", mas é como "garantia" que ela ganha maior efetividade, ao assegurar o direito individual dos particulares de acessibilidade e de cognoscibilidade quanto ao conteúdo e fins das leis orçamentárias.

Em matéria financeira, transparência e Estado Democrático de Direito são indissociáveis. A apresentação da proposta e aprovação renováveis a cada ano são sua primeira evidência, ao impor sucessivas oportunidades para conhecer receitas e despesas autorizadas. No seu curso de tramitação, tudo deve ser público e transparente, com apresentação de emendas e debates igualmente abertos e com ampla difusão. Por fim, sua aprovação e publicidade pelos meios oficiais e divulgação nos meios de comunicação complementam o mínimo esperado desse princípio aplicado às leis orçamentárias.

A transparência das finanças públicas é um direito que deflui dos princípios democrático e republicano, a integrar o interesse de todos na condução do Estado, ao tempo que a função de planejamento e o dirigismo que devem compor as leis orçamentárias confluem para definir o próprio modelo de sociedade e de construção do Estado.[31] O orçamento é procedimento que tem por finalidade gerar confiança, interna e externa, assegurar estabilidade financeira ao Estado e afirmar as garantias de continuidade da sua estrutura.

Portanto, a transparência não é uma simples formalidade, mas assume conteúdo de máxima importância para as instituições democráticas e republicanas. É nesse contexto que uma imprensa livre, isenta e técnica é imprescindível para expandir a capacidade de informação e de publicidade sobre o orçamento público para todo o povo.[32]

Para cumprir com a garantia de transparência, a segurança jurídica por acessibilidade aos textos legislados[33] requer que a apresentação dos artigos do orçamento seja clara e compreensível, não se admitindo insuficiência de dados ou especificação da despesa, com obscuridade ou falta de elementos para determinação objetiva dos elementos exigidos, como órgão de destino, montante, finalidade e outros.

De igual sorte, as prestações de contas devem obediência aos mesmos parâmetros. A produção dos textos legislativos e prestações de contas devem ter por base a

---

[31] Esta preocupação não escapou a Dino Jarach: "El conocimiento general y particularizado del Plan presupuestario es condición fundamental para el control de la acción del Estado por la opinión pública y para que el sector privado ajuste sus propias actividades en función de la economía del sector público, tanto en lo referente a los gastos, como a los recursos, ya que ambos han de ocasionar efectos en la demanda y en la oferta de bienes y servicios. El principio de la publicidad se proyecta – también – sobre la preparación y sobre la ejecución del Presupuesto" (JARACH, Dino. *Finanzas públicas y derecho tributario*. 3. ed. Buenos Aires: Abeledo-Perrot, 2003. p. 81).

[32] No sentido dos princípios da Declaração de Chapultepec (1994), especialmente os seguintes: "I – Não há pessoas nem sociedades livres sem liberdade de expressão e de imprensa. O exercício dessa não é uma concessão das autoridades, é um direito inalienável do povo. II – Toda pessoa tem o direito de buscar e receber informação, expressar opiniões e divulgá-las livremente. Ninguém pode restringir ou negar esses direitos. III – As autoridades devem estar legalmente obrigadas a pôr à disposição dos cidadãos, de forma oportuna e equitativa, a informação gerada pelo setor público [...]".

[33] Veja-se, entre outros: CONSEIL D'ETAT. *Rapport public annuel 2006. La sécurité juridique et la complexité du droit*. Paris: La Documentation Française, 2006. p. 282.

compreensão do cidadão, e não apenas o atendimento burocrático da contabilidade e da tecnicidade dos economistas. Em um Estado Democrático de Direito, a publicidade demanda permanente cuidado com a forma. E a própria Lei Complementar nº 95/1998, no seu art. 11, exige a "clareza"[34] como dever do processo legislativo.

A Lei de Responsabilidade Fiscal, no seu art. 1º, §1º, expressa muito bem esta função de transparência do orçamento, ao dizer:

> a gestão fiscal pressupõe a ação planejada e *transparente,* em que se previnem riscos e corrigem desvios capazes de afetar o equilíbrio das contas públicas, mediante o cumprimento de metas de resultados entre receitas e despesas e a obediência a limites e condições no que tange a renúncia de receita, geração de despesas com pessoal, da seguridade social e outras, dívidas consolidada e mobiliária, operações de crédito, inclusive por antecipação de receita, concessão de garantia e inscrição em restos a pagar.

A menção expressa à ação transparente da gestão fiscal não é por acaso. Além de efetivar preceitos constitucionais que a prescrevem, evidencia uma das mais importantes funções do orçamento público.

Mais adiante, explicita melhor a função da transparência na elaboração dos orçamentos, como expressão de atividade democrática na gestão fiscal, a saber:

> Art. 48. São instrumentos de *transparência da gestão fiscal,* aos quais será dada ampla divulgação, inclusive em meios eletrônicos de acesso público: os *planos, orçamentos e leis de diretrizes orçamentárias;* as prestações de contas e o respectivo parecer prévio; o Relatório Resumido da Execução Orçamentária e o Relatório de Gestão Fiscal; e as versões simplificadas desses documentos.

Mais tarde, foi editada a Lei Complementar nº 131, de 27.5.2009, conhecida como *Lei de Transparência Financeira,* que estabelece normas de finanças públicas voltadas para a responsabilidade na gestão fiscal, a fim de determinar a disponibilização, em tempo real, de informações pormenorizadas sobre a execução orçamentária e financeira da União, dos estados, do Distrito Federal e dos municípios.

O art. 1º desta Lei Complementar nº 131, de 2009, alterou o art. 48 da Lei Complementar nº 101/2000, cujo parágrafo único prescreve:

> A transparência será assegurada também mediante: I) *incentivo à participação popular e realização de audiências públicas, durante os processos de elaboração e discussão dos planos, lei de diretrizes orçamentárias e orçamentos;* II) liberação ao pleno *conhecimento e acompanhamento da sociedade, em tempo real, de informações pormenorizadas sobre a execução orçamentária e financeira, em meios eletrônicos de acesso público;* e III) adoção de *sistema integrado de*

---

[34] "Art. 11. As disposições normativas serão redigidas com clareza, precisão e ordem lógica, observadas, para esse propósito, as seguintes normas: I – para a obtenção de clareza: a) usar as palavras e as expressões em seu sentido comum, salvo quando a norma versar sobre assunto técnico, hipótese em que se empregará a nomenclatura própria da área em que se esteja legislando; b) usar frases curtas e concisas; c) construir as orações na ordem direta, evitando preciosismo, neologismo e adjetivações dispensáveis; d) buscar a uniformidade do tempo verbal em todo o texto das normas legais, dando preferência ao tempo presente ou ao futuro simples do presente; e) usar os recursos de pontuação de forma judiciosa, evitando os abusos de caráter estilístico; [...]".

administração financeira e controle, que atenda a padrão mínimo de qualidade estabelecido pelo Poder Executivo da União e ao disposto no art. 48-A.

A nova lei adicionou o art. 48-A, para determinar ainda:

> Os entes da Federação disponibilizarão a qualquer pessoa física ou jurídica o acesso a informações referentes a: I) *quanto à despesa*: todos os atos praticados pelas unidades gestoras no decorrer da execução da despesa, no momento de sua realização, com a disponibilização mínima dos dados referentes ao número do correspondente processo, ao bem fornecido ou ao serviço prestado, à pessoa física ou jurídica beneficiária do pagamento e, quando for o caso, ao procedimento licitatório realizado; e II) *quanto à receita*: o lançamento e o recebimento de toda a receita das unidades gestoras, inclusive referente a recursos extraordinários.

Para os fins de controle, a Lei de Transparência Financeira reafirmou o acesso popular ao TCU, prevista no art. 74, §2º, ao incluir na Lei de Responsabilidade Fiscal o art. 73-A, segundo o qual:

> Qualquer cidadão, partido político, associação ou sindicato é parte legítima para denunciar ao respectivo Tribunal de Contas e ao órgão competente do Ministério Público o descumprimento das prescrições estabelecidas nesta Lei Complementar.

Como se vê, essas disposições bem evidenciam a força axiológica assumida pela transparência financeira e orçamentária em nosso ordenamento. A publicidade, maior expressão de gestão democrática das leis orçamentárias e com transparência exigida por força de lei complementar, une-se aos valores fundamentais da liberdade de imprensa para conferir a todos o direito de acompanhamento e acesso às informações financeiras. Este é um dado revelador do fortalecimento das nossas instituições democráticas, desde que não se tornem apenas regras de bons propósitos, mas sejam cumpridas efetivamente.

2.4 Função de efetividade de direitos e liberdades fundamentais

A proteção da efetividade dos direitos e liberdades fundamentais tem máxima eficácia no Estado Democrático de Direito. Por isso, o orçamento público regido por uma Constituição Financeira deve ter como objetivo alocar todos os *meios* necessários para realização deste *fim* constitucional do Estado nas suas máximas possibilidades.

Não queremos aqui explicitar tudo quanto já foi antecipado sobre essa magna tarefa da Constituição Financeira, no que se refere à necessária efetividade de direitos e liberdades fundamentais.[35] Cumpre apenas assinalar o papel do orçamento público como "meio" privilegiado para que se evidencie o controle sobre a realização daqueles fins constitucionais do Estado e sua capacidade de funcionar como instrumento

---

[35] Entre outros, veja-se: CORTI, Horacio Guillermo. *Derecho constitucional presupuestario*. Buenos Aires: Lexis Nexis, 2007; PLAZAS VEGA, Mauricio A. *Derecho de la hacienda pública y derecho tributario*. 2. ed. Bogotá: Themis, 2006. 707 p.

essencial para promover a aplicabilidade dos direitos e liberdades. Tudo conforme fundamentos democráticos e com proteção das minorias.

2.5 Função de controle

O controle é outra função capital do orçamento. A Constituição contempla, no seu art. 70, regra de competência para que o Poder Legislativo exerça permanente fiscalização contábil, financeira, *orçamentária*, operacional e patrimonial da União e das entidades da Administração direta e indireta, quanto à legalidade, legitimidade, economicidade, aplicação das subvenções e renúncia de receitas.

A simples existência do orçamento, em si mesmo considerado, já é uma forma de controle da Administração, na medida em que também se vê acompanhado de prestações de contas sobre exercícios anteriores e envolve o dever de demonstração de todas as fontes das receitas e origem das despesas.

Um orçamento, já se disse, não é mera "conta" ou "caixa único", tampouco lei com genérica indicação de despesas a realizar. Não basta a simples designação classificada de despesas e receitas estimadas. Requer-se sua repetição anual, prévia a cada exercício financeiro, com unidade, universalidade, exatidão, economicidade, transparência e lealdade (moralidade administrativa) na formulação da proposta, a qual será submetida à apreciação legislativa segundo os requisitos constitucionais.

A passagem do conceito de "orçamento do Estado" para "orçamento constitucional" revela o propósito do controle político[36] e democrático com prevalência sobre a técnica contábil ou financeira. A formulação anual de orçamentos é um dos mais expressivos mecanismos de controle da democracia sobre a atividade financeira da Administração Pública, a ser exercido pela representação legislativa, assim como pela opinião pública. Diante disso, tem-se, a um só tempo, controle interno, durante a preparação da proposta orçamentária, e controle externo, ao longo da sua apreciação, deliberação e votação congressual.

Quanto à receita, prevalece o controle sobre sua estimativa, cuja apuração faz-se sob elevado rigor de técnicas estatísticas e atuariais. Na medida em que não mais vigora a autorização para arrecadar, prevalece a função de controle sobre a forma de cálculo das estimativas, para assegurar exatidão e transparência. Assim, em conformidade com o que dispõem a Lei Complementar nº 101, de 2000, e a Lei nº 4.320/1964 sobre

---

[36] "Esta actividad final atribuida al poder legislativo es el llamado control político de la Administración. El grado de profundización e interés en el ejercicio de esta función puede variar, dependiendo de cual sea el sistema político o de gobierno que analicemos. [...] El concepto de control político requiere algo más que un control formal, 'previo', a la ejecución material de la voluntad gubernamental. La tarea parlamentaria no debe interrumpirse en este punto sino todo lo contrario, debe ir un paso más allá. [...] Es decir, debe analizarse si se cumplen y se consiguen los resultados previstos, para los que han sido aprobadas y, en caso contrario debe discutirse las medidas a adoptar. [...] En otras palabras, el papel que corresponde al Legislativo no consiste únicamente en determinar la previsión de gastos autorizada anualmente (mediante la aprobación de la Ley de presupuestos); ni en como deben priorizarse las distintas partidas presupuestarias (normalmente esta decisión corresponde al Ejecutivo). Sino también y sobre todo, en comprobar como éste ha sido definitivamente gastado. Los orígenes del control parlamentario de la ejecución presupuestaria así lo reflejan" (VALLES VIVES, Francesc. *El control externo del gasto público* – Configuración y garantia constitucional. Madrid: Centro de Estudios Políticos y Constitucionales, 2003. p. 31-33).

orçamentos, o art. 90 do Regimento Comum do Congresso Nacional prescreve que Comissão Permanente emitirá parecer circunstanciado e estudo comparativo dos programas e dotações propostas com a prestação de contas do exercício anterior e, sempre que possível, com a execução da lei orçamentária em vigor.[37]

O controle orçamentário é a melhor evidência de eficiência institucional na separação de poderes.[38] Ademais, é imprescindível que a aprovação de um orçamento sirva para controlar a legalidade e o cumprimento da vontade legislativa em relação a exercícios financeiros anteriores. Por isso, corretamente, a legislação prescreve o dever de apuração de demonstrativos de anos anteriores, mormente daquele que se concluiu, para um amplo controle da atuação da Administração.

Cumpre, porém, advertir que, a pretexto de exercer o controle orçamentário, de caráter político, o Poder Legislativo não pode invadir a competência do Executivo, a ponto de desfigurar a proposta orçamentária. O mais importante não é a aprovação do "orçamento", que sempre virá, mas o debate instaurado entre governo e oposição, maiorias e minorias, parlamento e opinião pública, grupos de interesses, partidos, bancadas regionais e outros. É neste processo democrático de intenso debate sobre os destinos do orçamento que a função controle galga destaque e afirma-se como uma das suas mais importantes manifestações.

3   Relação entre lei orçamentária anual e aquelas institutivas das despesas

Os efeitos da lei orçamentária em relação à Administração Pública, nos três poderes, vedam qualquer conduta que modifique os termos da autorização das despesas, implique assunção de obrigação nova e não informada ou não constante do orçamento, resulte em superação dos limites e das condições previstos na lei ou contrarie os termos das leis institutivas da despesa.

Para alguns, admitir o tratamento de lei em sentido material para a lei orçamentária, ao fim e ao cabo, seria o mesmo que aceitar três possibilidades: (i) a lei de orçamento deteria poderes para modificar a lei institutiva da despesa; (ii) a lei de orçamento poderia revogar a lei de despesa; ou (iii) a lei de orçamento poderia criar despesa nova, sem previsão legal condicionante da sua eficácia autorizativa. Essa questão requer melhor análise. Conforme o art. 165, §8º, da CF, todas essas hipóteses estão prejudicadas, pois "lei orçamentária anual não conterá dispositivo estranho à previsão da receita e à fixação da despesa". O sentido de lei material, diversamente, deverá ser examinado caso a caso, segundo as modalidades dos créditos orçamentários.

---

[37] "El cálculo o estimación de los ingresos para un ejercicio presupuestario constituye el punto de conexión necesario e imprescindible para valorar la política de gasto público del Gobierno y, por lo tanto, medio imprescindible del control político-financiero del legislativo sobre el ejecutivo" (SAINZ DE BUJANDA, Fernando. *Notas de derecho financiero*. Madrid: Universidad Complutense de Madrid, 1975. t. I. v. 3. p. 600). Cf. ARLERI, Alberto Barettoni. Bilanci pubblici. In: AA.VV. *Digesto delle discipline pubblicistiche*. Torino: Utet, [s.d.]. p. 30-45.

[38] Para um amplo exame da experiência americana, veja-se: LAUTH, Thomas P. The separation of powers principle and budget decision making. In: KHAN, Aman; HILDRETH, W. Bartley. *Budget Theory in the Public Sector*. London: Quorum Books, 2002. p. 42-76.

Pela vigência paralela entre a lei do orçamento público e as demais leis que tipificam todas as despesas com a gestão administrativa, serviços públicos, gastos de pessoal, previdência, saúde, educação, investimentos *et caterva*, persistem as maiores dificuldades, para a compreensão da relação constitucional entre leis, ou seja, entre (i) aquelas que criam e definem o regime jurídico das atividades geradoras de despesas públicas e (ii) as que autorizam o dispêndio de recursos públicos, anualmente, para a realização concreta daquelas despesas.

No Estado Democrático de Direito, as despesas públicas reclamam esta duplicidade de leis: aquelas que criam as despesas, e ficam *condicionadas* à autorização sucessiva apenas para que se possam manifestar concretamente os fatos jurídicos dos gastos públicos, e as leis que autorizam as despesas (orçamentárias), que as tomam (as leis materiais prévias) como *condicionantes*. Não quer dizer que se trata de "condição" jurídica no sentido clássico, de dependência material de eventos jurídicos, ou mesmo quanto a algum dos seus elementos relativos à validade, vigência ou eficácia. Essa relação constitucional entre leis de despesas e leis de orçamento faz ver que as leis que criam despesas têm sua vigência e eficácia autônomas em face das leis de orçamento. Elas não se tornam menos "eficazes" se a lei orçamentária de determinado ano não promova a autorização orçamentária do respectivo gasto. A dependência é meramente funcional, para execução dos gastos, desde que a "autorização" seja conferida, nos estritos termos e limites, quanto a prazo, aspecto quantitativo ou condições materiais.

É justamente em virtude dessa relação constitucional entre as leis de orçamento, renovadas anualmente, e as leis materiais instituidoras das despesas públicas que se coloca a fundamental indagação quanto à sua função constitucional e eficácia, a considerá-la como lei em sentido "formal" ou lei em sentido "material".[39] Contudo, em conformidade com a Constituição Financeira, segundo ficou demonstrado, essa distinção queda-se superada, para dar lugar ao dever de aferição analítica das normas jurídicas que a lei orçamentária veicula ou aos requisitos legais estipulados para os respectivos créditos orçamentários.

3.1 O controle de constitucionalidade do orçamento pelo STF como lei material

O controle de constitucionalidades em matéria orçamentária abrange uma larga possibilidade de casos, em virtude da ampla constitucionalização do direito orçamentário. Há, porém, uma particularidade que não pode ser olvidada. No capítulo do orçamento encontram-se todos os princípios e regras de processo legislativo especial que representam a cumulação da longa experiência constitucional brasileira,

---

[39] Ressalte-se que esta é apenas uma das modalidades de normas jurídicas veiculadas pela lei de orçamento, pois, como ressalta muito bem Sainz de Bujanda, "las leyes de Presupuestos se contienen normas jurídicas de contenido muy diverso: normas que innovan o modifican el ordenamiento positivo, normas que contienen delegaciones o autorizaciones legislativas, normas que autorizan consignaciones de créditos en relación con gastos creados por otras normas legales sustantivas, normas que complementan o incluso modifican algunos preceptos de la Ley de Administración y Contabilidad, etc. Contenido normativo que pone de manifiesto la eficacia material constitutiva e innovativa de la Ley de Presupuestos" (SAINZ DE BUJANDA, Fernando. *Notas de derecho financiero*. Madrid: Universidad Complutense de Madrid, 1975. t. I. v. 3. p. 600).

o que atende também a certa estabilidade e perenidade das regras que regem a mais importante relação jurídica entre o Poder Executivo e o Poder Legislativo, anualmente renovada, que é a relação orçamentária.

Afastada a querela acadêmica sobre lei formal e lei material, prevalece o orçamento público como conceito constitucional e expõem-se à luz múltiplas hipóteses de conflitos constitucionais, alguns inclusive antecipados anteriormente, a justificar amplo controle de constitucionalidade. Incompreensível é a dúvida formada em torno da questão.

De há muito a Súmula nº 347 do STF admitia caber ao TCU a possibilidade de efetuar controle de constitucionalidade ("o Tribunal de Contas, no exercício de suas atribuições, pode apreciar a constitucionalidade das leis e dos atos do poder público"), o que muito bem revela suas funções jurisdicionais,[40] outra dúvida incompreensível no direito financeiro.

Portanto, se o próprio TCU pode exercer o controle de constitucionalidade sobre leis orçamentárias, tanto mais o STF, como tem feito. Exige-se apenas que a afronta ao texto constitucional seja direta, pelo ato atacado, sem intermediações de textos de quaisquer espécies, mas isso é da técnica ordinária do processo constitucional em geral.[41]

Assim, é fora de dúvida que todo o processo legislativo é passível de controle de constitucionalidade, resta saber se este pode alcançar inclusive a própria lei orçamentária, após sua publicação. A partir de 2003, e mormente após o julgamento da ADI nº 4.048, o STF afastou-se da tese formalista, para admitir o exame de constitucionalidade por norma jurídica veiculada nos artigos ou disposições da lei orçamentária, ou seja, sem qualquer exclusão *a priori* da jurisdição constitucional, a pretexto de se tratar de "ato administrativo", "ato-condição", lei de efeito concreto ou similar. Tem-se, com isso, a valorização da Constituição Financeira e abre-se importante acesso à justiça para o controle dos vícios nas leis orçamentárias.

Na ADI nº 4.048 ficou bem assentado:

> O Supremo Tribunal Federal deve exercer sua função precípua de fiscalização da constitucionalidade das leis e dos atos normativos quando houver um tema ou uma controvérsia constitucional suscitada em abstrato, independente do caráter geral ou

---

[40] Como muito esclarecido no estudo: CAVALCANTI, Temístocles Brandão. O Tribunal de Contas e sua competência constitucional. *Revista de Direito Administrativo*, Rio de Janeiro, v. 3, p. 13-22, jan. 1946.

[41] Ementa: "Constitucional. Ação direta de inconstitucionalidade (ADI). Ausência de confronto direto entre o ato normativo impugnado e o dispositivo constitucional apontado como parâmetro. Não cabimento. Precedentes. 1. A jurisprudência do Supremo Tribunal Federal (STF) firmou-se no sentido de que *o controle de constitucionalidade por ADI somente é admissível quando se alega confronto direto, sem intermediações normativas, entre o ato normativo impugnado e o dispositivo constitucional apontado como parâmetro* (ADI 996/DF, Pleno, unânime, rel. Min. Celso de Mello, j. 11/03/1994, DJ de 06/05/1994; ADI 1.670/DF, Pleno, unânime, rel. Min. Ellen Gracie, j. 10/10/2002, DJ de 08/11/2002; e ADI-AgR-ED-ED 3.934/DF, Rel. Min. Ricardo Lewandowski, Pleno, j. 24.02.2011, DJe 30/03/2011)" (ADI nº 3.950 AgR/DF. Rel. Min. Teori Zavascki, Pleno, j. 19.9.2013). Cf. CORREIA NETO, Celso de Barros. O orçamento público e o Supremo Tribunal Federal. *In*: CONTI, José Maurício; SCAFF, Fernando Facury (Org.). *Orçamentos públicos e direito financeiro*. São Paulo: Revista dos Tribunais, 2011. p. 98-105.

específico, concreto ou abstrato de seu objeto. Possibilidade de submissão das normas orçamentárias ao controle abstrato de constitucionalidade.[42]

No caso concreto, discutia-se a vedação constitucional de uso de medida provisória para abertura de crédito extraordinário (art. 62, §1º, da CF), que não se poderia admitir exceto "para atender a despesas imprevisíveis e urgentes, como as decorrentes de guerra, comoção interna ou calamidade pública" (art. 167, §3º, da CF). Decide, então, o Pleno do STF pela inconstitucionalidade da medida provisória, por descumprir frontalmente a Constituição, cabível o controle abstrato, independentemente do efeito concreto da "autorização".

Quanto à análise das próprias dotações orçamentárias, no caso de receitas de tributos vinculados, o STF igualmente admitiu o controle de constitucionalidade, como se viu com a tentativa de tredestinar o produto da arrecadação da Cide-combustíveis.[43] Quando se trata de vinculação de tributos, não se pode admitir converter a Constituição de rígida em flexível, como lembrado pelo Min. Marco Aurélio. Deveras, tratando-se de créditos de tributos vinculados à despesa por regra expressa da Constituição (§4º do art. 177), a tentativa de alocar o resultado da arrecadação para despesa diversa, ainda que esta seja mero contingenciamento, desvela a inconstitucionalidade material, afastado qualquer efeito concreto, porquanto seu intento era o mesmo que modificar o texto constitucional. O mérito político, entretanto, deverá ser sempre preservado.[44]

Poder-se-iam citar outros tantos casos de controle de constitucionalidade sobre matéria vinculada à lei orçamentária, diretamente, porém o resultado seria o mesmo, quanto ao reconhecimento da sua admissibilidade. Esta é a evidência de uma virtuosa mudança rumo à superação definitiva da tese formalista da lei orçamentária no Brasil.

4 Considerações finais

Todo o orçamento público brasileiro encontra seus princípios e seu conteúdo na Constituição Financeira. Este é um comando para todo o ordenamento jurídico,[45] do que decorrem expressivos efeitos de controle, inclusive quanto a inconstitucionalidades.

---

[42] ADI nº 4.048 MC/DF. Rel. Min. Gilmar Mendes, Pleno, j. 14.5.2008.

[43] "PROCESSO OBJETIVO – AÇÃO DIRETA DE INCONSTITUCIONALIDADE – LEI ORÇAMENTÁRIA. Mostra-se adequado o controle concentrado de constitucionalidade quando a lei orçamentária revela contornos abstratos e autônomos, em abandono ao campo da eficácia concreta. LEI ORÇAMENTÁRIA – CONTRIBUIÇÃO DE INTERVENÇÃO NO DOMÍNIO ECONÔMICO – IMPORTAÇÃO E COMERCIALIZAÇÃO DE PETRÓLEO E DERIVADOS, GÁS NATURAL E DERIVADOS E ÁLCOOL COMBUSTÍVEL – CIDE – DESTINAÇÃO – ARTIGO 177, §4.º, DA CONSTITUIÇÃO FEDERAL. É inconstitucional interpretação da Lei Orçamentária n. 10.640, de 14 de janeiro de 2003, que implique abertura de crédito suplementar em rubrica estranha à destinação do que arrecadado a partir do disposto no §4.º do art. 177 da Constituição Federal, ante a natureza exaustiva das alíneas 'a', 'b' e 'c' do inciso II do citado parágrafo" (STF, Tribunal Pleno. ADI nº 2.925/DF. Rel. Min. Ellen Gracie, j. 19.12.2004. DJ, 4 mar. 2005. p. 10).

[44] "La Corte costituzionale non può esercitare alcun sindacato sulle questioni che implichino valutazioni di merito (convenienza od opportunità politica)" (TALICE, Carlo. La legge di bilancio. Milano: Giuffrè, 1969. p. 356).

[45] Ao menos no sentido de ordenamento adotado por Kelsen. Para seu exame teórico, quanto à validade, vide: DIAS, Gabriel Nogueira. Positivismo jurídico e a teoria geral do direito: na obra de Hanks Kelsen. São Paulo: Revista dos Tribunais, 2010. 383 p.

A lei de orçamento anual não se afasta da sua natureza de lei material, especialmente no que concerne: (i) à vinculação da Administração quanto à observância dos seus limites, apurados a cada espécie de crédito orçamentário; e (ii) à realização das diretrizes, objetivos e metas da administração, tanto do plano plurianual quanto dos fins de planejamento da lei de diretrizes orçamentárias e da lei de orçamento anual.

A lei de orçamento anual prescreve os limites do poder-dever da Administração, ao imputar *autorizações* para realização de despesas, contra as quais ou fora delas nenhum ato da Administração poderá ser praticado, sob pena de responsabilidade (art. 70, parágrafo único, da CF).

Postos nestes termos, não se pode tolher a vocação do orçamento como meio transformador da sociedade segundo os fins e valores constitucionais do Estado. Este é o grande instrumento de ação dos governos e da sociedade para efetivar direitos e consagrar a justiça econômica, social e financeira em nosso país. Deveras, a grande revolução constitucional, no Brasil, seria assumir o orçamento público sob a máxima efetividade que a Constituição Financeira postula, para dar concretude aos direitos e liberdades fundamentais, realizar o desenvolvimento, erradicar a pobreza e superar as desigualdades sociais e regionais ainda tão profundas. Este é o desafio constitucional que as futuras gerações esperam que as de hoje, com serenidade, cumpram a cada dia.

Por todos esses motivos, como *conceito constitucional*, o orçamento público deve ser identificado segundo suas características democráticas previstas na Constituição. Nesta, o orçamento público deve ser elaborado em função de objetivos e metas a serem atingidas, de projetos e programas a serem executados. Nesse particular, como bem evidencia Adilson Dallari, as dotações são mera representação numérica, motivo pelo qual o orçamento público deve ser compreendido na sua função vinculante para a Administração, e não só autorizativa, por determinação constitucional.[46]

Para o Brasil, com suas três leis orçamentárias e com mandamento constitucional expresso para a realização das metas, programas e diretrizes, ordenar o orçamento por resultado ou programas não é novidade. Contudo, espera-se, para todos os entes do federalismo, uma "atitude" de governo coerente com esse projeto constitucional, quanto à maximização dos resultados orçamentários mediante eficácia de controles internos e externos. Orçamento por *performance*, programa ou resultado, portanto, não é algo novo. Nova é a ação de governo dirigida para a implementação efetiva desses modelos.

Se alguma virtude pode ser encontrável na crise financeira internacional de 2008 e na que ora atravessamos, entre outras, tem-se a confirmação empírica de que a grandeza da economia de um país constrói-se com o Estado e setor privado fortalecidos reciprocamente e animados pelos valores constitucionais em concretização permanente. Nenhum segmento da economia de mercado é forte e resistente às "falhas de mercado"

---

[46] "A lei orçamentária, uma vez aprovada, obriga o Executivo a lhe dar fiel cumprimento, sob pena da configuração de crime de responsabilidade. Cumprir a lei orçamentária significa executar ou implantar os projetos e programas que embasaram ou justificaram os quantitativos expressos nas dotações orçamentárias" (DALLARI, Adilson. Orçamento impositivo. In: CONTI, José Maurício; SCAFF, Fernando Facury (Org.). *Orçamentos públicos e direito financeiro*. São Paulo: Revista dos Tribunais, 2011. p. 310).

se não for acompanhado de um Estado igualmente forte e de atuação permanente na proteção do seu mercado, no sentido de ter meios para as intervenções que se façam necessárias à manutenção dos fundamentos da ordem econômica, mormente pela sua capacidade de oferecer segurança jurídica aos agentes econômicos.

Diante disso, que seja o orçamento público brasileiro, pelo arquétipo constitucional de regras e princípios que o rege, aquilo que propugnava Veiga Filho, não apenas o documento fundamental de finanças do Estado, mas a "expressão mais concisa e evidente da boa política e de um bom governo, bem como do progresso moral e intelectual de um povo".[47] E como conceito constitucional, o orçamento público deve realizar os fins constitucionais do Estado Democrático de Direito, nas suas máximas possibilidades, com promoção do desenvolvimento equilibrado e sustentável, erradicação da pobreza, redução de desigualdades sociais e regionais e efetividade dos direitos e liberdades fundamentais. Esta é a revolução que a Constituição Financeira, integrada com as Constituições Econômica e Político-Federativa, por meio do orçamento, tem como dever realizar em favor de todo o povo brasileiro, sem distinções, e de modo permanente, em favor das gerações presentes e futuras.

Informação bibliográfica deste texto, conforme a NBR 6023:2018 da Associação Brasileira de Normas Técnicas (ABNT):

TORRES, Heleno Taveira. Funções do orçamento na Constituição Financeira. In: LEAL, Saul Tourinho; GREGÓRIO JÚNIOR, Eduardo Lourenço (Coord.). *A Constituição Cidadã e o Direito Tributário*: estudos em homenagem ao Ministro Carlos Ayres Britto. Belo Horizonte: Fórum, 2019. p. 241-261. ISBN 978-85-450-0678-7.

---

[47] VEIGA FILHO, João Pedro da. *Manual da sciência das finanças*. 4. ed. São Paulo: Monteiro Lobato, 1923. p. 185.

INTERPRETAÇÃO DAS REGRAS DE IMUNIDADE – IMUNIDADE DAS RECEITAS DECORRENTES DE EXPORTAÇÃO E A EXPORTAÇÃO INDIRETA

JIMIR DONIAK JR.

O convite para participar desta obra em homenagem ao Min. Carlos Ayres Britto nos fez lembrar das belas páginas sobre o estudo do direito constantes do livro *Introdução ao estudo do direito – Técnica, decisão, dominação,* de Tércio Sampaio Ferraz Jr. Nele, o respeitado professor afirma:

> Estudar o direito é, assim, uma atividade difícil, que exige não só acuidade, inteligência, preparo, mas também encantamento, intuição, espontaneidade. Para compreendê-lo é preciso, pois, saber e amar. Só o homem que sabe pode ter-lhe o domínio. Mas só quem o ama é capaz de dominá-lo rendendo-se a ele.[1]

Por tudo isso e pelas demais considerações então feitas, Tércio Sampaio Ferraz Jr. conclui que o estudo do direito "[...] exige, pois, precisão e rigor científico, mas também abertura para o humano, para a história, para o social, numa forma combinada que a sabedoria ocidental, desde os romanos, vem esculpindo como uma obra sempre por acabar".[2]

O Min. Carlos Ayres Britto é a perfeita encarnação, em uma pessoa, das exigências de precisão, rigor científico, inteligência, preparo, combinadas com a abertura para o humano, para a história, para o social, produzindo em nós encantamento quando vemos suas reflexões derivadas dos desafios que o direito cotidianamente nos traz.

Honrados com o convite para redigir um estudo para participar da homenagem a esse excepcional jurista, envolvendo tema constitucional-tributário, escolhemos o das imunidades. Sobre ele diversos estudos acadêmicos têm sido produzidos e o

---

[1] FERRAZ JUNIOR, Tércio Sampaio. *Introdução ao estudo do direito*: técnica, decisão, dominação. São Paulo: Atlas, 1988. p. 25.
[2] FERRAZ JUNIOR, Tércio Sampaio. *Introdução ao estudo do direito*: técnica, decisão, dominação. São Paulo: Atlas, 1988. p. 25.

Supremo Tribunal Federal tem analisado muitas questões práticas nos últimos anos. A despeito disso, parece-nos que ainda há reflexões pertinentes a serem feitas.

Nossa intenção é, a partir de decisões proferidas pelo Supremo Tribunal Federal (de algumas delas o Min. Carlos Ayres Britto participou), procurar traçar um encaminhamento prático de análise para outros casos. Ao final, procuraremos aplicar as conclusões a que chegaremos a uma disputa ainda em aberto no Supremo, a saber, o alcance do art. 149, §2º, I, e da imunidade das receitas decorrentes de exportação nele previsto à exportação indireta e às contribuições sobre a receita, substitutivas da contribuição sobre a folha de salários. Antes, porém, convém fazermos considerações prévias sobre as imunidades.

I   Considerações gerais sobre as imunidades

Durante muito tempo, a doutrina dissentiu sobre o conceito da imunidade. Assim, (a) ela já foi identificada como uma limitação ao poder de tributar, afirmação vaga e insuficiente; (b) foi afirmado que ela constituiria um princípio constitucional, o que não parece perfeito, dado que a imunidade pode ser uma aplicação ou manifestação de um princípio, mas não seria, ela própria, um princípio; (c) sustentou-se que a imunidade seria uma hipótese de não incidência constitucionalmente qualificada, ideia imperfeita, por partir de uma negativa e tratar a imunidade como se fosse uma regra de comportamento, quando na verdade ela é uma regra de estrutura; (d) também foi afirmado que ela seria uma exclusão ou uma supressão da competência tributária, o que transmite a falsa impressão de que primeiro nasceria a competência tributária, para depois ela ser excluída ou suprimida, o que não ocorre, dado que competência tributária e imunidade decorrem da Constituição.

A imprecisão do conceito é perigosa, ela acarreta equívocos na aplicação prática das imunidades.

As críticas lúcidas, entre outros, de Paulo de Barros Carvalho e de Regina Helena Costa às antigas concepções de imunidade levaram todos à reflexão mais detida. Paulo de Barros Carvalho dá o seguinte conceito de imunidade tributária:

> [...] classe finita e imediatamente determinável de normas jurídicas, contidas no texto da Constituição da República, e que estabelecem, de modo expresso, a incompetência das pessoas políticas de direito constitucional interno para expedir regras instituidoras de tributos que alcancem situações específicas e suficientemente caracterizadas.[3]

Já Regina Helena Costa define imunidade como:

> [...] a exoneração, fixada constitucionalmente, traduzida em norma expressa impeditiva da atribuição de competência tributável ou extraível, necessariamente, de um ou mais

---

[3]   CARVALHO, Paulo de Barros. *Curso de direito tributário*. 27. ed. São Paulo: Saraiva, 2016. p. 195.

princípios constitucionais, que confere direito público subjetivo a certas pessoas, nos termos por ela delimitados, de não se sujeitarem à tributação.[4]

É de se notar como ambos destacam que a imunidade é contida na/fixada pela Constituição Federal. Com efeito, Souto Maior Borges já sustentava antes que "[...] as imunidades representam muito mais um problema do direito constitucional do que um problema de direito tributário".[5]

Este ponto é de decisiva importância. Isso porque muitas vezes ainda se afirma, em equívoco lamentável, que as regras de imunidades deveriam ser interpretadas literalmente, por determinação do art. 111, inc. II, do Código Tributário Nacional.[6]

Ora, proceder dessa forma seria absurda inversão de valores: uma regra infraconstitucional, hierarquicamente inferior, estaria prescrevendo como deveria ser interpretada uma regra constitucional, hierarquicamente superior. Não há sentido em tal proceder. As lições de Carlos Ayres Britto, em sua *Teoria da Constituição*, são perfeitamente aplicáveis aqui:

> 4.6.6. Longe de querer servir à lei e aos demais espécimes de Direito Legislado, a Constituição *quer servir é a si mesma*. E é para servir a si mesma que ela dispõe sobre a elaboração de todo o Direito posterior a ela. Por conseguinte, os institutos e as instituições de selo constitucional devem ter a sua conceituação elaborada a partir de elementos encontradiços na própria Constituição. Não o contrário, porque, senão, a Constituição passaria a servir ao Direito-lei, e não o Direito-lei a servir à Constituição; reduzindo, o mais das vezes, o ímpeto ou a 'essência transformadora' da Magna Carta, para nos valermos de expressão adotada por JOSÉ AFONSO DA SILVA para a nossa Constituição de 1988.[7]

A constatação de que a regra de imunidade tem natureza constitucional deve estar bem consciente na sua interpretação e na identificação de seu alcance.

O primeiro ponto a salientar, decorrente dessa constatação, é que a regra de imunidade, como constitucional, é de superior hierarquia em relação àquelas de exercício da competência tributária, como as que fixam a regra-matriz do tributo. É nada menos que óbvio: se a regra de imunidade compõe o campo de competência tributária, delimitando-o, o exercício dessa competência se submete à regra de imunidade.

Não se trata apenas de submissão. Todas as normas infraconstitucionais devem realizar, da melhor maneira possível, as constitucionais. Como afirmou Carlos Ayres Britto: "É exprimir: cada norma de imediata aplicação da Constituição tem que homenagear a própria Constituição, *formal, material e eficacialmente* [...]".[8] Assim, também no exercício da competência tributária, pelo legislador infraconstitucional,

---

[4] COSTA, Regina Helena. *Imunidades tributárias*: teoria e análise da jurisprudência do STF. 3. ed. São Paulo: Malheiros, 2015. p. 58.
[5] BORGES, José Souto Maior. *Isenções tributárias*. 2. ed. São Paulo: Sugestões Literárias, 1980. p. 184.
[6] "Art. 111. Interpreta-se literalmente a legislação tributária que disponha sobre: [...] II – outorga de isenção; [...]".
[7] BRITTO, Carlos Ayres. *Teoria da Constituição*. Rio de Janeiro: Forense, 2003. p. 156.
[8] BRITTO, Carlos Ayres. *Teoria da Constituição*. Rio de Janeiro: Forense, 2003. p. 158.

deve-se ter o cuidado de procurar realizar, da melhor maneira e com máxima eficácia, as regras de imunidade.

Por decorrência, as imunidades configuram importante limitação ao exercício da tributação. Não se trata de mero limite formal, sem maior significado. Disse-o bem Souto Maior Borges:

> Sistematicamente, através de imunidade, resguardam-se princípios, idéias-forças ou postulados essenciais ao regime político. [...]
>
> Analisada sob o prisma do fim, objetivo ou escopo, a imunidade visa assegurar certos princípios fundamentais ao regime, a incolumidade de valores éticos e culturais consagrados pelo ordenamento constitucional positivo e que se pretende manter livres das interferências ou perturbações da tributação.[9]

Infere-se dessa lição que a regra de imunidade deve se submeter primordialmente à interpretação de cunhos sistemático e teleológico. Ela participa do conjunto da Constituição e busca implementar, de forma mais específica, valores e objetivos fundamentais plasmados no texto constitucional.[10]

Mesmo assim, ocasionalmente ainda se declara, de modo equivocado, que a imunidade deveria ser interpretada de modo estrito ou restrito (posicionamento esse que independe da equivocada pretensão de aplicar à Constituição o art. 111 do CTN). Sustenta-se que assim seria devido à imunidade representar uma exceção à imposição tributária, como se a regra de tributação preexistisse à de imunidade e esta viesse a restringir aquela. Como há pouco observado, a imprecisão conceitual traz consigo perigos: acolher a errônea premissa de que a imunidade seria uma exclusão ou supressão da competência tributária conduz à errônea posição de que a interpretação deveria ser restritiva, de modo a afetar o reconhecimento do alcance de uma específica regra de imunidade. Contrariamente, porém, a competência já nasce, da Constituição, delimitada pela regra de imunidade.

O equívoco está presente, por exemplo, na ementa do Recurso Extraordinário nº 564.413/SC, do Plenário do Supremo Tribunal Federal, quando foi discutido se a imunidade das receitas de exportações às contribuições sociais e de intervenção no domínio econômico impediria a exigência da CSL sobre o lucro decorrente de operações de exportação:

---

[9] BORGES, José Souto Maior. *Isenções tributárias*. 2. ed. São Paulo: Sugestões Literárias, 1980. p. 184.

[10] Carlos Ayres Britto, de novo, é perfeito em suas colocações: "*4.8.1*. Voltando a trabalhar com o modelo cabalmente hierarquizado de unidade jurídica, todo ele cimentado na rigidez formal e conseqüente superioridade da Constituição, o que nos cumpre aduzir é patente: a Constituição não faria do Direito em geral um conjunto, um todo congruente de prescrições, se, antes, *um todo congruente de prescrições ela não fosse*. Não é por ser o Direito um sistema que a Constituição um sistema se transfunde. É por ser a Constituição um sistema que o Direito em sistema se transfunde. Como diria CONFÚCIO, redivivo, 'não pode haver fronde em ordem com raízes em desordem'. *4.8.2*. Noutro modo de dizer coisa igual, o Direito não é, sozinho, uma unidade sistêmica do tipo formal e materialmente hierarquizado. Para sê-lo, tem que se acoplar à Constituição. *Mas a Constituição consegue ser, sozinha (tanto antes quanto depois dos atos de sua reforma), uma unidade sistêmica*. Sem embargo do fato de vir a constituir uma segunda e necessária unidade, já agora ao lado do Direito infraconstitucional" (BRITTO, Carlos Ayres. *Teoria da Constituição*. Rio de Janeiro: Forense, 2003. p. 164-165).

IMUNIDADE – CAPACIDADE ATIVA TRIBUTÁRIA. A imunidade encerra exceção constitucional à capacidade ativa tributária, cabendo interpretar os preceitos regedores de forma estrita.

Mais corretas foram as considerações que embasaram o voto do Min. Gilmar Mendes, seja nesse RE nº 564.413/SC, seja no RE nº 474.132, quando foi debatido não só o alcance da imunidade das receitas de exportações à CSL, como também à CPMF e as movimentações financeiras com tais receitas. Disse, então, o referido ministro, nesse segundo precedente:

> Não obstante o fato de que, em alguns julgados, este Supremo Tribunal Federal tenha adotado uma interpretação ampliativa das imunidades, de modo a abarcar fatos, situações ou objetos a priori não abrangidos pela expressão literal do enunciado normativo, e, em outros, tenha excluído da regra desonerativa algumas hipóteses fáticas, por intermédio de uma interpretação que se poderia denominar de restritiva, é indubitável que, em todas essas decisões, a Corte sempre se ateve às finalidades constitucionais às quais estão vinculadas as mencionadas regras de imunidade tributária.
>
> Tanto para ampliar o alcance da norma quanto para restringi-lo, o Tribunal sempre adotou uma interpretação teleológica do enunciado normativo. [...]
>
> Isso porque as regras de imunidade tributária – embora imediatamente prescritivas, impondo aos entes federativos um dever de abstenção legislativa – têm por escopo a consecução de determinadas finalidades ou a preservação de certos valores consagrados no texto constitucional. E somente à luz dessas finalidades e valores, elas devem ser interpretadas. [...]
>
> Revela-se, pois, impróprio afirmar-se genericamente que as imunidades sempre deverão ser interpretadas de forma ampla ou restrita.

Em outra ocasião, tendo a Min. Rosa Weber como relatora, o STF foi perfeito ao assim se expressar, na ementa do acórdão do RE nº 606.107/RS:

> I – Esta Suprema Corte, nas inúmeras oportunidades em que debatida a questão da hermenêutica constitucional aplicada ao tema das imunidades, adotou a interpretação teleológica do instituto, a emprestar-lhe abrangência maior, com escopo de assegurar à norma supralegal máxima efetividade.

Idêntico trecho constou também do RE nº 627.815/PR.

Essas as considerações iniciais, aptas a situar os fundamentos para novas reflexões.

II Proposta de percurso para interpretação das regras de imunidade, adotando-se precedentes do STF

Temos, então, que a regra de imunidade compõe a delimitação da competência tributária concedida pela Constituição. Daí não ser cabível falar em uma exegese de cunho restritivo ou mesmo estrito, ou apelar para o art. 111, inc. II, do Código Tributário Nacional. A interpretação da regra de imunidade deve pautar-se, sobretudo, tendo em vista aquilo que se objetiva proteger, afastando a tributação.

A ementa do acórdão proferido no RE nº 453.670, de relatoria do Min. Marco Aurélio, é firme na relevância da identificação do objetivo da regra de imunidade:

> A razão de ser da imunidade prevista no texto constitucional, e nada surge sem uma causa, uma razão suficiente, uma necessidade, está no interesse da sociedade em ver afastados procedimentos, ainda que normatizados, capazes de inibir a produção material e intelectual de livros, jornais e periódicos.

O *primeiro passo*, portanto, para a interpretação de uma regra de imunidade e para detectar seu alcance é, partindo da própria regra constitucional, identificar seu objetivo, seu escopo, aquilo que se almeja alcançar ou proteger.

No entanto, é certo que não basta isso. Limitar-se a essa etapa pode levar a um alcance desmedido da imunidade. A Constituição pode pretender proteger um valor ou alcançar um objetivo, mas ao estabelecer a regra específica de imunidade ela pode demarcar até que ponto deve ir a atuação nesse sentido, em lugar de prever uma proteção ampla ou indefinida.

Essa compreensão fica clara em certos precedentes do Supremo, sobre algumas regras de imunidade, que valem ser rememorados.

A regra de imunidade em favor de livros, jornais, periódicos e o papel destinado à sua impressão (art. 150, VI, "d", da Constituição) deu origem a muitos acórdãos do Supremo Tribunal Federal. Mais recentemente, esteve em debate se o chamado "livro eletrônico" também estaria protegido.

É aceito sem resistências que o objetivo dessa imunidade é o de não impedir ou até incentivar a divulgação de informações, de modo a evitar censuras que favorecessem o governante da ocasião e servir de impulso ao desenvolvimento educacional e cultural de toda a população. O STF deixou isso expresso na ementa do RE nº 330.817, a propósito da imunidade do "livro eletrônico":

> 1. A teleologia da imunidade contida no art. 150, VI, d, da Constituição, aponta para a proteção de valores, princípios e ideias de elevada importância, tais como a liberdade de expressão, voltada à democratização e à difusão da cultura; a formação cultural do povo indene de manipulações; a neutralidade, de modo a não fazer distinção entre grupos economicamente fortes e fracos, entre grupos políticos etc; a liberdade de informar e de ser informado; o barateamento do custo de produção dos livros, jornais e periódicos, de modo a facilitar e estimular a divulgação de ideias, conhecimentos e informações etc. Ao se invocar a *interpretação finalística*, se o livro não constituir veículo de ideias, de transmissão de pensamentos, ainda que formalmente possa ser considerado como tal, será descabida a aplicação da imunidade. (Grifos do original)

Sempre existiram vozes respeitáveis sustentado que, sendo esse o objetivo da regra de imunidade em questão, ela deveria também proteger outras formas de divulgação de informações, eventualmente até mais populares, como o rádio e a TV ou, quando menos, certos programas desses veículos.[11]

---

[11] Nesse sentido Aires Barreto e Paulo Ayres Barreto: "A imunidade também alcança o rádio e a televisão. [...] Se se admitir que o jornal é apenas o escrito e não o falado (rádio) e o visto e falado (televisão) ter-se-á perpetrado a mais funda agressão à igualdade e, preconceituosamente, marginalizado o analfabeto, que só pode instruir-se, obter conhecimento, informar-se, receber cultura por via do jornal falado ou televisionado ou

No entanto, o STF e a maior parte da doutrina nunca adotaram essa exegese bastante lata da regra de imunidade. E de fato não nos parece que ela seja a mais adequada. Ainda que se deva identificar o objetivo da imunidade e pautar sua compreensão com base em uma leitura teleológica, de qualquer maneira o intérprete está jungido à letra da Constituição, aos termos por ela adotados.

Consta da Constituição ser vedada a instituição de impostos sobre livros, jornais, periódicos e o papel destinado à sua impressão. Não foi vedada a instituição de impostos sobre veículos de comunicação em geral, ou para as manifestações culturais, ou para a divulgação de informações por qualquer forma. O texto constitucional que traz a regra de imunidade não pode ser esquecido, deixado de lado, para ser considerado, de forma descomedida, o objetivo da regra.

Tércio Sampaio Ferraz Jr. bem percebeu este ponto em sua análise sobre a imunidade do "livro eletrônico". Assinalou ele que a imunidade não protege o livro físico, entendido até pouco tempo atrás como a reunião de folhas de papel unidas por meio de cola ou costura e formando um volume. Trata-se, diz ele, da mídia escrita, não importa em qual meio, como forma de garantir a liberdade de expressão e a divulgação de informações e de cultura. Tércio apontou, inclusive, uma diferenciação entre a mídia escrita e outras formas de mídia, a justificar a proteção específica daquela: "A leitura, ao contrário do cinema ou da TV ou do rádio, exige a participação do receptor, participação reflexiva e atenta, e por isso o educa para o exercício da liberdade pessoal".[12]

A análise do texto da regra de imunidade, porém, não pode ser praticada olvidando-se que se trata da exegese de parte da Constituição. Esta diferencia-se, parcialmente, da análise de outros textos jurídicos, por muitas vezes adotar palavras e expressões com um conteúdo mais aberto do que regras infraconstitucionais, normalmente mais detalhadas e precisas, e também por destinar-se a Constituição a ter um conteúdo mais duradouro, o que requer uma maior abertura semântica.[13] Ela não foi escrita com o intuito de esgotar a regulamentação sobre dado tema, mas, sim, estabelecer limites, conceder competências, garantir direitos. Regina Helena Costa comenta, nesse sentido, a propósito da interpretação das regras de imunidade: "A

---

por outras modalidades de acesso a programas que não utilizem a linguagem escrita. Enquanto a erradicação do analfabetismo (art. 214) é mera promessa (já lá se vão os dez anos a que se refere o art. 60 do ADCT), como subtrair a tantos desfavorecidos o direito de receberem informação e educação, senão por meio de jornais e de outros programas educativos, em rádios e televisões? A realização do princípio da igualdade (art. 5º, caput, e seu inciso I) exige que essas pessoas recebam tratamento compatível com suas dificuldades e deficiências. Imunizar o jornal escrito e não o falado ou televisionado é inverter o princípio da isonomia, é pô-lo às avessas, privilegiando quem sabe ler e marginalizando quem não o sabe" (BARRETO, Aires; BARRETO, Paulo Ayres. *Imunidades tributárias*: limitações constitucionais ao poder de tributar. São Paulo: Dialética, 1999. p. 17-18).

[12] FERRAZ JÚNIOR, Tércio Sampaio. Livro eletrônico e imunidade tributária. *Revista Tributária e de Finanças Públicas*, v. 22, p. 32-38, jan./mar. 1998.

[13] É certo que isso não significa o abandono do sentido técnico, que muitas vezes é o empregado na Constituição. Daí o STF já ter decidido: "CONSTITUIÇÃO – ALCANCE POLÍTICO – SENTIDO DOS VOCÁBULOS – INTERPRETAÇÃO. O conteúdo político de uma Constituição não é conducente ao desprezo do sentido vernacular das palavras, muito menos ao do técnico, considerados institutos consagrados pelo Direito. Toda ciência pressupõe a adoção de escorreita linguagem, possuindo os institutos, as expressões e os vocábulos que revelam conceito estabelecido com a passagem do tempo, quer por força de estudos acadêmicos quer, no caso do Direito, pela atuação dos Pretórios" (RE nº 166.772).

natureza da linguagem, por sua vez, é a própria para normas fundamentais da estrutura do Estado: apresenta maior generalidade e grau de abstração, pois seus comandos deverão ser desenvolvidos por intermédio da legislação infraconstitucional".[14]

Portanto, o *segundo passo* para a interpretação de uma imunidade e para detectar seu alcance é, tendo identificado o objetivo, voltar ao texto constitucional da regra de imunidade e verificar até que ponto este, com o sentido muitas vezes mais aberto e abstrato próprio de uma Constituição, permite ir para atender a esse objetivo.[15]

A Constituição, porém, não se interpreta em tiras, como repete Eros Roberto Grau.[16] Em todo texto há um contexto e este deve ser considerado, pois o sentido daquele depende deste.

Isso é válido para interpretação de qualquer texto normativo, é válido para qualquer regra constante da Constituição (inclusive por formar um corpo único), logo, do mesmo modo é válido para as regras de imunidade. Estas estão dentro da Constituição. Não estão à parte, alienadas do restante do Texto Constitucional. Assim, deve-se estar atento, ao procurar compreender o sentido e alcance de uma regra de imunidade, às demais prescrições constitucionais.

Em um caso analisado há poucos anos, o Supremo Tribunal Federal procedeu dessa maneira de modo particularmente claro. Trata-se do debate sobre se a regra de imunidade das receitas decorrentes de exportação às contribuições sociais e de intervenção no domínio econômico afastaria a incidência da contribuição social sobre o lucro – CSL sobre a parcela do lucro derivada de exportações (RE nºs 474.132/SC e 564.413/SC).

Aqueles que acreditavam que a imunidade abrangeria a CSL sustentavam que o lucro deriva das receitas, não existindo aquele sem estas. Portanto, exigir a CSL sem

---

[14] COSTA, Regina Helena. *Imunidades tributárias*: teoria e análise da jurisprudência do STF. 3. ed. São Paulo: Malheiros, 2015. p. 124.

[15] O Min. Ricardo Lewandowski abordou este ponto no RE nº 474.132-6/SC e no RE nº 564.413/SC: "Entendo que o artigo 149, §2º, I, da Constituição Federal, que estabelece a imunidade quanto às contribuições sociais, é expresso no sentido de que ela só se refere às receitas decorrentes de exportação. Não vejo como, *data vênia*, conferir uma interpretação extensiva ao dispositivo, tendo em conta a forma taxativa com que tal imunidade se encontra vazada no texto constitucional, ou seja, restrita às receitas, ainda que se reconheça que a desoneração das exportações constitui uma política de Estado fixada na Constituição". Nos mesmos RE, a Min. Ellen Gracie assim expressou-se: "A compreensão da amplitude da regra de imunidade não pode estar dissociada dos limites semânticos dos termos utilizados para estabelecê-la e da sua percepção harmônica com o sistema constitucional, sem alargamentos ou restrições".

[16] "Por isso mesmo a interpretação do direito é interpretação do direito é intepretação *do direito*, e não de textos isolados, desprendidos do direito. Não se interpretam *textos de direito*, isoladamente, mas sim *o direito*, no seu todo – marcado, na dicção de Ascarelli [1952a:10] pelas suas *premissas implícitas*. Santi Romano [1964:211] insiste em que a interpretação da lei é sempre interpretação não de uma lei ou de uma norma singular, mas de uma lei ou de uma norma que é considerada em relação à posição que ocupa no todo do ordenamento jurídico; o que significa que o que efetivamente se interpreta é esse ordenamento e, como consequência, o *texto* singular. Hermann Heller [1977:274], por outro lado, observa que o preceito jurídico particular somente pode ser fundamentalmente concebido, de modo pleno, quando se parta da totalidade da Constituição política. A propósito, diz Geraldo Ataliba (1970:373): '[...] nenhuma norma jurídica existe em si, como que vagando no espaço, em escoro ou apoio. Não há comando isolado ou ordem avulsa. Porque esses – é propedêutico – ou fazem parte de um sistema, nele encontrando seus fundamentos, ou não existem juridicamente'. Não se interpreta o direito em tiras, aos pedaços" (GRAU, Eros Roberto. *Ensaio e discurso sobre a interpretação/aplicação do direito*. 5. ed. São Paulo: Malheiros, 2009. p. 131-132).

afastar a parcela do lucro decorrente das operações de exportações seria, ainda que de modo indireto, onerar as receitas decorrentes de exportação.[17]

Esse entendimento não foi acolhido pela maioria da Suprema Corte. A maioria seguiu o voto do Min. Marco Aurélio, que desenvolveu uma compreensão sistemática, examinando o art. 149, §2º, I, em conjunto com o art. 195 da Constituição. Este último, que concede a competência tributária para instituir contribuições sociais, prevê a incidente sobre a receita e a incidente sobre o lucro, vale dizer, diferencia ambos. O inc. I do §2º do art. 149 foi acrescentado pela Emenda Constitucional nº 33/2001 e, via criação de imunidade, delimitou a competência para instituir contribuições sociais, competência essa genericamente prevista justamente no art. 195. Questionou, então, esse ministro, como seria viável entender vocábulo integrante do art. 149 de modo distinto do mesmo vocábulo integrante do art. 195, quando ambos os dispositivos tratam de competência para instituir contribuições sociais.[18] As "receitas", referidas no art. 149, não poderiam ter um sentido que englobasse a "receita" e o "lucro", os quais são referidos no art. 195 como hipóteses de incidência distintas.

O Min. Menezes Direito e o Min. Carlos Ayres Britto igualmente ressaltaram este ponto. O último assim se manifestou:

> E nesses incisos – o Ministro Carlos Alberto Direito também fez muito bem –, as grandezas econômicas são distinguidas, são separadas. Receita ou faturamento é uma grandeza; lucro é outra grandeza. Então, são duas bases imponíveis numa linguagem de Direito Tributário, ou dois fatos geradores. Lucro é uma coisa, receita é outra coisa. (RE nºs 474.132/SC e 564.413/SC).[19]

Podemos, então, apontar o *terceiro passo*: após identificar o objetivo da regra de imunidade e contrastá-lo com o texto constitucional da regra de imunidade, deve-se partir para uma análise sistemática, levando em consideração outras partes e o todo da Constituição.

Prosseguindo na proposta de um percurso para a interpretação das regras de imunidade, não se pode olvidar que o ordenamento jurídico não é algo abstrato, criado e com existência desvinculada da realidade. Bem ao inverso disso, o ordenamento é sistema prescritivo, que visa alterar a realidade, regulando as condutas intersubjetivas.

---

[17] Essa era a opinião do Min. Gilmar Mendes: "Da legislação tributária, portanto, extrai-se que lucro significa o resultado positivo em um determinado exercício, ou seja, a receita auferida nesse período menos as despesas necessárias à sua obtenção. É certo, pois, que os lucros advindos de exportação pressupõem as receitas auferidas na mesma operação. E, se estas são contempladas pela imunidade, também os lucros devem ser. O lucro não constitui figura jurídica desvinculada da receita, mas dela depende, até mesmo para a sua definição. [...] Por conseguinte, não remanesce dúvida de que o art. 149, §2º, I, da Constituição também abarca a CSLL. Até mesmo porque, caso se admitisse que o lucro decorrente das exportações pudesse ser tributado, estar-se-ia indiretamente onerando as receitas decorrentes desse tipo de operação" (RE nº 474.132).

[18] "Ressalto haver sido editada a Emenda Constitucional nº 33/2001 à luz do texto primitivo da Carta Federal. Logicamente, a ela não se pode, em interpretação ampliativa, conferir alcance que com este se mostre em conflito".

[19] Do voto do Min. Menezes Direito colhe-se: "Se absorvesse o conceito de receita, evidentemente nós traríamos um *bis in idem* com relação à própria tributação, por que a emenda trataria como lucro aquilo que a própria disciplina constitucional tratou como receita. Daí a distinção que foi feita, desde a Emenda nº 20, nos termos do artigo 195".

Ele não se aliena dos fatos. Bem ao inverso, mister ter estes presentes para a adequada compreensão do alcance das normas.

Com a regra de imunidade não é diferente. Imprescindível considerar os fatos, em sua infinita complexidade e variedade, para verificar se e de que maneira estes se subsomem à regra constitucional em questão.

Aqui é particularmente relevante voltar ao quanto antes observado de que a Constituição é dotada de termos mais abertos, abstratos. Ela não foi escrita com o intuito de esgotar a regulamentação sobre dado tema. Não é de se esperar, mesmo em uma Constituição extensa e prolixa como a nossa, que ela tenha coberto todos os possíveis fatos. Bem ao inverso, pode ter utilizado palavras que terão um alcance maior do que seu sentido exato, maior do que teria a mesma palavra se utilizada por uma norma infraconstitucional, justamente porque não lhe é próprio exaurir o trato de um tema.

A Constituição também é um corpo normativo com pretensão duradoura, o que só por isso já requer uma maior abertura semântica, apta a se adaptar a possíveis cenários não imaginados pelo constituinte, ou sequer existentes ou corriqueiros quando de sua redação.

Nossa Corte Suprema deteve-se em casos em que foi relevante essa abordagem. O mais evidente foi o relativo ao "livro eletrônico", já mencionado aqui. A ementa do RE nº 330.817/RJ consignou:

> 3. A interpretação das imunidades tributárias deve se projetar no futuro e levar em conta os novos fenômenos sociais, culturais e tecnológicos. Com isso, evita-se o esvaziamento das normas imunizantes por mero lapso temporal, além de se propiciar a constante atualização do alcance de seus preceitos.

Desde a redação da Constituição Federal de 1988 a tecnologia desenvolveu-se muito. Mesmo olhando para o caso concreto analisado pelo STF, o processo teve início tratando os livros contidos em CD-ROM e, quando do julgamento, essa tecnologia já era ultrapassada, sendo comuns os aparelhos leitores de livros eletrônicos (*e-readers*), com os livros sendo transferidos via *download* pela rede mundial de computadores (internet).

Note-se a abertura da Constituição para o novo, para aquilo que não foi expressamente previsto no texto, mas que por uma exegese de cunho teleológico e sistemático pode ser abarcado por ele.

Não é razoável pretender que a Constituição Federal de 1988 seja emendada para cada nova tecnologia, ou novo tipo de fato, para colhê-lo. Tampouco faz sentido pretender que ela esgote o assunto, prevendo cada fato/realidade que é alcançado por suas regras.

Para proceder a esse exame, porém, é preciso ir ao fato e retornar à regra constitucional e à Constituição como um todo, de forma sistemática, para chegar à conclusão mais apropriada.

Em outros dois casos relativamente recentes o STF igualmente precisou, para bem aplicar uma regra de imunidade, compreender os fatos para verificar a incidência ou não da tributação. Ambos tratavam da já referida imunidade das contribuições sociais e de intervenção no domínio econômico às receitas decorrentes de exportação (art. 149, §2º, I).

No RE nº 606.107/RS debateu-se a exigência da contribuição para o PIS/Pasep e da Cofins sobre as receitas decorrentes de transferências onerosas de créditos de ICMS derivados de operações de exportação. A Min. Rosa Weber, relatora, procurou bem destrinchar a situação fática para, só então, verificar a aplicabilidade ou não da regra de imunidade em questão, bem como do art. 155, §2º, II, "a" que assegura a manutenção e o aproveitamento do montante do ICMS cobrado nas operações anteriores.

Segundo a ministra, a aquisição de mercadorias, submetida à exigência de ICMS, gera o direito de crédito, que é utilizado para abater do imposto devido no elo seguinte de comercialização. No caso de exportação, porém, não só não há a incidência do ICMS, como são garantidos, como visto, a manutenção e o aproveitamento do crédito. Todavia, quando a empresa não consegue utilizar o crédito e o transfere de forma onerosa para terceiro, a Administração Fiscal Federal via nessa operação a geração de receita, tributável pelo PIS/Cofins.

Foi somente compreendendo toda essa situação fática que a ministra, seguida pela maioria de seus pares (vencido o Min. Dias Toffoli), concluiu que tributar os valores recebidos pela transferência onerosa do crédito acumulado de ICMS em razão de exportações significaria onerar, ainda que de forma indireta, as receitas decorrentes de exportações.[20]

Já no RE nº 627.815, igualmente relatado pela Min. Rosa Weber, algo semelhante foi feito, também envolvendo a mesma regra de imunidade do art. 149, §2º, I. O ponto em discussão era a incidência ou não da contribuição para o PIS/Pasep e da Cofins sobre receitas de variação cambial derivadas de exportações.

A ministra relatora destacou que as receitas de variações cambiais são uma consequência direta das exportações, pois estas envolvem a venda de mercadoria a um domiciliado no exterior, que a adquire em moeda estrangeira. Até a troca desta pela moeda nacional (câmbio) pode haver uma variação cambial positiva para o exportador

---

[20] Transcrevemos alguns trechos do voto da Min. Rosa Weber: "Noutro turno, a apropriação de créditos de ICMS na aquisição de mercadorias tem suporte na técnica da não cumulatividade, imposta para tal tributo pelo art. 155, §2º, I, da Lei Maior, a fim de evitar que a sua incidência em cascata onere demasiadamente a atividade econômica e gere distorções concorrenciais. [...] Nos termos do art. 155, §2º, II, 'b', da Carta Constitucional, a não incidência e a isenção nas operações de saída implicam a anulação do crédito relativo às operações anteriores. Mas, para as exportações – o que aqui sobreleva –, o tratamento é distinto. O art. 155, §2º, X, 'a', da CF, a um só tempo, imuniza as operações de exportação e assegura 'a manutenção e o aproveitamento do montante do imposto cobrado nas operações e prestações anteriores'. [...] Ainda que os valores do ICMS acumulado e transferido a terceiros fossem enquadrados como receita, não poderiam ser considerados na base de cálculo das contribuições PIS e COFINS porque o art. 149, §2º, I, da Constituição Federal, aplicável a todas as contribuições sociais, inclusive às de seguridade social, imuniza as receitas decorrentes de exportação [...]. Noutras palavras, as receitas advindas da cessão a terceiros, por empresa exportadora, de créditos do ICMS são imunes, por se enquadrarem como 'receitas decorrentes de exportação'. Com efeito, adquirida a mercadoria, a empresa exportadora pode creditar-se do ICMS anteriormente pago, mas somente poderá transferir a terceiros o saldo credor acumulado após a saída da mercadoria com destino ao exterior [...] Como a cessão do crédito só se viabiliza em função da exportação e, além disso, está vocacionada a desonerar as empresas exportadoras do ônus econômico do ICMS, as verbas respectivas devem ser qualificadas como decorrentes da exportação para fins de aplicação da imunidade do art. 149, §2º, I, da Constituição Federal".

nacional, ocasionado o surgimento de receita. Entretanto, sustentou a ministra, e todos os demais ministros com ela concordaram, que essa receita de variação cambial seria decorrente de receita de exportação e estaria protegida pela imunidade.[21]

Percebe-se como em ambos os casos a ministra relatora precisou compreender os fatos (a realidade) e, a partir destes, retornar ao texto da regra constitucional de imunidade, esforçando-se na compreensão sistemática (daí no caso da transferência onerosa dos créditos de ICMS também ter sido analisado o art. 150, §2º, II, "a"), e finalmente aplicar a compreensão da Constituição a partir dos fatos.

O *quarto passo*, então, é analisar a realidade em sua complexidade, os fatos concretos, para verificar se podem se encaixar, se subsumir ao tratamento jurídico. Essa verificação cuidadosa é de particular relevância quando se tem em mente que as constituições não são detalhistas (não têm condições de sê-lo e não se propõem a tanto) e adotam conceitos mais abertos, abstratos.

Por fim, o *quinto passo* consiste em não seguir esses passos de modo linear, supondo que ao chegar ao derradeiro ter-se-á esgotado a tarefa. Bem diferente disso, a atividade hermenêutica requer um ir e vir entre texto da regra constitucional, seu objetivo, o contexto da Constituição, a análise dos fatos, o retorno à regra e depois novamente ir ao contexto/sistema e ao fato. Assim como a visualização da Constituição como um todo pode despertar novas leituras da regra, o mesmo também pode ocorrer a partir do exame da realidade. Daí a imperiosidade desse movimento ondular, em que a compreensão de um elemento pode impactar a compreensão que se tem de outro.

No último precedente do STF analisado (RE nº 627.815), esse procedimento de ir e vir foi realizado pela Ministra Rosa Weber: após analisar o texto constitucional, identificar seu objetivo, fazer um exame sistemático, compreender o fato, a ministra voltou ao texto da regra de imunidade para ainda apontar que seus termos levavam a um alcance maior dos fatos. Realmente, a ministra observou que o art. 149, §2º,

---

[21] Transcrevemos também aqui alguns trechos do voto da ministra: "Percebe-se que as receitas advindas de variações cambiais ativas são consequência direta das operações de exportação de bens e/ou serviços (conjugadas à oscilação cambial favorável), qualificando-se como 'receitas decorrentes de exportação'. De fato, o contrato de câmbio constitui negócio inerente à exportação, estando diretamente associado aos negócios realizados em moeda estrangeira. Consubstancia etapa inafastável do processo de exportação de bens e serviços, pois todas as transações com residentes no exterior pressupõem a efetivação de uma operação cambial, consistente na troca de moedas: o exportador vende a divisa estrangeira que receberá do comprador à instituição financeira autorizada a operar com câmbio, a fim de receber o pagamento em moeda nacional. Noutras palavras, o exportador está obrigado a celebrar o contrato de câmbio, pois não se permite que receba o pagamento em moeda estrangeira. Percebe-se que as receitas advindas de variações cambiais ativas são consequência direta das operações de exportação de bens e/ou serviços (conjugadas à oscilação cambial favorável), qualificando-se como 'receitas decorrentes de exportação'. De fato, o contrato de câmbio constitui negócio inerente à exportação, estando diretamente associado aos negócios realizados em moeda estrangeira. Consubstancia etapa inafastável do processo de exportação de bens e serviços, pois todas as transações com residentes no exterior pressupõem a efetivação de uma operação cambial, consistente na troca de moedas: o exportador vende a divisa estrangeira que receberá do comprador à instituição financeira autorizada a operar com câmbio, a fim de receber o pagamento em moeda nacional. Noutras palavras, o exportador está obrigado a celebrar o contrato de câmbio, pois não se permite que receba o pagamento em moeda estrangeira. [...] Em suma, eventual variação da taxa de câmbio entre o fechamento e a liquidação do contrato configura receita decorrente de exportação, sempre que seja favorável ao exportador. Logo, as receitas cambiais relativas à exportação estão abrangidas pela imunidade do art. 149, §2º, I, da Carta Constitucional".

I, não se refere apenas a receitas de exportação, mas, sim, a "receitas *decorrentes* de exportação", a conferir:

> [...] maior amplitude à desoneração constitucional, suprimindo do alcance da competência impositiva federal todas as receitas que resultem da exportação, que nela encontrem a sua causa, representando consequências financeiras do negócio jurídico de compra e venda internacional; evidencia, por consequência, a intenção, plasmada na Carta Política, de se desonerarem as exportações por completo, a fim de que as empresas brasileiras não sejam coagidas a exportarem os tributos que, de outra forma, onerariam as operações de exportação, quer de modo direto, quer indireto.

Em síntese, a interpretação sobre uma regra de imunidade, para identificar seu alcance, deve passar como que por um percurso, no qual:

a) partindo do texto, procura se identificar o objetivo da proteção constitucional/tributária, a fim de se realizar uma interpretação teleológica;

b) deve-se então retornar ao texto da regra de imunidade, para verificar até que ponto este permite ir para atender ao objetivo;

c) é imprescindível efetuar uma análise sistemática, levando em consideração outras partes e o todo da Constituição;

d) a realidade, os fatos concretos, não podem deixar de ser considerados e compreendidos, para avaliar se a regra de imunidade os colhe, sendo que a ausência dessa avaliação poderá pôr em risco a efetividade da Constituição e a realização concreta do objetivo da imunidade;

e) esses passos ou etapas não formam um percurso linear, o sucesso da interpretação da regra de imunidade requer um ir e vir entre cada um deles, que pode inclusive despertar novas leituras da regra.

Pretendemos, com a seguida referência a precedentes do STF, demonstrar que nossa Suprema Corte tem adotado essa forma de interpretar as regras de imunidade. Não poderia ser diferente, dado que elas nada têm de original ou substancialmente distinto da interpretação de qualquer outra regra jurídica. Apenas procuramos sistematizar o procedimento que, com as peculiaridades próprias do tema imunidade, a nosso ver tem sido adotado pelo Supremo.

Passemos, agora, a aplicar essa exposição para uma disputa ainda indefinida no STF, da aplicação da imunidade às receitas decorrentes de exportação, segundo o art. 149, §2º, I, da Constituição, para as chamadas exportações indiretas, via "empresa comercial exportadora".

III Imunidade às receitas decorrentes de exportação e as exportações indiretas

A contribuinte ingressou com ação judicial para que dela não fosse exigida contribuição social incidente sobre a receita quando fosse realizada exportação indireta, via "empresa comercial exportadora" (também conhecida como *trading company*), pois tal imposição contrariaria o art. 149, §2º, I, da Constituição. A Administração Fiscal, porém, manifestou-se formalmente pela incidência da contribuição em tal hipótese. É o que consta da Instrução Normativa MPS/SRP nº 3/2005 e da Instrução Normativa RFB nº 971/2009, que revogou a primeira. Consta desta última a seguinte regra:

> Art. 170. Não incidem as contribuições sociais de que trata este Capítulo sobre as receitas decorrentes de exportação de produtos, cuja comercialização ocorra a partir de 12 de dezembro de 2001, por força do disposto no inciso I do §2º do art. 149 da Constituição Federal, alterado pela Emenda Constitucional nº 33, de 11 de dezembro de 2001.
>
> §1º Aplica-se o disposto neste artigo exclusivamente quando a produção é comercializada diretamente com adquirente domiciliado no exterior.
>
> §2º A receita decorrente de comercialização com empresa constituída e em funcionamento no País é considerada receita proveniente do comércio interno e não de exportação, independentemente da destinação que esta dará ao produto. [...]

Esta polêmica não alcança a contribuição para o PIS/Pasep e a Cofins, pois há expressa regra de nível legal afastando-as (art. 5º, III, da Lei nº 10.637/2002 e art. 6º, III, da Lei nº 10.833/2003). Entretanto, regra expressa semelhante não existe para as contribuições sobre a receita bruta, substitutivas da contribuição sobre a folha de salários. Daí a querela se haveria a tributação ou a imunidade.

O Tribunal Regional Federal da 3ª Região concluiu que a imunidade não alcançaria a chamada "exportação indireta", estando corretas as normas administrativas mencionadas. Esta a parte da ementa do acórdão que reputamos importante:

> 2. No particular do caso vertente, nenhum desando pratica a normação infralegal atacada, IN 03/05, pois límpido propósito da disposição constitucional em tela, de proteger da incidência corriqueira a receita decorrente de exportação, não a oriunda de venda a um terceiro que então vá exportar, até porque obviamente se reconhece o próprio impetrante, no alcance que deseja, está a agir como um 'exportador indireto': ora, o termo é de pura técnica legislativa, quisesse o legislador constituinte dar à vedação em pauta o tom almejado, assim o teria expresso, beneficiando todo o plexo da cadeia produtiva pátria, envolto com a atividade de venda ao exterior. [...]
>
> 5. A exegese buscada pela parte impetrante exatamente carece de amparo em razão dos contornos da dicção constitucional em que se ancora: desejasse o constituinte abranger também ao comerciante perante o exportador protegido pela imunidade, assim o teria expressamente positivado. Precedentes. [...]

Com recurso extraordinário, de nº 759.244, a questão subiu ao STF e teve repercussão geral reconhecida pelo Tribunal, nestes termos:

> Ementa: Possui repercussão geral a controvérsia a respeito da aplicação, ou não, da imunidade prevista no art. 149, §2º, I, da Constituição às exportações indiretas, isto é, aquelas intermediadas por "trading companies". [...]
>
> Entendo presente a repercussão geral da matéria em discussão. O tema é constitucional, uma vez que envolve o alcance da interpretação da imunidade prevista no art. 149,

§2º, I, da Constituição. A limitação instituída pela norma infralegal também pode ser discutida diretamente à luz dos princípios da legalidade e da isonomia, tendo em vista a distinção entre exportadores diretos e indiretos. Observe-se que o acórdão recorrido decidiu a causa apenas com base na Constituição e na IN/SRP nº 03/2005, sem invocar a incidência de qualquer outra norma.

A controvérsia é relevante do ponto de vista econômico e ultrapassa os interesses subjetivos da causa, por afetar todas as empresas brasileiras que exportam servindo-se da intermediação de uma "trading company", o que significa dizer a maior parte dos exportadores, que não têm acesso direto ao mercado internacional. [...]

O tema também era discutido na ADI nº 3.572, mas esta questionava especificamente a IN-MPS/SRF nº 3/2005, que veio a ser revogada. Por isso, foi decidida a perda de objeto da ação.

Situada a questão em debate no STF, vejamos onde nos leva o percurso antes proposto na interpretação da imunidade prevista no art. 149, §2º, I, ante o tema em debate das exportações indiretas, via "empresa comercial exportadora"/*trading company*.

O primeiro passo reside em, a partir do texto da regra de imunidade em questão, identificar o objetivo da proteção constitucional-tributária.

Isso já foi feito pelo Supremo Tribunal Federal em precedentes mencionados aqui:

> É possível extrair da Constituição Federal de 1988 clara orientação normativa no sentido da desoneração da atividade exportadora, com a finalidade de aumentar a competitividade dos produtos brasileiros no mercado internacional. Nesse particular, cabe observar, sobretudo, as regras contidas nos arts. 153, §2º, III, e 155, §2º, X, da Constituição, que impedem a incidência do IPI e do ICMS sobre os produtos industrializados destinados ao exterior. (RE nº 474.132/SC, Min. Gilmar Mendes)

> III – O legislador constituinte – ao contemplar na redação do art. 149, §2º, I, da Lei Maior as "receitas decorrentes de exportação" – conferiu maior amplitude à desoneração constitucional, suprimindo do alcance da competência impositiva federal todas as receitas que resultem da exportação, que nela encontrem a sua causa, representando consequências financeiras do negócio jurídico de compra e venda internacional. A intenção plasmada na Carta Política é a de desonerar as exportações por completo, a fim de que as empresas brasileiras não sejam coagidas a exportarem os tributos que, de outra forma, onerariam as operações de exportação, quer de modo direto, quer indireto. (RE nº 627.815/PR, Rel. Min. Rosa Weber, ementa)

Esse segundo precedente é particularmente específico quando anuncia que a intenção da regra de imunidade é evitar que as empresas brasileiras exportem tributos. Ora, de pronto percebe-se que, no caso de serem gravadas as receitas obtidas com as exportações indiretas, claramente haverá "exportação de tributos", onerando os produtos nacionais. Não parece haver dúvida de que o objetivo prescrito de desejado pela Constituição não será implementado com a maior eficácia possível.

Identificado o objetivo, passa-se ao segundo passo, para retornar ao texto da regra de imunidade. Como visto, o objetivo da imunidade não é protegido de modo absoluto, sem peias. Há que se fazer uma interpretação de cunho teleológico, sim, mas se olvidar o texto da regra. A abrangência da proteção constitucional deve atender ao objetivo com grande eficácia, mas desde que essa abrangência se comporte no texto.

Trata-se de algo distinto do concluído pelo TRF da 3ª Região. Como visto, este afirmou que a exegese deveria estar dentro dos "contornos da dicção constitucional" e que, se desejasse o constituinte a abrangência pretendida pelo contribuinte, ele assim o teria positivado expressamente.

Note-se como o Tribunal *a quo* procede a uma inversão do quanto aqui proposto e que vem sendo aplicado pelo Supremo. O TRF não identificou o objetivo protegido pela imunidade para em seguida verificar até que ponto o texto da regra de imunidade permite ir para atender a esse objetivo. Já mediante o procedimento devido procura-se dar máxima eficácia ao objetivo constitucional, dentro do que permite o texto. Já o TRF valorizou o próprio texto da regra, olvidando-se de reconhecer o objetivo e procurar sua maior eficácia.

Quando menciona os "contornos da dicção constitucional" e afirma que, se o constituinte desejasse a abrangência pretendida pelo contribuinte, ele assim o teria positivado expressamente, o TRF parece supor que a Constituição entra em minúcias próprias de uma lei ou de uma regulamentação infralegal. Bem diferente disso, mesmo extensa e prolixa em vários assuntos, a Constituição Federal de 1988 não detalha a maioria de suas regras, inclusive as de imunidade. Ela não mira a realidade em todos os seus pormenores, na abundância de aspetos que ela comporta. É também por isso, inclusive, que, na interpretação da regra de imunidade, deve-se ter em mente sobretudo o objetivo perseguido.

O TRF parece ansiar da Constituição algo mais do que ela se pretende e consegue entregar. Como se a Constituição devesse prever algo como a vedação à incidência de contribuições sobre:

> as receitas decorrentes de exportação, inclusive as variações cambiais positivas dos valores recebidos em moeda estrangeira até o momento de sua conversão em moeda nacional e também sobre os valores eventualmente recebidos pela transferência onerosa de créditos acumulados de ICMS em razão de exportação, alcançando igualmente as receitas obtidas com vendas no mercado interno a empresas comerciais exportadoras, desde que com o intuito específico de serem exportadas [incluindo aqui o alcance dado pelo STF nos RE nºs 606.107/RS e 627.815/PR].

Ora, não é próprio de uma Constituição entrar em tais detalhes.

A Carta Magna estabeleceu uma regra de imunidade e todos devem se guiar pelo seu objetivo, para determinar seu alcance. Sem agredir um entendimento possível do texto, não devemos nos cingir rigidamente ao texto, desprezando o objetivo.

Em sua decisão, o TRF acabou por descurar dos próprios termos da regra de imunidade. Conforme já comentado, no RE nº 627.815 a Min. Rosa Weber, relatora, pontuou que o art. 149, §2º, I, não se refere apenas a receitas de exportação, mas, sim, a "receitas *decorrentes* de exportação", a conferir "maior amplitude à desoneração constitucional". O texto da regra está consentâneo com o objetivo de evitar que "as empresas brasileiras não sejam coagidas a exportarem os tributos que, de outra forma, onerariam as operações de exportação".

Ao lado de tudo isso, a "dicção" da Constituição deve ser bem refletida. A expressão "receitas decorrentes de exportação" leva à pergunta do que seriam tais receitas. Seriam apenas aquelas auferidas por quem vende o produto para um domiciliado no exterior? Ou também *decorreriam de exportação* a receita obtida com a venda da mercadoria para uma empresa brasileira, com o específico e expresso objetivo de ser exportada, sendo essa adquirente uma "empresa comercial exportadora"? Esse tipo de empresa "vive de"/se dedica a exportar mercadorias, não importa tanto quais, pois não as produz, mas tem a *expertise* relacionada ao trâmite de exportação e contatos no exterior que facilitam a atividade/procedimento de exportação.

Assim, a receita obtida com a venda à empresa brasileira *trading*, seguida pela exportação efetiva, também decorre de exportação (tem nela sua causa), pois essa venda só acontece em razão da remessa do produto ao exterior a se realizar no momento seguinte.

Essas considerações levam à necessidade de indagar o que configura uma exportação, para fins do art. 149, §2º, I, da Constituição Federal. Em outras palavras, impõe-se refletir como certa atividade é reconhecida como exportação.

É induvidoso que a venda de uma empresa nacional para um domiciliado no exterior é exportação. Também é certo que, caso se analise isoladamente a venda de uma mercadoria de um produtor para uma "empresa comercial exportadora" brasileira, não se terá o fato exportação.

Todavia, um fato não é necessariamente um ato simples, isolado. Deve-se indagar se dois fatos simples, quando tomados em conjunto, não configuram uma exportação. Assim, a venda do produtor para a comercial exportadora e desta para o importador no exterior podem, sim, qualificar-se em seu conjunto como uma exportação.

O cerne do questionamento, assim, é se seria viável tomar esses dois fatos simples em conjunto. Outrossim, se haveria um limite para tomar fatos distintos como um conjunto e tê-los como uma exportação. Indubitavelmente o limite é imperioso, caso contrário poder-se-ia falar que qualquer fato indiretamente relacionado (mesmo distante) ao derradeiro envio ao exterior seria parte de um grande fato de exportação. O Min. Dias Toffoli deixou impressa essa preocupação:

> Por diversas vezes esta Corte consignou, interpretando a regra de imunidade do art. 155, §2º, X da Constituição Federal, que o transporte de mercadorias destinadas a exportação não estaria abrangido pela imunidade, considerando-se que o benefício era restrito aos produtos destinados ao exterior. Nessa mesma linha, se interpretarmos a expressão "receita de exportação" de modo a abranger toda e qualquer receita que seja gerada na cadeia que antecede a operação de exportação, daqui a pouco, estaremos considerando imune até a receita gerada no início da cadeia produtiva, ou mesmo serviços contratados nessa cadeia, o que, a toda evidência, não corresponde à vontade do legislador constitucional. (RE nº 627.815)

A nosso ver, é viável tratar distintos fatos, isolados, como partes de um só fato maior quando eles compõem um todo possuidor de um sentido específico e quando um dependa ou esteja intrinsecamente vinculado ao outro.

Assim, a venda do produtor à "empresa comercial exportadora" é feita *para que* ocorra o envio ao exterior em seguida. A venda ao importador no exterior e o envio do produto ao exterior ocorrem *porque* antes houve a compra e venda entre produtor e comercial exportadora/*trading*. De outro lado, a venda de tecidos por um produtor, entre vários adquirentes, a um fabricante de roupas que exportará parte de sua produção por certo não compõe um todo que seria a exportação.

Em outras palavras, aquele que analisa o fato simples da venda de um produtor a uma "empresa comercial exportadora", com o fim específico de exportação, seguido pelo fato simples de venda por essa a um domiciliado no exterior, com efetiva saída da mercadoria do território nacional, constata que esses dois fatos não estão isolados, eles compõem um fato complexo, embora uno em seu sentido econômico. Este analista dirá, com segurança, que toda a operação compõe uma exportação.[22]

Acreditamos, com essa linha de entendimento, que o objetivo da regra de imunidade do art. 149, §2º, I, e sua interpretação teleológica em busca da maior efetividade da Constituição apontam no sentido de alcançarem as receitas decorrentes de exportação, mesmo quando realizadas indiretamente, via "empresa comercial exportadora", sem que o texto da regra constitucional seja um empecilho a essa compreensão, antes a viabilizando totalmente.

O estudo do tema, porém, não deve parar por aqui. Deve-se prosseguir, como proposto no tópico anterior deste estudo, com os passos 3 e 4, ou seja, à análise sistemática da Constituição e à consideração da realidade, dos fatos concretos. Aqui, esses dois passos são favorecidos se vistos em conjunto.

Da consideração da realidade, importa destacar que a atividade de exportação não é tão simples quanto talvez possa parecer. Em primeiro lugar, trata-se de localizar mercados receptivos ao bem produzido pelo contribuinte, deve-se alcançar um importador estrangeiro interessado em adquirir o produto, negociar com ele. Se alcançado sucesso nessa fase, a seguinte tampouco é fácil para aqueles não habituados ao comércio exterior: escolher e contratar a forma de transporte do produto do Brasil para o país destinatário e toda a logística envolvida (entrega da mercadoria no porto, no local e no momento devidos, ter acertado todo o procedimento de embarque). Por sua vez, as exigências de caráter burocrático são numerosas e nada simples, mormente para quem não tiver a *expertise* em tais afazeres. Paulo de Barros Carvalho, em parecer sobre o tema juntado nos autos do RE nº 759.244/SP, sublinhou este aspecto:

> Assim acontece também com os procedimentos de exportação: para instrumentá-los juridicamente é necessário o adimplemento de numerosa (e crescente) lista de obrigações juridicamente estabelecidas: desde o cadastramento no Sistema Integrado de Comércio Exterior – SISCOMEX, ao preenchimento de numerosas guias e produção de documentos específicos para cada tipo de mercadoria que se pretenda levar ao exterior, problemas de logística, variações e acertos cambiais, dentre outros. O aumento dessas etapas e do rigor procedimental na fiscalização dessas operações levou o mercado à criação de novo

---

[22] Paulo de Barros Carvalho, com a precisão que lhe é própria, expôs, em parecer sobre o tema, juntado nos autos do RE nº 759.244/SP: "Seria possível assim identificar na dinâmica dos negócios de exportação realizados em nosso país dois modelos de exportação: (a) aquela *direta*, quando o produtor negocia e entrega diretamente com o adquirente no exterior; (b) a *indireta* que tem o intermediário de uma *trading company*. Numa e noutra, contudo, estará sempre presente aquele dado teleológico de ver levada ao exterior mercadoria produzida em território nacional, uma e outra, portanto. Portanto é esse propósito comum que faz tanto a modalidade direta como a indireta serem consideradas, nos negócios e no direito positivo, formas de exportação".

sujeito que, para cumprir o desiderato legal, coloca-se entre o produtor e o adquirente situado no exterior. Costuma-se chamar a esses intermediários pela expressão em língua inglesa *trading companies*.

Perceptível que, embora não imprescindíveis, as "empresas comerciais exportadoras" (*trading companies*) passaram a desempenhar papel de enorme importância nas exportações. Sem elas será criada uma sensível dificuldade para que boa parte das exportações brasileiras se viabilize. Muitos produtores, que poderiam exportar, deixariam de fazê-lo se não contarem com o apoio de tais empresas.

Essa realidade já conduz à percepção de que negar a imunidade nas exportações indiretas representará a frustração, em parte relevante, do objetivo visado com a regra de imunidade. Em outras palavras, em lugar de adotar uma exegese de caráter teleológico, que privilegie o objetivo constitucional, acolhe-se uma que o afasta.

Particularmente as empresas de menor porte, sem tantas condições de superar todos os obstáculos antes expostos, serão penalizadas.[23] Para estas seria negada, de fato, a imunidade constitucional.

Neste ponto torna-se relevante focar no passo 3, de análise sistemática da Constituição Federal. Se em todo o texto há um contexto, a regra de imunidade está no contexto constitucional, perfazendo um sistema. Logo, uma regra não deve ser interpretada de modo a contrariar ou dificultar a implementação de outra.

A Constituição estabelece, como nada menos que um princípio da ordem econômica, o "tratamento favorecido para as empresas de pequeno porte constituídas sob as leis brasileiras e que tenham sua sede e administração no País" (art. 170, IX).

Como princípio que deve pautar a ordem econômica como um todo, não parece sustentável a interpretação de uma regra constitucional tributária que implique, ao final e de fato, um tratamento que desfavoreça a empresa de pequeno porte. Com efeito, afastar o ônus tributário para certas operações de tal modo que apenas beneficie as empresas maiores é não só não conceder o tratamento favorecido para a empresa de pequeno porte como prejudicá-la, atrapalhar seu desenvolvimento.

Diametralmente oposto, adotar a interpretação da regra de imunidade no sentido de ela alcançar as exportações indiretas significará trabalhar no sentido de dar maior efetividade a esse princípio da ordem econômica.

Não só.

A exclusão da exportação indireta, via "empresa comercial exportadora", da imunidade das receitas decorrentes de exportação implicará menor eficácia do princípio da isonomia. Tal princípio não é violado apenas quando implementada diferenciação não justificável, mas também quando não é garantido um tratamento isonômico que deveria ser respeitado. Acrescente-se que, se nem a lei pode estabelecer tratamento anti-isonômico, com ainda mais razão o intérprete deve se precaver para que sua exegese da norma esteja consentânea com a isonomia. Ainda outro ponto: a

---

[23] O atual Min. Luís Roberto Barroso, antes de integrar o STF, proferiu parecer sobre o tema, também juntado nos autos do RE nº 759.244/SP, e destacou essa particularidade: "23. Como é corrente, a exportação de bens envolve um procedimento complexo, com facetas variadas – aduaneira, cambial, tributária – o que, muitas vezes, afasta as pequenas empresas do mercado internacional. [...]".

verificação quanto à obediência ou não à isonomia não se faz apenas com a análise dos textos legais. Há de se checar a realidade, para constatar se uma norma, de fato, respeita ou contraria a isonomia. Vê-se aqui mais uma vez o ir e vir entre as etapas da atividade interpretativa, do texto normativo para o sistema, daí para a realidade, voltando ao texto e ao sistema, retornando à realidade para contrastá-la com a análise.

Ora, como visto, normalmente as empresas exportadoras pequenas e médias necessitam utilizar *tradings* para realizar exportações. Elas não têm escala ou experiência em comércio internacional.

Consequentemente, entender a imunidade como protetiva apenas das exportações diretas significará deixar de fora da imunidade aqueles dotados de menor capacidade contributiva. Será uma violação à isonomia, pois acarretará, de fato, embora não na formalidade do texto normativo, um tratamento mais oneroso para alguns daqueles que pretendem exportar e obter receitas decorrentes de produtos nacionais vendidos para e direcionados ao exterior.

É sempre oportuno revisitar as lições de Celso Antonio Bandeira de Melo sobre a igualdade. Segundo esse notável autor, esta é violada quando a desequiparação ou o critério de discrímen vão em sentido diverso do de norma/parâmetro constitucional.[24] Como há pouco comentado, o art. 170, inc. IX, da Constituição coloca como princípio da ordem econômica o tratamento favorecido para as empresas de pequeno porte. Tal princípio é desfavorecido ao impor tratamento diverso entre aqueles que exportam diretamente, beneficiados, e aqueles que exportam indiretamente, mais onerados. Não deve restar dúvida, então, que a interpretação de uma regra de imunidade que leva à diferenciação, com tratamento mais oneroso à empresa de pequeno porte, não pode ser aceita sob os auspícios de nossa Constituição Federal.[25]

---

[24] BANDEIRA DE MELLO, Celso Antonio. *Conteúdo jurídico do princípio da igualdade*. 2. ed. São Paulo: Revista dos Tribunais, 1984. p. 54.

[25] A respeito do princípio da igualdade na questão ora em análise, o Prof. Paulo de Barros Carvalho assim se manifestou, no parecer já referido: "No tocante ao Direito Tributário, o princípio da igualdade tem por fim a garantia de uma tributação justa. Evidente que isso não significa editar leis tributárias que tratem todas as pessoas do mesmo modo, porém que dêem tratamento idêntico às que se encontrarem em situações economicamente iguais. Logo, é conferido à lei tributária desigualar situações, atendendo a peculiaridades de categorias de contribuintes, *mas somente quando houver relação de imanência entre o elemento diferencial e o regime conferido aos que estão incluídos na classe diferenciada*. O princípio da isonomia é agredido quando o tratamento diverso, dispensado pelo legislador a várias pessoas, *não encontra motivo razoável*. Na lição de Celso Antônio Bandeira de Mello, 'há ofensa ao preceito constitucional da isonomia quando ... a norma atribui tratamento jurídico diferente em atenção a fator de discrímen adotado que, entretanto, não guarda relação de pertinência lógica com a disparidade de regimes outorgados' [...], e também quando 'a norma supõe relação de pertinência lógica existente em abstrato, mas o discrímen estabelecido conduz a efeitos contrapostos ou de qualquer modo dissonantes dos interesses prestigiados constitucionalmente'. Em suma, para realizar-se a isonomia, não basta tratar diferentemente os desiguais. É preciso que o tratamento diferenciado dê-se em razão dessa diferença, ou seja, que o tratamento diferenciado tenha relação com o critério discriminante eleito. Como já anotei, a diversidade de disciplina jurídico-tributária deve ter relação lógica com algum elemento diferenciador. E, em se tratando de tributação, o *discrimen* há de basear-se, necessariamente, na manifestação de riqueza. [...] Pois bem, o só fato da atividade ser realizada com intermédio de uma *trading company* não permite afirmar que a situação jurídico-econômica experimentada por um contribuinte é-lhe mais favorável do que nas operações de exportação direta. Na medida em que não expressa diversidade na manifestação de riqueza, não poderia ser esse elemento tomado para imputar regime tributário mais oneroso ao produtor que desse formato de operação socorre-se para alcançar consumidores fora do país. Muito ao contrário, o recurso a esse intermediário permite o acesso ao mercado externo do produtor que não tenha a estrutura necessária para o envio de sua mercadoria ao exterior, possibilitando sua participação no cenário econômico global, incentivando o desenvolvimento

A conclusão a que se chega, ao trilhar o percurso antes proposto para interpretar a regra de imunidade às receitas decorrentes de exportação, é que essa proteção constitucional alcança a situação das exportações indiretas. Assim concluímos ao partirmos do texto da regra, identificarmos seu objetivo a fim de realizar uma interpretação teleológica, retornarmos ao texto da regra de imunidade, efetuarmos uma análise sistemática da Constituição e levarmos em consideração os fatos concretos, tudo isso em um percurso não linear, mas com seguidas idas e vindas nessas etapas.

Pensamos que o Supremo Tribunal Federal chegará à mesma conclusão, tendo em vista sua jurisprudência sobre as imunidades e sobre o art. 149, §2º, inc. I, em particular. Nesse sentido, a ementa do RE nº 627.815/PR foi particularmente clara, ao exprimir que a Constituição, ao utilizar a expressão "receitas decorrentes de exportação", conferiu maior amplitude à desoneração e suprimiu:

> [...] do alcance da competência impositiva federal *todas* as receitas que *resultem da exportação*, que *nela encontrem a sua causa*, representando *consequências financeiras do negócio jurídico de compra e venda internacional*. A intenção plasmada na Carta Política é a de *desonerar as exportações por completo*, a fim de que as empresas brasileiras *não sejam coagidas a exportarem os tributos* que, de outra forma, onerariam as operações de exportação, quer de modo direto, *quer indireto*. (Grifos nossos)

IV Conclusão final

Vimos que a interpretação sobre uma regra de imunidade, para identificar seu alcance, deve passar como que por um percurso, no qual:

a) partindo do texto, procura-se identificar o objetivo da proteção constitucional/tributária, a fim de se realizar uma interpretação teleológica;

b) deve-se então retornar ao texto da regra de imunidade, para verificar até que ponto este texto permite ir para atender ao objetivo;

c) é imprescindível efetuar uma análise sistemática, levando em conta outras partes e o todo da Constituição;

d) a realidade, os fatos concretos, não podem deixar de ser considerados e compreendidos, para avaliar se a regra de imunidade os colhe, sendo que a ausência dessa avaliação poderá pôr em risco a efetividade da Constituição e a realização concreta do objetivo da imunidade;

e) esses passos ou etapas não formam um percurso linear, o sucesso da interpretação da regra de imunidade requer um ir e vir entre cada um deles, que pode inclusive despertar novas leituras da regra.

Com isso, procuramos apenas sistematizar um procedimento de análise que vai ao encontro das soluções expressas em precedentes do Supremo Tribunal Federal.

---

nacional e imprimindo maior dinamismo à economia. Não se trata, pois, de manifestação de riqueza capaz de justificar tratamento diferençado daquele dado à chamada exportação direta".

Em seguida, procuramos aplicar esse encaminhamento a uma disputa ainda indefinida no STF, a saber, a aplicação da imunidade às receitas decorrentes de exportação (segundo o art. 149, §2º, I, da Constituição) para as chamadas "exportações indiretas", via "empresa comercial exportadora" (*trading companies*). Concluímos, então, que essa regra de imunidade alcança as receitas obtidas com as chamadas "exportações indiretas". Com isso, deve-se afastar a incidência da contribuição sobre a receita bruta, substitutiva da sobre a folha de salários, sobre a receita obtida com a venda de produtos a "empresas comerciais exportadoras" com o fim de exportação e mediante a posterior efetiva exportação.

Informação bibliográfica deste texto, conforme a NBR 6023:2018 da Associação Brasileira de Normas Técnicas (ABNT):

DONIAK JR., Jimir. Interpretação das regras de imunidade – Imunidade das receitas decorrentes de exportação e a exportação indireta. *In*: LEAL, Saul Tourinho; GREGÓRIO JÚNIOR, Eduardo Lourenço (Coord.). *A Constituição Cidadã e o Direito Tributário*: estudos em homenagem ao Ministro Carlos Ayres Britto. Belo Horizonte: Fórum, 2019. p. 263-284. ISBN 978-85-450-0678-7.

DA INTERPRETAÇÃO À ARGUMENTAÇÃO JURÍDICA: AS ARMADILHAS DO ESSENCIALISMO

JOSÉ MARIA ARRUDA DE ANDRADE

1   Introdução

Os colegas Saul Tourinho Leal e Eduardo Lourenço realizaram o convite para que nos juntássemos à justa homenagem ao jurista Carlos Ayres Britto, o que representa motivo de muita felicidade.

Resolvemos retomar um tema de predileção de nosso homenageado, que dedicou grande parte de sua vida a evitar os riscos à segurança jurídica em virtude de decisões sem o devido fundamento jurídico.

Várias definições ou teorizações podem ser elaboradas para tentar explicar o que é *interpretar a norma jurídica*. Como se está no âmbito das operações com a linguagem (operações com textos), teorizar sobre isso, portanto, envolve explicar como os sujeitos se relacionam com a linguagem; como a compreendem, como reagem a ela; como os demais reconhecem essa compreensão/reação do intérprete e qual o resultado desse processo.

Percebe-se, assim, a relação do tema *interpretação da norma* com a filosofia da linguagem (de forma mais específica) e a teoria do conhecimento (de forma mais ampla). Fato é que muitas abordagens sobre a relação dos homens com a linguagem podem ser estudadas, que não sejam a partir da perspectiva da filosofia da linguagem em sentido estrito ou da teria do conhecimento de forma mais ampla. Mas aqui, o ato de uma pessoa (dotada de autoridade legal para tanto) interpretar textos de normas jurídicas (linguagem) e produzir como resultado uma decisão que se apresenta como texto será relacionado com a filosofia da linguagem e não a partir de outras perspectivas mais distantes (as relações sociais, o homem na história etc.).

Muitas definições foram construídas na história da teoria do direito. Há, até, uma tendência a homogeneização dessas definições em torno de escolas e épocas (além de países), o que sempre implica certa redução para o bem e para o mal.

Uma das características presentes em muitas dessas escolas ou definições é a da interpretação como um processo de definição (descoberta) do sentido e alcance de um texto (da norma jurídica).

Em algumas correntes mais tradicionais, esse processo poderá ser menos complexo, mais mecânico, algo como uma operação de transportar o sentido preexistente de uma norma jurídica para um fato analisado (ou o inverso, do fato à norma). Em outras, haverá flexibilizações a esse caráter mais rígido (mecanicista). Algo como: interpretar será descobrir (ou definir) o sentido e o alcance possível da norma, em um processo complexo, muitas vezes influenciado por preconceitos e elementos estranhos aos estritamente jurídicos.[1]

Em nosso texto, gostaríamos de discutir o tema da *interpretação da norma jurídica* questionando essa pretensa característica do texto interpretado (norma jurídica), a saber: esse conteúdo preexistente que poderia ser acessado pelo intérprete e reconstruído como resultado (da aplicação), com ruídos ou não. Isso corresponderá ao que chamaremos de crítica ao *representacionalismo*[2] e ao *essencialismo*.[3]

A interpretação, em nosso estudo, será considerada um processo de construção de sentido e de decisão e não um fenômeno de compreensão mental que possa ser descrito pelo teórico que pretenda estudá-la, de forma a teorizar sobre qual seria a melhor maneira de decidir. Não se trata de uma predileção teórica, mas de uma impossibilidade, a nosso ver epistêmico-biológica, de se tratar o tema em estudo.

Outro ponto de partida importante, ainda que apresentado aqui de forma muito simples, é o de *hermenêutica jurídica* e o de *teoria da argumentação*. Em nosso estudo, a *interpretação da norma jurídica* envolve o processo de interpretar em si (independentemente de sua definição), ou seja, o processo cujo resultado corresponde a juízos proferidos acerca de um texto, enquanto a hermenêutica jurídica teoriza esse processo, ou seja, elabora possíveis teorias sobre a interpretação e a compreensão.[4]

A teoria da argumentação jurídica teoriza e problematiza a utilização de argumentos para a elaboração ou justificação das decisões obtidas pela interpretação. De forma muito simples, adotaremos uma distinção (já que ela não é necessária nem igual a partir das múltiplas bases teóricas possíveis) em que a hermenêutica jurídica

---

[1] Lembre-se de que o termo "interpretação" (*Auslegung*) trata de desentranhamento (*Auseinanderlegung*), "difusão e exposição do sentido disposto no texto, mas de certo modo, ainda oculto" (Larenz, 1997, p. 441). Convém assinalar, para evitar mal-entendidos, que Larenz relativiza essa afirmação, afirmando a inexistência de uma postura meramente passiva do intérprete. Isso se deve, também, à adoção, por parte desse autor, dos ensinamentos teóricos de Gadamer (pré-compreensão, círculo hermenêutico etc.). Ver Larenz (1997, p. 285-93).

[2] Nossa referência ao termo "representação", não tão frequente no direito, diz respeito à propriedade de os termos da linguagem (textos normativos) apontarem para elementos da natureza, ou das coisas, ou das ideias, permitindo que sujeitos cognoscentes assimilem ou alcancem seu conteúdo preexistente. Dito de outra forma, o caráter representativo do texto normativo (ou da norma, já que não são muitos os autores que diferenciam um do outro) é a noção de que esses textos carregam em si elementos que apontam para significações, e que a função do intérprete seria proceder a atos que permitam o acesso a esses dados (sejam eles ideias ou dados reais). A esse tipo de abordagem, aqui exposta simploriamente, dá-se o nome de *representacionalismo*.

[3] Trata-se da busca teórica pela essência do fenômeno, seu conteúdo, o que conferiria segurança ao estudo e à ação, permitindo a redução da complexidade e a sensação de domínio sobre o objeto estudado (FERRAZ JR., 1980, p. 34). Tem-se o que o filósofo norte-americano Richard Rorty (1995, p. 351) descreveu como a nossa tradição greco-ocidental (algo compartilhado por platônicos, kantianos e positivistas), a de que o homem tem por essência descobrir essências e que seria a nossa tarefa principal espelhar com precisão o universo ao nosso redor, proporcionando, assim, um "vocabulário-mestre" que permitiria "comensurar todos os discursos".

[4] Não se deve aqui, contudo, confundir a hermenêutica nesse sentido amplo, cujo grande expoente moderno foi Savigny, com a corrente filosófica em sentido mais estrito, presente na obra de Hans-Georg Gadamer entre outros.

estuda a interpretação da norma jurídica (seus objetivos, elementos, resultados) e a teoria da argumentação jurídica analisa como os argumentos podem ser utilizados para fundamentar as interpretações. Por ora, isso basta como primeira aproximação de vocabulário.

2 Alguns dos desafios relacionados ao tema

Alguns desafios podem ser apontados para melhor contextualizar suas dificuldades:

1) Como explicar que decisões jurídicas de grande repercussão nacional possam ser obtidas a partir de votações em tribunais cujos resultados são de maioria simples (muitas vezes com apenas um voto de desempate)? Ou seja, mesmo na corte constitucional, decisões relevantes são construídas com um placar de seis votos contra cinco.[5]

2) Como explicar que a doutrina faça tantas referências à existência de *conceitos indeterminados*, se até mesmo conceitos prosaicos da linguagem ordinária (transformados em fatos jurídicos e em regras específicas) motivam decisões complexas com as mesmas dificuldades apontadas acima (decisões com maioria apenas simples)?

3) Para superar as dificuldades de se defender hodiernamente as versões teóricas mais rígidas, que consideram a interpretação a reprodução do sentido preexistente na norma jurídica e sua aplicação sem ruídos (aplicação neutra, subsunção, aplicação mecânica etc.), bastaria flexibilizar tal entendimento com o emprego de expressões, como "sentido possível", "carga subjetiva", "textura aberta", sem promover uma revisão dos próprios pontos de partida epistemológicos?

4) Como explicar a existência de certa uniformidade de sentido (das decisões) após a elaboração de determinado entendimento jurisprudencial, quando os limites da interpretação de textos por si só não parecem justificar tal possibilidade de padronização semântica a partir de seus pressupostos teóricos?

5) Se a interpretação e a aplicação das normas jurídicas sofrem a influência de uma série de elementos que não seriam jurídicos – e sim políticos, econômicos e morais – como controlar em um ambiente democrático os conteúdos dos resultados de julgamentos?

Em outros termos, apresentamos alguns elementos de tensão quando se estuda a interpretação da norma jurídica: limites da interpretação; comparações de resultado; relação entre o resultado da interpretação e seu ponto de partida (o texto da norma

---

[5] Inúmeros exemplos no direito tributário brasileiro em Andrade (2006).

jurídica); a formação de determinada orientação jurisprudencial (constância semântica) em detrimento do relativismo filosófico, entre outros.

3 Pontos de partida teóricos

Trataremos do tema limites da interpretação e aplicação da norma a partir de estudos de filosofia da linguagem, notadamente Ludwig Wittgenstein[6] e Stephen Toulmin. Esses estudos permitem criticar a ideia de interpretação da norma como um processo lastreado em processos mentais de descoberta de sentidos preexistentes nos textos normativos. Criticaremos, assim, a concepção representacionalista da linguagem.

3.1 Os "jogos de linguagem", o "seguir uma regra" e a gramática na obra de Wittgenstein. A crítica da linguagem como representação

Ludwig Wittgenstein (1889-1951), em sua obra *Investigações filosóficas* (*PhU*),[7] critica o enfoque da linguagem como representação de objetos,[8] sobretudo diante da constatação de que o modelo de definição ostensiva (apontar para objetos e relacioná-los a palavras) somente funcionaria com palavras muito simples. O filósofo abandona aspectos de sua primeira obra (*TLP*),[9] como a teoria da *figuração* e da representação e a distinção entre o que seria "dizível" ou não, em termos lógicos (o que geraria o "misticismo" do indizível, referente ao enfrentamento das grandes e mais importantes questões filosóficas, como a ética).[10] Esse enfoque passa a ser substituído por uma *terapia conceitual*, ou seja, impedir que o teórico caia nas armadilhas em que ele próprio

---

[6] Temos plena consciência de que não existe um trabalho rigorosamente wittgensteiniano, por não se tratar de um filósofo sistemático. Quando muito, pode-se mencionar certa abordagem wittgensteiniana, ou uma atitude wittgensteiniana. Wittgenstein sempre foi muito crítico com todas as interpretações realizadas por colegas ao seu trabalho, incluindo aqueles mais próximos, como Elizabeth Anscombe. Ao seu amigo, Norman Malcolm, chegou a confidenciar que temia influenciar os demais apenas com certo jargão. Sobre o relato de Malcolm: "Several times that winter Wittgenstein expressed a doubt that he would continue to serve in his chair. Undoubtedly the idea of being a *professional* philosopher was very repugnant to him. Universities and academic life he disliked intensely. He was exhausted by his strenuous programme of lectures and discussions. Perhaps more importantly, he believed that his influence as a teacher was largely harmful. He was disgusted and pained by what he observed of the half-understanding of his philosophical ideas, or a tendency towards a shallow cleverness in his students. He felt himself to be a failure as a teacher. This, I believe, was a source of constant torment to him. In his lectures he would sometimes exclaim in a tone of real suffering: 'I am a dreadful teacher!' He once concluded a year's lectures with this sentence: 'The only seed that I am likely to sow is a certain jargon'" (MALCOM, 2009, p. 53). Sobre a complexidade da obra e a abertura para várias interpretações, ver Wright (2009, p. 20).

[7] *Philosophische Untersuchungen*. Iniciada em 1936-7, mas publicada postumamente em 1953.

[8] Wittgenstein comenta essa visão como determinada imagem da linguagem humana na qual "as palavras da linguagem designam objetos. – As frases são concatenações de tais designações [...] cada palavra tem uma denotação. Esta denotação está em relação com a palavra. É o objeto que a palavra representa. [...] A palavra 'designar' é talvez usada da maneira mais direta quando o símbolo que designa o objeto está em cima deste [...]. Mostrar-se-á muitas vezes útil em filosofia dizermo-nos: designar uma coisa é pendurar-lhe uma etiqueta" (*PhU*, 1995, §1,15).

[9] *Tractatus Logico-Philosophicus*.

[10] Ver *TLP* (p. 7): "Wovon man nicht sprechen kann, darüber muss man schweigen", que, na tradução de Santos (WITTGENSTEIN, 1994a, p. 281), ficou: "Sobre aquilo de que não se pode falar, deve-se calar".

(Wittgenstein) caíra: a de não perceber que muitas das perguntas formuladas não têm como ser respondidas sem que, por meio delas, caia-se novamente em outras armadilhas (*PhU*, §203):[11] "Caímos numa superfície escorregadia onde falta o atrito, onde as condições são, em certo sentido, ideais, mas onde por esta mesma razão não podemos mais caminhar; necessitamos então o atrito. Retornemos ao solo áspero!" (*PhU*, §107).[12]

Para criticar a noção representacionalista de linguagem, Wittgenstein propõe que a linguagem seja considerada "uma parte de uma atividade ou de uma forma de vida" (*PhU*, §23).[13] "Onde é feita a ligação entre o sentido das palavras 'joguemos uma partida de xadrez' e todas as regras do jogo? Ora, nas instruções do jogo, na lição de xadrez, na *práxis* diária do jogo" (*PhU*, §197).

Partindo para outro paralelo – o primeiro remetendo à ideia das palavras como ferramentas e instrumentos – Wittgenstein lança mão do que chama "jogos de linguagem" (*Sprachspiele*), ou seja, "o conjunto da linguagem e das atividades com as quais está interligada" (*ZT*, §1997), ou ainda, o meio pelo qual crianças aprendem sua língua materna (*ZT*, §7).[14]

O significado das *palavras* (e seu uso no processo comunicativo), portanto, não é ensinado por meio de definições ostensivas, e sim por meio de "adestramentos". Aprende-se a agir e reagir a *frases* e não a estabelecer relações cognitivas complexas na interpretação delas.

Ainda nas *Investigações filosóficas* (*PhU*), há uma sequência de parágrafos (do §143 ao §184) na qual, por meio de exemplos detalhados, há uma análise esmiuçada para se refutar a ideia de compreensão de uma comunicação como uma "imagem mental" a ser apreendida pelo intérprete ou como um "processo mental" que pudesse ser relatado por ele. Tudo isso em favor de uma nova abordagem que, no contexto de sua argumentação, será examinada por meio da expressão "seguir uma regra" (*eine Regel folgen*) a partir do §185.

No lugar de se fazer perguntas como "o que é compreender?", "como saber se alguém compreendeu?", deveria se questionar, antes, "quando podemos descrever a alguém a compreensão da apreensão de uma regra?".[15]

---

[11] "Se acreditamos que devemos encontrar aquela ordem, a ideal, na linguagem real, ficaremos insatisfeitos com aquilo que na vida cotidiana se chama 'frase', 'palavras', 'signo'. A frase, a palavra, da qual trata a lógica deve ser algo puro e rigorosamente destacado. E quebramos a cabeça sobre a essência do verdadeiro signo. – É esta talvez a representação do signo? Ou a representação no momento presente? Neste ponto é difícil manter a cabeça erguida – ver que precisamos nos ater às coisas do pensamento cotidiano e não cair no mau caminho onde parece que descrevemos as últimas sutilezas, o que não podemos fazer com os meios que possuímos. Parece-nos como se devêssemos reconstruir com nossas mãos uma teia de aranha destruída" (*PhU*, §105-106).

[12] A terapia conceitual ocupa-se, antes, em desfazer as contradições e os enredamentos linguísticos e conceituais existentes no discurso teórico, o que permitirá espaço livre para futuras descobertas (ZILHÃO, 1993, p. 41-42; *PhU*, §134).

[13] "[...] „Das Wort „Sprachspiel" soll hier hervorheben, dass das Sprechen der Spreche ein Teil ist einer Tätigkeit, oder einer Lebensform" (*PhU*, §23).

[14] "As crianças não aprendem que existem livros, que existem poltronas, aprendem a ir buscar livros, a sentarem-se em poltronas, etc." (ÜG, p. 476).

[15] "Lo que sucede es más bien que el mentalista se ha dejado engañar: en lugar de examinar las circunstancias particulares y la variedad de reacciones, él se lanza a la búsqueda de un algo al que, como no puede ser físico,

Já neste ponto devem ficar claros o perigo e a tentação em estabelecer que a compreensão está relacionada com a apreensão de regras, em moldes essencialistas (o que seria reincidir em erro), mesmo porque o próprio Wittgenstein lembra que não há um limite preciso entre um erro desordenado e um erro sistemático, ou seja, entre o que se chama comumente de "desordenado" e de "sistemático" de uma reação a uma mensagem (*PhU*, §143).[16]

E como poderá a regra conduzir à compreensão de uma mensagem, já que "compreender é seguir uma regra"? Será mediante uma interpretação qualquer, que obterá conformidade ou não conformidade com a regra? "Não, não deveria ser deste modo, mas sim deste: cada interpretação, juntamente com o interpretado, paira no ar; ela não pode servir de apoio a este. As interpretações não determinam sozinhas a significação" (*PhU*, §198).

Seguir uma regra pode ser considerado seguir um padrão normativo de correção obtido por meio de treino e adestramento e que acaba por elucidar a reação do intérprete à leitura do signo. Seguir uma regra, fazer uma comunicação, dar uma ordem, jogar uma partida de xadrez são *hábitos* (costumes, instituições) (*PhU*, §199; *BGM*, p. 334). Compreender uma frase significa compreender uma linguagem. Compreender uma linguagem significa dominar uma técnica (WITTGENSTEIN, 1979, §199). A linguagem é um instrumento. Seus conceitos são instrumentos (WITTGENSTEIN, 1979, §69).

Deve-se atentar, portanto, para a tentação de se enredar no paradoxo acima citado, ou seja, se uma regra não pode determinar um modo de agir, pois cada modo de agir deve estar em conformidade com a regra; se cada modo de agir deve estar em conformidade com a regra, pode também contradizê-la. Disso resulta que não há nem conformidade nem contradições.

> "Como posso seguir uma regra?" – *Se isto não é uma pergunta pelas causas, é então uma pergunta pela justificação para o fato de que eu aja segundo a regra assim.*
>
> Se esgotei as justificações, então atingi a rocha dura e minha pá entortou. Estou então inclinado a dizer: "é assim que eu ajo". (*PhU*, §217) (Grifos nossos)

É a partir do domínio de uma técnica (obtida por treino e adestramento) que se justifica a existência de uma regularidade comportamental ante comandos (regras), e não a partir do estabelecimento de relações cognitivas de qualquer espécie (ZILHÃO, 1993, p. 173-174).

---

identifica como 'mental'. Con ello, lo único que logra es introducir el misterio y la confusión en el juego de lenguaje" (BASSOLS, 1995, p. 58-59). "'Ninguém pensou *nesse* caso' – podemos dizer. Na verdade, não posso enumerar as condições em que a palavra 'pensar' se pode ser utilizar – mas se uma circunstância torna o uso dúbio, posso dizê-lo, e também posso dizer *de que maneira* a situação diverge das habituais" (*ZT*, §118). "Se eu tiver aprendido a executar uma determinada atividade num determinado quarto (arrumar o quarto, por exemplo) e domino esta técnica, não se segue daí que esteja preparado para descrever a organização do quarto; mesmo que notasse imediatamente, e conseguisse também descrever qualquer alteração na organização" (*ZT*, §119).

[16] Para uma análise dessa relação entre as regras e o platonismo (no sentido de criticá-la), ver Zilhão (1993, p. 163-172).

Em conclusão, pode-se dizer que as regras são padrões de correção, exercendo uma função normativa em determinada ocasião. Seguir uma regra indica uma atividade (*PhU*, p. 202). Não se confunde com o agir segundo uma inspiração, pois nesse caso não há como se justificar a ação, explicar ou ensinar o porquê da ação (*BGM*, p. 417-418).[17] [18]

Os mesmos desafios presentes na filosofia da linguagem marcam as discussões da teoria do direito. Quando podemos afirmar que um aplicador do direito compreendeu adequadamente o texto da norma que ele pretende aplicar? Mais: como afirmar que ele compreendeu perfeitamente o relato textual dos fatos do processo que proferiu decisão? Como afirmar que houve a correta definição de qual texto de norma seria aplicável àquele caso?[19] Como definir o sentido e alcance daquele texto que está sendo interpretado para a aplicação? Pode-se garantir que o *resultado* da aplicação (cujo resultado é a produção de outra norma jurídica) corresponde ao pretenso *ponto de origem*, o texto que foi aplicado (referibilidade entre ponto de partida e resultado ou entre resultado e fundamento da decisão)?

O sistema jurídico opera com textos: contratos são realizados, leis são promulgadas, lides são propostas no Judiciário. Muitas teorias foram desenvolvidas no direito para tratar desse fenômeno (estudado, a partir de perspectivas específicas, pela hermenêutica jurídica e até pela teoria da argumentação).

No âmbito de nosso estudo, consideramos a interpretação/aplicação de textos de normas jurídicas a realização de um *ato de vontade* (Hans Kelsen)[20] ou uma *decisão* (Friedrich Müller),[21] e não um fenômeno de descoberta e reprodução de conteúdos acessados mentalmente.

Até mesmo a atividade com conceitos não afasta a característica constitutiva (ou seja, *criadora* de um sentido) de cada interpretação/aplicação, pois os *conceitos* (determinados ou não – para aqueles que acreditam nessa classificação – e até os *tipos*) são *famílias* de casos com limites fluidos, que só fazem sentido quando integrados na descrição de fenômenos que dizem respeito à nossa experiência, em jogos de semelhança e dessemelhança (WITTGENSTEIN, 1984, §§66-67).

---

[17] Cf. Glock (1998, p. 312-313). Para acompanhar uma série de exemplos do que é "seguir uma regra" e do que não é, ver *BGM* (p. 413-422; 429).

[18] "[...] Os únicos tipos de explicação na filosofia são explicações por *descrição* – descrição do uso de palavras. Wittgenstein faz isto, *inter alia*, descrevendo 'jogos de linguagem': as práticas, atividades, ações e reações em contextos característicos, dos quais o uso regrado das palavras é parte integrante. Estas descrições e as explicações de significado associadas a elas não são uma filosofia, mas uma metodologia. [...] Na medida em que as dificuldades filosóficas são produzidas por um abuso inconsciente dos conceitos que dispomos, eles não podem ser resolvidos por uma substituição destes últimos por outros – isto seria apenas varrer a sujeira para debaixo do tapete. A tarefa da filosofia não é resolver uma contradição ou um paradoxo por meio de uma inovação conceitual que está nos causando problemas, vale dizer, do estado de coisas que *antecede* a solução da contradição. [...]" (HACKER, 2000, p. 13).

[19] Seja por conta da qualificação dos fatos, seja pela eleição de qual lei local seria a aplicável à situação (leis municipais, por exemplo, em uma República com mais de cinco mil e quinhentos municípios).

[20] Sem maiores compromissos com a postura neokantiana utilizada pelo jurista austríaco. Ver Kelsen (1984).

[21] Ver Müller (1997a; 1997b).

Há uma série complicada de semelhanças, que se envolvem e se cruzam mutuamente. Essas semelhanças podem ser nomeadas "semelhanças de família" (*Familienähnlichkeit*), pois funcionam como as diferentes semelhanças que existem entre os membros de uma família: estatura, traços fisionômicos, cor dos olhos, andar, temperamento etc. Daí a afirmação de Wittgenstein de que os jogos formam uma família,[22] mas não possuem sempre as mesmas características.

Os exemplos de como construímos nossas interpretações, as comparações, a observação das possibilidades práticas de concretização (e seus efeitos sobre os fatos – tão negligenciados pela doutrina jurídica) são indispensáveis, inclusive para estabelecer como usaremos os argumentos para fundamentar determinada interpretação. Muitas vezes, aquela garantia constitucional que aparecia como regra (na teoria da distinção qualitativa entre regras e princípios) poderá ser utilizada pelo intérprete como um princípio de fundamentação máxima, em uma linha mais generalizante, típica da argumentação com os princípios jurídicos.[23]

Acreditar que a mera disposição literal de um texto normativo traz em si todas as respostas para os possíveis usos argumentativos desse texto em sua aplicação é acreditar demais no poder de nosso aparato cognitivo e no papel da doutrina em suas elucidações teóricas.

Perguntas complexas podem ser elaboradas neste contexto: se os textos de normas jurídicas não apontam para objetos ou significações de conceitos e fatos jurídicos preexistentes ou delimitáveis, se o uso desses elementos não está regulamentado por metarregras, como os julgadores conseguem trabalhar dentro de um mínimo de coerência e aceitação de resultados?

Em outras palavras, se os conceitos jurídicos não estão inteiramente limitados por regras, como os jogos de linguagem envolvidos no processo de produção de decisões jurídicas (aplicação da norma) prosseguem?

De fato, é inegável que os textos normativos possam apresentar maiores contornos de precisão em seus enunciados ou, ainda, "certo ar de família", porém, essa maior precisão não ocorre por meio de convenções de uma tabela artificial de significados, como seria o caso de uma linguagem artificial.

Aqueles que lidam com textos normativos têm uma maior possibilidade de avaliar *os jogos de linguagem* envolvidos em sua aplicação, seja por estarem envolvidos com a interpretação do conjunto de textos que compõem a área da norma,[24] seja pelas vias que os levam a percorrer, por assim dizer, o ordenamento no qual aquele enunciado deôntico exerce função (aspecto sistemático). Além disso, há o treinamento dogmático[25]

---

[22] Paráfrase de Ludwig Wittgenstein (1984, §67). Sobre a ideia de semelhança de famílias em Wittgenstein, ver Gordon P. Baker e P. M. S. Hacker (2009, p. 145-190).

[23] Sobre a crítica às teorias que tratam a distinção entre princípios e regras de forma qualitativa e, sobretudo, apriorística, ver Andrade (2013).

[24] Sobre área da norma, ver Müller (1997, p. 176-80, em alemão; em francês: 1996, p. 195-200). Sobre norma, texto de norma, estrutura da norma (programa normativo, norma jurídica e norma-decisão), ver Müller (1997, p. 168-86; 313-21, em francês: 1996, p. 186-203; 350-60).

[25] A dogmática jurídica, aliás, como subsistema jurídico-comunicativo, é um dos elementos de concreção normativa, à medida que dela podem derivar pontos de vista relevantes para a decisão de um problema

e as regras processuais que induzem à uniformidade (decisões de tribunais superiores, embargos infringentes, embargos divergentes, súmulas vinculantes, decisão em sede de recursos repetitivos ou repercussão geral etc.).

A norma-decisão, resultado da aplicação da legislação por intérprete autorizado, acaba por ser o resultado da consideração de vários textos conectados por decisão do intérprete aplicador. E o estudo desses dispositivos normativos citados não mostra a essência última dessa norma-decisão (*Entscheidungsnorm*), revela tão somente a estratégia de justificação da decisão escrita (norma concretizada), ou seja, todo o processo cognitivo e mental permanece oculto e inalcançável para o pesquisador e até para o próprio julgador.

Daí que não podemos tocar no uso efetivo da linguagem, podemos apenas descrevê-lo, e isso, de forma *a posteriori* (a filosofia deixará tudo como está) (*TBT*, p. 18).

Trabalhando-se, portanto, com a ideia de jogos de linguagem, tem-se que o intérprete autêntico (no sentido kelseniano, ou seja, aquele que possui competência para aplicar o direito, produzindo outra norma),[26] por estar inserido em uma estrutura social diferenciada, assim como devido a uma formação técnico-teórica determinada e à interação com outros diversos agentes (aqui, desde outros funcionários judiciais até a influência exercida por pressões de grupos sociais e imprensa), sofre a influência de regras comportamentais, no sentido de influenciar condutas no exercício de suas funções.

É o domínio de uma técnica e de seus instrumentos que permite a compreensão de uma linguagem, possibilitando operar com textos. No caso, a atividade de interpretação e aplicação (concreção) de textos de normas jurídicas. Portanto, tem-se que é inviável a interpretação (aplicação/uso) de um enunciado deôntico de forma isolada, sem reconhecer nela a interação com outros dispositivos normativos,[27] bem como diversos jogos de linguagem envolvidos, que acabam por direcionar concreções normativas (formação de normas-decisão).

Por fim, convém assinalar que a figura dos jogos de linguagem é uma das mais conhecidas da obra de Wittgenstein. Há que se cuidar, entretanto, para não se confundir a análise de "qual jogo de linguagem está se empregando aqui?" com uma mera pauta essencialista da linguagem. Com isso quer-se dizer o seguinte: a figura dos jogos de linguagem não é uma (última) etapa pragmática da compreensão de uma linguagem nos moldes representacionalistas. Em outros termos, não é algo como: após as análises sintática e semântica, haverá de se fazer uma análise da relação dos signos com a realidade fática para compreender o sentido da proposição. *Os jogos de linguagem não são mero refinamento pragmático a servir a uma concepção representacionalista de linguagem.*

Justamente por isso, a discussão da relação de pertinência entre o texto normativo e o resultado de sua aplicação (construção da norma jurídica – sobretudo individual

---

concreto. "Elementos de técnica resolutória guiam a concreção normativa enquanto oferecem propostas para a tática aceitável de solução de casos" (SCHROTH, 1992, p. 300).

[26] Cf. Kelsen (1984, p. 463-464; 469 e ss.) e Grau (2002, p. 75-76; 78-79).

[27] Ver Grau (2002, p. 113).

e concreta) pode ser melhor desenvolvida no âmbito da teoria da argumentação (confirmando o deslocamento da *origem* da interpretação para o campo da *justificativa*, conforme mencionado em Wittgenstein [1984a, §199]).

Outro ponto interessante na discussão dos limites da linguagem versa sobre a referibilidade entre o ponto de partida e o resultado da aplicação. Em termos mais diretos, como analisar se o resultado da aplicação do direito corresponde ao sentido do texto da norma interpretado e aplicado? O que, em nosso vocabulário e orientação, significa: como garantir que a norma-decisão construída corresponda ao texto de norma vigente?

Muito embora não se possa defender a referibilidade entre o resultado da aplicação (norma jurídica construída) e o texto normativo (pretensamente, o ponto de partida) – ao menos não do ponto de vista da hermenêutica jurídica –, será no campo da argumentação jurídica que se permitirá um mínimo de controle do processo de decisão, a saber, regras procedimentais preestabelecidas, necessidade de fundamentar a decisão jurídica construída e o sistema processual estatal, que possui regras que uniformizam sentidos e impedem a discussão interminável (expedientes de uniformização de jurisprudência, limite de recursos processuais, trânsito em julgado etc.).

Nos próximos parágrafos, trataremos da teoria da argumentação, deslocada da busca das razões de conteúdo da decisão para a análise do uso dos argumentos para justificá-la.

3.2 Teoria da argumentação jurídica. Argumentos de motivação e argumentos de justificação

Como visto, o processo de concretização de normas (interpretação e aplicação) acontece em um contexto baseado em adestramentos e em aprendizado de técnicas, de reações, de hábitos, costumes e instituições (WITTGENSTEIN, 1984a, §199; 1984b, §334).

Surge, então, a grande questão. Se no processo de aplicação da norma jurídica (do texto à norma) tem-se esse processo de decisão, a configurar, no mínimo, certa carga construtiva, como vincular o texto (ponto de partida) ao resultado? Como dizer se a decisão foi correta?

Tem-se, neste ponto, um deslocamento da questão das origens do sentido da norma para a do resultado, ou seja, para a da justificativa das decisões. Desloca-se a *pergunta pelas causas em favor do estudo da justificação*.[28] A regularidade semântica obtida na jurisprudência relativa a um tema decorre justamente da consolidação de um treino, o que justificará a regularidade comportamental ante comandos (textos de normas).

Nas discussões sobre como refutar o ceticismo filosófico,[29] no livro *Da certeza* (ÜG), Wittgenstein apresenta a ideia de que nossas interações são mediadas por certas

---

[28] O já citado Wittgenstein (1984a, §217).
[29] Wittgenstein foi levado ao tema a partir de conversas sobre o esforço de George Edward Moore (1873-1958), nos artigos "Proof of an external world" e "Defense of common sense", de rebater o ceticismo filosófico. Nesse sentido, ver Monk (1995, p. 488 e ss.).

proposições fundacionais que, embora não empíricas, conformam nossas argumentações ou afirmações. Desconfiar de tudo, questionar tudo, não aceitar os fundamentos de nossos argumentos, não é questionar os limites da gramática. Significa abster-se de participar de determinados jogos de linguagem, que são praticados pelos demais. Na obra de Stephen Toulmin, esse "não aceitar" qualquer argumento seria estar *surdo aos argumentos* (TOULMIN; RIEKE; JANIK 1984, p. 14).

As certezas e as dúvidas formam sistemas, estruturas (WITTGENSTEIN, 1994b, §§102; 106). Esses sistemas são adquiridos (não aprendidos) pela observação e pela instrução (WITTGENSTEIN, 1994b, p. 279).

Em Stephen Toulmin, teremos um amplo debate epistemológico (cujo contexto era a filosofia analítica inglesa e norte-americana) a questionar o uso milenar de nossa tradição ocidental da lógica como ciência formal e do estatuto lógico formal para as ciências e para a filosofia.

Mais do que uma guinada para uma lógica prática ou informal ou para o estudo de determinadas formas de argumentação (a jurídica, por exemplo), Toulmin questionará a validade da aplicação dessa lógica formal de forma irrestrita, chegando à conclusão que ela seria adequada apenas para a matemática pura.

Essa era a intenção deste filósofo inglês ao escrever *Os usos do argumento*, em 1958. Como o seu estudo de lógica valeu-se de um *layout* bem prático da argumentação, esse subproduto de seu trabalho é que acabou sendo difundido de forma mais significativa, como atesta o próprio autor em seus prefácios posteriores.

Muito embora utilizemos o *layout* difundido por ele, interessa-nos, sobretudo, sua crítica epistemológica, que guarda alguma relação com a obra de Wittgenstein, conforme reconhecido por ele e pela literatura.[30]

No estudo da teoria da argumentação (jurídica), como defendido por Stephen Toulmin, o importante não será estudar como se chega a conclusões, mas sim como – após chegar a elas – os argumentos são apresentados para lhe dar apoio (TOULMIN, 2008, p. 17). Daí a ideia de reorientar o nosso trabalho da análise do que seriam os argumentos de *motivação* para os de *justificação*.

Não se trata, aqui, de uma defesa do realismo jurídico norte-americano, mas da perspectiva de que analisar os argumentos de justificação de uma empreitada racional de decisão jurídica será mais produtivo do que defender a busca da essência da decisão ou realizar uma apologia da liberdade irrestrita do julgador (os dois opostos extremos do debate na teoria jurídica).

---

[30] Essa influência de Wittgenstein sobre Toulmin merece ser relativizada, pois Toulmin cita poucas vezes Wittgenstein, muito embora reconheça certa influência (que sempre é assinalada pela literatura sobre Toulmin). Ele teve aulas com Wittgenstein e teve a sua formação do ambiente da filosofia inglesa analítica e na da linguagem ordinária. Ele relata a influência de filósofos como J. L. Austin e Gilbert Ryle. Em certa passagem, ele chega até mesmo a criticar a falta de história em Wittgenstein, além da falta de citações de suas fontes (TOULMIN, 2010, p. 25; 28-29). Por outro lado, um dos melhores livros para compreender a formação intelectual de Wittgenstein teve a coautoria de Toulmin, a saber, Allan Janik e Stephen Toulmin (1991).

3.3 Teoria epistemológica *versus* análise epistemológica. Retorno ao debate filosófico da análise gramatical (Wittgenstein)

A teoria da argumentação pode ser muito útil na tarefa de analisar decisões jurídicas construídas. Utilizaremos aspectos da obra de S. Toulmin a partir de suas preocupações epistemológicas.

A obra de Toulmin ganhou relevância no direito, sobretudo a partir do estudo de Robert Alexy (1991, p. 108-124; 2001, p. 75-85), sendo comum o uso de sua modelagem dos argumentos em textos de teoria da argumentação jurídica. Porém, pode-se afirmar que a despeito da referência de Toulmin à argumentação nos tribunais como uma boa comparação de como deve ser estudada a lógica, sua obra não teve repercussão mais profunda na teoria do direito do que a mera exposição do *layout* de sua modelagem, geralmente aliada a alguma teoria da argumentação (em geral, N. MacCormick ou R. Alexy).

O que se percebe nos textos de teoria da argumentação jurídica, quando muito, é um uso da obra de Toulmin restrito apenas ao *layout* dos argumentos (o que o próprio autor comenta em seu prefácio, com relação ao uso do *layout* na teoria da comunicação). Assim, tem-se desde Jürgen Habermas a referência à importância de Toulmin, com ressalvas de natureza mais filosófica (no que será repetido por Alexy).[31] Em geral, além do uso mais esquemático dos *layouts*, a base da argumentação será uma teoria procedimental e universal. A leitura e a adoção da obra de Toulmin de forma mais abrangente permitem, contudo, utilizarmos uma teoria argumentativa (e até moral) mais contextualizada e culturalista do que aquelas que estão sendo adotadas com maior frequência entre nós.

Nossa intenção é (i) estabelecer uma relação entre a obra de Wittgenstein e a de Toulmin mais estreita do que esse último autor elaborou, sobretudo a partir da obra Über Gewißheit e (ii) a de assumir a crítica de Toulmin à lógica formal e sua proposta de uma epistemologia contemporânea, que considera a lógica uma jurisprudência generalizada.[32]

Dessa forma, a base teórica de nossa investigação tenta articular a formação de consensos como a construção de quadros referenciais e crenças geradas pela prática social (Wittgenstein em *Investigações filosóficas – PhU* e *Da certeza – ÜG*) com a epistemologia de Toulmin contra a lógica formal. Nosso escopo e nosso enfoque serão bem distintos, portanto, das teorias argumentativas normativas,[33] procedimentais, consensuais e universais.

---

[31] Ver, por exemplo, Atienza (2000, p. 142).

[32] "In no way had I set out to expound a theory of rhetoric or argumentation: my concern was with twentieth-century epistemology, not informal logic. Still less had I in mind an analytical model like that which, among scholars of Communication, came to be called 'the Toulmin model'" (TOULMIN, 2008, p. vii). E, na Introdução, "[...] But of one thing I am confident: that by treating logic as generalized jurisprudence and testing our ideas against our actual practice of argument-assessment, rather than against a philosopher's ideal, we shall eventually build up a picture very different from traditional one" (TOULMIN, 2008, p. 10).

[33] Ainda que elas também possuam dimensões descritivas.

Na obra *Sobre a certeza*, há uma interessante afirmação de Wittgenstein: "A verdade de certas proposições empíricas pertence ao nosso quadro de referências".[34] Trata-se de um projeto de epistemologia socializada, que reforça a cultura de uma comunidade (e não de seus indivíduos isoladamente).

Como mencionado acima, Toulmin utiliza a comparação entre o uso dos argumentos e um processo judicial (na verdade esse seria um tipo especial de disputa racional). Assim, as alegações formuladas e os argumentos para defendê-las são iguais aos argumentos utilizados nos tribunais, com os seus procedimentos de como os argumentos devem ser apresentados e apreciados e as categorias segundo as quais as alegações serão discutidas (TOULMIN, 2008, p. 7).

Como eu sei (como alguém sabe) determinada coisa? O propósito dessas questões é explicitar as razões, qualificações ou credenciais das alegações feitas por alguém e não revelar o mecanismo oculto de uma atividade mental. Concentra-se, assim, no uso *justificatório* das opiniões e alegações e não nas *razões* de sua formulação (TOULMIN, 2006, p. 306; 308).

> [...] Os encadeamentos de questionamento e crítica ao qual somos levados não têm de ter em torno de si nada nem de psicológico nem de sociológico em torno deles. A questão agora não será se as pessoas em geral pensam dessa maneira, ou o que em sua infância ou educação resulta no fato de pensarem assim; a questão agora será unicamente se esse argumento específico está à altura do padrão, se merece nossa aceitação respeitosa ou nossa rejeição raciocinada. (TOULMIN, 2006, p. 309)

É necessário que haja pontos de partida em comum, que caracterizam as empreitadas racionais (direito, ciência, arte, negócios, ética), em cujo interior se argumenta. Exemplo, no direito, os argumentos são fortes na medida em que servem aos fins mais profundos do processo jurídico. Como será visto, adiante, o que caracteriza cada empreitada destas (tipos de argumentação) é a articulação entre as garantias de um argumento e seus dados factuais ou fundamentos.

Em última instância, o que dá respaldo às nossas afirmações, diante de qualquer audiência, é o *senso comum*, pois todos os seres humanos têm necessidades semelhantes e assim compartilham fundamentos de que necessitam para usar e compreender métodos semelhantes de raciocínio (TOULMIN; RIEKE; JANIK, 1984, p. 118-120).

A estrutura dos argumentos e a força das garantias oferecidas às conclusões que se pretendem justificar serão abordadas adiante, mas, do ponto de vista mais externo, cremos, o que embasa as variações de peso de cada garantia (*warrants*) em uma empreitada de argumentação jurídica, por exemplo, é o nosso quadro referencial (ÜG), nosso estado de desenvolvimento institucional, a nossa defesa da ordem constitucional, o impacto de determinadas teorias em um país ou corte de julgamento.

Daí que:

> métodos e procedimentos racionais não existem no ar, fora de seus verdadeiros raciocinadores; são coisas que são aprendidas, empregadas, às vezes modificadas, em

---

[34] "Die *Wahrheit* gewisser Erfahrungenssätze gehört zu unsern Bezugssystem" (WITTGENSTEIN, 1998, §83).

algumas ocasiões até mesmo abandonadas, pelas pessoas que estão fazendo o raciocínio [...]. (TOULMIN, 2006, p. 303)

Aqueles com espírito matemático podem, se quiserem, elaborar outros esquemas formais abstratos – padrões de possíveis argumentos separados da verdadeira atividade de argumentar em algum campo conhecido. Mas devem tomar cuidado em atribuir os resultados a alguma das ciências existentes, a menos que estejam preparados para fazer aquilo que vimos que tem de ser feito aqui – esquadrinhar a história lógica, a estrutura e o *modus operandi* das ciências usando o olho de um naturalista, sem preconceitos ou ideias preconcebidas importadas de fora. Isso significará ver e descrever os argumentos em cada campo tal como são, reconhecendo como funcionam; não propondo-se a explicar por quê, ou a demonstrar que eles têm necessariamente de funcionar. O que se pede, numa frase, não é *teoria* epistemológica, mas *análise* epistemológica. (TOULMIN, 2006, p. 368-369)

Nesse sentido, defendemos que, no plano da argumentação das decisões jurídicas, o estudo do emprego de determinados argumentos para construir a norma jurídica deva ser uma *análise* epistemológica, uma *análise da gramática* dos argumentos e não uma *teoria* epistemológica ou a defesa apriorística de que outros argumentos devam ser o novo norte a guiar as aplicações ou análises do direito.

Retomando o construto de Toulmin, para desenvolver a sua crítica à filosofia analítica da década de 1950, o autor questionou o caráter lógico e vinculante da lógica formal, que buscava dotar os discursos de maior rigor. Criticou que essa lógica formal poderia ser aplicada a contento em qualquer empreitada discursiva que não a da matemática formal. A argumentação jurídica surge, para ele, como exemplo de como os três elementos do silogismo (premissa menor, premissa maior e conclusão) seriam insuficientes, em virtude da necessidade de graduação de peso das garantias oferecidas aos argumentos.

Essa empreitada comparativa entre os vários usos da argumentação (estético, moral, jurídico etc.) permitiu-lhe elaborar um *layout* mais complexo da forma como os argumentos são utilizados.[35]

3.4 *Layout* dos argumentos na argumentação jurídica

Como mencionado, o projeto teórico de Stephen Toulmin era questionar a filosofia analítica de sua época e o uso de um modelo lógico-formal em que os argumentos analíticos seriam modelos ideais para outros campos que não o da matemática pura, sobretudo nas explicações da lógica prática (o tal deslocamento de uma *teoria* epistemológica para uma *análise* epistemológica).

---

[35] "Atacamos primeiro a última questão (silogismo), com um olho no exemplo da jurisprudência. Há muito tempo que os filósofos que estudam a lógica dos argumentos legais têm sido forçados a classificar suas proposições em muito mais do que três tipos e, mantendo nossos olhos na verdadeira prática do argumento, nos vimos obrigados a segui-los pela mesma estrada. Há no argumento prático uma boa meia dúzia de funções a serem desempenhadas por diferentes espécies de proposição; uma vez que se reconheça isso, temos necessariamente de distinguir não apenas entre premissas e conclusões, mas entre alegações, dados, garantias, qualificadores modais, condições de refutação, afirmações sobre aplicabilidade ou inaplicabilidade de garantias, e outros" (TOULMIN, 2006, p. 202-203).

Para tanto, Toulmin analisa os argumentos em sua forma não geométrica, valendo-se de um *layout* ("logicamente imparcial dos argumentos") extremamente didático, denominado jurisprudencial,[36] cuja finalidade é representar a dinâmica da argumentação, de forma mais estendida do que aquele que se vale da estrutura de uma premissa maior, de uma premissa menor e de uma conclusão.

O modelo básico da argumentação em Toulmin conta com os seguintes elementos: uma alegação (C de *claim*), os dados que a fundamentam (D de *data*), sua garantia (W de *warrant*) e seu apoio (B de *backing*).

Nesses termos, a alegação (C) é a conclusão cujos méritos precisam ser estabelecidos. Os dados (D) são os fatos específicos e relacionados ao caso utilizados para fundamentá-la.[37]

Em um uso meramente instrumental, não costuma ser necessário dar muitos fundamentos para uma afirmação. Quando, contudo, seja em comunicações ordinárias, seja em uso profissional, o interlocutor nos exige (ou as regras do jogo o fazem) uma fundamentação para a alegação, haverá a necessidade de realizá-la.

Do ponto de vista esquemático, o primeiro passo para isso é apresentar os dados da afirmação.

Graficamente:

Figura 1

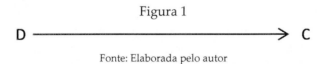

Fonte: Elaborada pelo autor

Se a comunicação requerer maiores fundamentos, e esse é o típico caso da concretização normativa (aplicação das normas jurídicas ou de seus textos), outros elementos deverão ser apresentados.

Assim, se os dados (fatos específicos) necessitam de fundamentação, a questão, agora, é sobre a natureza e a justificação do passo dado na apresentação desses fatos (D). Já não se trata de apresentar novos fatos ou de reforçar a base do argumento. Trata-se de apresentar "proposições de um tipo bem diferente: regras, princípios, licenças de inferência", ou seja, demonstrar que, "tomando-se aqueles dados (D) como ponto de partida, é apropriado e legítimo passar dos dados à alegação (C) ou conclusão apresentada" (TOULMIN, 2006, p. 141).

Agora, será o caso de se apresentar as garantias (W), os enunciados gerais que autorizam aquela passagem. Já não são os fatos: são as afirmações gerais e hipotéticas, os padrões práticos ou cânones do argumento. Trata-se do argumento no qual os dados do tipo (D) dão-nos o direito de tirar as conclusões (C).[38]

---

[36] "Se tivermos de expor nossos argumentos com completa imparcialidade lógica e compreender adequadamente a natureza 'do processo lógico', teremos, com certeza, de empregar um padrão de argumentos tão sofisticado, no mínimo quanto é necessário em Direito" (TOULMIN 2006, p. 139).

[37] Às vezes, no mesmo lugar dos dados (D), mencionam-se *grounds* (G). Ou seja, dados (D) ou razões/fundamentos (G) para a alegação (C). Ver Toulmin, Rieke e Janik (1984, p. 14).

[38] "[...] o apelo explícito nesse argumento vem diretamente da alegação para os dados com que se contou para fundamentá-los; a garantia é, num certo sentido, incidental e explanatória com a única tarefa de registrar,

O uso dos dados é explícito, por estarem diretamente ligados à alegação. As garantias podem ter sua referência implícita, por serem gerais e assegurarem a correção do vínculo entre dados e alegação.

Além disso, há diferentes tipos de garantia (W), em virtude de distintos graus de força às conclusões. Para graduar esse grau de força, vale-se de qualificadores modais (Q de *qualifier*), como "necessariamente", "provavelmente", "presumivelmente". Quando for necessário, portanto, poderá ser feito uso desses qualificadores para explicitar o grau de certeza da garantia.

Logo se vê, portanto, que um qualificador modal pode graduar um tipo de garantia baseada em modelos e prognoses (modelos econômicos, simulações de economia comportamental, jogos estratégicos no direito concorrencial, por exemplo). Nesses casos, seja para analisar condutas econômico-jurídicas, seja para avaliar impactos econômicos de estruturas contratuais e societárias, qualificadores como "presumivelmente" poderão ser apropriados e importantes.[39]

Há, ainda, para enriquecer a estrutura da argumentação, as possíveis condições de refutação (R de *rebuttals*), que indicam situações em que a garantia deve deixar de ser aplicada. Ou seja, trata-se de possível exceção à regra geral que justifica a relação entre os dados e a alegação.[40]

O último elemento do *layout* de Toulmin é o apoio (B), que dá o fundamento ao uso da garantia (W) no caso, que assegura por que motivo, em geral, a garantia deve ser aceita. "Por trás de nossas garantias normalmente haverá outros avais, sem os quais nem as próprias garantias teriam autoridade ou vigência". Esses avais são o apoio das garantias (TOULMIN, 2006, p. 148).

A garantia (W) *legitima* a argumentação a partir dos fatos específicos (D). O apoio (B) será necessário no caso de se duvidar da garantia (W) apresentada.[41]

Assim, esquematicamente, o *layout* completo é:

---

explicitamente, a legitimidade do passo envolvido e de referi-lo, outra vez, na classe maior de passos cuja legitimidade está sendo pressuposta" (TOULMIN, 2006, p. 143).

[39] "É o que acontece também nos tribunais de justiça, onde, muitas vezes, não basta recorrer a um estatuto dado ou doutrina do direito comum, mas é necessário discutir também, explicitamente, o limite até o qual se aplica, num caso determinado, uma determinada lei específica; se a lei tem inevitavelmente de ser aplicada em tal caso, ou se tal caso pode ser tomado como uma exceção à regra, ou é um caso em que a lei só pode aplicar-se se for limitada a determinadas qualificações" (TOULMIN, 2006, p. 145).

[40] Toulmin distingue entre a garantia (W) e as afirmações sobre a aplicabilidade dessa garantia (R). "A distinção é relevante não só para as leis do país, mas também para compreender as leis científicas ou 'leis na natureza'; é importante, de fato, em todos os casos em que a aplicação de uma lei possa estar sujeita a exceções, ou quando o único modo de dar apoio a uma garantia seja apontar uma correlação geral, não uma correlação absolutamente invariável" (TOULMIN, 2006, p. 146-147).

[41] "Por certo um argumento pode fazer parte de uma cadeia de argumentos e não se apresentar isoladamente. Mas parece que isso poderia continuar sendo representado sem maiores problemas segundo o modelo proposto. Assim, a pretensão de um argumento pode funcionar também como uma razão a favor de uma nova pretensão; as razões podem se converter em pretensões, que precisam, portanto, de um novo argumento para ser justificadas; e a garantia também pode ser vista como a pretensão de um novo argumento, e, nesse caso, o que antes era o respaldo passará a cumprir, agora, a função das razões, colocando-se com isso a necessidade de uma nova garantia para passar das razões à pretensão" (ATIENZA, 2000, p. 142).

Figura 2

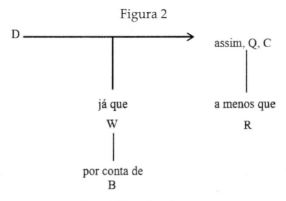

Fonte: Elaborada pelo autor

Um exemplo de utilização do *layout* é dado pelo próprio autor e sempre muito comentado pela literatura secundária:

Figura 3

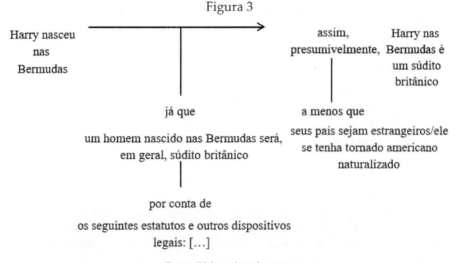

Fonte: Elaborada pelo autor

Do *layout*, chama-se a atenção para: a alegação (C) que se quer fundamentar é a de que "Harry é um súdito britânico". O primeiro fundamento (*ground* ou *data*) factual e imediatamente relacionado à alegação é: "Ele nasceu nas Bermudas".

Como no jogo da fundamentação foi requerida uma fundamentação mais elaborada, quem alega acrescenta uma garantia (W) aos dados (D), para demonstrar por que esses fatos autorizam a conclusão que se pretende alegar: quem nasce nas Bermudas é, em geral, súdito britânico. Veja-se a função da garantia: ela é a regra geral, válida, que autoriza a conclusão.

Como alguns jogos de justificação exigem maior fundamentação – e é desse tipo que se tem nas tradições de *civil law* – a garantia (W) necessitará de uma regra, que dará o fundamento final, o aval para a garantia (B – o apoio); que, por sua vez, assegurará o motivo pelo qual a garantia deve ser aceita.

No caso, "os seguintes estatutos e outros dispositivos legais: [...]" justificam a garantia.[42]

Esse ponto é importante, de acordo com as nossas regras, com nosso sistema jurídico, que obriga a fundamentação das decisões jurídicas – sejam administrativas ou judiciais e que impedem o *non liquet* –, que o fundamento de direito positivo deve ser apresentado (teste do *pedigree*). Ainda que se valha, quando a lei permitir, de métodos de colmatação de lacunas (analogia, por exemplo), a fundamentação legal para essa colmatação lá estará.[43]

Isso significa, e isso é importante, que o apoio (B) será um texto normativo vigente em nosso ordenamento jurídico e não uma teoria qualquer ou um modelo qualquer. Essa fundamentação é jurídica e deve atender ao "teste do *pedigree*", ao dever de fundamentação.

Esse dever é uma garantia constitucional, a de que nos processos deve-se atender à ampla defesa (o que obriga à exposição dos fundamentos de qualquer decisão), além do contraditório. Veja-se o disposto na Constituição Federal de 1988, em seu art. 5º, inc. LV: "aos litigantes, em processo judicial ou administrativo, e aos acusados em geral são assegurados o contraditório e ampla defesa, com os meios e recursos a ela inerentes".

Veja-se, ainda, o art. 93, inc. IX:

> todos os julgamentos dos órgãos do Poder Judiciário serão públicos, e fundamentadas todas as decisões, sob pena de nulidade, podendo a lei limitar a presença, em determinados atos, às próprias partes e a seus advogados, ou somente a estes, em casos nos quais a preservação do direito à intimidade do interessado no sigilo não prejudique o interesse público à informação.

Além disso, a Administração Pública e seus atos estão submetidos ao princípio da legalidade (art. 37 da CF/1988).

Nada diferente do que o próprio Código de Processo Civil prescreve, até mesmo quando fala em se valer de precedentes, não autorizando aos magistrados a mera citação de decisões anteriores, sobretudo quando citados apenas por uma das partes.

Vê-se que todo o ordenamento jurídico brasileiro é construído em torno do dever e da garantia da fundamentação dos atos administrativos e judiciais, com o que, no caso de decisões proferidas em processo, ganha ainda maior relevância a explicitação dos fundamentos jurídicos e os critérios da apreciação fática.

---

[42] "De que modo o apoio das garantias difere de outros elementos de nossos argumentos? Para começar com as diferenças entre B e W: afirmações de garantias, nós vimos, são hipotéticas – são afirmações-pontes –, mas o apoio para as garantias pode ser expresso na forma de afirmações categóricas de fato, como também podem ser expressos os dados invocados em suporte direto para nossas conclusões. Enquanto nossas afirmações refletirem explicitamente estas diferenças funcionais, não haverá perigo de confundir o apoio (b) de uma garantia e a própria garantia (W); estas confusões só surgem quando as diferenças são mascaradas pelas nossas formas de expressão" (TOULMIN, 2006, p. 151).

[43] Nesse sentido, tratando do teste do *pedigree*, os excelentes Dimoulis e Lunardi (2008, p. 181-182). Sobre a colmatação de lacunas e a analogia, ver Andrade (2006, p. 191-248; 276-288). Em sua origem, ver Hart (1948-1949).

3.5 Armadilhas e perigos do consequencialismo jurídico e o difícil debate em torno da teleologia jurídica

Há de se apartar a argumentação com base na teleologia das normas jurídicas, de um lado, do consequencialismo jurídico ou até mesmo do ativismo judicial, de outro.

A teleologia, após a definição dos tradicionais elementos da hermenêutica jurídica a partir de Savigny, foi incorporada a esses elementos, em decorrência, também, do prestígio teórico e dogmático da jurisprudência dos interesses.[44]

Pode-se afirmar ser questionável alegar a hierarquia entre os elementos da hermenêutica, algo que não fora defendido sequer por Savigny. Nos dizeres de Winfried Hassemer e Eros Grau, não existe uma metarregra que oriente a aplicação, no sentido de estabelecer para todos os casos práticos qual deve ser o critério hermenêutico a predominar em caso de conflito ou dúvida.[45]

Além desse ponto, o próprio aspecto teleológico começa a ser revisto, já que se trata de um dos mais difíceis de se utilizar com rigor, em virtude de sempre ser possível alegar uma razão do texto normativo, como lembrado por Tercio Ferraz Jr. (1994, p. 291), que cita, ainda, o art. 5º da Lei de Introdução às Normas do Direito Brasileiro.[46]

Nessa releitura, pode-se até afirmar que o aspecto teleológico estaria presente nos demais aspectos da hermenêutica jurídica, seja nas considerações gramaticais, seja nas históricas e sistemáticas.

Esse tipo de leitura é útil para se analisar as constituições nacionais como a do Brasil, repleta de dispositivos, que, ao lado daqueles extremamente analíticos, prescrevem normas do tipo que estabelecem objetivos.

Esse tipo de argumentação não deve ser confundido com a perspectiva consequencialista, que seria propor um objetivo à frente e acima dos demais. Isso porque, em primeiro lugar, muitos dos consequencialismos hodiernos têm como metarregra algo não positivado (é o caso do *law and economics* clássico, ao defender a *eficiência econômica* como critério válido e necessário). Da mesma forma os moralismos universais e procedimentais, que buscam reforços em discursos ou sobre princípios gerais (algo como a proporcionalidade em um de seus testes, o de adequação entre fins e meios etc.).

No caso da pesquisa teleológica, ao menos naquela aqui defendida, há apreço pelo texto positivado (ainda que se procure o afastamento de perspectivas essencialistas, de que o conteúdo já estaria contido nos textos) e respeito ao aspecto sistemático dos textos de normas jurídicas. Uma teoria eleita como predileta não deve substituir o texto posto das normas jurídicas, ainda que a sua concretização demande sempre decisões constitutivas de sentido.

---

[44] Sobre o tema, dediquei-me em: Andrade (2006, p. 61-76; 2009, p. 323-340).

[45] "Diante da não-existência de uma 'meta-regra ordenadora da aplicação, em cada caso, de cada um deles', os métodos funcionariam muito mais como instrumentos de justificativa de decisões tomadas" (GRAU, 2002, p. 91; HASSEMER, 1994, p. 262-263).

[46] "Art. 5º Na aplicação da lei, o juiz atenderá aos fins sociais a que ela se dirige e às exigências do bem comum".

Daí a conclusão de que se deve evitar o consequencialismo, mormente com base em ideologias e construtos teóricos sem respaldo e sem a adoção em textos do ordenamento jurídico. Se qualquer finalidade ou decisão moral for boa o suficiente para o direito, que o processo democrático reconheça tal fato e que as positive, por meio do processo legislativo.

4 Conclusões

No contexto de uma hermenêutica antirrepresentacionalista, há o abandono das razões, essências e fundamento do ordenamento jurídico e da racionalidade jurídica em prol de uma outra perspectiva. Perspectiva essa que, ainda que delimitadora da racionalidade humana, permita, porém, a partir desses limites, traçar elementos críticos sobre o papel de quem decide (operador máximo) e da função da dogmática e da teoria do direito neste contexto (em sua busca de decisões que apresentem como justificativas argumentos jurídicos e que sejam produzidas por meio de um procedimento previamente estabelecido).

E, no caso específico da interpretação jurídica (em seu sentido mais amplo), esse enfoque aponta, basicamente, para a constatação (ou a hipótese) da interpretação como processo criativo-decisório, que se refere antes a adestramentos do que a processos de compreensão mental.[47]

Deslocando, portanto, a ideia da interpretação do texto normativo e de seus resultados (declarativo, restritivo e extensivo) da *determinabilidade do sentido* para a de *análise da norma-decisão* formada, tem-se:

i) um texto normativo que emprega conceitos cujos significados estão sendo construídos local e temporalmente;

ii) que essas construções formam um arcabouço conceitual, um sistema de referências mediado por adestramentos (formação universitária, formação de jurisprudência sobre determinados aspectos de cada conceito);

iii) que novas normas-decisão podem ser comparadas a decisões outrora formuladas (ou a opiniões doutrinárias sobre o tema), o que permitirá relações de proximidade e comparação.

No estudo da teoria da argumentação (jurídica), o importante não será estudar como se chega a conclusões, mas sim em como – após chegar a elas – os argumentos são apresentados para lhe dar apoio (Stephen Toulmin). Daí a ideia de reorientar o nosso trabalho da análise do que seriam os argumentos de *motivação* para os de *justificação* (Wittgenstein e Toulmin).

Nesse sentido, defendemos, com Toulmin, uma *análise* epistemológica, uma *análise da gramática* dos argumentos e não uma *teoria* epistemológica ou a defesa

---

[47] Enfoque este derivativo de uma leitura da concepção do "seguir uma regra" e do "sistema referencial" em Ludwig Wittgenstein (*PhU* e *ÜG*, respectivamente), além dos subsídios da teoria biológica autopoiética (fenômeno semântico-interpretativo e arcabouço *ad hoc*).

apriorística de que determinada teoria jurídica (ou de outro saber) deva ser o novo norte a guiar as aplicações ou análises concretas do direito.

Assim, ao regressarmos para as questões propostas no início, apresentando, contudo, apontamentos de respostas resumidos, temos:

1) Como explicar que decisões jurídicas de grande repercussão nacional possam ser obtidas a partir de votações em tribunais cujos resultados são de maioria simples (muitas vezes com apenas um voto de desempate)? Ou seja, mesmo na corte constitucional, decisões relevantes são construídas com um placar de seis votos contra cinco.[48]

Porque não existe representacionalismo. Interpretar é aplicar, o que significa decidir entre sentidos possíveis não preestabelecidos (construção de sentido).

2) Como explicar que a doutrina faça tantas referências à existência de *conceitos indeterminados*, se até mesmo conceitos prosaicos da linguagem ordinária (transformados em fatos jurídicos e em regras específicas) motivam decisões complexas com as mesmas dificuldades apontadas acima (decisões com maioria apenas simples)?

Cultura jurídica. Jargão, que não se justifica em termos jurisprudenciais rígidos, apenas didaticamente. Tampouco se justifica a partir de subsídios de filosofia da linguagem.

3) Para superar as dificuldades de se defender hodiernamente as versões teóricas mais rígidas, que consideram a interpretação a reprodução do sentido preexistente na norma jurídica e sua aplicação sem ruídos (aplicação neutra, subsunção, aplicação mecânica etc.), bastaria flexibilizar tal entendimento com o emprego de expressões como "sentido possível", "carga subjetiva", "textura aberta" sem promover uma revisão dos próprios pontos de partida epistemológicos?

Não. A mera flexibilização do rigor das escolas mais tradicionais (mecanicistas) em favor do uso retórico de expressões como "carga subjetiva", "textura aberta da linguagem", "conceitos indeterminados" acaba por apaziguar o radicalismo de uma teoria tradicional que postule a ideia de uma única decisão correta para cada aplicação, mas tem a desvantagem de não explicitar os problemas tormentosos dos limites da interpretação. O uso de construtos como o da "textura aberta" pode ser rico se, com eles, for desenvolvida a ideia de que a linguagem possui como característica a porosidade de seus termos, não sendo mero acidente a ser combatido por métodos verificacionistas (algo que aparece como possível conflito entre Wittgenstein, que

---

[48] Inúmeros exemplos no direito tributário brasileiro em Andrade (2006).

abandona o projeto verificacionista, e F. Waismann, marcado pelo projeto analítico do Círculo de Viena).[49]

4) Como explicar a existência de certa uniformidade de sentido (das decisões) após a elaboração de determinado entendimento jurisprudencial, quando os limites da interpretação de textos por si só não parecem justificar tal possibilidade de padronização semântica a partir de seus pressupostos teóricos?

Adestramento e regras processuais: aqueles que lidam com textos normativos têm uma maior possibilidade de avaliar *os jogos de linguagem* envolvidos em sua aplicação (adestramento), seja por estarem envolvidos com a interpretação do conjunto de textos que compõem o tema em discussão, seja pelo treinamento na reprodução das conexões sistemáticas dos diversos textos que tratam do mesmo assunto. Além disso, há o treinamento dogmático[50] e as regras processuais vigentes, que induzem à uniformidade (decisões de tribunais superiores, embargos infringentes, embargos divergentes, súmulas vinculantes, decisão em sede de recursos repetitivos ou repercussão geral etc.). De forma quase jocosa, o direito processual "elimina" certos problemas filosóficos, sendo de se lamentar que teóricos do direito tenham tanto preconceito com os estudos dogmáticos e, sobretudo, processuais.

5) Se a interpretação e a aplicação das normas jurídicas sofrem a influência de uma série de elementos que não seriam jurídicos – e sim políticos, econômicos e morais – como controlar em um ambiente democrático os conteúdos dos resultados de julgamentos?

Um possível papel para a teoria da argumentação, nesses termos mais descritivos e epistemológicos, seria justamente o de também explicitar eventuais tentativas de colonização de argumentos não jurídicos como fundamento (*backing*) das decisões jurídicas. Esse tem sido meu uso, de certa forma bem particular, de usar a abordagem epistemológica de Toulmin para defender um positivismo jurídico não inclusivo, que se fecha para argumentos consequencialistas econômicos, mas também para os consequencialismos morais de toda sorte.

Referências

ALEXY, Robert. *Teoria da argumentação jurídica*: a teoria do discurso racional como teoria da justificação jurídica. São Paulo: Landy, 2001.

ALEXY, Robert. *Theorie der juristischen Argumentation*: Die Theorie des rationalen Diskurses als Theorie der juristischen Begründung. Frankfurt am Maim: Suhrkamp, 1991.

---

[49] Ver, com detalhes, Andrade (2010).
[50] A dogmática jurídica, aliás, como subsistema jurídico-comunicativo, é um dos elementos de concreção normativa, à medida que dela podem derivar pontos de vista relevantes para a decisão de um problema concreto. "Elementos de técnica resolutória guiam a concreção normativa enquanto oferecem propostas para a tática aceitável de solução de casos" (SCHROTH, 1992, p. 300).

ANDRADE, José Maria Arruda de. A Constituição brasileira e as considerações teleológicas na hermenêutica constitucional. *In*: SOUZA NETO, Cláudio Pereira de; SARMENTO, Daniel; BINENBOJM, Gustavo (Org.). *Vinte anos da Constituição Federal de 1988*. Rio de Janeiro: Lumen Juris, 2009.

ANDRADE, José Maria Arruda de. *Economicização do direito concorrencial*. São Paulo: Quartien Latin, 2014.

ANDRADE, José Maria Arruda de. Entre princípios e regras. Entre progressos iniciais e fanatismo. *In*: COSTA, José Augusto Fontoura; ANDRADE, José Maria Arruda de; MATSUO, Alexandra Mery Hansen (Org.). *Direito*: teoria e experiência. Homenagem a Eros Roberto Grau. São Paulo: Malheiros, 2013. v. 1.

ANDRADE, José Maria Arruda de. Hermenêutica jurídica e a questão da textura aberta. *Revista Brasileira de Filosofia*, v. 233, p. 128-146, 2010.

ANDRADE, José Maria Arruda de. *Interpretação da norma tributária*. São Paulo: MP, 2006.

ATIENZA, Manuel. *As razões do direito*: teorias da argumentação jurídica. São Paulo: Landy, 2000.

BAKER, Gordon P; HACKER, P. M. S. *An analytical commentary on the philosophical investigations*. 2. ed. Chichester, West Sussex, UK; Malden, MA: Wiley-Blackwell Pub., 2009.

BASSOLS, Alejandro T. Seguir una regla: resultados wittgensteinianos y speculaciones chomskyanas. *Manuscrito – Revista Internacional de Filosofia*, Campinas, v. XVIII, n. 2, p. 49-87, 1995.

DIMOULIS, Dimitri; LUNARDI, Soraya Gasparetto. O positivismo jurídico diante da principiologia. *In*: DIMOULIS, Dimitri; DUARTE, Écio Oto (Org.). *Teoria do direito neoconstitucional*: superação ou reconstrução do positivismo jurídico? São Paulo: Método, 2008.

FERRAZ JR., Tercio Sampaio. *A ciência do direito*. São Paulo: Atlas, 1980.

FERRAZ JR., Tercio Sampaio. *Introdução ao estudo do direito*. São Paulo: Atlas, 1994.

GLOCK, Hans-Johann. *Dicionário Wittgenstein*. Rio de Janeiro: Jorge Zahar, 1998.

GRAU, Eros. *Ensaio e discurso sobre a interpretação e a aplicação do direito*. São Paulo: Malheiros, 2002.

HACKER, P. M. S. *Wittgenstein*. Tradução de João Vergílio Cuter. São Paulo: Unesp, 2000.

HART, H. L. A. The ascription of responsibility and rights. *Proceedings of the Aristotelian Society*, v. 49, 1948/1949. New Series.

HASSEMER, Winfried. Rechtssystem und Kodifikation: Die Bindung des Richters an das Gesetz. *In*: KAUFMANN, A.; HASSEMER, W. (Org.). *Einführung in Rechtsphilosophie und Rechtstheorie der Gegenwart*. 6. ed. Heidelberg: C. F. Müller Juristischer, 1994.

JANIK, Allan; TOULMIN, Stephen. *A Viena de Wittgenstein*. Rio de Janeiro: Campus, 1991.

KELSEN, Hans. *Teoria pura do direito*. Coimbra: Armênio Amado, 1984.

LARENZ, Karl. *Metodologia da ciência do direito*. Lisboa: Calouste Gulbenkian, 1997.

MALCOM, Norman. *Ludwig Wittgenstein*: a memoir. Oxford: Clarendon Press, 2009.

MONK, Ray. *Wittgenstein*: o dever do gênio. São Paulo: Companhia das Letras, 1995.

MOORE, George Edward. *Prova de um mundo exterior*. Tradução de Pablo Rubén Mariconda. São Paulo: Nova Cultural, 1989a. Os Pensadores.

MOORE, George Edward. *Uma defesa do senso comum*. Tradução de Pablo Rubén Mariconda. São Paulo: Nova Cultural, 1989b. Os Pensadores.

MÜLLER, Friedrich. *Direito – linguagem – violência* – Elementos de uma teoria constitucional I. Tradução de Peter Naumann. Porto Alegre: Safe, 1997a.

MÜLLER, Friedrich. *Discours de la methode juridique*. Paris: PUF, 1996.

MÜLLER, Friedrich. *Juristische Methodik*. 7. ed. Berlin: Duncker & Humblot, 1997b.

MÜLLER, Friedrich. *Recht – Sprache – Gewalt – Elemente einer Verfassungstheorie I*. Berlin: Duncker & Humblot, 1975.

RORTY, Richard. *A filosofia e o espelho da natureza*. Rio de Janeiro: Relume Dumará, 1995.

SCHROTH, Ulrich. Hermenêutica filosófica y jurídica. In: KAUFMANN, A.; HASSEMER, W. (Org.). *El pensamiento juridico contemporáneo*. Madrid: Debate, 1992.

SCHROTH, Ulrich. Philosophische und juristische Hermeneutik. In: KAUFMANN, A.; HASSEMER, W. (Org.). *Einführung in Rechtsphilosophie und Rechtstheorie der Gegenwart*. 6. ed. Heidelberg: C. F. Müller Juristischer, 1994.

TOULMIN, Stephen. *Os usos do argumento*. 2. ed. São Paulo: Martins Fontes, 2006.

TOULMIN, Stephen. Reasoning in theory and practice. In: HITCHCOCK, David; VERHEIJ, Bart (Org.). *Arguing on the Toulmin Model*: new essays in argument analysis and evaluation. Lexington: Springer, 2010.

TOULMIN, Stephen. *The uses of argument*. udpdated. Cambridge: Cambridge University Press, 2008.

TOULMIN, Stephen; RIEKE, Richard; JANIK, Allan. *An introduction to reasoning*. 2. ed. Upper Saddle River: Prentice Hall, 1984.

WITTGENSTEIN, Ludwig. *Bemerkungen über die Grundlagen der Mathematik*. Werkausgabe, Band 6. 8. ed. Berlin: Suhrkamp Verlag, 1984. (BGM)

WITTGENSTEIN, Ludwig. *Da certeza*. Tradução de Maria Elisa Costa. Lisboa: Edições 70, 1998.

WITTGENSTEIN, Ludwig. Filosofia. The Big Typescript (MS213). Manuscrito. *Revista Internacional de Filosofia*, v. XVIII, n. 2, p. 1-37, 1995a. (TBT)

WITTGENSTEIN, Ludwig. *Investigações filosóficas*. 2. ed. Lisboa: Calouste Gulbenkian, 1995b.

WITTGENSTEIN, Ludwig. *Investigações filosóficas*. Tradução de José Carlos Bruni. Os Pensadores. 2. ed. São Paulo: Abril, 1979.

WITTGENSTEIN, Ludwig. *Philosophische Untersuchungen*. Werkausgabe, Band 1. Frankfurt am Maim: Suhrkamp Verlag, 1984. (PhU)

WITTGENSTEIN, Ludwig. *Tractatus logico-philosophicus*. Tradução de Luiz Henrique Lopes dos Santos. São Paulo: Edusp, 1994a. (TLP)

WITTGENSTEIN, Ludwig. *Über Gewißheit*. Werkausgabe, Band 8. 12. ed. Berlin: Suhrkamp Verlag, 1994b. (ÜG)

WITTGENSTEIN, Ludwig. *Zettel*. Tradução de Ana Berhau da Costa. Lisboa: Edições 70, [s.d.]. (ZT)

WRIGHT, Georg Henrik von. A biographical sketch. In: MALCOM, Norman. *Ludwig Wittgenstein*: a memoir. Oxford: Clarendon Press, 2009.

ZILHÃO, António. *Linguagem da filosofia e filosofia da linguagem*: estudos sobre Wittgenstein. Lisboa: Colibri, 1993.

Informação bibliográfica deste texto, conforme a NBR 6023:2018 da Associação Brasileira de Normas Técnicas (ABNT):

ANDRADE, José Maria Arruda de. Da interpretação à argumentação jurídica: as armadilhas do essencialismo. In: LEAL, Saul Tourinho; GREGÓRIO JÚNIOR, Eduardo Lourenço (Coord.). *A Constituição Cidadã e o Direito Tributário*: estudos em homenagem ao Ministro Carlos Ayres Britto. Belo Horizonte: Fórum, 2019. p. 285-308. ISBN 978-85-450-0678-7.

O IMPOSTO SOBRE GRANDES FORTUNAS: DA IMPRECISÃO LEGISLATIVA A UM POSSÍVEL INSTRUMENTO DE ALCANCE DA JUSTIÇA FISCAL

LUCAS MARIANO

1 Introdução

Thomas Piketty, um dos maiores expoentes do pensamento econômico da atualidade, inicia a sua obra denominada *O capital no século XXI* com os seguintes questionamentos:

> Será que a dinâmica da acumulação do capital privado conduz de modo inevitável a uma concentração cada vez maior da riqueza e do poder em poucas mãos, como acreditava Marx no século XIX? Ou será que as forças equilibradoras do crescimento, da concorrência e do progresso tecnológico levam espontaneamente a uma redução da desigualdade e a uma organização harmoniosa das classes nas fases avançadas do desenvolvimento, como pensava Simon Kuznets no século XX?[1]

Com o intuito de responder a essas e outras indagações, o festejado economista, ao longo de seu livro, baseou-se em denso acervo de dados históricos sobre a economia de vários países, sobretudo os pertencentes ao continente europeu, chegando à conclusão de que o imposto progressivo e a exação sobre o capital são dois importantes instrumentos que, além de serem essenciais para a conquista da justiça fiscal, são vitais para a sobrevivência do próprio sistema capitalista.

Nesse contexto, é que o tema deste artigo se demonstra relevante no atual cenário de crise econômica, política e social pelo qual passa o Brasil, tendo em vista que a instituição do Imposto sobre Grandes Fortunas teria não somente a missão fiscal de aumento da arrecadação de receitas, mas, também, uma possível vocação extrafiscal de diminuição das desigualdades sociais.

---

[1] PIKETTY, Thomas. *O capital no século XXI*. 1. ed. Rio de Janeiro: Intrínseca, 2014. p. 9.

De fato, não é por ausência de previsão legislativa que o mencionado tributo encontrará qualquer óbice para o seu efetivo emprego, haja vista que a Constituição de 1988 prevê, em seu art. 153, VII, a sua instituição e regulação por meio da elaboração de uma lei complementar.[2]

Contudo, mesmo após trinta anos da promulgação da atual Carta Magna, o Imposto sobre Grandes Fortunas ainda não foi efetivamente instituído no ordenamento jurídico brasileiro, seja por carência de vontade política para a edição da necessária lei complementar, seja pela dificuldade em se definir o próprio conceito de "grande fortuna".

Dessa forma, ainda que longe de pretender solucionar toda a problemática jurídica e econômica na qual o referido imposto está inserido, o presente estudo ambiciona debater sobre os pontos cruciais que impediram e, até hoje, obstam a instituição do Imposto sobre Grandes Fortunas, realizando uma ponderação acerca dos posicionamentos adotados pelos principais doutrinadores do assunto e um paralelo com os dois principais projetos de lei complementar que visam à instituição do mencionado tributo.

2   Afinal, o que vem a ser grande fortuna?

Conforme já explicitado, o art. 153, VII, da Constituição Federal de 1988,[3] prescreve expressamente a criação do Imposto sobre Grandes Fortunas, *ipsis litteris*:

> Art. 153. Compete à União instituir impostos sobre: [...]
> VII – grandes fortunas, nos termos de lei complementar.

Mediante a simples leitura do trecho constitucional, percebe-se que a expressão utilizada pelo constituinte, qual seja, "grandes fortunas", é nitidamente ampla e constitui a causa primeira de tamanha divergência e dificuldade no estabelecimento do mencionado tributo.

Ao deparar-se com o referido conceito vago de incidência do imposto, Ives Gandra Martins, assim o sintetizou:

> O imposto que consta da previsão constitucional não é um imposto sobre a solidariedade. Não é também um imposto sobre a "riqueza", que é menor que "fortuna". Nem mesmo é um imposto sobre "fortuna". É um imposto em que adjetivação tem particular relevância, vale dizer, é um imposto sobre "Grandes" fortunas.[4]

Com efeito, a amplidão conceitual intrínseca do termo "grandes fortunas" foi objeto de análise de vários doutrinadores, merecendo destaque o pensamento de

---

[2]   BRASIL. Constituição de 1988. *Constituição da República Federativa do Brasil*. Disponível em: http://www.planalto.gov.br/ccivil_03/Constituicao/Constituicao.htm. Acesso em: 31 ago. 2018.

[3]   BRASIL. Constituição de 1988. *Constituição da República Federativa do Brasil*. Disponível em: http://www.planalto.gov.br/ccivil_03/Constituicao/Constituicao.htm. Acesso em: 31 ago. 2018.

[4]   MARTINS, Ives Gandra da Silva. Imposto sobre grandes fortunas. *Carta Mensal*, n. 669, p. 73-74, dez. 2010.

Marcelo Guerra Martins,[5] o qual suscita que "se a expressão 'fortuna' já significa grande privilégio econômico, 'grande fortuna' implica necessariamente algo de muito maior vulto, chegando a ser assombroso".

Nessa mesma esteira, Coêlho[6] assenta que "o imposto deve ser sobre fortunas que sejam grandes e não deve desestimular a iniciativa dos empreendedores, senão a riqueza ociosa dos ociosos afortunados", alertando, com razoável certeza, para a possibilidade de fuga de investimentos em virtude de uma temerária oneração indiscriminada sobre o capital.

Realmente, a dificuldade de se precisar qual seria o montante financeiro desejado pelo constituinte para a incidência do Imposto sobre Grandes Fortunas é tarefa árdua e necessita compreensão do contexto social-econômico do país, isso porque, obviamente, o que é entendido como "grande fortuna" para uns, pode ser considerado apenas uma riqueza ordinária para outros, ou, ainda, uma parcela insignificante do patrimônio de alguém mais abastado.

Ademais, ainda que se estabeleça um montante financeiro capaz de satisfazer a uma noção geral do que é uma grande fortuna, seria necessário, em seguida, discriminar quais são os bens ou rendas que devem compor a base de cálculo para a incidência do aludido imposto.

Nesse sentido, estaria então a definição do valor correspondente a uma grande fortuna, assim como a qualificação dos bens integrantes desse patrimônio, entregue ao poder da imaginação e exercício de abstração do Poder Legislativo, no momento em que for (e se for) editada a requerida lei complementar? Ou existiria algum método mais palpável, científico, para a mensuração do importe de capital em que o legislador poderá se lastrear?

Nesse tocante, é memorável o trabalho realizado por Sérgio Ricardo Ferreira Mota que, ao debruçar-se e discorrer sobre todas as incertezas inerentes ao tema em apreço, propôs um método para o estabelecimento de um *quantum* mínimo demarcador do patrimônio sobre o qual incidiria o Imposto sobre Grandes Fortunas.

2.1 Montante financeiro mínimo para a incidência do Imposto sobre Grandes Fortunas

Em um de seus estudos publicados, intitulado o *Quantum mínimo delimitador da riqueza correspondente ao imposto sobre grandes fortunas no Brasil*, o renomado doutrinador prega que o legislador, ao editar a esperada lei complementar, deverá observar, para a fixação do montante financeiro, a totalidade do sistema jurídico vigente no país.[7]

Para explicar sua tese, Mota inicialmente divide a temática entre os futuros contribuintes pessoa física e jurídica, sendo que, a partir daí, começa a construir um

---

[5] MARTINS, Marcelo Guerra. *Impostos e contribuições federais*: sistemática, doutrina e jurisprudência. Rio de Janeiro: Renovar, 2004.

[6] COÊLHO, Sacha Calmon Navarro. *Comentários à Constituição de 1988*: sistema tributário. 6. ed. Rio de Janeiro: Forense, 1996.

[7] MOTA, Sérgio Ricardo Ferreira Mota. Quantum mínimo delimitador da riqueza correspondente ao imposto sobre grandes fortunas no Brasil. *Revista Tributária e de Finanças Públicas*, n. 86, p. 325-341, jun. 2009.

didático raciocínio, tendo como base principal outros dispositivos constitucionais que, por analogia, ajudariam a compor um imaginário lógico-jurídico comum acerca da faixa mínima de capital a ser tributada pelo mencionado imposto.

Com relação às pessoas físicas, o aludido autor cria uma interessante associação entre a questão atinente ao *quantum* mínimo para exação do imposto e o que restou preconizado pelo art. 37, XI, da Constituição Federal de 1988,[8] dispositivo que estabelece que o teto remuneratório para o funcionalismo público no Brasil é o subsídio mensal dos ministros do Supremo Tribunal Federal.

Partindo desse fato, o doutrinador entende que "por ser o subsídio do ministro do STF a maior remuneração mensal paga pelo Estado brasileiro a um de seus agentes públicos, não deve ser considerada uma fortuna aquela que corresponda, hoje, a uma renda anual no valor de R$334.831,70 [...]", tendo em vista que a aludida quantia corresponde, segundo o mencionado autor, à "somatória de doze subsídios mensais daquele ministro, acrescidos da correspondente gratificação natalina e dos dois adicionais de férias a que fazem jus".[9]

De fato, o raciocínio do autor, em que pese esteja baseado em lógica predominantemente indutiva, resulta em conclusão plenamente satisfatória para a tentativa de estabelecimento de um *quantum* mínimo proibitivo para a incidência do Imposto sobre Grandes Fortunas atinente a pessoas físicas, tendo em vista que seria impensável e incoerente qualquer premissa baseada na suposição de que um empregado do Estado (ainda que do mais alto escalão) pudesse receber uma remuneração digna de pertencer ao campo semântico da expressão "grande fortuna".

Em ato contínuo, Mota parte para a investida em quantificar o montante de exação do Imposto sobre Grandes Fortunas para pessoas jurídicas e, para isso, utiliza do mesmo *modus* analógico anteriormente empregado para pessoas físicas, qual seja, vincular a problemática do art. 153, VII, com o disposto em outros dispositivos constitucionais.

Para tanto, o autor lançou mão do preconizado nos arts. 146, III, "d" e 179, ambos da atual Lei Maior, os quais dispõem sobre o tratamento diferenciado e favorável para as microempresas e para as empresas de pequeno porte com relação a diversas obrigações administrativas, tributárias, previdenciárias e creditícias.[10]

Da mesma forma, recorreu o doutrinador à Lei Complementar nº 123/2006,[11] que instituiu o Estatuto Nacional da Microempresa e da Empresa de Pequeno Porte, o qual, em seu art. 3º, previu que um estabelecimento comercial para ser enquadrado como microempresa deve estar submetido a uma receita bruta anual igual ou inferior

---

[8] BRASIL. Constituição de 1988. *Constituição da República Federativa do Brasil*. Disponível em: http://www.planalto.gov.br/ccivil_03/Constituicao/Constituicao.htm. Acesso em: 31 ago. 2018.

[9] MOTA, Sérgio Ricardo Ferreira Mota. Quantum mínimo delimitador da riqueza correspondente ao imposto sobre grandes fortunas no Brasil. *Revista Tributária e de Finanças Públicas*, n. 86, p. 325-341, jun. 2009.

[10] BRASIL. Constituição de 1988. *Constituição da República Federativa do Brasil*. Disponível em: http://www.planalto.gov.br/ccivil_03/Constituicao/Constituicao.htm. Acesso em: 31 ago. 2018.

[11] BRASIL. *Lei Complementar nº 123, de dezembro de 2006*. Institui o Estatuto Nacional da Microempresa e da Empresa de Pequeno Porte. Brasília, 2006. Disponível em: http://www.planalto.gov.br/ccivil_03/LEIS/LCP/Lcp123.htm. Acesso em: 31 ago. 2018.

a R$240.000,00, de modo que uma empresa de pequeno porte não pode ultrapassar, também em receita bruta anual, o importe financeiro de R$2.400.000,00.

Diante dessa visão holística do ordenamento jurídico, Mota concluiu que o valor de R$2.400.000,00 não pode ser considerado "grande fortuna" para nenhuma pessoa jurídica, tendo em vista que a própria Carta Magna em conjunto com o Estatuto Nacional da Microempresa e da Empresa de Pequeno Porte consideram tal receita bruta anual como montante a ensejar tratamento favorável no concernente à tributação, razão pela qual o referido autor firmou posicionamento de que existe sim no ordenamento jurídico pátrio um referencial comum para o conceito aparentemente abstrato de "grande fortuna". *In verbis*:

> Esse montante de riqueza, correspondente ao valor de R$2.400.000,00, tal qual aquele outro acima exposto relativamente às pessoas físicas, se não deve ser considerado uma fortuna, não deve ser considerado, muito menos ainda, uma grande fortuna relativamente às pessoas jurídicas.
>
> Por todo o exposto, apesar de a regra-matriz do Imposto sobre Grandes Fortunas no Brasil, disposta na Constituição Federal de 1988, não conceituar o que se entende por grandes fortunas, a observância das normas e princípios constitucionais em conjunto com a totalidade do sistema jurídico vigente no país permite sejam atribuídas significações à expressão, pois existe uma 'ideia universal' do que represente essa riqueza.[12]

Na sequência, Mota inicia uma nova hipótese, qual seja, a de que o valor de R$2.400.000,00, por não constituir grande fortuna para pessoa jurídica, em decorrência da interpretação conjunta dos citados dispositivos constitucionais e infraconstitucionais referentes a microempresas e empresas de pequeno porte, não poderia, de forma análoga, servir como parâmetro financeiro para a incidência do Imposto sobre Grandes Fortunas sobre as pessoas físicas.

Com o intuito de ratificar a sua teoria, o autor faz menção ao prescrito no art. 150, II, da Constituição Federal,[13] que contém vedação expressa aos entes federativos de instituir tratamento desigual entre contribuintes inseridos em conjuntura equivalente, ao tempo em que realiza a ressalva de que "apesar de não cuidar a hipótese de uma situação equivalente, no sentido estritamente jurídico, a justificar por si só o tratamento tributário igualitário, a verdade é que a riqueza objeto de consideração em ambas as hipóteses é a mesma".[14]

Nesse diapasão, o respeitado doutrinador sustenta que a importância financeira mínima, a ser estipulada pela legislação complementar como correspondente à expressão "grande fortuna", deve perfazer o mesmo *quantum* total (R$2.400.000,00),

---

[12] MOTA, Sérgio Ricardo Ferreira Mota. Quantum mínimo delimitador da riqueza correspondente ao imposto sobre grandes fortunas no Brasil. *Revista Tributária e de Finanças Públicas*, n. 86, p. 325-341, jun. 2009.

[13] BRASIL. Constituição de 1988. *Constituição da República Federativa do Brasil*. Disponível em: http://www.planalto.gov.br/ccivil_03/Constituicao/Constituicao.htm. Acesso em: 31 ago. 2018.

[14] MOTA, Sérgio Ricardo Ferreira Mota. Quantum mínimo delimitador da riqueza correspondente ao imposto sobre grandes fortunas no Brasil. *Revista Tributária e de Finanças Públicas*, n. 86, p. 325-341, jun. 2009.

tanto para pessoa física quanto para pessoa jurídica, pois o conceito universal de "grande fortuna" é aplicável *erga omnes*, senão vejamos:

> Assim, deve haver uma única delimitação da riqueza correspondente à grande fortuna.
>
> Não há justificativa lógica, econômica ou jurídica que permita haver distintos quantuns mínimos delimitadores da riqueza a serem considerados para a tributação da grande fortuna, pois essa riqueza é una e representa uma "ideia universal", isto é, possui a mesma significação tanto para o contribuinte pessoa física como para o contribuinte pessoa jurídica.
>
> Uma determinada riqueza não deve vir a ser considerada uma grande fortuna para uma pessoa e não para uma outra. Tal possibilidade afrontaria não só o princípio da igualdade tributária, mas também a "ideia universal" da expressão grande fortuna. [...]
>
> Por isso, o quantum mínimo delimitador da riqueza correspondente ao Impostos sobre Grandes Fortunas no Brasil, quer cuide de contribuinte pessoa física, quer cuide de contribuinte pessoa jurídica, deve ser o montante equivalente à renda bruta anual ou à receita bruta, respectivamente, igual ou inferior ao valor de R$2.400.000,00.[15]

É incontestável o brilhantismo jurídico de Mota ao arquitetar, sob à luz do ordenamento constitucional e infraconstitucional como um todo, sua tese de um montante mínimo para a incidência do Imposto sobre Grandes Fortunas, tendo conseguido, inclusive, sugerir um valor monetário específico, feito no mínimo admirável.

Data vênia, ainda que tenha logrado êxito em sugerir uma proibição de incidência do Imposto sobre Grandes Fortunas sobre montante igual ou inferior a R$334.831,70, para pessoa física, e R$2.400.000,00, para pessoa jurídica, o aludido doutrinador cometeu equívoco ao afirmar que o conceito de "grandes fortunas" é comum a qualquer contribuinte, senão vejamos.

Com efeito, em seu estudo, Mota dividiu as hipóteses de incidência e os respectivos montantes a serem levados em consideração para a incidência do mencionado tributo em três circunstâncias fáticas distintas, a depender de quais sejam os sujeitos passivos do imposto eleitos pelo legislador no momento da elaboração da lei complementar.

2.1.2 Hipótese de tributação apenas sobre pessoas físicas

Segundo o autor, caso o legislador opte por tributar apenas o contribuinte pessoa física, o "quantum mínimo delimitador da riqueza correspondente ao Imposto sobre Grandes fortunas deverá ser o valor igual ou inferior a R$2.400.000,00", tendo em vista que "tal riqueza pode vir a ser considerada uma grande fortuna relativamente às pessoas físicas, pois é muito superior aquele valor de R$334.831,70 apontado anteriormente".[16]

---

[15] MOTA, Sérgio Ricardo Ferreira Mota. Quantum mínimo delimitador da riqueza correspondente ao imposto sobre grandes fortunas no Brasil. *Revista Tributária e de Finanças Públicas*, n. 86, p. 325-341, jun. 2009.

[16] MOTA, Sérgio Ricardo Ferreira Mota. Quantum mínimo delimitador da riqueza correspondente ao imposto sobre grandes fortunas no Brasil. *Revista Tributária e de Finanças Públicas*, n. 86, p. 325-341, jun. 2009.

Com relação a esse cenário de tributação, exclusivo para pessoas físicas, são duas as ponderações a serem realizadas sobre (i) o montante eleito pelo autor como possível de ser considerado uma "grande fortuna" e sobre (ii) a ausência de distinção entre a forma de consolidação, pelo contribuinte, do valor apontado como tributável, se auferido por meio de receita bruta anual ou se decorrente do conjunto patrimonial do sujeito passivo.

No que concerne ao montante mínimo escolhido pelo autor para a incidência da tributação exclusiva sobre pessoa física, percebe-se, mediante atenta leitura do seu estudo, que não houve fundamento lógico, jurídico ou econômico capaz de embasar a conclusão de que R$2.400.000,00 seria uma quantia capaz de atrair a incidência do Imposto sobre Grandes Fortunas, tendo em vista que a simples justificativa de que o montante sugerido é muito superior ao somatório anual auferido com o teto remuneratório do funcionalismo público não pode ser adotada como um critério técnico para amparar a exação ora analisada.

Ademais, no que tange à forma com que o valor de referência para tributação foi percebido pela pessoa física, deve-se salientar que o autor não fez distinção entre as duas possíveis maneiras de se aferir o valor apontado como tributável, quais sejam, por meio da receita bruta anual ou através da consolidação do patrimônio total da pessoa física em questão.

Tal discriminação não é apenas um capricho formal, constitui, na verdade, um requisito de validade da própria lei complementar responsável pela instituição do Imposto sobre Grandes Fortunas, haja vista que a definição precisa da base de cálculo e do fato gerador é exigência básica para a legalidade da norma a ser elaborada.

Mas não apenas isso, a mencionada diferenciação faz-se necessária para que haja harmonia entre a função extrafiscal do mencionado imposto, qual seja, a de distribuição de renda e redução das desigualdades sociais, e importantes princípios do direito tributário, como o da capacidade contributiva do sujeito passivo e o da isonomia no tratamento fiscal.

Com efeito, ao não realizar a aludida distinção, o mencionado autor, por consequência lógica, acaba por afirmar que um contribuinte que aufira, mediante renda anual, R$2.400.000,00 possui, em tese, a mesma capacidade contributiva do que um outro contribuinte que possua, como totalidade de seus bens, valor correspondente à referida quantia sugerida como tributável.

Realmente, em termos absolutos e puramente monetários, não existe diferença em como o aludido montante financeiro foi percebido pela pessoa física, contudo, é desnecessário esmiuçar a desigualdade de liquidez (e provavelmente econômica) que um contribuinte com renda anual de R$2.400.000,00 ostenta em relação a outro que disponha de patrimônio total correspondente ao citado importe financeiro.

Aliás, parece difícil acreditar que uma pessoa física cujo conjunto de bens totalize o valor de R$2.400.000,00 aufira, por meio de uma renda anual, montante equivalente a todo o seu patrimônio consolidado, razão pela qual é nítida a necessidade de distinção de tratamento tributário entre a forma com que os contribuintes exibem a mencionada riqueza.

Além disso, outras duas questões são de suma relevância para que haja um tratamento tributário igualitário, quais sejam, (i) a aferição da origem da renda anual do contribuinte, assim como (ii) a análise acerca dos tipos de bens que perfazem o patrimônio total da pessoa física em exame.

Com relação ao primeiro ponto, imagine que determinado indivíduo (contribuinte A) seja herdeiro de diversas propriedades e, em decorrência de sua privilegiada situação patrimonial, nunca necessitou trabalhar, tendo em vista que viveu muito confortavelmente com a renda anual de R$2.400.000,00 auferida pelo aluguel de seus diversos imóveis.

Por outro lado, suponha que uma outra pessoa (contribuinte B), que também aufere R$2.400.000,00 anualmente, seja um profissional liberal e trabalhe diariamente para conquistar o mencionado importe financeiro.

De fato, sob a ótica da simples função fiscal e arrecadatória do imposto, os dois contribuintes não deveriam receber tratamento diferenciado em relação à incidência do Imposto sobre Grandes Fortunas, tendo em vista que, em ambos os casos, as receitas são provenientes de uma renda anual e perfazem valor total monetariamente igual, fato, inclusive, que coloca os dois contribuintes em posição similar quanto à liquidez para arcar com a tributação.

Inicialmente, é necessário destacar que este estudo não tem como objetivo questionar a legitimidade da herança, que inclusive constitui direito previsto no art. 5º, XXX, da atual Carta Magna,[17] ou seja, é plenamente legal e socialmente aceitável que qualquer pessoa desfrute de seus bens da maneira que melhor lhe satisfaça.

Contudo, do ponto de vista da função extrafiscal do tributo, que tem como objetivo atingir a justiça social, o Imposto sobre Grandes Fortunas não deve tratar as duas situações hipotéticas de maneira equivalente, haja vista que, enquanto a renda do "contribuinte A" tem origem na especulação e desfruto de seu próprio capital, a receita auferida pelo "contribuinte B" é oriunda do trabalho diário e constante de seu detentor.

Isso porque, em que pese a igualdade absoluta do montante financeiro, o legislador deverá ter em mente, no momento da edição da lei complementar reguladora do Imposto sobre Grandes Fortunas, que a contribuição social, pelo menos em abstrato, fornecida pelos mencionados contribuintes não foi equivalente, tendo em vista que o patrimônio consolidado do "contribuinte A" pouco contribuiu para o desenvolvimento da sociedade, tendo sido eficiente apenas para a perpetuação do vultoso patrimônio de seu detentor, ao passo que o trabalho desempenhado pelo "contribuinte B", em tese, efetivamente impactou a vida de terceiros e colaborou para a mudança social, tendo como recompensa desse impacto a referida receita bruta anual.

Com relação ao segundo ponto, referente à análise acerca dos tipos de bens que perfazem o patrimônio total da pessoa física, deve-se supor que determinado indivíduo (contribuinte C) ostente vasto e variado conjunto de bens, composto em grande parte pelo acúmulo de obras de arte, joias, carros de luxo, iate e outras benesses

---

[17] BRASIL. Constituição de 1988. *Constituição da República Federativa do Brasil*. Disponível em: http://www.planalto.gov.br/ccivil_03/Constituicao/Constituicao.htm. Acesso em: 31 ago. 2018.

que, no total, corresponda a montante muito superior aos R$2.400.000,00, sugeridos como delimitador para tributação.

Paralelamente, suponha um outro indivíduo (contribuinte D), cujo patrimônio perfaça o mesmo vultoso montante consolidado pelo "contribuinte C", mas cujo conjunto de bens seja composto de maneira bem distinta, qual seja, um imóvel para uso próprio e outros cinco imóveis cedidos para a habitação de seus filhos.

Com efeito, nessa conjuntura hipotética, em ambos os casos se está diante de um patrimônio extremamente avantajado, cujo montante total, além de perfazer a mesma quantia, ultrapassa consideravelmente o valor de R$2.400.000,00, sendo, nos termos fixados anteriormente, passível de tributação pelo Imposto sobre Grandes Fortunas.

Todavia, também nesse cenário, deve o legislador, ao elaborar a requerida e necessária lei complementar instituidora do imposto, refletir e levar em consideração a superficialidade dos bens ora ostentados como patrimônio dos dois indivíduos em questão, pois, ainda que somem importâncias monetárias iguais, possuem graus de essencialidade bastante distintos para seus detentores, tendo em vista que os bens do "contribuinte D" possuem a finalidade de servir como moradia própria e de seus descendentes, ao passo que o patrimônio do "contribuinte C" está inegavelmente mais relacionado ao deleite e exibição de seu detentor.

De fato, é inegável que tanto o "contribuinte C" quanto o "contribuinte D" beneficiam-se dos frutos do próprio capital, de maneira semelhante ao que faz o "contribuinte A", citado mais acima, contudo, nesses três casos, a situação, ainda que parecida, diverge na essencialidade e função que cada bem desempenha na vida e no patrimônio de cada um dos referidos indivíduos.

2.1.3 Hipótese de tributação apenas sobre pessoa jurídica

Por outro lado, segundo Mota, caso a lei complementar opte por eleger como sujeito passivo do Imposto sobre Grandes Fortunas apenas os contribuintes pessoas jurídicas, então:

> o quantum mínimo delimitador da riqueza correspondente ao Imposto sobre Grandes Fortunas deverá ser um valor muito superior aquele acima apontado, pois, como já exposto anteriormente relativamente a essas pessoas, se aquele montante não deve ser considerado uma fortuna, não deve ser considerado, muito menos ainda, uma grande fortuna.[18]

No que concerne a esse cenário de tributação, considera-se irretocável a posição adotada pelo autor, posto que, conforme exitosamente demonstrado em seu estudo, seria incoerente, do ponto de vista do ordenamento jurídico pátrio, tributar determinada pessoa jurídica enquadrada como microempresa ou empresa de pequeno porte, justamente pelos privilégios de tratamento previstos na atual Constituição Federal

---

[18] MOTA, Sérgio Ricardo Ferreira Mota. Quantum mínimo delimitador da riqueza correspondente ao imposto sobre grandes fortunas no Brasil. *Revista Tributária e de Finanças Públicas*, n. 86, p. 325-341, jun. 2009.

e posteriormente consolidados por meio do anteriormente mencionado Estatuto Nacional da Microempresa e da Empresa de Pequeno Porte.

Dessa forma, à mingua de uma lei complementar estabelecendo o valor inicial de tributação sobre pessoas jurídicas, assim como diante da ausência de sugestão acerca de qual seria o *quantum* mínimo permissivo para que ocorra a incidência do Imposto sobre Grandes Fortunas (tendo em vista que o montante de R$2.400.000,00 é uma proposta que proíbe a exação de importâncias iguais ou inferiores a esse valor), apenas espera-se que o legislador delimite precisamente o fato gerador e a base de cálculo do mencionado imposto, assim como exerça a atividade legiferante atento à capacidade contributiva e aos demais princípios constitucionais e tributários.

2.1.4 Hipótese de tributação sobre pessoa física e pessoa jurídica

Por fim, Mota afirma em seu estudo que, caso o legislador considere a possibilidade de tributar tanto a pessoa física quanto a pessoa jurídica,

> deverá ser observada aquela advertência no sentido de que deve haver uma única delimitação da riqueza correspondente à grande fortuna, de forma que aquele quantum mínimo delimitador da riqueza correspondente ao Imposto sobre Grandes Fortunas em valor muito superior a R$2.400.000,00 também deverá ser utilizado para a tributação das pessoas físicas, e não apenas para a tributação das pessoas jurídicas.[19]

Com efeito, todas as ponderações acerca da necessidade de distinção entre as formas de quantificação do montante financeiro pertencente ao contribuinte (renda bruta anual *v.* patrimônio total consolidado e qualificação dos bens mediante o seu grau de essencialidade) são válidas para o presente tópico ora debatido, tendo em vista que o supracitado autor novamente afirmou que o conceito de grande fortuna é universal.

Todavia, mais um adendo é imprescindível para que se caminhe na direção de uma exação mais justa e, portanto, mais próxima de atingir uma justiça fiscal, qual seja, a necessidade de se estabelecer *quantum* mínimos diferentes para a exação sobre o montante financeiro de pessoa física e o de pessoa jurídica.

É notório e, portanto, prescinde de menção, a existência de diferenças no tratamento fiscal com relação a pessoas jurídicas e pessoas físicas, em virtude justamente da vocação distinta que cada uma delas possui e desempenha no cotidiano social.

Dito isso, cumpre ressaltar, ainda, que muito frequentemente uma pessoa jurídica, ainda que microempresa ou empresa de pequeno porte, emprega mais de um funcionário e é constituída por um patrimônio que, via de regra, não se confunde (ou não deveria se confundir), com os bens do proprietário da empresa.

Assim, se levarmos em consideração que uma pessoa física, em razão de sua própria natureza intrínseca, não conta com outra força de produção que não a dela mesma e que o seu patrimônio corresponde apenas ao conjunto de bens que foram

---

[19] MOTA, Sérgio Ricardo Ferreira Mota. Quantum mínimo delimitador da riqueza correspondente ao imposto sobre grandes fortunas no Brasil. *Revista Tributária e de Finanças Públicas*, n. 86, p. 325-341, jun. 2009.

adquiridos para o seu uso pessoal, chegaremos à conclusão lógica (e óbvia) de que normalmente pessoas jurídicas possuem uma receita bruta anual e um patrimônio total superior ao pessoal de seus proprietários (pessoas físicas).

Nessa esteira, percebe-se a clara incoerência de estabelecer-se uma quantia única, que corresponda ao conceito de "grande fortuna", para tributação de pessoas físicas e jurídicas, pois, ao assim proceder, incorreria o legislador em violação ao princípio da isonomia material, prerrequisito para o alcance da justiça fiscal, tendo em vista que colocaria o contribuinte pessoa jurídica em nítida desvantagem tributária em relação ao contribuinte pessoa física.

Assim, levando em consideração todo o trabalho e raciocínio desenvolvido pelo supracitado autor, o legislador, no momento da elaboração da requisitada lei complementar, não poderá estabelecer para a incidência do Imposto sobre Grandes Fortunas, sob pena de inconstitucionalidade e de infringência à lógica elementar, montante igual ou inferior a (i) R$334.831,70, para tributação exclusiva de pessoas físicas, caso adotada como base de cálculo a renda bruta anual; (ii) R$2.400.000,00, para tributação exclusiva de pessoas jurídicas, caso adotada como base de cálculo a receita bruta anual e (iii) R$334.831,70 e R$2.400.000,00, para tributação de pessoas físicas e jurídicas, respectivamente, caso adotada a renda ou receita bruta anual como base de cálculo para a exação.

Por fim, cumpre-se destacar que os referidos valores monetários são *quantum* mínimo, assim, possui ideia limitadora, ou seja, não é que se esteja aqui propondo e validando a incidência do Imposto sobre Grandes Fortunas a partir dos montantes financeiros citados, mas, sim, está se ressaltando a impossibilidade lógica e jurídica de se tributar importes financeiros iguais ou inferiores a R$334.831,70, para renda bruta anual de pessoa física e R$2.400.000,00, para receita bruta anual de pessoa jurídica.

3 Os projetos de lei complementar nºs 202/1989 e 277/2008

O presente tópico tratará acerca dos dois principais projetos de lei complementar que visam instituir o Imposto sobre Grandes Fortunas no Brasil, são eles: o PLC nº 202/1989[20] e o PLC nº 277/2008.[21]

Com relação ao PLC nº 202/1989, deve-se destacar que a sua origem é quase contemporânea à promulgação da Constituição Federal de 1988, conforme seu próprio número de identificação denuncia, tendo como autor o então Senador Fernando Henrique Cardoso (PSDB). Sobre o aludido projeto de lei complementar, Luiz Fernando Maia, em seu estudo intitulado *O Imposto sobre Grandes Fortunas (art. 153, VII, da CF/1988) e os arremedos para a sua instituição*, ressaltou:

---

[20] CÂMARA DOS DEPUTADOS. *PLP 202/1989*. Brasília, 1989. Disponível em: http://www.camara.gov.br/proposicoesWeb/fichadetramitacao?idProposicao=21594. Acesso em: 31 ago. 2018.

[21] CÂMARA DOS DEPUTADOS. *PLP 277/2008*. Brasília, 2008. Disponível em: http://www.camara.gov.br/proposicoesWeb/fichadetramitacao?idProposicao=388149. Acesso em: 31 ago. 2018.

O Senador Fernando Henrique Cardoso (PSDB) apresentou o Projeto de Lei Complementar n. 162/1989, projeto este que chegou a ser aprovado no Senado, sendo encaminhado à Câmara dos Deputados, na qual recebeu o número 202/1989 (posteriormente 202-B) (2). O projeto já conta com os pareceres das comissões, e se encontra pronto desde 2012 (em alguma gaveta da casa legislativa) para a pauta do Plenário da Câmara.

Junto ao mesmo, foram apensos vários outros projetos de lei para a criação do mesmo imposto (sem variações significativas em relação ao original): PLC 108/1989, do Deputado Juarez Marques Batista; PLC 208/1989, do Deputado Antônio Mariz; PLC 218/1990, do Poder Executivo (Mensagem 315/1990); e PLC 268/1990, do Deputado Ivo Cersósimo, obtendo aprovação no Senado, mas sendo rejeitado na Câmara, no ano de 2000, pela Comissão de Tributação e Orçamento, que tinha como relator o Deputado Francisco Dornelles.[22]

Para uma melhor análise acerca do mencionado projeto de lei complementar, serão colacionados os seus principais dispositivos, *ipsis litteris*:

O Congresso Nacional decreta:

Art. 1º O imposto sobre grandes fortunas tem por fato gerador a titularidade, em 1º de janeiro de cada ano, de fortuna em valor superior a NCz$2.000.000,00 (dois milhões de cruzados novos), expressos em moeda de poder aquisitivo de 1º de fevereiro de 1989.

Art. 2º São contribuintes do imposto as pessoas físicas residentes ou domiciliadas no País.

Art. 3º Considera-se fortuna para efeito do art. 1º desta lei, o conjunto de todos os bens, situados no País ou no exterior, que integrem o patrimônio do contribuinte, com as exclusões de que trata o §2º deste artigo. [...]

§2º Serão excluídos do patrimônio, para efeito de determinar a fortuna sujeita ao imposto:

a) o imóvel de residência do contribuinte, até o valor de NCz$500.000,00 (quinhentos mil cruzados novos);

b) os instrumentos utilizados pelo contribuinte em atividades de que decorram rendimentos do trabalho assalariado ou autônomo, até o valor de NCz$1.200.000,00 (um milhão e duzentos mil cruzados novos);

c) os objetos de antigüidade, arte ou coleção nas condições e percentagens fixadas em lei;

d) investimentos na infraestrutura ferroviária, rodoviária e portuária, energia elétrica e comunicações, nos termos da lei; e

e) outros bens cuja posse ou utilização seja considerada pela lei de alta relevância social, econômica ou ecológica.

Art. 4º A base de cálculo do imposto é o valor do conjunto dos bens que compõem a fortuna diminuído das obrigações pecuniárias do contribuinte exceto as contraídas para a aquisição de bens excluídos nos termos do §2º do artigo anterior.

§1º Os bens serão avaliados:

a) os imóveis, pela base de cálculo do imposto territorial ou predial, rural ou urbano, ou se situados no exterior, pelo custo de aquisição;

---

[22] MAIA, Luiz Fernando. O Imposto sobre Grandes Fortunas (Art. 153, VII, da CF/1988) e os arremedos para a sua instituição. *Repertório IOB de Jurisprudência: Tributário, Constitucional e Administrativo*, São Paulo, v. 1, n. 17, p. 579-575, set. 2014.

b) os créditos pecuniários sujeitos a correção monetária ou cambial, pelo valor atualizado, excluído o valor dos considerados, nos termos da lei, de realização improvável;

c) os demais, pelo custo de sua aquisição pelo contribuinte. [...]

Art. 5º O imposto incidirá às seguintes alíquotas:

Classe de valor do patrimônio	Alíquota
até NCz$ 2.000.000,00	isento
mais de NCz$ 2.000.000,00 até NCz$ 4.000.000,00	0,3%
mais de NCz$ 4.000.000,00 até NCz$ 6.000.000.00	0,5%
mais de NCz$ 6.000.000,00 até NCz$ 8.000.000.00	0,7%
mais de NCz$ 8.000.000,00	1%

§1º O montante do imposto será a soma das parcelas determinas mediante aplicação da alíquota sobre o valor compreendido em cada classe.

§2º Do imposto calculado, nos termos do parágrafo anterior, o contribuinte poderá deduzir o imposto de renda e respectivo adicional cobrado pelo Estado que tiver incidido sobre os seguintes rendimentos por ele auferidos no exercício findo: de aplicações financeiras de exploração de atividades agropastoris, aluguéis e royalties, lucros distribuídos por pessoas jurídicas e ganhos de capital. [...].

Desta feita, depreende-se da leitura dos dispositivos colacionados, que o PLC nº 202/1989 dispôs expressamente sobre (i) o fato gerador do tributo, como sendo a titularidade de fortuna superior a NCz$2.000.000,00, fortuna caracterizada pelo conjunto de bens inseridos dentro ou fora do território nacional; (ii) a periodicidade de incidência do imposto, que seria anual (1º de janeiro de cada ano); (iii) o sujeito passivo do imposto, que são as pessoas físicas residentes ou domiciliadas no país; (iv) hipóteses de exclusão da exação; (v) a base de cálculo; (vi) as alíquotas incidentes sobre cada faixa patrimonial e (vii) hipóteses de dedução do valor pago a título de Imposto de Renda sobre o montante cobrado pela exação do Imposto sobre Grandes Fortunas.

Com relação ao fato gerador, percebe-se que o mencionado projeto restringiu a incidência do Imposto sobre Grandes Fortunas à "titularidade de fortuna", ou seja, somente é devido tributo sobre os bens do proprietário.

No que concerne ao sujeito passivo, o legislador restringiu a exação apenas às pessoas físicas residentes ou domiciliadas no país, excluindo, assim, da obrigação tributária, pessoas físicas domiciliadas no estrangeiro e qualquer pessoa jurídica.

Já no que tange às hipóteses de exclusão da exação, o legislador resolveu por excluir, entre outros, do montante tributável, (i) o imóvel de residência do contribuinte, até determinado valor, levando em consideração, inegavelmente, a essencialidade daquele patrimônio na vida do contribuinte; (ii) os instrumentos utilizados pelo contribuinte em atividades de que decorram rendimentos do trabalho assalariado ou autônomo, até determinado valor, fator que, indubitavelmente, reconhece a importância do trabalho como instrumento de transformação social e os (iii) objetos de antiguidade, arte ou coleção, opção de exclusão que merece especial atenção.

Com efeito, como ressaltado em alguns momentos durante este estudo, a principal justificativa para a instituição do Imposto sobre Grandes Fortunas é a diminuição da desigualdade social, por meio da oneração fiscal sobre parcela do patrimônio de contribuintes que ostentem privilegiadíssima capacidade contributiva.

Todavia, na contramão do que se espera, a alínea "c" do §2º do art. 3º, do PLC nº 202/1989, dispõe expressamente sobre a exclusão do montante tributável justamente de bens que em nada colaboram para o desenvolvimento econômico e social do país (em que pese seu inquestionável valor cultural e histórico).

Nesse sentido, houve na aludida proposta legislativa evidente inversão do propósito extrafiscal do Imposto sobre Grandes Fortunas, conforme bem assentou Maia em seu estudo, *in verbis*:

> É fundamental para atingir-se o objetivo social do legislador constituinte pretendido para o Imposto sobre Grandes Fortunas que se tribute o patrimônio que foi retirado do meio circulante econômico, que não mais produzirá riqueza à sociedade e sim simples e até exagerado prazer de ostentação pelo seu detentor.[23]

Acerca da base de cálculo e alíquotas de incidência do mencionado imposto, percebe-se que o PLC nº 202/1989, não levou em consideração a renda bruta anual percebida pelo contribuinte (talvez para evitar uma maior discussão atinente à bitributação em decorrência do Imposto de Renda), assim como afere-se que o mencionado projeto instituiu alíquotas progressivas e sucessivas sobre cada faixa patrimonial, privilegiando a capacidade contributiva do sujeito passivo, em moldes semelhantes ao utilizado no Imposto de Renda.

Por outro lado, o PLC nº 277/2008,[24] de autoria conjunta dos deputados Chico Alencar, Luciana Genro e Ivan Valente, todos integrantes do PSOL, possui estrutura de tributação muito parecida com a de seu antecessor, com apenas algumas alterações e atualizações, senão vejamos:

> Art. 1º O imposto sobre grandes fortunas tem por fato gerador a titularidade, em 1º de janeiro de cada ano, de fortuna em valor superior a R$2.000.000,00 (dois milhões de reais), expressos em moeda de poder aquisitivo de 1º de janeiro de 2009.
>
> Art. 2º São contribuintes do imposto as pessoas físicas domiciliadas no País, o espólio e a pessoa física ou jurídica domiciliada no exterior em relação ao patrimônio que tenha no país.
>
> Art. 3º Considera-se fortuna, para efeito do Art. 1º desta Lei, o conjunto de todos os bens e direitos, situados no país ou no exterior, que integrem o patrimônio do contribuinte, com as exclusões de que trata o §2º deste artigo. [...]
>
> §2º Serão excluídos do patrimônio, para efeito de determinar a fortuna sujeita ao imposto:

---

[23] MAIA, Luiz Fernando. O Imposto sobre Grandes Fortunas (Art. 153, VII, da CF/1988) e os arremedos para a sua instituição. *Repertório IOB de Jurisprudência: Tributário, Constitucional e Administrativo*, São Paulo, v. 1, n. 17, p. 579-575, set. 2014.

[24] CÂMARA DOS DEPUTADOS. *PLP 277/2008*. Brasília, 2008. Disponível em: http://www.camara.gov.br/proposicoesWeb/fichadetramitacao?idProposicao=388149. Acesso em: 31 ago. 2018.

a) os instrumentos utilizados pelo contribuinte em atividades de que decorram rendimentos do trabalho assalariado ou autônomo, até o valor de R$300.000,00 (trezentos mil reais);

b) os objetos de antiguidade, arte ou coleção, nas condições e percentagens fixadas em lei;

c) outros bens cuja posse ou utilização seja considerada pela lei de alta relevância social, econômica ou ecológica.

Art. 4º A base de cálculo do imposto é o valor do conjunto dos bens que compõem a fortuna, diminuído das obrigações pecuniárias do contribuinte, exceto as contraídas para a aquisição de bens excluídos nos termos do §2º do artigo anterior. [...]

Art. 5º O imposto incidirá às seguintes alíquotas:

Classe de valor de patrimônio (em R$)	Alíquota
Até 2.000.000,00	Isento
de 2.000.000,01 a 5.000.000,00	1%
de 5.000.000,01 a 10.000.000,00	2%
de 10.000.000,01 a 20.000.000,00	3%
de 20.000.000,01 a 50.000.000,00	4%
Mais de 50.000.000,00	5%

§1º O montante do imposto será a soma das parcelas determinadas mediante aplicação da alíquota sobre o valor compreendido em cada classe. [...]

Com relação ao aludido projeto de lei complementar, deve-se frisar que as mesmas considerações feitas ao PLC nº 202/1989 são a ele aplicáveis (sendo desnecessário repeti-las), cabendo, apenas, destacar: (i) ao sujeito passivo do Imposto sobre Grandes Fortunas foram acrescidas a figura do espólio, da pessoa física e jurídica domiciliada no exterior em relação ao patrimônio que tenha no país; (ii) foi removida do presente PLC a possibilidade de dedução de parcela do Imposto de Renda pago pelo contribuinte e (iii) houve uma atualização dos valores que constavam em Cruzado Novo no PLC nº 202/1989 para Real, assim como uma revisão das alíquotas e faixas de tributação de incidência do Imposto sobre Grandes Fortunas.

Ainda no que concerne ao PLC nº 277/2008, deve-se destacar o pensamento de Ives Gandra da Silva Martins, que em seu trabalho denominado *Imposto sobre grandes fortunas*,[25] realizou severas críticas ao aludido projeto apresentado pela Deputada Luciana Genro (PSOL). *In verbis*:

> Ora, no projeto da Deputada gaúcha, as deduções são praticamente nenhumas, a alíquota mínima é de 1% para quem tiver bens superiores a R$2 milhões e até 5% para quem tiver bens superiores a R$50 milhões.
>
> Não há parâmetro no mundo, entre todos os países que adotaram esse tributo, para alíquotas tão elevadas!
>
> Tributação desse teor propiciará que, em menos de 20 anos, os empresários nacionais tenham passado todo o seu patrimônio para o Estado. [...]

---

[25] MARTINS, Ives Gandra da Silva. Imposto sobre grandes fortunas. *Carta Mensal*, n. 669, p. 73-74, dez. 2010.

A meu ver, uma tal exigência não poderá deixar de ser considerada inconstitucional, por ferir o inciso IV do art. 150 da Constituição, pois o efeito confisco é inequívoco. [...]

Ora, considerar que um cidadão que tenha um imóvel de R$2 milhões, ou seja, menos de um milhão de euros seja detentor de "Grande Fortuna", é, na verdade, ou ser um analfabeto, que deveria estudar de novo o seu idioma, ou um profundo desrespeitador da Lei Suprema, reconhecendo que, ao arrepio do que prevê a Constituição, a intenção é criar um imposto que atingirá, principalmente, toda a classe média.

Curioso observar, por fim, que de acordo com a exposição de motivos anexada ao PLC nº 277/2008,[26] as alterações propostas almejavam "exatamente aumentar a tributação sobre as camadas mais ricas da população, e que possuem capacidade contributiva", tendo em vista que "o Brasil é um país de grande concentração de riqueza", porém, mesmo diante do mencionado quadro de desigualdade social, o aludido projeto continuou a excluir do montante tributável os objetos de antiguidade, arte ou coleção, exclusão acerca da qual já foram feitas críticas neste estudo.

4 Conclusão

Por todo o exposto, depreende-se que a ausência de instituição do Imposto sobre Grandes Fortunas não perpassa apenas a escassez de vontade política do legislador nacional, mas sim a própria dificuldade técnica de se estabelecer o fato gerador, o sujeito passivo e a base de cálculo de incidência do mencionado tributo.

Todavia, caso a doutrina jurídica continue avançando na construção de um arquétipo plausível baseado na realidade social nacional, o Imposto sobre Grandes Fortunas pode servir de instrumento hábil para a concretização de um dos objetivos fundamentais da República Federativa do Brasil, previsto no art. 3º, III, da Constituição Federal de 1988,[27] qual seja, o de "erradicar a pobreza e a marginalização e reduzir as desigualdades sociais e regionais".

Assim, deve-se salientar que o legislador deverá não só observar os princípios constitucionais e tributários existentes em nosso ordenamento jurídico, mas também precisará ficar atento quanto à necessidade de distinção entre os bens que compõem o patrimônio do contribuinte (pelo respectivo grau de essencialidade), bem como quanto à forma com que o determinado montante financeiro adentrou nos haveres do sujeito passivo (se mediante recompensa financeira pelo trabalho desempenhado ou por mera remuneração do capital previamente possuído). Nessa esteira, é emblemático o ensinamento de Thomas Piketty, *in verbis*:

> Na prática, a primeira regularidade observada quando se busca medir a desigualdade das rendas é que a desigualdade do capital é sempre mais forte que a do trabalho. [...]
>
> A desigualdade em relação ao trabalho é com frequência mais suave, moderada e razoável [...]. Já a desigualdade do capital é sempre extrema.[28]

---

[26] CÂMARA DOS DEPUTADOS. *PLP 277/2008*. Brasília, 2008. Disponível em: http://www.camara.gov.br/proposicoesWeb/fichadetramitacao?idProposicao=388149. Acesso em: 31 ago. 2018.

[27] BRASIL. Constituição de 1988. *Constituição da República Federativa do Brasil*. Disponível em: http://www.planalto.gov.br/ccivil_03/Constituicao/Constituicao.htm. Acesso em: 31 ago. 2018.

[28] PIKETTY, Thomas. *O capital no século XXI*. 1. ed. Rio de Janeiro: Intrínseca, 2014. p. 10.

Dessa forma, ainda que possua aparente vocação para se tornar utensílio do direito tributário para auxiliar o alcance da almejada justiça fiscal, o Imposto sobre Grandes Fortunas deve ser regulado pelo legislador de forma que restrinja a exação fiscal aos possuidores de extraordinária riqueza, ou seja, a incidência do referido tributo deve refletir caso de verdadeira exceção fiscal, sob pena de tributar desproporcionalmente a classe média brasileira.

Referências

BRASIL. Constituição de 1988. *Constituição da República Federativa do Brasil*. Disponível em: http://www.planalto.gov.br/ccivil_03/Constituicao/Constituicao.htm. Acesso em: 31 ago. 2018.

BRASIL. *Lei Complementar nº 123, de dezembro de 2006*. Institui o Estatuto Nacional da Microempresa e da Empresa de Pequeno Porte. Brasília, 2006. Disponível em: http://www.planalto.gov.br/ccivil_03/LEIS/LCP/Lcp123.htm. Acesso em: 31 ago. 2018.

CÂMARA DOS DEPUTADOS. *PLP 202/1989*. Brasília, 1989. Disponível em: http://www.camara.gov.br/proposicoesWeb/fichadetramitacao?idProposicao=21594. Acesso em: 31 ago. 2018.

CÂMARA DOS DEPUTADOS. *PLP 277/2008*. Brasília, 2008. Disponível em: http://www.camara.gov.br/proposicoesWeb/fichadetramitacao?idProposicao=388149. Acesso em: 31 ago. 2018.

COÊLHO, Sacha Calmon Navarro. *Comentários à Constituição de 1988*: sistema tributário. 6. ed. Rio de Janeiro: Forense, 1996.

MAIA, Luiz Fernando. O Imposto sobre Grandes Fortunas (Art. 153, VII, da CF/1988) e os arremedos para a sua instituição. *Repertório IOB de Jurisprudência: Tributário, Constitucional e Administrativo*, São Paulo, v. 1, n. 17, p. 579-575, set. 2014.

MARTINS, Ives Gandra da Silva. Imposto sobre grandes fortunas. *Carta Mensal*, n. 669, p. 73-74, dez. 2010.

MARTINS, Marcelo Guerra. *Impostos e contribuições federais*: sistemática, doutrina e jurisprudência. Rio de Janeiro: Renovar, 2004.

MOTA, Sérgio Ricardo Ferreira Mota. Quantum mínimo delimitador da riqueza correspondente ao imposto sobre grandes fortunas no Brasil. *Revista Tributária e de Finanças Públicas*, n. 86, p. 325-341, jun. 2009.

PIKETTY, Thomas. *O capital no século XXI*. 1. ed. Rio de Janeiro: Intrínseca, 2014.

Informação bibliográfica deste texto, conforme a NBR 6023:2018 da Associação Brasileira de Normas Técnicas (ABNT):

MARIANO, Lucas. O Imposto sobre Grandes Fortunas: da imprecisão legislativa a um possível instrumento de alcance da justiça fiscal. *In*: LEAL, Saul Tourinho; GREGÓRIO JÚNIOR, Eduardo Lourenço (Coord.). *A Constituição Cidadã e o Direito Tributário*: estudos em homenagem ao Ministro Carlos Ayres Britto. Belo Horizonte: Fórum, 2019. p. 309-325. ISBN 978-85-450-0678-7.

EMPRESAS ESTATAIS E IMUNIDADE TRIBUTÁRIA: UMA BREVE RELEITURA DOS VOTOS DO MINISTRO AYRES BRITTO RELATIVOS AOS ARTS. 150, INCS. II E VI, ALÍNEA "A", E 173, §2º, DA CONSTITUIÇÃO FEDERAL[1]

LUÍS CARLOS MARTINS ALVES JR.

> *Tem sido para mim uma questão tormentosa essa da imunidade tributária recíproca no plano da sua extensão aos Correios e Telégrafos. [...] Manter o serviço entregue à cura da Empresa Brasileira de Correios e Telégrafos cada vez mais me parece que é manter a qualquer custo, a qualquer preço, de qualquer maneira, ainda que sob retumbante, acachapante prejuízo. É uma atividade que não pode deixar de ser prestada, que não pode sofrer solução de continuidade; é uma obrigação do Poder Público manter esse tipo de atividade. Por isso que o lucro eventualmente obtido pela Empresa não se revela, com muito mais razão, como um fim em si mesmo; é um meio para a continuidade, a ininterrupção dos serviços a ela afetados.*
> (Ministro Ayres Britto, RE nº 601.392)

1 Introdução

O presente texto visa analisar (reler) algumas das manifestações do Ministro Ayres Britto por ocasião de julgamentos relativos aos temas do regime jurídico-constitucional das empresas estatais, especialmente no tocante à imunidade tributária recíproca, cujas discussões gravitavam em redor do art. 150, incs. II e VI, alínea "a",

---

[1] Texto escrito em justa e merecida homenagem ao Ministro Ayres Britto em comemoração aos 30 anos de vigência da "Constituição Tributária". Com efeito, poucas Constituições no mundo possuem tantos preceitos relativos à matéria tributária como a brasileira de 1988. Na Constituição italiana, por exemplo, só há um dispositivo, o art. 23, que prescreve que nenhum tributo será cobrado sem base legal. Na Constituição portuguesa apenas os arts. 103 e 104 cuidam de matéria tributária. Já na brasileira a matéria tributária está entre os arts. 145 e 163, e parcialmente dispersa em vários outros dispositivos.

e do art. 173, §2º, Constituição Federal. Esses dispositivos constitucionais estão assim vazados:

> Art. 150. Sem prejuízo de outras garantias asseguradas ao contribuinte, é vedado à União, aos Estados, ao Distrito Federal e aos Municípios: [...]
>
> II – instituir tratamento desigual entre contribuintes que se encontrem em situação equivalente, proibida qualquer distinção em razão de ocupação profissional ou função por eles exercida, independentemente da denominação jurídica dos rendimentos, títulos ou direitos; [...]
>
> VI – instituir impostos sobre:
>
> a) patrimônio, renda ou serviços, uns dos outros; [...]
>
> Art. 173. Ressalvados os casos previstos nesta Constituição, a exploração direta de atividade econômica pelo Estado só será permitida quando necessária aos imperativos da segurança nacional ou a relevante interesse coletivo, conforme definidos em lei. [...]
>
> §2º As empresas públicas e as sociedades de economia mista não poderão gozar de privilégios fiscais não extensivos às do setor privado.

Cuide-se que o Supremo Tribunal Federal, nos autos do Recurso Extraordinário nº 220.906,[2] reconheceu a validade, via recepção constitucional, do art. 12 do Decreto-Lei nº 509, de 20.3.1969, que estende à Empresa Brasileira de Correios e Telégrafos – ECT as mesmas prerrogativas da Fazenda Pública. Esse citado art. 12 do DL nº 509/1969 tem o seguinte enunciado:

> Art. 12. A ECT gozará de isenção de direitos de importação de materiais e equipamentos destinados aos seus serviços, dos privilégios concedidos à Fazenda Pública, quer em relação a imunidade tributária, direta ou indireta, impenhorabilidade de seus bens, rendas e serviços, quer no concernente a foro, prazos e custas processuais.

No agitado RE nº 220.906 enfrentava-se a questão específica da utilização do instituto do precatório judiciário (art. 100,[3] CF) para o pagamento de dívidas judicialmente reconhecidas da ECT. O Tribunal, como já mencionado, entendeu que a ECT fazia jus às prerrogativas da Fazenda Pública, sob a justificativa de que essa empresa não explora atividade econômica, mas presta serviço público de competência da União Federal, logo, não incidiriam as ressalvas do aludido art. 173.[4]

---

[2] BRASIL. Supremo Tribunal Federal. Plenário. Recurso Extraordinário n. 220.906. Relator ministro Maurício Corrêa. Julgamento em 16.11.2000. *Diário de Justiça*, 14 nov. 2002. Disponível em: www.stf.jus.br.

[3] "Art. 100. Os pagamentos devidos pelas Fazendas Públicas Federal, Estaduais, Distrital e Municipais, em virtude de sentença judiciária, far-se-ão exclusivamente na ordem cronológica de apresentação dos precatórios e à conta dos créditos respectivos, proibida a designação de casos ou de pessoas nas dotações orçamentárias e nos créditos adicionais abertos para este fim. (Redação dada pela Emenda Constitucional nº 62, de 2009)".

[4] Eis a ementa do acórdão do RE nº 220.906: "RECURSO EXTRAORDINÁRIO. CONSTITUCIONAL. EMPRESA BRASILEIRA DE CORREIOS E TELÉGRAFOS. IMPENHORABILIDADE DE SEUS BENS, RENDAS E SERVIÇOS. RECEPÇÃO DO ARTIGO 12 DO DECRETO-LEI Nº 509/69. EXECUÇÃO. OBSERVÂNCIA DO REGIME DE PRECATÓRIO. APLICAÇÃO DO ARTIGO 100 DA CONSTITUIÇÃO FEDERAL. 1. À empresa Brasileira de Correios e Telégrafos, pessoa jurídica equiparada à Fazenda Pública, é aplicável o privilégio da impenhorabilidade de seus bens, rendas e serviços. Recepção do artigo 12 do Decreto-lei nº 509/69 e não-incidência da restrição contida no artigo 173, §1º, da Constituição Federal, que submete a empresa pública, a

Nesse julgamento do RE nº 220.906 foram interessantes os debates entre os ministros favoráveis à aplicação do ventilado art. 100 à ECT, e os contrários a essa aplicação. É que não havia em nosso ordenamento jurídico a autorização para expedição de precatório para empresas públicas ou sociedades de economia mista. Assim, seria juridicamente impossível decisão judicial que autorizasse o pagamento de dívidas judiciárias da ECT via precatórios. Ante essa realidade, o Ministro Jobim aduziu a um verdadeiro "precatório informal"; e o Ministro Ilmar Galvão indagava se o Tribunal estaria a julgar por "direito natural", visto inexistente no ordenamento esse instituto do "precatório informal". Para rebater essa provocação, o Ministro Moreira Alves defendeu que o fundamento seria a interpretação do STF.

Conquanto fossem respeitáveis e bem consistentes as objeções dos ministros divergentes, a maioria optou pelo reconhecimento do instituto dos precatórios para os Correios. É de se reconhecer que a Corte inovou positivamente o ordenamento jurídico. E, com o devido respeito, os magistrados, inclusive os ministros do STF, não têm autorização constitucional para criar normas gerais e abstratas. Eles estão autorizados a tão somente aplicar correta e coerentemente as normas juridicamente válidas. E isso não é pouca coisa.

Se no RE nº 220.906 o Tribunal decidiu pelo cabimento do instituto do precatório judiciário para a ECT, no julgamento do RE 601.392[5] o Tribunal confirmou a imunidade tributária da ECT forte no fundamento segundo o qual há uma distinção entre as empresas estatais prestadoras de serviço público e as exploradoras de atividade econômica. E, segundo a Corte, em sede de serviço postal, atrai-se a incidência da imunidade tributária recíproca (art. 150, inc. VI, alínea "a", CF).[6]

O relator originário do RE nº 601.392, Ministro Joaquim Barbosa, assinalou:

Reafirmo meu entendimento no sentido de que o exercício de atividade econômica pelo Estado, no Brasil, é subsidiário; ou seja, o Estado e sua *longa manus* – como disse o Ministro Britto –, como é o caso da ECT, os diversos braços estatais, especialmente da União Federal, só podem exercer essa atividade econômica excepcionalmente. A regra é o exercício de atividade econômica por atores privados.

O que nós temos aqui? Nós temos uma empresa que ostenta esse privilégio em matéria postal e, ao mesmo tempo, exerce atividades bancárias, venda de títulos, em concorrência com o setor privado. E a própria Constituição diz que, quando algum ente estatal, alguma

---

sociedade de economia mista e outras entidades que explorem atividade econômica ao regime próprio das empresas privadas, inclusive quanto às obrigações trabalhistas e tributárias. 2. Empresa pública que não exerce atividade econômica e presta serviço público da competência da União Federal e por ela mantido. Execução. Observância ao regime de precatório, sob pena de vulneração do disposto no artigo 100 da Constituição Federal. Recurso extraordinário conhecido e provido".

[5] BRASIL. Supremo Tribunal Federal. Plenário. Recurso Extraordinário n. 601.392. Relator ministro Joaquim Barbosa. Redator do acórdão ministro Gilmar Mendes. Julgamento em 28.2.2013. *Diário de Justiça*, 5 jun. 2013. Disponível em: www.stf.jus.br.

[6] Eis a ementa do acórdão do RE nº 601.392: "Recurso extraordinário com repercussão geral. 2. Imunidade recíproca. Empresa Brasileira de Correios e Telégrafos. 3. Distinção, para fins de tratamento normativo, entre empresas públicas prestadoras de serviço público e empresas públicas exploradoras de atividade. Precedentes. 4. Exercício simultâneo de atividades em regime de exclusividade e em concorrência com a iniciativa privada. Irrelevância. Existência de peculiaridades no serviço postal. Incidência da imunidade prevista no art. 150, VI, 'a', da Constituição Federal. 5. Recurso extraordinário conhecido e provido".

empresa estatal, quando o Estado resolve empreender nessa área econômica, ele deve fazê-lo em igualdade de condições com o particular.

Ora, eu tenho números sobre a ECT. É uma das nossas grandes estatais, com um patrimônio extraordinário – o patrimônio, no ano passado, era de cerca de doze bilhões e seiscentos milhões; lucro líquido, cerca de oitocentos e sessenta milhões. Acho que isso é irrelevante para fins de decidirmos o recurso extraordinário, mas são dados bastante eloquentes, a meu ver.

O fundamental é que insisto na necessidade de estabelecermos a distinção: quando se está diante de exercício de serviço público, imunidade absoluta; quando se trata de exercício de atividade privada, incidem as mesmas normas existentes para as empresas privadas, inclusive as tributárias, como diz a Constituição. Isso me parece muito claro.

Já no julgamento do RE nº 599.628,[7] o Tribunal decidiu que "os privilégios da Fazenda Pública são inextensíveis às sociedades de economia mista que executam atividades em regime de concorrência ou que tenham como objetivo distribuir lucros aos seus acionistas".[8] Nesse feito, o Ministro Ayres Britto foi voto vencido.

Todavia, antes, nos autos do RE nº 580.264,[9] o Tribunal assentou que "as sociedades de economia mista prestadoras de ações e serviços de saúde, cujo capital social seja majoritariamente estatal, gozam da imunidade tributária prevista na alínea 'a' do inc. VI do art. 150 da Constituição Federal". Nesse feito, o voto vencedor foi emitido pelo Ministro Ayres Britto que abriu divergência em face do voto do relator Ministro Joaquim Barbosa, para quem o caráter de agente de mercado da sociedade de economia mista afastava a imunidade pleiteada.[10]

---

[7] BRASIL. Supremo Tribunal Federal. Plenário. Recurso Extraordinário n. 599.628. Relator originário ministro Ayres Britto. Redator do acórdão ministro Joaquim Barbosa. Julgamento em 25.5.2011. *Diário de Justiça*, 14 out. 2011. Disponível em: www.stf.jus.br. No julgamento desse feito, o Ministro Ayres Britto, com a sua costumeira sensibilidade, assinalou uma efemeridade da Corte: "Senhor Presidente, peço vênia para registrar um fato que, do ponto de vista humano, me parece peculiar, curioso: o Ministro Aldir Passarinho, advogado da parte recorrida, foi substituído nesta Casa pelo Ministro Ilmar Galvão, advogado da parte recorrente. E eu, Juiz Relator, fui substituto do Ministro Ilmar Galvão, aqui, nesta mesma cadeira. De sorte que nós três juntos somamos, em idade, 231 anos, muito mais do que a Independência do Brasil, que é de 188 anos. Espero que todo esse tempo somado contribua para jorrar um pouco de luz na compreensão desta causa que desafia uma decisão justa".

[8] Eis a ementa do acórdão do RE nº 599.628: "FINANCEIRO. SOCIEDADE DE ECONOMIA MISTA. PAGAMENTO DE VALORES POR FORÇA DE DECISÃO JUDICIAL. INAPLICABILIDADE DO REGIME DE PRECATÓRIO. ART. 100 DA CONSTITUIÇÃO. CONSTITUCIONAL E PROCESSUAL CIVIL. MATÉRIA CONSTITUCIONAL CUJA REPERCUSSÃO GERAL FOI RECONHECIDA. Os privilégios da Fazenda Pública são inextensíveis às sociedades de economia mista que executam atividades em regime de concorrência ou que tenham como objetivo distribuir lucros aos seus acionistas. Portanto, a empresa Centrais Elétricas do Norte do Brasil S.A. – Eletronorte não pode se beneficiar do sistema de pagamento por precatório de dívidas decorrentes de decisões judiciais (art. 100 da Constituição). Recurso extraordinário ao qual se nega provimento."

[9] BRASIL. Supremo Tribunal Federal. Plenário. Recurso Extraordinário n. 580.264. Relator originário ministro Joaquim Barbosa. Redator do acórdão ministro Ayres Britto. Julgamento em 16.12.2010. *Diário de Justiça*, 6. out. 2011. Disponível em: www.stf.jus.br.

[10] Eis a ementa do acórdão do RE nº 580.264: "CONSTITUCIONAL. TRIBUTÁRIO. RECURSO EXTRAORDINÁRIO. REPERCUSSÃO GERAL. IMUNIDADE TRIBUTÁRIA RECÍPROCA. SOCIEDADE DE ECONOMIA MISTA. SERVIÇOS DE SAÚDE. 1. A saúde é direito fundamental de todos e dever do Estado (arts. 6º e 196 da Constituição Federal). Dever que é cumprido por meio de ações e serviços que, em face de sua prestação pelo Estado mesmo, se definem como de natureza pública (art. 197 da Lei das leis). 2. A prestação de ações e serviços de saúde por sociedades de economia mista corresponde à própria atuação do Estado, desde que a empresa estatal não tenha por finalidade a obtenção de lucro. 3. As sociedades de economia mista prestadoras

Esse especial tratamento dispensado pelo STF às empresas estatais, como já aludido, não se restringe apenas ao direito tributário. O Tribunal, nos autos do RE nº 589.998,[11] aprovou a seguinte tese constitucional: "os empregados públicos das empresas públicas e sociedades de economia mista não fazem jus à estabilidade prevista no art. 41 da Constituição Federal, mas sua dispensa deve ser motivada".[12]

Com efeito, à luz dos julgados do STF, é possível concluir que as "estatais" que não exploram atividade econômica e que prestam serviços públicos devem ser tratadas como se fossem entidades públicas ou pessoas jurídicas de direito público, a despeito de seu regime jurídico de direito privado. Cuide-se que o Tribunal, nos autos da Ação Cível Originária nº 503,[13] decidiu por descaracterizar a natureza autárquica de um banco e, por consequência, negar o direito à imunidade recíproca.[14] Logo para a Corte não interessa a natureza em si da estatal, mas as atividades que desenvolve: se prestadora de serviços públicos pode vir a gozar dos privilégios da Fazenda Pública, inclusive a imunidade recíproca.

Nada obstante, antes de avançarmos na análise (releitura) das manifestações do Ministro Ayres Britto sobre o tema da imunidade recíproca das empresas estatais, visitaremos os estatutos constitucionais dessas empresas e das imunidades tributárias, assim verificaremos se essas manifestações estavam em sintonia com o texto constitucional, harmônicas com a realidade e se guardavam coerência normativa e narrativa interna. Em suma, analisaremos a força argumentativa e a capacidade de

---

de ações e serviços de saúde, cujo capital social seja majoritariamente estatal, gozam da imunidade tributária prevista na alínea "a" do inciso VI do art. 150 da Constituição Federal. 3. Recurso extraordinário a que se dá provimento, com repercussão geral".

[11] BRASIL. Supremo Tribunal Federal. Plenário. Recurso Extraordinário n. 589.998. Relator ministro Ricardo Lewandowski. Julgamento em 20.3.2013. *Diário de Justiça*, 12 set. 2013. Disponível em: www.stf.jus.br.

[12] Eis a ementa do acórdão do RE nº 589.998: "EMPRESA BRASILEIRA DE CORREIOS E TELÉGRAFOS – ECT. DEMISSÃO IMOTIVADA DE SEUS EMPREGADOS. IMPOSSIBILIDADE. NECESSIDADE DE MOTIVAÇÃO DA DISPENSA. RE PARCIALMENTE PROVIDO. I – Os empregados públicos não fazem jus à estabilidade prevista no art. 41 da CF, salvo aqueles admitidos em período anterior ao advento da EC nº 19/1998. Precedentes. II – Em atenção, no entanto, aos princípios da impessoalidade e isonomia, que regem a admissão por concurso público, a dispensa do empregado de empresas públicas e sociedades de economia mista que prestam serviços públicos deve ser motivada, assegurando-se, assim, que tais princípios, observados no momento daquela admissão, sejam também respeitados por ocasião da dispensa. III – A motivação do ato de dispensa, assim, visa a resguardar o empregado de uma possível quebra do postulado da impessoalidade por parte do agente estatal investido do poder de demitir. IV – Recurso extraordinário parcialmente provido para afastar a aplicação, ao caso, do art. 41 da CF, exigindo-se, entretanto, a motivação para legitimar a rescisão unilateral do contrato de trabalho".

[13] BRASIL. Supremo Tribunal Federal. Plenário. Ação Cível Originária n. 503. Relator ministro Moreira Alves. Julgamento em 25.10.2001. *Diário de Justiça*, 5 set. 2003. Disponível em: www.stf.jus.br.

[14] Eis a ementa do acórdão da ACO nº 503: "Ação Cível originária. Imunidade fiscal com base no disposto no artigo 150, VI, 'a', e seu parágrafo 2º. Natureza jurídica do Banco Regional de Desenvolvimento do Extremo Sul – BRDE. – Rejeição da preliminar de ilegitimidade ativa 'ad causam' dos Estados do Paraná, Rio Grande do Sul e Santa Catarina. Em conseqüência, fica prejudicada a alegação de incompetência residual desta Corte. Aliás, ainda quando os Estados-membros não tivessem legitimidade ativa 'ad causam', haveria conflito federativo entre o Banco-autor, criado como autarquia interestadual por eles, e a União Federal que lhe nega essa natureza jurídica para efeito de negar-lhe a imunidade fiscal pretendida. – No mérito, esta Corte já firmou o entendimento (assim, no RE 120932 e na ADI 175) de que o Banco-autor não tem natureza jurídica de autarquia, mas é, sim, empresa com personalidade jurídica de direito privado. Conseqüentemente, não goza ele da imunidade tributária prevista no artigo 150, VI, 'a', e seu parágrafo 2º, da atual Constituição, não fazendo jus, portanto, à pretendida declaração de inexistência de relação jurídico-tributária resultante dessa imunidade. Ação que se julga improcedente".

convencimento dos votos, independentemente de serem ou não chancelados pela sempre ilustrada maioria da Corte.

2 O estatuto jurídico-constitucional das empresas estatais

A Constituição prescreve, no art. 1º, inc. IV, os valores sociais do trabalho e da livre iniciativa como um dos fundamentos da República brasileira. Nos incs. II e III do art. 3º, CF, estão enunciados que garantir o desenvolvimento nacional, erradicar a pobreza e a marginalização e reduzir as desigualdades sociais e regionais constituem alguns dos objetivos fundamentais de nossa República. Nessa toada, no art. 23, inc. X, CF, está prescrito que é competência comum da União, dos estados, do Distrito Federal e dos municípios combater as causas da pobreza e os fatores de marginalização, promovendo a integração social dos setores desfavorecidos. No art. 5º, inc. XIII, CF, está prescrito que, nos termos da lei, é livre o exercício de qualquer trabalho, ofício ou profissão. Nos incs. XXII e XXIII desse art. 5º garantem-se o direito de propriedade e que essa propriedade atenderá a sua função social. Esta função social da propriedade consiste em princípio constitucional enunciado entre outros que informam a ordem econômica (art. 170, CF).

Com efeito, a aludida ordem econômica, nos termos do citado art. 170, CF, se funda na valorização do trabalho humano e na livre iniciativa, e tem por fim assegurar a todos existência digna, conforme os ditames da justiça social. E, além da já citada função social da propriedade, possui os seguintes princípios constitucionais: soberania nacional, propriedade privada, livre concorrência, defesa do consumidor, defesa do meio ambiente, inclusive mediante tratamento diferenciado conforme o impacto ambiental dos produtos e serviços e de seus processos de elaboração e prestação, redução das desigualdade sociais regionais e sociais, busca do pleno emprego e tratamento favorecido para as empresas de pequeno porte constituídas sob as leis brasileiras e que tenham sua sede e administração no país. E, procurando viabilizar o liberal capitalismo em solo brasileiro, a Constituição, no parágrafo único do aludido art. 170, assegura a todos o livre exercício de qualquer atividade econômica, independentemente de autorização de órgãos públicos, salvo nos casos previstos em lei.

Se a Constituição assegura a todos o direito de exercer qualquer atividade econômica, salvo aquelas legalmente excepcionadas, o que revela a opção constitucional preferencial pela iniciativa privada, em relação à atividade econômica do Estado, a situação é excepcional. Com efeito, está prescrito no art. 173, CF, que somente quando for necessária aos imperativos da segurança nacional ou a relevante interesse coletivo, conforme definido em lei, a exploração direta de atividade econômica pelo Estado será autorizada. A mensagem induvidosa da Constituição consiste em determinar que o Estado não deve ser produtor de riquezas, mas indutor de sua produção. Essa indução pode ocorrer, inclusive, com o não intervencionismo. Em termos econômicos, o Estado já ajuda bastante quando não atrapalha os agentes produtivos.

Essa compreensão é reforçada pelo disposto no art. 174, CF, que prescreve que como agente normativo e regulador da atividade econômica, o Estado exercerá as funções de fiscalização, incentivo e planejamento, que serão determinantes para o setor público e indicativa para o setor privado. Daí que a leitura da Constituição conduz a uma compreensão favorável à iniciativa privada e excepcionalmente à intervenção estatal nas atividades econômicas. Portanto, a principal atividade financiadora do Estado não está na produção direta de riquezas, mas na arrecadação tributária decorrente da produção privada das riquezas.

O fio condutor dessa opção política e econômica contida na Constituição de 1988 reside na experiência segundo a qual a liberdade política viabilizada pelos regimes democráticos requer a liberdade econômica. Sem liberdade econômica não é possível liberdade política, conquanto a recíproca não seja imediatamente verdadeira, porquanto seja possível a liberdade econômica sem a liberdade política, mas incogitável esta sem aquela. Não há democracia política sem liberdade econômica, uma vez que a independência político-ideológica se fortalece com a independência econômica em relação ao Estado. Quanto menos dependente for a economia da política e da burocracia, logo, dos políticos e dos burocratas, mais livres serão os cidadãos.

Nada obstante, à luz da Constituição, o Estado, mediante empresas públicas e sociedades de economia mista, está, excepcionalmente, autorizado a explorar atividade econômica. Daí que a interpretação constitucional mais adequada, a partir das experiências passadas e das circunstâncias presentes, bem como das perspectivas de futuro, consiste naquela que desfavorece a intervenção estatal na atividade econômica.

Diante do caráter complexo envolvendo a intervenção direta do Estado na exploração das atividades econômicas, entre os §§1º e 5º do citado art. 173, CF, há um extenso catálogo de preceitos autorizadores dessa aludida compreensão, mormente os comandos que visam não criar privilégios fiscais para as "empresas estatais" que não foram estendidos às "empresas não estatais".[15]

Em atendimento aos comandos constitucionais foi editada a Lei nº 13.303, de 30.6.2016. No art. 1º desta referida Lei nº 13.303/2016 está prescrito:

> Esta Lei dispõe sobre o estatuto jurídico da empresa pública, da sociedade de economia mista e de suas subsidiárias, abrangendo toda e qualquer empresa pública e sociedade de economia mista da União, dos Estados, do Distrito Federal e dos Municípios que explore atividade econômica de produção ou comercialização de bens ou de prestação

---

[15] Art. 173, CF: "§1º A lei estabelecerá o estatuto jurídico da empresa pública, da sociedade de economia mista e de suas subsidiárias que explorem atividade econômica de produção ou comercialização de bens ou de prestação de serviços, dispondo sobre: I – sua função social e formas de fiscalização pelo Estado e pela sociedade; II – a sujeição ao regime jurídico próprio das empresas privadas, inclusive quanto aos direitos e obrigações civis, comerciais, trabalhistas e tributários; III – licitação e contratação de obras, serviços, compras e alienações, observados os princípios da administração pública; IV – a constituição e o funcionamento dos conselhos de administração e fiscal, com a participação de acionistas minoritários; V – os mandatos, a avaliação de desempenho e a responsabilidade dos administradores. §2º As empresas públicas e as sociedades de economia mista não poderão gozar de privilégios fiscais não extensivos às do setor privado. §3º A lei regulamentará as relações da empresa pública com o Estado e a sociedade. §4º A lei reprimirá o abuso do poder econômico que vise à dominação dos mercados, à eliminação da concorrência e ao aumento arbitrário dos lucros. §5º A lei, sem prejuízo da responsabilidade individual dos dirigentes da pessoa jurídica, estabelecerá a responsabilidade desta, sujeitando-a às punições compatíveis com sua natureza, nos atos praticados contra a ordem econômica e financeira e contra a economia popular".

de serviços, ainda que a atividade econômica esteja sujeita ao regime de monopólio da União ou seja de prestação de serviços públicos.

No art. 2º dessa Lei nº 13.303/2016 está prescrito que a exploração de atividade econômica pelo Estado será exercida por meio de empresa pública, de sociedade de economia mista e de suas subsidiárias. Nos arts. 3º e 4º estão conceituados que a empresa pública é a entidade dotada de personalidade jurídica de direito privado, com criação autorizada por lei e com patrimônio próprio, cujo capital social é integralmente detido pela União, pelos estados, pelo Distrito Federal ou pelos municípios e que a sociedade de economia mista é a entidade dotada de personalidade jurídica de direito privado, com criação autorizada por lei, sob a forma de sociedade anônima, cujas ações com direito a voto pertençam em sua maioria à União, aos estados, ao Distrito Federal, aos municípios ou à entidade da Administração indireta.

Tenha-se que essa mencionada Lei nº 13.303/2016 está com a sua validade constitucional questionada perante o STF nos autos da ADI nº 5.624. Em decisão cautelar e monocrática, o Ministro Relator Ricardo Lewandowski concedeu, parcialmente, liminar para reconhecer a necessidade de prévia autorização legislativa para a alienação do controle acionário das "empresas estatais".[16] No mérito, ainda não há decisão definitiva do Plenário da Corte.

Em sede de regime jurídico das empresas estatais, há de se recordar o julgamento da ADPF nº 46[17] que enfrentou o tema do alcance do monopólio do serviço postal dos Correios. A Corte, nesse julgamento, analisou os sentidos normativos possíveis dos preceitos constitucionais relativos à intervenção estatal na atividade econômica em cotejo com os preceitos da livre iniciativa e da propriedade privada. A partir do voto divergente e vencedor do Ministro Eros Grau, o Tribunal assentou que os serviços públicos prestados na forma de privilégio, como o postal, devem receber um tratamento normativo distinto das atividades econômicas não "privilegiadas", como sucederia com as atividades bancárias ou industriais, por exemplo.[18]

---

[16] BRASIL. Supremo Tribunal Federal. Plenário. Ação direta de inconstitucionalidade n. 5.624. Relator ministro Ricardo Lewandowski. Disponível em: www.stf.jus.br.

[17] BRASIL. Supremo Tribunal Federal. Plenário. Arguição de Descumprimento de Preceito Fundamental n. 46. Relator originário ministro Marco Aurélio. Redator do acórdão ministro Eros Grau. Julgamento em 5.8.2009. *Diário de Justiça*, 26 fev. 2010. Disponível em: www.stf.jus.br.

[18] Ementa do acórdão da ADPF nº 46: "ARGUIÇÃO DE DESCUMPRIMENTO DE PRECEITO FUNDAMENTAL. EMPRESA PÚBLICA DE CORREIOS E TELÉGRAFOS. PRIVILÉGIO DE ENTREGA DE CORRESPONDÊNCIAS. SERVIÇO POSTAL. CONTROVÉRSIA REFERENTE À LEI FEDERAL 6.538, DE 22 DE JUNHO DE 1978. ATO NORMATIVO QUE REGULA DIREITOS E OBRIGAÇÕES CONCERNENTES AO SERVIÇO POSTAL. PREVISÃO DE SANÇÕES NAS HIPÓTESES DE VIOLAÇÃO DO PRIVILÉGIO POSTAL. COMPATIBILIDADE COM O SISTEMA CONSTITUCIONAL VIGENTE. ALEGAÇÃO DE AFRONTA AO DISPOSTO NOS ARTIGOS 1º, INCISO IV; 5º, INCISO XIII, 170, CAPUT, INCISO IV E PARÁGRAFO ÚNICO, E 173 DA CONSTITUIÇÃO DO BRASIL. VIOLAÇÃO DOS PRINCÍPIOS DA LIVRE CONCORRÊNCIA E LIVRE INICIATIVA. NÃO-CARACTERIZAÇÃO. ARGUIÇÃO JULGADA IMPROCEDENTE. INTERPRETAÇÃO CONFORME À CONSTITUIÇÃO CONFERIDA AO ARTIGO 42 DA LEI N. 6.538, QUE ESTABELECE SANÇÃO, SE CONFIGURADA A VIOLAÇÃO DO PRIVILÉGIO POSTAL DA UNIÃO. APLICAÇÃO ÀS ATIVIDADES POSTAIS DESCRITAS NO ARTIGO 9º, DA LEI. 1. O serviço postal – conjunto de atividades que torna possível o envio de correspondência, ou objeto postal, de um remetente para endereço final e determinado – não consubstancia atividade econômica em sentido estrito. Serviço postal é serviço público. 2. A atividade econômica em sentido amplo é gênero que compreende duas espécies, o serviço público e a atividade

O relator originário da ADPF nº 46, Ministro Marco Aurélio, propôs uma leitura evolutiva do texto constitucional em cotejo com os avanços tecnológicos e as mudanças sociais e econômicas ocorridas no mundo e no Brasil, em particular, a fim de reduzir o dirigismo econômico em favor de uma maior liberdade de iniciativa e de concorrência. Segundo o Ministro Marco Aurélio, em matéria de intervenção econômica, o papel do Estado deve ser subsidiário ao invés de protagonista. Assim, segundo o Ministro Marco Aurélio, deveria ser formulada uma interpretação restritiva da intervenção estatal na atividade econômica, privilegiando-se, por consequência, a livre iniciativa privada e a liberdade concorrencial. Em seu voto o Ministro Marco Aurélio assinalou:

> Interpretar significa apreender o conteúdo das palavras, não de modo a ignorar o passado, mas de maneira a que este sirva para uma projeção melhor do futuro. Como objeto cultural, a compreensão do Direito se faz a partir das pré-compreensões dos intérpretes. Esse foi um dos mais importantes avanços da hermenêutica moderna: a percepção de que qualquer tentativa de distinguir o sujeito do objeto da interpretação é falsa e não corresponde à verdade. A partir da ideia do "Círculo Hermenêutico" de Hans Gadamer, evidenciou-se a função co-autora do hermeneuta: na medida em que este compreende, interpreta as normas de acordo com a própria realidade e as recria, em um processo que depende sobremaneira dos valores envolvidos.
>
> Nesse sentido, o jusfilósofo Richard Palmer assevera que a tarefa da interpretação é a de construir uma ponte sobre a distância histórica a separar o sujeito do objeto da interpretação. Assim, quando o intérprete analisa um texto do passado, não deve esvaziar a sua memória, nem abandonar o presente, mas levá-los consigo e utilizá-los para compreender e projetar um futuro.
>
> Nessa linha de entendimento é que se torna necessário salientar que a missão do Supremo, a quem compete, repita-se, a guarda da Constituição, é precipuamente a de zelar pela interpretação que se conceda à Carta a maior eficácia possível, diante da realidade circundante. Dessa forma, urge o resgate da interpretação constitucional, para que se evolua de uma interpretação retrospectiva e alheia às transformações sociais, passando-se a realizar interpretação que aproveite o passado, não para repeti-lo, mas para captar de sua essência lições para a posteridade. O horizonte histórico deve servir como fase na realização da compreensão do intérprete, mas não pode levar à auto-alienação de uma consciência, funcionando como escuta à análise do presente. [...].

---

econômica em sentido estrito. Monopólio é de atividade econômica em sentido estrito, empreendida por agentes econômicos privados. A exclusividade da prestação dos serviços públicos é expressão de uma situação de privilégio. Monopólio e privilégio são distintos entre si; não se os deve confundir no âmbito da linguagem jurídica, qual ocorre no vocabulário vulgar. 3. A Constituição do Brasil confere à União, em caráter exclusivo, a exploração do serviço postal e o correio aéreo nacional [art. 20, inc. X]. 4. O serviço postal é prestado pela Empresa Brasileira de Correios e Telégrafos – ECT, empresa pública, entidade da Administração Indireta da União, criada pelo decreto-lei n. 509, de 10 de março de 1.969. 5. É imprescindível distinguirmos o regime de privilégio, que diz com a prestação dos serviços públicos, do regime de monopólio sob o qual, algumas vezes, a exploração de atividade econômica em sentido estrito é empreendida pelo Estado. 6. A Empresa Brasileira de Correios e Telégrafos deve atuar em regime de exclusividade na prestação dos serviços que lhe incumbem em situação de privilégio, o privilégio postal. 7. Os regimes jurídicos sob os quais em regra são prestados os serviços públicos importam em que essa atividade seja desenvolvida sob privilégio, inclusive, em regra, o da exclusividade. 8. Argüição de descumprimento de preceito fundamental julgada improcedente por maioria. O Tribunal deu interpretação conforme à Constituição ao artigo 42 da Lei n. 6.538 para restringir a sua aplicação às atividades postais descritas no artigo 9º desse ato normativo".

Sem embargo dessa bem lançada fundamentação do Ministro Marco Aurélio, prevaleceu o voto divergente inaugurado pelo Ministro Eros Grau, cujo voto possui algumas passagens de grande pedagogia constitucional que merecem ser transcritas:

> O direito é um organismo vivo, peculiar porém porque não envelhece, nem permanece jovem, pois é contemporâneo à realidade. O direito é um dinamismo. Essa, a sua força, o seu fascínio, a sua beleza.
>
> É do presente, na vida real, que se toma as forças que lhe conferem vida. E a realidade social é o presente; o presente é vida – e a vida é movimento. Assim, o significado válido dos textos é variável no tempo e no espaço, histórica e culturalmente. A interpretação do direito não é mera dedução dele, mas sim processo de contínua adaptação de seus textos normativos à realidade e seus conflitos.
>
> A realidade nacional evidencia que nossos conflitos são trágicos. A sociedade civil não é capaz de solucionar esses conflitos. Não basta, portanto, a atuação meramente subsidiária do Estado. No Brasil, hoje, aqui e agora – vigente uma Constituição que diz quais são os fundamentos do Brasil e no artigo 3º, define os objetivos do Brasil (porque quando o artigo 3º fala da República Federativa do Brasil, está dizendo que ao Brasil incumbe construir uma sociedade livre, justa e solidária) – vigentes os artigos 1º e 3º da Constituição, exige-se, muito ao contrário do que propõe o voto do Ministro relator, um Estado forte, vigoroso, capaz de assegurar a todos existência digna. A proposta de substituição do Estado pela sociedade civil, vale dizer, pelo mercado, é incompatível com a Constituição do Brasil e certamente não nos conduzirá a um bom destino.
>
> Respeitar, fazer cumprir a Constituição, é fundamentalmente dar eficácia, prover a eficácia dos artigos 1º e 3º. [...].

Malgrado o profundo respeito e a imensa admiração que nutro pelo Ministro Eros Grau, essa aludida compreensão merece algumas considerações. Com efeito, em seu voto o Ministro Eros Grau parte da premissa de que cabe ao Estado (República composta por União, estados, Distrito Federal, municípios e respectivas entidades da Administração direta e indireta, aqui incluídas as autarquias, fundações, empresas públicas, sociedades de economia mistas e suas subsidiárias ou controladas) o dever de transformar a sociedade brasileira.

E, segundo essa pré-compreensão do Ministro Eros, entre o fortalecimento da sociedade civil, por meio do mercado, e o fortalecimento da atuação estatal, por meio de suas empresas estatais, preferível esta àquela. Com o devido respeito, essas pré-compreensões não encontram eco na experiência econômica e política.

Com efeito, onde o Estado é mais forte que a sociedade (ou que o mercado, nos dizeres do Ministro Eros Grau), fenecem a liberdade, a prosperidade e a democracia. Quanto mais independente do Estado for o mercado, mais livres serão os agentes produtivos, os empresários, os consumidores e os trabalhadores, tanto no plano estritamente econômico quanto no plano das liberdades civis e políticas. As liberdades civis e políticas necessitam das liberdades econômicas e profissionais. Sem estas não há aquelas. Assim o cidadão (indivíduo político) para ser livre, autônomo e independente necessita que o empresário ou trabalhador ou o consumidor (indivíduos econômicos) não tenham grande dependência em relação à política ou à burocracia.

É que o Estado visa o equilíbrio social e utiliza como estratégia a coação e a violência, sejam as físicas ou as simbólicas. Já o mercado é o reino da liberdade de escolhas, das trocas voluntárias, sem coações, mas tão somente com a liberdade do consumidor e do fornecedor, mediante o estabelecimento de preço e de valor dos bens ou serviços.

Em suma, o Estado tem finalidades diversas das de uma empresa. E as lógicas e os instrumentos também são diversos. Estado visa a pacificação social e a justiça entre as pessoas por meio de normas jurídicas. Empresa visa o lucro por meio da compra e venda de mercadorias ou de serviços. A empresa trabalha com "preços". O Estado trabalha com "tributos". Estes são "confiscatórios", porque são obtidos mediante coação e ameaças, aqueles devem ser "retributivos", porque decorrem da livre negociação, mediante um "pacto", entre o vendedor e o comprador. O consumidor pode se recusar a pagar o preço cobrado pelo vendedor ou este pode se recusar a vender se o preço oferecido não for aceitável. Mas o contribuinte não pode se recusar a pagar os tributos legalmente devidos nem o Estado pode se recusar a cobrar o tributo devido. Não há liberdade nas situações tributárias.

Nessa perspectiva, à luz do sistema constitucional tributário brasileiro, é de se ver que a opção preferencial do constituinte no processo de obtenção de ingressos ou receitas não se deu pela atuação direta do Estado, mas por sua atuação indireta, mediante a arrecadação tributária. O tributo (impostos, taxas, empréstimos e contribuições)[19] é a maior fonte de receitas da atividade financeira que viabilizará as principais atividades administrativas e públicas do Estado. Portanto, convém analisarmos o modelo tributário brasileiro, em particular o das imunidades tributárias para compreendermos adequadamente a questão da imunidade recíproca.

3 O estatuto constitucional das imunidades tributárias

O catálogo normativo constitucional tributário revela uma dupla preocupação do legislador: de um lado, fortalecer a capacidade arrecadatória do Fisco a fim de que possa o Estado obter receitas econômicas suficientes para fazer face às gigantescas responsabilidades que assumiu, porquanto concretizar todos os direitos positivados no texto constitucional, mormente os sociais, exige muita riqueza e muito dinheiro. O "Leviatã" imanente que é o Estado brasileiro prometeu transformar o nosso país em um verdadeiro "Jardim do Éden", uma "Canaã prometida", que nem mesmo o "Javeh" transcende dos hebreus ousou. O "Deus artificial" criado pela mente dos brasileiros se revelou mais ambicioso que o "Deus histórico" da tradição semita. Se o "Javeh" hebraico cobrava a inquestionável fé e a inequívoca lealdade de seus adoradores, o "Leviatã" tupiniquim nos cobra tributos e é extremamente faminto. Justamente por ser "faminto" é que, na Constituição, arts. 150 a 152, há um tópico

---

[19] À luz da Constituição Federal e do Código Tributário Nacional, as espécies tributárias são as seguintes: impostos, taxas, empréstimos compulsórios e contribuições (de melhoria, sociais e especiais). Essa classificação foi defendida pelo Ministro Carlos Velloso, nos autos do RE nº 138.284, e pelo Professor Ricardo Lobo Torres, em seu *Curso de direito financeiro e tributário* (19. ed. Rio de Janeiro: Renovar, 2013. p. 369).

sobre as limitações do poder de tributar. Eis a outra face daquela ventilada dupla preocupação do legislador: controlar a voracidade e a ferocidade fiscal do Estado.

Nessa perspectiva, vamos avançar na compreensão dos seguintes comandos normativos constitucionais já enunciados:

> Art. 150. Sem prejuízo de outras garantias asseguradas ao contribuinte, é vedado à União, aos Estados, ao Distrito Federal e aos Municípios: [...]
>
> II – instituir tratamento desigual entre contribuintes que se encontrem em situação equivalente, proibida qualquer distinção em razão de ocupação profissional ou função por eles exercida, independentemente da denominação jurídica dos rendimentos, títulos ou direitos; [...]
>
> VI – instituir impostos sobre:
>
> a) patrimônio, renda ou serviços, uns dos outros; [...]
>
> Art. 173. Ressalvados os casos previstos nesta Constituição, a exploração direta de atividade econômica pelo Estado só será permitida quando necessária aos imperativos da segurança nacional ou a relevante interesse coletivo, conforme definidos em lei. [...]
>
> §2º As empresas públicas e as sociedades de economia mista não poderão gozar de privilégios fiscais não extensivos às do setor privado.

O *caput* do aludido art. 150 principia com o seguinte enunciado: "sem prejuízo de outras garantias asseguradas ao contribuinte". Isso significa que a proteção normativa ao contribuinte não se esgota no extenso rol constitucional, mas pode (ou deve) ser alargado no sentido de criar uma rede de proteção em face do Fisco.

No citado inc. II, art. 150, encontra-se a vedação ao "tratamento desigual entre contribuintes se encontrem em situação equivalente". Esse comando decorre do postulado de que todos devem ser tratados como iguais perante as leis. Com efeito, o princípio jurídico da isonomia consiste em um dos mais complexos comandos normativos, visto que parte de uma realidade fática desigual ou assimétrica e visa criar uma igualdade artificial ou normativa. Explico-me.

É fato incontornável e insuperável da realidade que todo o indivíduo, pessoa humana, consiste em uma experiência histórica irrepetível e inimitável no tempo e no espaço. Que todos são naturalmente (aqui natureza entendida como realidade) distintos, desiguais e diferentes. Logo, a igualdade normativa tem profundo senso de moralidade, ou seja, todas as pessoas são moralmente iguais, porquanto todas são dotadas de uma essencial dignidade que lhes confere o direito de serem tratadas com respeito e consideração, e o lhes impõe o dever de a todos tratar reciprocamente. A igualdade normativa (isonomia) foi uma genial criação da mente humana capaz de viabilizar relações simbióticas, ao invés das relações parasitárias decorrentes das relações moralmente desiguais e, por consequência, injustas.

A grande dificuldade reside nas complexidades fáticas: em que situações o tratamento deve ser igual e em quais o tratamento não deve ser igual? Quais as circunstâncias e critérios para igualar e quais para desigualar? E se as circunstâncias fáticas e se os critérios, seja para igualar ou para desigualar, são moralmente corretos, politicamente convenientes, economicamente viáveis, culturalmente aceitáveis, socialmente adequados e juridicamente válidos? Em que situações uma mulher deve receber um tratamento distinto de um homem? Ou uma criança em relação a um adulto? Ou um jovem em relação a um idoso? Ou uma pessoa sã em relação a uma pessoa com alguma doença ou enfermidade? Ou um pobre em relação a um rico etc.? O drama reside em verificar se as circunstâncias e os critérios, seja para igualar ou para desigualar, são convincentes e capazes de equilibrar as relações humanas e de pacificar os conflitos sociais.

A ideia de que todos devem ser tratados com igualdade perante as leis consiste em poderoso avanço civilizatório. E esse avanço civilizatório tem no campo dos tributos um relevante papel no equilíbrio social.

Com efeito, é postulado civilizatório que todos devem contribuir para financiar as atividades públicas do Estado. A questão é: quanto de cada um? Quais as razões para se cobrar os mesmos valores ou para se cobrar valores distintos? E quais as razões para se cobrar de alguns e não se cobrar de outros? Encontrar o ponto de equilíbrio exige uma refinada arquitetura normativa, pois a arrecadação tributária não deve sufocar a atividade privada produtora de riquezas. E ao mesmo tempo deve arrecadar o suficiente para que o Estado cumpra com os seus deveres públicos e administrativos.

Esse é um dos sentidos possíveis dos comandos relativos à isonomia tributária (art. 150, II, CF) e o relativo à vedação de privilégios fiscais às empresas estatais não extensíveis às empresas privadas (art. 173, §2º, CF). Essa diretiva calha com o papel subsidiário da intervenção estatal nas atividades econômicas. Com efeito, como as empresas estatais exploradoras de atividades econômicas devem atuar somente se for necessário aos imperativos de segurança pública ou a relevante interesse coletivo, mas não devem ter qualquer tipo de situação privilegiada, sob pena de se instalar uma concorrência desleal com aquelas empresas que exploram as mesmas atividades econômicas ou prestam serviços similares ou que estejam em situações equivalentes.

Portanto, se a empresa estatal não se encontra em situação equivalente às empresas privadas, e, no rastro da jurisprudência do STF, tem como atividade econômica a prestação de serviços públicos, sobre ela incidiria a cláusula constitucional da imunidade recíproca, independentemente da natureza ou regime jurídico. Essa tem sido a orientação da Corte nesse tema (RE nºs 407.099, 601.392, 598.322, 607.535, 577.511, 638.345).

Segundo o Ministro Joaquim Barbosa, nos autos do RE nº 601.392, para o Tribunal a imunidade recíproca possui três funções:

> a) a imunidade recíproca opera como salvaguarda do pacto federativo, para evitar que a tributação funcione como instrumento de coerção ou indução de entes federados; b) a imunidade recíproca deve proteger atividade desprovida de capacidade contributiva, isto é, atividades públicas em sentido estrito, executadas sem intuito lucrativo; e c) a imunidade recíproca não deve beneficiar a expressão econômica de interesses particulares, sejam eles públicos ou privados, nem afetar intensamente a livre iniciativa e a livre concorrência (excetuadas as permissões constitucionais).

Nada obstante essa pedagógica explicação do Ministro Joaquim Barbosa, a orientação da Corte tem sido firme no sentido de blindar as empresas estatais que são percebidas como *longa manus* do Estado e prestadoras de serviços públicos. Para o Tribunal, a empresa estatal prestadora de serviços públicos deve receber um tratamento diferenciado e privilegiado, a fim de que, segundo o próprio Tribunal, possa bem desenvolver suas atividades. No julgamento do citado RE nº 601.392, esse foi o fio condutor da decisão.

Esse agitado julgamento do RE nº 601.392 enfrentou, em relação à ECT, as seguintes controvérsias normativas: a) *a imunidade tributária restringe-se aos serviços tipicamente postais?* b) *é lícito cobrar imposto relativos aos serviços não abarcados pelo monopólio concedido pela União?*

O relator originário, Ministro Joaquim Barbosa, assinalou:

> A Constituição conferiu a cada ente federado competência para instituir e arrecadar tributos próprios, de modo a preservar-lhes meios para prover efetiva autonomia e liberdade política, nos respectivos limites. Sem prejuízo da importância de todas as imunidades tributárias, a proibição constitucional para tributação de algumas grandezas está em constante tensão com o direito constitucional ao exercício local do poder legislativo. De fato, o benefício sempre implica perda parcial do direito de tributar de um ou mais entes federados e, assim, de obter meios para alcançar seus objetivos políticos. A tensão se resolve pela relevância conferida pela própria Constituição ao valor que se quer proteger, isto é, manter a autonomia dos entes federados pressupõe alguma limitação da competência de cada um para cobrar reciprocamente impostos. Assim, a imunidade recíproca não se presta a assegurar ao ente federado vantagens contratuais ou de mercado, para, pura e simplesmente, permitir-lhe contratar e remunerar em condições mais vantajosas. Se o Poder Público age com intuito preponderantemente lucrativo, em favor próprio ou de terceiro, a imunidade recíproca não se lhe aplicará. Afinal, a atividade lucrativa em si mesma constitui signo de capacidade contributiva, ao mesmo tempo em que afasta o risco de pressão econômica. Por outro lado, a imunidade recíproca também não deve ter como função auxiliar particulares em seus empreendimentos econômicos. Lembro, a propósito, que estamos a discutir em outro recurso o alcance da imunidade conferida à Infraero. Inúmeras entidades privadas aproveitam-se dos abundantes e bem localizados terrenos cedidos àquela empresa pública para desenvolver suas atividades empresariais. Trata-se de academias de ginástica, concessionárias de veículos, hospitais particulares caríssimos, hotéis, residências particulares, entre outros. E não me refiro ao espaço interno das instalações aeroportuárias, nos quais há prestação de serviços lucrativos, como as lojas francas, os restaurantes, as lanchonetes, as casas de câmbio e as lojas. Refiro-me a empreendimentos de porte e separados dos prédios aeroportuários. Para termos a proporção das vantagens, basta observar os terrenos no entorno e imediações do aeroporto de Jacarepaguá, no Rio de Janeiro. Já a questão que se discute aqui é se a exoneração integral e incondicionada à Empresa Brasileira de Correios e Telégrafos desvia-se dos objetivos justificadores da proteção constitucional. E a resposta a essa questão, sem dúvida, é positiva. E isto porque a ECT desempenha algumas atividades de intenso e primário interesse privado-particular, ou seja, não-público. Por exemplo, é notório que os Correios cedem sua estrutura e serviços para a "venda" de títulos de capitalização. As operações com tais títulos têm como objetivo o lucro das entidades públicas ou privadas que os disponibilizam, sem qualquer vinculação com a função institucional da ECT. Nesta perspectiva, a exoneração tributária teria como conseqüência a diminuição do preço a ser cobrado do interessado em distribuir os títulos, dado ser possível calcular a carga tributária e repassá-la àquele que terá o

maior benefício com a exploração da atividade. Sabe-se também que as agências dos Correios são utilizadas para operações do chamado "Banco Postal". Atualmente, uma grande instituição financeira privada é responsável pelo Banco Postal, e é lícito supor que uma parceria desta natureza não tenha motivação filantrópica. Não causa qualquer perplexidade a tributação de instituições financeiras quando estas atuarem com base em agências próprias. Dada a capacidade contributiva da atividade e a inexistência de risco de desequilíbrio entre empresa da União e outros entes federados, não há razão para aplicar a imunidade tributária ao produto obtido com este tipo de parceria. Por fim, trago um terceiro exemplo. Recentemente, empresa privada firmou acordo com os Correios para produção e venda de lingotes banhados a ouro, no formato de selos históricos. Sem prejuízo da importância cultural da iniciativa filatélica, a venda de cada conjunto de lingotes por R$ 9.875,00 visa evidentemente à obtenção de acréscimo patrimonial das partes envolvidas. Está, pois, presente a capacidade contributiva e não há como fazer aproximação entre a atividade inerente ao serviço postal e a produção e venda de obras de arte ou jóias. [...].

Nessa toada, segundo o relator originário Ministro Joaquim Barbosa, a extensão desmesurada da imunidade tributária recíproca criaria uma situação de desequilíbrio social e econômico, porquanto abriria margem ao abuso e à desconsideração do equilíbrio concorrencial. Essa linha foi acompanhada pelos ministros Luiz Fux, Cármen Lúcia, Marco Aurélio e Cezar Peluso.

Conquanto respeitáveis os argumentos jurídicos e os fundamentos normativos daqueles que entendiam restringir a imunidade tributária dos Correios, mormente em relação às circunstâncias fáticas e ao contexto social e econômico, prevaleceu o entendimento segundo o qual, no caso específico da ECT, tendo em vista as suas missões sociais, além dos serviços públicos propriamente ditos, a imunidade tributária recíproca deve ser reconhecida. O Ministro Ricardo Lewandowski assinalou:

Primeiramente, eu queria assentar, Senhor Presidente, que os Correios existem há trezentos e cinquenta anos neste País. É uma instituição respeitável, antiga, é um fator de integração nacional. Eu creio que se não tivéssemos os Correios no Brasil – agora é uma empresa pública –, talvez nós não teríamos um país continental como temos hoje, atualmente. Poucas instituições podem se gabar de ter esta longevidade, trezentos e cinquenta anos. Em todos os países do mundo, os Correios são uma atividade estatal ou protegidas pelo Estado, exatamente por esse aspecto, porque constituem um fator de integração nacional. Nos Estados Unidos, historicamente, isso ficou muito claro, muito patente, e hoje é uma empresa deficitária, mas que é subsidiada pelo Estado norte-americano. Então, eu creio que os Correios prestam um serviço público de natureza essencial em cumprimento ao que dispõe o artigo 21, inciso X da Constituição, que diz que compete à União manter os serviços postais. Um dos argumentos que foi ferido aqui, ao longo dos debates, é justamente que se cria, com essa imunidade, uma espécie de desigualdade de condições fiscais. Mas isso, na realidade, não ocorre, porque nós todos sabemos – e ficou demonstrado aqui, ao longo dos debates, a meu ver, mas isso é algo tão notório – que os Correios prestam serviços onde a iniciativa privada não presta ou não quer prestar ou entende que é deficitária. A iniciativa privada não vai para os mais longíquos rincões do País, para o interior da Amazônia, mas os Correios estão presentes lá, mesmo sofrendo prejuízo estão prestando serviços. E, ademais, o que é interessante, as próprias empresas privadas de courier, aquelas que são responsáveis pela entrega de encomendas e pacotes, valem-se dos serviços dos Correios, porque, do ponto de vista econômico financeiro, isso é desinteressante. Então, não há nenhuma concorrência, nenhuma desigualdade, nenhuma vantagem para os Correios, com relação à iniciativa privada, que possa afastar justamente essa imunidade. De outro lado, nós sabemos, isso está na Lei, os Correios são obrigados a prestar o seu serviço, contrariamente à iniciativa privada que pode dizer: aqui eu não quero prestar esse serviço, porque isso não é interessante, é anti-econômico. Qualquer cartinha, qualquer serviço postal de responsabilidade dos Correios tem que ser prestado compulsoriamente como empresa pública que presta o serviço público. Os Correios não podem dizer: não, não quero prestar esse serviço. E há, como salientou o Ministro Dias Toffoli, muito bem, um aspecto social importantíssimo dos serviços disponibilizados por essa Empresa de Correios e Telégrafos, que prestam serviço público, repito, de natureza absolutamente essencial. Há um outro aspecto que foi ventilado nos memoriais: a questão do subsídio cruzado – é um fenômeno jurídico ou fiscal ou econômico chamado subsídio cruzado. Para manter o serviço postal, o que faz a Empresa Brasileira de Correios e Telégrafos? Ela reinveste os "lucros", que são o resultado positivo dos serviços que ela presta e que não estão sujeitos ao regime de exclusividade. Portanto, naquilo que ela tem o resultado positivo, ela não aufere lucros, como numa empresa pública. Ela reinveste nos serviços. Ela não tem, a meu ver, a capacidade contributiva, tal como as empresas privadas, exatamente por esse aspecto, porque ela é deficitária na grande parte dos serviços que presta. [...].

Tendo em vista esses aspectos recordados pelo Ministro Ricardo Lewandowski, que também restaram encampados pela ilustrada maioria do colegiado pleno, a Corte reconheceu a imunidade recíproca da Empresa Brasileira de Correios e Telégrafos – ECT. Há de se registrar que a dissidência, nesse RE nº 601.392, foi inaugurada pelo Ministro Ayres Britto. E o nosso próximo passo será analisar as suas manifestações nesses feitos relativos ao regime jurídico tributário das empresas estatais.

4   Manifestações do Ministro Ayres Britto

Principio pelo julgamento do citado RE nº 601.392, cuja dissidência vencedora foi inaugurada pelo Ministro Ayres Britto, conforme aludido. Nesse feito, o Ministro Ayres revela a sua extrema dificuldade para equacionar o tema da imunidade recíproca no que envolve empresa estatal, mormente a ECT. O voto que proferiu, nada obstante curto, é preciso e revelador de sua compreensão sobre esse tema. Seguem algumas passagens dilucidadoras:

> Paro para refletir sobre o conteúdo significante, a extensão eficacial dessa expressão constitucional "manter" o correio aéreo nacional e os serviços postais e telegráficos – manter. Quando a Constituição usa esse verbo "manter", o faz num contexto de grande importância institucional. Por exemplo: manter a polícia civil aqui no Distrito Federal; manter o Poder Judiciário, o Ministério Público, a Defensoria Pública; manter as atividades de diplomacia. Manter o serviço entregue à cura da Empresa Brasileira de Correios e Telégrafos cada vez mais me parece que é manter a qualquer custo, a qualquer preço, de qualquer maneira, ainda que sob retumbante, acachapante prejuízo. É uma atividade que não pode deixar de ser prestada, que não pode sofrer solução de continuidade; é obrigação do Poder Público manter esse tipo de atividade. Por isso que o lucro eventualmente obtido pela Empresa não se revela, com muito mais razão, como

um fim em si mesmo; é um meio para a continuidade, a ininterrupção dos serviços a ela afetados.

De outra parte, sabemos que os Correios – o Ministro Nelson Jobim lembrava isso – são destinados a um atendimento de modo a alcançar todos os municípios brasileiros, distritos, as subdivisões geográficas-territoriais desses municípios, em busca desse valor mais alto da integração nacional – que Vossa Excelência, Ministro César Peluso, chamou de "coesão nacional" em uma das nossas discussões. Isso tudo obriga os Correios e Telégrafos a adotar uma política tarifária de subsídios cruzados, ou seja, buscar obter lucro aqui para cobrir prejuízo certo ali. E como os Correios realizam também direitos fundamentais da pessoa humana, como a comunicação telegráfica e telefônica e o sigilo dessas comunicações, praticando uma política de modicidade tarifária, eles alcançam a maior parte da população carente, da população economicamente débil. Assim, nesta oportunidade, com um pouco mais de clareza ou menos dubiedade, parece-me que os Correios são como uma longa manus, uma mão alongada das atividades da União, um apêndice da União absolutamente necessário. Estender aos Correios o regime de imunidade tributária de que fala a Constituição está me parecendo uma coisa natural, necessária, que não pode deixar de ser, independentemente se a atividade é exclusiva ou não. No caso, parece-me que os fins a que se destinam essas atividades são mais importantes do que a própria compostura jurídica ou a estrutura jurídico-formal da empresa. O conteúdo de suas atividades é que me parece relevar sobremodo, à luz da Constituição. [...].

Como se vê, para o Ministro Ayres Britto, as obrigações sociais da ECT, e de quaisquer outras estatais, podem justificar a extensão da imunidade ou de eventuais privilégios a elas. Esse entendimento já tinha sido manifestado por ocasião do julgamento paradigmático da ACO nº 765.

Essa linha já tinha sido adotada no julgamento do RE nº 582.264, que discutiu a imunidade de hospital que era uma sociedade de economia mista. Também nesse julgamento, o relator originário, Ministro Joaquim Barbosa, votou pelo não conhecimento da imunidade tributária recíproca, forte no argumento segundo o qual:

> sempre que os serviços forem prestados por particulares ou por entidades públicas, com vistas ao acúmulo patrimonial (art. 199 da Constituição) ou estatal em interesse secundário, não haverá a extensão da salvaguarda constitucional, pois a imunidade recíproca não opera como garantia de agentes de mercado.

A divergência também foi inaugurada pelo Ministro Ayres Britto. Segundo o ministro o direito à saúde é de todos e é dever do Estado, e são de relevância pública as ações e serviços públicos de saúde e, por consequência, se cuida de um dever de natureza pública. E a prestação de ações e serviços de saúde por sociedades de economia mista corresponde à própria atuação do Estado, desde que a empresa estatal não tenha por finalidade a obtenção de lucro.

Cuide-se que no julgamento do RE nº 599.628, o Ministro Ayres Britto votou pelo reconhecimento do direito a pagar suas dívidas mediante precatórios judiciários à sociedade de economia mista, com ações negociadas em bolsa de valores, delegatária de serviço público, forte na tese de que no paradigma do constitucionalismo social a atividade é que deve ser protegida, não necessariamente a pessoa jurídica. Assinalou Ayres Britto:

15. Muito bem. Pergunto: em que se traduz o precatório, como instituto de direito constitucional? Qual a sua natureza jurídica e base de inspiração como categoria de direito positivo? Essa base de inspiração faz-se presente na figura do Estado enquanto prestador de serviços públicos?

16. Eis as respostas que me parecem hermeneuticamente corretas, à luz do caput e dos §§5º, 6º e 7º do art. 100 da CF:

I – precatórios, em linhas gerais, são ofícios de requisição de verba orçamentária para pagamento de débitos estatais formalmente reconhecidos e impostos em decisão judicial com trânsito em julgado. Ofícios expedidos: a) pelo presidente do tribunal judiciário "que proferir a decisão exequenda", apresentados "até 1º de julho, fazendo-se o pagamento até o final do exercício seguinte, quando terão os seus valores atualizados monetariamente"; b) ofícios requisitórios, enfim, que já convertidos em verbas orçamentárias, serão pagos exclusivamente na sua ordem de apresentação e à conta dos seus créditos respectivos";

II – assim positivado como ofício ou mandado requisitório, o instituto em causa tem a natureza jurídica de prerrogativa processual do Estado, pois, do ângulo dele, Estado, o precatório se traduz no direito de não ser financeiramente executado senão por um procedimento bem mais vantajoso. Um procedimento ou regime de execução especial da dívida por ficar a salvo, em regra, das constritivas e até vexatórias medidas da penhora, do arresto, do sequestro e assim avante. Prerrogativa que ainda opera pela possibilidade de solver os respectivos débitos até o final do exercício financeiro subsequente àquele da precitada inclusão orçamentária (o que implica alargamento temporal de pelo menos 18 meses);

III – tal regime especial de execução de dívidas já definitivamente constituídas em sede judiciária tem a sua razão de ser. Ele responde à necessidade maior, para não dizer absoluta, de impedir o risco de uma súbita paralisia nas atividades de senhorio estatal. Que são atividades de que dependem a qualidade de vida e até mesmo a sobrevivência física de toda uma população geograficamente situada e juridicamente personalizada. Atividades públicas, então, porque respeitantes aos mais encarecidos interesses do conjunto da sociedade. Por isso que marcadas pelo signo da irrestrita continuidade, devido a que seu abrupto estancamento não pode ser de pronto suprido pelos seus próprios destinatários. É dizer, faltando o Estado na prestação das atividades que lhes são inerentes, tudo o mais vai faltar à população. Notadamente aquela parcela populacional sacrificada em renda e patrimônio, que tem na ininterrupta e qualificada atuação estatal a sua própria tábua de salvação. O seu único e verdadeiro arrimo, em especial no campo das atividades de que falam os arts. 6º, 144 e 225 da CF, a compreender os setores de saúde e segurança públicas, educação, trabalho, assistência social, lazer, previdência social, assistência à maternidade e à infância, moradia, meio ambiente e recebimento contínuo de serviços públicos essenciais, como transporte coletivo, energia elétrica, água potável e tratamento de esgotos sanitários. Avultando a compreensão de que sem o regime de precatório seria absolutamente impossível o Estado se reprogramar para prosseguir sem trégua no desempenho de misteres que dão substância e propósito à sua concepção como realidade jurídica universalmente consagrada. Verdadeiro ponto de arremate e condição mesma da aventura humana enquanto projeto de vida civilizada, que é a vida rousseaunianamente em sociedade.

IV – agora já se percebe, sem o menor esforço mental, que toda essa base de inspiração do precatório como figura de direito comparece no âmbito do Estado enquanto prestador de serviços públicos. Ao menos quanto aos serviços públicos de nominação constitucional, que são de caráter objetivamente essencial (se não o fossem deixariam de ter na própria

Constituição o seu qualificado locus de positividade) e também titularizados pelo Estado. E titularizado pelo Estado em razão do seu necessário vínculo de atendimento a necessidades coletivamente sentidas, nomeadamente junto àqueles que não têm outro patrimônio que não sejam os serviços públicos mesmos [...];

17. Sob essas coordenadas mentais, voto pela extensão do regime de precatórios à parte recorrente. Não sem antes enfatizar que os serviços públicos se inscrevem nos quadros do moderno constitucionalismo social, pela sua peculiaridade de implicar postura prestacional onerosa do Estado, sobretudo em favor dos indivíduos e da cidadania. Por eles é que o Poder Público dá concretizadora vazão aos direitos sociais, transformando-os em cotidianas políticas públicas de afirmação e promoção humana. Donde sua definição como específica atividade material com que o Estado-administração busca instituir e elevar continuamente os padrões de bem-estar da coletividade, fazendo-o pela oferta de préstimos ou comodidades que, do ângulo dos seus beneficiários, têm a peculiadridade do desfrute direto, individual e contínuo. [...].

Nada obstante essa fundamentação, a Corte acompanhou a divergência inaugurada pelo Ministro Joaquim Barbosa, no sentido de que os privilégios da Fazenda Pública são inextensíveis às sociedades de economia mista que executam atividades em regime de concorrência ou que tenham como objetivo distribuir lucros aos seus acionistas.

E, para finalizar, o julgamento paradigmático da sempre recordada ADPF nº 46. Nesse feito, o Ministro Ayres Britto reafirma a convicção segundo a qual a compulsoriedade da prestação do serviço público, que deve ser mantido pela União, influencia o regime jurídico e não autorizaria a intervenção da iniciativa privada. Nessa perspectiva, essa peculiaridade, o caráter eminentemente público e social da prestação do serviço, reclamaria um tratamento normativo distinto.

5 Conclusões

À luz dos feitos analisados, podemos concluir que para o Ministro Ayres Britto o regime normativo diferenciado para as empresas estatais, seja no plano tributário ou não, estava vinculado ao caráter social da atividade econômica desenvolvida pela estatal, independentemente de seu regime constitutivo, se empresa pública ou se sociedade de economia mista.

É que, para o Ministro Ayres Britto, à luz do constitucionalismo social, à Administração Pública, em sentido amplo, compete concretizar as promessas normativas dispostas na Constituição, especialmente as positivas de caráter social. E, segundo o ministro, para que a Administração Pública, aqui incluída a direta e a indireta, nesta entendidas as empresas públicas e as sociedades de economia mista, possa viabilizar as suas finalidades, se faz necessário tratá-la distintamente em relação à iniciativa privada.

Para o Ministro Ayres Britto, a Administração Pública não se revela como um "Leviatã faminto e voraz", devorador de parcela das riquezas produzidas pela iniciativa privada. Da leitura de seus votos, vê-se que, para ele, a Administração Pública deveria se apresentar como um conjunto de órgãos e entidades vocacionado para a prestação de serviços públicos de caráter eminentemente social e emancipatório.

Referências

BRASIL. Supremo Tribunal Federal. Plenário. Ação Cível Originária n. 503. Relator ministro Moreira Alves. Julgamento em 25.10.2001. *Diário de Justiça*, 5 set. 2003. Disponível em: www.stf.jus.br.

BRASIL. Supremo Tribunal Federal. Plenário. Ação direta de inconstitucionalidade n. 5.624. Relator ministro Ricardo Lewandowski. Disponível em: www.stf.jus.br.

BRASIL. Supremo Tribunal Federal. Plenário. Arguição de Descumprimento de Preceito Fundamental n. 46. Relator originário ministro Marco Aurélio. Redator do acórdão ministro Eros Grau. Julgamento em 5.8.2009. *Diário de Justiça*, 26 fev. 2010. Disponível em: www.stf.jus.br.

BRASIL. Supremo Tribunal Federal. Plenário. Recurso Extraordinário n. 220.906. Relator ministro Maurício Corrêa. Julgamento em 16.11.2000. *Diário de Justiça*, 14 nov. 2002. Disponível em: www.stf.jus.br.

BRASIL. Supremo Tribunal Federal. Plenário. Recurso Extraordinário n. 601.392. Relator ministro Joaquim Barbosa. Redator do acórdão ministro Gilmar Mendes. Julgamento em 28.2.2013. *Diário de Justiça*, 5 jun. 2013. Disponível em: www.stf.jus.br.

BRASIL. Supremo Tribunal Federal. Plenário. Recurso Extraordinário n. 599.628. Relator originário Ministro Ayres Britto. Redator do acórdão ministro Joaquim Barbosa. Julgamento em 25.5.2011. *Diário de Justiça*, 14 out. 2011. Disponível em: www.stf.jus.br.

BRASIL. Supremo Tribunal Federal. Plenário. Recurso Extraordinário n. 580.264. Relator originário ministro Joaquim Barbosa. Redator do acórdão Ministro Ayres Britto. Julgamento em 16.12.2010. *Diário de Justiça*, 6. out. 2011. Disponível em: www.stf.jus.br.

BRASIL. Supremo Tribunal Federal. Plenário. Recurso Extraordinário n. 589.998. Relator ministro Ricardo Lewandowski. Julgamento em 20.3.2013. *Diário de Justiça*, 12 set. 2013. Disponível em: www.stf.jus.br.

Informação bibliográfica deste texto, conforme a NBR 6023:2018 da Associação Brasileira de Normas Técnicas (ABNT):

ALVES JR., Luís Carlos Martins. Empresas estatais e imunidade tributária: uma breve releitura dos votos do Ministro Ayres Britto relativos aos arts. 150, incs. II e VI, alínea "a", e 173, §2º, da Constituição Federal. In: LEAL, Saul Tourinho; GREGÓRIO JÚNIOR, Eduardo Lourenço (Coord.). *A Constituição Cidadã e o Direito Tributário*: estudos em homenagem ao Ministro Carlos Ayres Britto. Belo Horizonte: Fórum, 2019. p. 327-346. ISBN 978-85-450-0678-7.

A SEGURANÇA JURÍDICA E A PROTEÇÃO À CONFIANÇA EM MATÉRIA TRIBUTÁRIA

MARCUS VINICIUS FURTADO COÊLHO

1 Introdução

O mundo passa por transformações aceleradas na contemporaneidade, sendo regra a liquidez das relações sociais em contraposição à relativa solidez almejada na modernidade.[1] A efemeridade resultante da globalização transformou as realidades locais, interligando-as em redes mundiais, e potencializou conflitos entre os indivíduos e a coletividade.

O mundo jurídico não é imune a esses movimentos e vivencia a proliferação de normativas, correntes doutrinárias, entendimento jurisprudencial e campos jurídicos que tentam abarcar as mudanças imprevisíveis da sociedade. Ao mesmo tempo, o direito, na concepção luhmanniana,[2] é um subsistema cuja função é garantir a estabilização das expectativas comportamentais socialmente aceitas, diminuindo a imprevisibilidade nas relações recíprocas entre os indivíduos.

O paradoxo entre mudança e estabilidade é herança das aspirações iluministas da modernidade que, na busca de um direito justo e estável para todos, combatiam a aplicação arbitrária das normas pelos tiranos de plantão. Desse movimento decorreu a exaustiva codificação das condutas humanas, fruto da crença sobre a fruição dos direitos e, em casos de violação por parte do Estado e de terceiros, a sua proteção.

A progressão desse ideal institui o Estado de Direito que, desenvolvido em bases constitucionais, assentou uma ordem jurídica que demanda previsibilidade para a correta promoção dos valores expressos na Constituição os quais, segundo o constitucionalismo atual, devem permear todas as relações jurídicas como a separação de poderes e a proteção dos direitos fundamentais.

A segurança jurídica consiste em reforço e importante pilar do Estado Democrático de Direito. A legalidade aliada à previsibilidade e à estabilidade na

---

[1] BAUMAN, Zygmunt. *Modernidade líquida*. Rio de Janeiro: Jorge Zahar, 2001.
[2] LUHMANN, Niklas. *Sociologia do direito*. Rio de Janeiro: Tempo Brasileiro, 1983. v. I.

aplicação das normas consiste em alicerce da segurança jurídica e, consequentemente, do Estado do Direito.[3]

É dizer que a segurança jurídica, sob a ótica da sociedade, consiste em direito a menor quantidade de litígios, sendo os órgãos jurisdicionais responsáveis por dirimi-los. Do ângulo do cidadão, a segurança jurídica milita em favor da proteção da confiança ou da não surpresa, inclusive com previsão expressa no Código de Processo Civil de 2015, o que implica que mudanças legislativas posteriores ao ato do cidadão – realizado em conformidade com a norma então vigente – não podem retroagir. Sob o prisma do órgão julgador, exerce uma função pedagógica, para diminuir os conflitos e explorar mecanismos de composição, e daí vem a necessidade da previsibilidade das decisões judiciais.

A maior expressão constitucional do anseio por estabilidade é a segurança jurídica, que, nas palavras da Ministra Cármen Lúcia Antunes Rocha,[4] nada mais é que a garantia da estabilidade das relações, princípio que se destina a assegurar a certeza das relações jurídicas. Tratada como valor essencial no Estado Democrático de Direito, a segurança jurídica se efetiva quando há pouco espaço para a ocorrência de condutas arbitrárias ou inesperadas. Sua materialização pode ocorrer pela positivação de normas estatais ou sedimentação de precedentes judiciais que são amplamente obedecidos.

Por possuir escopo constitucional ela se projeta para todos os ramos do direito, inclusive, no direito tributário, campo jurídico sob análise neste artigo em face das relações jurídico-tributárias. É a estabilidade promovida pela segurança jurídica que garante a confiança do contribuinte nas suas relações com o fisco, na medida em que os limites do procedimento de tributação são claramente previstos. Afinal, tributo é obrigação jurídica pecuniária definida em lei que não se constitui como sanção de ato ilícito.[5]

Noutro giro, o Estado deve efetuar ações positivas para cumprir com suas missões constitucionais, demandando recursos financeiros obtidos via tributação. A previsibilidade nas relações tributárias permite que o Poder Público planeje adequadamente seu orçamento, e tenha à disposição os meios necessários para a realização do bem comum.

Aplicada ao direito tributário, a segurança jurídica abriga um conjunto de princípios que operam e se entrelaçam para realizá-la, indo além dos respectivos conteúdos axiológicos. Destacam-se os princípios da legalidade, anterioridade e irretroatividade como valores que lhe servem de suporte e, quando conjugados, formam os pilares de sua densidade normativa.[6] Sempre que estes forem violados ela

---

[3] COÊLHO, Marcus Vinicius Furtado. *Garantias constitucionais e segurança jurídica*. 2. reimpr. Belo Horizonte: Fórum, 2015.
[4] ROCHA, Cármen Lúcia Antunes (Coord.). *Constituição e segurança jurídica*: direito adquirido, ato jurídico perfeito e coisa julgada. Belo Horizonte: Fórum, 2009.
[5] ATALIBA, Geraldo. *Hipótese de incidência tributária*. 6. ed. São Paulo: Malheiros, 2004.
[6] TORRES, Heleno Taveira. Segurança jurídica em matéria tributária. *In*: MARTINS, Ives Gandra da Silva (Coord.). *Limitações ao poder impositivo e segurança jurídica*. São Paulo: RT, 2005. Pesquisas Tributárias. Nova Série. v. 11. p. 157-182.

também o será, conferindo à segurança jurídica o *status* de sobreprincípio arraigado pelos axiomas da confiança legítima, da previsibilidade e clareza.

Os sobreprincípios norteiam o ordenamento jurídico e interligam diversos elementos axiológicos e hermenêuticos, vez que encontram sua gênese do Estado de Direito. Sua complexidade rende debates acadêmicos que exploram infindáveis nuances teóricas e práticas. Diante do amplo espectro abarcado pela segurança jurídica, este artigo busca abordá-la na sua correlação com outros elementos sob duas perspectivas distintas: as garantias constitucionais tributárias e o ativismo judicial.

2 As garantias tributárias constitucionais

A Constituição Federal de 1988 transcende os temas eminentes constitucionais, vez que regulamenta matérias pertencentes ao campo das relações sociais, políticas e econômicas. Em seu texto está delineado um projeto dirigido à sociedade brasileira na medida em que se perfilham normas definidoras da atuação estatal. A finalidade é estabelecer as diretrizes que devem ser seguidas pelo Poder Público para que os objetivos constitucionais sejam alcançados.[7]

As ações estatais são voltadas para o alcance dos objetivos fundamentais da república federativa do Brasil, que são: construir uma sociedade livre, justa e solidária; garantir o desenvolvimento nacional; erradicar a pobreza e a marginalização e reduzir as desigualdades sociais e regionais; promover o bem de todos, sem preconceitos e qualquer forma de discriminação.

Para tanto, a Constituição estabeleceu um amplo rol de direitos fundamentais como um instrumento apto a concretizar o projeto constitucional dirigido ao nosso país. A partir da constitucionalização destes direitos, as relações públicas e privadas devem funcionar em consonância com as normas e valores consagrados na Carta Magna. Quando assim não ocorrem, as relações públicas e privadas deverão ser judicializadas para o Estado implementar soluções, dirimir conflitos e trazer a paz social à luz das normas constitucionais.

A finalidade do Estado é a realização do bem comum. Quando se tratar de direitos fundamentais que demandem ações positivas do Estado, no sentido de implementar medidas capazes de assistir os cidadãos, caberá ao Poder Público importar recursos financeiros que concretizem tais direitos. Portanto, é necessário que sejam desenvolvidas atividades financeiras capazes de constituir uma receita pública que possibilite o atingimento destas finalidades constitucionais.[8]

A imposição tributária é prevista na Constituição Federal a partir das normas que dispõem sobre a repartição de competências de cada ente federativo, que, juntamente com os princípios, constituem as denominadas limitações constitucionais ao poder de tributar, as quais se traduzem em garantias protetivas aplicáveis aos contribuintes.

---

[7] NOVELINO, Marcelo. *Direito constitucional*. 3. ed. São Paulo: Método, 2009.
[8] HARADA, Kiyoshi. *Direito financeiro e tributário*. 24. ed. São Paulo: Atlas, 2009.

Com fundamento na cláusula pétrea do pacto federativo, a repartição das competências tributárias é a manifestação da autonomia que detém o ente político para se auto-organizar e elaborar o seu ordenamento jurídico de acordo com as características que lhes são próprias. A autonomia é uma garantia da liberdade dos entes federativos ante as incursões do poder central, contudo não se trata de uma liberdade absoluta, haja vista a necessidade de observância das balizas constitucionais.

Oswaldo Aranha Bandeira de Mello[9] disciplina que "os Estados Federados, ao se organizarem, não podem adotar normas que choquem com a estrutura do Estado federal, e por vezes, são obrigados a respeitar certos princípios constitucionais".

A repartição de competências estabelecida pela Constituição Federal delimita a circunscrição normativa em que cada ente federado irá exercer a sua capacidade de adição de normas, por esta razão a Constituição Federal não cria tributos, apenas outorga a competência para que os entes políticos os criem por meio de leis próprias. Logo, a repartição de competência é o que materializa e limita o conteúdo da autonomia dos entes federados.

Atribui-se à União, enquanto pessoa jurídica de direito público interno, aos estados-membros e aos municípios a capacidade para editar leis e instituir, modificar ou extinguir os seus respectivos tributos, com observâncias das limitações constitucionais ao poder de tributar e às ressalvas estabelecidas pelas normas gerais federais.[10]

A competência tributária de cada ente político é privativa, isto é, inerente a cada ente tributante, não podendo ser delegada para terceiros a sua competência e transferida para outro ente federativo. É o caso do Imposto sobre Produtos Industrializados (IPI), que é um tributo de competência privativa da União. Não é permitido que outra entidade política exerça a competência tributária para instituir ou alterar o IPI.

Além das competências que lhe são privativas, a União opera também as competências residuais dos tributos ainda não previstos. Quando houver necessidade de instituir um novo tributo distinto daqueles previstos na Constituição Federal, a competência para o feito será exercida pela União. Os demais entes políticos não poderão instituir impostos diversos daqueles que lhes foram conferidos constitucionalmente.

Os estados-membros e os municípios são dotados de autonomia plena para instituir seus tributos privativos. A Constituição enumera de maneira exaustiva os impostos que são da competência privativa destes entes políticos. Porém, todos os entes federados também são dotados de competência tributária comum no que se refere a instituição dos tributos vinculados. Há situações constitucionais em que é possível duas ou mais entidades políticas regulamentarem um mesmo tributo. É o caso das taxas e contribuições de melhorias que podem ser instituídas pela União, estados-membros e municípios.

A Constituição Federal concedeu aos estados-membros e aos municípios autonomia para exercer atividades financeiras e auferir recursos. Contudo, esta autonomia não é o bastante para que estas entidades políticas obtenham os recursos

---

[9] BANDEIRA DE MELLO, Oswaldo Aranha. *Natureza Jurídica do Estado Federal (1937)*. Nova impressão. São Paulo: Prefeitura do Município de São Paulo, 1948.

[10] ALEXANDRE, Ricardo. *Direito tributário esquematizado*. 10. ed. São Paulo: Método, 2016. p. 203.

suficientes para seus encargos, elas dependem parcialmente das demais unidades federadas, vez que o produto da arrecadação dos impostos, tributos não vinculados a uma atividade específica, pode vir a ser repartido para outras entidades da federação[11] para que todos os entes políticos possam usufruir dos recursos nacionais de maneira isonômica e cooperada.

A repartição de competências tributárias estabelecidas na Constituição Federal detalha suas normas e traça as regras e princípios a serem observados pelo legislador infraconstitucional e ao poder constituinte derivado. Dessa maneira, permite-se que o Estado ingresse na esfera patrimonial do contribuinte para retirar uma parcela de suas riquezas privadas de maneira limitada às restrições constitucionais ao poder de tributar.

As restrições constitucionais ao poder de tributar se traduzem em mecanismos que materializam o princípio da segurança jurídica, a fim de proteger o contribuinte contra a arbitrariedade e a liberalidade do Estado em instituir novos tributos.[12] Essas limitações ao poder de tributar são instrumentos que propiciam tranquilidade nas relações com o Estado e certeza das obrigações que o contribuinte terá que arcar em prol do bem comum.[13]

O princípio da segurança jurídica é um princípio-garantia constitucional que tem por finalidade proteger expectativas de confiança legítima nos atos de criação ou de aplicação das normas, mediante certeza jurídica, estabilidade do ordenamento jurídico e confiabilidade na efetividade e liberdades.[14]

Um dos seus axiomas, a confiança legítima do contribuinte, provém do Estado de Direito e está atrelada à esfera subjacente dos direitos fundamentais. Trata-se de um espaço não tutelado expressamente por estas garantias essenciais do indivíduo, contudo, cuida-se de matéria reflexa aos direitos fundamentais que também merece ser protegida, pois corresponde à confiança que o cidadão detém em face do direito positivado. A confiança legítima é a expressão subjetiva do princípio da segurança jurídica.[15]

Outro de seus suportes, o princípio da irretroatividade tributária, é um mecanismo constitucional fundamentado no elemento da confiança, dado que proíbe a cobrança de fato gerador ocorrido antes da lei que instituiu o tributo ou majorou. Sua fundamentação advém da própria ideia de Estado Democrático de Direito.

---

[11] BRANDÃO JÚNIOR, Salvador Cândido. *Federalismo e ICMS*: estados-membros em guerra fiscal. Dissertação (Mestrado) – Faculdade de Direito, USP, São Paulo, 2013.

[12] RE nº 566.621. Rel. Min. Ellen Gracie, Tribunal Pleno, j. 4.8.2011. Repercussão Geral – mérito. *DJe*, 195, divulg. 10.10.2011, public. 11.10.2011, ement vol. 02605-02 PP-00273, *RTJ*, v. 00223-01 PP-00540.

[13] ASSIS, Karoline Marchiori de. *Segurança jurídica dos benefícios fiscais*. Tese (Doutorado) – Faculdade de Direito, USP, São Paulo, 2013. Disponível em: file:///C:/Users/usuario/Downloads/Integral_2013_Tese_Karoline_Marchiori_de_Assis.pdf.

[14] TORRES, Heleno Taveira. *Direito constitucional tributário e segurança*: metódica da segurança do sistema constitucional tributário. São Paulo: Revista dos Tribunais, 2011.

[15] SILVA, Almiro do Couto e. O princípio da segurança jurídica (proteção à confiança) no direito público brasileiro. *Revista de Direito Administrativo*, Rio de Janeiro, v. 237, p. 271-316, jul. 2004. ISSN 2238-5177. Disponível em: http://bibliotecadigital.fgv.br/ojs/index.php/rda/article/view/44376/44830. Acesso em: 16 ago. 2018. DOI: http://dx.doi.org/10.12660/rda.v237.2004.44376.

A retroatividade das leis tributárias é permitida apenas quando trouxer benefícios aos contribuintes, como é o caso da Lei nº 9.964/2000 e do Decreto Federal nº 3.431/2000, que dispõem sobre o Programa de Recuperação Fiscal (Refis), o qual concedeu anistia a multas e juros oriundos de infrações provenientes de fatos geradores ocorridos antes da promulgação do decreto.

O princípio da segurança jurídica se traduz ainda na certeza do contribuinte sobre a existência de certo tributo, dando azo à previsibilidade do direito e clareza do dever de pagar do contribuinte em relação ao direito de receber da Fazenda Pública.

Entre os princípios constitucionais que concretizam a certeza dos entes políticos ao exercer atividade tributária, ressalta-se o princípio da legalidade, que implica a vedação à exigência ou aumento de tributo sem lei que o estabeleça, vez que o tributo é instituído por lei e cobrado mediante atividade administrativa plenamente vinculada.

Sua natureza compulsória, obrigando o pagamento por parte do contribuinte, independentemente da sua vontade, torna necessária essa limitação, pois, assim, a intervenção onerosa do Estado na esfera privada do indivíduo conta com o aval dos representantes do povo legitimamente eleitos mediante a lei específica autorizativa.

Por exemplo, compete aos estados-membros e ao Distrito Federal instituir impostos sobre as operações relativas à circulação de mercadorias, ainda que as operações se iniciem no exterior. Sobre a matéria, no Recurso Extraordinário nº 268.586/SP,[16] o Supremo Tribunal Federal discutiu o momento da ocorrência do fato gerador do imposto sobre as operações relativas à circulação de mercadorias (ICMS) – se ocorre no desembaraço aduaneiro ou se cabe ao importador recolher o referido imposto nesse momento.

O Ministro Marco Aurélio, relator, seguiu o entendimento firmado anteriormente pelo Supremo Tribunal Federal no sentido de que é credor do tributo o Estado onde é desembarcada a mercadoria, portanto não cabe ao estabelecimento destinatário. Assim, a unidade da federação em que se processou o desembraço da mercadoria, onde se verificou a circulação, com aquisição e entrada no estabelecimento nos limites do próprio território, é titular da competência tributária para a exigência do imposto mencionado. Logo, o sujeito ativo legítimo da obrigação tributária.

No julgado, o Ministro Ayres Britto pediu vista para proferir voto divergente. Adotou o entendimento de que, independentemente do local onde haja ocorrido o desembaraço aduaneiro, deve ser considerado o sujeito ativo do ICMS o estado de domicílio do estabelecimento importador, aquele ao qual se destina a mercadoria importada.

O fundamento do voto foi baseado no princípio da legalidade, isto é, no texto constitucional, pois o Ministro Ayres Britto entendeu que a Constituição outorgou a competência para instituir o ICMS na importação, então o destinatário da mercadoria é quem figura como contraente no negócio jurídico que enseja a operação da importação, seja esta realizada diretamente ou por intermédio de terceiros.

---

[16] RE nº 268.586. Rel. Min. Marco Aurélio, Primeira Turma, j. 24.5.2005. *DJ*, 18 nov. 2005 PP-00010, ement vol. 02214-2 PP-00372.

Ao lado do princípio da legalidade, figura também o princípio da anterioridade ou da não surpresa que se refere à previsibilidade das decisões que devem aplicar, sobretudo, a lei. Referidos postulados têm o propósito de não prejudicar o conhecimento antecipado do contribuinte em relação aquilo que será cobrado no ano seguinte, após 90 dias a contar da publicação da lei ou imediatamente.[17]

O princípio da anterioridade tributária veda os entes federativos de cobrarem tributos no mesmo exercício financeiro em que haja sido publicada a lei que os instituiu ou aumentou. Cuida-se de vincular a cobrança do tributo a cada exercício financeiro, isto é, ao ano-calendário, que começa no dia 1º de janeiro e termina em 31 de dezembro.

Há também a anterioridade nonagesimal quando se exige um período de 90 dias entre a publicação da lei que instituiu ou modificou o tributo e sua incidência de modo a gerar obrigações tributárias. São garantias do contribuinte ante a capacidade tributária de cada ente político em poder criar novos tributos ou majorar os já existentes quando quiser. Assim, os cidadãos poderão planejar sua vida econômica sem serem surpreendidos por exigências tributárias imprevistas.

Sobre a matéria, o Ministro Ayres Britto ao julgar o Recurso Extraordinário nº 584.100/SP[18] divergiu da Ministra Relatora Ellen Grace ao entender que a anterioridade nonagesimal ou a denominada noventena há de ser respeitada mesmo quando se dá apenas com a prorrogação dos tributos no final do ano financeiro, pois se trata de uma prorrogação majorada imprevisível ao contribuinte. Caso assim não fosse, o contribuinte poderia ser surpreendido pela elevação do valor do tributo, o que é vedado.

O Supremo Tribunal Federal, ao julgar o Recurso Extraordinário nº 587.008/SP, em que se discutia a não aplicação do princípio da anterioridade mitigada ao poder constituinte derivado, firmou o entendimento no sentido de que as competências tributárias atribuídas aos estados-membros também se sujeitam aos princípios constitucionais que limitam a atividade fiscal do estado.

Neste julgado, o Ministro Ayres Britto reiterou seu posicionamento para conferir proteção ampla ao contribuinte na medida em que entendeu que o princípio da anterioridade mitigada se trata de uma cláusula pétrea em que mitigada a anterioridade anual para cobrar o tributo no mesmo exercício financeiro da publicação da lei instituidora. Todavia, cuida-se de uma exceção à regra da anterioridade anual, por isso deve ser interpretada a favor do contribuinte de modo a não ser ainda mais mitigada.

Com isso, os princípios da legalidade e da anterioridade anual e nonagesimal propiciam previsibilidade do direito em face do contribuinte que passar a ter o conhecimento acerca do conteúdo das normas tributárias, bem como manifesta a proibição ao arbítrio por parte do Poder Público.

Além dos princípios explícitos da irretroatividade, legalidade e anterioridade, o princípio da segurança jurídica é efetivado a partir do princípio da transparência tributária. Isto significa que a legislação aplicável à ordem tributária deve ser estruturada

---

[17] CARVALHO, Paulo e Barros. O princípio da segurança jurídica em matéria tributária. *Revista da Faculdade de Direito – USP*, v. 98, p. 159-180, 2003. Disponível em: https://doi.org/10.11606/issn.2318-8235.v98i0p159-180.
[18] RE nº 584.100 ED. Rel. Min. Ellen Gracie, Tribunal Pleno, j. 18.8.2010. *DJe*, 168, divulg. 9.9.2010, public. 10.9.2010, ement vol. 02414-05 PP-01006.

de maneira clara, precisa e com o mínimo de dubiedade, considerando a perspectiva do contribuinte.[19]

Ricardo Lobo Torres[20] denomina o princípio da transparência tributária de princípio da clareza, porquanto, fundamentado no Estado de Direito, tal princípio se opera a partir da participação do contribuinte no processo de criação da legislação tributária para, ao final, ser publicada norma o mais inequívoca possível. Verifica-se, assim, a árdua tarefa do Legislativo ao editar as normas, ao demandar especial atenção na sua redação e, também, dos magistrados, ao interpretá-las sem reinventá-las, o que significaria substituição do legislador.

Percebe-se que as limitações constitucionais a partir da perspectiva da repartição de competências e dos princípios tributários são mecanismos constitucionais utilizados para proteger o contribuinte das intervenções fiscais indevidas do Estado e promover a paz social. O propósito é de que o ente tributante não exceda o exercício de suas atribuições tributárias e imponha aos contribuintes uma carga fiscal excessiva. É, em última análise, uma forma de conferir segurança jurídica aos contribuintes em face do "poder de tributar" de cada ente federativo.

O princípio da segurança jurídica se concretiza a partir da proteção dos direitos decorrentes da expectativa de confiança legítima dos contribuintes, previsibilidade e clareza em relação à criação e alteração das normas tributárias para instituição ou majoração dos tributos. Significa dizer que o ordenamento jurídico tributário brasileiro necessite formalmente do princípio da segurança jurídica mediante a certeza jurídica, estabilidade do ordenamento e efetividade dos direitos e liberdades individuais.[21]

O princípio da segurança jurídica nas relações tributárias consiste na concretização dos direitos fundamentais, quando a sociedade reconhece que os tributos recolhidos pelo Estado estão sendo destinados para a sua finalidade precípua de atender ao bem comum. Desse modo, não há apenas a concretude do princípio da segurança jurídica mediante a delimitação clara da legislação aplicável, mas também quanto à convicção do seu conteúdo, finalidade e destinação.

Portanto, a repartição de competências e os princípios tributários à luz do princípio da segurança jurídica são garantias constitucionais a favor dos contribuintes, as quais se desdobram na proibição do excesso e no acolhimento dos princípios da irretroatividade legalidade, da anterioridade e transparência para fornecer credibilidade às atividades fiscais exercidas pelo Estado.

3 Ativismo judicial

O termo "ativismo judicial" tem origens fora do meio jurídico. Em artigo veiculado na revista americana *Fortune* sob o título "The Supreme Court: 1947", o

---

[19] NEUMARK, Fritz. *Princípios de la imposcion*. Madri: Instituto de Estudios Fiscales, 1974.

[20] TORRES, Ricardo Lobo. *Tratado de direito constitucional financeiro e tributário*. Valores e princípios constitucionais tributários. Rio de Janeiro: Renovar, 2005. v. II.

[21] TORRES, Heleno Taveira. A segurança jurídica do sistema de tributação. *Conjur*, 12 set. 2012. Disponível em: https://www.conjur.com.br/2012-set-12/consultor-tributario-seguranca-juridica-sistema-tributacao#_ftn1_4997.

jornalista Athur Schlesinger Jr. traçou o perfil dos juízes da Suprema Corte norte-americana, classificando-os como ativista ou autolimitado, a depender, respectivamente, da tendência mais progressista ou conservadora de cada um.[22]

Desde então, constitucionalistas norte-americanos utilizam a expressão para criticar o comportamento judicial divergente da opinião dominante. Com a opção do modelo de constituição ocidental por quase todos os países e o ganho de protagonismo institucional pelo Poder Judiciário, a expressão se popularizou, especialmente nos países da família romano-germânica. Nos países de *common law*, a força do sistema de precedentes, descrito pela teoria do *stare decisis*, limita atuações mais enfáticas das cortes judiciais.

Um problema fundamental na instrumentalização do conceito de ativismo judicial é aferir em que momento é ultrapassado o limite que determina se há ativismo por parte de uma Corte ou não. Corre-se o risco de, nesse processo, valorizar em demasia as preferências subjetivas anteriores, sendo imputada a pecha de ativista às decisões que não são do agrado daqueles que a analisam.

Não olvidando as múltiplas ponderações doutrinárias sobre o tema, a busca por objetividade recomenda como critério a flagrante usurpação da função legislativa por parte do Poder Judiciário que viole o princípio da separação dos poderes. Ou seja, nesse parâmetro decisão ativista é aquela em que o tribunal não apenas revelou o sentido implícito da norma sob escrutínio, mas efetivamente criou o direito em dissonância com as normas emanadas do Poder Legislativo.

Segundo esse parâmetro, a decisão do STF que possibilitou a união estável entre homossexuais, na ADI nº 4.277 e na ADPF nº 132, não seria ativista, porquanto não haveria proibição constitucional explícita para tanto, sendo possível auferir autorização implícita diante da vedação constitucional à discriminação. Já o julgado que autorizou a prisão de réus após condenação em segunda instância, Habeas Corpus nº 82.424/RS,[23] constituiria exemplo de ativismo visto que o texto constitucional ao definir que ninguém será considerado culpado "após o trânsito em julgado" não abre margens para interpretações diversas.

Repisa-se que o magistrado deve ter certo grau de discricionariedade para interpretar a norma de acordo com a evolução social e as peculiaridades que o caso concreto exigir, mas quando inova no ordenamento jurídico cria ameaça que constitui violação frontal, além da separação dos poderes, também ao sobreprincípio da segurança jurídica.

Eventuais omissões legislativas devem ser sanadas pelos instrumentos apropriados previstos na Carta Magna, como o mandado de injunção e a ação direta de inconstitucionalidade por omissão,[24] não se admitindo que, por vias transversas, o Poder Judiciário se arvore no papel legiferante exclusivo daqueles que detêm mandato popular.

---

[22] CAMPOS, Carlos Alexandre de Azevedo. *Dimensões do ativismo judicial do Supremo Tribunal Federal*. Rio de Janeiro: Forense, 2014.

[23] HC nº 82.424/RS. Rel. p/ acórdão Min. Maurício Corrêia. *DJ*, 19 mar. 2004.

[24] MORAES, Alexandre de. *Direito constitucional*. 34. ed. São Paulo: Atlas, 2018.

De igual modo, o princípio da inafastabilidade do controle jurisdicional, previsto no art. 5º, inc. XXXV da Constituição, não pode escudar intromissões indevidas na esfera de competência material do legislador. A garantia de acesso à justiça por aqueles que alegam lesão a algum direito não pode se transmudar em autorização para que o juiz decida em desconformidade com as normas vigentes, a menos que a própria norma seja o objeto do litígio judicial.

Essa distorção, passível de ocorrer em todos os ramos do direito, se manifesta no direito tributário notavelmente pela desvirtuação da função teleológica dos princípios afeitos a esse campo jurídico, inclusos aqueles que fornecem apoio à segurança jurídica.

Isto porque a evolução histórica da legislação tributária demonstra que a base axiológica desse campo foi construída como uma miríade de garantias do contribuinte ante o Estado Tributador, que, anteriormente, não tinha limites. No Brasil, a derrama instituída pela Coroa portuguesa na região de Minas Gerais é exemplo clássico de abuso estatal no intuito de obter recursos financeiros.[25]

Logo, os princípios tributários devem sempre ser interpretados sob a ótica de proteção ao contribuinte que, na relação tributária, é o sujeito que se encontra em posição desfavorável por ter que, compulsoriamente, dar parcela de seu patrimônio sem contraprestação específica e direta em relação ao que foi arrecadado. Devem ser manejados, como vetores axiológicos que são, para conformar o exercício da competência tributária por parte dos entes políticos, não para alargá-la, o que é caso de ativismo por desvirtuação teleológica.

O princípio da capacidade contributiva, por exemplo, é garantia de que os impostos serão graduados segundo a capacidade econômica do contribuinte, conforme o art. 145, §1º da Carta Constitucional. Decisão de caráter ativista pode instrumentalizá-lo para manter autuações fiscais que, embora relativas à fato não previsto em lei e, portanto, à margem da legalidade, tenha se fundamentado na igual capacidade contributiva de outro fato previsto na legislação.

O STF, devido à sua magnitude, deve estar atento a esta questão e inibir postura ativista que contrarie a construção garantista dos princípios constitucionais tributários. Estes possuem, de acordo com a classificação de José Afonso da Silva,[26] eficácia plena e dispensam qualquer regulamentação infraconstitucional, diminuindo o espaço para o ativismo judicial.

Posição ativista em matéria tributária só pode ser admitida em ocasiões específicas no intuito de ampliar os direitos do contribuinte. As hipóteses em que o Poder Judiciário concede eficácia imediata à imunidade, que depende de regulamentação infraconstitucional e que, com base no princípio da não cumulatividade, supre as omissões dos estados que resistem em legislar regulando a forma de aproveitamento de créditos acumulados do ICMS, são evidências de que atuação mais incisiva é admitida apenas no benefício do cidadão perante o estado arrecadador.[27]

---

[25] PRADO JR., Caio. *Formação do Brasil Contemporâneo*. São Paulo: Brasiliense, 1977.
[26] SILVA, José Afonso. *Aplicabilidade das normas constitucionais*. 8. ed. São Paulo: Malheiros, 2012.
[27] MANEIRA, Eduardo. Ativismo judicial e os seus reflexos em matéria tributária. *Maneira Advogados*, 21 out. 2016. Disponível em: http://maneira.adv.br/publicacao.php?id=28.

A análise de precedentes demonstra que a Corte Constitucional está alinhada ao anseio garantista no direito tributário, se recusando a exercer posição ativista e, quando a exerce, o faz a favor do cidadão. Em julgado emblemático, datado de 1975,[28] a Corte ponderou que multa moratória fixada no patamar de 100% do imposto devido assumia feição confiscatória, reduzindo-a para 30%, mesmo sem previsão expressa na legislação diante da ausência de razoabilidade do percentual que fora aplicado.

Ainda, a segurança jurídica não deve travar alterações jurisprudenciais que proponham novos entendimentos favoráveis aos contribuintes. No caso de aproveitamento do crédito pelo contribuinte quando há redução da base de cálculo do ICMS, o STF entendeu primeiramente[29] não ser cabível o creditamento porque, nos termos do voto do Ministro Relator Marco Aurélio, interpretou-se que não se tratava de isenção parcial, mas apenas de incidência reduzida.

Posteriormente,[30] a Corte passou a entender que a redução da base de cálculo do ICMS constituía hipótese de isenção fiscal parcial, sendo possível o aproveitamento do crédito pelo contribuinte.

Todavia, há casos em que o novo posicionamento é prejudicial ao contribuinte e, consequentemente, o princípio da confiança é violado de maneira frontal. Um entendimento prolatado pelo órgão de cúpula do Judiciário serve como referência e pauta as práticas e expectativas dos contribuintes. Se o mesmo órgão decide em desconformidade com o que fora estabelecido, rompe o ciclo de segurança e eleva as incertezas na medida em que inviabiliza o planejamento tributário.

Foi isso que se verificou quanto ao direito de creditar o IPI nas operações com alíquota zero. Num primeiro momento,[31] foi concedido ao contribuinte o direito ao crédito presumido do IPI nas aquisições de matéria-prima ou insumos tributados à alíquota zero, tratando-os como espécies de isenções.

Vale destacar a primazia dada pelo julgado ao princípio da não cumulatividade, de acordo com o Relator Nelson Jobim:

> Se o contribuinte do IPI pode creditar o valor dos insumos adquiridos sob o regime de isenção, inexiste razão para deixar de reconhecer-lhe o mesmo direito na aquisição de insumos favorecidos pela alíquota zero, pois nada extremam, na prática, as referidas figuras desonerativas, notadamente quando se trata de aplicar o princípio da não-cumulatividade.

---

[28] RE nº 81.550. Rel. Min. Xavier de Albuquerque, Segunda Turma, j. 20.5.1975. *DJ*, 13 jun. 1975, PP-04181, ement. vol. 00989-02 PP-00629.

[29] RE nº 161.031. Rel. Min. Marco Aurélio, Tribunal Pleno, j. 24.3.1997. *DJ*, 6 jun. 1997, PP-24881, ement. vol. 01872-05 PP-00994.

[30] RE nº 174.478 ED. Rel. Min. Cezar Peluso, Tribunal Pleno, j. 14.4.2008. *DJe*, 097, divulg. 29.5.2008, public. 30.5.2008, ement. vol. 02321-02 PP-00243.

[31] RE nº 350.446. Rel. Min. Nelson Jobim, Tribunal Pleno, j. 18.2.2012. *DJ*, 6 jun. 2003 PP-00032, ement. vol. 02113-04 PP-00680.

Em oportunidade posterior,[32] o direito do contribuinte foi negado mediante a relativização dos princípios da não cumulatividade e da seletividade. Houve dúplice afronta à segurança jurídica: reversão de posicionamento jurisprudencial favorável ao contribuinte e distorção do conteúdo teleológico de princípios. Imprescindível que a atuação do nosso Supremo Tribunal Federal seja pautada pelo princípio da confiança, e, igualmente, sejam as decisões proferidas em observância ao princípio da colegialidade e segurança jurídica do contribuinte, sob pena de operar-se ativismo indevido e imoderado.

4 Considerações finais

O sobreprincípio da segurança jurídica é elemento proveniente da noção de Estado de Direito, em que tanto o Poder Público quanto os indivíduos submetem-se às leis para receber proteção e benefícios do Estado ante arbítrios e riscos de uma vida em sociedade desordenada.

A proteção dos indivíduos pelo Estado demanda a obtenção de recursos financeiros suficientes para atender de maneira satisfatória às necessidades públicas. Uma das fontes de obtenção destes recursos é a intervenção do Estado na esfera das riquezas privadas dos indivíduos, que ocorre a partir da atividade tributária.

Para evitar possíveis arbítrios e excessos durante o exercício do poder de tributar, a Constituição Federal estabelece garantias ao contribuinte que substancializam a segurança jurídica dos cidadãos ante a atividade fiscal. Desse modo, há promoção da confiança do indivíduo nos atos estatais, do bem comum e da paz social.

Quando aplicada ao direito tributário, o princípio da segurança jurídica se concretiza a partir de limitações constitucionais aplicáveis ao Poder Público em todas suas esferas. Com efeito, encontra-se a repartição de competências estabelecida entre os entes federativos, que limita a capacidade do exercício da atividade tributária de cada unidade federativa a fim de formar um sistema tributário federativo, bem como os elementos da confiança legítima, previsibilidade e clareza que constituem os princípios da irretroatividade, legalidade, anterioridade e transparência tributária, princípios que compõem o sobreprincípio da segurança jurídica.

Nesse contexto, o ativismo judicial é um risco presente no direito tributário, principalmente devido à desvirtuação teleológica dos princípios tributários que são garantias do contribuinte. Decisões de cunho ativista por vezes quebram a cadeia de confiança e expectativas daqueles que pagam o tributo. O resultado é a desconfiança generalizada no ente tributante, que pode ocasionar instabilidade institucional.

Os juízes, em especial os integrantes dos órgãos de cúpula, devem ponderar todos os efeitos de suas decisões sob a ótica da segurança jurídica e de seus princípios e axiomas informadores. Cuidando desse ângulo hermenêutico evitarão instabilidades nas instituições e garantirão a aplicação da Constituição Federal.

---

[32] RE nº 370.682. Rel. Desig. Min. Gilmar Mendes, Tribunal Pleno, j. 25.6.2007. DJe, 165, divulg. 18.12.2007, public. 19.12.2007. DJ, 19 dez. 2007 PP-00024, ement. vol. 02304-03 PP-00392.

As garantias constitucionais, nelas incluída a segurança jurídica, são basilares ao Estado Democrático de Direito, constituindo-se em mecanismos de tutela aos direitos fundamentais, sem os quais o regime democrático não se realiza plenamente.[33]

Referências

ALEXANDRE, Ricardo. *Direito tributário esquematizado*. 10. ed. São Paulo: Método, 2016.

ARAÚJO, Francisco Régis Frota; MOREIRA, José Davi Cavalcante. Delimitação histórica do princípio da segurança jurídica nas constituições brasileiras e suas dimensões. In: ENCONTRO NACIONAL DO CONPEDI, XIX. *Anais*... Florianópolis: Fundação Boiteux, 2010.

ASSIS, Karoline Marchiori de. *Segurança jurídica dos benefícios fiscais*. Tese (Doutorado) – Faculdade de Direito, USP, São Paulo, 2013. Disponível em: file:///C:/Users/usuario/Downloads/Integral_2013_Tese_Karoline_Marchiori_de_Assis.pdf.

ATALIBA, Geraldo. *Hipótese de incidência tributária*. 6. ed. São Paulo: Malheiros, 2004.

ÁVILA, Humberto. *Segurança jurídica*: entre permanência, mudança e realização no direito tributário. 2. ed. São Paulo: Malheiros, 2012.

ÁVILA, Humberto. *Teoria da segurança jurídica*. 3. ed. São Paulo: Malheiros, 2014.

BANDEIRA DE MELLO, Oswaldo Aranha. *Natureza Jurídica do Estado Federal (1937)*. Nova impressão. São Paulo: Prefeitura do Município de São Paulo, 1948.

BAUMAN, Zygmunt. *Modernidade líquida*. Rio de Janeiro: Jorge Zahar, 2001.

BRANDÃO JÚNIOR, Salvador Cândido. *Federalismo e ICMS*: estados-membros em guerra fiscal. Dissertação (Mestrado) – Faculdade de Direito, USP, São Paulo, 2013.

BRASIL. Supremo Tribunal Federal. RE 81.550, rel. Ministro Xavier de Albuquerque. *DJ*, 13 jun. 1975.

CAMPOS, Carlos Alexandre de Azevedo. *Dimensões do ativismo judicial do Supremo Tribunal Federal*. Rio de Janeiro: Forense, 2014.

CARVALHO, Paulo e Barros. O princípio da segurança jurídica em matéria tributária. *Revista da Faculdade de Direito – USP*, v. 98, p. 159-180, 2003. Disponível em: https://doi.org/10.11606/issn.2318-8235.v98i0p159-180.

COÊLHO, Marcus Vinicius Furtado. *Garantias constitucionais e segurança jurídica*. 2. reimpr. Belo Horizonte: Fórum, 2015.

COUTO E SILVA, Almiro do. O princípio da segurança jurídica (proteção à confiança no direito público brasileiro e o direito da Administração Pública de anular seus próprios atos administrativos: o prazo decadencial do art. 54 da lei do processo administrativo da União (Lei nº 9.784/99). *Revista Eletrônica de Direito do Estado*, Salvador, n. 2, abr./jun. 2005.

HARADA, Kiyoshi. *Direito financeiro e tributário*. 24. ed. São Paulo: Atlas, 2009.

LUHMANN, Niklas. *Sociologia do direito*. Rio de Janeiro: Tempo Brasileiro, 1983. v. I.

MANEIRA, Eduardo. Ativismo judicial e os seus reflexos em matéria tributária. *Maneira Advogados*, 21 out. 2016. Disponível em: http://maneira.adv.br/publicacao.php?id=28.

MEDAUAR, Odete. Segurança jurídica e confiança legítima. *Cadernos da Escola de Direito e Relações Internacionais da UniBrasil*, jan./jul. 2008.

MORAES, Alexandre de. *Direito constitucional*. 34. ed. São Paulo: Atlas, 2018.

---

[33] COÊLHO, Marcus Vinicius Furtado. *Garantias constitucionais e segurança jurídica*. 2. reimpr. Belo Horizonte: Fórum, 2015. p. 155.

NEUMARK, Fritz. *Princípios de la imposcion*. Madri: Instituto de Estudios Fiscales, 1974.

NOVELINO, Marcelo. *Direito constitucional*. 3. ed. São Paulo: Método, 2009.

PRADO JR., Caio. *Formação do Brasil Contemporâneo*. São Paulo: Brasiliense, 1977.

ROCHA, Cármen Lúcia Antunes (Coord.). *Constituição e segurança jurídica*: direito adquirido, ato jurídico perfeito e coisa julgada. Belo Horizonte: Fórum, 2009.

SILVA, Almiro do Couto e. O princípio da segurança jurídica (proteção à confiança) no direito público brasileiro. *Revista de Direito Administrativo*, Rio de Janeiro, v. 237, p. 271-316, jul. 2004. ISSN 2238-5177. Disponível em: http://bibliotecadigital.fgv.br/ojs/index.php/rda/article/view/44376/44830. Acesso em: 16 ago. 2018. DOI: http://dx.doi.org/10.12660/rda.v237.2004.44376.

SILVA, José Afonso. *Aplicabilidade das normas constitucionais*. 8. ed. São Paulo: Malheiros, 2012.

TORRES, Heleno Taveira. A segurança jurídica do sistema de tributação. *Conjur*, 12 set. 2012. Disponível em: https://www.conjur.com.br/2012-set-12/consultor-tributario-seguranca-juridica-sistema-tributacao#_ftn1_4997.

TORRES, Heleno Taveira. *Direito constitucional tributário e segurança*: metódica da segurança do sistema constitucional tributário. São Paulo: Revista dos Tribunais, 2011.

TORRES, Heleno Taveira. Segurança jurídica em matéria tributária. *In*: MARTINS, Ives Gandra da Silva (Coord.). *Limitações ao poder impositivo e segurança jurídica*. São Paulo: RT, 2005. Pesquisas Tributárias. Nova Série. v. 11.

TORRES, Ricardo Lobo. *Tratado de direito constitucional financeiro e tributário*. Valores e princípios constitucionais tributários. Rio de Janeiro: Renovar, 2005. v. II.

Informação bibliográfica deste texto, conforme a NBR 6023:2018 da Associação Brasileira de Normas Técnicas (ABNT):

COÊLHO, Marcus Vinicius Furtado. A segurança jurídica e a proteção à confiança em matéria tributária. *In*: LEAL, Saul Tourinho; GREGÓRIO JÚNIOR, Eduardo Lourenço (Coord.). *A Constituição Cidadã e o Direito Tributário*: estudos em homenagem ao Ministro Carlos Ayres Britto. Belo Horizonte: Fórum, 2019. p. 347-360. ISBN 978-85-450-0678-7.

SEGURANÇA JURÍDICA E MODULAÇÃO DOS EFEITOS

PAULO DE BARROS CARVALHO

1   Palavras introdutórias

O procedimento de tomar o direito como fato da cultura, de reconhecer-lhe o caráter retórico e de compreendê-lo como produto efetivo de um tempo histórico marcado pela presença sensível de invariantes axiológicas está longe de ser mera tática aproximativa do estudioso para tentar compreender a textura do fenômeno jurídico. Ainda que, em certos momentos, a ordem normativa possa parecer mero conjunto de estratégias discursivas voltadas a regrar condutas interpessoais e, desse modo, concretizar o exercício do mando, firmando ideologias, tudo isso junto há de processar-se no âmbito de horizontes definidos, em que as palavras utilizadas pelo legislador, a despeito de sua larga amplitude semântica, ingressem numa combinatória previsível, calculável, mantida sob o controle das estruturas sociais dominantes. A possibilidade de estabelecer expectativas de comportamento e de torná-las efetivas ao longo do tempo impede que o direito assuma feição caótica e dá-lhe a condição de apresentar-se como sistema de proposições articuladas, pronto para realizar as diretrizes supremas que a sociedade idealiza.

Com efeito, os valores e sobrevalores que a Constituição proclama hão de ser partilhados entre os cidadãos, não como quimeras ou formas utópicas simplesmente desejadas e conservadas como relíquias na memória social, mas como algo pragmaticamente realizável, apto, a qualquer instante, a cumprir seu papel demarcatório, balizador, autêntica fronteira nos hemisférios da nossa cultura. A propósito, vale a afirmação peremptória de que o direito positivo, visto como um todo, na sua organização entitativa, nada mais almeja do que se preparar, se aparelhar, se preordenar para implantá-los.

Ora, a sociedade brasileira vive momentos de inquietação. A introdução de dois novos dispositivos de lei, no ano de 1999, respectivamente art. 27 da Lei nº 9.868/99 e art. 11 da Lei nº 9.882/99 deu a luz a novos debates sobre matérias de extrema relevância: *a modulação de efeitos em decisão de (in)constitucionalidade*. Hoje, nos tribunais superiores, admite-se em benefício do interesse público e em situação excepcional, isto é, nas hipóteses em que a declaração de nulidade, com seus normais efeitos *ex tunc*, resultaria em grave ameaça a todo o sistema legislativo vigente, atribuir efeito *pro futuro* à declaração incidental de inconstitucionalidade. A referida inovação conduziu nossas consciências, de maneira vertiginosa, ao questionamento de princípios fundamentais. Aquilo que há de mais caro para a dignidade de um sistema de direito positivo está sendo posto em tela de juízo, desafiando nosso espírito e estimulando nossas inteligências, ao reivindicar uma tomada de posição firme e contundente. Chegando-se a esse ponto, não cabem mais tergiversações e os expedientes retóricos somente serão admitidos para fundamentar a decisão de manter a segurança jurídica, garantindo a estabilidade das relações já reconhecidas pelo direito, ou de anunciar, em alto e bom som, que chegou o reino da incerteza, que o ordenamento vigente já não assegura, com seriedade, o teor de suas diretrizes, que as pomposas manifestações dos tribunais superiores devem ser recebidas com reservas, porque, a qualquer momento, podem ser revistas, desmanchando-se as orientações jurídicas até então vigentes, sem outras garantias para os jurisdicionados.

Trata-se de pura idealização pensar na possibilidade de funcionamento de um subsistema social qualquer sem a boa integração dos demais subsistemas que formam o tecido social pleno. Não cabe cogitar da implantação de um primoroso modelo econômico, por exemplo, sem a sustentação das estruturas políticas e jurídicas que com ele se implicam. As virtudes da Constituição de 1988, que são muitas, fizeram imaginar um Brasil avançado e democrático, em que os direitos e garantias dos cidadãos se multiplicariam em várias direções. Mas bastou a prática dos primeiros anos para nos fazer ver que as previsões da Carta Suprema não se concretizariam sem o suporte de um Judiciário digno de suas decisões.

O sistema jurídico brasileiro surgiu no âmago desse processo empírico, em que o direito aparece e comparece como autêntico produto da cultura, acumulando-se no seu historicismo para projetar o entusiasmo de uma sociedade que olha para o futuro e pretende vivê-lo com a consciência de suas conquistas e com a força do seu espírito.

Sua configuração jurídica reflete bem a complexidade das instituições básicas de um Estado igualmente complexo. Seria até ingenuidade supor que num sistema em que convivem pessoas dotadas de autonomia legislativa, financeira, administrativa e política, pudessem existir diretrizes simples e transparentes que, em conjugação elementar com outras providências, tivessem o condão de esquematizar uma organização operativa e eficiente.

O sistema que temos foi forjado na prática das nossas instituições, nasceu e cresceu entre as alternâncias de uma história política agitada, irrequieta, no meio de incertezas econômicas internas e externas. Sua fisionomia é a do Brasil dos nossos tempos, com suas dificuldades, suas limitações, mas também com suas grandezas e, para que não dizer, com a surpreendente vitalidade de um país jovem, que marca, incisivamente, sua presença no concerto das nações.

Tenho para mim que tais lembranças devem ser consignadas, no momento mesmo em que entra em jogo a própria manutenção da integridade sistêmica do Estado brasileiro. Vivemos o processo de uma decisão significativa e importante. E a melhor contribuição que o jurista poderia oferecer está na manifestação axiologicamente neutra (na medida do possível) a respeito do quanto percebe existir no trato com o real. Se a pretensão é alterar, efetivamente, a modulação dos efeitos das decisões em controle de (in)constitucionalidade, assunto delicado que pode abalar em seus fundamentos a organização jurídica nacional, requer-se domínio técnico e conhecimento especializado sobre a matéria.

Eis um ponto de real interesse, que envolve diretamente o bom funcionamento das instituições, garantindo, no domínio do direito tributário, o contribuinte e o próprio Estado-Administração contra excessos que a Carta Magna esteve longe de conceber e de autorizar. Por que não aproveitarmos o ensejo para estabelecer os limites que estão faltando? Por que não emendarmos a Constituição em trechos como esse, atendendo às reivindicações dos especialistas, para aperfeiçoar um sistema que vem sendo construído como a projeção do sentimento histórico da sociedade brasileira?

2 Núcleo semântico do sobreprincípio da segurança jurídica

Vivemos um tempo histórico de grandes questionamentos constitucionais, sobretudo em matéria tributária. As raízes do nosso sistema, cravadas no Texto Supremo, fazem com que a atenção dos estudiosos seja convocada para o inevitável debate sobre o conteúdo de princípios fundamentais, conduzindo os feitos à apreciação do Supremo Tribunal Federal. Fica até difícil imaginar assunto tributário que possa ser inteiramente resolvido em escalões inferiores, passando à margem das diretrizes axiológicas ou dos limites objetivos estabelecidos na Carta Magna. Por sem dúvida que tal consideração eleva, desde logo, esse ramo do direito público, outorgando-lhe *status* de grande categoria, pois discutir temas de direito tributário passa a significar, em última análise, resolver tópicos da mais alta indagação jurídica, social, política e econômica.

Por outro lado, a estabilidade das relações jurídicas tributárias, diante das manifestações da nossa mais alta corte de justiça, torna-se assunto sobremaneira delicado, requerendo atenção especialíssima do intérprete, porquanto está em jogo o sobreprincípio da segurança jurídica.

Entre as grandes diretrizes que formam o estrato axiológico das normas tributárias no Brasil, algumas se apresentam como conteúdos de enunciados expressos, enquanto outras se encontram na implicitude dos textos do direito posto. Todas, porém, com a mesma força vinculante. A circunstância de figurarem no texto, ou no contexto, não modifica o teor de prescritividade da estimativa, que funciona como vetor valorativo que penetra as demais regras do sistema, impregnando-lhes, fortemente, a dimensão semântica. Por isso mesmo são colocadas no altiplano da Constituição. De lá, precisamente onde começam todos os processos de positivação das normas jurídicas, descem aqueles primados para os vários escalões da ordem legislada, até atingir as regras terminais do sistema, timbrando os preceitos que ferem diretamente as condutas em interferência intersubjetiva, com a força axiológica dos mandamentos constitucionalmente consagrados.

O princípio da certeza do direito traduz as pretensões do primado da segurança jurídica no momento em que, de um lado, (i) exige do enunciado normativo a especificação do fato e da conduta regrada, bem como, de outro, (ii) requer previsibilidade do conteúdo da coatividade normativa. Ambos apontam para a certeza da mensagem jurídica, permitindo a compreensão do conteúdo, nos planos concretos e abstratos. Pensamos que esse segundo significado (ii) quadra melhor no âmbito do princípio da segurança jurídica.

Mas, ao lado da certeza, em qualquer das duas dimensões de significado, outros valores constitucionais, explícitos e implícitos, operam para concretizar o sobrevalor da *segurança jurídica*. Diremos que em dado sistema existe este sobreprincípio, pairando sobre a relação entre Fisco e contribuinte, sempre que nos depararmos com um feixe de estimativas, integradas para garantir o desempenho da atividade jurídico-tributária pelo Estado-Administração.

Não temos notícia de que algum ordenamento a contenha como regra explícita. Efetiva-se pela atuação de outros princípios, como o da legalidade, da anterioridade, da igualdade, da irretroatividade, da universalidade da jurisdição etc. Isso, contudo, em termos de concepção estática, de análise das normas, de avaliação de um sistema normativo sem considerarmos suas projeções sobre o meio social. Se nos detivermos em um direito positivo, historicamente dado, e isolarmos o conjunto de suas normas (tanto as somente válidas, como também as vigentes), indagando dos teores de sua racionalidade; do nível de congruência e harmonia que as proposições apresentam; dos vínculos de coordenação e de subordinação que armam os vários patamares da ordem posta; da rede de relações sintáticas e semânticas que respondem pela tessitura do todo; então será possível emitirmos um juízo de realidade que conclua pela existência do primado de segurança, justamente porque neste ordenamento empírico estão cravados aqueles valores que operam para realizá-lo. Se a esse tipo de verificação circunscrevemos nosso interesse pelo sistema, mesmo que não identifiquemos a primazia daquela diretriz, não será difícil implantá-la. Bastaria instituir os valores que lhe servem de suporte, os princípios que, conjugados, formariam os fundamentos a partir dos quais se levanta. Assim, vista por esse ângulo, será difícil encontrarmos uma ordem jurídico-normativa que não ostente o princípio da segurança. E, se o setor especulativo é o do direito tributário, praticamente todos os países do mundo ocidental, ao reconhecerem aqueles vetores que se articulam axiologicamente, proclamam, na sua implicitude, essa diretriz suprema.

Apesar de tudo o que se disse, o direito existe para cumprir o fim específico de regrar os comportamentos humanos nas suas relações de interpessoalidade, implantando os valores que a sociedade almeja alcançar. As normas gerais e abstratas, principalmente as contidas na Lei Fundamental, exercem um papel relevantíssimo, pois são o fundamento de validade de todas as demais e indicam os rumos e os caminhos que as regras inferiores haverão de seguir. Porém, é nas normas individuais e concretas que o direito se efetiva, se concretiza, se mostra como realidade normada, produto final do intenso e penoso trabalho de positivação. Daí porque não basta o trabalho preliminar de conhecer a feição estática do ordenamento positivo. Torna-se imperioso pesquisarmos o lado pragmático da linguagem normativa, para saber se os utentes desses signos os estão empregando com os efeitos que a visão estática sugere. De nada adiantam direitos e garantias individuais, placidamente inscritos na Lei

Maior, se os órgãos a quem compete efetivá-los não o fizerem com a dimensão que o bom uso jurídico requer. Agora, já na pragmática da comunicação jurídica, se é fácil perceber e comprovar os "limites objetivos", outro tanto não se dá com os valores. Este é o caso do sobreprincípio da *segurança jurídica*.

Não é preciso dizer mais. Convencionou-se que tal valor é implementado, basicamente, a igualdade, a legalidade e a legalidade estrita, a universalidade da jurisdição, a vedação do emprego do tributo com efeitos confiscatórios, a irretroatividade e a anterioridade, ao lado do princípio que consagra o direito à ampla defesa e ao devido processo legal, todos, em verdade, limites objetivos realizadores do valor da segurança jurídica.

Experimentemos associar à *segurança jurídica* o limite objetivo da anterioridade. Com base neste preceito de direito tributário, se o tributo foi introduzido por ato infralegal, o que se prova com facilidade, ficaremos seguros em dizer que o princípio foi violado. Fique bem claro que o tributo cuja norma foi publicada em determinado exercício somente poderá incidir sobre fatos que vierem a ocorrer no ano seguinte, dando margem para que os destinatários planejem suas atividades econômicas, já cientes do custo representado pelo novo encargo. É limite objetivo que opera, decisivamente, para a realização do sobreprincípio da segurança jurídica. Seu sentido experimenta inevitável acomodação neste primado, vetor axiológico do princípio da anterioridade, de modo que o contribuinte não seja surpreendido com exigência tributária inesperada.

Da mesma forma se dá com o princípio da legalidade, limite objetivo que se presta, simultaneamente, para oferecer segurança jurídica aos cidadãos, na certeza de que não serão compelidos a praticar ações diversas daquelas prescritas por representantes legislativos, e para assegurar observância ao primado constitucional da tripartição dos poderes. O princípio da legalidade compele o intérprete, como é o caso dos julgadores, a procurar frases prescritivas, única e exclusivamente, entre as introduzidas no ordenamento positivo por via de lei ou de diploma que tenha o mesmo *status*. Se do consequente da regra advier obrigação de dar, fazer ou não fazer alguma coisa, sua construção reivindicará a seleção de enunciados colhidos apenas e tão somente no plano legal.

E assim também o é com o princípio da irretroatividade das leis. Renovo, neste momento, a posição segundo a qual, abaixo da justiça, o ideal maior do direito é a segurança jurídica, sobreprincípio que se irradia por todo o ordenamento e tem sua concretização viabilizada por meio de outros princípios, tal como o da irretroatividade das leis. Com ela não se compatibiliza dispositivo que, além de determinar ao Judiciário que este modifique orientação pacificada, pretende ser aplicado retroativamente. Eis que o tema pede maiores reflexões.

3   O primado da segurança jurídica no tempo

As leis não podem retroagir, alcançando o direito adquirido, o ato jurídico perfeito e a coisa julgada. É o comando do art. 5º, XXXVI, da Constituição de 1988. Nesse princípio, que vem impregnado de grande força, podemos sentir com luminosa clareza seu vetor imediato, qual seja a realização do primado da segurança jurídica. Qualquer agressão a essa sentença constitucional representará, ao mesmo tempo, uma investida à estabilidade dos súditos e um ataque direto ao bem da certeza do direito.

Contudo, entre um conceito e outro utilizados para definir o princípio da irretroatividade, não há por que confundir a *certeza do direito* naquela acepção de índole sintática, com o cânone da *segurança jurídica*. Aquele é atributo essencial, sem o que não se produz enunciado normativo com *sentido deôntico*; este último é decorrência de fatores sistêmicos que utilizam o primeiro de modo racional e objetivo, mas dirigido à implantação de um valor específico, qual seja o de coordenar o fluxo das interações inter-humanas, no sentido de propagar no seio da comunidade social o sentimento de previsibilidade quanto aos efeitos jurídicos da regulação da conduta. Tal sentimento tranquiliza os cidadãos, abrindo espaço para o planejamento de ações futuras, cuja disciplina jurídica conhecem, confiantes que estão no modo pelo qual a aplicação das normas do direito se realiza. Concomitantemente, a certeza do tratamento normativo dos fatos já consumados, dos direitos adquiridos e da força da coisa julgada, lhes dá a garantia do passado. Essa bidirecionalidade *passado/futuro* é fundamental para que se estabeleça o clima de segurança das relações jurídicas, motivo por que dissemos que *o princípio depende de fatores sistêmicos*. Quanto ao passado, exige-se um único postulado: o da irretroatividade. No que aponta para o futuro, entretanto, muitos são os expedientes principiológicos necessários para que se possa falar na efetividade do primado da segurança jurídica. Desnecessário encarecer que a segurança das relações jurídicas é indissociável do valor *justiça*, e sua realização concreta se traduz numa conquista paulatinamente perseguida pelos povos cultos.

Observado sob o ponto de vista do passado, o simples vedar que a lei não prejudique o direito adquirido, o ato jurídico perfeito e a coisa julgada seria o bastante para obstar qualquer incursão do legislador dos tributos pelo segmento dos fatos sociais que, por se terem constituído cronologicamente antes da edição legal, ficariam a salvo de novas obrigações. Qual o motivo do zelo constitucional? Sabemos que o legislador das normas gerais e abstratas, a começar por aquelas fundantes da ordem jurídica, comete seus desassisos, seja pela ausência de regras disciplinadoras – anomia –, seja pela ponência de normas contrárias e contraditórias, seja ainda pela impressão, juridicamente falsa, mas aparentemente útil, de que prescrevendo a mesma coisa duas ou mais vezes outorgará a eficácia que a regra não logrou alcançar na formulação singular. Se em termos dogmáticos representa um ledo engano, nada modificando no panorama concreto da regulação das condutas, pelo ângulo histórico ou sociológico encontra-se a explicação do fato.

Com efeito, o enunciado normativo que protege o direito adquirido, o ato jurídico perfeito e a coisa julgada, conhecido como *princípio da irretroatividade das leis*, não vinha sendo, é bom que se reconheça, impedimento suficientemente forte para obstar certas iniciativas de entidades tributantes, em especial a União, no sentido de atingir fatos passados, já consumados no tempo, debaixo de plexos normativos segundo os quais os administrados orientaram a direção de seus negócios. Isso marcou decisivamente o meio jurídico e, na primeira oportunidade, que ocorreu com a instalação da Assembleia Nacional Constituinte, fez empenho em consignar outra prescrição explícita, dirigida rigorosamente para o território das pretensões tributárias, surgindo, então, o princípio de que falamos.

Por outro lado, como expressão do imperativo da segurança do direito, as normas jurídicas voltam-se para a frente, para o porvir, para o futuro, obviamente depois de oferecido ao conhecimento dos administrados seu inteiro teor, o que se dá pela publicação do texto legal. Na linha de realização desse valor supremo, da mesma forma está o enunciado do inc. XXXVI do art. 5º da Carta Magna. Fere a consciência jurídica das nações civilizadas a ideia de que a lei possa colher fatos pretéritos, já consolidados e cujos efeitos se canalizaram regularmente em consonância com as diretrizes da ordem institucional.

4 Aplicação prospectiva de conteúdos decisórios e a modulação dos efeitos de decisões jurisdicionais

O direito é senhor do tempo, frase difundida nos textos mais conhecidos de filosofia e de teoria geral. Seja para estipular, reduzir ou ampliar a eficácia da disciplina dos comportamentos intersubjetivos, o legislador, no seu sentido mais amplo (o do Poder Legislativo, o do Judiciário, o do Executivo ou o do setor privado), isto é, todo aquele que, investido de competência pela ordem jurídica em vigor, tem a prerrogativa de fazer inserir normas no sistema, tanto as gerais e abstratas, como as individuais e concretas ou as individuais e abstratas (o legislador, repita-se), está devidamente credenciado a manipular o *tempo* tendo em vista a configuração dos projetos regulatórios que bem lhe aprouver.

Alarga o intervalo temporal que ele mesmo estabelece quando prescreve, como no caso da decadência tributária, que o prazo é de 5 (cinco) anos, por exemplo, mas que o termo inicial de contagem é o primeiro dia do exercício seguinte àquele em que a Fazenda poderia ter celebrado o ato de lançamento. Pode reduzi-lo, assim como opera com o prazo de prescrição (também de cinco anos), fixando o termo inicial, contudo, para a data em que o contribuinte tiver ciência da pretensão tributária, conquanto a Fazenda não tenha ainda manifestado inércia como titular do direito de ação, ao menos no que diz respeito aos primeiros trinta dias do ato notificatório. Em outros casos, faz retroagir a norma aplicável, para atender a motivos que julga satisfazer os ideais de justiça. O presidente da República, mediante decreto, instaura o "horário de verão", mexendo nos ponteiros do relógio, para adiantá-los por uma hora. Os particulares, no domínio de suas possibilidades jurídico-contratuais, dispõem como bem lhes parece acerca do tempo das prestações firmadas. E o Poder Judiciário, dizendo o direito aos casos concretos, institui o lapso temporal que melhor consultar à realização do que entende por justo. É nesse sentido que se diz, metaforicamente, que *o direito é senhor do tempo*.

Demoremo-nos um pouco no tópico da modulação de efeitos. Tratando-se de controle concentrado, em ações objetivas de inconstitucionalidade, como princípio geral, declarava-se a nulidade da norma, revogando o enunciado em termos retrospectivos, isto é, *ipser juri ab initio*, o que significa atribuir efeitos *ex tunc* ao ato decisório. Estabelecido, porém, que a declaração de inconstitucionalidade pode dar-se a qualquer tempo, ou seja, o direito de ação não preclui, passou-se a observar que a aplicação da pena de nulidade, como regra, prejudicaria não somente a certeza do direito, mas também e principalmente o próprio direito, enquanto sistema prescritivo de condutas, uma vez que toda norma goza da presunção de constitucionalidade até ser expulsa do sistema. A providência ensejaria clima de instabilidade, depreciando o sentimento de certeza das mensagens normativas, um dos pilares de sustentação da ordem jurídico-positiva.

Foi na extensão desta medida, para atender a situações peculiares e excepcionais, que a anulabilidade de norma inconstitucional com a modulação de seus efeitos surgiu como importante instrumento para salvaguardar o princípio da supremacia da Constituição e outros valores fundamentais como o primado da segurança jurídica.

Nesse contexto, foram promulgadas em 1999 duas leis ordinárias – a Lei nº 9.868/99 e a Lei nº 9.882/99 –, anunciando, entre seus preceitos, dois dispositivos da maior relevância, que inovaram o tema da modulação dos efeitos no ordenamento jurídico brasileiro. Vejamos:

> Art. 27. Ao declarar a inconstitucionalidade de lei ou ato normativo, *e tendo em vista razões de segurança jurídica ou de excepcional interesse social*, poderá, o Supremo Tribunal Federal, por maioria de dois terços de seus membros, restringir os efeitos daquela declaração ou decidir que ela só tenha eficácia a partir de seu trânsito em julgado *ou de outro momento que venha a ser fixado*. (Lei nº 9.868/99) (Grifos nossos)

> Art. 11. Ao declarar a inconstitucionalidade de lei ou ato normativo, no processo de argüição de descumprimento de preceito fundamental, *e tendo em vista razões de segurança jurídica ou de excepcional interesse social*, poderá o Supremo Tribunal Federal, por maioria de dois terços de seus membros, restringir os efeitos daquela declaração ou decidir que ela só tenha eficácia a partir de seu trânsito em julgado *ou de outro momento que venha a ser fixado*. (Lei nº 9.882/99) (Grifos nossos)

Diante dos textos de lei acima referidos, a Suprema Corte passou a decidir sobre os efeitos da declaração de inconstitucionalidade segundo dois critérios subjetivos: (i) a segurança jurídica e (ii) o excepcional interesse social, buscando, dessa maneira, temperar os efeitos negativos da modificação de situações jurídicas já consolidadas no âmbito social. Isso nos permite enunciar a proposição pela qual foi sobre o fundamento desses diplomas normativos e na linha do que proclama o art. 102 da Constituição da República – atributivo ao STF, da *guarda da Constituição* – que o Colendo Superior Tribunal encontrou os supedâneos que lhe permitem restringir os efeitos da declaração de inconstitucionalidade, consoante seus próprios critérios decisórios, operando sempre em nome do elevado princípio da segurança jurídica e do excepcional interesse social. O asserto pode ser confirmado nos julgados que abaixo coligimos:

> RECURSO EXTRAORDINÁRIO. MUNICÍPIOS. CÂMARA DE VEREADORES. COM-POSIÇÃO. AUTONOMIA MUNICIPAL. LIMITES CONSTITUCIONAIS. NÚMERO DE VEREADORES PROPORCIONAL À POPULAÇÃO. CF, ARTIGO 29, IV. APLICAÇÃO DE

CRITÉRIO ARITMÉTICO RÍGIDO. INVOCAÇÃO DOS PRINCÍPIOS DA ISONOMIA E DA RAZOABILIDADE. INCOMPATIBILIDADE ENTRE S POPULAÇÃO E O NÚMERO DE VEREADORES. INCONSTITUCIONALIDADE INCIDENTER TANTUM DA NORMA MUNICIPAL. EFEITOS PARA O FUTURO. SITUAÇÃO EXCEPCIONAL. [...]

7. Efeitos. *Princípio da segurança jurídica. Situação excepcional em que a declaração de nulidade, com seus normais efeitos ex tunc, resultaria em grave ameaça a todo o sistema legislativo vigente. Prevalência do interesse público para assegurar, em caráter de exceção, efeitos pro futuro à declaração incidental de inconstitucionalidade.* Recurso extraordinário conhecido e, em parte, provido.[1] (Grifos nossos)

A Constituição de 1988 instituiu o concurso público como forma de acesso aos cargos públicos. CF, art. 37, II. Pedido de desconstituição de ato administrativo que deferiu, mediante concurso interno, a progressão de servidores públicos. Acontece que, à época dos fatos – 1987 a 1992 –, o entendimento a respeito do tema não era pacífico, certo que, apenas em 17/02/1993, é que o Supremo Tribunal Federal suspendeu, com efeito ex nunc, a eficácia do art. 8º, III, art. 10, parágrafo único; art. 13, § 4º; art. 17 e art. 33, IV, da Lei 8.112, de 1990, dispositivos esses que foram declarados inconstitucionais em 27-08-1998: ADI 837 DF, relator o Ministro Moreira Alves, DJ de 25-6-1999. *O princípio da boa fé e da segurança jurídica autorizam a adoção do efeito ex nunc para a decisão que decreta a inconstitucionalidade.* Ademais, os prejuízos que adviriam para a Administração seriam maiores que eventuais vantagens do desfazimento dos atos administrativos.[2] (Grifos nossos)

Consoante se vê nos exemplos acima, que ilustram o posicionamento do Supremo Tribunal Federal, a introdução dos supramencionados dispositivos, em 1999, atribuiu àquela Corte competência para conceder pena de anulabilidade às decisões que declaram inconstitucional determinada norma, possibilitando a estipulação de efeitos *ex nunc* e *pro futuro*, a fim de resguardar as relações jurídicas que se firmarem sob o manto da norma posteriormente tida por inconstitucional. Lembremos: tudo em homenagem ao princípio da segurança jurídica e ao excepcional interesse social.

O Ministro Leitão de Abreu, em acórdão de que foi relator, em maio de 1977, já inscrevia palavras que se acomodam bem ao assunto que faz aqui nossos cuidados. Asseverou:

A tutela da boa fé exige que, em determinadas circunstâncias, notadamente quando, sob a lei declarada inconstitucional, se estabeleceram relações entre o particular e o poder público, se apure, prudencialmente, até que ponto a retroatividade da decisão, que decreta a inconstitucionalidade, pode atingir, prejudicando-o, o agente que teve por legítimo o ato e, fundado nele, operou na presunção de que estava procedendo sob o amparo do direito objetivo.

É invocando os mesmos critérios subjetivos – segurança jurídica e excepcional interesse social – que se pretende proteger, hoje, as relações jurídicas formuladas em vista do ordenamento tributário vigente, resguardando-se todas as situações jurídicas

---

[1] STF, Pleno. RE nº 273.844/SP. Rel. Min. Maurício Correa. *DJ*, 21 maio 2004. p. 34.
[2] STF. RE nº 442.683. Rel. Min. Carlos Velloso, j. 13.12.05. *DJ*, 24 abr. 2006.

já firmadas pelos contribuintes que, de boa-fé, acreditaram naquilo que já dispunha a lei e, com base nela, consolidaram suas relações de direito. Ora, de ver está que não seria justo surpreender aqueles jurisdicionados que seguiram as diretrizes vigentes ao tempo da lei, agravado pelas sanções da ilicitude, precisamente quando da mudança de entendimento jurisprudencial, pela nova orientação deste Egrégio Tribunal.

5 Retroatividade como desvalor perante a estrutura do sistema jurídico brasileiro

Nosso ordenamento positivo rejeita com força e veemência que as normas jurídicas retroajam para atingir situações consolidadas no tempo. As exceções são pouquíssimas e literalmente consignadas. Certo que as disposições fazem referência ao direito posto pelo Poder Legislativo, pelas leis complementares, delegadas, ordinárias, medidas provisórias, decretos legislativos e resoluções. Todavia, esses são instrumentos introdutores de normas emanados por aquele poder da República. A rejeição é a mesma quando se tratar de normas postas por decretos do chefe do Executivo, por instruções ministeriais, por portarias etc., unidades normativas exaradas pelo Poder Administrativo. E, da mesma forma, aplica-se ao Poder Judiciário, foco ejetor de normas preponderantemente individuais e concretas, se bem que haja muitas individuais e abstratas (servidão de passagem, por exemplo) e até gerais e abstratas (como os regimentos, votados e aprovados pelos ministros que compõem a Corte). Quando o assunto gira em torno de normas jurídicas, nosso pensamento se projeta, desde logo, para o Legislativo, mas é um equívoco pensar que os demais poderes não editem regras jurídicas (aqui empregada a expressão como equivalente nominal de normas).

Disse-o com muita propriedade o Professor Cândido Rangel Dinamarco, traçando o paralelo entre a retroatividade legislativa e a judiciária:

> Para elas (empresas) o impacto de uma tal mudança jurisprudencial seria em tudo e por tudo equivalente ao impacto que sobre suas respectivas esferas de direitos produziria uma alteração legislativa. [...]
>
> Qual diferença haveria entre a retroatividade dessa mudança jurisprudencial e a lei nova? [...]
>
> Mas, como me parece que ficou bastante claro, o que aqui repudio é outra coisa, a saber: a abrupta imposição de uma nova jurisprudência, em um tema de tanta repercussão na vida e higidez das empresas, sem levar em conta todas aquelas situações criadas e consumadas diante da expectativa criada pelo próprio Poder Judiciário.
>
> Ora, em si mesmo o expresso veto constitucional à retroatividade *das leis* (Constituição, art. 5º, inc. XXXVI) comporta fácil extensão analógica capaz de produzir sua imposição à *jurisprudência* nova, que não deverá atingir situações pretéritas, já consumadas sob a égide da antiga.[3]

---

[3] DINAMARCO, Cândido Rangel. Mutações jurisprudenciais e as expectativas dos jurisdicionados. A garantia constitucional de acesso à justiça e a irrelevância da inexistência de instrumentos processuais específicos. *In*: CARVALHO, Paulo de Barros *et al*. *Crédito-Prêmio de IPI* – Estudos e Pareceres III. São Paulo: Manole, 2005. p. 102.

A verdade é que não há disciplina expressa sobre a vedação do uso retroativo da jurisprudência, no que concerne ao controle difuso de constitucionalidade. A construção vem nascendo e se ampliando com supedâneo na própria experiência jurídica do dia a dia. Mesmo antes da vigência da Lei nº 9.868/99, o Ministro Gilmar Ferreira Mendes já se manifestava favoravelmente ao que veio representar o conteúdo do art. 27 daquele estatuto. E, como fez anotar o Professor Cândido Rangel Dinamarco, naquele mesmo trabalho: "Uma pesquisa revela que ao menos dez entre os onze Ministros da Corte já se manifestaram nesse sentido, o que mostra que a tese não é sequer tão inovadora quanto à primeira vista me pareceu [...]".

De fato, a modulação dos efeitos em benefício da segurança jurídica já é tema conhecido da Suprema Corte que, apreciando matéria referente à fidelidade partidária, manifestou-se de forma peremptória pela possibilidade de concessão de efeitos *ex nunc* diante de hipótese de mudança substancial da jurisprudência assentada sobre o assunto. Eis um fragmento:

> Diante da mudança substancial da jurisprudência da Corte acerca do tema, que vinha sendo no sentido da inaplicabilidade do princípio da fidelidade partidária aos parlamentares empossados, e atento ao princípio da segurança jurídica, reputou-se necessário estabelecer um marco temporal a delimitar o início da eficácia do pronunciamento da matéria em exame.[4]

Com efeito, as turmas estão vinculadas à declaração de constitucionalidade do plenário a partir de sua publicação, consoante os termos há muito assentados neste C. Tribunal:

> I – *Controle incidente de Constitucionalidade: vínculo das turmas do STF à precedente declaração plenária da constitucionalidade ou inconstitucionalidade de lei ou ato normativo, salvo proposta de revisão de qualquer dos Ministros* (RISTF, arts. 101 e 103).
> II – Contribuição social sobre o lucro: L 7.689/88: constitucionalidade, com exceção do art. 8º, declarada pelo plenário (RREE 146.733, M. Alves, e 138.284, Velloso), que é de aplicar-se ao caso, à falta de novos argumentos de relevo.[5] (Grifos nossos)

É em vista de todo o exposto que entendo cumprirem papel de grande relevância no subdomínio das significações dos enunciados as sentenças prescritivas implícitas, compostas, por derivação lógica, de formulações expressas do direito positivo, em que se encontram tanto o magno princípio da *segurança jurídica* quanto o limite objetivo da *irretroatividade*. E é justamente mediante estes valores que o direito adquire a possibilidade de estabelecer expectativas de comportamento e de torná-las efetivas ao longo do tempo, impedindo-se com isso que o próprio ordenamento jurídico assuma feição caótica. Com alicerce nestes primados, o direito ganha a condição de apresentar-se como sistema de proposições articuladas, pronto para realizar as diretrizes

---

[4] STF. MS nº 26.602. Rel. Min. Eros Grau; MS nº 26.603. Rel. Min. Celso de Mello; MS nº 26.604. Rel. Min. Cármen Lúcia, j. 4.10.2007. Informativo 482.
[5] STF, 1ª Turma. AgRgAI nº 160.174-5. Rel. Min. Sepúlveda Pertence. *DJ*, 17 fev. 1995.

supremas que a sociedade idealiza. Com base nestes ideais que a Carta Magna do Estado brasileiro, em seus arts. 5º, XXXVI, e 150, III, "a" da CF/88, constrói e autentica o sentimento de previsibilidade quanto aos efeitos jurídicos da regulação da conduta.

A jurisprudência, como se viu, ao seu jeito, vai construindo o sentido que lhe parece ser o mais justo, refletindo a inconstância dos relacionamentos sociais, enquanto a doutrina acompanha esse processo de configuração, procurando encontrar o perfil de uma outorga de competência que o legislador constituinte não adscreveu de maneira expressa. Enquanto doutrinador, renovo a posição segundo a qual, abaixo da justiça, o ideal maior do direito é a segurança jurídica, sobreprincípio que se irradia por todo o ordenamento e tem sua concretização viabilizada por meio de outros princípios, tal como o da irretroatividade das leis. Com ela não se compatibiliza dispositivo que, além de determinar ao Judiciário que este modifique orientação pacificada, pretende ser aplicado retroativamente. Qualquer violação a essas diretrizes supremas compromete, irremediavelmente, a realização do princípio implícito da certeza, como previsibilidade, e, ainda, o grande postulado, também inexpresso, da segurança jurídica.

6 Conclusões

O direito é senhor do tempo. Controla a bidirecionalidade *passado/futuro* das relações jurídicas que ele mesmo prescreve, fundando o clima de segurança que o sistema exige de si mesmo como condição para a sua própria existência, motivo por que dissemos que o *sobreprincípio da segurança jurídica depende de fatores sistêmicos.* A irretroatividade é o primado que se ocupa do passado; enquanto que, para o futuro, muitos são os expedientes principiológicos necessários para que se possa falar na efetividade do primado da segurança jurídica.

A modulação dos efeitos em benefício da segurança jurídica é tema conhecido pela Suprema Corte que se manifestara, já em 1977, pela possibilidade de concessão de efeitos *ex nunc* diante de hipótese de mudança substancial da jurisprudência assentada sobre o assunto. Ora, de ver está, não seria justo surpreender aqueles jurisdicionados que seguiram as diretrizes vigentes ao tempo da lei, agravado pelas sanções da ilicitude, precisamente quando da mudança de entendimento jurisprudencial, pela nova orientação deste Egrégio Tribunal.

De fato, não há disciplina expressa sobre a vedação do uso retroativo da jurisprudência, no que concerne ao controle difuso de constitucionalidade. No entanto, em vista das sentenças prescritivas implícitas, compostas, por derivação lógica, de formulações expressas do direito positivo, em que se encontram tanto o magno princípio da *segurança jurídica* quanto o limite objetivo da *irretroatividade,* o direito adquire a possibilidade de estabelecer expectativas de comportamento e de torná-las efetivas ao longo do tempo, impedindo-se com isso que o próprio ordenamento jurídico assuma feição caótica.

Informação bibliográfica deste texto, conforme a NBR 6023:2018 da Associação Brasileira de Normas Técnicas (ABNT):

CARVALHO, Paulo de Barros. Segurança jurídica e modulação dos efeitos. *In*: LEAL, Saul Tourinho; GREGÓRIO JÚNIOR, Eduardo Lourenço (Coord.). *A Constituição Cidadã e o Direito Tributário*: estudos em homenagem ao Ministro Carlos Ayres Britto. Belo Horizonte: Fórum, 2019. p. 361-373. ISBN 978-85-450-0678-7.

OS DIREITOS FUNDAMENTAIS DOS CONTRIBUINTES NA ERA DA TROCA INTERNACIONAL DE INFORMAÇÕES TRIBUTÁRIAS

REBECA DRUMMOND DE ANDRADE MÜLLER E SANTOS

A terra era a matéria prima da era agrícola.
O ferro era a matéria prima da era industrial.
Dados são a matéria-prima da era da informação
(Alec Ross)[1]

1 Introdução

O momento atual é de inovação disruptiva. A Quarta Revolução Industrial, ou "Indústria 4.0",[2] traça as linhas iniciais do cenário das fábricas do futuro, movidas por novas experiências e, sobretudo, pela tecnologia. A forma de se fazer negócios, as relações entre empresa e consumidor; tudo começa a se amoldar a uma nova mudança de paradigma e ao fato de que, hoje, o mundo abraça a economia digital.

Não só o mercado é forçado a se adaptar, mas também o direito e todo o conjunto normativo por ele abarcado. O campo tributário não poderia estar de fora. Se, antes, havia entrave sobre o local em que a tributação era devida, tendo por base estabelecimentos físicos, agora o debate envolve estabelecimentos digitais. Isso sem mencionar os debates acerca da caracterização, ou não, de transferência de tecnologia, da prestação de serviço ou do enquadramento como mercadoria. São inúmeras as situações com as quais Estado e contribuinte se depararam e agora passam a buscar a fórmula ideal para solucioná-las.

Dentro desse espectro, os dados (ou *big data*) se tornaram ativo de inestimável valia, cujo manejo é disputado não só por agentes privados, mas também por aqueles

---

[1] ROSS, Alec. *The industries of the future*. Nova York: Simon & Schuster Paperbacks, 2016.
[2] Klaus Schwab introduz a alcunhada "Indústria 4.0" e os desdobramentos e impactos que a tecnologia acarretará no mercado de trabalho e no setor econômico. Cf. em SCHWAB, Klaus. *A quarta revolução industrial*. Tradução de Daniel Moreira Miranda. São Paulo: Edipro, 2016.

a serviço do Estado, no que as palavras de Alec Ross nunca fizeram tanto sentido. É nesse ambiente que a troca de informações dos contribuintes emerge com grande poder.

De um lado, no contexto internacional, a necessidade de garantir a tributação da renda em bases universais no local em que gerada a riqueza, ou, em outras palavras, o combate à evasão fiscal e ao planejamento tributário agressivo. Do outro, a urgência pela cooperação multilateral, o aprimoramento de instrumentos para ajuda mútua entre os fiscos ao redor do globo e, entre tantos outros, o nascimento de uma consistente ferramenta em prol da transparência: a troca de informações tributárias dos contribuintes, inclusive na sua forma automática.

O presente artigo busca, ao levar em consideração os instrumentos internacionais, contribuir com o debate acerca dos direitos fundamentais dos contribuintes na troca de informações tributárias entre países, sem deixar de reconhecer que o instituto (da troca automática de informações) seja uma iniciativa louvável e que caminha no sentido do futuro. E isso porque o uso indevido da informação pode desmoronar não só a atividade empresarial, como também arruinar a reputação de um indivíduo, no que, nas sempre brilhantes palavras do Professor Carlos Ayres Britto, "freios de arrumação" se mostram necessários.

Para tanto, pretende-se, primeiro, contextualizar a evolução histórica da troca de informações tributárias, passando, então, para os instrumentos por meio dos quais ela ocorre e é viabilizada. Após, volta-se à incursão pelos direitos fundamentais, notadamente aqueles protegidos pela Constituição Federal. Por fim, a interseção entre o instituto da troca de informações e os direitos fundamentais, demonstrando as garantias mínimas que, inseridas no contexto do Estado Democrático de Direito, devem ser observadas.

2 A troca internacional de informações tributárias

2.1 Um panorama do desenvolvimento da troca de informações

Por suas dimensões parecerem tão interligadas à quebra de paradigma baseada na tecnologia e na manipulação de *big data*, a troca de informações nos remete a uma ideia tão recente quanto a chamada inovação disruptiva. Contudo, o intercâmbio de informações e a necessidade de mais transparência fiscal internacional têm suas raízes fincadas no passado.

E a história dá a sua contribuição. Na verdade, se tem notícias da possibilidade de troca de informações entre diferentes jurisdições desde 1843, com a previsão inserida no tratado contra a dupla tributação celebrado entre Bélgica e França.[3] Os trabalhos desenvolvidos a partir de 1927 pela Liga das Nações, com o objetivo de criar um modelo de tratado, também contemplaram a obrigação de troca de informações.

Posteriormente, a Convenção Modelo da Organização para a Cooperação e Desenvolvimento Econômico (OCDE) de 1963 contra a dupla tributação (*Double*

---

[3] OBERSON, Xavier. *International Exchange of information in tax matters*: towards global transparency. UK: Elgar, 2015. p. 4.

Taxation Convention – DTC) previu a troca de informações mediante a solicitação do país signatário, a teor do que prevê a cláusula 26. Xavier Oberson, professor da Universidade de Genebra, nos lembra que alguns países como a Suíça, àquele tempo, adotavam uma forma minimalista de troca de informações daqueles residentes em seu território, restringindo-as às estritamente necessárias para garantir a efetividade do tratado.[4]

Com o objetivo de alcançar a cooperação em seu grau máximo, fora da esfera de apenas dois países, em 1988 o Conselho da Europa e a OCDE disponibilizaram a Convenção Multilateral sobre Assistência Mútua Administrativa em Matéria Tributária (CMAAT) para assinatura dos países-membros da organização.

A troca de informações ganhou fôlego após a publicação do relatório elaborado pela OCDE, em 1998, sobre a competição fiscal prejudicial (*Harmful Tax Competition*).[5] Mas foi entre 2001 e 2008 que a transparência fiscal internacional fora colocada em xeque e se tornara uma das protagonistas no palco das finanças e da tributação internacional, forçando a revisão da maior parte dos documentos sobre o tema.[6]

De um lado, em 2001, eclodiu a Guerra ao Terror. Do outro, em 2008, a crise que solapou a economia mundial. Naquele, a busca incessante pelos autores do atentado de 11 de setembro, nos Estados Unidos, e toda a rede de terroristas interligada. Neste, o despertar dos países para que as suas bases tributárias não fossem mais erodidas. Para isso, a era do sigilo bancário precisava acabar.[7]

John Taylor, ex-subsecretário do Tesouro durante o governo do ex-presidente dos Estados Unidos, George W. Bush, recorda que uma das ferramentas de maior efetividade no período do combate ao terror foi a utilização das finanças, isto é, a caça por contas bancárias das organizações terroristas e de seus financiadores. O acesso a tais informações só poderia ocorrer com cooperação e transparência entre diferentes países e os Estados Unidos. Nas palavras de Taylor:

> Além das milhares de contas de terroristas e dos milhões de dólares congelados, o uso internacional das finanças e dos sistemas de mensagens para traçar e obter inteligência sobre terroristas se tornou uma arma efetiva na busca por terroristas e na prevenção de ataques.[8]

---

[4] OBERSON, Xavier. *International Exchange of information in tax matters*: towards global transparency. UK: Elgar, 2015. p. 5.

[5] TONELLI JUNIOR, Renato Rodolfo. *A troca internacional de informações em matéria tributária e a cláusula due process of law*: uma análise do contexto brasileiro. Porto Alegre: Núria Fabris, 2017. p. 33-34.

[6] Cf. ROCHA, Sérgio André. *Política fiscal internacional*. Rio de Janeiro: Lumen Juris, 2017. p. 187. O autor recorda, ainda, que o "desenvolvimento de canais para o intercâmbio de informações entre as autoridades fiscais dos diversos países é um dos mais relevantes tópicos da tributação internacional atual".

[7] O mote "the era of bank secrecy is over" foi definido em reunião da Cúpula do G20, realizada em Londres, Inglaterra, em abril de 2009. Cf. em: OECD. *The era of bank secrecy is over*. Paris: OECD, 2011. Disponível em: https://www.oecd.org/ctp/exchange-of-tax-information/48996146.pdf. Acesso em: 30 jul. 2018.

[8] "In addition to the thousands of terrorists accounts and the millions of dollars frozen, using international finance and messaging systems to trace and obtain intelligence about terrorists became and effective weapon in pursuing terrorists and preventing attacks" (TAYLOR, John B. *Global financial warriors*: the untold story of international finance in the post-9/11 world. 1. ed. Nova York: W.W. Norton, 2007. p. 28).

No passo do futuro, Carlos Ayres Britto, em atenta análise do cenário que estava por vir, bem anotou:

> Os dados do ter serão cada vez mais escancarados, porque o patrimônio e renda são obtidos da sociedade, e a sociedade precisa saber o modo pelos quais esses bens, conversíveis em pecúnia, forma obtidos e em que eles consistem. Isso é da lógica natural de uma sociedade que faz da transparência e da visibilidade verdadeiros pilares da democracia.[9]

A dinâmica dos fatos corrobora a afirmação. Ainda no ano de 2000 foi criado, no âmbito da OCDE, o grupo *ad hoc* do Fórum Global sobre Transparência, para organização dos trabalhos e centralização dos debates com o intuito de estabelecer um documento modelo para que dois ou mais países pudessem adotá-lo, fossem eles membros ou não membros da organização.

Assim, em 2002, veio a público o modelo de acordo bilateral de troca de informações tributárias (TIEA) mediante pedido dos estados contratantes, sem que fosse possível, contudo, que um deles negasse o envio das informações sob a simples alegação de estarem elas protegidas pelo sigilo bancário. É a partir daqui que se inicia, então, o cerco aos paraísos fiscais.[10] Atualmente, 137 países são membros do Fórum Global, incluindo o Brasil.[11]

Mesmo a Convenção Multilateral sobre Assistência Mútua, mencionada antes, teve o seu texto revisto em 2010[12] justamente em virtude da pressão por maior transparência e apelo para a formulação e implementação de um modelo de troca automática de informações fiscais (AEOI),[13] o que gerou o compromisso com o desenvolvimento de um novo padrão para esse fim (*Standard for Automatic Exchange of Financial Account Information in Tax Matters*).[14]

---

[9] Voto proferido no julgamento do RE nº 389.808/PR, de relatoria do Ministro Marco Aurélio, julgado em 15.12.2010.

[10] Conforme anota Xavier Oberson, a proposta do modelo ainda demorou para que fosse amplamente adotada. No início, apenas alguns tratados foram celebrados, sendo a maior parte com os Estados Unidos. Contudo, em 2005, a OCDE e, posteriormente, também a ONU modificaram os seus modelos de convenção contra a dupla tributação (DTC). Ao inserir o que passou a ser o parâmetro global, adicionou-se ao DTC Model o parágrafo 5 ao artigo 26 para vetar que os estados contratantes neguem o repasse de informação somente porque ela está sob o domínio de algum banco ou instituição financeira. Confira em: OBERSON, Xavier. *International Exchange of information in tax matters*: towards global transparency. UK: Elgar, 2015. p. 6-7; OECD (2017), Model Tax Convention on Income and on Capital: Condensed Version 2017, OECD. *Model tax convention on income and on capital*: condensed version 2017. Paris: OECD Publishing, 2017. Disponível em: http://dx.doi.org/10.1787/mtc_cond-2017-en 8. Acesso em: 30 jun. 2018; e, também, UNITED NATIONS. *Model double taxation convention between developed and developing countries*. New York: UN, 2001. p. 35-36.

[11] A lista completa pode ser conferida em: OECD. *Global Forum on Transparency and Exchange of Information for Tax Purposes*. Disponível em: http://www.oecd.org/tax/transparency/about-the-global-forum/members/. Acesso em: 30 jul. 2018.

[12] Confira o texto em português: CONSELHO DA EUROPA E OECD. *Convenção sobre Assistência Mútua Administrativa em Matéria Tributária*. Disponível em: http://idg.receita.fazenda.gov.br/noticias/ascom/2016/junho/arquivos-e-imagens-2/convencao-multilateral-texto-em-portugues.pdf. Acesso em: 30 jul. 2018.

[13] Veja-se documento assinado pelo Brasil e cerca de outros 97 países com o compromisso de implementação da troca automática de informações: OECD. *Declaration on Automatic Exchange of Information in Tax Matters*. Disponível em: https://www.oecd.org/mcm/MCM-2014-Declaration-Tax.pdf. Acesso em: 30 jul. 2018.

[14] Confira em: OECD. *Standard for automatic exchange of financial account information in tax matters*. 2. ed. Paris: OECD Publishing, 2017. Disponível em: https://read.oecd-ilibrary.org/taxation/

Sobre a importância da transparência fiscal, Sérgio André Rocha foi assertivo: "a transparência fiscal permite aos países expandirem o alcance de suas administrações fazendárias".[15] Ela ganha relevância ao lembrarmos que, apesar de a tributação da renda assumir caráter de bases universais, os países encontram as barreiras territoriais, ou seja, eles só podem ir até o limite de suas fronteiras; fora delas, outro país assume a jurisdição.

Logo, e considerando a intensificação do cenário "onde quase todos os empreendimentos importantes têm operações transnacionais ou são empreendimentos transnacionais",[16] a cooperação e a troca de informações para fins fiscais ganham papel de protagonismo na busca da preservação da soberania ao mesmo tempo em que se tenta garantir a tributação efetiva. Conforme ensina Antônio de Moura Borges e Laila Khoury:

> A disposição e o interesse dos Estados em intercambiar informações revela que os objetivos das Administrações Tributárias consistem na verificação da veracidade, legalidade e licitude dos negócios do contribuinte que envolvam matéria tributária. O êxito da ação administrativa nesse campo supõe a possibilidade de receber informações concretas e completas sobre a situação do contribuinte. Assim, as informações obtidas poderão, futuramente, embasar a cobrança dos tributos na esfera administrativa e judicial por meio da assistência administrativa ou judicial.[17]

No meio desse contexto, todavia, deve haver sempre um cuidado com o direcionamento que se dá aos conceitos no todo providos de boas intenções, tal como a transparência. Vez ou outra, na expressão tão bem utilizada pelo Professor Ayres Britto, "é hora de aplicar um 'freio de arrumação' no equacionamento jurídico da matéria".[18]

É nesse sentido desse "freio de arrumação" que os dados pertencentes aos contribuintes devem ser tratados como joias valiosas. Se ao Estado fora conferido o direito de detê-las, ao contribuinte devem ser disponibilizados meios para garantir que elas não se percam.

Em outra medida, a transparência também ganha um contrapeso que merece consideração. Luís Eduardo Schoueri e Matheus Calicchio sinalizam que ela, a transparência, não pode ser oposta apenas ante os contribuintes enquanto "antítese do sigilo", ou seja, "ao invés de ocupar-se tão somente com o polêmico *disclosure* das

---

standard-for-automatic-exchange-of-financial-account-information-in-tax-matters-second-edition_9789264267992-en#page1. Acesso em: 30 jul. 2018.

[15] ROCHA, Sérgio André. *Política fiscal internacional*. Rio de Janeiro: Lumen Juris, 2017. p. 196.

[16] VALADÃO, Marcos Aurélio Pereira. Troca de informações com base em tratados internacionais: uma necessidade e uma tendência irreversível. *Revista de Direito Internacional, Econômico e Tributário*, v. 4, n. 2, p. 261-282, 2009.

[17] BORGES, Antônio de Moura; KOURY, Laila José Antônio. A troca de informações no âmbito dos tratados internacionais em matéria tributária. *In*: CONGRESSO NACIONAL DO CONPEDI, XVII. Anais... Florianópolis: Fundação Boiteux, 2008.

[18] Decisão monocrática proferida pelo Ministro Ayres Britto na Rcl. nº 13.142 MC/DF, em 29.11.2011.

transações e dados particulares dos contribuintes, a noção de transparência deveria ser estendida ao próprio Estado e dizer respeito ao sistema tributário como um todo".[19]

Nesse aspecto, Sérgio André Rocha recorda as dificuldades na obtenção de informações sobre os procedimentos de trocas de informações:

> Em um tema permeado pelo princípio da transparência há que se reconhecer que há poucas áreas em que a atuação da Receita Federal do Brasil seja mais opaca do que em relação à tributação internacional em geral e à troca de informações em particular. As autoridades fiscais não disponibilizam nenhuma informação ao público sobre suas práticas e procedimentos nesta área.[20]

Essa mudança de paradigma, portanto, precisa ser acompanhada não só da cooperação entre as autoridades dos países, mas igualmente da colaboração entre Estado e indivíduo. Para que isso ocorra com maior efetividade, as regras e procedimentos devem ser expostos de forma clara, até para que o cidadão entenda o caminho que se pretende percorrer e aonde se pretende chegar.

2.2 As ferramentas para a troca de informações internacionais

No Brasil, a troca de informações também pode ocorrer em nível doméstico (entre entes de mesmo ou diferente nível federativo) para fins de fiscalização, conforme previsto pelo art. 199 do Código Tributário Nacional e pelo art. 37, XXII, da Constituição Federal de 1988.[21]

Mesmo no patamar internacional, há previsão dessa troca, por exemplo, em tratados que veiculam a cooperação em matéria aduaneira e para o combate ao crime organizado transnacional. Nada obstante, como o escopo aqui trata do intercâmbio internacional de informações em matéria fiscal, o foco se manterá nas disposições tributárias dos instrumentos internacionais.

Como ferramentas de destaque sobre efetivação dessa troca de informações, têm-se (i) o art. 26 dos tratados contra a bitributação (DTC); (ii) o *Tax Information Exchange Agreements* (TIEA), este na hipótese em que se busca a celebração de acordo com outro estado contratante exclusivamente para a troca de informações; (iii) "e, finalmente, caso deseje realizar as trocas de informações em conjunto com a assistência na cobrança de créditos, bem como com a notificação de documentos, o instrumento será a convenção multilateral sobre assistência mútua administrativa [CMAAT]".[22]

No que diz respeito à Convenções Modelo dos Acordos contra a Bitributação, formuladas pela Organização das Nações Unidas (ONU) e pela OCDE, Marcos Valadão

---

[19] SCHOUERI, Luís Eduardo; BARBOSA, Mateus Calicchio. Da antítese do sigilo à simplicidade do sistema tributário: os desafios da transparência fiscal internacional. *In*: SANTI, Eurico M. D de; CHRISTOPOULOS, Basile G.; ZUGMAN, Daniel L.; BASTOS, Frederico S. *Transparência fiscal e desenvolvimento* – Homenagem ao professor Isaías Coelho. São Paulo: Fiscosoft, 2013. p. 519.

[20] ROCHA, Sérgio André. *Política fiscal internacional*. Rio de Janeiro: Lumen Juris, 2017. p. 192.

[21] Confira-se, também, a Solução de Consulta Interna Cosit nº 2, de 26.2.2018.

[22] TONELLI JUNIOR, Renato Rodolfo. *A troca internacional de informações em matéria tributária e a cláusula due process of law*: uma análise do contexto brasileiro. Porto Alegre: Núria Fabris, 2017. p. 44.

nos lembra que a ONU, por intermédio de seu comitê de peritos, adotou, a partir de 2011, a mesma redação adotada pela OCDE, assim, "atualmente, ambos os modelos, contém a cláusula de troca de informações em seu art. 26".[23]

Para que a troca recíproca de informações consiga seguir o fluxo, os países signatários devem ter as suas Constituições e legislações domésticas alinhadas para tal objetivo, principalmente no pertinente às regras de sigilo das informações bancárias e fiscais.[24]

Portanto, tratados e legislação interna são os dois instrumentos de sustentação para que o intercâmbio de dados fiscais entre países seja colocado em prática. Isso não só auxilia na consecução dos objetivos dos Estados, mas, sobretudo, representa uma proteção para os próprios contribuintes.

O intercâmbio de informações tributárias pode ocorrer por intermédio de diferentes modalidades. Um Estado contratante pode solicitar ao outro determinada informação fiscal relevante[25] (*Exchange of Information on Request*) ou o acordo pode ser no sentido da troca automática, com periodicidade definida (*Automatic Exchange of Information*). A troca também pode ocorrer de maneira espontânea (*Spontaneous Exchanfe of Information*), ocasião em que a autoridade fiscal identifica a informação relevante durante, por exemplo, uma investigação, e a repassa ao outro país signatário.

Há, ainda, o exame simultâneo, no qual os Estados envolvidos, e, claro, submetidos ao tratado previamente celebrado e internalizado em seus respectivos territórios, analisam simultaneamente as informações tributárias que lhes interessam com o fim de trocá-las entre si (*simultaneous tax examinations*). Além disso, existe também a modalidade de "fiscalizações no exterior" (*tax examinations abroad*), que possibilita a um dos países requerer a sua participação presencial no procedimento de verificação fiscal do outro.[26]

Por fim, há a troca de informações por tipo de indústria (*industry-wide exchange of information*), em que as informações fiscais se referem a um setor econômico, e não a apenas um contribuinte isolado.

---

[23] VALADÃO, Marcos Aurélio Pereira. Troca de informações com base em tratados internacionais: uma necessidade e uma tendência irreversível. *Revista de Direito Internacional, Econômico e Tributário*, v. 4, n. 2, p. 261-282, 2009.

[24] Conforme anotam Moura Borges e Laila Khoury: "Assim, o fundamento da troca de informações reside nas condições e nos termos dispostos no tratado que a regulamenta e na observância da legislação interna de cada Estado contratante. Dessa forma, a soberania do ente estatal e o direito dos contribuintes haverão de ser efetivamente tutelados" (BORGES, Antônio de Moura; KOURY, Laila José Antônio. A troca de informações no âmbito dos tratados internacionais em matéria tributária. *In*: CONGRESSO NACIONAL DO CONPEDI, XVII. Anais... Florianópolis: Fundação Boiteux, 2008. p. 2535).

[25] Conforme Comentário 9(a) da OCDE ao art. 26 da sua Convenção Modelo, o princípio da subsidiariedade é aplicado nesses casos, pois a jurisdição solicitante deve primeiro esgotar os meios já disponíveis antes de requerer as informações ao outro Estado.

[26] Conforme alertam Moura Borges e Khoury, problemas ligados à soberania, transparência e eficiência na Administração Pública podem surgir da adoção desse tipo de mecanismo, além de impasses ligados às relações políticas (BORGES, Antônio de Moura; KOURY, Laila José Antônio. A troca de informações no âmbito dos tratados internacionais em matéria tributária. *In*: CONGRESSO NACIONAL DO CONPEDI, XVII. Anais... Florianópolis: Fundação Boiteux, 2008. p. 2541).

Cada um desses mecanismos dependerá de previsão no instrumento internacional celebrado entre as jurisdições para serem adotados.[27] Tendo em vista que, dentro do cenário atual, a troca automática ganhou um maior apelo, se tornando o novo padrão,[28] alguns aspectos relacionados merecem ser notados. Merece destaque, por exemplo, que, enquanto a troca de informações tributárias a pedido (*upon request*) de um dos Estados contratantes é disposição comum aos três instrumentos (DTC, TIEA e CMAAT),[29] a troca automática até o momento é prevista apenas pela Convenção Multilateral, em seu art. 6º.

Apesar disso, os Comentários da OCDE ao Modelo de DTC, no parágrafo 9, ressalvam que a regra da troca das informações pode englobar, também, a automática, enquanto no Modelo de TIEA, a organização disponibilizou um modelo de protocolo para que aquelas jurisdições que já celebraram esse tipo de acordo possam apenas adotar referido protocolo e passar a prever, a teor de seu art. 5A, a troca automática de informações.[30]

2.3 O cenário brasileiro

Em matéria de transparência fiscal, o Brasil tem se posicionado a favor do padrão internacional. Mudanças recentes nos tratados celebrados com outros países, a exemplo da Convenção Brasil e Índia,[31] a fim de padronizar as cláusulas sobre troca de informações, além de emblemático julgamento pelo Supremo Tribunal Federal, relembrado mais adiante, atestaram a convergência do país às regras estabelecidas pelo Fórum Global de Transparência e Troca de Informações da OCDE.[32]

Os passos não foram dados à toa. A Constituição Federal incentiva a cooperação internacional ao estabelecer, no inc. IX de seu art. 4º, que a República Federativa se regerá, também, pela "cooperação entre os povos para o progresso da humanidade".

No âmbito infraconstitucional, o Código Tributário Nacional, em seu art. 199, é um dos suportes legislativos à troca de informações. O parágrafo único do dispositivo, incluído posteriormente pela Lei Complementar nº 104/2001, possibilita a celebração de acordos e convênios para permuta de informações em prol da arrecadação e da

---

[27] Confira o manual sobre a implementação da troca de informações, preparado pela OCDE: OCDE. *CFA Approves New Manual on Information Exchange*. Disponível em: www.oecd.org/ctp/eoi/manual. Acesso em: 9 ago. 2018.

[28] OBERSON, Xavier. *International Exchange of information in tax matters*: towards global transparency. UK: Elgar, 2015. p. 28.

[29] A troca de informações a pedido é prevista (i) na Convenção contra a Bitributação (DTC), no art. 26, §1º; (ii) no Acordo Modelo de Troca de Informações da OCDE (TIEA), em seu art. 5º; e, por fim, (iii) na Convenção Multilateral, também em seu art. 5º.

[30] Confira em: OECD. *Model protocol for the purpose of allowing the automatic and spontaneous exchange of information under a TIEA*. Disponível em: http://www.oecd.org/ctp/exchange-of-tax-information/Model-Protocol-TIEA.pdf. Acesso em: 10 ago. 2018.

[31] Decreto nº 9.219, de 4.12.2017, no qual foi promulgado protocolo que alterou a Convenção Destinada a Evitar a Dupla Tributação e Prevenir a Evasão Fiscal em Matéria de Impostos sobre a Renda, assinada em 1988.

[32] Sérgio André Rocha destaca que a matéria sobre transparência fiscal é uma das únicas (senão a única) em que o Brasil decidiu seguir integralmente o padrão internacional delineado pela OCDE, ao contrário de questões como as relacionadas às regras de preços de transferência e de tributação sobre lucros das controladas no exterior. Cf. ROCHA, Sérgio André. *Política fiscal internacional*. Rio de Janeiro: Lumen Juris, 2017. p. 196.

fiscalização de tributos. Vale lembrar que a mesma lei complementar introduziu o art. 198 no CTN, que tratou do sigilo fiscal dessas informações, assim como impôs que o intercâmbio de informação sigilosa fosse precedido de processo regularmente instaurado.

Sob o guarda-chuva da norma constitucional e da legislação, o Brasil já celebrou 33 acordos para evitar a bitributação (DTC), atualmente em vigor, nos quais está prevista a troca de informações conforme o art. 26 do Modelo da OCDE.[33] Além disso, vigora acordo bilateral para intercâmbio de informações celebrado com a Argentina[34] e está pendente, no Senado Federal, a análise do acordo (TIEA) firmado entre Brasil e Suíça para troca de informações.[35]

No escopo da troca de informações, o acordo para cooperação intergovernamental (IGA) assinado com os Estados Unidos foi um dos precursores no tema, sendo responsável por implementar o FATCA (*Foreign Account Tax Compliance Act*).[36] A partir daí, desde setembro de 2015 Brasil e Estados Unidos trocam informações financeiras. Schoueri e Calicchio anotam a relação desse regime com o sigilo fiscal e a transparência:

> Tendo em vista que o FATCA exige, em síntese, que as instituições financeiras estrangeiras forneçam ao *Internal Revenue Service* informações sobre contas bancárias ali mantidas por norte-americanos, logo se vê a relação entre o referido regime e os debates sobre sigilo fiscal e transparência. Com efeito, apesar de ter sido aprovado pelo Congresso daquele país sem maiores discussões, as implicações trazidas pelo regime no âmbito do direito individual à privacidade e das regras de sigilo foram sentidas até mesmo nos próprios Estados Unidos.[37]

O advento do Regime Especial de Regularização Cambial e Tributária, incorporado pela Lei nº 13.254/2016, posteriormente alterada pela Lei nº 13.428/2017,[38] pode ser incluído nas demonstrações de que o Brasil se voltou para a troca de informações fiscais e ao compromisso com a transparência, permitindo "às autoridades fiscais brasileiras sinalizar aos contribuintes que, em um curto espaço de tempo, teriam acesso a informações referentes a fatos ocorridos em outros países".[39]

---

[33] Confira em: BRASIL. Receita Federal. *Acordos para evitar a dupla tributação e prevenir a evasão fiscal*. Disponível em: http://idg.receita.fazenda.gov.br/acesso-rapido/legislacao/acordos-internacionais/acordos-para-evitar-a-dupla-tributacao/acordos-para-evitar-a-dupla-tributacao. Acesso em: 10 ago. 2018.

[34] BRASIL. Receita Federal. *Acordo sobre o Intercâmbio de Informações com fins Tributários Relativos a Períodos Anteriores*. Disponível em: http://idg.receita.fazenda.gov.br/acesso-rapido/legislacao/acordos-internacionais/acordos-para-intercambio-de-informacoes-relativas-a-tributos/argentina/acordo-sobre-intercambio-de-informacoes-com-fins-tributarios-relativos-a-periodos-anteriores. Acesso em: 10 ago. 2018.

[35] Projeto de Decreto Legislativo (PDC) nº 486/16.

[36] Internalizado pelo Decreto nº 8.506/15.

[37] SCHOUERI, Luís Eduardo; BARBOSA, Mateus Calicchio. Da antítese do sigilo à simplicidade do sistema tributário: os desafios da transparência fiscal internacional. In: SANTI, Eurico M. D de; CHRISTOPOULOS, Basile G.; ZUGMAN, Daniel L.; BASTOS, Frederico S. *Transparência fiscal e desenvolvimento* – Homenagem ao professor Isaías Coelho. São Paulo: Fiscosoft, 2013. p. 498.

[38] Cf. Instrução Normativa RFB nº 1.704/2017.

[39] ROCHA, Sérgio André. *Política fiscal internacional*. Rio de Janeiro: Lumen Juris, 2017. p. 197.

Entre as previsões citadas, a que ganhou protagonismo ainda maior foi a Convenção Multilateral sobre Assistência Mútua Administrativa em Matéria Tributária (CMAAT), que entrou em vigor em 1º.10.2016, após a promulgação pelo Decreto nº 8.842/2016, representando o marco na troca de informações tributárias entre diversas jurisdições signatárias,[40] sendo previstas as modalidades a pedido, automática, espontânea, simultânea, além da assistência na cobrança dos tributos, quando cabível.

Em decorrência da convenção, a Receita Federal editou a Instrução Normativa nº 1.680/2016 para regulamentar o Padrão de Declaração Comum (CRS) para o intercâmbio de informações, estabelecendo os critérios e a padronização dos dados financeiros que deverão ser trocados.

Todo esse cenário encontrou solo fértil a partir do entendimento sedimentado pelo Supremo Tribunal Federal no julgamento conjunto do Recurso Extraordinário nº 601.314 e das ações diretas de inconstitucionalidade nºs 2.859, 2.390, 2.386 e 2.397, finalizado em fevereiro de 2016. Naquela oportunidade, se discutiu a possibilidade de o Fisco obter informações bancárias, com base em dispositivos da LC nº 105/2001, sem a necessidade de decisão judicial prévia, jurisprudência que prevalecia até então.

Prevaleceu o raciocínio de que não se tratava de quebra de sigilo bancário, pela autoridade fiscal, mas simples repasse do sigilo, ou seja, em ambas as esferas haveria o dever de proteger as informações pertencentes a terceiros. O destaque do debate também ficou a cargo "dos compromissos internacionais assumidos pelo Brasil em matéria de compartilhamento de informações bancárias".

O relator das ADI, Ministro Dias Toffoli, ao relembrar a dinâmica de julgados anteriores sobre essa transferência de sigilo e a configuração, ou não, de sua quebra quando da transferência entre instituição financeira e Fisco, citou como exemplo o RE nº 389.808/PR, de relatoria do Ministro Marco Aurélio, em que prevalecera o entendimento da reserva de jurisdição, ressaltando o posicionamento divergente do Ministro Ayres Britto, o qual, em 2016, acabou se tornando majoritário:

> [A] conjugação do inciso XII com o inciso X da Constituição abona a tese de que o que se proíbe não é o acesso a dados, mas a quebra do sigilo, é o vazamento do conteúdo de dados. É o vazamento, é a divulgação. E, no caso, as leis de regência, ao falar das transferências de dados sigilosos, é evidente que elas impõem ao órgão destinatário desses dados a cláusula de confidencialidade, cuja quebra implica a tipificação ou o cometimento de crime.

Com esse raciocínio, o Ministro Dias Toffoli registrou em seu voto o fato de o Brasil ser membro do Fórum Global, da OCDE, e o compromisso que o país assumiu com todos os envolvidos, "de modo que não deve o Estado brasileiro prescindir do acesso automático aos dados bancários dos contribuintes por sua administração tributária, sob pena, inclusive, de descumprimento de seus compromissos internacionais".

---

[40] O *status* dos países participantes pode ser acessado por meio do endereço eletrônico: OECD. *Jurisdictions participating in the convention on mutual administrative assistance in tax matters status* – 30 april 2019. Disponível em: http://www.oecd.org/ctp/exchange-of-tax-information/Status_of_convention.pdf.

Como se vê, o Supremo Tribunal deu novos contornos à temática da transparência e da troca de informações sobre matéria tributária, dessa vez sob o olhar da Constituição Federal, representando um divisor de águas na implementação da política fiscal internacional adotada pelo Brasil.

3 Panorama dos direitos fundamentais dos contribuintes no contexto da troca de informações tributárias

No Brasil, a Constituição Federal de 1988, não por acaso, se adiantou para prever as limitações ao poder de tributar, como se antevisse os possíveis excessos que pudessem ser praticados pelo Estado e o impacto da tributação na propriedade e na livre iniciativa dos indivíduos. A história, aliás, comprova que esse poder, quando desenfreado, pode resultar na quebra de paradigma do *status quo*, a exemplo do que mostra a história com as suas mais variadas revoltas, tal como foi a conhecida "derrama", imposta pela Coroa portuguesa à época do Brasil Colônia.

Nesse sentido, não obstante o inegável dever de pagar tributos, é natural que o contribuinte, enquanto cidadão submetido a um Estado de Direito, seja protegido por diversas garantias. O conjunto de direitos fundamentais, em que se inclui os de índole econômica-social, são sabiamente designados por Carlos Ayres Britto como "constitucionalismo cumulativo", isto é:

> Um constitucionalismo crescentemente superavitário, como se dá com a ciência e a cultura, a ponto de autorizar a ilação de que, graças a ele, o Estado de Direito termina por desembocar num Estado de direitos. O que não significa uma generalizada situação de afrouxamento dos deveres e responsabilidades de cada indivíduo para com o próprio Estado e a sociedade civil. As duas coisas bem podem conviver na mais perfeita harmonia.[41]

Quando nos referimos à troca de informações, os direitos fundamentais que logo aparecem mais conectados à sistemática se referem ao sigilo e à privacidade. Aliás, nesse sentido, a Convenção das Nações Unidas reconhece o direito à privacidade como um direito fundamental. Em uma busca ao Texto Constitucional brasileiro, vêm à tona os incs. X e XII do art. 5º, os quais preveem, respectivamente, a inviolabilidade da vida privada e do sigilo das correspondências e das comunicações.

Importante esclarecer que não há, na Constituição, previsão expressa sobre inviolabilidade do sigilo bancário ou fiscal, de modo que o intérprete insere tais sigilos no campo do art. 5º, X e XII, conforme, aliás, fez o Supremo Tribunal Federal ao julgar o RE nº 601.314 e nas demais ADI (nºs 2.859, 2.390, 2.386 e 2.397) mencionadas no tópico anterior.

Sobre os direitos fundamentais protegidos pela Constituição Federal de 1988 no que tange à matéria tributária, Celso de Barros Correia Neto lembra que não é só o art. 5º o responsável por elencar direitos dessa natureza, pelo contrário, a sua leitura,

---

[41] BRITTO, Carlos Ayres. *O humanismo como categoria constitucional*. 1. ed. Belo Horizonte: Fórum, 2012. p. 23.

por se tratar "dos direitos fundamentais genéricos", muitas das vezes pode ser feita com os direitos fundamentais previstos no art. 150 (limitação ao poder de tributar), a exemplo da prescrição (art. 5º, §2º c/c art. 150, *caput*).[42]

Contudo, a legislação infraconstitucional trouxe as previsões acerca dos sigilos bancário e fiscal. A LC nº 105/2001, cuja constitucionalidade esteve no epicentro das discussões naquele *leading case* – haja vista a previsão do envio das informações à administração tributária –, ocupou-se do sigilo das informações em posse das instituições financeiras (sigilo bancário, portanto), enquanto o CTN, com a modificação inserida pela LC nº 104/2001, em seu art. 198 tratou do dever de sigilo do Fisco (sigilo fiscal).

Sobre direitos e garantias, apesar de a afirmação abrir um leque de novas discussões que não serão aprofundadas aqui, valem os parênteses para notar a discussão levantada por Marcos Valadão e Henrique Arruda, com apoio da doutrina de Marco Aurélio Greco, acerca da aplicabilidade desses direitos (intimidade e vida privada) à pessoa jurídica:

> Neste sentido, haveria a possibilidade de uma pessoa jurídica ter sua intimidade ou mesmo sua privacidade violada? Seria ela portadora de tais sentimentos e relações exclusivas dos seres humanos? Parece que não. Por outro lado, mesmo para as pessoas naturais, os dados financeiros – puros, i.e., valor do patrimônio, montante da sua despesa e montante da sua receita, em determinado período de tempo, a rigor, não representam traços da sua vida privada ou intimidade – que se direcionam a outros tipos de valores de natureza intimista ou referentes aos que rodeiam determinada pessoa.[43]

Privacidade e confidencialidade se mostram direitos caros quando os inserimos no campo tributário. É o que podemos extrair das normas de diversos países, como o *Declaration of Taxpayer Rights* do Canadá; e o *Statuto dei Diritti del Contribuente*, na Itália, que, entre outras disposições, previu a proteção da informação dos atos relativos ao contribuinte. No Brasil, os Códigos Estaduais de Defesa dos Contribuintes de Minas Gerais (Lei nº 13.515/2000) e o de São Paulo (LC nº 939/2003) possuem comando similar quanto à preservação do sigilo.[44]

Conforme recomendação publicada em 16.12.2015 pelo grupo de trabalho *Article 29*, criado pela Comissão Europeia para proteção de dados, um dos pilares na troca de informações dos contribuintes consiste na transparência dos dados que estão sendo utilizados no intercâmbio, de maneira que os envolvidos tenham a possibilidade de entender o que está acontecendo com as suas informações, salvo exceções devidamente justificadas, inclusive para que possam eventualmente exercer os seus direitos sobre elas. Nesse sentido:

---

[42] CORREIA NETO, Celso de Barros. *Os impostos e o Estado de Direito*. São Paulo: Almedina, 2017. p. 39.
[43] VALADÃO, Marcos Aurélio Pereira; ARRUDA, Henrique Porto de. Direitos fundamentais, privacidade, intimidade, sigilos bancário e fiscal e o consenso internacional. *Nomos: Revista do Programa de Pós-Graduação em Direito da UFC*, Fortaleza, v. 34, n. 2, p. 315-344, 2014. p. 318.
[44] TAVOLARO, Agostinho Toffoli. Estatuto do contribuinte. *Revista Tributária e de Finanças Públicas*, São Paulo, ano 12, n. 58, p. 82-104, set./out. 2004.

Considerando a natureza delicada das informações fiscais (elas podem revelar aspectos valiosos da vida e das atividades dos cidadãos), acordos de cooperação tributária devem estabelecer explicitamente padrões de segurança para serem cumpridos pelas autoridades engajadas na sistemática troca de dados.[45]

Nesse ponto, Schoueri traça o panorama de uma das bases do debate entre troca de informações e direitos e garantias dos contribuintes, consistente em assegurar o acesso à informação. No Brasil, a Lei nº 12.527/2011 tem sido utilizada como ferramenta para requisição, pelo próprio contribuinte, de dados relativos à fiscalização fiscal, contudo, ainda há divergências sobre o seu cabimento para tal fim, dando espaço para que o Poder Judiciário defina o entrave.[46]

Afinal, um dos direitos fundamentais é o devido processo legal. Para poder exercê-lo diante de possíveis abusos ou má administração das informações, o contribuinte, enquanto cidadão, só é capacitado para tanto se ele possuir mecanismos de controle e acesso à informação. Renato Tonelli acrescenta:

> A prática internacional estabelece que a participação do contribuinte em procedimentos de troca internacional de informações deve ser evitada nas situações em que existam suspeitas ou indícios de fraude fiscal. Apesar disso, não se pode deixar de reconhecer que a suspensão dos direitos de participação do contribuinte pode se transformar em regra, quando deveria ser uma exceção.[47]

Como assinalado, não há dúvidas da sensibilidade sobre as quais essas informações são revestidas. Não por acaso o grupo *Article 29* enfatizou ser importante, nessa era de troca de informações entre os fiscos e da discussão sobre a proteção de dados, que possíveis vazamentos sejam notificados aos envolvidos. Essa afirmação nos auxilia a equalizar a premissa de que, conforme alertado por Schoueri e Calicchio,[48] a transparência precisa ser uma via de mão dupla.

É por meio dessa dinâmica que, em matéria de troca de informações tributárias, os direitos fundamentais dos contribuintes, incluindo o sigilo e a privacidade, se encaixam. Isso na exata medida que se tem na balança os direitos e deveres, pois se reconhece que tais direitos, como sói de ser, não são absolutos a ponto de opô-los

---

[45] "In consideration of the delicate nature of tax information (they can reveal valuable aspects of the life and activities of citizens), tax cooperation agreements shall explicitly set forth the security standards to be complied with by the authorities engaging in systemic data exchange" (EUROPEAN COMISSION. *Article 29 Working Party*. Disponível em: http://ec.europa.eu/justice/article-29/documentation/opinion-recommendation/files/2015/wp234_en.pdf. Acesso em: 2 ago. 2018).

[46] MOSQUERA VALDERRAMA, Irma Johanna; MAZZ, Addy; SCHOUERI, Luis Eduardo; QUIÑONES, Natalia; ROELEVELD, Jennifer; PISTONE, Pasquale; ZIMMER, Frederik. The rule of law and the effective protection of taxpayers' rights in developing countries. *WU International Taxation Research Paper Series*, n. 10, 31 ago. 2017. p. 13.

[47] TONELLI JUNIOR, Renato Rodolfo. *A troca internacional de informações em matéria tributária e a cláusula due process of law*: uma análise do contexto brasileiro. Porto Alegre: Núria Fabris, 2017. p. 120.

[48] SCHOUERI, Luís Eduardo; BARBOSA, Mateus Calicchio. Da antítese do sigilo à simplicidade do sistema tributário: os desafios da transparência fiscal internacional. *In*: SANTI, Eurico M. D de; CHRISTOPOULOS, Basile G.; ZUGMAN, Daniel L.; BASTOS, Frederico S. *Transparência fiscal e desenvolvimento* – Homenagem ao professor Isaías Coelho. São Paulo: Fiscosoft, 2013. p. 519.

contra a autoridade fiscal e impedir o completo acesso às investigações e aferição de possível erosão da base tributária,[49] mas, por outro lado, também não são passíveis de esquecimento pelo Estado.

Cristiano Carvalho recorda os efeitos econômicos gerados pela guarda dos dados por um indivíduo, com o intuito de evitar o acesso do outro (assimetria de informação), abre espaço para a ocorrência do chamado risco moral (*moral hazard*), de maneira que "permitir que haja determinadas privacidades, por exemplo, o sigilo bancário, é incentivar os contribuintes a não informar toda a verdade sobre os seus ganhos e rendimentos ao Estado". Contudo, ele destaca os efeitos sob o ponto de vista dos direitos individuais dos contribuintes:

> Em um mundo ideal, onde todos os países reger-se-iam pelo mais perfeito e concretizado Estado Democrático de Direito, realmente não haveria qualquer justificativa para o sigilo bancário. O acesso pronto e imediato do governo aos dados bancários do cidadão visaria tão somente a incrementar a administração tributária e sequer se poderia considerar qualquer afronta a direitos fundamentais, uma vez que a arrecadação teria o fim de suprir os cofres estatais que, por sua vez, reverteriam em serviços públicos prestados à coletividade.
>
> Entretanto, a realidade encontra-se longe dessa quimera. Não só o planeta é altamente irregular no tocante às democracias efetivamente instauradas, em termos comparativos, como os próprios países, outrora garantidores de direitos como o sigilo bancário, têm relativizado cada vez mais essa privacidade em prol do interesse público.[50]

É bem verdade que as Convenções Modelo da OCDE e da ONU se preocupam com esses direitos basilares, vedando as suas violações e recomendando uma sólida previsão do direito doméstico quanto a punições de agentes[51] e quanto à previsão de garantias constitucionais mínimas.

A Convenção Multilateral, por exemplo, reconhece, em seu preâmbulo, o fato de que, ao mesmo tempo em que é preciso proteger a base tributária dos países, é necessário, igualmente, que seja assegurada a "proteção adequada dos direitos dos contribuintes".[52] A OCDE, inclusive, disponibilizou, em 2013, um guia *non binding* para a proteção da privacidade.[53] Ainda assim, muitos países sequer passaram no

---

[49] Nesse sentido, aliás, é o art. 145, §1º da Constituição Federal de 1988: "Sempre que possível, os impostos terão caráter pessoal e serão graduados segundo a capacidade econômica do contribuinte, facultado à administração tributária, especialmente para conferir efetividade a esses objetivos, identificar, respeitados os direitos individuais e nos termos da lei, o patrimônio, os rendimentos e as atividades econômicas do contribuinte".

[50] CARVALHO, Cristiano. *Teoria da decisão tributária*. São Paulo: Almedina, 2018. p. 212-214.

[51] Recorda-se que a legislação penal brasileira tipifica a conduta do agente que descumpre a regra do sigilo (art. 325 do Código Penal).

[52] Cf. em: BRASIL. *Decreto nº 8.842, de 29 de agosto de 2016*. Disponível em: http://www.planalto.gov.br/ccivil_03/_ato2015-2018/2016/decreto/D8842.htm. Acesso em: 10 ago. 2018.

[53] O Guidelines on the Protection of Privacy and Transborder Flows of Personal Data, bem como diretrizes outras sugeridas pela OCDE podem ser encontradas em: OECD. *OECD work on privacy*. Disponível em: http://www.oecd.org/sti/ieconomy/privacy.htm. Acesso em: 10 ago. 2018.

teste de aferição dos padrões de confidencialidade,[54] o que mostra que a preocupação com o tema não é infundada.

Vazamentos como o ocorrido com as informações fiscais da empresa Aloe Vera, trocadas entre a autoridade tributária dos Estados Unidos (IRS) e a do Japão,[55] além de reforçarem a necessidade de que todas as jurisdições envolvidas no acordo tenham os seus mecanismos práticos de proteção das informações e disponibilização de garantias aos contribuintes, igualmente demonstram que condutas como essa não podem ser admitidas. Se o objetivo é a cooperação entre todos os envolvidos, os riscos precisam ser minimizados, quiçá, zerados, pois, na maior parte dos casos, um vazamento é suficiente para que o contribuinte, pessoa física ou jurídica, jamais consiga recuperar o *status quo ante*.

Frederico Bastos lembra que o art. 198, §1º, II do CTN e a LC nº 105/2001, ao mesmo tempo em que abriram caminho para a Administração Tributária, preocuparam-se com a proteção das informações obtidas sem prévia decisão judicial junto às instituições financeiras, conforme art. 6º da lei e do Decreto nº 3.724/2001, o qual a regulamentou. Nesse sentido:

> O mesmo dispositivo estabelece duas condições para que as autoridades administrativas possam examinar "documentos, livros e registros de instituições financeiras, inclusive os referentes a contas de depósitos e aplicações financeiras", de sujeitos passivos da relação jurídica tributária: (i) a existência de processo administrativo instaurado ou procedimento fiscal em curso e (ii) o fato de tais exames serem considerados indispensáveis pela autoridade administrativa competente.
>
> No mesmo sentido, o inciso II do §1º do artigo 198 do CTN também condiciona o atendimento da solicitação da autoridade administrativa aos requisitos de: (i) a obrigação deve ser formalizada por autoridade administrativa; (ii) a solicitação deve ser formalizada no interesse da administração pública; (iii) na solicitação deve ser comprovada a instauração regular de processo administrativo no órgão ou na entidade solicitante; (iv) oprocesso administrativo instaurado deve ter como objetivo investigar o sujeito passivo a que se refere a informação solicitada; e (v) o processo administrativo instaurado deve ter a finalidade de investigar a prática de infração administrativa pelo sujeito passivo a que se refere a informação solicitada ao fisco. Com efeito, o Decreto n. 3.724 regulamentou e especificou as hipóteses nas quais a obtenção das informações bancárias do sujeito passivo são enquadradas como indispensáveis, reduzindo assim o grau de discricionariedade da autoridade administrativa e conferindo maior segurança jurídica ao administrado.[56]

---

[54] OBERSON, Xavier. *International Exchange of information in tax matters*: towards global transparency. UK: Elgar, 2015. p. 209-210.

[55] Informações como as declarações de Imposto de Renda da empresa e de suas subsidiárias resultaram na disponibilização de todos esses dados sensíveis à imprensa japonesa, com a agravante, segundo alegou a contribuinte, de que se trataria de envio de informações, pelo fisco americano, sabidamente falsas. Cf. em: United States Court of Appeals for the Ninth Circuit, Aloe Vera of America, Inc *v*. United States of America, n. 15-15672, julgado em 5.5.2017.

[56] BASTOS, Frederico Silva. *Transparência fiscal internacional e administração tributária em rede*: o sistema regulatório e prático do intercâmbio de informações tributárias no Brasil e os direitos e garantias fundamentais dos contribuintes. Dissertação (Mestrado em Direito) – FGV – Fundação Getúlio Vargas, São Paulo, 2014. p. 149.

No Brasil, a Lei nº 13.709/2018 (Lei Geral de Proteção de Dados) também pode representar mais um passo na salvaguarda das informações dos contribuintes, pois a ela foi submetida a pessoa natural e a pessoa jurídica de direito público ou privado (art. 3º), com o objetivo de que, entre outros, "os direitos fundamentais de liberdade e de privacidade" (art. 1º) sejam respeitados.

Com esse panorama, a troca de informações tributárias envolve uma gama de direitos fundamentais para proteção daqueles que são detentores de tais dados. Direito à privacidade, ao sigilo, ao devido processo legal, ao direito de ser informado, são algumas das garantias mínimas que devem estar presentes e cada vez mais sólidas entre as jurisdições que celebram acordos com o fim de, e valendo da era da transparência, atacar a erosão de suas bases tributárias.

No Brasil, não podemos esquecer a rigidez de nossa Constituição Federal, a qual, analítica como poucas são, e sendo "a parte central de um ramo jurídico também diferenciado das outras porções que se entroncam na grande árvore do Direito",[57] insere um verdadeiro estatuto não só de deveres, mas, sobretudo, de direitos do contribuinte. Se, por um lado, muitos dirão sobre o solo fértil ao contencioso judicial, por outro, ela nos relembra que, especialmente sobre o binômio garantias fundamentais e direito tributário, a troca de informações não poderá passar ao largo do *judicial review* na busca da preservação de direitos.

4 Considerações finais

A transparência se tornou uma premissa fundamental no combate à erosão tributária, mote este eleito pelas autoridades ao redor do mundo para dar cabo à evasão fiscal e aos planejamentos tributários julgados como agressivos.

A partir de então, a proteção ao sigilo das informações ganhou nova nuance, abrindo caminho para uma quebra de paradigma no campo tributário: a troca de informações, inclusive em sua forma automática, entre as administrações tributárias de diferentes países.

O mundo de hoje tem se desenvolvido com rapidez por meio dos avanços tecnológicos. As vidas das pessoas, de pequenos comerciantes às multinacionais, têm sido dirigidas à armazenagem de dados em ambiente digital. As próprias autoridades governamentais, tal como a Receita Federal, acompanham esse movimento, modernizando a sua infraestrutura com a utilização de programas que, além de reduzirem a quantidade de papel, são grandes aliados na maximização da eficiência arrecadatória.

Nesse viés, os dados que estão em poder das autoridades têm o potencial de revelar cada detalhe da trajetória de uma pessoa jurídica ou de um indivíduo. Em tempos da "Indústria 4.0" e de *big data*, eles não só se mostram valiosos, como também indicam que, quando mal administrados, possuem um poder letal sobre determinado setor econômico, o que exigirá das autoridades fiscais de todo o mundo a modernização também de seus sistemas de proteção, além de um cuidado ainda maior

---

[57] BRITTO, Carlos Ayres. *Teoria da Constituição*. Rio de Janeiro: Forense, 2006. p. 1.

ao celebrar tratados dessa natureza com países que porventura não tenham regras rígidas sobre o tratamento das informações e dos instrumentos que, por resguardo, estarão disponíveis aos contribuintes proprietários de tais dados.

Não se pode negar que as relações também se modernizaram. Se, no passado, o Estado se dirigia aos seus súditos, hoje, nos Estados Democráticos, o contribuinte é um cidadão que participa das decisões e atividades de seus governos. Elevou-se da submissão à cooperação. Nada obstante, esse espírito cooperativo será fértil se regado de segurança jurídica, não surpresa, além de garantias e direitos substantivos e processuais, os quais, para serem exercidos, exigirão que a transparência seja uma inevitável via de mão dupla.

Referências

BASTOS, Frederico Silva. *Transparência fiscal internacional e administração tributária em rede*: o sistema regulatório e prático do intercâmbio de informações tributárias no Brasil e os direitos e garantias fundamentais dos contribuintes. Dissertação (Mestrado em Direito) – FGV – Fundação Getúlio Vargas, São Paulo, 2014.

BORGES, Antônio de Moura; KOURY, Laila José Antônio. A troca de informações no âmbito dos tratados internacionais em matéria tributária. *In*: CONGRESSO NACIONAL DO CONPEDI, XVII. Anais... Florianópolis: Fundação Boiteux, 2008.

BRITTO, Carlos Ayres. *O humanismo como categoria constitucional*. 1. ed. Belo Horizonte: Fórum, 2012.

BRITTO, Carlos Ayres. *Teoria da Constituição*. Rio de Janeiro: Forense, 2006.

CARVALHO, Cristiano. *Teoria da decisão tributária*. São Paulo: Almedina, 2018.

CORREIA NETO, Celso de Barros. *Os impostos e o Estado de Direito*. São Paulo: Almedina, 2017.

MOSQUERA VALDERRAMA, Irma Johanna; MAZZ, Addy; SCHOUERI, Luis Eduardo; QUIÑONES, Natalia; ROELEVELD, Jennifer; PISTONE, Pasquale; ZIMMER, Frederik. The rule of law and the effective protection of taxpayers' rights in developing countries. *WU International Taxation Research Paper Series*, n. 10, 31 ago. 2017.

OBERSON, Xavier. *International Exchange of information in tax matters*: towards global transparency. UK: Elgar, 2015.

OECD. *Model tax convention on income and on capital*: condensed version 2017. Paris: OECD Publishing, 2017. Disponível em: http://dx.doi.org/10.1787/mtc_cond-2017-en 8. Acesso em: 30 jun. 2018.

ROCHA, Sérgio André. *Política fiscal internacional*. Rio de Janeiro: Lumen Juris, 2017.

ROSS, Alec. *The industries of the future*. Nova York: Simon & Schuster Paperbacks, 2016.

SCHOUERI, Luís Eduardo; BARBOSA, Mateus Calicchio. Da antítese do sigilo à simplicidade do sistema tributário: os desafios da transparência fiscal internacional. *In*: SANTI, Eurico M. D de; CHRISTOPOULOS, Basile G.; ZUGMAN, Daniel L.; BASTOS, Frederico S. *Transparência fiscal e desenvolvimento* – Homenagem ao professor Isaías Coelho. São Paulo: Fiscosoft, 2013.

SCHWAB, Klaus. *A quarta revolução industrial*. Tradução de Daniel Moreira Miranda. São Paulo: Edipro, 2016.

TAVOLARO, Agostinho Toffoli. Estatuto do contribuinte. *Revista Tributária e de Finanças Públicas*, São Paulo, ano 12, n. 58, p. 82-104, set./out. 2004.

TAYLOR, John B. *Global financial warriors*: the untold story of international finance in the post-9/11 world. 1. ed. Nova York: W.W. Norton, 2007.

TONELLI JUNIOR, Renato Rodolfo. *A troca internacional de informações em matéria tributária e a cláusula due process of law*: uma análise do contexto brasileiro. Porto Alegre: Núria Fabris, 2017.

UNITED NATIONS. *Model double taxation convention between developed and developing countries.* New York: UN, 2001.

VALADÃO, Marcos Aurélio Pereira. Troca de informações com base em tratados internacionais: uma necessidade e uma tendência irreversível. *Revista de Direito Internacional, Econômico e Tributário,* v. 4, n. 2, p. 261-282, 2009.

VALADÃO, Marcos Aurélio Pereira; ARRUDA, Henrique Porto de. Direitos fundamentais, privacidade, intimidade, sigilos bancário e fiscal e o consenso internacional. *Nomos: Revista do Programa de Pós-Graduação em Direito da UFC,* Fortaleza, v. 34, n. 2, p. 315-344, 2014.

Informação bibliográfica deste texto, conforme a NBR 6023:2018 da Associação Brasileira de Normas Técnicas (ABNT):

SANTOS, Rebeca Drummond de Andrade Müller e. Os direitos fundamentais dos contribuintes na era da troca internacional de informações tributárias. *In*: LEAL, Saul Tourinho; GREGÓRIO JÚNIOR, Eduardo Lourenço (Coord.). *A Constituição Cidadã e o Direito Tributário*: estudos em homenagem ao Ministro Carlos Ayres Britto. Belo Horizonte: Fórum, 2019. p. 375-392. ISBN 978-85-450-0678-7.

SISTEMA TRIBUTÁRIO E DEMOCRACIA SOCIAL

RICARDO CÉSAR MANDARINO BARRETTO

O capitalismo brasileiro lastreia-se em uma economia social de mercado. É a filosofia da abundância. Eu ganho se todos ganham.
(Ayres Britto)

Constitui lugar comum a afirmação de que a carga tributária brasileira é excessiva. Quando se rebate, explicando-se que a nossa carga tributária é similar à da maioria dos países desenvolvidos, retruca-se dizendo que lá, nos países desenvolvidos, os serviços são bons, aqui, os serviços são péssimos.

Ao lado de todas essas afirmações aparentemente originais, mas extremamente superficiais, há outro mantra, esse justificador da sonegação, baseado na alegação de que os tributos arrecadados são desviados pelo ralo da corrupção.

O argumento da corrupção como justificador de uma "sonegação legítima", uma espécie de desobediência civil irresistível, não se sustenta, porque corrupção resolve-se de outra forma. Corrupção é caso de polícia e de justiça e vem sendo enfrentada no Brasil, de alguns anos para cá, com expressivo sucesso.

A derrota dessa mazela passa por investimento em educação, inclusive em educação moral cívica nas escolas, como todos os países do mundo fizeram e fazem para extirpar ou, pelo menos, para controlar esse câncer que parece latente no DNA de todas as pessoas.

Na Alemanha dos anos 20, do século passado, em que a inflação chegou a milhares por cento ao ano, pondo a economia em desordem, a corrupção era regra de conduta normal na sociedade. Segundo Lionel Richard, em *A República de Weimar*,[1] quem quer que frequentasse um restaurante haveria que, na entrada, deixar uma quantia em dinheiro, a título de depósito como garantia de que não furtaria os talheres. As cortinas dos trens eram levadas com frequência pelos usuários. A prostituição feminina e masculina era a única alternativa entre os jovens mais carentes.

---

[1] RICHARD, Lionel. *A República de Weimar*. São Paulo: Companhia das Letras, 1988.

A Alemanha demorou para se reerguer. Ainda enfrentou sérios problemas nos anos 30 e 40, até o fim da 2ª Guerra Mundial. Destroçada, investiu em educação e hoje é o que é.

A Dinamarca, por conta dos investimentos em educação e instrução moral e cívica, cultiva a honestidade como valor social. O mesmo verifica-se nos demais países nórdicos. Mas não só os países nórdicos que têm esse padrão cultural. Outros procuram seguir, com sucesso, o mesmo exemplo. Tudo a partir do investimento em educação.

Dou realce a esses fatos, porque também é muito comum o brasileiro depreciar-se, com frases do tipo: "isso aqui não tem jeito", "brasileiro é corrupto por natureza" e por aí vai. Tem jeito, sim. Quem quer que conheça um pouco da história universal, da história de alguns povos, chegará à conclusão de que o ser humano tem uma natureza corrupta. Nasce com tendência a ser corrupto, é perverso, cruel, por natureza, mas como é inteligente e tem uma necessidade emotiva extraordinária de viver em sociedade, é capaz de criar regras e observá-las de forma a tornar agradável e civilizada a convivência.

É preciso que tenhamos coragem de admitir isso, reconhecer isso, ou seja, os defeitos atávicos do homem, que não são só dos brasileiros, são de todo homem, em qualquer lugar do planeta. Tendo consciência dessa realidade, seremos capazes de mudar, de pensar em investir em educação, até mesmo como forma de encontro com a felicidade. Afinal, felicidade passa pela ideia de tornar a vida mais fácil.

Devemos afastar de nós mesmos o complexo de vira-latas a que se referia Nelson Rodrigues, mas temos que ter consciência de que devemos nos livrar, proteger-nos das nossas fraquezas, como costuma pontuar o Ministro Ayres Britto. Tudo isso passa por controles, que existem em toda sociedade democrática, civilizada.

Numa sociedade democrática, todos vigiam todos. Se a gente observar, somos vigiados desde que saímos de casa, no trânsito, pelas câmaras eletrônicas a nos impedir que cometamos infrações. Assim é em tudo. O ser humano é abusado por natureza, é infrator por instinto. Se ninguém fiscalizar, se as regras forem frouxas, ele abusa, todo mundo abusa, basta ter oportunidade. Cada um de nós é capaz de abusar, uns mais, outros menos, basta que a oportunidade apareça.

Na medida em que se educa, os abusos vão deixando de ser cometidos. Primeiro, pelo receio da sanção, depois por internalização, no espírito de cada um, de que viver respeitando o direito dos outros é mais cômodo, muito mais prazeroso. Passa a ser uma esperteza do bem. Desse modo, tendemos a moldar a nossa índole originariamente ruim até nos tornarmos, no mínimo, pessoas razoáveis, construtores de uma sociedade razoável.

Temos uma Constituição exemplar no que diz respeito aos direitos individuais e sociais. Uma Constituição que agrega valores éticos ideais de qualquer povo civilizado. Uma Constituição que busca conciliar a ordem econômica com o respeito aos direitos sociais. Ainda me valendo do Ministro Ayres Britto, uma "Constituição primeiro mundista", em que nela se encontram todas as soluções, todas as saídas.

Quem ler este texto, observará que estou citando demais o Ministro Ayres Britto. Estou, sim, e é de propósito. Este livro, constitutivo de uma coletânea de artigos, foi concebido para homenageá-lo. Nada melhor que o façamos, valendo-nos das suas criações intelectuais, das suas tiradas originais, inteligentes, dos seus repentes, das suas metáforas, como fonte de inspiração.

Volto ao ponto inicial da denominada excessiva carga tributária brasileira *versus* qualidade dos serviços prestados, para demonstrar que o que há de errado com a nossa carga de tributos não é o peso geral em relação ao PIB, mas a sua má distribuição. O nosso sistema tributário é completamente cruel com certas categorias profissionais, com certos segmentos da economia, e extremamente generoso com outros. Esses outros são justamente os que mais reclamam e os que mais sonegam, porque o sistema facilita-lhe a sonegação.

Enquanto o assalariado paga um absurdo de IR, o ganho de capital, os pró-labores são tributados numa merreca. Tributa-se excessivamente o consumo de certos produtos e se deixa de tributar as rendas altas. Os menores salários são atingidos, ano após ano, em aumento real de tributação pelo simples fato de que se deixou de corrigir a tabela do IR. Isso tudo é uma iniquidade.

Costuma-se dizer que o nosso sistema arrecadatório é um manicômio tributário, como se houvesse sido concebido por um bando de loucos. Nada disso, não tem nenhum doido entre os seus inspiradores. O que há é uma perversidade fiscal irresponsável, com escopo de garantir privilégios, esquecendo-se de que, com o tempo, tudo isso não terá como se sustentar.

Segundo dados da OCDE (Organização para Cooperação e Desenvolvimento Econômico), a média das cargas tributárias dos países desenvolvidos gira em torno de 34 a 35% do PIB, enquanto a nossa fica em torno de 32 a 33%. Segundo Luiz Guilherme Julião, em artigo publicado no jornal *O Globo*, em 8.2017, o Brasil ocupa do 20º lugar em carga tributária versus PIB, entre os países da OCDE.

Tomemos como referência a Alemanha, que tem uma carga tributária parecida com a nossa em relação com o PIB. Numa análise simplória, é fácil dizer que os serviços na Alemanha são infinitamente superiores. E são. A questão é que o PIB *per capita* alemão é quatro vezes maior, visto que a sua população, de 83 milhões de pessoas, é menos da metade da nossa, de mais de 200 milhões. O território alemão, algo em torno de 350 mil km^2, é menor que o estado da Bahia, que tem 550 mil km^2. O Brasil tem 8.500.000 km^2. Logo, se arrecadamos menos que a Alemanha e temos que distribuir os recursos numa área 26 vezes maior para uma população maior que o dobro, é evidente que não poderemos dispor da mesma infraestrutura que a Alemanha dispõe e da mesma qualidade dos serviços.

O exemplo do Canadá é igualmente emblemático. Temos um PIB mais ou menos parecido, só que a nossa população é de 210 milhões de habitantes, enquanto o Canadá tem 36 milhões. A pergunta que não quer calar. Quem vive melhor? Quem arrecada mais ou menos os mesmos recursos para uma população de 26 milhões de pessoas ou quem os utiliza para 210 milhões, quase seis vezes mais?

Um exemplo simples elucida a questão. Imaginemos duas famílias, cujos casais têm uma renda de 10.000 reais mensais, cada um. Um dos casais tem 2 filhos, o outro tem 10 filhos. Qual dos dois casais tem condições de matricular os filhos nas melhores escolas, morar em bairros mais bem estruturados e ter uma vida mais confortável?

Evidente que é o que tem dois filhos. Está aí, na mesma proporção, a diferença entre o Brasil e o Canadá. Simples assim.

Há alguns anos, se não me falha a memória, ainda no Governo FHC, a alíquota do IPI dos carros com até 1.000 cilindradas, os denominados carros populares, foi levada a zero ou índice bem próximo, como forma de estimular o consumo. Estimava-se, na época, que um Corsa, da Chevrolet, por exemplo, teria o seu preço reduzido, no mercado, de dez mil reais, para algo em torno de oito mil reais. Não aconteceu nada disso. Os carros foram colocados nas concessionárias para serem comercializados por oito mil reais, mas ninguém conseguia comprar um por esse valor. Havia que pagar um ágio correspondente ao valor da redução tributária. Resultado. O estímulo fiscal, concedido pelo Governo, em nada beneficiou os consumidores. Beneficiou os donos das concessionárias, que aumentaram os seus lucros, auferindo o que seria o tributo devido.

O que houve, de fato, foi uma transferência de renda para uma categoria de prósperos comerciantes à custa do próprio contribuinte e em prejuízo de toda a sociedade, uma vez que o governo reduziu a sua arrecadação, consequentemente passou a dispor de menos recursos para investir em benefício de todos.

Em outro exemplo que me ocorre, lembro que, em dois momentos após o Plano Real, o dólar disparou abruptamente. Uma vez, foi no final do Governo FHC, quando pulou de pouco mais de um real para quatro reais. O mesmo aconteceu no Governo Dilma, recentemente – o dólar beirou os quatro reais. Nem por isso os carros importados tiveram os seus preços impactados para cima. As concessionárias de veículos importados continuaram importando e vendendo os seus automóveis. Ao que me consta, nenhuma delas fechou ou parou de vender.

Isso só serve para demonstrar que todo esse discurso de carga tributária pesada é falso. Os concessionários de carro importado, com a alta dólar, continuaram comercializando os seus veículos pelos mesmos preços, simplesmente porque dispunham de lucros excessivos. Puderam queimar as suas "gorduras" excedentes sem quebrar o seu negócio e sem sair do ramo de atividade comercial que desenvolviam.

Por conta dessas obviedades, que as pessoas se recusam a enxergar, é que um dos critérios que utilizo para votar é não escolher, de forma alguma, o candidato que promete reduzir a carga tributária em relação ao PIB. Isso é praticamente impossível, nesse momento da história do nosso país, ainda que venhamos a experimentar índices de crescimento razoáveis nos próximos anos. É impossível porque, ao lado das nossas necessidades de investimento, temos uma dívida fiscal gigantesca para dar conta. É certo que, passados alguns anos, depois de instituído um sistema tributário racional, mais eficiente, mais justo, essa redução possa ser possível. Agora, não há como.

O candidato que faz esse tipo de promessa, de duas, uma; é ignorante, é mal-intencionado e mentiroso ou as duas coisas juntas, o que é muito provável. Um candidato sério jamais acenaria com esse tipo de ilusão. O que ele pode prometer é reformar o sistema tributário para alargar a base da tributação, diminuir o peso da carga sobre certos segmentos e aumentar em outros, jamais dizer que vai diminuir a arrecadação em face do PIB. Num futuro mais distante, talvez, seja possível.

Histórico

No Brasil, o sistema tributário foi sistematizado detalhadamente na lei maior a partir da Constituição Democrática de 1946.

Na Constituição do Império, de 25.3.1824, há referência, no art. 170, à Fazenda Nacional encarregada a um tribunal com o nome de "Thesouro Nacional", "aonde em diversas Estações, devidamente estabelecidas por Lei, se regulará a sua Administração, arrecadação e contabilidade, em recíproca correspondência com as Thesourarias, e Autoridades das Províncias do Império".

O art. 171 comete à Assembleia Geral a competência para estabelecer as contribuições diretas, anualmente, com vigência, entretanto, até que umas sejam substituídas por outras.

Com isso, atribuiu competência à Assembleia Geral para criar as contribuições, isto é, os tributos. As limitações ao poder de tributar não existiam de forma sistematizada, direta, podendo-se extrair dos princípios gerais sobre os direitos civis e políticos dos cidadãos expressos no art. 179.

A primeira Constituição republicana de 1891 também não disciplina o sistema tributário. Limita-se, apenas, a estabelecer a competência legislativa do Congresso Nacional para "Regular a arrecadação e a distribuição das rendas federais" (art. 34, §4º).

Na Seção II, da Declaração dos Direitos, foi eleito o princípio da legalidade, ao estabelecer, no art. 72, §30, que "nenhum imposto de qualquer natureza poderá ser cobrado sinão em virtude uma lei que o autorize".

A Constituição de 1934 também não disciplina o sistema tributário. Impõe, entretanto, limitação proibitiva da criação de "imposto sobre a profissão de escritor, jornalista ou professor" (art. 113, §36).

A nossa vocação detalhista, casuísta, começa a se manifestar na área tributária.

O Título IV, da Ordem Econômica e Social, institui a contribuição de melhoria, proveniente da "valorização do immóvel por motivo de obras públicas" (art. 124).

O art. 126 cria um incentivo fiscal sobre imóvel rural, estabelecendo a redução de "cinquenta por cento os impostos que recaiam sobre immóvel rural, de área não superior a cinquenta hectares e de valor de dez contos de reis, instituído em bem de família".

A Constituição outorgada de 1937 excluía a competência para a deliberação, entre outros, sobre projetos ou emendas que versem sobre matéria tributária (art. 64), estabelecendo o art. 65 que "todos os projetos de lei que interessem à economia nacional, em qualquer dos seus ramos, antes de sujeitos à deliberação do Parlamento, serão remetidos à consulta do Conselho de Economia Nacional".

Era, como se sabe, a Constituição Autoritária da Ditadura Vargas.

Com a redemocratização do Brasil, foi promulgada a Constituição de 18.9.1946, que, juntamente com a Constituição de 1988, foi a mais democrática da nossa história.

A Constituição de 1946 disciplinou o sistema tributário, estabelecendo a esfera de competência dos tributos e impondo limitações ao poder de tributar, em benefício da cidadania, como a obediência ao princípio da uniformidade dos tributos (art. 17), a imunidade recíproca, para o efeito da instituição do imposto de renda, bens e serviços da União, estados, Distrito Federal e municípios, imunidade dos templos de qualquer culto, bens e serviços de partidos políticos, instituições de educação e de assistência social e o papel destinado exclusivamente à impressão de jornais, periódicos e livros (art. 31, V).

Reinstituiu a contribuição de melhoria com previsão constitucional e as taxas de competência concorrente entre União, estados, Distrito Federal e municípios, além de "quaisquer outras rendas que passam do exercício de suas atribuições e da utilização de seus bens e serviços" (art. 30, I, II e III).

Vedou limitações ao tráfego de qualquer natureza por meio de tributos, além de haver consagrado o princípio da legalidade e o princípio da anualidade, ao estabelecer, no art. 141, §34, inserto no Capítulo II, dos Direitos e das Garantias Individuais, que "Nenhum tributo será exigido ou aumentado sem que a lei o estabeleça; nenhum será cobrado em cada exercício sem prévia autorização orçamentária, ressalvada, porém, a tarifa aduaneira e o imposto lançado por motivo de guerra".

A Constituição conferiu competência à União para cobrar impostos sobre importação de mercadorias, consumo de mercadorias, produção, comércio, distribuição e consumo, bem assim importação e exportação de lubrificantes e de combustíveis líquidos ou gasosos de qualquer origem ou natureza, minerais do país e energia elétrica, Imposto de Renda, transferência de fundos para o exterior e negócios de sua economia.

Aos estados, foi atribuída competência para decretar impostos sobre a propriedade territorial, transmissão *causa mortis* e *inter vivos* e sua incorporação ao capital das sociedades, além do imposto sobre vendas e consignações, exportação de suas mercadorias para o estrangeiro até o máximo de 5% *ad valorem*, os serviços da justiça e os negócios de sua economia.

A instituição do imposto de exportação aos estados, hoje, seria danosa para a economia nacional, pois tiraria, da União, parcela importante do seu poder de estabelecer políticas extrafiscais, além de contribuir para aumentar a distância entre os estados produtores – mais ricos – e os estados consumidores – mais pobres.

Os municípios ficaram com as transferências previstas constitucionalmente e com os impostos predial e territorial urbano, de licença de indústrias e profissões, sobre diversões públicas, sobre atos de sua economia ou de assuntos de sua competência.

Com o golpe de 1964, veio a Constituição de 24.1.1967, promulgada por um Congresso absolutamente sem autonomia, obediente, manietado, eis que legislava sob a mira do Ato Institucional nº 2, que permitia, ao presidente da República, cassar mandatos e suspender direitos políticos de quem bem entendesse. Embora Constituição dita promulgada, foi, na verdade, outorgada.

A Constituição de 1967 sistematizou, de forma mais técnica, o sistema tributário, mas não impôs grandes alterações. As limitações ao poder de tributar praticamente permaneceram as mesmas, porque as alterações que pretendeu foram mais de cunho político, para assegurar a continuidade do poder ao grupo que o havia tomado em 1964.

Diminuiu o número de impostos dos estados, fortalecendo a Federação, bem como o dos municípios, compensando-os, em parte, com transferências, de modo a que estados e municípios se tornassem mais dependentes do Poder Central, como já eram politicamente, sujeitos que ficaram, posteriormente, os seus dirigentes, a serem cassados por força do Ato Institucional nº 5, de 13.12.1968. Governadores e prefeitos passaram a ser meros chefes de grandes departamentos.

A Constituição de 17.10.1969, também dita promulgada, mas filha dileta do Ato Institucional nº 5, eis que concebida para viver em harmonia com este, não traz alterações ao sistema tributário que mereçam análise mais profunda.

O sistema atual

O sistema tributário da Constituição de 1988 atribui à União, estados, Distrito Federal e municípios a competência concorrente para a instituição de três espécies tributárias, *imposto, taxa* e *contribuição de melhoria*, estabelecendo, de logo, que os impostos tenham caráter pessoal e observem a capacidade contributiva.

Deixou o constituinte, aparentemente, de se preocupar com a cobertura das despesas, de forma específica, em que pese haver aberto, à União, um enorme leque para a criação de outros impostos, desde que não cumulativos e que não tenham fato gerador ou base de cálculo próprios dos impostos discriminados na Constituição, vedando, assim, o *bis in idem* infraconstitucional.

Definiu taxa e não permitiu sua criação com a mesma base de cálculo própria de impostos.

Além da competência concorrente, exclusivamente à União, o legislador constituinte atribuiu a competência *para instituir empréstimos compulsórios e contribuições sociais de intervenção no domínio econômico e de interesse das categorias profissionais e econômicas.*

Criou regras específicas de limitações ao poder de tributar, inspirada na Constituição de 1946, especialmente os princípios da legalidade, da isonomia e da anterioridade, além de proibir o confisco e criar hipóteses de imunidade como o patrimônio, ou serviços dos diversos entes federativos, proibindo, ainda, a incidência sobre os templos de qualquer culto, em homenagem à liberdade religiosa, como direito fundamental, sobre o patrimônio e a renda dos partidos políticos, das entidades sindicais dos trabalhadores, das instituições de educação sem fins lucrativos.

Manteve a imunidade sobre os livros, jornais, periódicos e o papel destinado à sua impressão, o que causou inicialmente grande polêmica nos meios jurídicos, se os insumos indispensáveis ao funcionamento dos jornais também gozam de imunidade, havendo, como o Prof. Hugo Machado, quem entenda que sim, porque a interpretação da regra de imunidade não é literal, mas sistêmica, porquanto visa à liberdade de imprensa, como bem maior. Aí se vê uma das raízes do cunho social da Constituição atual, mesmo na disciplina do sistema tributário. A Constituição, em nenhum momento, em nenhuma das suas disposições, aparta-se desse desiderato.

O Constituinte vedou, ainda, a instituição de tributo que não fosse uniforme em todo território nacional, a tributação da renda das obrigações da dívida pública, como forma naturalmente de não incentivar a inflação e conter o déficit público e a diferença tributária entre bens e serviços de qualquer natureza, em razão de sua procedência ou destino.

Todas essas vedações, todas essas limitações impostas ao poder de tributar não impediram que, após a Constituição de 1988, não deixássemos de experimentar períodos de inflação altíssima, déficit público e desrespeitos aos direitos de contribuintes com a criação e majoração de tributos flagrantemente inconstitucionais.

Isso ocorre porque o nosso sistema tributário não é racional. Foi criada uma infinidade de tributos, sem a preocupação com a satisfação das despesas. A impressão que se tem é que os impostos, taxas, contribuições etc. foram colocados no texto constitucional aleatoriamente, sem qualquer preocupação com o volume de arrecadação, daí porque deixou a porta aberta para apenas a União poder criar outros impostos.

Muitos tributos instituídos são artesanais, de difícil e cara fiscalização e fácil sonegação, como é o caso do ICMS, na forma como foi concebido.

Hoje, a União tem, para si, a competência para instituir *imposto sobre importação de produtos estrangeiros, exportação, renda e proventos, produtos industrializados, operações de crédito, câmbio e seguro, ou relativa a títulos ou valores mobiliários, propriedade territorial e grandes fortunas*, este até hoje não instituído, por força mesmo da controvérsia que gera. Do meu ponto de vista, acho que não vale a pena.

Aos estados, Distrito Federal e municípios não há competência residual, estabelecendo o legislador constituinte, para os primeiros, a competência para instituir *impostos sobre transmissão causa mortis e doação de quaisquer bens ou direitos, operações relativas à circulação de mercadorias e sobre prestações de serviços de transporte interestadual e intermunicipal e de comunicação e propriedade de veículos automotores.*

Aos municípios foram destinados *os impostos de transmissão inter vivos, a qualquer título por ato oneroso, serviços de qualquer natureza que não se inclua na hipótese do ICMS e propriedade predial e territorial urbana.*

O constituinte permitiu, ainda, a repartição de receitas tributárias de modo que os estados e o Distrito Federal participassem de parte da arrecadação de alguns impostos instituídos pela União e, os municípios, parte de alguns impostos instituídos pela União e pelos estados.

Desse modo, os estados e Distrito Federal ficam com o produto do Imposto de Renda retido na fonte sobre rendimentos por eles pagos, suas autarquias e fundações, e 20% sobre a arrecadação de impostos que a União vier a instituir, não previstos, hoje, na Constituição.

Essa participação pode se transformar num engodo, ensejador, como tem sido, de batalhas judiciais, porque a União pode, perfeitamente, instituir impostos, com denominações de outras espécies tributárias, afastando, assim, a participação dos estados e Distrito Federal. A criação das contribuições sociais são um exemplo disso.

O município também tem direito ao Imposto de Renda nas mesmas condições dos estados, além de 50% sobre o produto da arrecadação do imposto da União sobre a propriedade territorial rural, relativamente aos imóveis neles situados e 25% sobre a arrecadação do ICMS.

Afora esse tipo de participação direta, há, ainda, o fundo de participação dos estados, Distrito Federal e municípios, em que a União é obrigada a entregar percentuais do Imposto de Renda e IPI, tendo também os municípios direito à obtenção de recursos tributários dos estados, em razão do fundo de participação.

Esse tipo complicado de disciplina de participação dos estados, Distrito Federal e municípios, em parcela da receita tributária da União e, relativamente aos municípios, em parcela da receita tributária da União e dos estados, tem gerado graves problemas de ofensa ao pacto federativo, podendo valer-se os governantes, muitas vezes, do expediente de reter os repasses, como forma de domínio político sobre as pessoas jurídicas de direito público interno.

Tudo isso revela o tumulto que é o nosso sistema tributário, sua forma complicada de arrecadação e de distribuição de receita.

O INSS mesmo, em vários momentos, em passado recente, bloqueou valores do Fundo de Participação dos Municípios como forma de forçar o recolhimento de débitos previdenciários, obrigando os prefeitos a impetrarem mandado de segurança.

O imposto sobre transações financeiras

O nosso sistema tributário necessita de aperfeiçoamento, de forma a torná-lo mais justo, mais consentâneo aos valores éticos e sociais da Constituição e mais eficiente, tudo de acordo com os preceitos dos arts. 1º, 37 e 170, da Carta Magna. O nosso modelo econômico é capitalista e capitalista tem que ser, porque capitalista assim o quis o constituinte originário, e a história vem demonstrando que essa é a forma mais eficiente de promover o desenvolvimento social e humano.

Entretanto, o capitalismo não pode jogar solto, porque o ser humano também não pode jogar solto e a própria Constituição brasileira prevê o modelo adequado da ordem econômica, *fundada na valorização do trabalho humano e na livre iniciativa, tendo por fim assegurar a todos existência digna, conforme os ditames da justiça social, observados os princípios da soberania nacional, propriedade privada, função social da propriedade, livre concorrência, defesa do consumidor e defesa do meio ambiente*, tal como consta do art. 170.

Somos uma economia social de mercado, no dizer do Ministro Ayres Britto, uma social democracia moderna, em que se busca a extinção das desigualdades, o desenvolvimento regional igualitário, o pleno emprego, e nada disso será possível sem um sistema tributário eficiente, blindado contra a sonegação, e mais justo, com a ampliação da base da arrecadação.

Uma das soluções possíveis – outras deve haver – que identifico para atingir os objetivos sonhados pela sociedade, quando da convocação da constituinte que resultou na Carta de 1988, que seria a reedição de um novo tributo sobre as movimentações financeiras, com uma roupagem inteiramente nova.

Quando o Prof. Marcos Cintra Cavalcanti de Albuquerque propôs a ideia da criação do Imposto sobre Transação, em artigo publicado na *Folha de S.Paulo* de 14.1.1990, com o título "Por uma revolução tributária",[2] em que pretendia fosse um imposto único com vistas à arrecadação e a ressalva de alguns impostos de finalidade

---

[2] ALBUQUERQUE, Marcos Cintra Cavalcanti de. Por uma revolução tributária. *Folha*, 14 jan. 1990.

extrafiscal, todos os aspectos críticos que lhe foram dirigidos foram desmentidos pelos fatos históricos subsequentes.

Travou-se, no país, um enorme debate sobre o assunto, que, infelizmente, não foi levado a sério, por força de uma contradita emotiva, na maioria das vezes, partindo de pessoas despreparadas para o exame da matéria, outras, movidas pelos interesses dos grupos econômicos que representavam, mas todas com espaço na mídia.

Na época, o Sr. Mário Amato chegou a afirmar que o imposto representaria uma carga pesada sobre o trabalhador que percebe um salário mínimo, quando se sabe ser impossível a alguém, com esse rendimento, possuir conta bancária e como se não fosse possível estabelecer certas hipóteses de isenção.

Partiam-se de pequenos detalhes facilmente contornáveis pelo legislador, para bombardear a mais brilhante ideia que já surgiu em matéria tributária nos tempos modernos, na era do capitalismo financeiro, pelas características do tributo, praticamente infenso à sonegação. É aí onde residia o temor de sua criação.

Antes da primeira edição desse tributo, pela Lei Complementar nº 77, de 13.7.1993, com o nome de IPMF, muitos foram os críticos que previram que, com sua instituição, a inflação explodiria. Vivíamos, na época, altos índices de inflação. O imposto foi instituído, começou a ser cobrado, e nenhum índice econômico revelou que a inflação houvesse ascendido ou que houvesse regredido, quando a lei que o instituiu perdeu a vigência.

O mesmo ocorreu com a CPMF, já em período de estabilidade econômica, em plena vigência do Plano Real. Seus opositores alardeavam que o tributo seria inflacionário. Foi instituída, começou a ser cobrada, sem que houvesse qualquer alteração, para mais, dos índices de inflação.

Outra crítica repetida é a de que o tributo só teria cabimento em situação de inflação alta. Com inflação baixa, sua arrecadação seria irrisória.

Os fatos desmentiram todas as previsões. O IPMF, vigente na época da inflação alta, com uma alíquota de 0,25%, permitiu um ingresso de receita de cerca de U$5.000.000.000,00 (cinco bilhões de dólares), na paridade média de 1 por 1 e a CPMF teve, para 1997, a concreta previsão de arrecadação maior, de R$6.765.934.000,00 (seis bilhões, setecentos e sessenta e cinco milhões, novecentos e trinta e quatro mil reais), com inflação prevista para menos de 6% e com uma alíquota menor de 0,20%.

O Professor Marcos Cintra demonstrou as vantagens do tributo como imposto único. A proposta aqui formulada não é de imposto único, mas a de aproveitar as vantagens próprias da natureza do tributo, entre elas a simplicidade de sua arrecadação, possível, nos dias de hoje, em face da sofisticação eletrônica virtual.

Vejamos o que afirmava o Prof. Marcos Cintra, com dados econômicos da época:

> Esta proposta acarretaria a virtual eliminação da sonegação, da corrupção fiscal e da economia informal, sem custos administrativos ou de fiscalização. A arrecadação tributária seria efetuada automaticamente a cada lançamento de débito e de crédito no sistema bancário. A cada transação, a conta credora e a conta devedora seriam debitadas em um percentual fixo do valor da transação. Assim, a cada transação efetuada mediante cheques ou qualquer outro tipo de ordem de pagamento, o sistema automaticamente

transferirá o produto da arrecadação à conta dos Tesouros federal, estaduais e municipais, segundo critérios predefinidos.

Como estimado acima, a redução nos custos da máquina arrecadadora do governo e do pessoal administrativo do setor privado poderá chegar a 20% da arrecadação fiscal bruta do país, de cerca de 22% – PIB. Isso implica dizer que o impacto dessa proposta, em termos de liberação de recursos reais, seria da ordem de 4,4% do PIB. Esse montante equivale à totalidade das remessas de recursos reais ao exterior – pagamento de juros, de lucros e de dividendos – e significa uma vez e meia o impacto de uma moratória da dívida externa brasileira. São recursos que poderiam ser canalizados para investimentos produtivos, capazes de alavancar o crescimento econômico, em vez de serem absorvidos em atividades consumo do governo e em custos administrativos privados.

Esse sistema torna impraticável qualquer tentativa de sonegação, pois bastaria uma fiscalização nos sistemas de compensação do setor bancário para que ela seja totalmente eliminada.

O mais significativo nesta proposta é que a alíquota do imposto pode ser baixa. Para que o governo – em seus três níveis – arrecade cerca de 25% do PIB, e considerando-se o volume de transações efetuadas na economia, estima-se que a alíquota do imposto sobre transações não seria superior a 2% – 1% pago pela parte credora e 1% pela parte devedora na transação.

Assim, considerando-se a baixa alíquota marginal, o incentivo à sonegação virtualmente desapareceria. Ademais, isso se tornaria impossível, a não ser que a transação fosse efetuada em moeda, ou mediante escambo. Evidentemente, nestes dois casos o custo da sonegação seria maior do que seu benefício – apenas 1% da transação – o que desincentivaria por completo qualquer tentativa de burla tributária.

Cabe lembrar ainda que, para evitar que as transações efetuadas em moeda fiquem isentas de tributação, todo saque ou depósito de numerário (moeda circulante) do sistema bancário poderia ser taxado de acordo com uma alíquota que em média reproduza o número de transações que se realiza com essa mesma moeda até seu retorno ao sistema bancário.

O que se observou, durante a vigência dos dois tributos idênticos, o IPMF e a CPMF, foi o exacerbo da irracionalidade, de um lado, e o oportunismo político, de outro, como norma de conduta nacional. Tanto insistiram que conseguiram expurgá-lo do sistema.

Segundo o *Estado de São Paulo*, em 20.11.2007, a arrecadação da CPMF, até outubro daquele ano, foi de mais de 29 bilhões de reais, com um incremento real de mais de 10%. O total da arrecadação do tributo foi 10% maior que o de outros impostos, como a Cofins, 7,64%, e o PIS, 6,16%. Perdeu apenas para o CSLL, IPI e IR segundo Adriana Fernandes, da agência *Estado*.

O que não dá para entender é como uma ideia excelente é afastada do sistema, por pura irracionalidade, mesmo que, para fazer face à falta dos recursos da CPMF, o Governo tenha aumentado brutalmente a alíquota do IOF, em até 25%, sem que houvesse qualquer manifestação contrária.

Os comentaristas de TV costumam denominar o imposto de "famigerado", e outros adjetivos, procurando dar credibilidade às expressões negativas que utilizam por meio de gestos e impostação de voz, ao comentar o tema de forma totalmente superficial, sobre o qual demonstram não dispor de qualquer domínio.

Esse tipo de tributação sobre movimentação financeira é uma ideia recente, específica, viável para o capitalismo financeiro e viabilizado por um dos mais modernos e sofisticados sistemas bancários do mundo, como o nosso, que, por força dos altos índices inflacionários a que fomos submetidos, foi obrigado a informatizar-se para lidar com a correção monetária, afastando-a, na sua contabilidade, daquilo que, de fato, constituía parcela de juros, em operações muitas vezes complicadíssimas de matemática financeira.

A ideia desse tributo é recente, em termos de história, capaz de ser concebido apenas em um sistema bancário altamente informatizado. Se outros países ainda não o adotaram é porque estão satisfeitos com seus sistemas atuais ou porque se deparam com o mesmo tipo de resistência, partindo de quem tem vocação atávica para sonegar.

Alega-se que foi adotado na Argentina e que não deu certo. Não deu certo porque lá o tributo incidia sobre os cheques, apenas, e como a economia não era indexada como a nossa, no período de inflação alta, tornou-se dolarizada, o que, na prática, era uma indexação inoficiosa, danosa, daí o seu insucesso.

É verdade que tanto a Argentina como o Brasil não acreditavam em suas moedas, mas, enquanto nós dispúnhamos de ORTN, BTN etc., a Argentina recorria à moeda estrangeira, o que não é da nossa tradição.

Mesmo na inflação alta, seria impossível, aqui no Brasil, a dolarização da economia, dada a pouca quantidade da moeda estrangeira que corria em seu subterrâneo, algo em torno de U$5.000.000.000,00 (cinco bilhões de dólares) à época, enquanto a Argentina, com uma economia muito menor, tinha mais que o dobro disso.

O Prof. José Volney de Brito lembra que o imposto argentino incidia apenas sobre os cheques e não sobre todas as transações bancárias, além de não haver sido tomado nenhum cuidado com a arrecadação. Os cheques circulavam ao portador e eram endossados infinitamente.

Uma simples limitação legal de endosso e o problema estaria resolvido, porque nenhum cheque circularia infinitamente, face a falta de segurança que inspiraria ao recebedor cada vez mais distante do emitente.

É de se ressaltar, ainda, como o fez o Prof. Marcos Cintra, que sua incompatibilidade, na Argentina, deu-se com o modelo tributário ortodoxo, mas, ainda assim, com uma alíquota de 1,2%, chegou a arrecadar mais que todos os impostos cobrados naquele país.

O que se viu, portanto, é que as críticas formuladas contra o imposto sobre transações foram todas desmentidas pelos fatos históricos recentes.

No particular, o oportunismo dos nossos administradores públicos foi extremamente útil, extraordinário mesmo. Sem o desejarem, prestaram um grande serviço à nação, ao instituírem o IPMF e a CPMF, como tributos temporários, mostrando a viabilidade prática do tributo dessa natureza e tornando despicienda toda e qualquer discussão quanto à sua validade enquanto fonte de arrecadação.

Valeu como experiência histórica, sem a intenção de sê-lo, a instituição do IPMF, em período de inflação alta e a CPMF em período de estabilidade econômica.

Em ambas as hipóteses, o volume de arrecadação superou as expectativas, o que demonstra que o imposto tanto serve para época de inflação alta, como para períodos de baixa de preços.

O que importa é que, entre nós, a instituição desse tipo de tributo foi um sucesso, seja de arrecadação, seja de blindagem contra a sonegação, sem que apresentasse qualquer inconveniente para o funcionamento da economia.

O ideal é que o Imposto Sobre Movimentação Financeira seja uma espécie de *viga mestra do sistema tributário*, sua principal fonte de receita derivada, parâmetro para outras e instrumento eficaz de combate à sonegação.

A vantagem do imposto, além das que foram alinhadas, é que trará, para a tributação, como é pensamento unânime, a economia informal, fazendo com que todos ou pelo menos quase todos paguem imposto no Brasil, diminuindo o peso de quem já paga.

O Prof. Marcos Cintra estimou que 2% seriam suficientes para absorver toda a receita da União, estados e municípios, além da Previdência. A questão da previdência não deve ser considerada nessa conta, tendo em vista que o Brasil, de certo, irá reformá-la profundamente e ainda não se tem definido, com clareza, qual o modelo que será adotado.

O importante era que o novo modelo do tributo permitisse a compensação com os valores pagos a título de IR, basicamente, e, até mesmo, com outros tributos. Com isso, não haveria, jamais, hipótese alguma de que aqueles que vivem exclusivamente de salário pagassem mais IMF do que Imposto de Renda, porque a alíquota daquele seria bem menor que a deste.

O economista Augusto Jefferson Lemos também apresentou proposta de reforma fiscal, com uma arrecadação sobre transações financeiras (ATF):

> através do qual os contribuintes pagariam todos os seus tributos ao longo do exercício, para, quando da declaração de ajuste, compensar tal antecipação com os impostos devidos, mediante apresentação dos comprovantes bancários, pagando a diferença ou recebendo a devolução do excesso com a devida correção monetária.

Propôs que os impostos incidam sobre três fatos geradores clássicos: "renda, consumo e propriedade".

O ilustre jurista baiano Antonio Carlos Nogueira Reis manifestou-se sobre esse tipo de imposto, nos seguintes termos:

> Admitimos, conduto, pelos aspectos positivos com que se apresenta (simplicidade e fácil arrecadação), que se examine a possibilidade de adotar-se, a título de experiência, – desde que cobrado mediante alíquota simbólica (digamos 0,0018) –, uma incidência tributária sobre cada movimentação de contas bancárias, representada por depósitos e saques de dinheiro, a cargo de pessoas físicas e jurídicas.[3]

---

[3] REIS, Antonio Carlos Nogueira. *Reforma tributária*. Uma proposta de revisão do sistema tributário nacional. Salvador: Nogueira Reis Advogados, 1991.

A experiência que o Prof. Nogueira Reis admitia, em 1991, já foi feita com sucesso, conforme acima demonstrado.

Regressividade – Inocorrência – Compensação com outros impostos

Com essa ideia sobre a reforma tributária, o IMF recolhido do contribuinte seria abatido do IR, assegurando um mínimo de receita para a União, e ainda serviria para forçar o pagamento do Imposto de Renda dos que não pagam. Compensado com o Imposto de Renda, a regressividade desapareceria, além de assegurar a sua flexibilidade e a neutralidade econômica. Seria uma simbiose perfeita.

O Imposto de Renda, por outro lado, continuaria a cumprir a sua função arrecadatória e de busca da igualdade fiscal, assegurando o mínimo de progressividade, com alíquotas menores, de modo a se chegar ao ideal próximo de justiça fiscal, que é a forma de igualar os desiguais. Compensado o imposto sobre a movimentação financeira com o Imposto de Renda, a sonegação, no mínimo, seria reduzida.

Com relação às empresas, o abatimento do IMF pago mensalmente poderia até ser escriturado como crédito do imposto sobre circulação, de forma também a evitar o repasse do imposto sobre os preços – cumulatividade. Se, no mês, as entradas de mercadorias fossem maior que as saídas, os créditos iam se somando para os meses subsequentes como já se procede com o ICMS e o IPI.

Tratando-se de empresa prestadora de serviço, a compensação seria feita com o imposto municipal sobre serviços, nos moldes acima.

O IMF serviria, no caso, como instrumento de pressão para que o produtor industrial, comerciante ou prestador de serviço de um modo geral, declarasse suas operações comerciais, inibindo a omissão de entrada e saída de mercadorias. Essas, omissão de entrada e saída de mercadorias, constituem um dos principais ralos da sonegação.

Preservação do pacto federativo

Para que estados, Distrito Federal e municípios não perdessem receita com esse tipo de operação compensatória, a lei deveria prever a participação dos entes federativos em determinado percentual de arrecadação do novo tributo.

O repasse seria automático pelos próprios bancos, devendo o legislador prever a forma de sua viabilização, considerando sempre o volume da receita do imposto estadual ou municipal do exercício anterior.

A possível perda de receita da União pelo efeito da compensação acima em favor dos estados, Distrito Federal e municípios seria recuperada, nessa hipótese, com o Imposto de Renda que as empresas pagariam, quando não compensassem o IMF com o IR e sim com o Imposto de Circulação e de Serviço Municipal, respectivamente. A opção pela compensação com o IR ou com os impostos de circulação poderia até ser do contribuinte.

Evidentemente que, com a instituição do IMF, na forma acima, poderia haver uma redução da carga tributária e muitos tributos poderiam ser abolidos ou reduzidos. Mas só o tempo revelaria o impacto da arrecadação geral, o incremento da receita, que seria positivo, por conta das dificuldades para sonegar. Uma coisa é certa. Haveria um alargamento da base da tributação de forma mais equânime e justa. Todos pagariam alguma coisa, pelo menos.

A adoção desse sistema em nada impediria que a reforma criasse um só imposto de circulação, como vem sendo proposto, uma espécie de IVA, existente na Espanha e em outros países modernos, abrangendo as hipóteses de incidência do IPI, e seria calculado por fora sobre o preço da operação ou prestação tributada. Isso conferiria maior clareza ao imposto, "além de corrigir distorção gerada pela integração do valor do tributo (por dentro) à sua própria base de cálculo" – mecanismo que permite que seja adotada, na prática, "uma 'alíquota real' mais elevada do que a alíquota nominal fixada em lei", no dizer do Professor Nogueira Reis.[4]

Quanto ao custo da fiscalização de um novo sistema tributário, em que *o IMF seria o fio condutor*, a sua redução é evidente, não merecendo, sequer, maiores comentários. O Prof. Nogueira Reis também chama a atenção para o seguinte fato:

> não se pode obter justiça fiscal sem levar em conta a adoção de certos princípios básicos da tributação moderna, quais sejam o da capacidade contributiva de quem paga o tributo, o da generalidade da imposição tributária, o da progressividade do imposto, o da não cumulatividade da carga tributária e o da seletividade em função da essencialidade das mercadorias tributadas.[5]

Todas essas virtudes, o IMF, o IR e o Imposto sobre Circulação, juntos, são capazes de atingir.

O pensamento de Adam Smith – Compatibilidade

O sistema proposto atende perfeitamente à ideia clássica de Adam Smith, condensada em regras fundamentais, que o Prof. Aliomar Baleeiro denomina "Os cânones de A. Smith", a saber: "a) Justiça; b) certeza; c) comodidade e d) economia".

Instituído como viga mestra do sistema e em compensação com outros tributos, não haveria impacto pernicioso sobre a inflação nem deixaria o sistema de tributar a renda, o consumo e o patrimônio. Passaria a tributar as transações financeiras, que constituem a espinha dorsal da economia moderna, por onde circulam as riquezas que resultam da produção, do comércio e dos serviços. Para não penalizar quem dispõe de poucos recursos, quem movimenta pouco em sua conta bancária, poderia ser prevista hipótese de isenção para a movimentação mensal até determinado valor, beneficiando, assim, os pequenos assalariados, os pequenos comerciantes e autônomos em geral.

---

[4] REIS, Antonio Carlos Nogueira. *Reforma tributária*. Uma proposta de revisão do sistema tributário nacional. Salvador: Nogueira Reis Advogados, 1991.

[5] REIS, Antonio Carlos Nogueira. *Reforma tributária*. Uma proposta de revisão do sistema tributário nacional. Salvador: Nogueira Reis Advogados, 1991.

A comodidade, economia, rentabilidade e elasticidade do sistema seriam evidentes, bem como a velocidade de adaptação que se constatou com a implementação do IPMF e da CPMF.

Ainda sobre a simplicidade do que aqui se sugere, o Professor Roberto Campos abordou o assunto, dizendo:

> O imposto bom não é o "imposto velho" nem o "imposto clássico". O imposto bom é o insonegável e de cobrança automatizada. Qualquer imposto sonegável é socialmente injusto. E se a cobrança depende de documentos declaratórios torna-se um desperdício. A automaticidade e insonegabilidade são precisamente as características do chamado Imposto Único sobre Transações Financeiras, que não encontrou apoio nem no governo nem no Congresso.[6]

Adiante, asseverou:

> Classes e empresas abastadas pagariam mais simplesmente porque fazem transações bancárias mais numerosas e de maior valor. E pagariam sem a burocratice das declarações de renda, sem achaques de fiscais e sem a sensação de confisco. Também por consumirem bens mais sofisticados, exigindo vários estágios produtivos, os consumidores de alta renda sofreriam tributação maior e insonegável. Ter-se-ia obviamente que instituir um regime especial para as transações do mercado de capitais que são numerosas e velocíssimas. A tributação só incidiria sobre os rendimentos líquidos quando transferidos da "conta de aplicação" para a "conta de movimento", isto é, quando fossem realizados e se tornassem disponíveis para saques correntes.[7]

A CPMF, com uma alíquota irrisória (0,38%), apresentou uma expressiva arrecadação tributária, sem onerar os correntistas. As despesas com a manutenção de conta bancária de quem movimentou algo em torno de cinco mil reais foram muito superiores aos descontos com o tributo. Daí não se entender essa resistência irracional em torná-lo efetivo, com muito mais razão, compensando-se com outros tributos, em especial o IR.

Críticas são feitas a esse modelo de tributação que dizem respeito ao fato de liquidar as aplicações de curto prazo, mas aplicação de curto prazo nunca foi estimuladora de poupança. Serve, apenas, para preservar o valor da moeda em regime inflacionário, pois ninguém pode planejar seu futuro, imaginando viver sob altos índices inflacionários que, conquanto tenham durado décadas em nosso país, constituíram uma anomalia na economia.

Aplicações financeiras saudáveis, que interessam às economias dos povos, poderão perfeitamente ser isentadas a partir de determinado tempo de permanência, estimulando, assim, a poupança de longo prazo.

Outro aspecto em que os opositores se batem diz respeito à questão do sigilo bancário. De fato, o sigilo bancário é incompatível com o IMF, mas qualquer cidadão de bem não tem receio de quebra de sigilo bancário para fins de fiscalização por parte

---

[6] CAMPOS, Roberto. A vingança do Jatene. *Folha de São Paulo*, 18 maio 1997.
[7] CAMPOS, Roberto. A vingança do Jatene. *Folha de São Paulo*, 18 maio 1997.

da Receita. O sigilo bancário só interessa aos sonegadores. O que não se pode permitir é a invasão da privacidade, a divulgação de como o cidadão gasta o seu dinheiro, mas quanto a quebrar o sigilo para a fiscalização, proibida a divulgação, não vejo óbice algum. No particular, a questão poderia ser resolvida, tanto que os processos administrativos transitassem, como transitam hoje, em segredo, criminalizando-se a prática de sua divulgação, como já é.

Conclusão

Do resultado do estudo, partindo da comparação do nosso sistema tributário ao longo da sua história, com o sistema tributário de outros países, especialmente com a Alemanha e Espanha, o que ficou claro é que qualquer sistema tributário tem preocupação com os princípios da igualdade e da progressividade e com a arrecadação com vistas a diminuir os desníveis econômicos regionais.

A Espanha chegou a eleger, na sua Constituição, o princípio da igualdade e o da progressividade como limites ao poder de tributar.

A Alemanha, país rico, membro forte do grupo dos sete, quarta economia do mundo, a maior da Europa, preocupa-se, sempre, com a cobertura das despesas, afastando o risco do déficit nas contas públicas e o fantasma da inflação, que o povo alemão conheceu tão bem nos anos vinte do século passado, com as consequências nefastas explicitadas no começo deste trabalho.

É esse país, conhecedor mais do que nenhum outro das agruras de uma hiperinflação, capaz até de fazer desaparecer os valores éticos e morais de uma sociedade, que tem preocupação primordial com cobrir suas despesas e, pasmem, diminuir as desigualdades regionais.

Pelo que se viu aqui, não há sistema tributário simples. A complexidade é da sua própria natureza, porque, na verdade, uma nação nada mais é que um imenso condomínio, mas, ao contrário dos condomínios menores, especialmente os residenciais, em que os contribuintes possuem, senão a mesma, quase a mesma capacidade contributiva, o grande condomínio que é a nação organizada em Estado é complexo, porque as capacidades contributivas são díspares, aumentando as necessidades dos que têm menos a contribuir, numa equação perversa. Friso mais uma vez. É a filosofia da abundância do Ministro Ayres Britto: "eu ganho se todos ganham". Acrescento: "eu pago se todos pagam".

De qualquer sorte, o nosso país, portador de um sistema bancário moderno, que foi instado a se desenvolver pela peculiaridade de uma convivência relativamente tranquila com inflação alta, por dezenas de anos, adquiriu o privilégio de implantar um sistema tributário o mais simplificado possível, mas recusa-se a fazê-lo, por culpa de suas elites insensíveis.

A concepção desse imposto, que não é minha, é simplesmente genial. Considero-a mesmo a mais brilhante invenção em matéria tributária, em que pese a reação obstinada daqueles que não se dispuseram a gastar alguns minutos para pensar.

O IMF, enfim, como viga mestra do sistema tributário proposto, tem tudo para, em compensação a outros tributos, especialmente o Imposto de Renda, ser a grande solução para o problema de caixa da economia nacional e a possibilidade de o Estado desenvolver satisfatoriamente as políticas públicas com vistas à diminuição dos desníveis econômicos regionais e entre pessoas, por via de consequência, sem impor qualquer sacrifício ao cidadão que já paga adequadamente seus impostos.

Referências

AGUIAR, João Castro. *Sistema tributário municipal*. Porto Alegre: José Konfino, 1971.

ALBUQUERQUE, Marcos Cintra Cavalcanti de. Por uma revolução tributária. *Folha*, 14 jan. 1990.

ALBUQUERQUE, Marcos Cintra Cavalcanti de. Resposta a algumas críticas. *Folha*, 22 fev. 1990.

BALEEIRO, Aliomar. *Direito tributário brasileiro*. 10. ed. Rio de Janeiro: Forense, 1981.

BALEEIRO, Aliomar. *Uma introdução à ciência das finanças*. 14. ed. Rio de Janeiro: Forense, 1987.

BORNHAUSEN, Jorge Konder. Vamos ao ato de coragem. *Folha de S.Paulo*, 16 fev. 1990.

CAMPOS, Roberto. A vingança do Jatene. *Folha de São Paulo*, 18 maio 1997.

CARVALHO, Paulo de Barros. *Curso de direito tributário*. 4. ed. São Paulo: Saraiva, 1991.

CASSANE, Vitorio. *Direito tributário*. 9. ed. São Paulo: Atlas, 1996.

COSTA, Célio Silva. *Teoria e prática no direito tributário*. Rio de Janeiro: Rio, 1976.

FALCÃO, Amílcar Araújo. *Fato gerador da obrigação tributária*. 2. ed. São Paulo: RT, 1971.

FONUCCHI, Fábio. *Curso de direito tributário brasileiro*. São Paulo: Resenha Tributária, 1971.

Imposto perigoso. Tributação no Brasil e imposto único. São Paulo: Makron Books, [s.d.].

Imposto Único Sobre Transações (IUT). São Paulo: Makron Books, 1994.

Imposto Único Sobre Transações. *Boletim Imposto S*, fev. 1990.

Imposto Único sobre Transações. Uma visão crítica. São Paulo: Makron Books, 1994.

MACHADO, Hugo de Brito. *Princípios jurídicos da tributação na Constituição de 1988*. São Paulo: RT, 1989.

Manual de direito financeiro e tributário à luz da Constituição. 6. ed. Rio de Janeiro: Renovar, [s.d.].

MARTINS, Ives Gandra da Silva. A revolução tributária do imposto único. *Folha de São Paulo*, 21 jan. 1990.

MARTINS, Ives Gandra da Silva. O imposto único de Marcos Cintra. *Folha*, 11 mar. 1990.

MORAES, Bernardo Ribeiro de. *Doutrina e prática de impostos sobre serviços*. São Paulo: Revista dos Tribunais, 1975.

NOGUEIRA, Ruy Barbosa. *Direito tributário*. São Paulo: José Bushatsky, Editor, 1973.

Por uma revolução tributária. *Jornal do Brasil*, 2 fev. 1990.

Quanto mais imposto, pior. *Revista Exame*, 10 jun. 1992.

Reforma fiscal. São Paulo: Makron Books, 1994.

Reforma fiscal. Tributação no Brasil e imposto único. São Paulo: Makron Books, 1994.

REIS, Antonio Carlos Nogueira. *Reforma tributária*. Uma proposta de revisão do sistema tributário nacional. Salvador: Nogueira Reis Advogados, 1991.

RICHARD, Lionel. *A República de Weimar*. São Paulo: Companhia das Letras, 1988.

VALÉRIO, Walter Paldes. *Programa de direito tributário*. Porto Alegre: Sulina, 1970.

Informação bibliográfica deste texto, conforme a NBR 6023:2018 da Associação Brasileira de Normas Técnicas (ABNT):

BARRETTO, Ricardo César Mandarino. Sistema tributário e democracia social. *In*: LEAL, Saul Tourinho; GREGÓRIO JÚNIOR, Eduardo Lourenço (Coord.). *A Constituição Cidadã e o Direito Tributário*: estudos em homenagem ao Ministro Carlos Ayres Britto. Belo Horizonte: Fórum, 2019. p. 393-411. ISBN 978-85-450-0678-7.

CONTRIBUIÇÕES DO EMINENTE MINISTRO AYRES BRITTO AO DESENVOLVIMENTO DO CAMPO TRIBUTÁRIO BRASILEIRO: O CASO DA AMERICAN VIRGINIA

RODRIGO SENNE CAPONE
MARCOS AURÉLIO PEREIRA VALADÃO

Ocupar um dos assentos da mais alta Corte brasileira traz consigo diversas responsabilidades. Entre os mais variados casos enfrentados pela Suprema Corte brasileira, alguns mudaram os rumos do país e apontaram novos caminhos a serem desbravados pelos acadêmicos do direito. Acima das dificuldades e das renúncias que o cargo exige, trata-se de uma louvável contribuição à sociedade brasileira. Desde já registramos os nossos cumprimentos e admiração ao Eminente Ministro Carlos Ayres Britto.

Enquanto ocupante de um assento no Supremo Tribunal Federal – STF, o Ministro Ayres Britto enfrentou diversos temas que exigiram uma resposta alinhada axiologicamente ao texto constitucional, de modo a trazer segurança jurídica e possibilitar a sua correta aplicação – decisões memoráveis, que em muito contribuíram para a construção e solidificação do ordenamento jurídico brasileiro.

Este artigo tem como objetivo analisar a Ação Cautelar nº 1.657 MC/RJ e o Recurso Extraordinário nº 550.769/RJ, julgados pelo Supremo Tribunal Federal. Essas ações serviram como palco para a discussão de diversos temas jurídicos que tocam o direito tributário, como a questão da extrafiscalidade tributária, das sanções políticas tributárias e também do debate sobre a possibilidade de o Estado condicionar o exercício de determinadas atividades econômicas ao cumprimento de requisitos fixados como forma de tutelar outros valores constitucionalmente prestigiados, como a saúde e a livre concorrência.

A primeira parte do artigo irá recuperar a memória dos julgados, apresentando as controvérsias que foram levadas ao conhecimento do STF para discussão. Após, serão tecidos breves comentários sobre os votos proferidos na ocasião do julgamento da ação cautelar e do recurso extraordinário, visando realçar as contribuições das decisões e dos debates para o campo do direito, em especial para o campo do direito tributário brasileiro. Ao final, realizaremos uma análise, ainda que breve, dos assuntos tidos por nós como mais relevantes trazidos nos julgados.

1 O caso American Virginia x União

Nesta parte do artigo analisaremos a abordagem feita pelo Supremo Tribunal Federal da Ação Cautelar nº 1.657 MC/RJ e do Recurso Extraordinário nº 550.769/RJ, destacando alguns pontos dos votos proferidos na ocasião dos julgamentos.

1.1 Descrição sucinta da gênese do caso

A empresa American Virginia Indústria Comércio Importação e Exportação de Tabacos LTDA. teve o seu registro especial perante a Secretaria da Receita Federal cancelado, registro necessário para a fabricação de cigarros classificados no código 2402.20.00 da Tabela de Incidência do Imposto sobre Produtos Industrializados – Tipi.[8]

A Receita Federal do Brasil alegou que a empresa deixou de cumprir com os requisitos para a manutenção do registro especial concedido em 1996, previstos no Decreto-Lei nº 1.593/1977 e na Instrução Normativa nº 95/2001, da Receita Federal do Brasil. O requisito que deixou de ser cumprido foi a necessidade de manter em dia obrigação tributária principal ou acessória, relativa a tributo ou contribuição devida à União, conforme dispõe o art. 2º, II, do decreto-lei em comento, situação suficiente para resultar no cancelamento do registro especial.

> Art. 2º O registro especial poderá ser cancelado, a qualquer tempo, pela autoridade concedente, se, após a sua concessão, ocorrer um dos seguintes fatos: (Redação dada pela Medida Provisória nº 2158-35, de 2001) [...]
>
> II – *não-cumprimento de obrigação tributária principal ou acessória, relativa a tributo ou contribuição administrado pela Secretaria da Receita Federal*; (Redação dada pela Lei nº 9.822, de 1999) [...]. (Grifos nossos)

O processo de fiscalização conduzido pela Receita Federal do Brasil concluiu que a empresa American Virginia não observou o disposto no Decreto-Lei nº 1.593/1977, tendo lhe concedido o prazo de 10 (dez) dias para regularizar a sua situação, ou seja, recolher todos os débitos tributários existentes à época, inclusive os débitos que estavam com a sua exigibilidade suspensa.

A empresa, visando evitar o cancelamento do seu registro especial, ajuizou medida cautelar preparatória (MC nº 2005.51.10.005830-5) perante a Justiça Federal da 2ª Região (TRF2), sob o fundamento de que a medida violaria o seu direito ao livre exercício de atividade econômica lícita, adotando o entendimento de que a Constituição de 1988 não autoriza ao Estado a adoção de medidas que resultem na vedação ou

---

[8] Segundo a Tipi, a Nomenclatura Brasileira de Mercadorias – NCM – 2402.20.00 diz respeito aos "Cigarros que contenham Tabaco". Nesses casos, a alíquota do IPI incidente será de 300%.

embaraço do exercício profissional, tendo como objetivo receber os tributos que lhe são devidos. Entendeu, dessa forma, que o disposto no art. 2º, II, do Decreto-Lei nº 1.593/1977 seria uma sanção política[9] não recepcionada pela Constituição de 1988, por violar os seus arts. 5º, XII e LIV, e 170.

1.2 O problema jurídico e o desdobramento dos julgamentos

A medida cautelar foi concedida e, posteriormente, a sentença exarada reconheceu o direito da empresa American Virginia. A União interpôs recurso de apelação, tendo o Tribunal Regional Federal da 2ª Região (TRF2) reformado a sentença. A decisão do TRF2 entendeu ser válida a rigorosa fiscalização das empresas fabricantes de cigarros, levando em conta a voluptuosa arrecadação tributária e o impacto do consumo dos cigarros na saúde pública.

Outro ponto suscitado no julgamento foi o *quantum* referente aos tributos que deixaram de ser pagos pela American Virginia que, segundo se extrai dos julgados, era de aproximadamente R$1 bilhão (um bilhão de reais). Nos dizeres do Ministro Luiz Fux, o débito da empresa "é efetivamente um capital irrecuperável pelo poder público, que concede esse regime especial para uma atividade nociva ao Estado, tendo em vista as moléstias que acarretam".

A empresa American Virginia, inconformada com o acórdão exarado pelo Tribunal Regional Federal da 2ª Região, interpôs recurso extraordinário, objetivando a declaração de inconstitucionalidade do art. 2º, II, do Decreto-Lei nº 1.593/1977. Em suas razões, a empresa recorrente alegou, em síntese, violação do direito constitucional à liberdade de trabalho, de comércio e de indústria e dos princípios da razoabilidade e da proporcionalidade.[10]

A empresa recorrente também ajuizou a Ação Cautelar nº 1.657 MC/RJ, buscando atribuição de efeito suspensivo ao recurso extraordinário e, por maioria, o Plenário da Corte indeferiu a medida liminar na ação cautelar.[11]

Segue a redação da ementa da cautelar:

Ação Cautelar nº 1.657 MC/RJ

EMENTA: *RECURSO. Extraordinário. Efeito suspensivo. Inadmissibilidade. Estabelecimento industrial. Interdição pela Secretaria da Receita Federal. Fabricação de cigarros. Cancelamento do registro especial para produção. Legalidade aparente. Inadimplemento sistemático e isolado da obrigação de pagar Imposto sobre Produtos Industrializados – IPI. Comportamento ofensivo à livre concorrência. Singularidade do mercado e do caso. Liminar indeferida em ação cautelar. Inexistência de razoabilidade jurídica da pretensão. Votos vencidos.* Carece de razoabilidade jurídica, para efeito de emprestar efeito suspensivo a recurso extraordinário, a pretensão de indústria de cigarros que, deixando sistemática e isoladamente de recolher o Imposto

---

[9] Sobre sanções políticas, cf. MACHADO, Hugo de Brito; MACHADO SEGUNDO, Hugo de Brito. Sanções políticas como meio coercitivo na cobrança de tributo. Incompatibilidade com as garantias constitucionais do contribuinte. Efeito suspensivo a Recurso Extraordinário. Requisitos da medida cautelar. *Revista Opinião Jurídica*, v. 5, n. 9, p. 308-336, 2007.

[10] Vencidos os ministros Gilmar Mendes, Marco Aurélio e Celso de Mello.

[11] Vencidos os ministros Marco Aurélio, Celso de Mello, Sepúlveda Pertence e Joaquim Barbosa.

sobre Produtos Industrializados, com conseqüente redução do preço de venda da mercadoria e ofensa à livre concorrência, viu cancelado o registro especial e interditados os estabelecimentos. (AC nº 1.657 MC, Rel. Min. Joaquim Barbosa, Rel. p/ acórdão Min. Cezar Peluso, Tribunal Pleno, j. 27.6.2007. *DJe*, 092, divulg. 30.8.2007, public. 31.8.2007; *DJ*, 31.8.2007, p. 28, ement. v. 02287-02, p. 00254; *RTJ*, v. 00204-01, p. 00099; *RDDT*, n. 146, 2007, p. 231-232; *RCJ*, v. 21, n. 137, 2007, p. 81)

Ao final do julgamento do recurso extraordinário, conforme se depreende da ementa colacionada, por maioria de votos, lhe foi negado provimento, sendo o seguinte o teor da ementa:

Recurso Extraordinário nº 550.769/RJ

EMENTA: CONSTITUCIONAL. TRIBUTÁRIO. SANÇÃO POLÍTICA. NÃO-PAGAMENTO DE TRIBUTO. INDÚSTRIA DO CIGARRO. REGISTRO ESPECIAL DE FUNCIONAMENTO. CASSAÇÃO. DECRETO-LEI 1.593/1977, ART. 2º, II. 1. Recurso extraordinário interposto de acórdão prolatado pelo Tribunal Regional Federal da 2ª Região, que reputou constitucional a exigência de rigorosa regularidade fiscal para manutenção do registro especial para fabricação e comercialização de cigarros (DL 1.593/1977, art. 2º, II). 2. Alegada contrariedade à proibição de sanções políticas em matéria tributária, entendidas como qualquer restrição ao direito fundamental de exercício de atividade econômica ou profissional lícita. Violação do art. 170 da Constituição, bem como dos princípios da proporcionalidade e da razoabilidade. 3. A orientação firmada pelo Supremo Tribunal Federal rechaça a aplicação de sanção política em matéria tributária. Contudo, para se caracterizar como sanção política, a norma extraída da interpretação do art. 2º, II, do Decreto-lei 1.593/1977 deve atentar contra os seguintes parâmetros: (1) relevância do valor dos créditos tributários em aberto, cujo não pagamento implica a restrição ao funcionamento da empresa; (2) manutenção proporcional e razoável do devido processo legal de controle do ato de aplicação da penalidade; e (3) manutenção proporcional e razoável do devido processo legal de controle da validade dos créditos tributários cujo não-pagamento implica a cassação do registro especial. 4. Circunstâncias que não foram demonstradas no caso em exame. 5. Recurso extraordinário conhecido, mas ao qual se nega provimento. (RE nº 550.769. Rel. Min. Joaquim Barbosa, Tribunal Pleno, j. 22.5.2013. *DJe*, 066, divulg. 2.4.2014, public. 3.4.2014)

1.3 Argumentos proferidos no decorrer da apreciação dos processos

Nesta parte do trabalho não iremos analisar todos os votos nem realizaremos uma análise exaustiva dos debates, apenas destacaremos alguns argumentos expostos que entendemos relevantes para melhor compreensão do que exploraremos na segunda parte deste trabalho.

Primeiramente, cumpre destacar alguns argumentos suscitados na ocasião da apreciação da Ação Cautelar nº 1.657 MC/RJ, que buscou emprestar ao recurso extraordinário efeito suspensivo.

No seu voto, o Ministro Carlos Ayres Britto entendeu que o art. 2º, II, do Decreto-Lei nº 1.593/1977 foi recepcionado pela vigente ordem constitucional, além de não consagrar uma sanção de natureza política. Na verdade, trata-se, segundo entendeu o eminente ministro, de um "imperativo de política pública". O descumprimento reiterado de obrigação tributária principal resultou no cancelamento do registro especial por ser situação que expressa a inidoneidade da empresa.

Bem destacou que a atividade tabagista é delicada, reclamando, pelas suas peculiaridades, um regime tributário igualmente delicado, especial. A referida atividade que causa efeitos nocivos à saúde dos consumidores do tabaco dificilmente se concilia com a função social da propriedade e da empresa, conforme prevê a Constituição de 1988.

Reconhece o Ministro Ayres Britto a existência de um conflito entre a atividade tabagista e a política pública que coloca a saúde pública como um dever do Estado, prevista no art. 196, *caput*, da Constituição de 1988, exigindo a adoção de políticas sociais e econômicas que objetivem reduzir o risco da doença e de outros danos à saúde.[12]

Ainda que a Constituição consagre o princípio da livre iniciativa e da livre concorrência, para o ministro, quem atua numa faixa de mercado mais delicado, como é o caso da indústria tabagista, deve se atentar aos requisitos impostos, incluindo-se, entre eles, os rigorosos marcos de tributação que adota *in casu* uma função extrafiscal.

A tributação especial mais elevada que incide sobre o setor tem finalidade de inibir a atividade tabagista. Mas quando há sonegação dos tributos devidos, ou até mesmo o seu mero inadimplemento contumaz, a tributação acaba por não cumprir o seu desiderato inibidor, passando a ser, como bem destacou o Ministro Ayres Britto, um acelerador, caminhando na contramão dos designíos constitucionais, afetando os princípios que regem a ordem econômica brasileira.

Entendeu, por fim, que a livre iniciativa deve se compatibilizar com os demais direitos fundamentais insculpidos na Constituição de 1988, em especial com a função social da propriedade.

Outro voto que merece destaque é o voto proferido pelo Ministro Cezar Peluso, que entendeu serem razoáveis e validos os requisitos previstos no decreto-lei para a concessão do registro especial. Destacou a relevância do Imposto sobre Produtos Industrializados (IPI) incidente sobre os cigarros, e qualquer diferença a menor no seu recolhimento tem o condão de impactar na formação final do preço do cigarro e no lucro obtido pela empresa.

A alta tributação incidente tem como finalidade desestimular a fabricação e o consumo de cigarros e, ao optar por produzir cigarros, a indústria deve se submeter às exigências extensíveis aos demais agentes econômicos que atuam nesse mercado. A atividade é permitida, desde que se cumpram os requisitos para tanto. Não cumpridos, a atividade passa a ser proibida.

Entendeu ser compatível com a ordem constitucional a limitação à liberdade de iniciativa no caso concreto, já que realizada em defesa da livre concorrência e da saúde pública.

---

[12] "Art. 196. A saúde é direito de todos e dever do Estado, garantido mediante políticas sociais e econômicas que visem à redução do risco de doença e de outros agravos e ao acesso universal e igualitário às ações e serviços para sua promoção, proteção e recuperação".

Passamos agora a analisar os debates travados no decorrer do julgamento do recurso extraordinário.

O Ministro Joaquim Barbosa, relator do processo, no seu voto, apontou que no decreto-lei tido como inconstitucional falta um "parâmetro para mensuração do montante do crédito tributário não-pago ou da gravidade do descumprimento de obrigação acessória", o que pode resultar em uma interpretação desarrazoada e desproporcional da norma, autorizando o cancelamento do registro de funcionamento, ainda que a dívida tributária alcance patamares ínfimos.

Mas como já destacado, o débito tributário inscrito em dívida ativa, no ano de 2007, alcançava o patamar de R$1 bilhão (um bilhão de reais). Ainda, do julgamento se extrai que o patrimônio da empresa e dos seus sócios à época era suficiente para garantir apenas 5% (cinco por cento) do valor devido. Ou seja, o nível de endividamento alcançado pela empresa ultrapassava qualquer patamar abarcado pelos parâmetros da proporcionalidade e razoabilidade.

O Ministro Ricardo Lewandowski entendeu que descumprimento reiterado de obrigações tributárias, que ultrapassava o montante de R$1 bilhão (um bilhão de reais), "acarreta notória distorção no sistema concorrencial do mercado tabagista, na medida em que lhe permite comercializar os seus produtos em patamar de preço inferior ao de seus concorrentes". E ainda afirma que a liberdade de iniciativa não é absoluta, sendo limitada por outros princípios constitucionais, como o da livre concorrência, por exemplo.

Por sua vez, o Ministro Luiz Fux também destacou, quando do julgamento do recurso extraordinário, os impactos concorrenciais do inadimplemento tributário da empresa American Virginia, bem como realçou a alteração trazida pela Emenda Constitucional nº 42/2003, que inseriu o art. 146-A na Constituição Federal, atribuindo à lei complementar a competência de estabelecer critérios especiais de tributação com o objetivo de prevenir desequilíbrios da concorrência, enunciado que, na visão do ministro, aplica-se ao caso do tabaco.

Já o Ministro Gilmar Mendes entendeu que o art. 2º, II, do Decreto-Lei nº 1.593/1977 é inconstitucional, e que a disposição impugnada tem o objetivo de "reforçar a eficácia das normas tributárias que oneram o segmento econômico em questão", afirmando se tratar de sanção política, estabelecida em prol da arrecadação fiscal.

O Ministro Celso de Mello entendeu que o decreto-lei confere ao Fisco um meio indireto de coerção para satisfação dos seus créditos tributários, impondo grave restrição ao exercício de atividade empresarial, econômica ou profissional, de modo a constranger o contribuinte a pagar os tributos eventualmente inadimplidos, entendendo ser esse comportamento censurável e inadmissível, conhecendo a inconstitucionalidade do dispositivo questionado.

Analisados alguns argumentos que se mostram relevantes, vamos, na segunda parte deste trabalho, tratar de alguns pontos que até hoje se mostram controversos.

2 Relevantes questões jurídicas suscitadas nos julgamentos

Do debate travado nos autos dos processos, extrairemos duas questões que, a nosso ver, são importantes para o campo do direito tributário, quais sejam: (i) a função extrafiscal da tributação e (ii) as sanções políticas tributárias. Faremos, ao final, uma reflexão sobre a seguinte indagação: (iii) quais os limites da interferência estatal na livre iniciativa e nas escolhas particulares? Passemos a explorar os três pontos destacados.

2.1 Uma breve análise das funções do tributo – A extrafiscalidade

A tributação pode ser utilizada com a finalidade de influenciar o processo de tomada de decisões do particular ou deve se restringir ao seu fim meramente arrecadatório?

A primeira percepção ao se falar de tributo é a que remete à sua função arrecadatória. No Estado Fiscal,[13] a atividade tributária do Estado ganhou força, já que as fontes primárias de receitas foram, aos poucos, esvaziando-se. Mas será essa a única função na qual a tributação pode ser empregada? Nos dizeres de Hugo de Brito Machado Segundo,[14] o tributo "[...] pode ser usado não com o fim precípuo de obter recursos financeiros para o Estado (finalidade fiscal), mas para estimular ou desestimular comportamentos (função extrafiscal)".[15]

Diante dessa possibilidade, o tributo ganha uma nova feição, denominada extrafiscal. Segundo Casalta Nabais:

> [...] os impostos extrafiscais, justamente porque prosseguem predominantemente objectivos de natureza económica e social, não integram o *direito fiscal*, mas antes o *direito económico fiscal*, o que leva naturalmente a que não se lhes aplique, ao menos integralmente, os princípios e preceitos constitucionais integrantes da "constituição fiscal".[16]

Portanto, no moderno Estado Democrático de Direito, os tributos não se prestam apenas a fazer jus aos gastos públicos tradicionais, passando a ser utilizados não só como instrumento de financiamento das funções estatais como também de intervenção no campo social.[17]

---

[13] Para melhor compreender as fases de transição pelas quais passou o Estado até chegar ao Estado Fiscal, cf. SCHOUERI, Luís Eduardo. Tributação e liberdade. *In*: PIRES, Adilson Rodrigues; TORRES, Heleno Taveira (Org.). *Princípios de direito financeiro e tributário*. Estudos em homenagem ao Professor Ricardo Lobo Torres. Rio de Janeiro: Renovar, 2009. p. 431-471.

[14] MACHADO SEGUNDO, Hugo de Brito. Algumas notas sobre a invocação do princípio da "livre concorrência" nas relações tributárias. *Revista Nomos*, v. 28, n. 2, p. 61-82, 2008. p. 65.

[15] "A tributação também resultará da insuficiência do patrimônio do Estado para cobrir as suas despesas – porque existem situações em que, dispondo um Estado de receitas próprias suficientes (por exemplo, receitas das exportações petrolíferas), não existe a necessidade de ir buscar essas receitas junto dos cidadãos (ao menos, não lhes tributando o rendimento); e a tributação não é a única forma de obtenção de receitas por contribuição dos particulares – dispondo o Estado (e outras entidades públicas) também da possibilidade de lançar mão de lotarias, de empréstimos, e até de obter receitas pela venda de bens e pela prestação de serviços" (ARAÚJO, Fernando. *Introdução à economia*. 3. ed. Coimbra: Almedina, 2014. p. 520).

[16] NABAIS, José Casalta. *Direito fiscal*. 8. ed. Coimbra: Almedina, 2015. p. 84.

[17] FERRAZ, Luciano; GODOI, Marciano Seabra de; SPAGNOL, Werther Botelho. *Curso de direito financeiro e tributário*. 2. ed. rev. e atual. Belo Horizonte: Fórum, 2017. p. 213. Acrescentam os autores que "[...] o legislador pode utilizar o tributo não apenas como meio de arrecadação, ficando, até mesmo, esta função relegada a um segundo plano, mas com objetivos políticos outros, como a indução de um comportamento do particular (ITR progressivo para propriedades improdutivas) ou o controle da atividade econômica (aumentar a alíquota do IOF para conter uma explosão do consumo)" (p. 214).

Interessante a observação tecida por Guilherme Pereira Dolabella Bicalho, reforçando a importância da tributação extrafiscal pelo Estado: "Portanto, a extrafiscalidade não pode ser encarada apenas como um efeito da tributação, mas, ao contrário, um conjunto de práticas, ações e instrumentos financeiros e tributários necessários à legitimação do próprio Estado social".[18]

Ainda que o Estado, ao menos o brasileiro, tenha reservado à iniciativa privada o exercício da maior parte das atividades econômicas (podemos citar a controversa exceção do art. 21, X, da Constituição de 1988), resta a ele intervir em determinadas situações, sendo o tributo um instrumento passível de utilização para esse fim.

Um exemplo é a redução da alíquota do Imposto sobre Produtos Industrializados (IPI) incidente sobre a linha branca de eletrodomésticos e sobre a comercialização de veículos automotores, medidas já adotadas no Brasil, com o fim de estimular o consumo desses bens em momentos considerados economicamente delicados, passando a tributação a tutelar outros direitos previstos na Constituição em detrimento da arrecadação tributária, ao menos em um primeiro momento.

Da mesma forma pode o Estado adotar alíquotas mais elevadas com o fim de desestimular a aquisição de determinada mercadoria, por motivos diversos, contanto que compatíveis com a ordem constitucional vigente. No caso da comercialização do tabaco, o que se busca preservar é a saúde pública. O consumo do tabaco causa diversas consequências na saúde do indivíduo, ao ponto de exigir uma interferência estatal, já que o seu consumo gera impactos coletivos, citando-se como exemplo os gastos públicos com o tratamento de doenças resultantes do tabagismo. Pesquisas mostram que os gastos públicos com as doenças decorrentes do tabagismo superam a arrecadação de tributos decorrente da atividade de produção e comércio. No caso do controle do uso do tabaco existe também um acordo internacional, do qual o Brasil é signatário,[19] no qual constam diversas diretivas de natureza tributária, inclusive a tributação exacerbada e limitação de propaganda. Neste cenário, o Estado brasileiro achou por bem elevar a alíquota incidente sobre a produção de cigarros (a alíquota do IPI, na Tipi, para cigarros, é 300%),[20] tornando a sua aquisição onerosa (com a finalidade de desestimular o seu consumo) e, ao mesmo tempo, aumentando a arrecadação de impostos incidentes sobre essa atividade específica, que serão revertidos à favor de toda a sociedade, em especial para possibilitar a manutenção de uma estrutura que possibilite tratar as moléstias ligadas ao consumo do tabaco. Tem-se que o uso a tributação é a ferramenta estatal mais eficiente para este tipo de abordagem,[21] e quando se considera que o efeito do controle é a saúde da população, e ao fim e ao cabo o direito à vida, o uso dessas ferramentas deve ser sopesado em face desses princípios também.

---

[18] BICALHO, Guilherme Pereira Dolabella. *Extrafiscalidade tributária*: pós-modernidade e legitimação do Estado Social brasileiro. Belo Horizonte: Arraes, 2014. p. 166.

[19] Convenção Quadro de Controle do Tabaco. A Organização Mundial da Saúde tem uma página na internet dedicada ao acompanhamento da evolução da implementação do tratado e de questões relativas à epidemia do tabagismo (ver http://www.who.int/fctc/en/). É importante lembrar que o Brasil teve papel de destaque na evolução do tema e aprovação da Convenção por diversos países.

[20] Estima-se que, no preço final do cigarro, 75% seja referente à tributos (IPI, ICMS e PIS/Cofins).

[21] Ver VALADÃO, Marcos Aurélio Pereira. *Tobacco tax framework*: a feasible solution to a global health problem. 2. ed. Saarbrücken: Lambert Acad. Pub., 2017.

A tributação com fins extrafiscais tem sido utilizada de forma a tutelar diversos direitos constitucionalmente (e, em muitos casos, transconstitucionalmente) assegurados, como o direito ao meio ambiente, reduzindo alíquotas incidentes sobre situações "ambientalmente corretas" e as aumentando diante de situações que lhe são nocivas. Carlos Eduardo Peralta Montero assevera:

> *Grosso modo*, os tributos ambientais são instrumentos jurídico-econômicos que permitem orientar as condutas dos diversos agentes econômicos de forma que o seu impacto no meio ambiente seja realizado de maneira sustentável. A tributação ambiental, através da extrafiscalidade, é um instrumento que visa à educação ambiental.[22]

Sob uma perspectiva econômica, existe uma constante busca pelo indivíduo da maximização do seu patrimônio. Evitar a prática de atividades que resultem numa maior incidência tributária é uma das formas para tanto.[23] Dessa forma, a adoção de normas tributárias que estimulem ou inibam determinadas condutas pode ser utilizada na implementação de políticas públicas alinhas com a Constituição Federal.[24]

O uso da extrafiscalidade, ou tributação, é uma constante na maioria dos países há bastante tempo,[25] havendo diversos exemplos relevantes como é caso dos chamados tributos verdes na Europa, a alta tributação do cigarro em grande parte dos países, e, mais recentemente, também nessa esteira, destaca-se o Projeto de Lei nº 8.541/2017, que tramita na Câmara dos Deputados, o qual propõe um aumento da alíquota do Imposto sobre Produtos Industrializados (IPI) incidente sobre sucos, refrigerantes e outras bebidas não alcóolicas adoçadas com açúcar, visando combater o aumento da obesidade que possui ligação com o consumo de açúcar em excesso.[26]

A nocividade da atividade realizada pela American Virginia, por impactar tanto na saúde do indivíduo como no aumento de gastos estatais com saúde pública, acaba exigindo uma interferência estatal que, por sua vez, optou por intervir por meio dos instrumentos que a tributação coloca à sua disposição. Assim, o Estado não proíbe a comercialização de produtos que contenham tabaco, mas aqueles que optam por consumi-los acabam pagando tributos que levam em consideração a nocividade da mercadoria.

---

[22] MONTERO, Carlos Eduardo Peralta. *Tributação ambiental*: reflexões sobre a introdução da variável ambiental no sistema tributário. São Paulo: Saraiva, 2014. p. 183. Para mais informações sobre o tema, cf. FIORILLO, Celso Antonio Pacheco; FERREIRA, Renata Marques. *Direito ambiental tributário*. 4. ed. São Paulo: Saraiva, 2018.

[23] Um exemplo é a adoção de planejamento tributário com a finalidade de reduzir a tributação incidente sobre determinada atividade. Cf. CAPONE, Rodrigo Senne; VALADÃO, Marcos Aurélio Pereira. Planejamento tributário internacional: Double Irish Arrangement. *In*: MURTA, Antônio Carlos Diniz; BALTHAZAR, Ubaldo Cesar; FEITOSA, Raymundo Juliano Rego; MACIEL, Demetrius Nichele (Org.). *Direito tributário*: XXIII Encontro Nacional do Conpedi. Florianópolis: Conpedi, 2014. v. 1. p. 266-285.

[24] CHAGAS, Maurício Saraiva de Abreu. *O tributo e as políticas públicas*. Belo Horizonte: D'Plácido, 2015. p. 28-29.

[25] Ver, *e.g.*, LEE, Roy Alton. *History of regulatory taxation*. Lexington: University Pres of Kentucky, 1973.

[26] CÂMARA DOS DEPUTADOS. *Projeto aumenta impostos de sucos e refrigerantes adoçados com açúcar*. Disponível em: http://www2.camara.leg.br/camaranoticias/noticias/INDUSTRIA-E-COMERCIO/553567-PROJETO-AUMENTA-IMPOSTOS-DE-SUCOS-E-REFRIGERANTES-ADOCADOS-COM-ACUCAR.html. Acesso em: 31 jul. 2018. O projeto de lei na íntegra está disponível no sítio da Câmara dos Deputados.

2.2 O cancelamento do registro especial: sanção política?

O debate levado aos autos é de grande valia, já que tem como fundamento diversos pontos constitucionalmente relevantes. A Constituição de 1988 desenhou o atual sistema tributário brasileiro em minúcias, repartindo competências, receitas tributárias e limitando o poder de tributar do Estado, de modo a conferir ao contribuinte *lato sensu* um estatuto protetivo contra arbítrios estatais.

O direito tributário, como os demais ramos do direito, deve ser compreendido e estudado de acordo com a Constituição e os demais instrumentos normativos que compõem o ordenamento jurídico brasileiro. Diversos limites são impostos ao exercício da atividade tributante do Estado. O tributo não pode ter natureza confiscatória, deve ser instituído por lei, respeitar o direito à propriedade, não tolher a liberdade do indivíduo etc.

O Estado, ao cancelar o registro especial da empresa American Virginia para produzir cigarros, atuou dentro do que dispunha a legislação vigente, já que um dos requisitos não foi observado. Trata-se, ainda que com respaldo legal, de uma sanção política tributária?

Existem debates calorosos acerca do que é ou não uma sanção política. O Supremo Tribunal Federal já enfrentou algumas situações nas quais considerou haver um excesso por parte do Estado na cobrança de tributos, classificando tais atuações como sanções políticas. Exemplo disso é a redação das súmulas nºs 70 e 323, ambas do STF.[27]

Mas, no caso em apreço, a atividade de produzir cigarros é atividade nociva, meramente tolerada pelo Estado, que reclama uma maior atenção, tanto é que um registro especial deve ser obtido pela empresa que deseja atuar no setor e a sua obtenção é condicionada ao cumprimento de requisitos específicos e não aplicáveis a outros ramos econômicos.

No caso, parece-nos não se fazerem presentes os requisitos configuradores de sanção política. O cancelamento do registro se deu dentro do que dispõe a norma e não houve o cancelamento do registro com o fim de cobrar o que era devido. O registro foi cancelado porque o pagamento dos tributos devidos não foi realizado, ou seja, consequência pelo descumprimento de um dos requisitos impostos pelo regime especial aplicável ao setor tabagista.

Segundo afirmou o Ministro Ricardo Lewandowski, as súmulas do STF que tratam de sanções políticas são aplicáveis às situações que se enquadram no regime geral das atividades econômicas, não sendo passíveis de alcançar aqueles que se encontram inseridos no regime especial, com requisitos que lhe são próprios, como é o caso das indústrias que necessitam do registro especial para produzir cigarros.

A questão não se restringe ao campo tributário, mas também adentra a esfera concorrencial. O inadimplemento tributário acaba possibilitando uma redução do preço

---

[27] Súmula STF nº 70: "É inadmissível a interdição de estabelecimento como meio coercitivo para cobrança de tributo". Súmula STF nº 323: "É inadmissível a apreensão de mercadorias como meio coercitivo para pagamento de tributos".

final da mercadoria a ser comercializada, favorecendo as vendas da sua mercadoria, prejudicando os demais agentes econômicos inseridos no mesmo ramo.

O descumprimento reiterado das obrigações tributárias principais pela empresa tabagista viola de forma notória o sistema concorrencial desenhado pela Constituição de 1988. O débito tributário da empresa alcançou um patamar insustentável e por meio de práticas ilícitas a empresa obteve vantagem concorrencial, desequilibrando o mercado. O Ministro Eros Grau, quando da apreciação da ação cautelar, bem destacou "o caráter não absoluto do princípio da livre inciativa". A livre iniciativa deve ser tutelada, mas somente quando exercida dentro dos parâmetros estabelecidos pelo ordenamento jurídico, além de ser necessário o cumprimento da função social da empresa, sem que resulte em violação dos demais valores constitucionalmente protegidos.

Do caso em análise é possível depreender que o não pagamento dos tributos incidentes sobre a atividade econômica exercida se consubstanciava em estratégia empresarial que dava à empresa maior vantagem concorrencial. Conforme destacou o Ministro Joaquim Barbosa:[28]

> Não há que se falar em sanção política se as restrições à prática de atividade econômica objetivam combater estruturas empresariais que têm na inadimplência tributária sistemática e consciente sua maior vantagem concorrencial. Para ser tida como inconstitucional, a restrição ao exercício de atividade econômica deve ser desproporcional e não-razoável.

O Estado autorizou o ingresso da referida empresa no ramo econômico de produção de cigarros, mas, a partir do momento que os requisitos para tanto deixam de se fazer presentes, a manutenção do registro especial se torna inviável. Entendemos que o Estado não tem o dever de possibilitar a continuidade de determinada atividade econômica submetida, devido às suas peculiaridades, a um regime especial, quando deixe de cumprir, de forma contumaz e reiterada, com as suas obrigações tributárias, sem que tal medida possa ser classificada como sanção política, ou seja, um método coercitivo de cobrança dos tributos devidos. Portanto, é possível afirmar que a conduta da American Virginia viola tanto o princípio da livre concorrência como o dever fundamental de pagar tributos.

2.3 Limites à livre iniciativa: um Estado paternalista?

O problema jurídico do *case* ora analisado traz consigo diversos questionamentos de ordem não só jurídica como também econômica e filosófica. Qual o limite que deve ser observado pelo Estado ao interferir nas relações privadas, em especial no mercado?

Primeiramente, a resposta quanto ao alcance da interferência estatal na vida dos particulares está atrelada aos valores filosófico-políticos vigentes em determinado momento. Partindo da ideia de que ao Estado é atribuída apenas a função de produzir o direito e garantir segurança, a interferência tolerável será mínima. Mas, ao partir da

---

[28] Voto do Ministro Joaquim Barbosa no RE nº 550.769/RJ, p. 9-10.

ideia de que Estado e o mercado são manifestações que não se anulam, em determinadas situações a intervenção será tolerável e até mesmo necessária.

O liberalismo e as suas imperfeições marcaram a transição do século XIX para o século XX e as suas primeiras décadas, demonstrando que os mercados são incapazes de se autorregular, resultando na constatação da inviabilidade do capitalismo liberal, o que resultou na atribuição de novas funções ao Estado. Perante o poder econômico, os ideais de liberdade, igualdade e fraternidade se esvaziaram. Com isso, o Estado foi chamado a penetrar no campo econômico, "assumindo nitidamente o papel de agente regulador da economia".[29]

Citando o jurista português Avelãs Nunes, Eros Grau observa que "a intervenção do Estado na vida econômica é um redutor de riscos tanto para os indivíduos quanto para as empresas, identificando-se, em termos econômicos, com um *princípio de segurança*".[30]

O embate do Estado contra o tabaco ganhou força nas últimas décadas do século XX. Nas suas primeiras décadas, o tabaco estava intimamente ligado à figura do herói e o hábito de fumar cigarros estava atrelado ao glamour a até mesmo à rebeldia, sendo visto como um instrumento de empoderamento e reafirmação. Cite-se como exemplo duas figuras icônicas que bem representam a época "dourada" do tabaco: o "Cowboy Marlboro"[31] e o ator estadunidense Marlon Brando. Poucas restrições por parte do Estado eram feitas à veiculação de propaganda sobre o tema.

Mas a partir do momento que os efeitos nocivos do consumo do tabaco passaram a ser sentidos pelo Estado, as autoridades públicas passaram a se preocupar e voltar mais atenção ao tema, implementando uma estrutura com a finalidade de regulamentar a produção e a comercialização do tabaco.

No *case* ora analisado, foi suscitada a possível intervenção indevida do Estado no exercício do direito constitucionalmente assegurado da livre iniciativa. Entretanto, ao serem impostas pela ordem jurídica determinadas condições para que um direito que afeta diretos transindividuais possa ser exercido, a sua observância, enquanto não declarada incompatível com a ordem jurídica vigente, é obrigatória.

Ainda assim o Supremo Tribunal Federal debateu o fato de que o cancelamento do registro especial da empresa lhe geraria diversos prejuízos, pois estaria decerto obstada a dar continuidade à sua atividade econômica. Ponderar o que deve prevalecer no caso concreto não é uma missão simples. A decisão a ser tomada não pode se desconectar da realidade fática e econômica que o caso traz consigo.

---

[29] GRAU, Eros. *A ordem econômica na Constituição de 1988*: interpretação e crítica. 18. ed. atual. São Paulo: Malheiros, 2017. p. 20-21; 23.

[30] GRAU, Eros. *A ordem econômica na Constituição de 1988*: interpretação e crítica. 18. ed. atual. São Paulo: Malheiros, 2017. p. 32. Cita, ainda, passagem da obra de Avelãs Nunes: "a intervenção do Estado não poderá entender-se, com efeito, como uma *limitação* ou um *desvio* imposto aos próprios objetivos das empresas (particularmente das grandes empresas), mas antes como uma diminuição de riscos e uma garantia de segurança maior na prossecução dos fins últimos da acumulação capitalista".

[31] A título de curiosidade, 4 (quatro) intérpretes da personagem faleceram devido a complicações relacionadas ao consumo de cigarro (MORRE mais um "Cowboy" da Marlboro, o 4º por doença pulmonar. *em.com.br*, 27 jan. 2014. Disponível em: https://www.em.com.br/app/noticia/internacional/2014/01/27/interna_internacional,492176/morre-mais-um-cowboy-da-marlboro-o-4-por-doenca-pulmonar.shtml).

Isso demonstra que o princípio da livre iniciativa não deve ser interpretado como valor absoluto. Ana Paula de Barcellos afirma:[32]

> Os princípios da livre-iniciativa e da valorização do trabalho devem conviver entre si e com os princípios setoriais da ordem econômica sobre os quais se passa a tratar, expostos nos incisos do art. 170: todos em conjunto conduzirão a ordem econômica. Assim, a livre-iniciativa, embora não possa ser esvaziada, sujeita-se à atividade reguladora e fiscalizadora do Estado, cujo fundamento é a efetivação das normas constitucionais destinadas a neutralizar ou reduzir as distorções que possam advir do abuso da liberdade de iniciativa e aprimorar-lhe as condições de funcionamento. Esse é um ponto importante.

Dessa forma, a livre iniciativa deve sim ser assegurada, contanto que conviva em harmonia com os demais princípios que dirigem a ordem econômica prevista na Constituição de 1988. No caso, é possível observar uma violação ao princípio da livre concorrência, já que no caso em comento foi apontado que a American Virginia possuía débitos tributários que alcançavam o patamar de R$1 bilhão (um bilhão e reais), valores que não podem ser considerados ínfimos.[33]

Mas o papel do Estado pode ser questionado no caso ora em análise. Cumpre a ele a função de dizer se as pessoas devem ou não fumar? Por entender que o consumo de cigarros deve ser combatido, pode o Estado tributar a sua produção e comercialização de forma mais elevada ou até mesmo exigir um registro especial? Até onde pode o Estado intervir na escolha do indivíduo, em especial em um Estado pautado pelo valor da liberdade?

No seu texto *Libertarian paternalism is not an oxymoron*, Cass Sunstein e Richard Thaler tratam do tema paternalismo sob uma perspectiva do libertarianismo, e definem paternalismo:

> [...] the claim that it is legitimate for private or public institutions to attempt to influence people's behavior even when third party effects are absent. In other words, we argue for self-conscious efforts, by private and public institutions, to steer people's choices in directions that will improve their own welfare. In our understanding, a policy therefore counts as "paternalistic" if it attempts to influence the choices of affected parties in a way that will make choosers better off.[34]

---

[32] BARCELLOS, Ana Paula de. *Curso de direito constitucional*. Rio de Janeiro: Forense, 2018. p. 436.

[33] Sobre o princípio da livre concorrência, interessante a lição de Ana Paula de Barcellos: "[...] o princípio da livre-concorrência, corolário direto da liberdade de iniciativa, expressa a opção pela economia de mercado. Nele se contém a crença de que a competição entre os agentes econômicos, de um lado, e a liberdade de escolha dos consumidores, de outro, produzirão os melhores resultados econômicos: qualidade dos bens e serviços e preço justo. Como regra, portanto, não deve o Poder Público substituir a regulação natural do mercado por sua ação cogente, salvo diante de situações de ruptura das condições de concorrência livre ou para evitá-las. Os agentes privados têm o direito subjetivo à livre-concorrência, mas também o dever jurídico de não adotarem comportamentos anticoncorrenciais, sob pena de se sujeitarem à ação disciplinadora e punitiva do Estado" (BARCELLOS, Ana Paula de. *Curso de direito constitucional*. Rio de Janeiro: Forense, 2018. p. 439).

[34] SUNSTEIN, Cass R.; THALER, Richard H. Libertarian paternalism is not an oxymoron. *John M. Olin Program in Law and Economics Working Paper Series*, n. 185, 2003. p. 3-4.

Dessa maneira, o Estado tido com paternalista busca tomar decisões para os indivíduos visando maximizar os seus resultados e bem-estar, pois se essas decisões forem tomadas pelos indivíduos, o risco de não serem as melhores aumenta. Sob essa perspectiva do paternalismo trabalhado por Sunstein e Thaler, as escolhas não são impostas. Há, na verdade, um direcionamento, sendo impostos custos extras às decisões que não são as indicadas pelo Estado.

Assim, trazendo essa ideia para o caso ora em análise, o Estado adota diversas medidas visando conduzir o indivíduo pelo caminho que lhe trará um maior bem-estar, mas sem proibi-lo de seguir pelo caminho tido como indesejado, qual seja, consumir cigarros. Enquanto as pessoas não fazem as escolhas certas sob a ótica do Estado e dos valores constitucionalmente previstos, algumas políticas públicas podem melhorar a tomada dessas decisões, resultando em um aumento do bem-estar, seja por meio da imposição de tributos mais elevados para desestimular o consumo, seja pelo aumento da arrecadação tributária para investir em saúde pública para combater os efeitos nocivos do seu consumo.

Analisando o tema sob esses diversos aspectos e levando em consideração que o produto em debate provoca vício de difícil contorno no usuário, levando ao uso compulsivo do produto, o que acaba por interferir na sua capacidade de tomar decisões racionais, pode ser feita uma análise também considerando esta variável. Observe-se que a análise que segue é passível de extrapolação para outros produtos que têm maior grau de "viciabilidade" e de interferência no poder de decisão do usuário. Um modelo proposto, a partir de análise de pensadores como Sunstein, Thaler, Dworkin, Tyler, Hart, Regan, entre outros, com relevância para Stuart Mill, sugere uma abordagem que segue abaixo, em forma gráfica.[35]

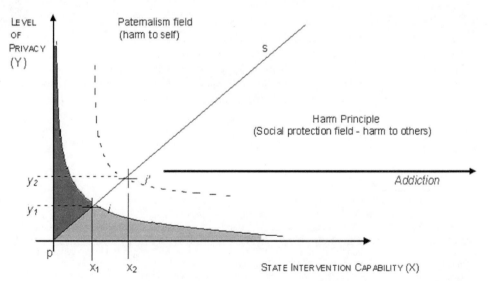

---

[35] VALADÃO, Marcos Aurélio Pereira. *Tobacco tax framework*: a feasible solution to a global health problem. 2. ed. Saarbrücken: Lambert Acad. Pub., 2017. p. 150-201.

Trata-se de representação gráfica da relação entre os níveis de privacidade do indivíduo e a capacidade do Estado de nela interferir, considerando o consumo de determinados produtos e controle do seu uso. Observe-se que a existência de vício decorrente do uso desloca a curva para a direita ("Addiction"), de forma a permitir um maior "paternalismo" estatal, autorizando ações mais invasivas do que se denomina campo da privacidade (inversamente proporcional, em situações normais, à capacidade de intervenção estatal). Essas situações vão além do sistema de controle e intervenção estatal baseado no que Stuart Mill chama de "harm to others", ou seja, a situação em que o comportamento de um indivíduo provoca prejuízo (ou mal aos outros) a permitir a intervenção, mas apenas no nível de proteção social.[36]

Assim, no caso do cigarro, por conta do poderoso vício que provoca, haveria uma autorização para uma atuação estatal mais incisiva em relação ao nível de privacidade e também em relação às sanções aplicáveis aos que provocam tal situação (no caso, os fabricantes de cigarro), e também pelos custos sociais que impõe a todos – em linha, portanto, com a decisão e com a opinião do Ministro Ayres Britto na decisão comentada.

3 Considerações finais

Cabe ao STF, nas pessoas dos seus ministros, decidir em caráter final sobre temas relevantes para sociedade brasileira. O Ministro Ayres Britto cumpriu este papel e, no caso analisado, embora não tenha sido o relator, manifestou-se de maneira contundente em defesa da sociedade, sem abandonar o texto constitucional, sendo coerente com seu pensamento. Cabe citar uma passagem da sua clássica obra *Teoria da Constituição*, que demonstra o seu posicionamento nesta linha:

> Mudando-se as palavras para melhor transmitir o mesmo pensamento: o Direito pós-Constituição é um Direito sempre enlaçado à Constituição mesma, para reverenciá-la. A Constituição cria o Ordenamento, mas não o libera para crescer inteiramente à solta. Mantém o Ordenamento sob tutela, como se o Ordenamento fosse uma pessoa incapaz de sair da menoridade. Ainda que o Direito pós-Constituição promane de emenda ou revisão constitucional, esse Direito não pode atribuir a si mesmo aquilo que é a própria *ratio essendi* formal da Constituição: o existir como a *norma normaru*, a *lex legum*, "o cântico dos cânticos", na linguagem religiosa do Antigo Testamento.[37]

Os níveis de intervenção estatal na atividade econômica não estão condicionados apenas às normas que controlam a atividade exacional do Estado ou a atividade econômica *stricto sensu* (limites comumente alegados como barreiras à extrafiscalidade exacerbada), mas também a outros princípios, consubstanciados em direitos e garantias que permeiam a Constituição – o caso analisado é uma cabal demonstração desta circunstância.

---

[36] VALADÃO, Marcos Aurélio Pereira. *Tobacco tax framework*: a feasible solution to a global health problem. 2. ed. Saarbrücken: Lambert Acad. Pub., 2017. p. 200.

[37] BRITTO, Carlos Ayres. *Teoria da Constituição*. Rio de Janeiro: Forense, 2003. p. 126.

Referências

ARAÚJO, Fernando. *Introdução à economia*. 3. ed. Coimbra: Almedina, 2014.

BARCELLOS, Ana Paula de. *Curso de direito constitucional*. Rio de Janeiro: Forense, 2018.

BICALHO, Guilherme Pereira Dolabella. *Extrafiscalidade tributária*: pós-modernidade e legitimação do Estado Social brasileiro. Belo Horizonte: Arraes, 2014.

BRITTO, Carlos Ayres. *Teoria da Constituição*. Rio de Janeiro: Forense, 2003.

CAPONE, Rodrigo Senne; VALADÃO, Marcos Aurélio Pereira. Planejamento tributário internacional: Double Irish Arrangement. *In*: MURTA, Antônio Carlos Diniz; BALTHAZAR, Ubaldo Cesar; FEITOSA, Raymundo Juliano Rego; MACIEL, Demetrius Nichele (Org.). *Direito tributário*: XXIII Encontro Nacional do Conpedi. Florianópolis: Conpedi, 2014. v. 1.

CHAGAS, Maurício Saraiva de Abreu. *O tributo e as políticas públicas*. Belo Horizonte: D'Plácido, 2015.

FERRAZ, Luciano; GODOI, Marciano Seabra de; SPAGNOL, Werther Botelho. *Curso de direito financeiro e tributário*. 2. ed. rev. e atual. Belo Horizonte: Fórum, 2017.

FIORILLO, Celso Antonio Pacheco; FERREIRA, Renata Marques. *Direito ambiental tributário*. 4. ed. São Paulo: Saraiva, 2018.

GRAU, Eros. *A ordem econômica na Constituição de 1988*: interpretação e crítica. 18. ed. atual. São Paulo: Malheiros, 2017.

LEE, Roy Alton. *History of regulatory taxation*. Lexington: University Pres of Kentucky, 1973.

MACHADO SEGUNDO, Hugo de Brito. Algumas notas sobre a invocação do princípio da "livre concorrência" nas relações tributárias. *Revista Nomos*, v. 28, n. 2, p. 61-82, 2008.

MACHADO, Hugo de Brito; MACHADO SEGUNDO, Hugo de Brito. Sanções políticas como meio coercitivo na cobrança de tributo. Incompatibilidade com as garantias constitucionais do contribuinte. Efeito suspensivo a Recurso Extraordinário. Requisitos da medida cautelar. *Revista Opinião Jurídica*, v. 5, n. 9, p. 308-336, 2007.

MONTERO, Carlos Eduardo Peralta. *Tributação ambiental*: reflexões sobre a introdução da variável ambiental no sistema tributário. São Paulo: Saraiva, 2014.

MORRE mais um "Cowboy" da Marlboro, o 4º por doença pulmonar. *em.com.br*, 27 jan. 2014. Disponível em: https://www.em.com.br/app/noticia/internacional/2014/01/27/interna_internacional,492176/morre-mais-um-cowboy-da-marlboro-o-4-por-doenca-pulmonar.shtml.

NABAIS, José Casalta. *Direito fiscal*. 8. ed. Coimbra: Almedina, 2015.

SCHOUERI, Luís Eduardo. Tributação e liberdade. *In*: PIRES, Adilson Rodrigues; TORRES, Heleno Taveira (Org.). *Princípios de direito financeiro e tributário*. Estudos em homenagem ao Professor Ricardo Lobo Torres. Rio de Janeiro: Renovar, 2009.

SUNSTEIN, Cass R.; THALER, Richard H. Libertarian paternalism is not an oxymoron. *John M. Olin Program in Law and Economics Working Paper Series*, n. 185, 2003.

VALADÃO, Marcos Aurélio Pereira. *Tobacco tax framework*: a feasible solution to a global health problem. 2. ed. Saarbrücken: Lambert Acad. Pub., 2017.

Informação bibliográfica deste texto, conforme a NBR 6023:2018 da Associação Brasileira de Normas Técnicas (ABNT):

CAPONE, Rodrigo Senne; VALADÃO, Marcos Aurélio Pereira. Contribuições do Eminente Ministro Ayres Britto ao desenvolvimento do campo tributário brasileiro: o caso da American Virginia. *In*: LEAL, Saul Tourinho; GREGÓRIO JÚNIOR, Eduardo Lourenço (Coord.). *A Constituição Cidadã e o Direito Tributário*: estudos em homenagem ao Ministro Carlos Ayres Britto. Belo Horizonte: Fórum, 2019. p. 413-428. ISBN 978-85-450-0678-7.

O *AMICUS CURIAE* NAS DECISÕES TRIBUTÁRIAS DO SUPREMO TRIBUNAL FEDERAL

SAUL TOURINHO LEAL

Introdução

A cada dia a figura do *amicus curiae* (amigo da Corte) assume maior importância nas discussões tributárias promovidas pelo Supremo Tribunal Federal (STF). Tem sido ele o responsável por informar a Corte sobre aspectos complexos dos fatos contemplados pela legislação tributária brasileira. Mais que isso: o *amicus* também tem calibrado relações processuais por vezes desiguais.

A doutrina norte-americana indica dois tipos de *amici curiae*: o *amicus curiae* público e o *amicus curiae* privado.[38]

O primeiro corresponde a órgãos da Administração ou a entes políticos. Agências reguladoras, estados-membros e a União são exemplos. Na esfera tributária, podemos pensar na Receita Federal do Brasil, esclarecendo a Corte sobre o modelo brasileiro de arrecadação tributária. Também é possível imaginar a participação do Conselho Nacional de Política Fazendária (Confaz) como *amicus curiae* numa ação que debata caso em que um estado-membro tenha concedido isenção fiscal sem anuência prévia do mencionado Conselho, a chamada "guerra fiscal". Ambos são exemplos de *amici curiae* públicos.

De outro lado temos os *amici curiae* privados. Podem ser uma organização não governamental, uma associação, uma pessoa jurídica de direito privado ou até mesmo uma pessoa física. Imaginemos uma associação de donas de casa intitulada "Observadoras do Imposto", que, de modo organizado, com representatividade e formalmente constituída, assume a missão de analisar a incidência tributária de todos os itens que integram os alimentos que abastecem um lar.

---

[38] Cf. KEARNEY, Joseph D.; MERRILL, Thomas W. The influence of amicus curiae briefs on the Supreme Court. *U. PA. L. Rev.*, v. 148, p. 743-752, 2000; BANNER, Stuart. The myth of the neutral amicus: American Courts and their friends, 1790–1890. *Constitutional Commentary*, v. 20, p. 111-130, Spring 2003; LYNCH, Kelly J. Best friends? Supreme Court law clerks on effective amicus curiae brief. *Journal of Law and Politics*, v. 20, p. 33-75, 2007; KRISLOV, Samuel. The amicus curiae brief: from friendship to advocacy. *The Yale Law Journal*, v. 72, p. 702-704, 1963; LOWMAN, Michael. The litigating amicus curiae: when does the party begin after the friends leave? *AM. U. L. Rev.*, v. 41, p. 1243, 1992.

Seja qual for a modalidade de *amicus curiae*, uma de suas finalidades é contribuir para o julgamento proferido pelo STF com o fornecimento de informações relevantes acerca de questões especializadas e complexas cujo domínio nem sempre está entregue ao campo do direito. Isso porque, mesmo sendo a Corte composta por sábios, conforme exige o *caput* do art. 101 da Constituição Federal,[39] a sapiência está voltada para o ambiente jurídico. Assim, vale perguntar, por exemplo, se alguma das disciplinas cursadas no processo de formação de um ministro exigiu dele saber a composição da borracha. Em razão disso é que foram admitidos 14 *amici curiae*[40] na Arguição de Descumprimento de Preceito Fundamental (ADPF) nº 101, que tratava do delicado tema da importação de pneus usados. A Corte pôde dispor de informações técnicas especializadas cujo domínio foge à esfera jurídica.

Mas o *amicus curiae* também constitui corrente de defesa de uma posição jurídica possível de ser a escolhida como correta. Reafirma-se o compromisso que setores revestidos de cidadania constitucional[41] têm quanto à defesa de um direito.

Podemos dizer que, por meio do direito tributário, a figura do *amicus curiae* tem contribuído de modo decisivo para a construção da jurisprudência do Supremo acerca desse importante instituto, formando suas principais características. Chegou a hora de aferir o amadurecimento do *amicus*.

1 Conceito

O conceito de *amicus curiae* é fundamental para a identificação de suas características. A depender da definição, sua natureza pode mudar, ora para um informante

---

[39] *Caput* do art. 101 da CF: "O STF compõe-se de onze Ministros, escolhidos dentre cidadãos com mais de trinta e cinco e menos de sessenta e cinco anos de idade, de notável saber jurídico e reputação ilibada".

[40] Os *amici curiae* admitidos na ADPF nº 101 foram os seguintes: Pneus Hauer do Brasil Ltda., ABIP – Associação Brasileira da Indústria de Pneus Remoldados, Associação Nacional da Indústria de Pneumático – Anip, Pneuback Indústria e Comércio de Pneus Ltda., Tal Remoldagem de Pneus Ltda., BS Colway Pneus Ltda., ABR – Associação Brasileira do Segmento de Reforma de Pneus, Associação de Defesa da Concorrência Legal e dos Consumidores Brasileiros – ADCL, Líder Remoldagem e Comércio de Pneus Ltda., Ribor – Importação, Exportação, Comércio e Representações Ltda., Instituto Brasileiro do Meio Ambiente e dos Recursos Naturais Renováveis – Ibama, Conectas Direitos Humanos, Justiça Global e Associação de Proteção do Meio Ambiente de Cianorte – Apromac.

[41] O termo "cidadania constitucional" foi tomado de empréstimo das ideias de Peter Häberle, na sua obra *A sociedade aberta dos intérpretes constitucionais: contribuição para a interpretação pluralista e procedimental da Constituição*: "Para a conformação e a aplicação do direito processual resultam consequências especiais. Os instrumentos de informação dos juízes constitucionais – não apesar, mas em razão da própria vinculação à lei – devem ser ampliados e aperfeiçoados, especialmente no que se refere às formas gradativas de participação e à própria possibilidade de participação no processo constitucional (especialmente nas audiências e nas intervenções). Devem ser desenvolvidas novas formas de participação das potências públicas pluralistas enquanto intérpretes em sentido amplo da Constituição. O direito processual constitucional torna-se parte do direito de participação democrática. A interpretação constitucional realizada pelos juízes pode-se tornar, correspondentemente, mais elástica e ampliativa sem que se deva ou possa chegar a uma identidade de posições com a interpretação do legislador. Igualmente flexível há de ser a aplicação do direito processual constitucional pela Corte Constitucional, tendo em vista a questão jurídico-material e as partes materialmente afetadas (atingidos). A íntima relação contextual existente entre Constituição material e direito constitucional processual faz-se evidente também aqui" (HÄBERLE, Peter. *A sociedade aberta dos intérpretes constitucionais*: contribuição para a interpretação pluralista e procedimental da Constituição. Porto Alegre: Sergio Antonio Fabris Editor, 1997. p. 47-48).

neutro, ora para um amigo litigante, na expressão utilizada pelos norte-americanos, conforme veremos mais à frente.

Há também impactos no que diz respeito à sua função. Serve ele para informar sobre matérias técnicas especializadas cujo domínio foge ao espectro jurídico? Deve também firmar posição quanto a uma possível interpretação da Constituição? Pode servir como termômetro para que a Corte perceba o quanto o tema discutido impacta os jurisdicionados? As respostas a estas indagações passam pelo conceito que seja conferido ao *amicus curiae*.

Damares Medina construiu um conceito assim exposto:

> um terceiro que intervém em um processo, do qual ele não é parte, para oferecer à corte sua perspectiva acerca de questões complexas cujo domínio ultrapasse o campo legal ou, ainda, defender os interesses dos grupos por ele representados, no caso de serem, direta ou indiretamente, afetados pela decisão a ser tomada.[42]

Esse parece ser um conceito que contempla com exatidão as nuances das quais pode revestir-se o *amicus curiae*, pois tanto lhe confere a missão de mero informante como também de instrumento de defesa por parte de interessados na temática discutida.

2 O *amicus curiae* no direito comparado

Ruth Colker, professora de Direito na Universidade Estadual de Ohio, traça um histórico da figura do *amicus curiae*. Segundo ela:

> o amicus curiae tem origem remota. A prática de um advogado afastado do caso concreto auxiliar a corte existia na lei romana, passando pela Inglaterra medieval, e, de uma maneira limitada, dentro do sistema legal francês. No tempo de Roma, o amicus curiae era um advogado nomeado judicialmente, que servia para aconselhar e ajudar o tribunal quanto aos casos. Mesmo com um longo histórico de uso do amicus curiae no sistema judicial inglês, os Estados Unidos não usaram o amicus curiae até 1823. Apesar do amicus curiae inicialmente ter participado na justiça norte-americana com relativa neutralidade, servindo à Corte por meio da submissão de argumentos orais ou estudos sobre a lei, eles assumem ao longo do tempo uma postura semelhante à do advogado que tenta persuadir os julgadores por meio da argumentação.[43]

Colker afirma que os Estados Unidos passaram a utilizar o *amicus curiae* em 1823.[44] Refere-se ao julgamento do caso *Green v. Biddle* (discutia direitos de propriedade

---

[42] MEDINA, Damares. *Amicus curiae*: amigo da corte ou amigo da parte? São Paulo: Saraiva, 2010. p. 17.
[43] COLKER, Ruth. Justice Sandra Day O'Connor's Friends. *Ohio St. L. J.*, v. 68, 2007. p. 521. Original: "The amicus curiae has ancient roots. The practice of an outside lawyer assisting the court existed in Roman law, throughout medieval England, and, in a limited manner, within the French legal system. In Roman times, the amicus curiae was a judicially appointed lawyer who served to advise and assist the court in the disposition of cases. Despite a long history of use of amicus curiae in the English court system, the United States courts did not use the amicus curiae until 1823. Although amicus curiae initially participated in United States courts as relatively neutral servants of the courts through the submission of oral advice or points of law, they became advocates over time through the use of argumentative briefs".
[44] COLKER, Ruth. Justice Sandra Day O'Connor's Friends. *Ohio St. L. J.*, v. 68, 2007.

de terras e dos lucros auferidos com a produção), no qual o estado de Kentucky foi admitido como *amicus curiae*, a pedido do Tribunal que, invocando o precedente inglês *Coxe v. Phillips*, permitiu a intervenção do Senador Henry Clay. O senador não foi chamado a participar, esperando-se dele neutralidade. Segundo Cássio Scarpinella Bueno, a participação visou "proteger seus próprios interesses, que, de outra forma, poderiam ter ficado à mercê do espírito fraudulento das partes".[45]

Há, contudo, precedente anterior ao caso *Green v. Biddle*. Em 1812, a Suprema Corte, no caso *The Schooner Exchange v. Mcfadden*, permitiu que o *attorney general* fosse admitido para opinar sobre a matéria a ser julgada (debatia a propriedade de navio de guerra reivindicado por Napoleão Bonaparte). Era um *amicus curiae* público.

Cássio Scarpinella relata ainda, no direito inglês, o caso *Coxe v. Phillips*, julgado em 1736.[46] Ao ser apreciado no século XVIII, deixa claro que nem sempre a Corte espera neutralidade do *amicus curiae* privado. Muitas vezes espera o firmamento de posição quanto a alguma das opções corretas à decisão a ser tomada.[47]

Os fatos são curiosos. O senhor Muilman se casara com a senhora Phillips. Posteriormente, descobrir-se-ia que a senhora Phillips já era casada. Após a separação, o senhor Muilman se casou novamente. De repente, a senhora Phillips, chamada judicialmente a pagar uma nota promissória por ela assinada, disse não poder fazê-lo, por ainda estar casada com Muilman. A alegação prejudicaria o novo casamento do senhor. Mesmo não sendo parte na ação a que a senhora respondia, a Corte admitiu o ingresso de um *amicus curiae* para representar os interesses de Muilman. A verdade veio à tona e a senhora Phillips foi condenada por litigância de má-fé.

Vê-se que o *amicus curiae* privado esboça uma postura altiva diante de uma violação a direitos. Deixando de lado uma mitológica neutralidade,[48] atua no esclarecimento da Corte tomando parte por um polo da lide.

Interessante notar que mais de 250 anos depois do julgamento do caso inglês *Coxe v. Phillips*, o então Juiz Samuel Alito, antes da nomeação para a Suprema Corte norte-americana, rejeitou a visão de que o *amicus curiae* deve ser neutro e afirmou que essa noção é ultrapassada. Também refutou a ideia de que o *amicus* só deve ser apresentado em nome de partes sem representantes ou mal representadas.[49]

É infinita a quantidade de casos célebres julgados nos Estados Unidos com a participação de *amici curiae*. Daí os norte-americanos gozarem de certa vantagem em

---

[45] BUENO, Cássio Scarpinella. *Amicus curiae no processo civil brasileiro* – Um terceiro enigmático. São Paulo: Saraiva, 2008. p. 93.

[46] BUENO, Cássio Scarpinella. *Amicus curiae no processo civil brasileiro* – Um terceiro enigmático. São Paulo: Saraiva, 2008. p. 90.

[47] Samuel Krislov afirma que o *amicus curiae* primeiramente apareceu no século XVII, na Inglaterra (KRISLOV, Samuel. The amicus curiae brief: from friendship to advocacy. *The Yale Law Journal*, v. 72, 1963. p. 694-695).

[48] Quem menciona a expressão "o mito da neutralidade" é Stuart Banner. Ele o faz logo no título do artigo de sua autoria, que traduzo para "O mito do amicus neutro: As cortes americanas e seus amigos". Cf. BANNER, Stuart. The myth of the neutral amicus: American Courts and their friends, 1790–1890. *Constitutional Commentary*, v. 20, p. 111-130, Spring 2003.

[49] A manifestação se deu em resposta às limitações impostas pelo Juiz Richard Posner à participação de *amici curiae*. Samuel Alito registrou seu pensamento no julgamento do caso Neonatology Assocs., P.A. v. Comm'r, 293 F.3d 128, 132 (3d. Cir. 2002). Mais adiante examinaremos esse caso, que trata de direito tributário.

relação a nós quanto ao estudo do instituto. Acostumados com ele há mais de duzentos anos, houve tempo suficiente para dissecá-lo por meio de refinadas pesquisas.[50]

Há inúmeros estudos acerca da persuasão que o *amicus* exerce no julgamento do qual participa.[51] As pesquisas são ricas a ponto de aferirem o nível de influência que o autor do memorial apresentado pelo *amicus curiae* exerce sobre os assessores (*clerks*) dos ministros (*associate justices*) da Suprema Corte.

Kelly Lynch, da Divisão de Tributos do Ministério da Justiça, elaborou pesquisa, divulgada em 2007, cujo título traduzo para *Melhores amigos? O que dizem os assessores da Suprema Corte sobre a efetividade do amicus curiae* (*Best friends? Supreme Court law clerks on effective amicus curiae brief*).

Um dos itens da pesquisa tem uma objetividade desconcertante: "A autoria do memorial apresentado pelo amicus curiae faz a diferença?". Após entrevistas com dezenas de assessores de ministros da Suprema Corte, apurou-se que os memoriais de *amici curiae* com maior chance de influenciar um julgamento são aqueles elaborados por grandes professores ou por advogados renomados.[52]

Segundo a pesquisa, 88% dos assessores de ministros estão inclinados a dar uma maior atenção, pelo menos inicialmente, a um memorial assinado por um professor afamado.[53] Isso porque o nome chama a atenção do gabinete para a questão, especialmente se o professor for conhecido pessoalmente.[54]

Dois assessores declararam na pesquisa que, caso haja em cima de suas mesas dois memoriais de *amici curiae*, ambos assinados por professores de Direito de Harvard, mas o primeiro por Laurence Tribe e o segundo por Alan Dershowitz, eles dariam mais deferência ao de Tribe.[55] Isso faz imaginar que não importa exatamente de "onde" é o professor, mas "quem" é o professor. Uma assessora entrevistada, contudo,

---

[50] COLLINS JR., Paul M. Friends of the Court: examining the influence of amicus curiae participation in U.S. Supreme Court Litigation. *Law & Soc'Y Rev.*, v. 38, 2004. p. 810-816 (tenta mostrar a efetividade dos *amici curiae* nos resultados dos julgamentos); KEARNEY, Joseph D.; MERRILL, Thomas W. The influence of amicus curiae briefs on the Supreme Court. *U. PA. L. Rev.*, v. 148, 2000. p. 751-56 (pesquisam a atuação dos *amici curiae* perante a Suprema Corte, nos últimos cinquenta anos); CALDEIRA, Gregory A.; WRIGHT, John R. Amici curiae before the Supreme Court: who participates, when, and how much? *J. Pol.*, v. 52, 1990. p. 782; SONGER, Donald R.; SHEEHAN, Reginald S. Interest group success in the courts: amicus participation in the Supreme Court. *Pol. Res. Q.*, v. 46, 1993. p. 339.

[51] Cf. MERRILL, Thomas W. The influence of amicus curiae briefs on the Supreme Court. *U. PA. L. Rev.*, v. 148, p. 743-752, 2000.

[52] LYNCH, Kelly J. Best friends? Supreme Court law clerks on effective amicus curiae brief. *Journal of Law and Politics*, v. 20, p. 33-75, 2007. p. 59.

[53] LYNCH, Kelly J. Best friends? Supreme Court law clerks on effective amicus curiae brief. *Journal of Law and Politics*, v. 20, p. 33-75, 2007. p. 59.

[54] LYNCH, Kelly J. Best friends? Supreme Court law clerks on effective amicus curiae brief. *Journal of Law and Politics*, v. 20, p. 33-75, 2007. p. 59.

[55] Laurence Tribe deve ser o professor de Direito Constitucional com maior presença na Suprema Corte dos Estados Unidos. Sustentou 35 grandes casos, entre os quais o célebre *George W Bush v. Al Gore*, pelo qual a Suprema Corte, no ano 2000, entregou a George Bush o governo dos Estados Unidos, numa das mais criticadas decisões de sua secular história. Laurence foi professor do atual Presidente dos Estados Unidos, Barack Obama, de quem é conselheiro para temas jurídicos de relevo. A última obra de Laurence, publicada em 2008 pela Oxford University Press, chama-se *A Constituição invisível*.

afirmou que alguns memoriais de professores de Direito trazem desgaste à Corte, pois representam tão somente um projeto pessoal regado à vaidade.[56]

Indagados sobre a relevância que conferem a memoriais de *amici curiae* que têm como autores advogados renomados, 88% dos assessores entrevistados afirmaram dar uma consideração maior a estes. Um assessor relatou que há de 10 a 25 advogados que acarretam uma leitura cuidadosa do memorial por eles preparado.[57]

Atualmente, no Brasil, já é possível aferir a quantidade de citações realizadas por ministros do Supremo quanto a professores ou ministros aposentados que proferem pareceres voltados a temas debatidos pela Corte.

Vários são os países que admitem o *amicus curiae*: Argentina, Canadá, África do Sul, Austrália, Irlanda, Inglaterra, França e Itália.[58]

David Palmeter, advogado com mais de 40 anos de experiência em comércio internacional, e Petros C. Mavroidis, professor de Direito Comparado na Universidade de Columbia, destacam a participação do *amicus curiae briefs* perante a Organização Mundial do Comércio.[59] Também há previsão na Corte Europeia de Direitos Humanos e na Corte Interamericana de Direitos Humanos.

3 *Amicus curiae* como *litiganting amicus*

Constitucionalistas e cientistas políticos norte-americanos, a exemplo de Samuel Krislov (leciona nas áreas da Ciência Política e do Direito na Universidade de Minnesota), atestam que a figura do *amicus curiae* perante a Suprema Corte deixou de lado sua neutralidade.[60] Sai o *amicus curiae* passivo, entra o *litiganting amicus*. Este

---

[56] Outros renomados professores de Direito foram citados: Charles Wright Alan (Universidade de Texas), Charles Fried e Arthur Miller (Harvard), Walter Dellinger (sócio do escritório O'Melveny & Myers, em Washington e professor de Direito da Duke Duke Law School) (LYNCH, Kelly J. Best friends? Supreme Court law clerks on effective amicus curiae brief. *Journal of Law and Politics*, v. 20, p. 33-75, 2007. p. 51).

[57] Entre os nomes listados com os respectivos escritórios dos quais fazem parte estão: Carter Phillips (Sidley Austin Brown & Wood); Ted Olson (foi do Gibson, Dunn & Crutcher antes de assumir o cargo de procurador federal em 2001); John Roberts (Hogan & Hartson); Jeff Sutton (Jones Day); Michael Gottesman (egresso do Bredhoff Kaiser); Joe Onek (egresso do Onek, Klein & Farr); e Maureen Mahoney (Latham & Watkins) (LYNCH, Kelly J. Best friends? Supreme Court law clerks on effective amicus curiae brief. *Journal of Law and Politics*, v. 20, p. 33-75, 2007. p. 53).

[58] Cássio Scarpinella esclarece que no Canadá o *amicus curiae* é previsto pela Rule 92 das Rules of the Supreme Court of Canada. Na Austrália, pela Order 11 Rule 22 e Order 17 Rule 1. Na França, "na edição 2001 do Nouveau Code de Procédure Civile, da Dalloz, há duas referências ao *amicus curiae*. A primeira no art. 143, segundo o qual os fatos dos quais depende a solução do litígio podem, a pedido das partes ou do juiz, ser objetos de qualquer meio de prova legalmente admitido. Lê-se, na nota respectiva, que o *amicus curiae* não é uma testemunha nem um perito, mas, mesmo assim, sua convocação ao tribunal e a sua oitiva 'ne sont soumises qu'aux seules règles tendant au respect du contradictoire et au respect des droits de la défense'. A segunda está na nota n. 1, aposta ao art. 234 do Código, que regula, fundamentalmente, a recusa do perito por falta de imparcialidade. Lá está escrito que o *amicus curiae*, por não ser técnico nem perito, não fica sujeito àquele regime jurídico. Na Itália, o *amicus curiae* decorre da jurisprudência da Corte Constitucional. Na Argentina, a previsão encontra-se no art. 33 da Constituição e leis nºs 24.488, de 28.6.2005, e 402/2000" (BUENO, Cássio Scarpinella. *Amicus curiae no processo civil brasileiro* – Um terceiro enigmático. São Paulo: Saraiva, 2008. p. 111-157).

[59] PALMETER, David; MAVROIDIS, Petros C. *Dispute settlement in the World Trade Organization* – Practice and procedure. Cambridge: Cambridge University Press, 2004. p. 113.

[60] KRISLOV, Samuel. The amicus curiae brief: from friendship to advocacy. *The Yale Law Journal*, v. 72, p. 702-704, 1963.

auxilia, com informações valiosas, aqueles que têm na Suprema Corte a oportunidade de um último pleito de respeito à Constituição.

Essa postura do *amicus curiae* é extremamente criticada por parte da doutrina. Isso em decorrência da visão segundo a qual o *amicus* privado deveria ter neutralidade. Diante de uma violação a direitos contra uma parte da ação, ele deveria se limitar a prestar informações técnicas sem que opinasse quanto ao mérito do feito.

Essa neutralidade é um mito. Mesmo assim, há reações. Damares noticia que a Suprema Corte do Texas promoveu alterações regimentais com a finalidade de esvaziar a entrega de memoriais pelo *amicus curiae*.[61] Nada contra o Texas, mas não podemos dizer que se trata de uma excelência no quesito respeito aos direitos fundamentais.

Richard Posner chega a defender a abolição do *amicus curiae*.[62] Expõe que os *amici curiae* muitas vezes se limitam a reiterar argumentos já apresentados, não colaborando com novas informações.[63] Posner justifica sua posição com um argumento conhecido: o aumento dos custos.

Ruben J. Garcia elaborou artigo em que rebate corajosamente a tentativa do juiz Posner de limitar a participação dos *amici curiae*. O título do artigo é: *A democratic theory of amicus advocacy*.

Garcia esclarece em qual contexto e sob quais fundamentos o juiz passou a rejeitar os pedidos:

> Em 2003, na 7ª Corte de Apelação Cível, o juiz Richard Posner recusou receber o memorial de *amicus curiae* e citou em seguida suas razões: [J]uízes têm processos densos e, portanto, necessitam minimizar leituras estranhas aos autos; o ingresso como *amicus curiae* frequentemente requerido pelas partes muito provavelmente é usado para escapar das limitações impostas pelo tribunal sobre a extensão dos mandatos

---

[61] Eis trecho de Damares Medina a respeito das alterações regimentais feitas pela Suprema Corte do Estado do Texas sobre a participação de *amicus curiae*: "A alteração da regra 11 da Suprema Corte do Texas procurou restringir a entrega de memoriais de amicus curiae, fixando procedimentos de disclosure, que determinam a indicação da parte apoiada, bem como a fonte de qualquer financiamento para a elaboração dos memoriais. Contudo, a regra falhou ao deixar de exigir o apontamento dos autores do memorial, à medida que os advogados de uma das partes podem elaborar o documento e solicitar sua entrega por outro advogado, sob o simulacro de amicus curiae. Independentemente da efetividade de controles que impeçam o desvirtuamento de sua finalidade – que é ajudar a corte – e, principalmente, o comprometimento do equilíbrio processual entre as partes em litígio" (MEDINA, Damares. *Amicus curiae*: amigo da corte ou amigo da parte? São Paulo: Saraiva, 2010. p. 47).

[62] Damares Medina também cita esse episódio em sua obra: "O Juiz Richard Posner tece considerações críticas à prática do amicus curiae, defendendo até mesmo a sua abolição. Ele salienta que, após dezesseis anos de leitura de memoriais de amicus curiae, a maioria foi entregue por aliados das partes em litígio e se limitou a duplicar os argumentos presentes nos memoriais dos litigantes, passando a ser mera extensão de seus argumentos. Além de extrapolar o limite de páginas, os memoriais do amicus curiae acabam servindo de veículos de interesses políticos no processo judicial, contribuindo para o aumento do custo do processo. Esses tipos de memoriais não deveriam, segundo o autor, ser permitidos, pois são abusivos. Os memoriais de amicus deveriam ser permitidos apenas em situações muito peculiares e específicas: a) quando uma das partes é mal representada ou não é representada; b) quando o amicus possui interesse em outros processos que podem ser diretamente afetados pela decisão no caso em apreciação; c) quando o amicus possui informação única ou perspectiva singular da controvérsia, o que pode representar uma ajuda à corte além daquela que os advogados podem oferecer" (MEDINA, Damares. *Amicus curiae*: amigo da corte ou amigo da parte? São Paulo: Saraiva, 2010. p. 45-46).

[63] SHOOP, Julie Gannon. Too many 'friends': appeals judge urges limits on amicus briefs. *Trial*, Dec. 1997, at 18; MAURO, Tony. Plenty of friendly advice. *Legal Times*, July 23, 1990, at S25.

das partes; o tempo e outros recursos necessários para a preparação, estudo e resposta para os argumentos trazidos pelos *amici* curiae elevam o custo dos processos judiciais; e o ingresso de *amicus curiae* é muitas vezes uma tentativa de introduzir interesses de grupos políticos no processo de apelação.[64]

Rubem J. Garcia assevera que Posner se vale de um tom exasperado para dizer que o *amicus curiae* tem agido como parte. Diz ainda que Posner é um "detrator" que vê o *amicus* como um mecanismo nefasto a serviço de grupos de interesse.[65]

Ronald Dworkin faz uma descrição de Posner: "juiz preguiçoso, que escreve um livro antes do café-da-manhã, decide vários casos antes do meio-dia, passa a tarde dando aulas na Faculdade de Direito de Chicago e faz cirurgia do cérebro depois do jantar".[66]

Rubem J. Garcia nos conta que, em 2000, o Juiz Richard Posner compunha colegiado com outros três juízes que negaram pedido de ingresso como *amicus curiae* no caso *Organização Nacional para as Mulheres v. Scheidler*,[67] disputa com longo histórico litigioso que incluiu diversas presenças na Suprema Corte.[68] O caso tinha por objeto protestos contra clínicas de aborto e buscava definir se a chamada "Lei de Hobbs", que prevenia roubo ou extorsão, poderia ser a base legal contra tais protestos.[69]

A Corte negou o pedido de *amicus curiae* dos "Padres pela Vida", "Fundação Defesa Legal da Vida" e "Conferência Líder Cristã do Sul" para respaldar os ativistas antiaborto.[70] A Corte reiterou que não havia as três condições para ingresso de tais entidades como *amici curiae*, sendo elas: 1) seria irresponsável aceitar os memoriais e não os ler (ou, ao menos, pedir que os assessores o fizessem); 2) pedidos de *amicus curiae* são formulados frequentemente para atender às partes que pretendem superar as limitações (processuais) da Corte; 3) os pedidos do *amicus curiae* são oferecidos, em regra, para apresentar interesses de grupos legitimados em processo por meio da apresentação de argumentos de associações comerciais ou de grupos que estão fora do processo. Negou-se o pedido das três instituições, tendo em vista que outros já haviam sido aceitos para auxílio no mérito.[71]

Segundo Rubem J. Garcia, três anos depois Posner negou o pedido de ingresso no caso *Vozes pela Escolha v. Companhia Telefônica Bell de Illinois*.[72] Os pedidos foram

---

[64] GARCIA, Ruben J. A democratic theory of amicus advocacy. *Florida State Univ. Law Review*, v. 35, 2008. p. 316. A versão original está escrita da seguinte forma: "[J]udges have heavy caseloads and therefore need to minimize extraneous reading; amicus briefs, often solicited by parties, may be used to make an end run around court-imposed limitations on the length of parties' briefs; the time and other resources required for the preparation and study of, and response to, amicus briefs drive up the cost of litigation; and the filing of an amicus brief is often an attempt to inject interest group politics into the federal appeals process".
[65] GARCIA, Ruben J. A democratic theory of amicus advocacy. *Florida State Univ. Law Review*, v. 35, 2008. p. 317.
[66] DWORKIN, Ronald. *A justiça de toga*. São Paulo: Martins Fontes, 2010. p. 74.
[67] A referência processual original é: Nat'l Org. for Women, Inc. v Scheidler, 223 F.3d 615 (7th Cir. 2000).
[68] Ver o histórico perante a Suprema Corte: Scheidler v. Nat'l Org. for Women, Inc., 547 U.S. 9 (2006); Scheidler v. Nat'l Org. for Women, Inc., 537 U.S. 393 (2003); Nat'l Org. for Women, Inc. v. Scheidler, 510 U.S. 249 (1994).
[69] GARCIA, Ruben J. A democratic theory of amicus advocacy. *Florida State Univ. Law Review*, v. 35, 2008. p. 327.
[70] Referência processual: Scheidler, 223 F.3d at 616-17.
[71] GARCIA, Ruben J. A democratic theory of amicus advocacy. *Florida State Univ. Law Review*, v. 35, 2008. p. 317.
[72] Referência processual: 339 F.3d 542 (7th Cir. 2003).

formulados por oficiais públicos e um sindicato, sob o fundamento de que as partes, um grupo de consumo e uma grande empresa de telefonia, não representavam todos os pontos de vista relacionados ao caso. O Juiz Posner, monocraticamente, rejeitou os pedidos pelos seguintes motivos: 1) as partes estavam adequadamente representadas; 2) os *amici* não tinham interesse direto em nenhum outro caso que pudesse ser atingido com a decisão ali tomada; 3) os *amici* não tinham perspectiva distinta da já apresentada; 4) o ponto de vista dos oficiais públicos não era diferente do manifestado pela Southwestern Bell Co. O magistrado ainda consignou: "em suma, as propostas dos *amici curiae* apenas anunciam um voto do *amici* na decisão a ser tomada no recurso. Mas, como eu já manifestei, eles não têm direito a voto no processo".[73]

Apesar de Posner ser um jurista e um acadêmico influente, nem todos os desembargadores seguiram suas decisões quanto a *amicus curiae*. Em manifestação perante a Terceira Corte de Apelações, antes de sua indicação à Suprema Corte americana, o Juiz Samuel Alito considerou a decisão de Posner no caso *Associação de Neonatologistas v. Comissário da Receita Interna – Taxa da Confederação*.[74]

A Associação dos Neonatologistas recorreu da decisão proferida na Corte Tributária, na qual cinco médicos objetivaram apresentar pedido de ingresso como *amicus curiae* para apoiar o comissário de receita interna. Os contribuintes que apelaram, dois médicos profissionais, questionaram a fiscalização estatal por deduções fiscais equivocadas. Os contribuintes afirmaram que a Corte não poderia aceitar o pedido de ingresso como *amicus curiae*, tendo em vista que os médicos não eram "imparciais" e não teriam interesse pecuniário no resultado do julgamento. Os médicos que assinavam o pedido de *amicus curiae*, por sua vez, disseram que pretendiam preservar a comunidade da Pensilvânia com o custeio da fiscalização. Eles também questionavam o formulário do Erisa (Contribuição de Empregados e Aposentados para a Seguridade Social). Os médicos não pareciam se interessar se as companhias médicas iriam realizar as deduções fiscais de modo apropriado.[75]

O Juiz Alito considerou a linha de decisões adotada pelo Juiz Posner sobre pedidos de *amicus curiae* que apenas os aceitavam em último caso. De modo imparcial, decidiu que esta concepção de *amicus curiae* se tornou "fora de moda há muito tempo". Sua Excelência disse que a ideia de que um amigo para a Corte pode não ser um verdadeiro amigo é "contrária ao sistema fundamental do contraditório, no qual a persistente advocacia por um dos lados influencia a tomada de decisões". Disse ainda

---

[73] GARCIA, Ruben J. A democratic theory of amicus advocacy. *Florida State Univ. Law Review*, v. 35, 2008. p. 327/328.

[74] GARCIA, Ruben J. A democratic theory of amicus advocacy. *Florida State Univ. Law Review*, v. 35, 2008. p. 328. O original: "In an opinion on the Third Circuit Court of Appeals before his appointment to the United States Supreme Court, Judge Samuel Alito considered Judge Posner's amicus decisions in Neonatology Associates, P.A. v. Commissioner of Internal Revenue. Neonatology Associates was an appeal from a tax court decision where five physicians sought leave to file an amicus brief in support of the Commissioner of Internal Revenue. The taxpayer appellants, two professional medical corporations, were defending against a government prosecution for erroneous deductions and back taxes. The taxpayers argued that the court should not accept the brief because the doctors were not 'impartial', and did not have a 'pecuniary interest' in the outcome. The doctors argued that their amicus brief should be filed because they wanted to preserve certain factual findings to connect the Commonwealth of Pennsylvania to findings in the tax court below".

[75] GARCIA, Ruben J. A democratic theory of amicus advocacy. *Florida State Univ. Law Review*, v. 35, 2008. p. 328.

se tratar do primeiro caso da Corte que pareceu limitar a habilidade das partes para ingressar com pedidos de *amicus curiae*.[76]

O juiz percebeu que havia um legítimo interesse no resultado da demanda e permitiu a entrega do memorial de *amicus curiae*. Segundo ele: "Uma breve olhada na jurisprudência da Suprema Corte mostra que empresas, companhias, associações profissionais e outras partes com interesse pecuniário na demanda aparecem regularmente como amici curiae".[77]

Alito também argumentou que havia um caso recente do Tribunal de Apelação Cível do 3º Circuito que parecia limitar os direitos das partes à habilitação como *amicus curiae*. No caso *Faculdade Americana de Ginecologia e Obstetrícia v. Thornburgh*,[78] remetido à Suprema Corte para discussão quanto à constitucionalidade das restrições ao aborto, a Corte de Apelação negou o pedido formulado por um grupo de professores de direito que queria apresentar memorial como *amicus*. O fundamento foi o fato de que os professores "não representavam qualquer indivíduo ou organização com um interesse juridicamente reconhecível quanto ao assunto em questão [...] e apenas tinham uma preocupação sobre a maneira com que o tribunal iria interpretar o direito". O Juiz Alito não se manifestou sobre se a Faculdade Americana interpretou coerentemente o interesse, mas sentiu que os médicos, no caso, tinham mostrado adequadamente o interesse no resultado e lhes permitiu o ingresso como *amici curiae*.[79]

Trazendo essa discussão para a realidade brasileira, o aumento da participação de *amicus curiae* perante o STF aproxima a sociedade do debate constitucional, inserindo um *plus* de cidadania constitucional ao nosso país. Faz com que a Constituição Federal de 1988, uma Carta popular, tenha uma também uma interpretação popular, porque realizada com o auxílio de setores da sociedade interessados na discussão. Seria um primeiro passo para o que alguns constitucionalistas norte-americanos, como Larry Kramer (*Stanford*)[80] e Mark Tushnet (*Harvard*)[81] chamam de constitucionalismo popular, mesmo que exercido por uma Corte.

---

[76] 293 F.3d 128 (3d Cir. 2002).

[77] 293 F.3d 128 (3d Cir. 2002).

[78] American College of Obstetricians & Gynecologists v. Thornburgh.

[79] GARCIA, Ruben J. A democratic theory of amicus advocacy. *Florida State Univ. Law Review*, v. 35, 2008. p. 328. O original: "In American College of Obstetricians & Gynecologists v. Thornburgh, a case that ultimately went to the Supreme Court regarding the constitutionality of abortion restrictions, the Third Circuit denied the motion of a group of law professors to file an amicus brief because the professors did not 'represent any individual or organization with a legally cognizable interest in the subject matter at issue [...] only their concern about the manner in which this court will interpret the law [...]' Judge Alito did not decide whether the American College court accurately interpreted the 'interest' requirement, but he felt that doctors in the case had adequately showed an interest in the outcome and allowed their brief".

[80] Larry Kramer introduz seu pensamento na obra *The people themselves: popular constitutionalism and judicial review* (2004): "Em 2004, publiquei um livro intitulado The People Themselves (O próprio povo), que reconta as origens e a história inicial do *judicial review*. Ele tinha vários objetivos, alguns históricos, outros normativos. De uma perspectiva histórica, meu principal objetivo o foi de questionar e, com alguma esperança, de desfazer certos mitos sobre a fundação dos Estados Unidos. Em particular, queria me opor à idéia de que nossa Constituição era, acima de tudo, um instrumento de reação destinado a embotar a política democrática ao canalizar a autoridade para uma elite tão distante quanto possível do controle popular. Essa crença amplamente difundida reflete a caricatura de uma história mais complexa que é, também, mais democrática em suas implicações. Ao longo do caminho, tinha a esperança de levantar algumas questões sobre nossa vontade, nos dias de hoje, de ceder o controle sobre a Constituição ao Judiciário, um avanço mais recente do que a maioria das pessoas acredita

4 Amicus curiae perante o STF

A Lei nº 9.868/99 regula a tramitação de três ações do controle concentrado de constitucionalidade: ação direta de inconstitucionalidade (ADI), ação direta de inconstitucionalidade por omissão (ADO) e ação declaratória de constitucionalidade (ADC). Segundo o art. 7º, §2º da aludida lei, o relator da ADI, considerando a relevância da matéria e a representatividade dos postulantes, poderá, por despacho irrecorrível, admitir a manifestação de outros órgãos ou entidades. Já o art. 12-E diz que se aplicam ao procedimento da ADO, no que couber, as disposições voltadas para a ADI, o que faz supor se aplicar o dispositivo do *amicus curiae*.

Em relação à ADC, o art. 20, §1º da mencionada lei diz:

> Em caso de necessidade de esclarecimento de matéria ou circunstância de fato ou de notória insuficiência das informações existentes nos autos, poderá o relator requisitar informações adicionais, designar perito ou comissão de peritos para que emita parecer sobre a questão ou fixar data para, em audiência pública, ouvir depoimentos de pessoas com experiência e autoridade na matéria.

A Lei nº 9.882/99, que regula a tramitação da arguição de descumprimento de preceito fundamental (ADPF) perante o STF, permite a participação de *amicus curiae* de forma mais abrangente do que a participação na ADI, ADO e ADC. Segundo o art. 6º, §2º, da lei, poderão ser autorizadas, a critério do relator, sustentação oral e juntada de memoriais, por requerimento dos "interessados" no processo.

Importa destacar que art. 138 do Código de Processo Civil (CPC) dispõe que o juiz ou o relator, considerando a relevância da matéria, a especificidade do tema objeto da demanda ou a repercussão social da controvérsia, poderá, por decisão irrecorrível, de ofício ou a requerimento das partes ou de quem pretenda manifestar-se, solicitar ou admitir a participação de pessoa natural ou jurídica, órgão ou entidade especializada, com representatividade adequada, no prazo de 15 dias de sua intimação. Isso possibilita o ingresso de amigo também no julgamento de recurso extraordinário

---

e cujo embasamento em grande parte provém de uma interpretação equivocada de nossa história. Hoje, para todos os efeitos, entregamos a Constituição à Suprema Corte. Aceitamos sem questionar que a autoridade interpretativa final pertença aos juízes. Sim, os outros poderes e departamentos têm o seu papel. Sim, eles têm que interpretar a Constituição ao decidir o que podem ou não fazer (o que indicam ao agir ou ao deixar de agir com base em fundamentos constitucionais e ou por razões constitucionais). Mas, quando surgem conflitos, nós – e por 'nós' eu quero dizer não apenas os membros da profissão jurídica, mas os líderes políticos e o público norte-americano também – presumimos que a Suprema Corte seja a responsável pela resolução final. É a Corte quem nos diz o significado da Constituição. Isto, em uma palavra, é o princípio da supremacia judicial. Podemos ainda discordar da Corte. Ninguém entende que supremacia signifique que quando os juízes falam todos devem submissamente baixar os olhos e ir para casa. Podemos, se quisermos, explodir nossas cabeças de tanto gritar em protesto contra as decisões da Suprema Corte. Mas nossas opções para mudar tais decisões, para estabelecer uma interpretação diferente, são consideradas como limitadas a emendar o texto (isto é, fazer nova norma constitucional), a importunar os juízes que tracem um caminho diferente e a esperar que um ou mais deles morra ou se canse de seu trabalho para que possamos (esperançosamente) nomear novos juízes com visões mais ao nosso gosto" (KRAMER, Larry D. Democracia deliberativa e constitucionalismo popular: James Madison e o 'interesse do homem'. *In*: BIGONHA, Antônio Carlos Alpino; MOREIRA, Luiz (Org.). *Limites do controle de constitucionalidade*. Rio de Janeiro: Lumen Juris, 2009. p. 85-86).

[81] Mark Tushnet o faz no livro *Taking the constitution away from the courts*. Princeton: Princeton University Press, 1999.

pelo Supremo, o que ganha relevo se lembrarmos que os recursos extraordinários da Corte necessitam, para sua admissibilidade, preencher o requisito da repercussão geral. Além disso, havendo decisões reiteradas, é possível que o tribunal aprove uma súmula vinculante. Nesse cenário, Cássio Scarpinella introduz o princípio da cooperação, que deve guiar o atual modelo de processo civil:

> Dentre as tantas novidades trazidas por aquela emenda, a repercussão geral como requisito de admissibilidade do recurso extraordinário e o reconhecimento expresso desde o plano constitucional do caráter vinculante das súmulas do Supremo Tribunal Federal impõem quase que como uma necessidade de maior e prévio diálogo – cooperação – entre os componentes daquela corte e os destinatários de suas decisões. Sejam esses destinatários as pessoas jurídicas de direito público, seja a própria sociedade civil, coletiva ou individualmente considerada. A necessidade de um diálogo prévio assume, nessas condições, fator de legitimidade das decisões jurisdicionais tomadas no Supremo Tribunal Federal.[82]

No momento em que o STF aprecia a existência (ou não) da repercussão geral no denominado Plenário Virtual, a participação do *amicus curiae* se reveste de grande importância. Isso porque podem, os interessados na discussão, ofertar manifestações de memoriais aos ministros, levando informações que os auxiliem a decidir pela admissão ou pela rejeição do RE. Fazendo uma comparação com a Suprema Corte dos Estados Unidos, a fase da análise da repercussão geral pelo STF se assemelha à chamada *discuss list*, na América. Nesse sentido, segundo Damares Medina:

> Caldeira e Wright destacam a importância de dois momentos distintos no julgamento do *writ of certiorary*: o primeiro diz respeito ao *gatekeeping* que garantiria o recebimento do *writ*; o segundo seria a inclusão do processo na *discuss list*, o que garantiria que ele fosse julgado com todo o debate e discussão que a questão constitucional exigiria. Os processos não selecionados vão para a *dead list*, onde são julgados sem o debate e a atenção desejáveis. Apenas serão julgados pela Suprema Corte os processos que são incluídos na *discuss list*. Observou-se que quanto maior o número de amicus curiae, maiores as chances do processo ser incluído na *discuss list*, o que garantirá o seu posterior julgamento meritório. Dessa forma, o amicus curiae serve como um importante coeficiente da objetivação do processo e dos interesses subjacentes à questão constitucional controvertida (repercussão geral).[83]

Com a adoção do instituto da repercussão geral e das súmulas vinculantes, a objetivação do controle difuso de constitucionalidade é evidente. O RE fica parecido com as ações do controle concentrado de constitucionalidade (ADI, ADO, ADC e ADPF). O julgamento do recurso extraordinário em matéria tributária pode mudar a vida do contribuinte, que antes não era imediatamente apanhado pela decisão desfavorável proferida num recurso do qual não era parte.

---

[82] BUENO, Cássio Scarpinella. *Amicus curiae no processo civil brasileiro* – Um terceiro enigmático. São Paulo: Saraiva, 2008. p. 628-629.

[83] MEDINA, Damares. *Amicus curiae*: amigo da corte ou amigo da parte? São Paulo: Saraiva, 2010. p. 103-104.

5 A influência do *amicus curiae* nas decisões tributárias do STF

É no direito tributário que o *amicus* ganha mais brilho perante o STF. A aprovação da Súmula Vinculante nº 31 prova isso. A proposta tinha a seguinte redação: "É inconstitucional a incidência do Imposto sobre Serviços de Qualquer Natureza – ISS sobre operações de locação de bens móveis dissociadas da prestação de serviços".

O então presidente, Ministro Gilmar Mendes, admitiu *amicus curiae* e sustentação oral. O *amicus* defendeu que, considerados os precedentes, a redação da súmula vinculante deveria retirar a expressão "dissociadas da prestação de serviços".

Após três votos mantendo a redação original da súmula vinculante (ministros Joaquim Barbosa, Dias Toffoli e Cármen Lúcia), o Ministro Cezar Peluso inicia uma divergência no sentido proposto pelo *amicus curiae* e o faz proferindo estas palavras: "Senhor Presidente, se Vossa Excelência me permite, acho que o que o eminente advogado propôs tem certa razão de ser".

Veja que o ministro cita textualmente que a sua divergência será liderada com base nas informações trazidas pelo *amicus curiae*. Essa referência explícita é pouco utilizada pelos *justices* da Suprema Corte dos Estados Unidos. Laurence Tribe, por exemplo, mesmo tendo tido uma imensa atuação perante a Corte, representando *amici curiae* no caso *Romer v. Evans*[84] (1996), não teve seu nome nem seus argumentos citados pelos integrantes da Corte.

Na Suprema Corte dos Estados Unidos, somente a Ministra Sandra O'Connor (aposentada) tinha o hábito de mencionar em seus votos argumentos trazidos por *amicus curiae*, fazendo questão de identificar qual *amicus* teria ofertado tal informação.

Ruth Colker, em recente pesquisa, demonstrou que a Ministra Sandra cita mais os memoriais apresentados por associações profissionais de prestígio, pelo advogado-geral da União e pelos estados.[85] Sandra O'Connor citou em seus votos argumentos trazidos por *amici curiae* em pelo menos 106 casos.[86]

No Brasil, no julgamento da Súmula Vinculante nº 31, logo após liderar divergência em razão das informações ofertadas pelo *amicus curiae*, o Ministro Cezar Peluso argumentou:

> Veja bem: estamos afirmando que é inconstitucional quando incide sobre locação de móveis, mas só quando é dissociada da operação de serviço. Quando for associada, cabe imposto? Não. Então, a referência a "dissociada" é desnecessária, porque, quando associada, também não incide.[87]

---

[84] Romer v. Evans, 517 E.U. 620 (1996) é um caso julgado pela Suprema Corte dos Estados Unidos sobre direitos civis e leis estaduais. O tribunal se pronunciou em 20.5.1996 contra uma emenda à Constituição estadual do Colorado que teria impedido qualquer cidade, vila ou distrito, no estado, de adotar ato normativo, legislativo, executivo, judicial ou administrativo para reconhecer cidadãos homossexuais como integrantes de uma classe protegida pelo direito.

[85] COLKER, Ruth. Justice Sandra Day O'Connor's Friends. *Ohio St. L. J.*, v. 68, 2007. p. 517.

[86] COLKER, Ruth. Justice Sandra Day O'Connor's Friends. *Ohio St. L. J.*, v. 68, 2007. p. 529.

[87] Logo em seguida às ponderações do Ministro Cezar Peluso liderando divergência e encaminhando votação no sentido das informações trazidas pelo *amicus curiae*, um debate se formou entre os integrantes da Corte. Os trechos são: "O SENHOR MINISTRO JOAQUIM BARBOSA – Eu não vejo prejuízo na supressão dessa expressão. A minha preocupação foi em relação àquelas situações em que a prestação de serviço vem escamoteada sob a

Os demais ministros presentes aprovaram a Súmula Vinculante nº 31 com a redação sugerida pelo amigo da Corte: "É inconstitucional a incidência do Imposto sobre Serviços de Qualquer Natureza – ISS sobre operações de locação de bens móveis".

Uma virada na decisão decorrente da participação de *amicus* representado por profissional da advocacia dá razão a Ruben J. Garcia quando este afirma:

> A atuação de amicus curiae por intermédio de um advogado é um aspecto importante da regra segundo a qual os advogados atuam em sociedades democráticas. Essa é uma outra razão pela qual a participação de amicus não deve ser desarrazoadamente bloqueada pelos tribunais. Em alguns casos, os advogados podem cumprir o seu dever de diligência e competência, apresentando um memorial pelo amicus curiae.[88]

Outra participação do *amicus curiae* em tema tributário ocorreu na ADI nº 2.777, ajuizada pelo Governo do Estado de São Paulo, questionando o modelo de substituição tributária de ICMS. A Corte admitiu pela primeira vez sustentação oral de *amicus* que, até então, tinha sua atuação limitada à entrega de memoriais.[89]

---

forma de locação. Por exemplo: locação de maquinário, e vem o seu operador. Nessa hipótese, muito comum. O SENHOR MINISTRO CEZAR PELUSO – Então, esse caso aí é a prestação de serviço típica, não é a locação de móvel como tal. O SENHOR MINISTRO JOAQUIM BARBOSA – Pois é, mas a prestação é escamoteada aí. O SENHOR MINISTRO CEZAR PELUSO – Sim, mas a pergunta é a seguinte: existem, neste caso, locação de móvel e prestação de serviço, ou existem ambas? O SENHOR MINISTRO JOAQUIM BARBOSA – Tem as duas coisas, mas o que aparece é só a locação de móveis. O SENHOR MINISTRO CEZAR PELUSO – Então a locação de móvel não tem incidência, mas a prestação de serviço tem. O SENHOR MINISTRO JOAQUIM BARBOSA – Mas, como eu disse, não vejo essas questões periféricas que podem surgir aí, podem ser resolvidas em reclamação e em outros procedimentos. Não vejo nenhum problema. O SENHOR MINISTRO CEZAR PELUSO – O meu receio é exatamente que se raciocine nestes termos: quando associadas, elas ficam sujeitas a imposto? Não ficam. A SENHORA MINISTRA CÁRMEN LÚCIA – O que o Ministro Peluso aponta é sério. Nós temos que dar uma redação que não gere dúvida, porque, poder resolver por reclamação, é, de início, já acentuarmos que poderá haver dúvida. O SENHOR MINISTRO JOAQUIM BARBOSA – Que haverá reclamação, não tenho a menor dúvida. Reclamação virou a panacéia. A SENHORA MINISTRA CÁRMEN LÚCIA – Então, eu acho que, se Vossa Excelência, que propôs, atentando inclusive aos precedentes, entender que realmente a proposta do Ministro Peluso cobre aquilo que discutimos e que foi consolidado como a matéria solucionada pelo Tribunal, melhor que se dê adesão à proposta e se elimine a parte final. O SENHOR MINISTRO GILMAR MENDES (PRESIDENTE E RELATOR) – Portanto: É inconstitucional a incidência do Imposto Sobre Serviço de qualquer natureza sobre operações de locação de bens móveis. O SENHOR MINISTRO MARCO AURÉLIO – Presidente, com isso ficamos fiéis ao assentado pela Corte, já que, quando da formalização do leading case, não houve o exame da matéria quanto à conjugação "locação de bem móvel e serviço".

[88] O original: "Amicus advocacy is an important aspect of the role that lawyers play in a democratic society.158 This is another reason why amicus participation should not be unreasonably blocked by the courts. A lawsuit may not always be the most effective way to represent a particular client. In some cases, attorneys may fulfill their duty of diligence and competence by filing an amicus brief. Cf. GARCIA, Ruben J. A democratic theory of amicus advocacy. *Florida State Univ. Law Review*, v. 35, 2008. p. 342.

[89] O STF admitiu, "excepcionalmente", a possibilidade de realização de sustentação oral por terceiros admitidos no processo abstrato de constitucionalidade, na qualidade de *amicus curiae*. Os ministros Celso de Mello e Carlos Britto ressaltaram que o §2º do art. 7º da Lei nº 9.868/99, ao admitir a manifestação de terceiros no processo objetivo de constitucionalidade, não limita a atuação destes à mera apresentação de memoriais, mas abrange o exercício da sustentação oral, cuja relevância consiste na abertura do processo de fiscalização concentrada de constitucionalidade; na garantia de maior efetividade e legitimidade às decisões da Corte, além de valorizar o sentido democrático dessa participação processual. O Ministro Sepúlveda Pertence, considerando que a Lei nº 9.868/99 não regulou a questão relativa à sustentação oral pelos *amici curiae*, entendeu que compete ao Tribunal decidir a respeito, por meio de norma regimental, razão por que, excepcionalmente e apenas no caso concreto, admitiu a sustentação oral. Os ministros Carlos Velloso e Ellen Gracie destacaram que a admissão da sustentação oral nessas hipóteses poderia implicar a inviabilidade de funcionamento da Corte, pelo eventual excesso de intervenções e, por tal, entendiam possível apenas a manifestação escrita.

Julgando a ADI nº 4.071, que debatia a isenção de Cofins para as sociedades civis de prestação de serviços de profissões regulamentadas, o STF definiu, por apertada maioria (6 x 4) que "a possibilidade de intervenção do amicus curiae está limitada à data da remessa dos autos à mesa para julgamento".[90]

O STF tem admitido, também, a participação de *amicus curiae* no chamado controle difuso de constitucionalidade, ou seja, em sede de recurso extraordinário. No RE nº 547.245/SC, que definiu a incidência de ISS sobre operações de *leasing* financeiro (arrendamento mercantil), admitiu-se a Federação das Associações de Municípios do Rio Grande do Sul (FAMURS) e a Associação Brasileira das Secretarias de Finanças das Capitais Brasileiras (ABRASF), tendo esta última sustentado oralmente.

Nesse caso (ISS *leasing*), o Ministro Ricardo Lewandowski, ao proferir seu voto, fez questão de registrar:

> gostaria de cumprimentar os inúmeros memoriais e pareceres que recebi das partes envolvidas, tantos dos procuradores municipais, os representantes dos Municípios, quanto dos particulares. Esses subsídios, mais uma vez, demonstra o cumprimento da vocação da advocacia, de ser função essencial à Justiça e de auxiliar no exercício da judicatura. Estão de parabéns todos os que atuaram nesses autos.[91]

A menção feita pelo Ministro Ricardo Lewandowski parece dar razão ao cientista político Kevin T. McGuire, da Universidade da Carolina do Norte, quanto ao que escreveu em livro cujo título traduzo para *Os advogados da Suprema Corte:*

---

[90] Cf. Informativo nº 543 do STF. A Corte, por maioria, desproveu agravo regimental interposto contra decisão que negara seguimento à ADI ajuizada contra o art. 56 da Lei nº 9.430/96, o qual determina que as sociedades civis de prestação de serviços de profissão legalmente regulamentada passam a contribuir para a seguridade social com base na receita bruta da prestação de serviços, observadas as normas da Lei Complementar nº 70/91. A Corte, também por maioria, rejeitou o pedido de intervenção dos *amici curiae*, porque apresentado após a liberação do processo para a pauta de julgamento. Considerou-se que o relator, ao encaminhar o processo para a pauta, já teria firmado sua convicção, razão pela qual os fundamentos trazidos pelos *amici curiae* pouco seriam aproveitados, e dificilmente mudariam sua conclusão. Além disso, entendeu-se que permitir a intervenção de terceiros, que já é excepcional, às vésperas do julgamento, poderia causar problemas relativos à quantidade de intervenções, bem como à capacidade de absorver argumentos apresentados e desconhecidos pelo relator. Por fim, ressaltou-se que a regra processual teria de ter uma limitação, sob pena de se transformar o *amicus curiae* em regente do processo. Ficaram vencidos os ministros Cármen Lúcia, Carlos Britto, Celso de Mello e Gilmar Mendes, que admitiam a intervenção no estado em que se encontra o processo, inclusive para o efeito de sustentação oral. De acordo com os argumentos vencidos, essa intervenção, sob uma perspectiva pluralística, conferiria legitimidade às decisões do STF no exercício da jurisdição constitucional. Observavam, entretanto, que seria necessário racionalizar o procedimento, haja vista que o concurso de muitos *amici curiae* implicaria a fragmentação do tempo disponível, com a brevidade das sustentações orais. Ressaltavam, ainda, que, tendo em vista o caráter aberto da *causa petendi*, a intervenção do *amicus curiae*, muitas vezes, mesmo já incluído o feito em pauta, poderia invocar novos fundamentos, mas isso não impediria que o relator, julgando necessário, retirasse o feito da pauta para apreciá-los.

[91] Eis a ementa do RE nº 547.245 (Min. Eros Grau): "[...] O arrendamento mercantil compreende três modalidades, [i] o leasing operacional, [ii] o leasing financeiro e [iii] o chamado lease-back. No primeiro caso há locação, nos outros dois, serviço. A lei complementar não define o que é serviço, apenas o declara, para os fins do inciso III do artigo 156 da Constituição. Não o inventa, simplesmente descobre o que é serviço para os efeitos do inciso III do artigo 156 da Constituição. No arrendamento mercantil (leasing financeiro), contrato autônomo que não é misto, o núcleo é o financiamento, não uma prestação de dar. E financiamento é serviço, sobre o qual o ISS pode incidir, resultando irrelevante a existência de uma compra nas hipóteses do leasing financeiro e do lease-back. Recurso extraordinário a que se dá provimento".

a elite jurídica de Washington.[92] O autor explora a regra voltada para os poucos que integram o chamado *inner circle*, o círculo dos seletos, composto pelos mais ativos membros autorizados a advogarem perante a Suprema Corte. Em face da brilhante atuação desses profissionais, litigantes que buscam representação migram para o rol dos advogados com experiência na atuação na Suprema Corte.[93]

Novamente temos, no exemplo acima, uma hipótese dos chamados *amici curiae* privado ou *litigant amici*. Quanto a esta modalidade, Cássio Scarpinella afirma:

> Muitos apontam o caso "Wyatt vs. Stickney", de 1972, como o precedente principal dessa espécie desenvolvida de "amicus privado", o "litigant amici". Nele, amici governamentais e privados atuaram lado a lado, e, talvez em função disso, reconheceu-se, aos amici privados, uma gama de poderes processuais antes reconhecida apenas às partes ou, quando menos, aos amici governamentais.[94]

O *amicus* também se reveste de um fator de calibração dos polos processuais de uma demanda tributária. É que sempre haverá um batalhão de advogados do Estado num polo, mas, nem sempre, uma voz será ouvida em defesa dos contribuintes. Como exemplo desta possibilidade basta rememorar o julgamento do tema prescrição/decadência previdenciária.

O STF escolheu como *leading case* do tema da prescrição/decadência previdenciária (inconstitucionalidade do prazo decenal sobre contribuições sociais previsto nos arts. 45 e 46, da Lei nº 8.212/91), o RE nº 559.943/RS. A parte requerida, executada no valor de R$11.462,50, não havia apresentado defesa. Em face da prescrição/decadência verificada, o contribuinte ganhara a causa em sucessivas instâncias até o recurso do INSS chegar ao STF. De um lado peças e mais peças fazendárias. Do outro lado (o do contribuinte) nada. Uma batalha sem paridade de armas. E se tratando de recurso com repercussão geral, o resultado do julgamento geraria efeitos quanto a todos os contribuintes. Não tivemos a participação de *amicus curiae* para, atuando como *litiganting amicus*, calibrar a relação processual desigual. A saída encontrada pela Corte foi chamar conjuntamente a julgamento outros recursos que contassem com o patrocínio de advogado na defesa dos contribuintes requeridos.[95]

---

[92] MCGUIRE, Kevin T. *The Supreme Court Bar*: legal elites in the Washington Community. Virginia: The University of Virginia Press, 1993.

[93] MCGUIRE, Kevin T. *The Supreme Court Bar*: legal elites in the Washington Community. Virginia: The University of Virginia Press, 1993. p. 71.

[94] BUENO, Cássio Scarpinella. *Amicus curiae no processo civil brasileiro* – Um terceiro enigmático. São Paulo: Saraiva, 2008. p. 98.

[95] Foram os recursos extraordinários nºs 560.626, 559.882 e 556.664. Eis a ementa do *leading case* (RE nº 559.943): "[...] 1. A Constituição da República de 1988 reserva à lei complementar o estabelecimento de normas gerais em matéria de legislação tributária, especialmente sobre prescrição e decadência, nos termos do art. 146, inciso III, alínea b, in fine, da Constituição da República. Análise histórica da doutrina e da evolução do tema desde a Constituição de 1946. 2. Declaração de inconstitucionalidade dos artigos 45 e 46 da Lei n. 8.212/1991, por disporem sobre matéria reservada à lei complementar. 3. Recepcionados pela Constituição da República de 1988 como disposições de lei complementar, subsistem os prazos prescricional e decadencial previstos nos artigos 173 e 174 do Código Tributário Nacional. 4. Declaração de inconstitucionalidade, com efeito ex nunc, salvo para as ações judiciais propostas até 11.6.2008, data em que o Supremo Tribunal Federal declarou

A situação parece dar razão a Samuel Krislov quando diz que o *amicus curiae* pode assumir um papel muito importante, embora seja evidente que alguma fraqueza na desenvoltura jurídica foi demonstrada pela parte principal.[96] Nesse sentido é a lição de Rubens Garcia: "Muitas vezes alguém poderá ter interesse no litígio que não está sendo devidamente representado pelas partes em um processo, mas esse alguém não tem a possibilidade de passar a integrar um dos pólos da ação".[97]

Esse caso da prescrição/decadência previdenciária é histórico. Foi a primeira vez que a Corte, por maioria, deferiu um pedido de modulação de efeitos em matéria tributária contra os contribuintes.[98]

Outro caso que merece menção é a discussão sobre a legitimidade (ou não) do Ministério Público para propor ação civil pública com o objetivo de anular Termo de Acordo de Regime Especial – Tare firmado entre o Distrito Federal e empresas beneficiárias de redução fiscal (RE nº 576.155/DF). Nesse caso, com repercussão geral admitida, a Profarma Distribuidora de Produtos Farmacêuticos S/A pleiteou ingresso como *amicus curiae*, tendo sido rejeitado o seu pedido. Todavia, a União teve deferido o seu pleito para atuar no feito.[99]

Há a ADI nº 2.440, ajuizada pelo governador de São Paulo, contra leis do estado de Mato Grosso do Sul e leis do Distrito Federal que estabeleciam programas de incentivos fiscais que estariam prejudicando empresas paulistas.[100] Foram admitidos como *amici curiae* o Ministério Público do Distrito Federal e Territórios, o Sindicato

---

a inconstitucionalidade dos artigos 45 e 46 da Lei n. 8.212/1991. 5. Recurso extraordinário ao qual se nega provimento".

[96] KRISLOV, Samuel. The amicus curiae brief: from friendship to advocacy. *The Yale Law Journal*, v. 72, 1963. p. 711.

[97] Original: "Often, a client may have an interest in litigation that is not being adequately represented by the parties in a lawsuit, but they may not have the ability to join the lawsuit" (GARCIA, Ruben J. A democratic theory of amicus advocacy. *Florida State Univ. Law Review*, v. 35, 2008. p. 342).

[98] O tribunal, por maioria, vencido o Ministro Marco Aurélio, entendeu por aplicar efeitos *ex nunc* à decisão, esclarecendo que a modulação se aplica tão somente em relação a eventuais repetições de indébitos ajuizadas após a decisão assentada na sessão do dia 11.6.2008, não abrangendo, portanto, os questionamentos e os processos já em curso, nos termos do voto da relatora. Votou o Presidente, Ministro Gilmar Mendes. Ausente, justificadamente, o Ministro Joaquim Barbosa.

[99] Nesse caso, o relator, Ministro Ricardo Lewandowski, acompanhado pelos ministros Joaquim Barbosa e Carlos Britto, deu provimento ao RE, entendendo que a ação civil pública ajuizada contra o Tare não estaria limitada à proteção de interesse individual, mas abrangeria interesses metaindividuais, pois o referido acordo, ao beneficiar uma empresa privada e garantir-lhe o regime especial de apuração do ICMS, poderia, em tese, implicar lesão ao patrimônio público, fato que, por si só, legitimaria a atuação do parquet, tendo em conta, sobretudo, as condições nas quais foi celebrado ou executado esse acordo. Em divergência, o saudoso Ministro Menezes Direito desproveu o RE, no que foi acompanhado pelos ministros Cármen Lúcia e Eros Grau. Ele considerou incidir o parágrafo único do art. 1º da Lei nº 7.347/85, haja vista ser analisada uma ação civil pública entre mais de 700 ações que combatem, especificamente, termos de ajustes no que tange ao regime tributário especial de apuração do ICMS, salientando que os beneficiários podem ser, inclusive, individualmente determinados. Salientou que essa ação teria como fundamento a articulação de inconstitucionalidade de lei distrital, no que diz respeito à instituição desse regime tributário especial de apuração de ICMS, e que a ação civil pública não poderia ter essa serventia. O RE está com vista aberta à Ministra Ellen Gracie.

[100] O estado de São Paulo contesta a Lei nº 1.798/97, de Mato Grosso do Sul, que instituiu o programa "Ações para o Desenvolvimento do Mato Grosso do Sul (Proação)", que permite aos contribuintes financiamentos de até 90% do tributo devido do ICMS. Também questionava a Lei nº 2.381/99 e o Decreto nº 20.322/99, ambos do Distrito Federal, que definiam o tratamento tributário para o segmento atacadista/distribuidor referente à apuração do ICMS das operações realizadas pelo setor.

do Comércio Atacadista do Distrito Federal (Sindiatacadista), a Associação Nacional dos Distribuidores de Autopeças (Andap) e a Associação Brasileira do Atacado Farmacêutico (Abafarma).

Por fim, vale mencionar a ADC nº 18, que trata da exclusão do ICMS da base de cálculo da Cofins. A ação tramita com 21 *amici curiae*, sendo que 17 são *amici* públicos e ofertam informações que auxiliam aos interesses da Fazenda. Somente 3 ingressaram para ofertar informações envolvendo os direitos dos contribuintes.[101]

Diante de desequilíbrios, a doutrina atual vê no *amicus curiae*:

> um instrumento de defesa adicional das partes em litígio. Um terceiro interessado, que ingressa na ação para mostrar à corte outros vieses e nuanças que deverão ser levados em consideração, em razão dos desbordamentos da questão jurídica controvertida para além dos limites do processo, na defesa dos interesses do grupo que representa.[102]

Conclusão

O *amicus curiae* possibilita que a Suprema Corte tenha acesso a informações valiosas sobre complexas questões tributárias, contribuindo para o esclarecimento dos julgadores e equilibrando as relações processuais dominadas pelo Estado. Daí porque Michael Lowman, sócio do escritório norte-americano Jenner & Block, com grande atuação perante a Suprema Corte, destaca que o *amicus curiae* é hoje um "instrumento de auxílio àqueles politicamente mais fracos que têm no Poder Judiciário a sua derradeira, senão única, trincheira de luta".[103]

Segundo dados fornecidos por Damares Medina, de todos os recursos extraordinários que tramitam no STF, somente 5% do total contam com pedido de ingresso de *amicus curiae*. Já no controle concentrado, 30% de todas as ADC contam com pleito de *amicus*, 17,1% de todas as ADPF e 9,4% das ADI.[104] Ainda há muito a fazer quanto à participação do amigo.

A atuação do *amicus curiae* voltada aos direitos dos contribuintes, longe de representar qualquer ameaça à paridade de armas, oferta homenagem à Constituição Federal, que estabeleceu verdadeiro *Bill of Rigths* aos cidadãos contribuintes. Ter amizade pelos postulados garantistas voltados à sociedade contribuinte talvez seja a forma mais sincera de demonstrar amizade à Corte. Isso é ser um amigo da Corte.

---

[101] Os *amici curiae* privados foram a FIEMT – Federação das Indústrias no Estado de Mato Grosso, a Confederação Nacional da Indústria – CNI, a Confederação Nacional do Comércio – CNC e a Confederação Nacional do Transporte – CNT. Como *amici curiae* públicos temos Acre, Amazonas, Bahia, Ceará, Goiás, Mato Grosso do Sul, Pará, Paraíba, Pernambuco, Piauí, Rio de Janeiro, Rio Grande do Norte, Rio Grande do Sul, Santa Catarina, São Paulo, Sergipe e o Distrito Federal.

[102] BUENO, Cássio Scarpinella. *Amicus curiae no processo civil brasileiro* – Um terceiro enigmático. São Paulo: Saraiva, 2008. p. 41.

[103] LOWMAN, Michael. The litigating amicus curiae: when does the party begin after the friends leave? *AM. U. L. Rev.*, v. 41, p. 1243, 1992.

[104] MEDINA, Damares. *Amicus curiae*: amigo da corte ou amigo da parte? São Paulo: Saraiva, 2010. p. 118-119.

Informação bibliográfica deste texto, conforme a NBR 6023:2018 da Associação Brasileira de Normas Técnicas (ABNT):

LEAL, Saul Tourinho. O amicus curiae nas decisões tributárias do Supremo Tribunal Federal. *In*: LEAL, Saul Tourinho; GREGÓRIO JÚNIOR, Eduardo Lourenço (Coord.). *A Constituição Cidadã e o Direito Tributário*: estudos em homenagem ao Ministro Carlos Ayres Britto. Belo Horizonte: Fórum, 2019. p. 429-447. ISBN 978-85-450-0678-7.

AS LIMITAÇÕES CONSTITUCIONAIS AO PODER DE TRIBUTAR, AS RAZÕES DE ESTADO E A MODULAÇÃO DE EFEITOS EM MATÉRIA TRIBUTÁRIA

SAULO MESQUITA

1 Introdução

> *Tributos são aquilo que pagamos por uma sociedade civilizada, dizem as palavras de Oliver Wendell Holmes inscritas na entrada do edifício da Receita Federal em Washington, D.C., mas como nós arrecadamos e gastamos, determina, em grande medida, se somos prósperos ou pobres, livres ou prisioneiros, e, o mais importante, bons ou cruéis.*[1]

Quem acompanha o dia a dia dos julgamentos de matéria tributária nos Tribunais Superiores (STF e STJ), e até mesmo no Conselho Administrativo de Recursos Fiscais (Carf), não é mais surpreendido com a quantidade de julgamentos em que as razões de Estado e os argumentos de necessidade são alegados e inclusive levantados da tribuna pelos representantes das fazendas públicas, que buscam, muitas vezes, sem qualquer tipo de constrangimento, utilizar-se dos impactos na arrecadação como se fossem fundamentos suficientes para suprir os vícios de ilegalidades ou inconstitucionalidades das normas combatidas.

E aí reside a crueldade da violação dos preceitos constitucionais tão caros ao Estado Democrático de Direito, sobretudo quando são praticados pelo Estado. A nossa Constituição, que é uma verdadeira conquista no campo da preservação dos direitos fundamentais, é, portanto, gravemente violentada pela ânsia arrecadatória do Estado, que, por seu turno, sofre com governos atabalhoados, corruptos e incompetentes, para os quais a única solução para amenizar as pressões populares é o aumento da arrecadação, nem que para isso seja necessário violar a Constituição.

---

[1] ADAMS, Charles. *For good and evil*: the impact of taxes on the course of history. Maryland: Madison Books, 1993. p. xx.

Muitas vezes, esses governos o fazem confiantes de que, em primeiro lugar, o Poder Judiciário, já bastante assoberbado com a quantidade de ações judiciais existentes, levará, naturalmente, um bom lapso temporal para se debruçar sobre aquela norma, sabidamente, inconstitucional, deixando o "problema" para as gestões subsequentes. Noutros casos, os governantes confiam, também, que o Poder Judiciário pode considerar o impacto econômico da decisão que eventualmente declarará a ilegalidade ou constitucionalidade daquela norma e acabe por desprezar esses vícios ao declarar a norma válida, ou, ainda o que nos parece mais grave, e é o objeto do presente estudo, modular os efeitos da declaração de inconstitucionalidade visando reduzir o impacto na arrecadação.

A modulação dos efeitos da declaração de inconstitucionalidade de matéria tributária, normalmente, resulta na vedação à repetição do indébito tributário para aqueles que não tenham ajuizado ações próprias até a data do julgamento, ou em outro momento, que acaba por ser definido caso a caso.

Ocorre que essas práticas não nos parecem naturais a um Estado Democrático de Direito, na verdade, ao nosso entender, aproximam-se muito mais da natureza de um Estado Absolutista. Tampouco nos parecem respeitar os ditames constitucionais, vez que a nossa Constituição Federal trata a defesa do contribuinte com tanta importância que possui seção própria para isso, denominada *limitações constitucionais ao poder de tributar*.

O presente e breve estudo, sem a intenção de esgotar a matéria, propõe-se a discorrer sobre alguns dos principais aspectos relacionados à proteção constitucional do contribuinte e as repercussões da utilização dos argumentos de estado nos julgamentos de matéria tributária que acabam por beneficiar o Estado.

2 Estado Social *vs.* Estado Fiscal

O Estado, em sua concepção embrionária, era caracterizado por seu verdadeiro caráter introverso, tinha suas atividades voltadas à própria manutenção e, como condição da sua existência, essa manutenção custeada com arrecadação de tributos. Os registros mais antigos da cobrança de tributos datam de aproximadamente seis mil anos antes de Cristo e foram encontrados em tábuas de argila da civilização suméria na cidade-estado de Lagash, onde atualmente fica o Iraque. O sistema tributário dos sumérios, conhecido por "bala", que significa rotação, consistia em uma divisão da cidade em áreas que eram visitadas pelos coletores de impostos de maneira planejada, de forma que poderiam se concentrar em cada uma por período.[2]

As tábuas mostram que, em tempos de guerra, a arrecadação poderia atingir dez por cento de tudo aquilo que se tivesse, o que, na maioria, eram alimentos. Os registros mostram ainda que, essencialmente, a arrecadação era obtida com muita violência e em meio à corriqueira corrupção. Já no império romano, durante o seu duradouro

---

[2] CARLSON, Richard H. *A brief history of property tax*. Disponível em: https://www.websitebox.com%2Ffile%2F7329%2FProperty_Tax_History_1__Shortened.pdf&usg=AOvVaw2n_0gTuo0NSbPmB3wqnRvd. Acesso em: 23 jun. 2018.

período de ascensão, a relação entre tributos e guerra se mostrava, igualmente, bastante evidente. Há uma passagem histórica que bem sintetiza a questão: o Imperador Júlio César, quando se preparava para a campanha gaulesa, foi informado por um de seus generais que não havia dinheiro suficiente para pagar os materiais necessários. A resposta de César foi: "Mande os assessores!".[3] Então Pôncio perguntou a César: "É possível que César, o conquistador do mundo, tenha tempo para ocupar-se com tão pouco quanto nossos impostos?". César então respondeu de maneira enfática: "Meu amigo, os impostos são o principal negócio de um conquistador do mundo". Essa arrecadação voltada ao custeio das atividades estatais, principalmente de guerras e das vontades dos reis, perdurou por bastante tempo.

Entretanto, principalmente durante a Revolução Francesa, ocorreu um forte rompimento desse modelo introverso de Estado, alimentado por uma série de movimentos decorrentes da insatisfação da sociedade em financiar as suas batalhas e seus exércitos e não ter dele nenhum retorno. Já no final do século XIX, a sociedade passou a exigir cada vez mais a presença do Estado atuando em sua defesa, e movimentos como a Revolução Industrial causaram vasto enfraquecimento nas relações entre Estado e sociedade, principalmente no campo das relações trabalhistas, resultando no fortalecimento do ideário socialista. Nesse contexto, o Papa Leão XII editou a Encíclica *Rerum Novarum*, que promovia uma aguda atuação do Estado na vida social e, entre outros diversos pensamentos, previa:

> os direitos, em que eles se encontram, devem ser religiosamente respeitados e o Estado deve assegurá-los a todos os cidadãos, prevenindo ou vingando a sua violação. Todavia, na protecção dos direitos particulares, deve preocupar-se, de maneira especial, dos fracos e dos indigentes. A classe rica faz das suas riquezas uma espécie de baluarte e tem menos necessidade da tutela pública. A classe indigente, ao contrário, sem riquezas que a ponham a coberto das injustiças, conta principalmente com a protecção do Estado. Que o Estado se faça, pois, sob um particularíssimo título, a providência dos trabalhadores, que em geral pertencem à classe pobre.[4]

Diante dessas transformações, passou a caber à Administração Pública a operacionalização das políticas de Estado voltadas à persecução dos direitos pleiteados pela sociedade, atuando como verdadeiro braço do Estado. Fato que se prolongou durante todo o século XX, com o Estado cada vez mais demandado a operar tanto na regulação das atividades sociais quanto na economia. Ao final das duas Guerras Mundiais, como não haveria de ser diferente, haja vista a Europa estar completamente destruída, houve uma enorme demanda para que o Estado fosse o responsável pela reconstrução da economia mundial e pela preservação dos direitos mais básicos e fundamentais dos cidadãos, dando origem ao que se conhece como Estado Social, ou *Welfare State*.

---

[3] Os assessores eram os coletores de impostos do império romano.
[4] LEÃO XIII, Papa. *Carta Encíclica Rerum Novarum* (Sobre a condição dos operários). Disponível em: http://w2.vatican.va/content/leo-xiii/pt/encyclicals/documents/hf_l-xiii_enc_15051891_rerum-novarum.html. Acesso em: 20 jun. 2018.

No entanto, não é possível se falar em existência de um Estado Social ou tutela estatal dos direitos fundamentais sem que, do outro lado, haja um Estado Fiscal. O Estado Social custa caro e, por mais paradoxal que isso seja, é a interferência do Estado na geração de riqueza ou na propriedade privada, essencialmente por meio da tributação, que gera arrecadação de receitas para custear a preservação desses direitos. Ou seja, "a tributação pressupõe a propriedade privada, já que nela incide e dela se nutre. Por isso, não pode ser tão exacerbada que venha a destruí-la, nem tão baixa que não possa gerar as receitas necessárias para protegê-la".[5]

Charles Adams já dizia que "os direitos humanos sofreram mais do que nações – tudo o que o homem dos impostos quer, o homem dos impostos obtém, inclusive a nossa liberdade, se for da sua vontade".[6] O homem dos impostos no exemplo de Adams é o Estado que, não fossem as garantias inseridas no texto constitucional, teria mais características de um Estado Absolutista do que um Estado Democrático. É dizer, em um Estado Democrático de Direito, como o que vivemos inseridos, esse garantismo decorre da submissão dos entes federativos aos princípios garantistas inseridos na Constituição.

A atividade arrecadatória é, por natureza, coercitiva, devendo, por essa razão, ter muito bem definidos os seus limites de extensão e intensidade. Daí a importância da preservação e desenvolvimento das limitações constitucionais ao poder de tributar, que são uma evidente acepção do garantismo constitucional à salvaguarda dos direitos fundamentais, pois trazem um sistema de freios e balizas à atividade arrecadatória do Estado. Esse sistema possui o nítido objetivo de garantir o equilíbrio necessário entre arrecadação e manutenção da propriedade privada, de forma que o ente federativo tributante respeite os direitos e garantias individuais dos contribuintes no momento da arrecadação.

3 Das limitações constitucionais ao poder de tributar

Existe em nosso ordenamento jurídico todo um aparato principiológico-normativo constitucional de defesa dos direitos fundamentais do contribuinte. No Brasil, que é um dos poucos e talvez o único país que possui quase a totalidade do seu direito tributário positivado na Constituição Federal, esse sistema é o que Paulo de Barros Carvalho denomina de *estatuto do contribuinte*:

> Define-se o estatuto do contribuinte, ao pé da nossa realidade jurídico-positiva, como a somatória, harmônica e organizada, dos mandamentos constitucionais sobre matéria tributária, que, positiva ou negativamente, estipulam direitos, obrigações e deveres do sujeito passivo, diante das pretensões do Estado (aqui utilizado na sua acepção mais abrangente – entidade tributante). E quaisquer desses direitos, deveres e obrigações,

---

[5] MENDES, Gilmar Ferreira; BRANCO, Paulo Gustavo Gonet. *Curso de direito constitucional*. 9. ed. rev. e atual. São Paulo: Saraiva, 2014. p. 1366.

[6] ADAMS, Charles. *For good and evil*: the impact of taxes on the course of history. Maryland: Madison Books, 1993. p. xxi.

porventura encontrados em outros níveis da escala jurídico-normativa, terão de achar respaldo de validade naqueles imperativos supremos, sob pena de flagrante injuridicidade.[7]

Esses princípios vêm evoluindo em nosso direito constitucional desde a Constituição republicana de 1981, que já trazia, expressamente, algumas vedações à atividade arrecadatória do Estado. São exemplos dessas primeiras vedações a impossibilidade de criação de impostos de trânsito entre os estados (§1º, art. 11, CF/1891), impossibilidade de criação de impostos com o objetivo de subvencionar ou embaraçar cultos religiosos (§2º, art. 11, CF/1891) e a impossibilidade de prescrição de leis retroativas (§3º, art. 11, CF/1891).

Já na Constituição de 1934, havia, por exemplo, vedação expressa à bitributação nos casos de competência concorrente entre os entes federativos, devendo prevalecer o imposto decretado pela União (art. 11, CF/1934). Nesse período, quem fazia o controle de constitucionalidade dessa eventual bitributação era o próprio Senado que, *ex officio* ou mediante a provocação de qualquer contribuinte, deveria declarar a existência da bitributação e determinar qual dos tributos prevaleceria.

Era vedado à União, estados, Distrito Federal e municípios a cobrança de impostos sobre os transportes "ou quaisquer tributos que, no território nacional, gravem ou perturbem a livre circulação de bens ou pessoas e dos veículos que os transportarem", além de não ser possível se "tributar bens, rendas e serviços uns dos outros, estendendo-se a mesma proibição às concessões de serviços públicos, quanto aos próprios serviços concedidos e ao respectivo aparelhamento instalado e utilizado exclusivamente para o objeto da concessão" (art. 17, §3º, IX e X, CF/1934). Havia, ainda, vedação expressa à cobrança de tributos sem lei especial que os autorizasse (art. 17, VII, CF/1934).

Existiam também situações curiosas, que hoje seriam absolutamente impensáveis, como exemplo, a vedação de tributação aos combustíveis produzidos no país para motores de explosão (art. 17, VIII, CF/1934). Havia, ainda, previsão de que nenhum imposto poderia gravar diretamente as profissões de escritor, jornalista ou professor (art. 113, 13, CF/1934), redução de 50% nos impostos sobre imóveis rurais de pequena monta (art. 126, CF/1934), imposto progressivo para transmissão de bens por herança (art. 128, CF/1934) e existiam limitações aos valores das multas pelo não pagamento de impostos em 10% (art. 184, parágrafo único, CF/1934) e a limitação do aumento de impostos em 20% (art. 185, CF/1934).

Na Constituição varguista de 1937, muitos, ou melhor, quase todos esses freios foram deixados de lado, mantida de maneira expressa somente a noção de princípio da uniformidade geográfica, eis que previa que era "vedado à União decretar impostos que não sejam uniformes em todo território nacional, ou que importem discriminação em favor dos portos de uns contra os de outros".

---

[7] CARVALHO, Paulo de Barros. Estatuto do Contribuinte, direitos, garantias individuais em matéria tributária e limitações constitucionais nas relações entre Fisco e contribuinte. *Vox Legis*, v. 12, n. 141, p. 33-54, set. 1980. p. 36.

Nas demais constituições do período republicano, essas normas limitadoras foram sendo aprimoradas e outras introduzidas ao texto constitucional para a formação dos princípios disciplinadores da tributação, que Aliomar Baleeiro denominou de *limitações constitucionais ao poder de tributar* em sua obra de mesmo título de 1951, na qual sintetizou e organizou sistematicamente esses princípios que ele mesmo havia ajudado a incluir na Constituição, quando deputado na constituinte de 1946.

A Constituição de 1969 trouxe um vasto arcabouço desses princípios, mas foi a Constituição Federal de 1988 que, com evidente inspiração nos estudos de Baleeiro, consagrou a sua lição ao reunir esses princípios, em seção própria, denominada *Das Limitações ao Poder de Tributar*. Em sua maioria, essas limitações são previstas nos arts. 150 a 152. Em sua maioria porque, como já afirmava Luciano Amaro, os limites do poder de tributar não se esgotam nos enunciados contidos nessa sessão.[8]

Pode-se dizer que esses princípios decorrem de duas linhas gerais: a linha dos princípios relacionados à legalidade e a linha dos princípios relacionados à isonomia.[9] No presente estudo, não se busca o esgotamento dos conceitos e discussões sobre esses princípios, pelo que apenas serão trazidas noções gerais sobre alguns dos mais evidentes.

3.1 Princípio da legalidade tributária

Abrindo o rol dos princípios relacionados ao conceito de legalidade, está o próprio princípio da legalidade tributária. A sua origem remonta à ideia de prévia concordância da sociedade para a instituição de tributos e tem suas raízes ainda no feudalismo. Tomou maior notoriedade quando, na Inglaterra, a Carta Magna de 1215 previu: "no taxation wthout representation". Na verdade, o significado dessa expressão era que a instituição de tributos deveria passar pelo crivo do conselho geral do reino (*commue concilium regni*) como forma de obter aval dos súditos.

A norma do inc. I do art. 150 da Constituição Federal ao determinar que é vedado ao Estado (como ente tributante) "exigir ou aumentar tributo sem que a lei o estabeleça", traduz o significado da expressão *nullum tributum sine lege*, revelando clara submissão aos sobreprincípios da justiça e da segurança jurídica.[10]

O princípio da legalidade tributária igualmente revela a ideia de tipicidade. É que não basta que a lei traga autorização para a instituição do tributo, ela deve prever todos os aspectos da regra-matriz de incidência tributária. Ou seja, estabelece "a necessidade de que a lei adventícia traga no seu bojo os elementos descritores do fato jurídico e os dados prescritores da relação obrigacional".[11]

---

[8] Luciano Amaro faz um estudo detalhado dos limites ao poder de tributar extraconstitucionais, destacando que não se esgotam nos enunciados dos arts. 150 a 152 da CF/88. Existem imunidades, requisitos formais e materiais, limites quantitativos e características específicas presentes em todo o Sistema Tributário Nacional, de forma que "os limites da competência tributária não se resumem aos que estão definidos no texto constitucional" (AMARO, Luciano. *Direito tributário brasileiro*. 18. ed. São Paulo: Saraiva, 2012. p. 134).

[9] Essa classificação é adotada por COSTA, Regina Helena. *Curso de direito tributário*: Constituição e Código Tributário Nacional. 3. ed. São Paulo: Saraiva, 2013.

[10] Esses princípios são estudados em mais detalhes em capítulo posterior.

[11] CARVALHO, Paulo de Barros. *Curso de direito tributário*. São Paulo: Saraiva, 2011. p. 208.

3.2 Princípio da anterioridade

Clara acepção do sobreprincípio da segurança jurídica, o princípio da anterioridade pode ser subdivido em outros três: do exercício, especial e nonagesimal, que vêm previstos nas alíneas "b" e "c" do inc. III do art. 150 e no §6º do art. 195, ambos da CF/88.

Aquela relacionada ao *exercício* ou *genérica* é a prevista na alínea "b", e determina ser vedado cobrar tributos "no mesmo exercício financeiro em que haja sido publicada a lei que os instituiu ou aumentou". Ou seja, a vigência da lei que instituiu ou aumentou tributo fica postergada para o ano seguinte ao da sua publicação. Essa regra busca evitar que o contribuinte seja surpreendido com nova exação tributária ou a majoração de tributo já existente. A *especial* é a regra contida na alínea "c", introduzida pela Emenda Constitucional nº 42 de 2003, para complementar a norma da alínea "b" de forma que fica igualmente vedada a cobrança de tributos "antes de decorridos noventa dias da data em que haja sido publicada a lei que os instituiu ou aumentou, observado o disposto na alínea b".

Essas duas modalidades têm o escopo de garantir, ao menos, um prazo de noventa dias para que o contribuinte possa se preparar para nova exação. Esse prazo pode até ser mais estendido, a depender do momento da publicação da lei no exercício anterior, mas nunca menor do que noventa dias.

A anterioridade nonagesimal encontra previsão no §6º do art. 195 da CF/88, e é destinada às contribuições para o financiamento da seguridade social, que, em razão da anterioridade, somente poderão ser exigidas após noventa dias da publicação da lei que as instituiu ou aumentou.

Como acontece normalmente com as regras, há exceções. Algumas delas, mas nem todas, são prescritas no §1º do aludido art. 150.[12] Existem tributos que se submetem a ambas ou a apenas uma delas ou que são igualmente excepcionados e em diferentes graus.[13]

Os tributos extrafiscais são aqueles que escapam de ambas as regras, por necessidade de maior flexibilização diante da sua interferência imediata na política monetária e no comércio exterior, por exemplo. É o caso do Imposto de Importação (II), Imposto sobre Produtos Industrializados (IPI) e Imposto sobre Operações Financeiras (IOF), que podem ser aplicados no mesmo exercício da lei que os tenha criado ou majorado e igualmente não necessitam aguardar o prazo de noventa dias para surtir efeitos. Ademais, esses tributos podem ter suas alíquotas alteradas por ato do Poder Executivo, dentro das limitações que a lei lhe imponha.

---

[12] "§1º A vedação do inciso III, b, não se aplica aos tributos previstos nos arts. 148, I, 153, I, II, IV e V; e 154, II; e a vedação do inciso III, c, não se aplica aos tributos previstos nos arts. 148, I, 153, I, II, III e V; e 154, II, nem à fixação da base de cálculo dos impostos previstos nos arts. 155, III, e 156, I".

[13] Luciano Amaro destaca que: "Há tributos sujeitos a ambas as exigências temporais e há os que de ambas são excepcionados, ao lado de outros que se submetem só à primeira, ou só à segunda, e de outros mais que sofrem uma ou outra das restrições em relação a parte e não à totalidade dos aspectos do fato gerador" (AMARO, Luciano. *Direito tributário brasileiro*. 18. ed. São Paulo: Saraiva, 2012. p. 148).

Também se formalizam exceções, mas não a ambas as regras: o caso do Imposto sobre a Circulação de Mercadorias e Serviços incidente sobre os combustíveis (ICMS-Combustíveis) e da Contribuição de Intervenção no Domínio Econômico também incidente sobre os combustíveis (CIDE-Combustíveis). No caso do ICMS-Combustíveis a redução e o restabelecimento de suas alíquotas não se submetem à anterioridade genérica (exercício financeiro), mas deve respeitar o prazo de 90 dias da data da publicação do ato que restabeleceu as alíquotas. Cumpre destacar que restabelecimento não se confunde com majoração. Caso no momento do restabelecimento haja, em verdade, um aumento de alíquota, aí se devem respeitar ambas as regras. A mesma sistemática se aplica à CIDE-Combustíveis que, além disso, poderá ter suas alíquotas reduzidas ou majoradas por ato do Poder Executivo.

Já o Imposto de Renda (IR) somente se submete à anterioridade de exercício, podendo ter, por exemplo, a sua lei editada no dia 31 de dezembro e já estar em vigor no dia 1º de janeiro do ano seguinte, sem que se tenha que aguardar os noventa dias. O Imposto sobre a Propriedade de Veículo Automotor (IPVA) e o Imposto sobre a Propriedade Territorial Urbana (IPTU), em regra, respeitam ambas as normas, ressalvada a hipótese de fixação da sua base de cálculo, que não se submete à anterioridade nonagesimal. Outro tributo que escapa da anterioridade do exercício é o empréstimo compulsório por motivo de guerra ou calamidade pública, dada a excepcional urgência na sua arrecadação, o que, contraditoriamente, não acontece com o empréstimo compulsório para investimento público urgente.

3.3 Irretroatividade da lei tributária

Também uma evidente decorrência do sobreprincípio da segurança jurídica, já vimos que a irretroatividade da lei tributária percorre o nosso ordenamento jurídico desde a Constituição de 1891.[14] Em nossa Constituição atual, o princípio decorre da regra estabelecida no art. 5º, XXXVI, da CF/88, que determina que "a lei não prejudicará o direito adquirido, o ato jurídico perfeito e a coisa julgada". Essa regra vem, em outras palavras, quase que repetida na alínea "a" do inc. III do art. 150 que prescreve ser vedada a cobrança de tributos "em relação a fatos geradores ocorridos antes do início da vigência da lei que os houver instituído ou aumentado". Verifica-se, portanto, que o referido princípio se revela em uma dupla proteção quanto à impossibilidade de aplicação de efeitos retroativos de lei tributária, tamanha é a sua importância em nosso ordenamento jurídico.

Existem, no entanto, determinadas hipóteses em que é possível a aplicação retroativa das leis tributárias como naquelas em que a retroatividade se mostre benéfica aos contribuintes (alíneas "a", "b", e "c" do inc. III do art. 106 do CTN)[15] ou

---

[14] §3º, art. 11, CF 1891.

[15] "Art. 106. A lei aplica-se a ato ou fato pretérito: [...] II – tratando-se de ato não definitivamente julgado: a) quando deixe de defini-lo como infração; b) quando deixe de tratá-lo como contrário a qualquer exigência de ação ou omissão, desde que não tenha sido fraudulento e não tenha implicado em falta de pagamento de tributo; c) quando lhe comine penalidade menos severa que a prevista na lei vigente ao tempo da sua prática".

quando se trata de lei meramente interpretativa (inc. I do art. 106 do CTN).[16] Cumpre destacar que, para a lei ser interpretativa, não basta que traga menção expressa em seu texto, a lei só é interpretativa quando limita-se a, em caso de dúvida, esclarecer o sentido de norma anterior, sem que crie nova obrigação.

Portanto, norma editada com roupagem de lei meramente interpretativa, que acaba por criar nova obrigação ou majorar tributo já existente, é norma eivada de inconstitucionalidade.

3.4 Princípio da igualdade

Inaugurando o rol de princípios ligados à isonomia, o princípio da igualdade decorre das ideias igualdade e justiça, traduzindo, no campo tributário, o princípio pelo qual todos são iguais perante a lei.

Significa dizer que a lei tributária deve preservar as igualdades e desigualdades dos contribuintes destinatários da regra de incidência nela prevista na medida das suas desigualdades, ou seja, "tratar desigualmente os desiguais", de forma que um contribuinte que se encontre em situação desigual não sofra tributação na mesma intensidade do que outros em situação de igualdade. É um princípio que se revela, por exemplo, na implementação das imunidades e isenções tributárias.

Também é possível identificar esse princípio, mais precisamente a sua violação, quando se observam os tributos incidentes sobre o consumo, que concentram a maior parte da carga tributária no Brasil. É que, como visto, cuida-se um princípio ligado à ideia de isonomia, o que, inevitavelmente, resulta em uma essencial consideração do sujeito destinatário da tributação. Ou seja, a tributação deve considerar os aspectos subjetivos do contribuinte, o que não ocorre na tributação sobre o consumo, vez que a incidência dos tributos, normalmente sobre o preço dos produtos ou serviços, faz com que os mais pobres acabem por contribuir com maior percentual de sua renda do que os mais abastados. É uma situação que igualmente se mostra, em certa medida, violadora do princípio da capacidade contributiva, estudado adiante.

3.5 Princípio da capacidade contributiva

Também intimamente ligado à ideia de isonomia, o princípio da capacidade contributiva pode ser até entendido como um subprincípio do princípio da igualdade e vem expresso no art. 145, §1º, da CF/88, que determina:

> sempre que possível, os impostos terão caráter pessoal e serão graduados segundo a capacidade econômica do contribuinte, facultado à administração tributária, especialmente para conferir efetividade a esses objetivos, identificar, respeitados os direitos individuais e nos termos da lei, o patrimônio, os rendimentos e as atividades econômicas do contribuinte.

---

[16] "Art. 106. A lei aplica-se a ato ou fato pretérito: I – em qualquer caso, quando seja expressamente interpretativa, excluída a aplicação de penalidade à infração dos dispositivos interpretados".

O referido princípio positiva a ideia de gradação da tributação de acordo com a aptidão do sujeito destinatário da norma em suportar a tributação. Daí porque a concentração da tributação no consumo acaba por revelar igual violação ao princípio da capacidade contributiva.

3.6 Vedação à tributação confiscatória

O princípio da vedação do confisco vem expresso no inc. IV do art. 150 da CF/88 e determina que é vedado ao Estado "utilizar tributo com efeito de confisco", revelando-se um subprincípio da capacidade contributiva.

O conceito do que seria o confisco foi muito bem elaborado por Regina Helena Costa, para quem confisco "é a absorção total ou parcial da propriedade privada, pelo Poder Público, sem a correspondente indenização".[17] Por mais difícil que pareça determinar a intensidade da absorção da propriedade privada que pode ser legitimamente realizada, fato é que, sem a indenização correspondente, nunca pode ser total, devendo a análise ser realizada caso a caso, amparada nos primados da razoabilidade e da proporcionalidade.

3.7 Liberdade de tráfego de pessoas e bens

O princípio da não limitação ao tráfego de pessoas e bens, ou liberdade de tráfego, vem previsto no inc. V do art. 150 da CF/88 e determina que é vedado ao Estado "estabelecer limitações ao tráfego de pessoas ou bens, por meio de tributos interestaduais ou intermunicipais, ressalvada a cobrança de pedágio pela utilização de vias conservadas pelo Poder Público".

Esse princípio, como visto, não é novidade na Constituição de 1988 e, em verdade, contempla a ideia de liberdade de locomoção prevista no inc. XV do art. 5º da CF/88:

> Art. 5º Todos são iguais perante a lei, sem distinção de qualquer natureza, garantindo-se aos brasileiros e aos estrangeiros residentes no País a inviolabilidade do direito à vida, à liberdade, à igualdade, à segurança e à propriedade, nos termos seguintes: [...]
>
> XV – é livre a locomoção no território nacional em tempo de paz, podendo qualquer pessoa, nos termos da lei, nele entrar, permanecer ou dele sair com seus bens; [...].

A única exceção admissível ao referido princípio é prevista no próprio texto constitucional, o pedágio, que evidentemente traz uma limitação ao tráfego de pessoas. Noutro giro, cumpre destacar que a norma não proíbe a incidência de tributos em operações interestaduais ou intermunicipais, o que ela busca vedar é que sejam instituídos tributos cujo núcleo da regra matriz de incidência seja a transposição de fronteiras em si.

---

[17] COSTA, Regina Helena. *Curso de direito tributário*: Constituição e Código Tributário Nacional. 3. ed. São Paulo: Saraiva, 2013. p. 94.

3.8 Imunidades e isenções

Não somente os princípios constitucionais tributários acima delineados são considerados limitações ao poder de tributar. As imunidades e isenções são, igualmente, ferramenta de obstáculo intransponível desse poder conferido ao Estado. É dizer, a Constituição confere à União, estados, municípios e Distrito Federal o poder de instituir tributos sobre determinadas situações e exclui outras desse campo de competência.

Ou seja, para algumas situações que entende especiais, lastreada em determinados valores que reputa importantes, como exemplo, liberdade de cultos, liberdade de expressão, acesso à informação etc., a regra é excepcionada. A Constituição trata de deixá-las de fora do alcance do poder de tributar do Estado. Dessa forma, pode se pensar as imunidades sob dois primas: em um deles a imunidade tem natureza de norma tributária que limita a competência tributária do Estado e, de outro, constitui um direito público subjetivo daquele que por ela é beneficiado, direta ou indiretamente.[18]

As imunidades podem ainda ser diferenciadas por serem subjetivas ou objetivas. São subjetivas quando relacionadas às condições pessoais do beneficiário, é o caso, por exemplo, da renda do partido político. Já as objetivas, como o próprio nome diz, relacionam-se ao objeto beneficiado com a imunidade. São exemplos clássicos os livros, o papel destinado à impressão de jornais.

As imunidades genéricas são aquelas previstas nas alíneas do inc. VI do art. 150 da CF/88:

> Art. 150. Sem prejuízo de outras garantias asseguradas ao contribuinte, é vedado à União, aos Estados, ao Distrito Federal e aos Municípios: [...]
>
> VI – instituir impostos sobre:
>
> a) patrimônio, renda ou serviços, uns dos outros;
>
> b) templos de qualquer culto;
>
> c) patrimônio, renda ou serviços dos partidos políticos, inclusive suas fundações, das entidades sindicais dos trabalhadores, das instituições de educação e de assistência social, sem fins lucrativos, atendidos os requisitos da lei;
>
> d) livros, jornais, periódicos e o papel destinado a sua impressão.
>
> e) fonogramas e videofonogramas musicais produzidos no Brasil contendo obras musicais ou literomusicais de autores brasileiros e/ou obras em geral interpretadas por artistas brasileiros bem como os suportes materiais ou arquivos digitais que os contenham, salvo na etapa de replicação industrial de mídias ópticas de leitura a laser. [...].

As isenções são semelhantes às imunidades, sendo que, contudo, se diferenciam na medida em que as imunidades atuam "no plano da definição da competência"

---

[18] Essa natureza dúplice das imunidades é bem estudada por Regina Helena Costa, para quem a imunidade tributária "pode ser definida como a exoneração, fixada constitucionalmente, traduzida em norma expressa impeditiva da atribuição de competência tributária ou extraível, necessariamente, de um ou mais princípios constitucionais, que confere direito público subjetivo a certas pessoas, nos termos por ela delimitados, de não se sujeitarem à tributação" (COSTA, Regina Helena. *Curso de direito tributário*: Constituição e Código Tributário Nacional. 3. ed. São Paulo: Saraiva, 2013. p. 99).

e as isenções, "no plano do exercício da competência".[19] É dizer, a imunidade atua no campo da competência, pois impossibilita que a norma tributária definidora da competência alcance determinada situação. Já na isenção, a competência é exercida, e o ente tributante, no exercício desse poder, decide, por meio de lei, excluir determinadas situações do campo de incidência do tributo.

4 Razões de Estado e argumentos de necessidade

Como visto, não somente pelo capítulo das limitações constitucionais ao poder de tributar é possível verificar que a Constituição é um instrumento garantidor por natureza, que, dentro da ideologia do constitucionalismo,[20] revela-se verdadeiro sistema assegurador das liberdades e que, por isso, deve prever e garantir direitos fundamentais.

Paulo Bonavides já afirmava que é dessa teoria da Constituição, vinculada, necessariamente, à uma teoria dos direitos fundamentais, que:

> brota a contextura teórica que faz a legitimidade da Constituição e dos direitos fundamentais, traduzida numa tábua de valores, os valores da ordem democrática do Estado de Direito onde jaz a eficácia das regras constitucionais e repousa a estabilidade dos princípios do ordenamento jurídico regido por uma teoria material da Constituição.[21]

Mas não basta que a Constituição seja um belíssimo campo de direitos fundamentais e princípios garantidores desses direitos. Uma vez inscritos esses direitos e princípios, de maneira expressa ou mesmo implícita no Texto Constitucional, ao fazer o controle de constitucionalidade das normas atinentes à arrecadação tributária, é papel do intérprete analisar o seu texto e contexto de maneira a transformar todo esse arcabouço principiológico normativo em algo inteligível e palpável, ou seja, que possa ser aplicado no mundo dos fatos de maneira adequada ao seu sentido. É que para chegar ao sentido do princípio constitucional, o intérprete tem que compreender o texto e o seu significado, formando o que José Afonso da Silva denominou *círculo hermenêutico*.[22]

Esse controle de constitucionalidade deriva da supremacia e da rigidez da Constituição, vez que se encontra em um patamar hierárquico superior às leis e demais atos normativos e possui, por natureza, processo legislativo mais complexo que aquele das normas infraconstitucionais. Além disso, tem como um de seus fundamentos a própria proteção dos direitos fundamentais, eis que, "seu pressuposto é a existência

---

[19] AMARO, Luciano. *Direito tributário brasileiro*. 18. ed. São Paulo: Saraiva, 2012. p. 177.
[20] MENDES, Gilmar Ferreira; BRANCO, Paulo Gustavo Gonet. *Curso de direito constitucional*. 9. ed. rev. e atual. São Paulo: Saraiva, 2014. p. 55.
[21] BONAVIDES, Paulo. *Curso de direito constitucional*. 19. ed. São Paulo: Malheiros, 2006. p. 581.
[22] SILVA, José Afonso. *Comentário contextual à Constituição*. 3. ed. São Paulo: Malheiros, 2007. p. 14.

de valores materiais compartilhados pela sociedade que devem ser preservados das injunções estritamente políticas".[23]

Em outras palavras, a supremacia da Constituição, que é a norma fundamental do sistema jurídico, faz com que todos os atos normativos emanados por qualquer agente público, principalmente, o legislador, encontre limites no texto constitucional, sejam explícitos ou implícitos. A contrariedade a esses limites ou balizamentos é que dá origem aos mecanismos de controle de constitucionalidade.

No campo do controle de constitucionalidade, principalmente das normas afetas à matéria tributária, merece especial atenção a análise das influências externas nas decisões tomadas pelos juízes. É que, diferentemente do que prevê o modelo que defende a autonomia do direito,[24] os valores e a ideologia dos julgadores influenciam de maneira decisiva os julgamentos.[25] Da mesma forma, são igualmente relevantes as influências mútuas entre os julgadores ou, mesmo, entre tribunal, quanto instituição, e os demais atores políticos e institucionais, como os poderes Executivo e Legislativo e as Fazendas Públicas dos entes federativos.

Especialmente em matéria tributária, não são raros os casos que, em razão das *consequências práticas*[26] de seu julgamento, sofrem natural pressão desses agentes políticos e acabam por ser decididos em desfavor do contribuinte, mesmo que aparentemente constassem com algum um vício de constitucionalidade, seja por formalidade ou materialidade, aproximando-se do que defende a teoria crítica no sentido de que a solução para o caso, ainda que inconscientemente, é aquela que mais atenda às preferências pessoais do julgador, que, por seu turno, é atingido por toda sorte de influências externas.

Os agentes que atuam em defesa dos contribuintes têm travado grandes batalhas no Judiciário para combater as cada vez mais comuns decisões tomadas por argumento de necessidade. De um lado as fazendas públicas defendem que os impactos na arrecadação da declaração de inconstitucionalidade de determinadas normas causariam enormes prejuízos ao Estado e do outro os contribuintes defendem que esses argumentos de necessidade não podem se sobrepor aos princípios constitucionais de proteção do contribuinte.

Nesse sentido, o Supremo Tribunal Federal (STF) já se manifestou por diversas ocasiões, das quais se destaca o voto do Ministro Celso de Melo no Agravo nº 234.163, que bem esclareceu:

> Argumentos de necessidade, por mais respeitáveis que possam ser, não devem prevalecer, jamais, sobre o império da Constituição. Razões de Estado, por sua vez, não podem ser

---

[23] BARROSO, Luís Roberto. *O controle de constitucionalidade no direito brasileiro*. 6. ed. São Paulo: Saraiva, 2012. p. 24.

[24] Luís Roberto Barroso afirma que no modelo idealizado o "direito é imune às influências da política, por força de diferentes institutos e mecanismos" (BARROSO, Luís Roberto. *O controle de constitucionalidade no direito brasileiro*. 6. ed. São Paulo: Saraiva, 2012. p. 390).

[25] BARROSO, Luís Roberto. *O controle de constitucionalidade no direito brasileiro*. 6. ed. São Paulo: Saraiva, 2012. p. 394.

[26] BARROSO, Luís Roberto. *O controle de constitucionalidade no direito brasileiro*. 6. ed. São Paulo: Saraiva, 2012. p. 397.

invocadas para legitimar o desrespeito a princípios e valores essenciais que informam o nosso sistema de direito constitucional positivo. [...] entender que a invocação das razões de Estado – além de deslegitimar-se como fundamento idôneo de justificação de medidas legislativas – representa, por efeito das gravíssimas consequências provocadas por seu eventual acolhimento, uma ameaça inadmissível às liberdades públicas, a supremacia da ordem constitucional e aos valores democráticos que a informam, um preocupante fator de ruptura e desestabilização político-jurídica.

No entanto, o que tem se observado na prática, em todas as instâncias judiciais ou administrativas, mas principalmente nos tribunais superiores, é que as decisões que resultam em grandes impactos econômicos são decididas em desfavor dos contribuintes, com amparo nos argumentos de necessidade.

5 Da modulação de efeitos em matéria tributária

Existe outra situação, ao nosso entender ainda mais grave, que é a declaração de inconstitucionalidade da norma tributária com a modulação temporal dos seus efeitos com o nítido objetivo de reduzir o impacto econômico da decisão, pois causa uma evidente ruptura do próprio sistema tributário constitucional. Essa prática acaba por beneficiar injustamente o Estado, que muitas vezes edita normas sabidamente inconstitucionais com o objetivo de aumentar, ainda que temporariamente, a arrecadação. Nesses casos, o Estado conta, em primeiro lugar, com a demora do Judiciário em declarar a inconstitucionalidade da norma e, posteriormente, com a modulação dos efeitos dessa declaração que, normalmente, limita o direito à repetição do indébito tributário.

A modulação dos efeitos ou doutrina dos efeitos prospectivos é um instrumento importado do direito norte-americano que teve a sua origem no período da Corte de Warren, apelido oferecido à Suprema Corte dos Estados Unidos no período em que foi presidida por Earl Warren, quando houve significativo avanço do Tribunal nas decisões que garantiam diversos direitos sociais anteriormente negados[27] e visava, portanto, conferir ao Estado tempo para que pudesse implementar de maneira efetiva esses direitos.

Foi no caso *Linkletter v. Walker (381 U.S. 618)*,[28] julgado em junho de 1965, que a doutrina prospectiva foi decidida pela primeira vez na Suprema Corte americana. Victor Linkletter havia sido condenado por roubo simples no estado da Louisiana e teve a sua condenação confirmada pela Suprema Corte Estadual. Após a sua condenação, foi julgado na Suprema Corte americana o caso *Mapp v. Ohio (367 U.S.*

---

[27] Saul Tourinho Leal faz um estudo bastante detalhado da origem do instituto (LEAL, Saul Tourinho. *Controle de constitucionalidade moderno*. 2. ed. Niterói: Impetus, 2012. p. 486).

[28] Linkletter v. Walker (381 U.S. 618) (Disponível em: https://supreme.justia.com/cases/federal/us/381/618/#629. Acesso em: 18 jul. 2018).

643),[29] em junho de 1961, quando ficou decidido que provas ilegalmente apreendidas são inadmissíveis em um processo criminal estadual.

Diante desse precedente, Linkeltter impetrou *habeas corpus* que foi negado em primeira e segunda instâncias, ao fundamento de que, mesmo reconhecendo o tribunal que as provas que o incriminaram foram obtidas de maneira ilegal, a norma de exclusão do caso *Mapp v. Ohio* não poderia ser aplicada de maneira retrospectiva, ou seja, não se aplicaria a condenações estaduais que já tivessem transitado em julgado quando do julgamento do precedente.

O caso chegou à Suprema Corte, que decidiu que "The Constitution neither prohibits nor requires retroactive effect, and in each case, the Court determines whether retroactive or prospective application is appropriate". Ou seja, considerando que a Constituição não requer nem proíbe a declaração de inconstitucionalidade com efeitos retroativos ou prospectivos, a análise deveria ser feita caso a caso, levando-se em consideração as relações e condutas particulares ao caso, bem como o direito tido como adquirido e as suas implicações na ordem pública.

É igualmente possível identificar o instrumento da modulação de efeitos temporais da declaração de inconstitucionalidade em outros países, como é o caso, por exemplo, do art. 136 da Constituição italiana, que prevê que "quando la Corte dichiara l' illegittimità costituzionale di una norma di legge o di atto avente forza di legge [cfr. art. 134], la norma cessa di avere efficacia dal giorno successivo alla pubblicazione della decisione".[30]

Na Constituição francesa a norma vem explicitada no art. 62:

> Une disposition déclarée inconstitutionnelle sur le fondement de l'article 61-1 est abrogée à compter de la publication de la décision du Conseil constitutionnel ou d'une date ultérieure fixée par cette décision. Le Conseil constitutionnel détermine les conditions et limites dans lesquelles les effets que la disposition a produits sont susceptibles d'être remis en cause.

Existem ainda previsões no direito austríaco, alemão e espanhol. No direito brasileiro, a Lei nº 9.868/99, em seu art. 27, prevê que são requisitos da modulação de efeitos a existência de razões de segurança jurídica ou excepcional interesse social. O dispositivo tem clara inspiração no art. 282, nº 4, da Constituição portuguesa, que determina:

> Quando a segurança jurídica, razões de equidade ou interesse público de excecional relevo, que deverá ser fundamentado, o exigirem, poderá o Tribunal Constitucional fixar os efeitos da inconstitucionalidade ou da ilegalidade com alcance mais restrito do que o previsto nos nºs 1 e 2.[31]

---

[29] Mapp v. Ohio (367 U.S. 643) (Disponível em: https://supreme.justia.com/cases/federal/us/367/643/. Acesso em: 18 jul. 2018).

[30] Constituição da República Italiana (Disponível em: https://www.senato.it/1025?sezione=138&articolo_numero_articolo=136. Acesso em: 15 jul. 2018).

[31] Constituição da República Portuguesa (Disponível em: http://www.parlamento.pt /Legislacao/PAGINAS/CONSTITUICAOREPUBLICAPORTUGUESA.ASPX. Acesso em: 15 jul. 2018).

No entanto, principalmente nos casos em que se discute matéria tributária, o instrumento tem sido utilizado, por muitas vezes, de forma diversa daquela para qual foi criado. É que a modulação dos efeitos em matéria tributária em favor do Estado contraria a própria natureza do instrumento e alimenta a insegurança jurídica.

O hoje Ministro do STF, Luís Roberto Barroso, que participou da comissão constituída pelo Ministério da Justiça para elaboração do anteprojeto que originou a citada Lei nº 9.868/99, já previu essa possibilidade quando se posicionou contra a introdução do dispositivo na lei, observando, entre outros fundamentos, "o temor, que no Brasil não é infundado, de que as exceções virem regra, manipuladas pelas 'razões de Estado' ou pelo lastimável varejo político que ainda é a marca de um país em busca de amadurecimento".[32] Cumpre destacar que o art. 27 da Lei nº 9.868/99, que introduziu a modulação de efeitos no nosso ordenamento jurídico, é objeto da Ação Direta de Inconstitucionalidade (ADI) nº 2.258, que se encontra, até o presente momento, pendente de julgamento na Suprema Corte com pedido de vista da Min. Cármen Lúcia, após voto do então relator Min. Sepúlveda Pertence, pela inconstitucionalidade do aludido artigo.

A partir do momento em que o instrumento é utilizado para legitimar um argumento de necessidade do Estado, quando, por exemplo, uma norma tributária é declarada inconstitucional, mas o contribuinte é tolhido do seu direito de repetição do indébito que decorre naturalmente dessa declaração de inconstitucionalidade, parece estar se distanciando do seu fim primário, pois não estaria servindo à segurança jurídica, tampouco ao excepcional interesse social. Muito pelo contrário, ao menos em princípio, estar-se-ia a militar contra a manutenção dos direitos fundamentais garantidos aos contribuintes pelo conjunto normativo constitucional, contrariando, portanto, a própria natureza do instituto e estimulando a insegurança jurídica.

É o caso clássico do julgamento do Supremo que declarou a inconstitucionalidade dos arts. 45 e 46 da Lei nº 8.212/91, limitando, contudo, o direito de repetição de indébito dos contribuintes cobrados após o prazo prescricional de 5 anos firmado pela corte, àqueles que ainda não teriam ajuizado ações próprias antes do encerramento do julgamento. Os fundamentos para a modulação nesse caso foram claramente argumentos de necessidade em razão dos enormes prejuízos que a União viria a sofrer.

Nos parece uma verdadeira ficção, um paradoxo jurídico irremediável, que se declare a inconstitucionalidade de uma norma (no caso os arts. 45 e 46 da Lei nº 8.212/91), principalmente tendo em vista que no direito constitucional brasileiro prevalece a teoria da inconstitucionalidade *ab initio*[33] e, ao mesmo tempo, se decida

---

[32] BARROSO, Luís Roberto. *O controle de constitucionalidade no direito brasileiro*. 2. ed. São Paulo: Saraiva, 2007. p. 24.

[33] A teoria de que a norma inconstitucional é ato nulo de pleno direito foi, digamos, oficializada, quando acolhida pela Suprema Corte norte-americana no caso Marbury *v.* Madison, da qual se extrai: "If courts are to regard the Constitution, and the Constitution is superior to any ordinary act of the legislature, the Constitution, and not such ordinary act, must govern the case to which they both apply". A lógica do pensamento é de que se a Constituição é a lei suprema, aplicar uma lei incompatível com o mandamento constitucional é um atentado contra a própria supremacia da Constituição. Dessa forma, não se pode chegar à conclusão diversa da qual a lei incompatível com a Constituição possui um vício de origem e é impossível a sua convalidação (BARROSO, Luís Roberto. *O controle de constitucionalidade no direito brasileiro*. 2. ed. São Paulo: Saraiva, 2007. p. 38).

que "são legítimos os recolhimentos efetuados nos prazos previstos nos arts. 45 e 46 e não impugnados antes da conclusão deste julgamento".[34]

A modulação dos efeitos em matéria tributária parecia ter retomado os trilhos quando, no julgamento da declaração de inconstitucionalidade do art. 1º da Lei nº 8.540/92 (Funrural), o STF negou o pedido de modulação formulado pela União. Como bem salientou Saul Tourinho Leal:

> a rejeição do pedido fazendário de modulação de efeitos no caso Funrural mostra que a violação à Constituição quando praticada pelo Estado é muito mais perversa do que à cometida pelo contribuinte. É que o Estado, confiante na modulação de efeitos, estimula atos lesivos que acarretam obrigações tributárias inconstitucionais.[35]

No entanto, esses atos lesivos continuam a ser corriqueiramente perpetrados pelo Estado, que em sua defesa se ampara nos argumentos de necessidade. Ocorre que, razões de Estado, argumentos de necessidade e impacto econômico da declaração de inconstitucionalidade de tributos não são, nem poderão ser, razões de segurança jurídica. As razões de segurança jurídica são afetas à garantia dos direitos fundamentais dos indivíduos e da sociedade e, portanto, na correta aplicação da doutrina prospectiva, razões de segurança jurídica jamais poderiam ser utilizadas em favor do Estado.

Foi o que correu no caso do Protocolo 21 do ICMS (ADI nº 4.628/DF). O tribunal declarou a inconstitucionalidade do diploma, pois contrariava o art. 155, §2º, VII, "b", além dos incs. IV e V do art. 150 da Constituição Federal, pelo que nas palavras do relator Min. Luiz Fux deveria ser *expungido do ordenamento jurídico*. No entanto, e aí se mostra o evidente paradoxo, decidiu-se pela modulação de efeitos a partir da concessão da medida liminar, ressalvadas as ações já ajuizadas àquela data, acabando por corroborar os atos lesivos praticados pelos estados.

Merece destaque a manifestação do Min. Marco Aurélio, que assim se posicionou contra a modulação. *In verbis*:

> Lanço algumas ideias. Continuo convencido de que apenas se avançará culturalmente quando emprestar-se concretude maior à Carta da República. Toda vez que o Tribunal modula certa decisão, estimula procedimentos à margem dessa mesma Carta da República. O Plenário – ao apreciar a medida acauteladora na Ação Direta de Inconstitucionalidade nº 4.705, quando estava em jogo a mesmíssima matéria, mas uma lei do Estado da Paraíba, a Lei estadual nº 9.528/2011, contra meu voto, no que sempre votei no sentido de a liminar ter eficácia desde o momento em que formalizada – deu efeitos retrospectivos à liminar, para fulminar a lei desde o início. Veio a repetir essa decisão na Ação Direta de Inconstitucionalidade nº 4.705 e já tinha também procedido, de idêntica forma, porque essa foi a subsequente, na Ação Direta de Inconstitucionalidade nº 4.565. Qual é a preocupação maior – e peço aos colegas que esqueçam o fato de ser terminantemente contrário à modulação? É que, se modular-se, provocar-se-ão inúmeros incidentes, considerado o que foi satisfeito, em termos de ação de repetição do indébito, e, também, o que será cobrado pelos estados. Por isso, entendo que o caso mostra-se emblemático

---

[34] Trecho do voto do Min. Gilmar Mendes no RE nº 556.664/RS.
[35] LEAL, Saul Tourinho. *Controle de constitucionalidade moderno*. 2. ed. Niterói: Impetus, 2012. p. 490.

quanto à impossibilidade de chegar-se à modulação. E, perdoem-me a expressão carioca, houve uma cara de pau incrível, no que se estabeleceu esse protocolo, colocando-se, em segundo plano, o documento básico da República, a Constituição Federal, que precisa ser mais amado, principalmente pelas unidades da Federação. Que se aguarde a reforma tributária, porque proceder-se a essa reforma mediante simples protocolo é passo demasiadamente largo.

A feliz manifestação destaca tanto a utilização do argumento de necessidade, quanto a desprezível prática corriqueira dos entes federados que instituem normas sabidamente eivadas de inconstitucionalidades, valendo-se dos argumentos de necessidade para se aproveitarem do instituto da modulação. Essa prática revela grave violação aos princípios constitucionais formadores do Estado Democrático de Direito e de defesa do contribuinte já aqui estudados e não pode ser corroborada pelo Poder Judiciário.

Em oportunidade anterior o mesmo ministro já havia se manifestado exatamente no sentido da crítica que ora se faz à modulação em matéria tributária. No julgamento do agravo regimental no Agravo de Instrumento nº 531.125, Sua Excelência destacou:

> A fixação de efeito prospectivo a decisão no sentido da glosa de tributo disciplinado em norma não compatível com a Constituição implica estímulo à edição de leis à margem da Carta da República, visando à feitura de caixa, com o enriquecimento ilícito por parte do Estado – gênero –, em detrimento dos contribuintes no que já arcam com grande carga tributária.[36]

A utilização da doutrina dos efeitos prospectivos em favor do Estado em matéria tributária revela grave violação a sobreprincípios constitucionais gerais como o da justiça e da certeza do direito. É que "realiza-se o primado da justiça quando implementamos outros princípios, o que equivale a elegê-lo como sobreprincípio. E na plataforma privilegiada dos sobreprincípios ocupa o lugar preeminente". Quanto à certeza do direito "trata-se também, de um sobreprincípio estando acima de outros primados e regendo toda e qualquer porção da ordem jurídica".[37]

A violação ao princípio da justiça se mostra bastante evidente no momento em que, por meio da modulação de efeitos, o Poder Judiciário acaba por corroborar o enriquecimento ilícito do Estado, amparado em norma já declarada inconstitucional. Tampouco dá concretude à certeza do direito. O que se tem, em verdade, é um juízo de probabilidade. O Tribunal declara a norma inconstitucional, mas os efeitos dessa declaração irão navegar no espectro nebuloso da possibilidade, ou seja, mesmo com a declaração de inconstitucionalidade é possível que ela não surta efeitos a determinada parcela de contribuintes.

O papel do julgador é dar concretude à certeza do direito. Como bem leciona Paulo de Barros Carvalho:

---

[36] AI nº 531.125 AgR. Rel. Min. Marco Aurélio, Primeira Turma, j. 15.4.2008. *DJe*, 092, divulg. 21.5.2008, public. 23.5.2008, ement. vol. 02320-05 PP-00911.

[37] CARVALHO, Paulo de Barros. *Curso de direito tributário*. São Paulo: Saraiva, 2011. p. 198.

na sentença de um magistrado, que põe fim a uma controvérsia, seria um absurdo figurarmos um juízo de probabilidade, em que o ato jurisdicional declarasse, como exemplifica Lourival Vilanova, que 'A' possivelmente deve reparar o dano causado por ato ilícito seu. Não é sentenciar, diz o mestre, ou estatuir, com pretensão de validade o certum no conflito de condutas.[38]

Em matéria tributária, ou a norma é inconstitucional e os efeitos dessa inconstitucionalidade se aplicam a todos ou a norma é constitucional com efeitos igualmente aplicáveis a todos os contribuintes. Não há espaço para incertezas nas relações entre Fisco (Estado) e contribuintes, principalmente nos casos em que a norma já fora declarada inconstitucional. Fugir dessa regra revela um ato não só antirrepublicano como, verdadeiramente, tirano, incompatível com o Estado Democrático de Direito.

6 Conclusão

Por todo o estudado, nos parece bastante evidente que desde o início do Estado a tributação existe e é necessária, condição de sua própria existência. No entanto, seus excessos têm sido historicamente combatidos. A evolução da proteção do contribuinte e a sua elevação ao patamar constitucional, principalmente no direito constitucional brasileiro, demonstram tamanha importância da proteção desses direitos, que são entendidos como verdadeiros direitos fundamentais.

Todo esse aparato principiológico-normativo constitucional de defesa dos direitos fundamentais do contribuinte é o que se denomina *estatuto do contribuinte*, e são mesmo direitos fundamentais, porque assim são previstos em nosso texto constitucional, possuindo, inclusive, seção própria na Constituição Federal, merecendo especial respeito pelos poderes Legislativo e Executivo, além de especial proteção do Poder Judiciário.

O Poder Público (aqui na sua acepção mais abrangente, envolvendo os três poderes), na criação, execução ou interpretação da norma tributária, deve pautar-se sempre, não cabendo exceções, pelo mandamento constitucional e, para isso, deve interpretá-lo de maneira que possa ser aplicado no mundo dos fatos de maneira adequada ao seu sentido. E, nesse caso, o sentido axiológico do *estatuto do contribuinte* é a proteção dele, contribuinte, e não do Estado.

Por essa razão, os argumentos de necessidade, ou razões de estado, não podem servir de anteparo às práticas lesivas perpetradas pelo Estado, que busca aumentar a arrecadação por meio de normas inconstitucionais. Essas práticas são desleais, verdadeiramente perversas e muito caras ao texto constitucional. Em especial quando são corroboradas pelo Poder Judiciário ao aplicar a modulação temporal dos efeitos da declaração de inconstitucionalidade em favor da arrecadação estatal.

É que a modulação de efeitos da declaração de inconstitucionalidade ou teoria prospectiva em matéria tributária, quando utilizada para beneficiar o Estado, que, valendo-se do mecanismo, edita normas sabidamente inconstitucionais, acabando por

---

[38] CARVALHO, Paulo de Barros. *Curso de direito tributário*. São Paulo: Saraiva, 2011. p. 199.

enriquecer-se ilicitamente, é absolutamente incompatível com todo o arcabouço de normas protetivas do contribuinte, principalmente aquele previsto no próprio texto constitucional, não se restringindo às limitações constitucionais ao poder de tributar.

Como visto, além da evidente violação ao *estatuto do contribuinte*, a aplicação da doutrina prospectiva, quando beneficia enriquecimento ilícito do Estado mantido por argumento de necessidade e obtido por meio de norma inconstitucional, viola essencialmente sobreprincípios muito caros ao Estado Democrático de Direito, como o da justiça, da segurança jurídica e da certeza do direito, revelando-se, portanto, prática repudiável, que, utilizando-se de expressão do Ministro Luiz Fux, deve ser expungida, não podendo ser corroborada pelo Poder Judiciário, sob pena de enfraquecimento do Estado Democrático de Direito e do próprio texto constitucional.

São essas as considerações sobre o tema.

Referências

ADAMS, Charles. *For good and evil*: the impact of taxes on the course of history. Maryland: Madison Books, 1993.

AMARO, Luciano. *Direito tributário brasileiro*. 18. ed. São Paulo: Saraiva, 2012.

BARROSO, Luís Roberto. *Curso de direito constitucional contemporâneo*: os conceitos fundamentais e a construção do novo modelo. 2. ed. São Paulo: Saraiva, 2007.

BARROSO, Luís Roberto. *O controle de constitucionalidade no direito brasileiro*. 6. ed. São Paulo: Saraiva, 2012.

BARROSO, Luís Roberto. *O controle de constitucionalidade no direito brasileiro*. 2. ed. São Paulo: Saraiva, 2007.

BONAVIDES, Paulo. *Curso de direito constitucional*. 19. ed. São Paulo: Malheiros, 2006.

BRITTO, Carlos Ayres. *Teoria da Constituição*. Rio de Janeiro: Forense, 2006.

CARLSON, Richard H. *A brief history of property tax*. Disponível em: https://www.websitebox.com%2Ffile%2F7329%2FProperty_Tax_History_1__Shortened.pdf&usg=AOvVaw2n_0gTuo0NSbPmB3wqnRvd. Acesso em: 23 jun. 2018.

CARRAZZA, Roque Antônio. *Curso de direito constitucional tributário*. 29. ed. São Paulo: Malheiros, 2013.

CARVALHO, Paulo de Barros. *Curso de direito tributário*. São Paulo: Saraiva, 2011.

CARVALHO, Paulo de Barros. Estatuto do Contribuinte, direitos, garantias individuais em matéria tributária e limitações constitucionais nas relações entre Fisco e contribuinte. *Vox Legis*, v. 12, n. 141, p. 33-54, set. 1980.

COSTA, Regina Helena. *Curso de direito tributário*: Constituição e Código Tributário Nacional. 3. ed. São Paulo: Saraiva, 2013.

LEAL, Saul Tourinho. *Controle de constitucionalidade moderno*. 2. ed. Niterói: Impetus, 2012.

LEÃO XIII, Papa. *Carta Encíclica Rerum Novarum* (Sobre a condição dos operários). Disponível em: http://w2.vatican.va/content/leo-xiii/pt/encyclicals/documents/hf_l-xiii_enc_15051891_rerum-novarum.html. Acesso em: 20 jun. 2018.

MENDES, Gilmar Ferreira; BRANCO, Paulo Gustavo Gonet. *Curso de direito constitucional*. 9. ed. rev. e atual. São Paulo: Saraiva, 2014.

SCHOUERI, Luís Eduardo. *Direito tributário*. 6. ed. São Paulo: Saraiva, 2016.

SILVA, José Afonso. *Comentário contextual à Constituição*. 3. ed. São Paulo: Malheiros, 2007.

Informação bibliográfica deste texto, conforme a NBR 6023:2018 da Associação Brasileira de Normas Técnicas (ABNT):

MESQUITA, Saulo. As limitações constitucionais ao poder de tributar, as razões de Estado e a modulação de efeitos em matéria tributária. *In*: LEAL, Saul Tourinho; GREGÓRIO JÚNIOR, Eduardo Lourenço (Coord.). *A Constituição Cidadã e o Direito Tributário*: estudos em homenagem ao Ministro Carlos Ayres Britto. Belo Horizonte: Fórum, 2019. p. 449-469. ISBN 978-85-450-0678-7.

A IMUNIDADE TRIBUTÁRIA DAS EMPRESAS PRIVADAS PRESTADORAS DE SERVIÇOS PÚBLICOS

VALTER DE SOUZA LOBATO
TIAGO CONDE TEIXEIRA

*Quem faz grandes coisas,
E delas não se envaidece,
Esse realiza o céu em si mesmo*
(Lao Tsé, Tao Te Ching)

1 Introdução

Honrados pelo convite formulado pelos ilustres advogados Saul Tourinho e Eduardo Gregório para participar desta justa homenagem ao brilhante jurista, professor e nosso eterno Ministro Ayres Britto. O Professor Britto foi o 43º ministro do regime republicano a presidir o Supremo Tribunal Federal e demostrou para o país sua devoção à causa pública.

Trataremos aqui de um tema ao qual as manifestações de S. Exa. foram decisivas para formação da extensão da regra imunizante bem como do estudo das imunidades tributárias, com as peculiaridades da função do instituto até a compreensão do STF sobre a extensão da imunidade recíproca a pessoas jurídicas de direito privado que prestam um serviço de interesse público.

2 As imunidades tributárias

2.1 A natureza das imunidades tributárias

O sistema constitucional tributário brasileiro é caracterizado por uma rígida repartição de competências tributárias, e, em razão do regime federativo adotado, faculta exclusivamente ao Poder Legislativo (art. 150, I, CF) de cada uma das pessoas políticas (entes tributantes) instituir tributos.[1]

---

[1] Há exceções constitucionais para a definição de alíquotas de alguns impostos, de caráter preponderantemente extrafiscais, que podem ser feitas por ato do Poder Executivo nos limites e condições postos em lei – cite-se, a título exemplificativo, o art. 153, §1º da Constituição.

Se a Constituição outorga a competência tributária, ela também nega seu exercício parcialmente, vedando a instituição de tributos sobre determinadas situações, pessoas ou objetos. Isso se dá por meio das chamadas imunidades tributárias. O termo *imunidade* não aparece na Constituição quando se refere ao direito tributário, sendo regra de proibição ao legislador (art. 27, §1º e art. 53, §8º, CF).

No entanto, a expressão ganhou significação no direito tributário em razão de sua aceitação pela doutrina e jurisprudência para identificar um conjunto de enunciados constitucionais dotados dos mesmos caracteres. Como já destacado pela professora da Casa de Afonso Pena,[2] a imunidade:

1. é regra jurídica, com sede constitucional;

2. é delimitativa (no sentido negativo) da competência dos entes políticos da Federação, ou regra de incompetência;

3. obsta o exercício da atividade legislativa do ente estatal, pois nega competência para criar imposição em relação a certos fatos especiais e determinados;

4. distingue-se da isenção, que se dá no plano infraconstitucional da lei ordinária ou complementar.[3]

As imunidades são enunciados constitucionais que investem o seu titular no direito subjetivo de não ter contra si exigências tributárias. Por constituírem uma delimitação negativa da competência tributária, inserem-se no âmbito das limitações constitucionais ao poder de tributar, referidas pela Constituição na Seção II do Capítulo I do Título VI e no art. 146, II.

A imunidade – e é irrelevante que venha consagrada em texto constitucional originário ou derivado, por emenda ou revisão – delimita, demarca, reduzindo a norma atributiva de poder tributário, de forma lógica e não sucessiva, no tempo. Em relação às imunidades e isenções, os fenômenos de mutilação, supressão parcial, subtração, redução ou restrição são o ponto analógico de ligação. "Se tomamos a palavra competência no sentido de poder tributário já delimitado, então a norma de competência é um conjunto que resulta da seguinte subtração: norma de atribuição de poder *menos* norma denegatória de poder (imunidade)".[4] Isto é:

---

[2] DERZI, Misabel Abreu Machado. Notas de atualização. *In*: BALEEIRO, Aliomar. *Limitações constitucionais ao poder de tributar*. 7. ed. Rio de Janeiro: Forense, 1997. p. 225-226.

[3] Assim lecionam COÊLHO, Sacha Calmon Navarro. *Comentários à Constituição de 1988*. Sistema tributário. Rio de Janeiro: Forense, 1990. p. 304; PONTES DE MIRANDA, Francisco Cavalcanti. *Comentários à Constituição de 1946*. São Paulo: Max Limonad, 1953. v. 1. p. 156; ATALIBA, Geraldo. *Natureza jurídica da contribuição de melhoria*. São Paulo: Revista dos Tribunais, 1964. p. 231; CANTO, Gilberto de Ulhôa. *Temas de direito tributário*. Rio de Janeiro: Alba, 1964. v. 3. p. 340; MORAES, Bernardo Ribeiro de. *Sistema tributário na Constituição de 1969*. São Paulo: RT, 1973. p. 467; NOGUEIRA, Ruy Barbosa. *Curso de direito tributário*. 5. ed. São Paulo: Saraiva, 1980. p. 172.

[4] DERZI, Misabel Abreu Machado. Notas de atualização. *In*: BALEEIRO, Aliomar. *Limitações constitucionais ao poder de tributar*. 7. ed. Rio de Janeiro: Forense, 1997. p. 230.

Portanto, a imunidade atua conjuntamente com o enunciado atributivo de competência tributária para lhe delimitar negativamente, apenas adquirindo sentido jurídico em função daquele, e não quando analisada isoladamente. Nesse sentido, elas são:

- endógenas, em relação às normas de competência tributária, porque lhes delimitam negativamente a extensão, atuando dentro delas para reduzir-lhes o âmbito de eficácia;
- negações parciais, um *non sense* se analisadas isoladamente, pois não se prestam a ditar as diferenças especificantes de cada espécie de competência tributária (assim como as isenções, por serem também negações parciais, não contêm a diferença especificante de cada espécie de tributo).[5]

Na inexistência de imunidade tributária, o fato por ela abrangido seria fato passível de tributação, pois descrito em um enunciado constitucional atributivo de competência tributária.[6] Ou seja, a imunidade atua no plano da definição da competência tributária, operando uma restrição na sua amplitude ou, como consta do próprio texto constitucional, uma limitação ao poder de tributar.

Essas características estão presentes no art. 150, inc. VI, alínea "a", da Constituição, uma vez que o dispositivo apresenta todas as características das imunidades: limita o poder tributário de instituir impostos, negando ao ente competência tributária sobre as pessoas ali descritas, quais sejam, os entes estatais:

Art. 150. Sem prejuízo de outras garantias asseguradas ao contribuinte, é vedado à União, aos Estados, ao Distrito Federal e aos Municípios: [...]

VI – instituir impostos sobre:

a) patrimônio, renda ou serviços, uns dos outros;

As referidas características das imunidades ficam ainda mais evidentes quando as comparamos com as isenções. A isenção não configura um enunciado pertencente

---

[5] DERZI, Misabel Abreu Machado. Notas de atualização. *In*: BALEEIRO, Aliomar. *Limitações constitucionais ao poder de tributar*. 7. ed. Rio de Janeiro: Forense, 1997. p. 231.

[6] A não ser no caso das chamadas imunidade ontológicas, que seriam deduzidas do contexto constitucional mesmo na ausência de norma expressa (DERZI, Misabel Abreu Machado. A imunidade recíproca, o princípio federal e a Emenda Constitucional n. 3, de 1993. *Revista de Direito Tributário*, São Paulo, v. 62, out./dez. 1992. p. 77), a exemplo da imunidade recíproca, que decorreria diretamente do federalismo e da paridade isonômica dos entes federativos.

ao contexto constitucional, conclusão a que se chega a partir de qualquer das correntes existentes sobre o enunciado isentivo. Ao contrário das imunidades, que têm sede constitucional e mutilam o exercício da competência do ente tributante, as isenções pressupõem um ato de poder (legislativo) do ente tributante, que as concede por meio de lei ordinária, mesmo instrumento adequado à instituição de tributo.

O CTN, em seu art. 175, I, dispõe que a isenção exclui o crédito tributário, tendo sido inspirado pela corrente doutrinária capitaneada por Rubens Gomes de Sousa, para quem a isenção é regra legal de dispensa do dever jurídico de pagamento, o que pressupõe a incidência da norma tributária com a ocorrência do fato gerador, atuando a regra de isenção em momento posterior. Eis trecho de sua lição:

> [...] é importante fixar bem as diferenças entre não-incidência e isenção: tratando-se de não incidência, não é devido o tributo porque não chega a surgir a própria obrigação tributária; ao contrário, na isenção o tributo é devido, porque existe a obrigação, mas a lei dispensa o seu pagamento; por conseguinte, a isenção pressupõe a incidência.[7]

Inobstante as críticas ao entendimento do Professor Rubens Gomes de Sousa,[8] tendo em vista que a isenção configura fenômeno intrínseco à formação da hipótese de incidência da tributação, ou seja, está no começo e não no fim do processo obrigacional – verifica-se que a isenção, qualquer que seja a teoria a que se prenda, configura uma norma que exclui determinados fatos ou pessoas da norma de incidência tributária, de modo que se constitui em uma exceção.

Desse modo, os benefícios fiscais isentivos são tratados tanto pela doutrina fiscal nacional quanto estrangeira como uma exceção à regra de incidência, na medida em que o legislador impõe um favorecimento fiscal a determinados sujeitos passivos pela situação objetiva ou subjetiva em que se encontram.

Para tanto, se faz oportuno apresentar a nomenclatura tedesca sobre o conceito aqui examinado, vez que traz luz ao seu significado. Em alemão, os benefícios fiscais recebem o substantivo *Steuervergünstigungen*, o qual significa "favorecimentos fiscais".[9] Ou seja, conforme expõem os professores Klaus Tipke e Joachim Lang, configura uma hipótese excepcional em que o legislador procura privilegiar, e de fato privilegia, determinados sujeitos passivos com o rompimento da hipótese geral de incidência tributária.[10]

Conclui-se que, em qualquer dos pontos de vista, a isenção é sempre matéria de lei, que, diante de um enunciado legislativo que impõe a obrigação tributária, atua para eliminar o dever de pagar o tributo.

Dessa forma, por configurar questão infraconstitucional, bem como um benefício fiscal – ainda que justificável por razões de capacidade contributiva, tal

---

[7] SOUSA, Rubens Gomes de. *Compêndio de legislação tributária*. São Paulo: Resenha Tributária, 1975. p. 97.
[8] COÊLHO, Sacha Calmon Navarro. *Teoria geral do tributo, da interpretação e da exoneração tributária*. 3. ed. São Paulo: Dialética, 2003. p. 208.
[9] Tradução livre.
[10] TIPKE, Klaus; LANG, Joachim. *Direito tributário (Steuerrecht)*. Tradução de Luiz Doria Furquim. Porto Alegre: Sergio Antonio Fabris Ed., 2008. v. 1. p. 372-374.

como a isenção do IRPF aos portadores de doenças graves, prevista no art. 6º, XIV, da Lei nº 7.713/1988 – a isenção é passível de revogação, e não interfere em relação à competência tributária, ou seja, as matérias passíveis de serem tributáveis, mas apenas sobre hipóteses concretas em que o Poder Estatal julgou relevante não onerar fiscalmente.

Noutro plano, importante salientar que a imunidade não pode ser reduzida ou limitada pelo constituinte derivado, uma vez que, conforme já aduzido, a imunidade tem uma dupla feição perante a ordem jurídica: primeiro, trata-se de enunciado que compõe o regime de competência tributária; bem como configura dispositivo constitucional que investe o seu titular no direito subjetivo de não ter contra si exigências tributárias. Por conseguinte, tanto no plano objetivo quanto no subjetivo, a imunidade prevista no art. 150, VI, "a", da Constituição configura uma cláusula pétrea, porquanto garante a forma federativa do Estado brasileiro e, ainda, constitui um direito fundamental àqueles que são titulares do direito subjetivo de não sofrerem a respectiva tributação – veja-se:

> Art. 60. A Constituição poderá ser emendada mediante proposta:
>
> I – de um terço, no mínimo, dos membros da Câmara dos Deputados ou do Senado Federal;
>
> II – do Presidente da República;
>
> III – de mais da metade das Assembléias Legislativas das unidades da Federação, manifestando-se, cada uma delas, pela maioria relativa de seus membros.
>
> §1º A Constituição não poderá ser emendada na vigência de intervenção federal, de estado de defesa ou de estado de sítio.
>
> §2º A proposta será discutida e votada em cada Casa do Congresso Nacional, em dois turnos, considerando-se aprovada se obtiver, em ambos, três quintos dos votos dos respectivos membros.
>
> §3º A emenda à Constituição será promulgada pelas Mesas da Câmara dos Deputados e do Senado Federal, com o respectivo número de ordem.
>
> §4º Não será objeto de deliberação a proposta de emenda tendente a abolir:
>
> *I – a forma federativa de Estado;*
>
> II – o voto direto, secreto, universal e periódico;
>
> III – a separação dos Poderes;
>
> *IV – os direitos e garantias individuais.*
>
> §5º A matéria constante de proposta de emenda rejeitada ou havida por prejudicada não pode ser objeto de nova proposta na mesma sessão legislativa.

Nesse sentido, posiciona-se o Supremo Tribunal Federal em entendimento há muito consolidado. Na ADI nº 939/DF, a Corte decidiu ser inconstitucional a Emenda Constitucional nº 3/1993, em que a União instituiu o Imposto Provisório Sobre Movimentação Financeira (IPMF), na parte que estabeleceu que o citado imposto incidiria sobre as operações financeiras dos demais entes estatais, porquanto violaria a forma federativa de Estado, cláusula pétrea da Carta Política.

Ademais, no RE nº 636.941/RS, julgado sob o rito da repercussão geral, em que se discutia a inconstitucionalidade de limitação da imunidade das entidades beneficentes em relação às contribuições destinadas à seguridade social, o Tribunal reafirmou que, por se configurarem cláusulas pétreas garantidoras de direitos fundamentais, as imunidades não poderiam ser suprimidas pelo legislador derivado, seja por meio de emenda constitucional, seja através de legislação ordinária. Isto é, as imunidades compõem o Sistema Constitucional Tributário, estabelecendo, juntamente com as normas atributivas de poder, a competência tributária dos diferentes entes federativas. No mesmo sentir, verifica-se que se trata de instituto de extrema valia no regime constitucional, uma vez que garante a preservação dos princípios mais caros à Carta Política, os quais são impassíveis de modificação, ainda que por proposta de emenda constitucional.[11]

2.2 A imunidade recíproca e seu alcance

Assentada a natureza da imunidade, bem como seu efeito no sistema tributário brasileiro, cabe agora analisar qual seria o valor tutelado pela imunidade recíproca, disposta no art. 150, VI, "a", da CF:

> Art. 150. Sem prejuízo de outras garantias asseguradas ao contribuinte, é vedado à União, aos Estados, ao Distrito Federal e aos Municípios: [...]
>
> VI – instituir impostos sobre:
>
> a) patrimônio, renda ou serviços, uns dos outros; [...].

A análise do artigo leva à conclusão de que o constituinte buscou garantir a autonomia federativa da União, dos estados, do Distrito Federal e dos municípios, concretizando, assim, a isonomia e unidade entre tais entes, bem como evitando a possível hierarquização que a tributação poderia proporcionar.

Quanto a este ponto, note que, no regime federalista, a descentralização político-jurídica isonômica representa corolário do próprio sistema adotado, de forma que permitir a intervenção de um ente noutro, pela tributação, seria afrontar a própria autonomia desses agentes. Em outras palavras, o benefício decorre da forma federal, adotada no Brasil, como núcleo irreversível, sendo, então, uma manifestação do federalismo, pressupondo não apenas a autonomia política de cada ente estatal, mas a isonomia entre eles.

---

[11] Cf. Conforme Misabel Derzi, eis, assim, as radicais diferenças entre imunidade e isenção: "1. a imunidade é norma de incompetência posta na Constituição, que limita outra norma constitucional atributiva de poder, modelando a competência de cada ente político da Federação; 2. a isenção, ao contrário, pressupõe a competência, pois somente pode ser posta em lei pela pessoa competente para legislar; 3. a instituição ou modificação de uma imunidade, duração e extinção pressupõem alteração da Constituição; 4. a isenção decorre de lei específica e exclusiva para sua concessão (art. 150, §6º), ainda que contratual, e é ato facultativo do legislador ordinário, que se utiliza de certa margem de discricionariedade própria, em face dos critérios de oportunidade e legitimidade" (BALEEIRO, Aliomar. *Direito tributário brasileiro*. 13. ed. Atualização de Misabel Abreu Machado Derzi. Rio de Janeiro: Forense, 2013. p. 1346).

Contudo, a imunidade recíproca não se resume à manutenção da unidade federal, pelo contrário, ela visa impedir que entes estatais, desprovidos de capacidade contributiva, sejam tributados. Nesse prisma, os recursos estatais não expressam riqueza, pois possuem como destino a prestação de serviços públicos que lhes foi atribuída constitucionalmente.

Ou seja, a imunidade recíproca tem como um de seus pilares a adequada prestação do serviço público, pois desonera, em nível constitucional, a renda, patrimônio e bens dos entes públicos e equiparados visando exatamente ao adequado oferecimento dessas atividades de competência estatal. É, ao final, um instrumento constitucional que beneficia o exercício de funções públicas.

Desse modo, a imunidade recíproca possuiria outro objeto a tutelar, deixando de ser analisada como mero benefício subjetivo que alcançaria tão somente União, estados e municípios, passando a abarcar também aqueles agentes prestadores do serviço público em regime não concorrencial. Isso porque, conforme destacado pelos ministros do Supremo Tribunal Federal, no julgamento do RE nº 601.392/PR, a imunidade tem como intuito impedir que as atividades precípuas do Estado sejam oneradas. Nesta oportunidade, reconheceram o direito das Empresa de Correios e Telégrafos (ECT) ao benefício constitucional e afastaram a tributação de seus serviços, dado que o serviço postal é de interesse público, sendo até uma obrigação estatal.[12]

Além disso, o Supremo Tribunal Federal em diversas oportunidades já garantiu a extensão da imunidade recíproca as empresas delegatárias de serviços públicos em regime de exclusividade, exatamente porque os ministros vislumbram a imunidade como objetiva:

> [...]. 1. A imunidade tributária recíproca pode ser estendida a empresas públicas ou sociedades de economia mista prestadoras de serviço público de cunho essencial e exclusivo. Precedente: RE 253.472, Rel. Min. Marco Aurélio, Redator para o acórdão Min. Joaquim Babosa, Pleno, DJe 1º.02.2011. (ACO nº 2.730 AgR. Rel. Min. Edson Fachin, Tribunal Pleno, j. 24.3.2017. *DJe*, 066, divulg. 31.3.2017, public. 3.4.2017)
>
> EMENTA: RECURSO EXTRAORDINÁRIO – IMPOSTO PREDIAL E TERRITORIAL URBANO (IPTU) – SOCIEDADE DE ECONOMIA MISTA – CONCESSIONÁRIA DE SERVIÇO PÚBLICO – IMUNIDADE RECÍPROCA – APLICABILIDADE [...]. (RE nº 1.003.246 AgR. Rel. Min. Celso de Mello, Segunda Turma, j. 24.2.2017. *DJe*, 060, divulg. 27.3.2017, public. 28.3.2017)
>
> EMENTA: TRIBUTÁRIO. IMUNIDADE RECÍPROCA. SOCIEDADE DE ECONOMIA MISTA CONTROLADA POR ENTE FEDERADO. CONDIÇÕES PARA APLICABILIDADE DA PROTEÇÃO CONSTITUCIONAL. ADMINISTRAÇÃO PORTUÁRIA.

---

[12] Nesse sentido aduziu o Ministro Ayres Britto: "Manter o serviço entregue à cura da Empresa Brasileira de Correios e Telégrafos cada vez mais me parece que é manter a qualquer custo, a qualquer preço, de qualquer maneira, ainda que sob retumbante, acachapante prejuízo. É uma atividade que não pode deixar de ser prestada, que não pode sofrer solução de continuidade; é obrigação do Poder Público manter esse tipo de atividade" (RE nº 601392. Rel. Min. Joaquim Barbosa, Rel. p/ acórdão Min. Gilmar Mendes, Tribunal Pleno, j. 28.2.2013, Acórdão Eletrônico Repercussão Geral – Mérito. *DJe*, 105, divulg. 4.6.2013, public. 5.6.2013).

COMPANHIA DOCAS DO ESTADO DE SÃO PAULO (CODESP). INSTRUMENTALIDADE ESTATAL. ARTS. 21, XII, f, 22, X, e 150, VI, a DA CONSTITUIÇÃO. DECRETO FEDERAL 85.309/1980. 1. IMUNIDADE RECÍPROCA. CARACTERIZAÇÃO. Segundo teste proposto pelo ministro-relator, a aplicabilidade da imunidade tributária recíproca (art. 150, VI, a da Constituição) deve passar por três estágios, sem prejuízo do atendimento de outras normas constitucionais e legais: 1.1. A imunidade tributária recíproca se aplica à propriedade, bens e serviços utilizados na satisfação dos objetivos institucionais imanentes do ente federado, cuja tributação poderia colocar em risco a respectiva autonomia política. Em conseqüência, é incorreto ler a cláusula de imunização de modo a reduzi-la a mero instrumento destinado a dar ao ente federado condições de contratar em circunstâncias mais vantajosas, independentemente do contexto. 1.2. Atividades de exploração econômica, destinadas primordialmente a aumentar o patrimônio do Estado ou de particulares, devem ser submetidas à tributação, por apresentarem-se como manifestações de riqueza e deixarem a salvo a autonomia política. 1.3. A desoneração não deve ter como efeito colateral relevante a quebra dos princípios da livre-concorrência e do exercício de atividade profissional ou econômica lícita. Em princípio, o sucesso ou a desventura empresarial devem pautar-se por virtudes e vícios próprios do mercado e da administração, sem que a intervenção do Estado seja favor preponderante. 2. SOCIEDADE DE ECONOMIA MISTA. EXPLORAÇÃO DE SERVIÇOS DE ADMINISTRAÇÃO PORTUÁRIA. CONTROLE ACIONÁRIO MAJORITÁRIO DA UNIÃO. AUSÊNCIA DE INTUITO LUCRATIVO. FALTA DE RISCO AO EQUILÍBRIO CONCORRENCIAL E À LIVRE-INICIATIVA. Segundo se depreende dos autos, a Codesp é instrumentalidade estatal, pois: 2.1. Em uma série de precedentes, esta Corte reconheceu que a exploração dos portos marítimos, fluviais e lacustres caracteriza-se como serviço público. 2.2. O controle acionário da Codesp pertence em sua quase totalidade à União (99,97%). Falta da indicação de que a atividade da pessoa jurídica satisfaça primordialmente interesse de acúmulo patrimonial público ou privado. 2.3. Não há indicação de risco de quebra do equilíbrio concorrencial ou de livre-iniciativa, eis que ausente comprovação de que a Codesp concorra com outras entidades no campo de sua atuação. 3. Ressalva do ministro-relator, no sentido de que "cabe à autoridade fiscal indicar com precisão se a destinação concreta dada ao imóvel atende ao interesse público primário ou à geração de receita de interesse particular ou privado". Recurso conhecido parcialmente e ao qual se dá parcial provimento. (RE nº 253.472. Rel. Min. Marco Aurélio, Rel. p/ acórdão Min. Joaquim Barbosa, Tribunal Pleno, j. 25.8.2010. DJe, 020, divulg. 31.1.2011, public. 1º.2.2011, ement. vol. 02454-04 PP-00803; RTJ, v. 00219-01 PP-00558)

EMENTA: DIREITO TRIBUTÁRIO E PROCESSUAL CIVIL. EMBARGOS DE DECLARAÇÃO EM AGRAVO REGIMENTAL EM AÇÃO CIVIL ORIGINÁRIA. COMPETÊNCIA ORIGINÁRIA DO SUPREMO TRIBUNAL FEDERAL. RECONHECIMENTO DA IMUNIDADE RECÍPROCA À EMPRESA BRASILEIRA DE CORREIOS E TELÉGRAFOS. [...] 3. No mérito, a jurisprudência da Casa já assentou o entendimento de que a imunidade recíproca prevista no art. 150, VI, "a", e §§2º e 3º, da Constituição Federal é extensível à ECT, prestadora de serviços públicos essenciais, obrigatórios e exclusivos do Estado, quais sejam, o serviço postal e o correio aéreo nacional (art. art. 21, X, da CF/88). Esta imunidade subsiste em relação a todas as suas atividades, incluídos os serviços não exclusivos, dispensados em regime concorrencial, os quais se prestam, via subsídio cruzado, ao financiamento do serviço postal deficitário. 4. Embargos de declaração rejeitados. (ACO nº 811 AgR-segundo-ED. Rel. Min. Rosa Weber, Primeira Turma, j. 9.12.2016. DJe, 268, divulg. 16.12.2016, public. 19.12.2016)

Entre os casos acima colacionados, merece atenção especial o Recurso Extraordinário nº 253.472, em que se debatia a possibilidade de sociedade de economia mista, no caso a Codesp, prestadora de serviço portuário, gozar da imunidade recíproca para não recolher o IPTU sobre os imóveis de propriedade da União que eram utilizados na exploração da atividade para qual foi delegada.

Na oportunidade, a maioria dos ministros entendeu pelo reconhecimento da imunidade recíproca para os imóveis da União utilizados pela sociedade de economia mista na consecução do serviço público, uma vez que o benefício constitucional visa abarcar os objetivos institucionais imanentes do ente federado, e não conceder ao ente a vantagem de contratar em condições mais vantajosas.

Ou seja, não basta que o imóvel seja de titularidade da União, mas sim que o seu uso em atividade pública justifique o reconhecimento da imunidade recíproca. Para tanto, argumentaram que devem ser levados em conta 3 (três) pontos para verificar o cumprimento dos requisitos para fruição da benesse constitucional, quais sejam:

i) as propriedades, os bens ou os serviços devem ser utilizados na satisfação dos objetos institucionais do ente federado;

ii) a atividade de exploração econômica não pode ter como alvo primordial o aumento patrimonial,

iii) a desoneração não pode atentar contra a livre concorrência, pois o sucesso da desventura empresarial deve se dar pelas virtudes do próprio negócio, e não pela intervenção do Estado.

Nesse sentido, o intérprete deveria perpassar essas 3 etapas para somente após concluir pela extensão ou não da imunidade recíproca. No caso concreto, consideraram que, além de a Codesp ser prestadora de serviço público – exploração portuária –, ainda não resta dúvida quanto à efetiva aplicação da propriedade na consecução de sua atividade, de modo que estaria cumprido o primeiro requisito.

Ademais, consignaram que a sociedade não possuía como intuito primordial auferir vantagens econômicas, bem como que a propriedade não era cedida para a exploração por terceiros, restando preenchido o segundo requisito.

Por fim, afirmaram estar cumprido o terceiro critério, pois o fato de a Codesp ser beneficiada com a imunidade recíproca sobre os imóveis da União afetados à consecução da sua atividade precípua não prejudicaria a livre iniciativa ou quebraria o equilíbrio comercial, uma vez inexistente qualquer outra entidade que concorra com ela em seu campo de atuação.

Portanto, a orientação jurisprudencial caminha também pela possibilidade de extensão do benefício para empresas que prestem serviço público essencial em regime não concorrencial. Pois, conforme narrado, a imunidade recíproca tem como seu pilar a concretização da prestação do serviço público de qualidade.

2.3 O julgamento dos recursos extraordinários nºs 594.015 e 601.720

Sobre a extensão da imunidade recíproca a pessoas de direito privado detentoras de imóvel de propriedade da União, o Supremo Tribunal Federal, recentemente,[13] apreciou os recursos extraordinários nºs 594.015 e 601.720, ambos com repercussão geral.

2.3.1 Recurso Extraordinário nº 594.015/SP

No primeiro, a controvérsia era a incidência do IPTU sobre imóvel de propriedade da Companhia Docas do Estado de São Paulo – Codesp (entidade vinculada ao Ministério dos Transportes), que foi arrendado à Petrobras para armazenamento e movimentação de petróleo, derivados de petróleo, álcool ou qualquer outro correlato para fins energéticos (atividades privadas).

O Ministro Marco Aurélio, relator do recurso, entendeu que a situação da Petrobras é mais grave que a das concessionárias em geral, porquanto, na condição de sociedade de economia mista que explora atividade econômica, pretende usufruir de vantagem intrínseca ao direito público enquanto atua no mercado no regime da livre concorrência, de modo que não vislumbrava como se afastar a incidência do IPTU. Acrescentou que a referida empresa possui capital social negociado na Bolsa de Valores, com claro objetivo de auferir lucro e posteriormente distribuí-lo aos acionistas, sendo esses, ao final, os beneficiários finais pelo não recolhimento do imposto.

Ainda, destacou não ser possível estender a imunidade do art. 150, VI, "a", da Carta Maior ao patrimônio, à renda e aos serviços relacionados com exploração de atividades econômicas regidas pelas normas aplicáveis a empreendimentos privados, *ou em que haja contraprestação ou pagamento de preços ou tarifas pelo usuário*,[14] posto que isso significaria ignorar o princípio da livre concorrência versado no art. 170 da CF.

No final de seu voto, o ministro ainda destacou que as hipóteses de incidência do IPTU previstas no Código Tributário Nacional incluem, além da propriedade do imóvel, o domínio útil e a posse do bem, de forma que, sendo a Petrobras detentora do domínio útil do imóvel, inexiste óbice à exigência do imposto.

Acompanhando o relator, os ministros Roberto Barroso, Alexandre de Moraes, Rosa Weber, Luiz Fux e Ricardo Lewandowski ressaltaram que a imunidade recíproca das pessoas jurídicas de direito público foi criada pelo constituinte para proteção do pacto federativo e, portanto, não haveria sentido em estendê-la à empresa privada, arrendatária de bem público que o utilize para fins comerciais. Isso porque prevalecendo a extensão da imunidade recíproca, os particulares que utilizam imóveis públicos para exploração econômica lucrativa possuiriam vantagem concorrencial em relação às outras empresas.[15]

---

[13] Recentemente, pois o RE nº 594.015/SP teve seu julgamento finalizado em 6.4.2017 e o RE nº 601.720/SP em 19.4.2017.

[14] A partir desse destaque do Ministro Marco Aurélio, a imunidade recíproca também não poderia ser estendida às concessionárias.

[15] Igualmente, ressaltaram que a finalidade do bem acaba por ser a geração de lucro, o que desvirtua sua finalidade pública, bem como evidencia a existência de capacidade contributiva para arcar com a tributação.

O Ministro Barroso destacou que, apesar de quem detém a posse precária não ser normalmente sujeito passivo do IPTU, não há como considerar que os contratos firmados entre as empresas privadas e a Administração Pública há mais de 20 anos impliquem posse precária, até porque a empresa privada recebe o bem público, podendo construir e remodelá-lo, com grande liberdade de desfrute de direitos em relação àquele bem. Para ele, o bem é formalmente público, mas materialmente privado, do que decorre a caracterização do fato gerador do IPTU e a sujeição passiva que permite à municipalidade efetuar cobrança em face do particular.

O Ministro Luiz Fux aduziu que, sob o ângulo da justiça fiscal, revela-se inaceitável a conclusão que possibilite a quem explora atividade econômica não pagar IPTU. Na sua visão, as atividades destinadas primordialmente a aumentar o patrimônio de particulares são econômicas e, assim, devem ser tributadas por representarem manifestação de riqueza cuja tributação não afeta a autonomia política e revela capacidade contributiva.

Por fim, merece atenção o fato de que os ministros Edson Fachin, Celso de Mello e Cármen Lúcia divergiram para reconhecer que o imóvel arrendado estaria abarcado pela imunidade tributária recíproca. Sendo o IPTU um tributo de natureza real, defenderam que a natureza jurídica do bem público não se altera por estar submetido ao regime de arrendamento, tampouco sua titularidade, de modo que impossível a tributação.

Acrescentaram que o texto constitucional não permite a eleição de meros detentores de terras públicas, isto é, desprovidos da posse *ad usucapionem*, como contribuintes de IPTU, bem como que o contrato de arrendamento de área portuária firmado com a Codesp, sociedade de economia mista exploradora de atividade econômica, não possui o condão de tornar o cessionário sujeito passivo de obrigação tributária referente a IPTU, nem converter o domínio patrimonial estatal em regime atinente aos direitos reais de propriedade, pelo menos para fins tributários.

Contudo, o Plenário assentou que a imunidade recíproca não pode ser estendida à sociedade de direito privado que utiliza imóvel público, objeto de contrato de arrendamento, para fins comerciais e, portanto, alheios ao interesse público. Pois, do contrário, a vedação ao imposto resultaria vantagem comercial à arrendatária, que estaria efetivamente gozando de um privilégio fiscal em relação às demais empresas, bem como afrontaria o disposto no §2º do art. 173 da CF na parte em que prevê que "empresas públicas e as sociedades de economia mista não poderão gozar de privilégios fiscais não extensivos às do setor privado".

Ao final, os ministros fixaram a seguinte tese de repercussão geral:

> A imunidade recíproca, prevista no art. 150, VI, "a", da Constituição não se estende a empresa privada arrendatária de imóvel público, *quando seja ela exploradora de atividade econômica com fins lucrativos*. Nessa hipótese é constitucional a cobrança do IPTU pelo Município. (Grifos nossos)

Tem-se, assim, que o fato de ser empresa privada não é suficiente para afastar a imunidade tributária recíproca. É fundamental, para aplicação da tese, que seja empresa privada exploradora de atividade econômica com fins lucrativos. Vale destacar que em nenhum momento no julgamento debateu-se efetivamente a situação jurídica das concessionárias prestadoras de serviço público que se valem de imóveis públicos na consecução da atividade delegada.

2.3.2 Recurso Extraordinário nº 601.720/SP

Na mesma sessão em que foi julgado o RE nº 594.015/SP, o Plenário do Supremo Tribunal Federal, por maioria, deu provimento ao RE nº 601.720/RJ, interposto pelo município do Rio de Janeiro em face da Barrafor Veículos.

O caso discutia a exigência de IPTU sobre imóvel de propriedade da Infraero, objeto de contrato de locação, utilizado por empresa privada cuja atividade econômica é a comercialização e prestação de serviços em veículos automotores.

A conclusão do julgado foi semelhante, novamente, os ministros Edson Fachin e Celso de Mello restaram vencidos na discussão, exatamente por entenderem que, a despeito de o art. 32 do CTN admitir a incidência do IPTU não apenas sobre a propriedade, mas também sobre a posse, o fato gerador do tributo só restaria caracterizado quando a posse fosse própria ou suscetível de conduzir a declaração de domínio e transformar-se em propriedade.

Igualmente, os demais ministros, retomando a problemática concorrencial de se atribuir imunidade a bem público empregado em fins privados, afastaram a fruição do benefício constitucional pela concessionária.

O destaque do julgado foi o voto da Ministra Cármen Lúcia, em que ela explicou que, apesar de votar pela não tributação no RE nº 594.015, a interpretação sistemática dos dispositivos constitucionais contraria a concessão reflexa da benesse tributária a uma empresa nitidamente privada. Se o ente a ser favorecido não é federado, escaparia, na sua visão, do regime da livre concorrência e da igualdade.

Assim, registraram a impossibilidade de a imunidade recíproca alcançar imóveis ocupados por empresas que exerçam atividade econômica com fins lucrativos. Em sessão realizada em 19.4.2017, o Tribunal retomou o julgamento tão somente para fixar a tese de repercussão geral a seguir: "Incide o IPTU considerado imóvel de pessoa jurídica de Direito Público, cedido à pessoa jurídica de Direito Privado, devedora do tributo".[16]

Apesar da tese mais ampliativa, o que foi destacado pelos ministros ao longo de todo o julgamento foi a compreensão de que estender a imunidade tributária, sobretudo neste caso que cuida de empresa privada, implicaria grave afronta ao

---

[16] O Ministro Roberto Barroso sugeriu a modulação dos efeitos para que a tese vencedora, que estaria verdadeiramente modificando a jurisprudência do Supremo (devendo ser equiparada à criação de um tributo), fosse aplicada somente a novas relações jurídicas, salvo aquelas que já foram ajuizadas. Ressaltou que o Supremo entendia pela impossibilidade de o detentor da posse decorrente de contrato figurar no polo passivo da obrigação tributária, mas acatou a sugestão do Ministro Ricardo Lewandowski de aguardar eventuais embargos declaratórios para análise da matéria

princípio da livre concorrência, pois em que pese a natureza de bem público, o imóvel está sendo utilizado para exploração de atividade econômica.[17]

2.4 A interpretação sistemática da imunidade recíproca pelo STF

Constatou-se que o Supremo Tribunal Federal já se manifestou diversas vezes sobre a extensão da imunidade recíproca para empresas privadas. Nesse sentido, é imprescindível notar que os ministros nos julgamentos dos recursos extraordinários nºs 594.015 e 601.720 ratificaram o entendimento da Corte.

Ao submeter ambos os casos, julgados sob o rito da repercussão geral, ao teste proposto no RE nº 253.472/SP, por exemplo, é perceptível que em ambas as oportunidades a imunidade recíproca não foi reconhecida, já que as empresas faziam uso do bem público unicamente para geração de riqueza sem guardar relação alguma com a prestação do serviço público, sendo certo que a benesse tributária implicaria vantagem concorrencial para as empresas, afrontando o primado constitucional da livre concorrência.

A conclusão acima exposta fica mais clara quando se analisa a tese fixada no RE nº 594.015/SP:

> A imunidade recíproca, prevista no art. 150, VI, "b", da Constituição não se estende a empresa privada arrendatária de imóvel público, *quando seja ela exploradora de atividade econômica com fins lucrativos*. Nessa hipótese é constitucional a cobrança do IPTU pelo Município. (Grifos nossos)

A redação da tese permite inferir, a partir da utilização do advérbio "quando", que existe hipótese em que empresa privada que utiliza um imóvel público poderá gozar da imunidade recíproca para o bem afetado ao serviço público, o que apenas reforça que o teste "criado" no RE nº 253.472/SP permanece aplicável.

Assim, o entendimento do Pretório Excelso, no julgamento dos recursos extraordinários nºs 594.015 e 601.720, tem como ponto fulcral, para definir a extensão ou não da imunidade recíproca, investigar se o bem público sob a posse de terceiro permanece destinado as finalidades públicas ou se passou a ser empregado em atividades econômicas lucrativas, hipótese em que não será possível o reconhecimento do benefício, dada a vantagem concorrencial indevida que essa medida implicaria.

Tanto é assim que, em 15 de maio, data posterior à conclusão dos citados julgados, o Ministro Luiz Fux – um dos ministros vencedores em ambos os extraordinários – proferiu decisão monocrática, nos autos da ACO nº 2.757/RJ, reconhecendo a imunidade recíproca para empresa privada prestadora de serviços de interesse público.

---

[17] Tanto que, nesta mesma sessão, foi julgado o RE nº 434.251/RS, interposto pelo município do Rio de Janeiro em face da Disbarra, empresa em situação análoga à da Barrafor Veículos. Apesar de valer para o caso (desprovido de efeito multiplicador) a mesma tese fixada em repercussão geral no âmbito do RE nº 601.720, a Ministra Cármen Lúcia, em seu voto-vista, apresentou a seguinte assertiva para o caso Disbarra: "A imunidade tributária prevista no art. 150, VI, "a", não alcança imóveis da União e das entidades federadas, cedidos para empreendimentos privados *para exploração de atividade econômica com fins lucrativos*" (grifos nossos).

Na oportunidade, defendeu a aplicabilidade da imunidade recíproca para empresas que desempenhem atividades públicas, notadamente quando prestadas com cunho essencial e exclusivo, o que se percebia no caso concreto com o serviço de esgoto (saneamento básico).

Ou seja, confirmada a natureza não concorrencial do serviço público prestado, afirmou que a Corte não vislumbra qualquer risco à livre iniciativa, desde que a imunidade tributária prevista no art. 150, VI, "a", da CF esteja sendo aplicada somente à propriedade, bens e serviços utilizados na satisfação dos objetivos institucionais inerentes ao ente federado.

Inclusive, vale destacar que o ministro, para concluir de tal forma, valeu-se do teste proposto pelo Ministro Joaquim Barbosa no RE nº 253.472/SP, o que apenas reforça a sua não superação no julgamento dos recursos extraordinários nºs 594.015 e 601.720, veja:

> Dessarte, é possível que a imunidade tributária recíproca alcance a Companhia Estadual de Águas e Esgotos – CEDAE, pois, apesar de constituída como sociedade de economia mista a autora: (i) executa serviço público de abastecimento de água e tratamento de esgoto; (ii) fazendo-o de modo exclusivo; (iii) o percentual de participação do Estado do Rio de Janeiro no capital social da empresa é de 99,9996%; (iv) trata-se de empresa de capital fechado. Nessa linha, destaco não haver indicação de qualquer risco de quebra do equilíbrio concorrencial ou de livre iniciativa, mercê da ausência de comprovação de que a CEDAE concorra com outras entidades no campo de sua atuação.
>
> *Portanto, estão preenchidos, na hipótese, os seguintes critérios fixados pelo Plenário desta Corte, de modo a possibilitar o alcance da imunidade tributária recíproca às sociedades de economia mista prestadoras de serviço público*: a) a imunidade tributária recíproca se aplica apenas à propriedade, bens e serviços utilizados na satisfação dos objetivos institucionais imanentes do ente federado; b) as atividades de exploração econômica, destinadas primordialmente a aumentar o patrimônio do Estado ou de particulares, devem, em regra, ser submetidas à tributação, por apresentarem-se como manifestações de riqueza e deixarem a salvo a autonomia política; e c) a desoneração não deve ter como efeito colateral relevante a quebra dos princípios da livre concorrência e do livre exercício de atividade profissional ou econômica lícita.[18]

Igualmente, em 2 de maio, a 1ª Turma do STF, por maioria, com voto vencedor de lavra do Ministro Roberto Barroso,[19] reforçou a possibilidade de extensão da imunidade recíproca às empresas privadas prestadoras de serviço público essencial. Ademais, defendeu que o fato de a pessoa jurídica distribuir lucros não pode ser fundamento único, em sua visão, para impedir a fruição do benefício constitucional,[20] observe:

---

[18] Decisão monocrática, publicada em 15.5.2017 (Disponível em: http://www.stf.jus.br/portal/processo/verProcessoAndamento.asp?numero=2757&classe=ACO&origem=AP&recurso=0&tipoJulgamento=M).

[19] Destaca-se o Ministro Roberto Barroso, uma vez que ele se sagrou vencedor no julgamento dos recursos extraordinários nºs 594.015 e 601.720, o que demonstra a não superação da jurisprudência que prevê a possibilidade de extensão da imunidade recíproca a empresas privadas que desempenhem atividades de interesse público.

[20] Vale destacar que a discussão quanto à distribuição de lucros afastar a fruição da imunidade recíproca ainda é controvertida no âmbito do STF. No RE nº 600.867/SP, os ministros Roberto Barroso, Rosa Webber e Dias Toffoli, por exemplo, defenderam que obtenção de lucro por si só não tem o condão de afastar a regra imunizante,

Considero que a extensão das prerrogativas da Fazenda Pública às empresas estatais é uma questão ainda tortuosa nesta Corte, a exigir um futuro esforço de sistematização, com a finalidade de definir os exatos contornos do regime jurídico das estatais. *Particularmente, entendo que é a natureza do serviço prestado que deve dizer o regime jurídico, privado ou público, ao qual a sociedade de economia mista estará vinculada. Defendi essa tese em voto vencido proferido no julgamento do RE 600.867, em que discutimos a imunidade tributária recíproca da Sabesp, companhia de saneamento básico do Estado de São Paulo. Na ocasião, sustentei a tese vencida de que empresa que presta serviço público essencial, ainda quando distribua lucros, tem imunidade, o que significa a extensão do regime de direito público às empresas estatais prestadoras de serviço essencial, como é o caso do saneamento básico.* (RE nº 627.242 AgR. Rel. Min. Marco Aurélio, Rel. p/ acórdão Min. Roberto Barroso, Primeira Turma, j. 2.5.2017. DJe, 110, divulg. 24.5.2017, public. 25.5.2017)

Embora neste julgamento a matéria discutida fosse a aplicabilidade do regime de precatórios à sociedade de economia mista, é perceptível a manutenção da jurisprudência pela interpretação da imunidade recíproca conforme a atividade prestada, e não tão somente com base na natureza do sujeito que a desempenhe.

Portanto, conclui-se que, da análise dos julgados mais recentes do Supremo Tribunal Federal, é possível a extensão da imunidade recíproca a empresas que desempenhem atividades públicas essenciais, desde que tal fato não atribua vantagem concorrencial ao beneficiário.

3 As concessões aeroportuárias

3.1 A concessão e a natureza do serviço aeroportuário

Até o momento constatou-se a inexistência de vedação à extensão da imunidade recíproca tão somente em função do regime, privado ou público, do sujeito que desempenhe a atividade de interesse público. Passa-se, agora, a averiguar a natureza não só dos serviços aeroportuários, como das próprias concessionárias administradoras dos aeroportos.

Primeiramente, atente-se que, embora a Carta Magna brasileira tenha se pautado no princípio da livre iniciativa para o setor privado, a própria prevê a intervenção estatal no domínio econômico como limitador dessa liberdade.[21] Logo, a escolha pelo modelo capitalista não implica dizer que o Estado deve se manter inerte em

---

sendo até desejável que a entidade imune esteja abastecida economicamente para otimizar suas atividades. O processo foi interrompido por pedido de vista da Ministra Cármen Lúcia em 6.8.2015.

[21] Nesse sentido entendeu o STF: " [...] 1. É certo que a ordem econômica na Constituição de 1.988 define opção por um sistema no qual joga um papel primordial a livre iniciativa. Essa circunstância não legitima, no entanto, a assertiva de que o Estado só intervirá na economia em situações excepcionais. Muito ao contrário. 2. Mais do que simples instrumento de governo, a nossa Constituição enuncia diretrizes, programas e fins a serem realizados pelo Estado e pela sociedade. Postula um plano de ação global normativo para o Estado e para a sociedade, informado pelos preceitos veiculados pelos seus artigos 1º, 3º e 170. 3. A livre iniciativa é expressão de liberdade titulada não apenas pela empresa, mas também pelo trabalho. Por isso a Constituição, ao contemplá-la, cogita também da 'iniciativa do Estado'; não a privilegia, portanto, como bem pertinente apenas à empresa" (ADI nº 3.512. Rel. Min. Eros Grau, Tribunal Pleno, j. 15.2.2006. *DJ*, 23.6.2006, PP-00003, ement. vol. 02238-01 PP-00091; *RTJ*, v. 00199-01 PP-00209; *LEXSTF*, v. 28, n. 332, 2006, p. 69-82).

relação à economia, em que, por exemplo, a liberdade de iniciativa e a competição concorrencial são fins em si mesmos. Ao contrário, a própria Constituição Federal previu uma sociedade capitalista que visa a diversos princípios de conteúdo vinculados ao paradigma do Estado Social.[22]

Nesse sentir, deve-se ter em mente que o Estado pode intervir diretamente na economia – atuando como agente econômico por meio da exploração da atividade econômica pelo regime de concorrência ou monopólio –, ou indiretamente, quando desempenha a função de agente normativo e regulador da economia.

Ainda, é necessário atentar-se que o conceito atividade econômica abarca os serviços públicos, sendo certo que esses, a princípio, configurariam uma intervenção direta do Estado. Contudo, a partir da percepção de que o Poder Público não tem recursos suficientes para realizar todos os investimentos necessários, iniciou-se um processo de transferência desses, mediante concessão administrativa ou permissão, para o setor privado. Noutros termos, a concessão foi a forma adotada pelo Estado para alinhar a expectativa de especialização e melhoria na prestação dos serviços públicos, ante a realidade deficitária em que se encontrava quando da centralização de tais atividades apenas sobre si.

No contexto aeroportuário, com a escolha do Brasil para ser país-sede de grandes eventos mundiais (como a Copa do Mundo Fifa 2014 e os Jogos Olímpicos de 2016), o Governo Federal optou por realizar a concessão de alguns aeroportos, visando exatamente à melhora no serviço público de infraestrutura aeroportuária,[23] nos termos do art. 175 da CF/88.[24]

Desse modo foram publicados os decretos nºs 7.531/2011, 7.896/2013, 8.517/2015 e o 8.710/2016, em que se determinou a inclusão de alguns aeroportos no Plano de Desestatização, previsto na Lei nº 9.491/1997. Ou seja, iniciou-se, efetivamente, o reordenamento estratégico das obrigações do Estado nas atividades aeroportuárias, visando ao repasse da exploração dos complexos à ordem privada.

Vale ressaltar que os editais de concessão dos aeroportos de Brasília, Guarulhos, Galeão, Natal, Viracopos e Confins à Anac exigiram que os concorrentes fossem empresas de sociedade de propósito em que a Infraero fosse acionista minoritário, ou seja, a empresa pública, antes administradora uma destes complexos aeroportuários, agora dividirá a exploração do serviço público com entes privados.

Perceba, desde logo, que a Constituição Federal, em seu art. 22, I e X, atribui à União competência para explorar, diretamente ou mediante autorização, concessão ou permissão, a navegação aérea e a infraestrutura aeroportuária, é ver:

---

[22] Conforme exposto pelo constitucionalista português Jorge Miranda, o Estado Social tratou de articular direitos, liberdades e garantias com os direitos sociais, articulando a igualdade jurídica com a igualdade social (MIRANDA, Jorge. *Manual de direito constitucional*. 7. ed. Coimbra: Coimbra Editora, 2003. t. I. p. 97).

[23] ANAC. *Governo assina contratos de concessão de aeroportos*. Disponível em: http://www.anac.gov.br/noticias/2012/governo-assina-contratos-de-concessao-de-aeroportos. Acesso em: 7 jun. 2017.

[24] "Art. 175. Incumbe ao Poder Público, na forma da lei, diretamente ou sob regime de concessão ou permissão, sempre através de licitação, a prestação de serviços públicos. Parágrafo único. A lei disporá sobre: I – o regime das empresas concessionárias e permissionárias de serviços públicos, o caráter especial de seu contrato e de sua prorrogação, bem como as condições de caducidade, fiscalização e rescisão da concessão ou permissão; II – os direitos dos usuários; III – política tarifária; *IV – a obrigação de manter serviço adequado*".

Art. 21. Compete à União: [...]

XII – explorar, diretamente ou mediante autorização, concessão ou permissão: [...]

c) a navegação aérea, aeroespacial e a infra-estrutura aeroportuária; [...].

Ou seja, o serviço aeroportuário possui, constitucionalmente, interesse público, tanto é assim que se delegou competência ao próprio Estado, na figura da União, para explorá-lo. Comungando com tal entendimento, o Supremo Tribunal Federal, em diversos precedentes,[25] já manifestou que *a atividade de infraestrutura aeroportuária configura serviço público que, assim, não envolve interesse meramente privado, estando presente o interesse nacional na uniformidade e eficiência desse serviço.*

Nesse sentir, destaca-se o fato de que a exploração de complexos aeroportuários ser alvo de concessão apenas reafirma sua classificação como serviço público, pois, nas palavras do Subprocurador-Geral da República junto ao Tribunal de Contas da União, Lucas Rocha Furtado: "o primeiro requisito para a instituição do regime de concessão está relacionado à necessidade de que a atividade objeto de exploração constitua serviço público".[26]

Quanto à essencialidade do serviço aeroportuário, esta resta demonstrada pelas próprias relações de trabalho, consumo e lazer que, no mundo moderno, requisitam um transporte mais rápido e viável. No âmbito infraconstitucional, o Superior Tribunal de Justiça, no julgamento do REsp nº 1.469.087/AC, também afirmou, recentemente, que os serviços aéreos se configuram essenciais e, por tal razão, deve-se prezar por sua continuidade, evitando cancelamentos e interrupções que não envolvam problemas técnicos ou de segurança:

CONSUMIDOR. CONCESSÃO DE SERVIÇOS AÉREOS. RELAÇÃO HAVIDA ENTRE CONCESSIONÁRIA E CONSUMIDORES. APLICAÇÃO DO CDC. ILEGITIMIDADE DA ANAC. TRANSPORTE AÉREO. SERVIÇO ESSENCIAL. EXIGÊNCIA DE CONTINUIDADE. CANCELAMENTO DE VOOS PELA CONCESSIONÁRIA SEM RAZÕES TÉCNICAS OU DE SEGURANÇA. PRÁTICA ABUSIVA. DESCUMPRIMENTO DA OFERTA.

1. A controvérsia diz respeito à pratica, no mercado de consumo, de cancelamento de voos por concessionária sem comprovação pela empresa de razões técnicas ou de segurança.

2. Nas ações coletivas ou individuais, a agência reguladora não integra o feito em litisconsórcio passivo quando se discute a relação de consumo entre concessionária e consumidores, e não a regulamentação emanada do ente regulador.

3. O transporte aéreo é serviço essencial e, como tal, pressupõe continuidade. Difícil imaginar, atualmente, serviço mais "essencial" do que o transporte aéreo, sobretudo em regiões remotas do Brasil.

4. Consoante o art. 22, caput e parágrafo único, do CDC, a prestação de serviços públicos, ainda que por pessoa jurídica de direito privado, envolve dever de fornecimento de serviços com

---

[25] Cite-se: RE nº 901.412 AgR. Rel. Min. Dias Toffoli, Segunda Turma, j. 27.10.2015. *DJe*, 249, 11.12.2015; AI nº 797.034 AgR. Rel. Min. Marco Aurélio, Primeira Turma, j. 21.5.2013. *DJe*, 111, 13.6.2013.

[26] FURTADO, Lucas Rocha. *Curso de direito administrativo*. 4. ed. Belo Horizonte: Fórum, 2013. p. 462.

adequação, eficiência, segurança e, se essenciais, continuidade, sob pena de ser o prestador compelido a bem cumpri-lo e a reparar os danos advindos do descumprimento total ou parcial.

5. A partir da interpretação do art. 39 do CDC, considera-se prática abusiva tanto o cancelamento de voos sem razões técnicas ou de segurança inequívocas como o descumprimento do dever de informar o consumidor, por escrito e justificadamente, quando tais cancelamentos vierem a ocorrer. [...]. (REsp nº 1.469.087/AC. Rel. Min. Humberto Martins, Segunda Turma, j. 18.8.2016. *DJe*, 17.11.2016)

Desse modo, as concessões das atividades aeroportuárias têm como intuito modernizar e melhorar a prestação do serviço público, entretanto, em hipótese alguma, é possível afirmar que a celebração do contrato administrativo desvirtue a natureza da obrigação.

Isto é, independentemente de a prestação ser realizada por pessoa de direito privado, esta permanece com sua característica pública, devendo assim ser tratada pelos normativos e pelo próprio Poder Público. Exatamente por essa característica pública e essencial que o art. 175 da Constituição Federal prevê a obrigação de o Estado regular aquela atividade concedida, e impedir um enriquecimento sem causa da concessionária, garantindo, assim, a boa execução da atividade.

Portanto, as concessões aeroportuárias revelam-se verdadeira tentativa do Poder Público de garantir a melhor prestação dos serviços aéreos.

3.2 O que são os serviços aeroportuários?

Primeiramente, é preciso distinguir quais são os serviços aeroportuários propriamente ditos, aqueles que, segundo o contrato de concessão, são de prestação obrigatória, daquelas atividades acessórias cuja exploração seria uma faculdade da concessionária.

Nesses termos, observe que o tópico 3 do Anexo II do Contrato de Concessão do Aeroporto de Guarulhos, em que está previsto o Projeto de Exploração Aeroportuária[27] e o detalhamento das atividades concedidas, dispõe as seguintes obrigações da concessionária:

> 3.1. Constitui objeto da Concessão do Complexo Aeroportuário a execução das seguintes atividades, que devem ser cumpridas pela Concessionária durante todo o prazo da Concessão, sem prejuízo das demais obrigações previstas no Contrato:
>
> 3.1.1 A prestação dos serviços de embarque, desembarque, pouso, permanência, armazenagem e capatazia, conforme descrito no Anexo 4 – Tarifas, bem como todos os demais serviços relacionados à infraestrutura aeroportuária;

---

[27] Cláusula 1ª do Anexo II do Contrato de Concessão dos aeroportos de Guarulhos, Brasília e Galeão: "O Plano de Exploração Aeroportuária (PEA) detalha e especifica o objeto da concessão, delimita o Complexo Aeroportuário, detalha as atividades acessórias da concessão, prevê os Elementos Aeroportuários Obrigatórios, as especificações mínimas requeridas para os terminais de passageiros, investimentos iniciais para melhoria da infraestrutura, as obrigações relativas ao Plano de Gestão da Infraestrutura, estabelece o nível de serviço por meio dos Parâmetros Mínimos de Dimensionamento, delimita os Indicadores de Qualidade do Serviço e prevê a metodologia de definição do Fator Q".

3.1.2 A exploração eficiente do Complexo Aeroportuário, de forma a obter Receitas Não Tarifárias e disponibilizar aos Usuários a infraestrutura de apoio necessária ao bom funcionamento do Complexo Aeroportuário;

3.1.3 A manutenção de todas as instalações, bens, equipamentos existentes e implementados no Complexo Aeroportuário, conforme a legislação e regulamentação em vigor;

3.1.4 A execução das melhorias da infraestrutura no prazo previsto neste PEA, com vistas a ampliar o Complexo Aeroportuário e adequar a qualidade dos serviços;

3.1.5 O pleno atendimento ao nível de serviço previsto neste PEA durante todo o prazo da Concessão, mediante a realização dos investimentos e obtenção dos recursos necessários; e

3.1.6 A adequação das demais instalações necessárias para o atendimento dos Usuários na hipótese de ampliação do Complexo Aeroportuário, em especial pátio de aeronaves, estacionamento de veículos, vias de acesso, dentre outras.

As obrigações acima dispostas podem ser resumidas como o oferecimento de uma estrutura adequada para os usuários do complexo aeroportuário, e a viabilização operacional do transporte aéreo – pouso, decolagem, capatazia, armazenagem.

Nesse sentido, essas podem ser consideradas o objeto principal da concessão, qual seja, a própria exploração do serviço de infraestrutura aeroportuária e de transporte aéreo. Inclusive, para desempenhar essas atividades obrigatórias, a concessionária se valerá do complexo portuário, o qual, nos termos do art. 39 da Lei nº 7.565/1986 (Código Brasileiro de Aeronáutica), compreende a área utilizada para:

Art. 39. Os aeroportos compreendem áreas destinadas:

I – à sua própria administração;

II – ao pouso, decolagem, manobra e estacionamento de aeronaves;

III – ao atendimento e movimentação de passageiros, bagagens e cargas;

IV – aos concessionários ou permissionários dos serviços aéreos;

V – ao terminal de carga aérea;

VI – aos órgãos públicos que, por disposição legal, devam funcionar nos aeroportos internacionais;

VII – ao público usuário e estacionamento de seus veículos;

VIII – aos serviços auxiliares do aeroporto ou do público usuário;

IX – ao comércio apropriado para aeroporto.

Ou seja, todas essas áreas acima citadas, as quais constituem bens públicos federais cuja afetação é direcionada à prestação do serviço aeroportuário, são imprescindíveis para o sucesso da concessão. Por essa razão o art. 38 do citado Código Brasileiro de Aeronáutica assim dispõe:

Art. 38. Os aeroportos constituem universalidades, equiparadas a bens públicos federais, enquanto mantida a sua destinação específica, embora não tenha a União a propriedade de todos os imóveis em que se situam.

Assim, a prestação do serviço público engloba toda a estrutura destinada à atividade aeroportuária, inclusive aquelas áreas destinadas às atividades acessórias do contrato de concessão, quais sejam, aquelas realizadas no complexo portuário, mas que geram receitas não tarifárias à concessionária,[28] posto que, a partir dessas, há a maximização da qualidade do serviço prestado.

Noutros termos, as atividades acessórias são aquelas que podem ser desenvolvidas dentro do complexo aeroportuário – por meio de uma subsidiária integral ou terceiros –, mas que, num primeiro momento, não possuiriam ligação direta com a prestação do serviço de transporte aéreo e infraestrutura aeroportuária. A título de exemplo,[29] a cláusula 5 do PEA do contrato de concessão do Aeroporto do Galeão enumera como atividades exploráveis: (i) abastecimento de aeronaves; (ii) hotelaria; (iii) *duty free*; (iv) lojas comerciais; (v) estacionamento; (vi) restaurantes e bares, entre outras.

Assim, percebe-se que as atividades acessórias são aquelas cuja subtração implicaria grande perda da qualidade da prestação do serviço de infraestrutura aeroportuária, mas de forma alguma o inviabilizariam.

Todavia, o Poder Concedente, ao celebrar a concessão, optou por via diversa, especialmente por buscar a excelência do serviço de transporte aéreo, dados os rigorosos critérios exigidos pela Fifa para a realização da Copa do Mundo e do Comitê Olímpico Internacional (COI) para a organização dos Jogos Olímpicos. Nessa toada, o contrato de concessão estabelece critérios para o reajuste tarifário que levam em conta atividades acessórias desempenhadas, que num primeiro momento poderiam ser consideradas uma mera faculdade da concessionária.

A análise do PEA do contrato de concessão do Aeroporto de Guarulhos revela que a avaliação de dados *unicamente relacionados com atividades acessórias* é relevante para a formação da tarifa. Ora, a "disponibilidade de vagas de estacionamento e o custo benefícios das lojas e das praças de alimentação" são categorias que podem levar a um decréscimo de até 0,65%[30] na fórmula do reajuste, sem guardar, todavia, ligação ao efetivo serviço de transporte aéreo ou de infraestrutura aeroportuária.

Desse modo, há uma primeira confluência entre as chamadas atividades acessórias e as obrigatórias, uma vez que ambas colaboram para formação da tarifa, instituto que é considerado ponto fulcral da própria concessão, pois abrange não só a remuneração da concessionária, mas também as discussões sobre a modicidade tarifária e o chamado reequilíbrio financeiro do contrato.[31] Contudo, essa relação entre as atividades principais e acessórias será aprofundada no próximo tópico quando

---

[28] Perceba que a definição é dada pelo próprio contrato de concessão na cláusula 2.1.2 do PEA.

[29] Utiliza-se exemplo, pois a própria cláusula 5.3 do PEA do contrato de concessão do Galeão, Brasília e Guarulhos permite a exploração de atividades diversas daquelas listadas, desde que autorizadas pela Anac.

[30] Os referidos critérios constam da pesquisa de satisfação dos passageiros, que, por sua vez, compõe os índices de qualidade do serviço (IQS), que é uma figura contratual criada para permitir que o reajuste tarifário se dê conforme as melhorias realizadas no complexo aeroportuário. Em resumo, cada contrato de concessão, em seu Anexo 2 (PEA), descreve quais serão os IQS a serem avaliados naquele aeroporto, sendo a relevância tamanha que, após a avaliação, é possível perceber um decréscimo ou bonificação (variação entre – 7,5% a +2,0%) na fórmula aplicável para o reajuste tarifário, disposta na cláusula 6.5 dos contratos de concessão.

[31] FURTADO, Lucas Rocha. *Curso de direito administrativo*. 4. ed. Belo Horizonte: Fórum, 2013. p. 459.

for tratada a possibilidade de extensão da imunidade recíproca às concessionárias administradoras de aeroportos.

4 A aplicação da imunidade recíproca para as concessionárias administradoras de aeroportos

Até aqui se descreveram os institutos da imunidade recíproca, da concessão, mas sem adentrar especificamente à análise do possível direito das concessionárias administradoras de aeroportos a esse benefício constitucional.

Nesse sentido, perceba que a discussão quanto à fruição da imunidade recíproca, no que tange ao IPTU, pelas citadas concessionárias, deve ser realizada em dois momentos: (i) primeiro aqueles bens empregados na prestação dos serviços obrigatórios dispostos no contrato de concessão, uma vez que nessa hipótese, *a priori*, a concessionária efetivamente substituiria o Estado e, (ii) em segundo lugar, as áreas utilizadas nas atividades acessórias já explicitadas anteriormente.

Inicialmente, retomando que a imunidade recíproca tem como função não onerar a prestação dos serviços públicos,[32] atente-se que a concessão nada mais é do que a opção do ente de, ao invés de diretamente prestar aquela atividade pública, delegá-la a um particular, visando à melhor eficiência e qualidade. Aquela atividade não deixa, em momento algum, de ser uma obrigação estatal, tanto é assim que, conforme ressalta Márcio Iório,[33] o Estado assume uma nova função, qual seja a de regular e fiscalizar essa prestação de serviço público mediante empresa privada. No mesmo sentido, Lucas Rocha Furtado defende:

> No caso de concessão, verifica-se tão somente delegação do serviço, que, diferentemente da outorga legal, importa em transferência apenas da incumbência da prestação do serviço, *permanecendo a titularidade do serviço com o poder concedente*. Ademais, na concessão, a delegação do serviço se formaliza por meio de contrato administrativo e pressupõe a realização de licitação (CF, art. 175).[34]

Dessa forma, a concessionária de serviço público – como é, o de transporte aéreo e de infraestrutura aeroportuária – revela-se para os usuários e beneficiários da atividade como o próprio Estado, pois se reveste das obrigações impostas ao ente público pela Constituição Federal no desempenho das atividades delegadas.

Justamente por esse motivo, a concessionária é submetida à intensa regulamentação própria, expedida por agência reguladora destinada ao setor,[35] qual seja, a Agência Nacional de Aviação Civil – Anac (Lei nº 11.182/2005). Logo, não lhe são

---

[32] Tendo em vista que, do contrário, estar-se ia tributando ato desprovido de capacidade contributiva, bem como afrontando a autonomia dos entes da federação.
[33] ARANHA, Marcio Iorio. *Manual de direito regulatório*. 2. ed. Coleford, UK: Laccademia Publishing, 2014. p. 70.
[34] FURTADO, Lucas Rocha. *Curso de direito administrativo*. 4. ed. Belo Horizonte: Fórum, 2013. p. 460.
[35] ARANHA, Marcio Iorio. *Manual de direito regulatório*. 2. ed. Coleford, UK: Laccademia Publishing, 2014. p. 128-133.

aplicáveis as normas regentes a empreendimentos privados, mas sim as normas do direito administrativo pertinentes ao serviço público.

Nesse contexto, é relevante atentar que os imóveis e bens públicos utilizados na prestação dos serviços aeroportuários, os quais são cedidos à concessionária pelo tempo em que durar a concessão, não podem ser alvo de incidência do IPTU, uma vez que sua afetação permanece alinhada com a missão estatal de oferecer um serviço de qualidade aos seus cidadãos/usuários.

Neste momento, nota-se uma diferenciação entre as concessionárias prestadoras de serviço público que mantêm o bem público afetado à sua missão constitucional, e aquele particular que o explora em atividades econômicas privadas. Isso porque, conforme ressaltado pelo STF no julgamento dos recursos extraordinários 594.015 e 601.720, submetidos ao rito da repercussão geral, a partir do momento em que o bem público passa a possuir destinação diversa daquela para qual foi afetado, há uma desvirtuação do próprio interesse público primário,[36] pois o bem deixa de servir à coletividade, para sujeitar-se ao interesse tanto do particular – que o utilizará em sua atividade –, como do Estado,[37] que receberá em contraprestação um aluguel ou remuneração pelo arrendamento da coisa.

Reforçando esse posicionamento, o STF, no julgamento da ADPF nº 46/DF,[38] ressaltou que a prestação do serviço público (art. 21, XII, "c", da CF/88) sujeita-se ao regime de direito público, uma vez que o regime de direito público ou privado não está relacionado à forma jurídica da entidade que presta a atividade (por exemplo, autarquia ou pessoa jurídica de direito privado), mas sim em relação à atividade que a respectiva fornece.

Ou seja, sendo a atividade pública, independentemente de ser prestada por empresa privada, será aplicado o regramento público, pois a delegação não tem como efeito a desvirtuação da natureza do serviço ali concedido. Assim, as entidades que prestam atividade econômica em sentido estrito sujeitam-se ao regime privado, enquanto as fornecedoras de serviço público estão submetidas ao regime de direito público (art. 175 da CF/88).

---

[36] O interesse público é aquele que deriva da coletividade que busca o bem comum e a concreção dos direitos fundamentais. Nesse sentido, Marçal Justen Filho ressalta o problema de se confundir o interesse do aparato estatal: "Não é possível definir interesse público a partir da identidade do seu titular, sob pena de inversão lógica e axiológica. O equívoco está em que o Estado existe para satisfazer as necessidades coletivas. O Estado Democrático é instrumento de realização dos interesses públicos. Ou seja, o interesse público existe antes do Estado" (JUSTEN FILHO, Marçal. Curso de direito administrativo. São Paulo: Saraiva, 2005. p. 37).

[37] Importa ressalvar que o recebimento do numerário implica vantagem para o aparato estatal, mas não à coletividade. Ao contrário do que ocorre quando o bem está afetado à sua destinação precípua, oportunidade em que há a concreção do serviço público (direito fundamental da coletividade). Sobre a diferenciação do interesse público primário e o secundário: "O interesse público não consiste no interesse do aparato estatal. [...] Esses interesses do aparato estatal não podem ser reconhecidos como 'interesse público'. Configura-se a distinção apontada por Renato Alessi entre interesse público primário e interesse secundário, difundida no Brasil por Celso Antônio Bandeira de Mello. [...]. Adota-se o entendimento de que os direitos fundamentais apresentam natureza indisponível. O núcleo do direito administrativo reside não no interesse público, mas na promoção dos direitos fundamentais" (JUSTEN FILHO, Marçal. Curso de direito administrativo. 11. ed. São Paulo: Revista dos Tribunais, 2015. p. 137-140).

[38] ADPF nº 46. Rel. Min. Marco Aurélio, Rel. p/ acórdão Min. Eros Grau, Tribunal Pleno, j. 5.8.2009. DJe, 035, divulg. 25.2.2010, public. 26.2.2010, ement. vol. 02391-01 PP-00020; RTJ, v. 00223-01 PP-00011.

Desse fato decorre a conclusão de que, diferentemente do bem público empregado a interesse particular, o qual está sujeito ao regime concorrencial – de forma que o reconhecimento da imunidade, por si só, já seria um problema por afrontar a livre iniciativa –, a não tributação do bem afeto a serviço público essencial, em especial no regime de monopólio, como são os aeroportos, não gerará qualquer prejuízo ao mercado ou terceiros.[39]

Pelo contrário, a não incidência do IPTU sobre os bens públicos afetados, fundada na imunidade recíproca disposta no art. 150, VI, "b", da CF, contribui para a própria melhoria da qualidade do serviço público ali prestado, uma vez que com a desoneração é aberta à concessionária a possibilidade de melhorar, cada vez mais, o complexo. O que, repise-se, era o interesse do Estado ao promulgar os já citados decretos nºs 7.531/2011, 7.896/2013, 8.517/2015 e 8.710/2016, que incluíram alguns aeroportos no Programa de Desestatização.

Mais que isso, com a redução dos tributos cobrados daquela atividade, há, automaticamente, a redução de seus custos e, por consequência, a diminuição dos valores a serem pactuados entre Poder Concedente e concessionária a título de tarifa.[40] Por consequência, reduz-se a quantia a ser cobrada da população por aquele serviço, concretizando, dessa forma, o princípio da modicidade tarifária tão relevante no direito administrativo brasileiro.[41]

Desse modo, aplicando o teste do Supremo Tribunal Federal, "criado" no RE nº 253.472/SP, bem como as teses dos recentes julgados do Pretório Excelso, percebe-se a possibilidade de extensão da imunidade recíproca aos bens públicos afetados, uma vez que:

i) os bens – pista, saguão, e as demais áreas imprescindíveis para a prestação do serviço aeroportuário – são aplicados na consecução do serviço público, e, por consequência, na sua própria missão constitucional;

ii) inexiste atividade concorrencial, dado que os aeroportos são explorados em regime de exclusividade, impedindo, assim, que a tributação seja fato relevante na empreitada;

---

[39] Nesse sentido decidiu o STF por diversas oportunidades: RE nº 253.472. Rel. Min. Marco Aurélio, Rel. p/ acórdão Min. Joaquim Barbosa, Tribunal Pleno, j. 25.8.2010. DJe, 020, divulg. 31.1.2011, public. 1º.2.2011, ement. vol. 02454-04 PP-00803; RTJ, v. 00219-01 PP-00558 e ACO nº 811 AgR-segundo-ED. Rel. Min. Rosa Weber, Primeira Turma, j. 9.12.2016. DJe, 268, divulg. 16.12.2016, public. 19.12.2016.

[40] Quanto à repercussão dos tributos nas tarifas, destaca-se o julgamento do REsp nº 1.299.303/SC, submetido ao rito dos recursos repetitivos, em que os ministros do Superior Tribunal de Justiça permitiram que os contribuintes de fato discutissem a legitimidade da incidência do ICMS incidente sobre a potência de energia elétrica contratada, mas não utilizada. Na oportunidade, fundamentaram essa hipótese como uma exceção à regra geral (em que o contribuinte de fato, por não possuir relação jurídica com o sujeito ativo da obrigação tributária, não poderia discutir a legitimidade da incidência), exatamente em razão de o contribuinte de direito (a concessionária) não possuir sequer interesse na discussão, uma vez que os tributos seriam acrescidos à tarifa, não representando, portanto, qualquer prejuízo à sua remuneração.

[41] "(Princípio da modicidade) significa que os serviços devem ser remunerados a preços módicos, devendo o Poder Público avaliar o poder aquisitivo do usuário para que, por dificuldades financeiras, não seja ele alijado do universos de beneficiários do serviço" (CARVALHO FILHO, José dos Santos. Manual de direito administrativo. 28. ed. São Paulo: Atlas, 2015. p. 348).

iii) a missão ali buscada é a satisfação de um dever constitucional atribuído à União, qual seja, a exploração do serviço aeroportuário, sendo o lucro apenas um meio da concessionária. Sendo certo que, quando este existir, configurará mera remuneração pelo serviço prestado, mas nunca pela exploração total da atividade em si.[42]

Sobre a política tarifária, é preciso compreender que, conforme disposto no próprio contrato de concessão dos aeroportos brasileiros, sua função é tão somente remunerar a concessionária pela disponibilização do serviço público de qualidade.[43]

Ou seja, conforme ressalta Lucas Rocha Furtado, o direito de a concessionária receber um montante tarifário compatível com a obrigação de manter a adequada prestação do serviço delegado pelo Estado é um pressuposto da própria concessão.[44] Disso resulta, como elucidou Hely Lopes Meirelles,[45] que a fixação das tarifas é o verdadeiro meio de concretização do equilíbrio econômico-financeiro dos contratos de concessão. Por isso, é necessário seu reajuste ou revisão periódica para que as tarifas se compatibilizem com os custos do serviço, as necessidades de expansão e melhorias, a aquisição de equipamentos, a modernização das técnicas utilizadas, a conservação das instalações, bem como o lucro da concessionária. Prevê a Lei nº 8.987/1995:

> Art. 23. São cláusulas essenciais do contrato de concessão as relativas: [...]
>
> IV – ao preço do serviço e aos critérios e procedimentos para o reajuste e a revisão das tarifas; [...].

Desse modo, a consulente deve cobrar tarifas aeroportuárias como remuneração pelos serviços prestados, cuja metodologia de cálculo encontra-se disposta no contrato de concessão, indicando valores que correspondem ao limite máximo que pode ser exigido, exatamente para resguardar a sua modicidade e, por consequência, os interesses dos consumidores.[46]

Portanto, tendo em vista a aplicação do bem público na consecução de finalidade pública, e não meramente lucrativa, é necessário aplicar-se a imunidade recíproca,

---

[42] Exemplo disso é a própria existência de limitadores tarifários que impedem que a concessionária cobre os valores que deseja pelo serviço ofertado, observe a redação das cláusulas 4.3 e 4.4 do Contrato de Concessão do Aeroporto de Confins: "4.3. As Receitas Tarifárias serão constituídas pelas Tarifas, previstas no Anexo 4 – Tarifas, arrecadadas pela Concessionária, sendo vedada à Concessionária a criação de qualquer outra cobrança tarifária que não esteja prevista no referido anexo, salvo na situação prevista no item 4.9 deste contrato. 4.4. As Tarifas aplicadas pela Concessionária estarão limitadas aos tetos estabelecidos no Anexo 4 – Tarifas, observadas as regras de reajuste e de Revisão dos Parâmetros da Concessão presentes no Contrato e demais disposições aplicáveis".

[43] Por exemplo, o Anexo 4 do Contrato de Concessão do Aeroporto Internacional do Rio de Janeiro/Galeão, por exemplo, dispõe no item 2.1.1: "As Tarifas são devidas pelos usuários quando da efetiva utilização dos serviços, dos equipamentos, das instalações e das facilidades disponíveis no Aeroporto e têm por objetivo remunerar a Concessionária pelos serviços prestados".

[44] FURTADO, Lucas Rocha. *Curso de direito administrativo*. 4. ed. Belo Horizonte: Fórum, 2013. p. 463.

[45] MEIRELLES, Hely Lopes. *Direito administrativo brasileiro*. 29. ed. São Paulo: Malheiros, 2004. p. 346.

[46] Conforme já tratado, a modicidade revela-se um dever que busca permitir aos usuários a utilização do serviço sem a existência de barreiras econômicas. Ou seja, é a própria concreção do direito subjetivo do cidadão de fruir dos serviços públicos a ele garantido pela ordem constitucional (FURTADO, Lucas Rocha. *Curso de direito administrativo*. 4. ed. Belo Horizonte: Fórum, 2013. p. 588).

posto que a razão de ser do instituto é exatamente evitar a tributação de atos sem capacidade contributiva, como revela-se a hipótese em análise, dado que o destino dos valores economizados é o reinvestimento na melhora da qualidade do serviço prestado ou mesmo na redução da tarifa a ser suportada pelos usuários.

4.1   A violação ao pacto federativo

Além do já aduzido, a incidência do IPTU sobre os imóveis públicos sob a posse da concessionária, inclusive aqueles empregados em atividades acessórias, encontra óbice no pacto federativo. Isso porque, em se tratando de serviço público sob o prisma formal (art. 21, XII, "c") e material (interesse público primário), tem-se que a tributação do patrimônio a ele afetado (a exemplo do IPTU sobre a área do complexo aeroportuário) acarretaria iminente interferência de um ente federativo (município) em atividade típica e titularizada por outro ente federativo (a União Federal), colocando em desequilíbrio a harmonia federativa.

Ademais, quando um imóvel está vinculado à prestação de um serviço público de competência da União, inexiste qualquer possibilidade de ingerência dos demais entes federativos, vez que se está diante da exteriorização da soberania federal, razão pela qual o município faleceria de competência tributária para interferir sobre imóvel voltado à prestação de serviço público federal.

No mesmo sentido, o STF, quando do julgamento da ADI nº 4.369/SP,[47] assentou que "Surge conflitante com a Carta da República lei local a dispor sobre a impossibilidade de cobrança de assinatura básica mensal pelas concessionárias de serviços de telecomunicações". Isso porque, repisa-se, é inconstitucional a interferência direta de normas locais nas funções desempenhadas pelas concessionárias de serviço público federal.[48]

Assim, considerando que os serviços públicos de infraestrutura aeroportuária são de titularidade federal, deve ser reconhecida a incompetência tributária da municipalidade para interferir na prestação de serviços públicos *federais*, seja por meio de normas edilícias, seja por exações fiscais sobre bens imóveis de uso especial.

Entretanto, ressalte-se que não está a se defender, em nenhum momento, a impossibilidade de tributação de imóveis da União cedidos a terceiros, pelo contrário, propõe-se a limitação a uma hipótese específica, qual seja, a aplicação desses bens em sua finalidade constitucional.

Desse modo, não seria possível, também, sob a ótica da competência do município, exigir-se o IPTU de concessionária de serviço público, dado que a atividade desempenhada permanece afeta à competência federal.

---

[47] ADI nº 4.369. Rel. Min. Marco Aurélio, Pleno, j. 15.10.2014. *DJe*, 215, 3.11.2014.
[48] O STF já se manifestou em diversas oportunidades nesse sentido: ADI nº 3.847. Rel. Min. Gilmar Mendes, Tribunal Pleno, j. 1º.9.2011. *DJe*, 050, divulg. 8.3.2012, public. 9.3.2012; ADI nº 3.533. Rel. Min. Eros Grau, Tribunal Pleno, j. 2.8.2006. *DJ*, 6.10.2006 PP-00032, ement. vol. 02250-02 PP-00216; *RTJ*, v. 00200-01 PP-00084; ADI nº 3.846. Rel. Min. Gilmar Mendes, Tribunal Pleno, j. 25.11.2010. *DJe*, 048, divulg. 14.3.2011, public. 15.3.2011, ement. vol. 02481-01 PP-00063; *RTJ*, v. 00223-01 PP-00193, *RIP*, v. 13, n. 66, 2011, p. 263-271; *LEXSTF*, v. 33, n. 388, 2011, p. 11-24.

4.2 Da ausência de base de cálculo para a cobrança do IPTU

É importante salientar que o IPTU, nos termos do art. 32 do CTN, incide sobre a propriedade, o domínio útil ou a posse de imóvel urbano, e possui como base de cálculo o valor venal do bem.

Nesse sentido, – embora o STF, em sede de repercussão geral,[49] tenha asseverado a possibilidade de incidência do IPTU sobre os bens da União cedidos a terceiros, sob o fundamento de que a posse, mesmo não suscetível a transformar-se em propriedade, é fato gerador da exação – merece atenção o entendimento exposto pelo Ministro Edson Fachin. O magistrado, na oportunidade, foi feliz ao esclarecer que o texto constitucional e o CTN não permitem a eleição de meros detentores de terras públicas, isto é, desprovidos da posse *ad usucapionem*, como contribuintes de IPTU:

> [...] o particular concessionário de uso de bem público não pode ser eleito por força de Lei municipal para configurar como sujeito passivo de obrigação tributária referente a IPTU, porquanto sua posse é precária e desdobrada ao passo que o imóvel qualificado como bem público Federal ainda que destinado a exploração comercial, remanesce imune aos tributos fundiários municipais.

Reforçando o entendimento do ministro, o conceito de posse, para fins de incidência do IPTU, não pode ser separado do de propriedade, uma vez que não poderia o CTN instituir impostos autônomos sobre o domínio útil e a posse, enquanto o núcleo constitucional da exação é a propriedade.

Ou seja, embora o entendimento seja diverso daquele esposado pela Suprema Corte, compreende-se que a tributação do complexo aeroportuário sequer seria possível, pois inexistente posse ou domínio suscetível a transformar-se em propriedade, tendo em vista que dentro de 20, 25 ou 30 anos tais imóveis retornarão ao Poder Concedente.

Contudo, há outra barreira para a incidência do IPTU sobre os imóveis constantes do complexo aeroportuário, qual seja, a de que os bens operacionais vinculados à concessão da exploração dos serviços de infraestrutura aeroportuária são bens fora do comércio, na medida em que, por constituírem bens públicos inalienáveis, não possuem valor venal.

Conforme destaca Sacha Calmon, o valor venal é o valor de venda, o valor que um imóvel atingiria em condições normais de mercado.[50] Assim, não existindo possibilidade de venda, inexiste valor de mercado, posto que o imóvel não poderá ser ali negociado, e, por consequência, base de cálculo para a cobrança do IPTU (art. 33 do CTN).

Observe que inexiste um interesse genérico de agentes de mercado para a exploração econômica desses bens, pois eles não têm nenhuma utilidade que não a prestação do serviço público. Até mesmo as áreas afetas à prestação de atividades acessórias, por se confundirem com aqueles bens essencialmente utilizados na prestação

---

[49] Julgamento dos já citados recursos extraordinários nºs 594.015 e 601.720.
[50] COÊLHO, Sacha Calmon Navarro. *Comentários à Constituição de 1988*. Sistema tributário. Rio de Janeiro: Forense, 1990. p. 305.

de serviço aeroportuário, não possuem valor venal, posto que inalienáveis. Exemplo disso é o saguão do aeroporto, onde se locomovem os passageiros em direção às aeronaves, que, sem dúvida, revela-se essencial, mas nele existem também lojas que, num primeiro momento, seriam dispensáveis à prestação do serviço público.[51]

Por motivo semelhante, vislumbra-se uma inconsistência jurídica, pois a cobrança do IPTU, por configurar obrigação *propter rem*,[52] em caso de inadimplência, deverá ser realizada mediante penhora do bem para, a partir de sua liquidação, quitar-se o crédito tributário. Contudo, essa modalidade não será possível quando estiver a se tratar de bem público afetado a serviço público, dado sua impenhorabilidade.[53]

Portanto, conclui-se, sob a ótica da matriz do IPTU, pela impossibilidade de sua incidência sobre imóveis públicos afetados à prestação do serviço público, uma vez que, sendo inalienáveis, sequer possuem valor venal.

4.3 A imunidade recíproca para as áreas do complexo aeroportuário destinadas às atividades acessórias

Os serviços aeroportuários são serviços públicos, concedidos por licitação e prestados para satisfazer a necessidade coletiva, sob intensa regulação de sua qualidade e execução pelo Poder Público. Dessa forma, em que pese o contrato de concessão permitir, expressamente, a exploração de atividades acessórias,[54] os valores auferidos com o serviço público propriamente dito, dada sua utilização para abastecer economicamente a entidade, visam, ao final, à otimização dos serviços.

Reforçando tal afirmação, a própria minuta do contrato de concessão dos aeroportos de Guarulhos, Viracopos e Brasília[55] estabelece que o valor global da contratação seria composto tanto pelas receitas tarifárias como não tarifárias, é ver a Seção III (cláusula 2.8):

> 2.8 – *O valor do Contrato, correspondente ao valor presente das Receitas Tarifárias e Não-Tarifárias estimadas para todo o prazo da concessão, é de*:
>
> (i) Aeroporto de Brasília: valor de R$ 5.334.640.000 (cinco bilhões, trezentos e trinta e quatro milhões e seiscentos e quarenta mil reais);

---

[51] O tema será aprofundado no próximo tópico do artigo.

[52] Assim decidiu o Superior Tribunal de Justiça no REsp nº 1.073.846/SP, submetido ao rito dos recursos repetitivos: "[...] 4. Os impostos incidentes sobre o patrimônio (Imposto sobre a Propriedade Territorial Rural – ITR e Imposto sobre a Propriedade Predial e Territorial Urbana – IPTU) decorrem de relação jurídica tributária instaurada com a ocorrência de fato imponível encartado, exclusivamente, na titularidade de direito real, razão pela qual consubstanciam obrigações propter rem, impondo-se sua assunção a todos aqueles que sucederem ao titular do imóvel. 5. Consequentemente, a obrigação tributária, quanto ao IPTU e ao ITR, acompanha o imóvel em todas as suas mutações subjetivas, ainda que se refira a fatos imponíveis anteriores à alteração da titularidade do imóvel, exegese que encontra reforço na hipótese de responsabilidade tributária por sucessão prevista nos artigos 130 e 131, I, do CTN [...]" (REsp nº 1.073.846/SP. Rel. Min. Luiz Fux, Primeira Seção, j. 25.11.2009. DJe, 18.12.2009).

[53] CARVALHO FILHO, José dos Santos. *Manual de direito administrativo*. 28. ed. São Paulo: Atlas, 2015. p. 1.194-1.195.

[54] Refere-se às econômicas para auferir receitas não tarifárias e que, portanto, não estão diretamente vinculadas à atividade-fim da concessão (qual seja, o serviço aeroportuário).

[55] Minuta contratual em ANAC. *Concessão*. Disponível em: http://www2.anac.gov.br/GRU-VCP-BSB/.

(ii) Aeroporto de Campinas: valor de R$ 12.983.951.000 (doze bilhões, novecentos e oitenta e três milhões e novecentos e cinquenta e um mil reais); e

(iii) Aeroporto de Guarulhos: valor de R$ 17.697.076.000 (dezessete bilhões, seiscentos e noventa e sete milhões e setenta e seis mil reais).

Ora, essa disposição apenas reafirma, conforme já tratado no tópico 3.2 deste artigo, a inseparabilidade dos serviços aeroportuários em sentido estrito e das atividades acessórias desempenhadas no complexo, pois evidencia que, no momento de formação da tarifa, a concessionária sentiu-se segura em oferecer um valor menor, tendo em vista que poderia valer-se das atividades acessórias como espécie de subsídio cruzado.

Outrossim, perceba que constitui objeto da concessão, haja vista a cláusula 3.1.2 do contrato de concessão dos aeroportos: a *exploração eficiente do complexo aeroportuário, de forma a obter receitas não tarifárias e disponibilizar aos usuários a infraestrutura de apoio necessária ao bom funcionamento do complexo aeroportuário*.

Assim, das duas previsões contratuais acima explicitadas é possível perceber que as concessionárias, ao celebrarem o contrato com o Poder Concedente e calcularem a tarifa que seria cobrada dos usuários, levaram em consideração as receitas não tarifárias que aufeririam na exploração do complexo aeroportuário. Ou seja, ao proporem uma tarifa mais baixa, em atenção ao princípio da modicidade,[56] a concessionária indiretamente instituiu um subsídio cruzado.

Explica-se a modicidade da tarifa é viabilizada pela possibilidade de se locar, por exemplo, uma loja do saguão do aeroporto para um restaurante, uma vez que tais valores, ao serem arrecadados, permitem à concessionária cobrar menos dos usuários do serviço. A exploração das atividades acessórias, então, além de funcionar como subsídio cruzado para a concessionária, ainda é um mecanismo de elevação da qualidade do serviço aeroportuário prestado. Isso porque não resta dúvida de que o complexo aeroportuário se torna local mais atraente e confortável quando os passageiros têm ao seu dispor um maior número de vagas, wi-fi e restaurantes ao invés de apenas bancos para aguardarem o horário de seu voo. Inclusive, o interesse do Poder Concedente era exatamente este ao promover a concessão desses complexos aeroportuários.

Assim se manifestou o Ministério dos Transportes, Portos e Aviação Civil em justificativa pela concessão dos aeroportos de Guarulhos, Viracopos e Brasília:

> *Por que o governo resolveu fazer a concessão?* Nos últimos anos houve um crescimento muito forte da demanda pelo uso dos serviços dos aeroportos no Brasil. A média mundial de crescimento no movimento de passageiros foi de 40%, de 2003 a 2010. No Brasil, o aumento foi de 118%, no mesmo período. Entre 2009 e 2010, a variação foi de 6,6% no mundo e de 21,3% no Brasil. Esse aumento faz com que haja uma necessidade crescente de investimentos para a manutenção da qualidade no atendimento nos aeroportos e para a adoção de padrões internacionais de operação. Assim, o governo brasileiro avalia

---

[56] A modicidade tarifária é um objetivo de toda a concessão, colaborando, inclusive, para a análise do sucesso ou não da empreitada (FURTADO, Lucas Rocha. *Curso de direito administrativo*. 4. ed. Belo Horizonte: Fórum, 2013. p. 459).

que, como em outros segmentos da economia, a parceria com a iniciativa privada vai viabilizar com mais rapidez os investimentos, a troca de experiências e a absorção das melhores práticas no setor. [...]

Por que o governo acredita que o serviço para o usuário do aeroporto vai melhorar? Em decorrência da ampliação da infraestrutura aeroportuária e do estabelecimento de padrões internacionais de qualidade expressos nos contratos de concessão como, por exemplo, níveis de conforto e segurança.[57]

Logo, há a confluência entre a estrutura do aeroporto essencial e a qualidade requerida pelo Poder Concedente quando da concessão. Não é possível dissociar-se as atividades econômicas para fins de tributação, uma vez que são imprescindíveis, como se demonstra, para a manutenção e melhora do nível do serviço prestado.

Nesses termos, os serviços acessórios, que sem dúvida possuem natureza de atividade econômica, contribuem não só para o dever constitucional e legal[58] de prestação do serviço público de qualidade, mas também para que os custos desse melhoramento não sejam repassados à tarifa paga pelo consumidor.

Sobre o tema, destaque-se que o STF, analisando a situação da Empresa Brasileira de Correios e Telégrafos (ECT) no RE nº 601.392/PR, decidiu que, embora a pessoa jurídica oferecesse, além da atividade pública postal – prestada sob o regime de exclusividade –, diversos outros serviços de natureza econômica, seria possível o reconhecimento da imunidade recíproca para a totalidade das atividades da empresa.

Isso porque, para os ministros, a ECT, não obstante goze da imunidade recíproca sobre os serviços postais, ao realizar a cobrança de tarifas mais baixas que permitam a todos os usuários fazer entregas, incluindo locais de difícil acesso, acaba por dificultar a sua própria sobrevivência econômica. Desse modo, para os julgadores, os serviços "acessórios" do serviço postal serviriam como mecanismo de subsídio cruzado da totalidade das atividades dos Correios.

Por conseguinte, concluíram não ser possível dissociar as atividades econômicas e as prestadas em regime de exclusividade da ECT, posto serem complementares e ambas contribuírem para a adequada prestação do serviço público. Observe trecho do voto do Ministro Gilmar Mendes (redator para acórdão e voto-vencedor da discussão) que ilustra bem a discussão:

> Depois de memoriais apresentados, indico que a Empresa – esse é um dado importante, por isso que, à época, eu tinha falado de processo de inconstitucionalização do modelo de uma lei ainda inconstitucional – é superavitária em apenas quatro unidades da Federação. [...]. Quer dizer, aqui o subsídio cruzado também diz respeito a esse balanço federativo. [...]. Certamente, não é empresa calcada nos padrões de lucratividade de mercado. Todos querem disputar esses grandes mercados, os grandes conglomerados

---

[57] PERGUNTAS e respostas sobre a concessão de aeroportos. *Jusbrasil*. Disponível em: https://casa-civil.jusbrasil.com.br/noticias/2854329/perguntas-e-respostas-sobre-a-concessao-de-aeroportos. Acesso em: 13 jun. 2017.

[58] Assim prevê o art. 29 da Lei nº 8.987/1995: "Art. 29. Incumbe ao poder concedente: [...] VII – zelar pela boa qualidade do serviço, receber, apurar e solucionar queixas e reclamações dos usuários, que serão cientificados, em até trinta dias, das providências tomadas; [...] X – estimular o aumento da qualidade, produtividade, preservação do meio-ambiente e conservação".

urbanos, mas vai entregar alguma coisa em Cabrobó! Isso acaba sendo monopólio. Aí, os Correios tem ônus.[59]

Analisando novamente a extensão da imunidade recíproca à ECT – dessa vez no julgamento da ACO nº 765/RJ –, o nosso homenageado, Ministro Ayres Britto, demonstrou que o lucro não é o fim do serviço público, mas um mecanismo para sua sobrevivência. Observe a diferenciação dos interesses que orientam a atuação de cada um desses setores (público e privado) para o magistrado:

> [...] quando uma empresa como os Correios, organizada sob a forma de empresa pública, obtém lucro, ela o faz enquanto meio, diferentemente das empresas privadas. As empresas privadas, exploradoras de atividade econômica, fazem do lucro um fim. Então, a empresa vende bem, presta serviços, faz a intermediação de negócios para obter o lucro. Ao passo que esse tipo de empresa pública, não: ela obtém o lucro, busca o lucro para continuar prestando a atividade. Daí porque esses lucros são necessariamente revertidos em prol da atividade. *A atividade é afetada, segundo a Constituição, e o lucro também é afetado, porque deixa de ser um fim e passa a ser um meio. O fim é a prestação de uma atividade que, por expressa qualificação constitucional, não pode deixar de ser mantida, não pode deixar de ser prestada.*[60]

Aproximando esses julgados ao caso das concessionárias administradoras de aeroportos, percebe-se grande semelhança, uma vez que em ambos os casos (i) há a prestação de serviços sob o regime de exclusividade e exploram atividades econômicas; (ii) constata-se a utilização das atividades econômicas para subsidiar indiretamente a qualidade e a modicidade dos valores cobrados pela prestação do serviço público; (iii) o lucro não é a finalidade, mas um meio para a continuidade da prestação do serviço público; (iv) não é possível dissociar as receitas auferidas com cada atividade, dado o caráter complementar de tais quantias.

Destarte, tributar-se essas áreas destinadas à exploração de atividades acessórias é reduzir a receita não tarifária utilizada como subsídio para manter a modicidade tarifária. Desse modo, afrontaria a própria imunidade recíproca, uma vez que, indiretamente, a incidência do IPTU estaria limitando a autonomia da União que, ao invés de prestar diretamente aquele serviço, optou por delegá-lo mediante remuneração tanto tarifária como não tarifária. De mesma forma, haveria a tributação de ato sem capacidade contributiva, uma vez que aqueles valores já possuem destino certo, quais sejam o pagamento da outorga ao Poder Concedente e o subsídio da modicidade tarifária.

Nesse contexto, a tributação levaria à diminuição do capital da concessionária disponível para melhoramentos no complexo aeroportuário, bem como induziria a um aumento tarifário para se manter equilibrada a parte financeira do contrato.[61]

---

[59] RE nº 601.392. Rel. Min. Joaquim Barbosa, Rel. p/ acórdão Min. Gilmar Mendes, Tribunal Pleno, j. 28.2.2013, Acórdão Eletrônico Repercussão Geral – Mérito. DJe, 105, divulg. 4.6.2013, public. 5.6.2013.

[60] ACO nº 765. Rel. Min. Marco Aurélio, Rel. p/ acórdão Min. Menezes Direito, Tribunal Pleno, j. 13.5.2009. DJe, 167, divulg. 3.9.2009, public. 4.9.2009, ement. vol. 02372-01 PP-00001; LEXSTF, v. 31, n. 369, 2009, p. 21-45.

[61] O tema será explorado no próximo tópico.

Ademais, há uma dificuldade física de se dissociar os locais em que há a prestação do serviço público propriamente dito e em quais há o desempenho de atividade econômica. Isso porque o corredor que leva ao restaurante é o mesmo que chega ao portão de embargue, de modo que se revela impossível decotar cada fragmento do aeroporto em que há prestação de atividade acessória. Nesse sentido, não há como indicar qual seria a base de cálculo do IPTU, dada a indivisibilidade e unidade física do complexo aeroportuário, o que colabora para a inexigibilidade do imposto.

Assim, há uma confusão entre a estrutura utilizada para o serviço público e para o acessório, pois ambos dividem o mesmo espaço, bem como suas receitas se diluem no contrato de concessão.

Desse modo, conclui-se que o complexo aeroportuário e suas atividades são indivisíveis, de forma que impossível dissociar as áreas do aeroporto, para fins de incidência do IPTU.

4.4 A imunidade recíproca da Infraero

Ainda, retomando que, nas concessões dos aeroportos de Brasília, Guarulhos, Galeão, Natal, Viracopos e Confins, a Anac exigiu que a Infraero fosse acionista minoritária da concessionária, é preciso atentar-se que o não reconhecimento da imunidade recíproca à nova administradora do complexo aeroportuário criará uma antinomia no ordenamento jurídico brasileiro.[62]

Isso porque, nos termos do definido pelo STF, no julgamento do ARE nº 638.315/BA,[63] submetido ao rito da repercussão geral, a Infraero, na qualidade de prestadora de serviço público (infraestrutura aeroportuária), é beneficiária da imunidade recíproca. Os ministros, para alcançar tal conclusão, valem-se, principalmente do fato de a empresa explorar serviço público em regime de monopólio (sem concorrência). Elucida a questão o voto do Ministro Celso de Mello no julgamento do RE nº 363.412/BA:[64]

> Não foi por outra razão que salientei, em passagem de minha decisão, que a INFRAERO, qualificada como empresa publicaria delegatária de serviços públicos (aqueles referidos no art. 21, XII, "c", da Lei Fundamental – serviços de infra-estrutura aeroportuária –, cuja execução submete-se, constitucionalmente, a regime de monopólio), não concorre com as empresas privadas, pelo simples fato de não explorar atividade econômica em sentido estrito [...].

Desse modo, extrai-se dos precedentes que a exploração de serviços públicos em regime de monopólio confere a seu prestador o direito à imunidade recíproca.

---

[62] Assim define o Contrato de Concessão do Aeroporto de Confins na cláusula 1.1.12: "Concessionária: Sociedade de Propósito Específico responsável pela execução do Contrato, integrada por uma participação majoritária do Acionista Privado e minoritária da Infraero".

[63] ARE nº 638.315 RG. Rel. Min. Presidente, j. 9.6.2011, Repercussão Geral – Mérito. *DJe*, 167, divulg. 30.8.2011, public. 31.8.2011, ement. vol. 02577-02 PP-00183.

[64] RE nº 363.412 AgR. Rel. Min. Celso de Mello, Segunda Turma, j. 7.8.2007. *DJe*, 177, divulg. 18.9.2008, public. 19.9.2008, ement. vol. 02333-03 PP-00611; *RTJ*, v. 00206-01 PP-00407.

Contudo, tal conclusão já foi alcançada no capítulo anterior, de modo que seria infrutífero retomar tal discussão.

Importa, assim, o contrassenso que seria afirmar que a Infraero enquanto administradora una de complexo aeroportuário teria direito ao benefício constitucional, e, portanto, ao não recolhimento do IPTU sobre o bem público a ela conferido, mas quando estivesse desempenhando a mesma atividade, em conjunto de outra empresa privada, surgiria a obrigação tributária.

5 Considerações finais

Conforme narrado até então, a concessão do serviço público não lhe retira a característica pública, muito menos afasta a aplicação das normas de direito público, de forma que inexistiria qualquer distinção entre a atividade desempenhada pela concessionária e aquela explorada pela Infraero.

Ademais, o STF, no julgamento da ADPF nº 46/DF,[65] já afirmou que a prestação do serviço público (art. 21, XII, "c", da CF/88) sujeita-se ao regime de direito público, uma vez que o regime de direito público ou privado não está relacionado à forma jurídica da entidade que presta a atividade, mas sim à atividade que a respectiva fornece.

Nesse sentido, o reconhecimento da imunidade recíproca, em ambas as hipóteses, possui a mesma destinação: a adequada prestação do serviço público, a partir da desoneração dos custos tributários. Independeria, portanto, do fato de a exploração do serviço ser realizada apenas pela Infraero ou em conjunto com terceiro, dado que o foco da benesse não reside no aspecto pessoal, mas sim objetivo (atividade desempenhada).

Igualmente, a cobrança do IPTU infringiria o próprio direito da Infraero à imunidade recíproca, posto que, enquanto acionista da concessionária, teria que arcar com o IPTU, mas quando administradora uma estaria dispensada de tal obrigação.

Assim, não haveria razão para impedir a fruição da imunidade recíproca quanto ao IPTU de bens federais aplicados na consecução de serviço público, especialmente sob o prisma de que a Infraero é beneficiária quando administradora de complexo aeroportuário.

Referências

ARANHA, Marcio Iorio. *Manual de direito regulatório*. 2. ed. Coleford, UK: Laccademia Publishing, 2014.

ATALIBA, Geraldo. *Natureza jurídica da contribuição de melhoria*. São Paulo: Revista dos Tribunais, 1964.

CANTO, Gilberto de Ulhôa. *Temas de direito tributário*. Rio de Janeiro: Alba, 1964. v. 3.

CARVALHO FILHO, José dos Santos. *Manual de direito administrativo*. 28. ed. São Paulo: Atlas, 2015.

COÊLHO, Sacha Calmon Navarro. *Comentários à Constituição de 1988*. Sistema tributário. Rio de Janeiro: Forense, 1990.

---

[65] ADPF nº 46. Rel. Min. Marco Aurélio, Rel. p/ acórdão Min. Eros Grau, Tribunal Pleno, j. 5.8.2009. *DJe*, 035, divulg. 25.2.2010, public. 26.2.2010, ement. vol. 02391-01 PP-00020; *RTJ*, v. 00223-01 PP-00011.

COÊLHO, Sacha Calmon Navarro. *Teoria geral do tributo, da interpretação e da exoneração tributária*. 3. ed. São Paulo: Dialética, 2003.

DERZI, Misabel Abreu Machado. A imunidade recíproca, o princípio federal e a Emenda Constitucional n. 3, de 1993. *Revista de Direito Tributário*, São Paulo, v. 62, out./dez. 1992.

DERZI, Misabel Abreu Machado. Notas de atualização. *In*: BALEEIRO, Aliomar. *Limitações constitucionais ao poder de tributar*. 7. ed. Rio de Janeiro: Forense, 1997.

FURTADO, Lucas Rocha. *Curso de direito administrativo*. 4. ed. Belo Horizonte: Fórum, 2013.

JUSTEN FILHO, Marçal. *Curso de direito administrativo*. São Paulo: Saraiva, 2005.

JUSTEN FILHO, Marçal. *Curso de direito administrativo*. 11. ed. São Paulo: Revista dos Tribunais, 2015.

MEIRELLES, Hely Lopes. *Direito administrativo brasileiro*. 29. ed. São Paulo: Malheiros, 2004.

MIRANDA, Jorge. *Manual de direito constitucional*. 7. ed. Coimbra: Coimbra Editora, 2003. t. I.

MORAES, Bernardo Ribeiro de. *Sistema tributário na Constituição de 1969*. São Paulo: RT, 1973.

NOGUEIRA, Ruy Barbosa. *Curso de direito tributário*. 5. ed. São Paulo: Saraiva, 1980.

PONTES DE MIRANDA, Francisco Cavalcanti. *Comentários à Constituição de 1946*. São Paulo: Max Limonad, 1953. v. 1.

SOUSA, Rubens Gomes de. *Compêndio de legislação tributária*. São Paulo: Resenha Tributária, 1975.

TIPKE, Klaus; LANG, Joachim. *Direito tributário (Steuerrecht)*. Tradução de Luiz Doria Furquim. Porto Alegre: Sergio Antonio Fabris Ed., 2008. v. 1.

Informação bibliográfica deste texto, conforme a NBR 6023:2018 da Associação Brasileira de Normas Técnicas (ABNT):

LOBATO, Valter de Souza; TEIXEIRA, Tiago Conde. A imunidade tributária das empresas privadas prestadoras de serviços públicos. *In*: LEAL, Saul Tourinho; GREGÓRIO JÚNIOR, Eduardo Lourenço (Coord.). *A Constituição Cidadã e o Direito Tributário*: estudos em homenagem ao Ministro Carlos Ayres Britto. Belo Horizonte: Fórum, 2019. p. 471-503. ISBN 978-85-450-0678-7.

SOBRE OS AUTORES

Agostinho do Nascimento Netto
Procurador da Fazenda Nacional (licenciado). Assessor de Ministro do Supremo Tribunal Federal (Ministro Alexandre de Moraes). Graduado em Direito pela Universidade Federal Fluminense (UFF). Mestre em Direito, Estado e Constituição pela Universidade de Brasília (UnB). Doutor em Finanças Públicas, Tributação e Desenvolvimento pela Universidade do Estado do Rio de Janeiro (UERJ).

Ana Carolina Andrada Arrais Caputo Bastos
Sócia da Caputo Bastos e Fruet Advogados. LL.M em Direito Empresarial pela Fundação Getúlio Vargas (FGV). Presidente da Associação Elas Pedem Vista.

Arnaldo Sampaio de Moraes Godoy
Livre Docente em Teoria Geral do Estado pela Faculdade de Direito da USP. Doutor e Mestre em Filosofia do Direito e do Estado pela Pontifícia Universidade Católica de São Paulo – PUC-SP. Pós-Doutor pela Universidade de Brasília (UnB), pela PUCRS e pela Universidade de Boston. Professor pesquisador visitante na Universidade da Califórnia – Berkeley e no Instituto Max Planck de História do Direito Europeu. Ex-Consultor-Geral da União. Ex-Procurador-Geral Adjunto da Procuradoria-Geral da Fazenda Nacional. Procurador da Fazenda Nacional.

Carlos Alexandre de Azevedo Campos
Mestre e Doutor em Direito Público pela UERJ. Professor Adjunto de Direito Financeiro e Tributário na Graduação, Mestrado e Doutorado da UERJ. Ex-Assessor de Ministro do STF. Advogado. Membro da Associação Brasileira de Direito Financeiro – ABDF, da Sociedade Brasileira de Direito Tributário – SBDT e da International Fiscal Association – IFA.

Carlos Eduardo Caputo Bastos
Sócio fundador da Caputo Bastos e Fruet Advogados. Ex-Ministro do Tribunal Superior Eleitoral (TSE). Presidente do Centro de Estudos de Direito Internacional (Cedi).

Claudio Xavier Seefelder Filho
Bacharel em Direito pela Faculdade de Direito de Marília/SP – Fundação de Ensino Eurípides Soares da Rocha – FEESR. Pós-Graduado *Lato Sensu* em 2005/2006 em Direito Tributário e Finanças Públicas pelo Instituto Brasiliense de Direito Público – IDP. Procurador da Fazenda Nacional desde 31.7.2000. Atuação na Procuradoria-Seccional da Fazenda Nacional em Marília/SP no período de 31.7.2000 a 7.2004. Coordenador da Atuação da PGFN perante o STJ no período de 2005 a 2006. Coordenador-Geral de Representação Judicial da PGFN (CRJ/PGFN), de 1º.1.2007 a 3.2013, com a atribuição de coordenar nacionalmente a representação judicial da PGFN, bem como defender a União nas causas de natureza fiscal perante TNU, TSE, TST, STJ e STF. Integrante do acompanhamento especial da Coordenação-Geral de Contencioso Tributário da PGFN (COCAT/PGFN), atuando perante o Conselho Administrativo de Recursos

Fiscais (CARF) de 4.2013 a 1.2016. Procurador-Geral Adjunto e Procurador-Geral Substituto de 1.2016 a 3.2019, atuando pela PGFN perante o STF desde 4/2019. Mestrando em Direito no Instituto Brasiliense de Direito Público de (IDP).

Donovan Mazza Lessa
Mestre em Direito Tributário pela Ucam. Doutorando em Finanças Públicas, Tributação e Desenvolvimento pela UERJ. Advogado.

Eduardo Lourenço Gregório Júnior
Mestre em Direito Constitucional pelo UniCEUB. Master of Laws (LLM) em Direito Tributário pelo Ibmec. Secretário-Geral da Comissão de Assuntos e Reforma Tributária da OAB/DF. Advogado.

Eduardo Maneira
Doutor em Direito pela UFMG. Professor de Direito Tributário da UFRJ. Presidente da Comissão de Direito Tributário do Conselho Federal da OAB. Advogado.

Everardo Maciel
Consultor tributário. Professor do Instituto Brasiliense de Direito Tributário. Ex-Secretário da Receita Federal.

Flavio Eduardo Silva de Carvalho
Advogado. Mestre em Finanças Públicas, Tributação e Desenvolvimento pela Universidade do Estado do Rio de Janeiro.

Heleno Taveira Torres
Professor Titular de Direito Financeiro da Faculdade de Direito da Universidade de São Paulo – USP. Foi Vice-Presidente da International Fiscal Association – IFA. Advogado.

Jimir Doniak Jr.
Advogado em São Paulo. Ex-Conselheiro do Carf.

José Maria Arruda de Andrade
Professor da Faculdade de Direito da USP (FDUSP). Livre Docente e Doutor pela FDUSP. Advogado. Foi Pesquisador visitante no Max Planck Institute for Innovation and Competition (Munique-Alemanha). Foi Secretário-Adjunto da Secretaria de Política Econômica do Ministério da Fazenda (SPE/MF).

Lucas Mariano
Servidor Público do Superior Tribunal de Justiça, lotado no gabinete do Ministro Francisco Falcão, e atua especificamente na área de Direito Tributário. Pós-Graduando em Direito Administrativo pela Universidade Cândido Mendes.

Luís Carlos Martins Alves Jr.
Bacharel em Direito pela Universidade Federal do Piauí. Doutor em Direito Constitucional pela Universidade Federal de Minas Gerais. Professor titular de Direito Constitucional pelo Centro Universitário de Brasília. Membro do Centro Brasileiro de Estudos Constitucionais. Procurador da Fazenda Nacional. Chefe de Gabinete do Ministro de Estado dos Direitos Humanos.

Marcos Aurélio Pereira Valadão
Pós-Doutor em Direito pela Universidade de Brasília (UnB). Doutor em Direito pela Southern Methodist University (SMU), Texas – EUA. Mestre em Direito pela Universidade de Brasília (UnB). Professor da Universidade Católica de Brasília (UCB), em que leciona na Graduação e no Mestrado. Auditor da RFB. Ex-Membro do Comitê de Peritos em Tributação da ONU. Ex-Presidente da 1ª Seção do Carf. *E-mail*: valadao@ucb.br.

Marcos Correia Piqueira Maia
Mestre em Direito pela Ucam. Advogado.

Marcus Vinicius Furtado Coêlho
Advogado. Doutor em Direito pela Universidade de Salamanca. Presidente Nacional da OAB de 2013 a 2016. Presidente da Comissão Constitucional da OAB Nacional de 2016 a 2019. Membro da Comissão do Senado Federal que elaborou o atual CPC.

Paulo de Barros Carvalho
Professor Emérito e Titular da PUC-SP e da USP. Membro de Academia Brasileira de Filosofia. Advogado.

Rebeca Drummond de Andrade Müller e Santos
Advogada em Brasília. Mestranda em Direito Tributário pelo Instituto Brasiliense de Direito Público (IDP).

Ricardo César Mandarino Barretto
Mestre em Direito Econômico pela Faculdade de Direito da Universidade Federal da Bahia. Juiz Federal Emérito. Integrou o Conselho Nacional do Ministério Público em sua primeira composição. Foi Juiz Auxiliar do Ministro Carlos Ayres Britto, no Supremo Tribunal Federal. Advogado.

Rodrigo Senne Capone
Doutorando em Direito na linha Finanças Públicas, Tributação e Desenvolvimento na Universidade do Estado do Rio de Janeiro (UERJ). Mestre em Direito pela Universidade Católica de Brasília (UCB). Professor de Direito Tributário no Centro Universitário do Distrito Federal (UDF). Advogado em Brasília – DF. *E-mail*: rocapone@gmail.com.

Rogério Campos
Procurador da Fazenda Nacional. Ex-Coordenador-Geral da Representação Judicial da Fazenda Nacional.

Saul Tourinho Leal
Doutor em Direito Constitucional pela PUC-SP.

Saulo Mesquita
Advogado especialista em Direito Tributário pela PUC Minas e em Direito Ambiental pela UFPR. Aluno especial do Mestrado em Direito Constitucional do UniCeub em Brasília.

Tiago Conde Teixeira
Sócio do Escritório Sacha Calmon – Misabel Derzi Consultores e Advogados. Professor Universitário. Mestre em Direito Público pela Universidade de Coimbra – Portugal. Membro do Grupo de Pesquisa Estado, Constituição e Tributação da Faculdade de Direito da UnB. Membro da Comissão Especial de Reforma Tributária da Ordem dos Advogados do Brasil/DF. Diretor da Associação Brasileira de Direito Tributário – ABRADT.

Valter de Souza Lobato
Professor e Advogado. Presidente da Associação Brasileira de Direito Tributário. Mestre e Doutor em Direito pela UFMG. Sócio do Escritório Sacha Calmon – Misabel Derzi Consultores e Advogados.

Esta obra foi composta em fonte Palatino Linotype, corpo 10
e impressa em papel Offset 63g (miolo) e Supremo 250g (capa)
pela Gráfica Laser Plus.